河南省高校科技创新人才支持计划（2013年）暨哲学社会科学优秀学者项目（编号2015-YXXZ-21）资助

郑州大学中国史重点学科振兴行动计划基金资助
郑州大学基础与新兴学科水环境综合调控方向资助
中华之源与嵩山文明研究项目资助

中原历史地理与考古研究

考古研究

陈隆文◎著

中国社会科学出版社

图书在版编目（CIP）数据

中原历史地理与考古研究/陈隆文著．—北京：中国社会科学
出版社，2016.9
ISBN 978 - 7 - 5161 - 8520 - 9

Ⅰ.①中… Ⅱ.①陈… Ⅲ.①中原—历史地理—研究 ②中原—考古
工作—研究 Ⅳ.①K928.6②K872.61

中国版本图书馆 CIP 数据核字（2016）第 154289 号

出 版 人	赵剑英
责任编辑	张　林
特约编辑	张冬梅
责任校对	石春梅
责任印制	戴　宽

出　　版	中国社会科学出版社
社　　址	北京鼓楼西大街甲 158 号
邮　　编	100720
网　　址	http：//www.csspw.cn
发 行 部	010 - 84083685
门 市 部	010 - 84029450
经　　销	新华书店及其他书店

印　　刷	北京明恒达印务有限公司
装　　订	廊坊市广阳区广增装订厂
版　　次	2016 年 9 月第 1 版
印　　次	2016 年 9 月第 1 次印刷

开　　本	710×1000　1/16
印　　张	31
插　　页	2
字　　数	509 千字
定　　价	108.00 元

序　言

侯甬坚

那是 2000 年春季的某一天，我住在陕西师范大学家属区 40 号楼时，校研究生处的一名干部找上门来，递给我一张表格和几份刊物，让我通过刊物论文的水准，判断一下跨了专业的作者，是否具有攻读我校历史地理学专业博士学位的能力（今天称为"潜质"），我一看论文，知道了论文作者的姓名：陈隆文。

当时给我留下较深印象的是《管子学刊》杂志上刊登的《〈管子〉地学思想初探》一文（1996 年第 3 期）。作者就《管子》一书各篇中的基本论述，先是按照现今的地理学知识体系加以解说，一步步考察《管子》著作中的地学思想，并引述了多种相关的今人论著，以达到充分论述其地学思想的目的。自己感觉作者对古代文献的解读已有一定的基础，全文有七页之长，主题之下，前后呼应，并在分析中能够得出自己的看法，表明作者对于论文的写作技巧已有了一些经验，于是填写了那张审查表格，同意作者报考我校的历史地理学专业博士生。

等到陈隆文考生录取到我校以后，我才知道他是河南大学历史地理学专家陈昌远先生的爱子，因为自己藏有陈昌远先生的一部主要著作《中国历史地理简编》（河南大学出版社 1991 年版），自然就有其爱子会有不错的学术素养之联想。一直到 2004 年陕西师范大学召开史念海教授逝世三周年暨诞辰九十二周年的纪念会，吴宏岐、王京阳两位编辑纪念文集时，我看到陈昌远先生撰写的《缅怀恩师史念海先生》一文，才知道了隆文和父亲皆为史念海先生弟子的动人故事。

昌远先生在回忆文章中这样记述 1956 年在史念海先生身边学习的情景：

　　按照当时先生的学习指导思想，一方面随堂聆听先生为本科四年级讲授"中国历史地理"课程，同时还要求我去旁听地理系的一些课程，如"中国自然地理""地图学"等。听完课后才阅读古典地理文献，写出读书笔记，首先阅读《尚书·禹贡》，然后读《史记·货殖列传》与《汉书·地理志》等。我们师徒每周至少见一次面，讨论读书中的一些体会心得和问题，各抒己见，滔滔不绝，甚为欢畅，使人难忘……

　　在这一篇回忆文章中，昌远先生披露了一封与自己有关的史念海先生的亲笔信函，这是"几十年我们都有书信往来"中很特别的一封，就是因为里面有爱子隆文的内容，所以就抄录下来公之于世。昌远先生的说明文字是"尤其是我的小儿子隆文，想要投师先生足下学习中国历史地理"，他欣然同意，并回信一封表示欢迎。该信全文如下：

　　昌远兄台左右：

　　　　大札及尊著十一篇皆已奉到，尊著容一一拜读。

　　　　此项撰写工作，至为辛劳，须细读全书，而所写的只千字上下，费力不会很少。不过全书条目是许之多，不全部写就，难以出版。甚盼在可能范围内，继续撰写，以便早观厥成。撰写虽费事，总是能传世的，深盼继续努力。

　　　　前日令郎来此，说是有意从事历史地理的研究，可见兄台家教的淳严。已嘱好好作准备，海在此培训博士生，惟每年只有一个名额，若有多人报考，便当显出高下，故宜多加准备。回顾历年考试，外文尤其重要，不宜稍事含忽。

　　　　耑此，顺颂

　　著祺

　　　　　　　　　　　　　　　　　　史念海拜上　　四月廿三日

　　接下来叙述这个故事的主人，只能是隆文本人了。2012 年 10 月份，已在郑州大学历史学院任教多年的陈隆文博士，收到了母校将要举办"史念海先生百年诞辰历史学学术研讨会"的邀请函，他百感交集，随即写下了饱含深情的《筱苏师引领我走上历史地理学研究的道路》为题的纪念文章。

在文章中他叙述了自己的心绪，在 1999 年 6 月 17 日那个阳光灿烂的日子里，自己又一次见到了筱苏恩师。在书房里，老人的书桌上放着一套崭新的《四库丛书目录提要》，筱苏师告诉我他正在给中国历史地理古籍撰写提要，而且父亲也参加了这项工作。到 2000 年，自己经过严格的考试，终于有幸忝列先生门墙，成为先生门下的最后一届博士弟子。回想这些年来的经历，自己是在曲折中前行，是在逆境中登攀，幸有先生相助，始得踏上正路。自此开始，自己才算是全身心地走上了历史地理学研究的道路。

隆文在陕西师范大学完成的博士学位论文《春秋战国时期金属铸币的空间特征与地理基础——以北方刀、布币为主的研究》，经过修改后，简化为《春秋战国货币地理研究》书名，于 2006 年在北京人民出版社出版。这是隆文博士面世的第一部著作。以"货币地理"为论题展开研究，在学术界似应属于第一回，这是作者基于自己的兴趣和积累，在历史地理学相关理论的指导下，做出的一种积极探索。从古代货币的材质、形状和铸造地诸项进行具有地域特点的研究，再进入货币流通区域相关问题的探索之中，作者都尽可能地进行了扩展性的探讨，而且对于货币经济因素在消融黄河流域从事农耕经济的华族和从事游牧经济的戎狄两大族类之间的相互对立，作者也给予了不少关注，认为货币因素曾起到过相当积极的作用。如今看来，这一选题是有一些绝妙之处的，因为也只有从春秋到战国时代，各国的货币最具有地域性特征，可以展开具有探索性的历史地理学研究，及至秦国统一天下后，改用圆形方孔的秦半两钱统一了全国的货币，货币的地域性特征也就大为减弱了。博士论文出版后，历史货币地理研究显然仍然是隆文博士不断坚持的一个研究方向，因而到 2008 年 6 月，他又在科学出版社推出了一部新著，书名为《先秦货币地理研究》。

2007 年 8 月，署名"陈昌远编著，陈隆文修订"的《中国历史地理简编》第 2 版在河南大学出版社出版了，这是前述动人故事的延续，表达的是隆文继承父业后陈氏两代学人在历史地理学教学和研究中齐心向前的敬业精神，这里面一定有许多磋商研讨的合作细节。新版比第 1 版的篇幅明显增加，最主要的还是结构的调整和内容的更新及补充。新版"绪论"给出了一个醒目的标题，即"历史地理学与中国古代史研究"，第 1 版的六节内容设计被调整为三节，题目分别是："什么是历史地理学""历史地理学著作与中国古代史研究""历史时期地理环境与中国古代史研究"，所强调的是历史地理学与中国古代史研究的关系，这是昌远先生自 1956 年跟随史念海先生研习历史地理学以后一直在坚持的学术追求。昌远先生 1954 年 7 月毕业于四川大学历史系，随即分配到位于河南省新乡专区的河南师范学院二院的历史系任教，次年又回到位于开封的河南师范学院（今河南大学）历史系任教，再一年前往西安学习历史地理学，那完全是出于在历史系讲授中国古代史课程的需要。对于这一点，著作第 1 版里保存的四川大学历史系教授、著名的历史学家徐中舒先生亲笔题写的"序一"，不仅清楚表明了"写历史、讲授历史是离不开历史地理学"的认识，而且十分赞许作者"试图把历史地理的研究与中国古代史的研究紧密结合起来，不断探研中国古代史上的有关问题，为历史研究开辟一条新途径"的种种尝试和努力，新版毫无疑问是更为加强了这一方向的认识和探研力度。我们注意到新版"绪论"中有这么一段阐述（第 12 页第 2 段），比之第 1 版是更为清楚地阐述了自己的观点：

> 每一个历史时代都有不同的地理环境，如果我们在研究那个时代的历史时，离开那个时代的地理环境，那就不可能真正了解那个时代的历史。历史地理学的任务，就在于恢复那个历史时期的地理环境的面貌，研究不同时代社会发展所处的具体地理条件，这对阐明许多重大的历史事件无疑是有重要意义的，它使历史发展有了具体的空间位置，从而更好地说明历史发展的客观规律。基于以上的观点，我们完全可以看到，在历史发展过程中，特殊的地理条件，在重大历史事件中无不显示出它的影响和后果。如果不懂得这些地理环境对历史事件所产生的影响，那是无法说明历史发展客观规律的。

作者在这里将此一学术观点清楚地阐发出来，对于中国历史学或者历史地理学来说都是颇有意义的。为什么这样说呢？其意义就是相对于强调历史地理学属于地理学科的看法，表明还有与之不同的另一种看法的存在，那就是历史地理学不仅属于地理学科，而且一直都没有中断过的与历史学的密切关系，因为这是历史研究中不可缺少的内容，许多历史事实的发生和进行都有具体的地理环境方面的内容，形成历史研究中必须涉及和考虑的问题，所以就有不少历史学者出于研究历史的需要，方才产生了对历史地理学的兴趣和研究兴致。

　　按照这样一种认识来阅读陈氏两代学人的历史地理学论著，可能就可以更贴切地理解其论文选题、研究意向和所采取的研究方法方面的考虑了。在学术界，我们姑且以陈氏两代学人的历史地理学论著为代表，认为他们很可能代表了在这里没有被论及的其他许多学者的类似风格的论著。这些历史学者，他们或无意自称为历史地理学者，其所做的工作却是包含了不少历史地理学的实际内容。

　　除了已有两个版本的《中国历史地理简编》，属于最为体现"把历史地理的研究与中国古代史的研究紧密结合起来"的论著外，还可以举出的著作是隆文博士的第二部个人著作《郑州历史地理研究》（中国社会科学出版社2011年版）。该书以专题论述的方式分别论述了郑州古都与中国古代文明起源、郑州与中国商业文明、郑州古城与古国、郑州古代水系与湖泊、郑州古代交通、郑州行政区划等专题，在历史地理学实践上遵循的是父亲的研究理念、研究区域和著述风格。从奔赴郑州大学担任教职的时候开始，隆文博士就意识到"郑州在中华文明起源中的历史地位，地理条件在郑州城市兴起、发展中的作用，是郑州历史地理研究中不能回避的两个重大问题"，短短数年，勤勉治学，就为学界和郑州奉上一部有关郑州地域的专题著作，自然是很值得同人予以称道的。

　　最后要举出的著作就是隆文晋升教授后出版的这一册新著——《中原历史地理与考古研究》。全书系按六个部分编排和展开，它们分别是古文字、古文献与中原古代文明；《水经注》研究与中原古代水环境；中原古都古城与古国研究；中原经济区、交通、移民、地理学思想；缅怀与纪念。因为这部书属于论文结集的形式，所以这样一种编排方式最为可取。中原地区比之郑州的地域范围大了许多倍，涉及和需要研究的问题更多，作者对上述诸方面的论题，提出自己的研究论著，供学界参考和讨论，自然会受到有关方面的欢迎。

　　隆文教授上述著述，也包含了一部分父亲及他人的作品，这可以看作是对父亲学问的继承，对社会、师长和家人培育之恩的感激，他著述勤奋，做事执着，为人谦逊，温文尔雅，孝顺双亲，关爱他人，颇有君子之风。

　　有感于隆文教授对历史地理学的热爱之情，对恩师史念海先生之浓情厚谊，故而尤其期望无论遇到什么困难，都能坚持立于中原大地，砥砺文字，激荡思想，拓宽思路，培养新人，在历史地理学的追求中再续动人的故事。

目　录

古文字、古文献与中原古代文明

《水经注》研究与中原古代水环境

中原古都古城与古国研究

中原经济区、交通、移民、地理学思想

缅怀与纪念

古文字、古文献与中原古代文明

豫州原义考

河南省简称"豫",因其古为九州之一豫州地而得名。对"豫"字原义应如何解释和理解,是一个值得注意和研究的问题。

竺可桢先生认为:"河南省原来称为豫州,这个'豫'字就是一个人牵了大象的标志,这是有意义的"①,张汉洁同志说:"'豫'字的左旁为'予','予者,我也','豫'的右旁为象。'豫'即表示一个人,手牵一只大象。"② 秦文生先生也认为,黄河流域至迟在殷代尚有较多的大象,河南省古称"豫州",是因产象而得名。③ 这些看法值得商讨。

"豫"字,甲骨文、金文均无此字。《说文》古文作"㺄"形,汉碑上"豫"字作"㺄"形。著名史学家徐中舒先生认为"予"是后起之字,"予"字由"邑"字伪变而成,这个解释是正确的。④ 至于说:"予者,我者",则不是很恰当,把"予"字解释成"余"字,因此说成是我也。"予""余"二字绝对不能混同,高亨《文字形义学概论》曰:"予,推予也,象相予之形。魏三体石经之篆文'㣇'作夕,盖象手持连环给予人也。"杨树达与吴承仕也有类似看法。"予"字应是给予的意思,因此,它不能解释成我,也不能解释成手,所以豫的本意不是人牵了大象的标志。

河南古称"豫州"是否就是因为豫州产象而得名呢?我们只要翻开

① 竺可桢:《中国近五千年来气候变迁的初步研究》,《考古学报》1972年第1期。
② 张汉洁:《河南省为什么简称"豫"》,《河南日报》1980年3月15日。
③ 秦文生:《豫考》,《中州考古》1984年第1期。
④ 徐中舒:《殷人服象及象之南迁》,《国立中央研究院历史语言所集刊》第二本,第一分册。

东汉刘熙《释名》这部地名学专著，就可以看出"豫"字的含义，该书明白地指出豫州得名，并不是因为该地产象。《释名》对"九州"名称的含义解释曰："青州在东，取物生而青也"，"徐州，徐舒也，土气舒缓也。""扬州，州界多水，水波扬也。""荆州，取名于荆山也。""豫州地在九州之中，京师东都所在，常、安豫也。""雍州，在四方之内，雍翳也。""冀州，亦取地以为名也，帝王所都。乱则冀治，弱则冀强，荒则冀丰也。"① 等等。从以上刘熙《释名》对"九州"名称含义的解释，可以看出，"九州"名称的含义是与该区域内的包括地貌、地形等自然地理条件特点有密切关系的。"九州"之中"豫州"的解释也是因其地常，安豫也，故称豫。"豫"字有安舒之意，起源很早。《周易》中的豫卦，释曰："豫者，安和悦乐之义"②，说明"豫"的含义，应是安舒、和悦之义。

"九州"之说最早见于《尚书·禹贡》。"九州"的划分，应是先民对祖国四方疆域所做出的第一次行政区划的探索。根据《尚书·禹贡》记载"九州"的划分是："随山浚川，任土作贡。……随山刊木，奠高山大川"；意即顺着山势，砍削树木作标志；疏通河道，以高山大河奠定界域。这是说"九州"行政区划的范围与疆界是根据各地的地理形势特点与地理环境来划定的，这种划分标准正反映了先民对祖国境内各种不同地理景观的认识，故《禹贡》曰："荆河惟豫州。"《尔雅·释地》载："河南曰豫州。"《吕氏春秋·有始览》载："河汉之间豫。"所言豫州大致相当于今河南省黄河以南，湖北省北部、山东西南隅及安徽省之西北角。③ 从这个范围看来，古代豫州的范围大大超过了今天的河南省，今河南省仅仅是古代豫州的一个部分。按《禹贡》所指这一片广大地区正是属于黄淮平原。黄淮平原是典型冲积平原，其海拔一般在 50 米左右，地势低平旷阔，无大山阻隔，无高原起伏，无湖网密布，坦荡如坻，因此在地形上呈现出舒缓、安平的特点，是发展农业生产条件较好的地区。"豫"有安舒、平缓之意，实与此有关，与产象没有任何关系，如果说与象有关系的

---

① 王先谦撰集：《释名疏证补》，上海古籍出版社 1984 年版，第 80—84 页。

② 王孝鱼点校，程颢、程颐著：《二程集》，中华书局 1981 年版，第 778 页。

③ 参见李长傅《禹贡释地》，中州书画社 1982 年版。

话，那只能是取意于象走路安详平稳。

（《中国历史地理论丛》1993 年第 3 期）

（附记：这篇小文写于 1992 年年初，发表在先师史念海先生主编的《中国历史地理论丛》上，责编为李令福教授。这是我写作的第一篇历史地理论文，合作者为王琳副教授。本书将该文列于篇首，永远缅怀先师对我的帮助与引导！）

嫘祖考

《史记·五帝本纪》曰："黄帝居轩辕之丘，而娶于西陵之女，是为嫘祖。"又说："嫘祖为黄帝正妃。"《索隐》曰："皇甫谧云：'元妃西陵氏嫘祖。'"① 在金文中常见"嫘"字形，容庚先生《金文编》中收录了此字②：

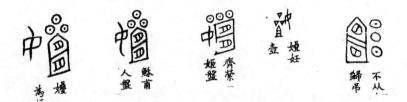

容庚先生说："（此字）《说文》'所无，汗简，以此为侄字'。"③ 黄锡全先生说："憻，稣甫人匜之憻，齐荣姬盘之憻，刘心源考释为嬗，认为：'嬗为侄古文'（奇觚8.30），省作妊（妊壶）。右下宜形变化如同宜字作宜（令簋），宜（秦公簋），变作宜（宜戈）、宜（侯盟）、宜（说文古文）、宜（三体石经）。郑珍误以为此形是'改至从叠声'，别俗。"④

可是陈直先生在《史记新证》中明确指出，此字应是嫘祖合文。"直按，《愙斋集古录》卷十六，'有稣甫徐嬗妃妃媵匜'。又《愙斋集古录》金文——三，'有嬗妊作安壶'。"孙诒让《古籀余论》云："嬗字疑为嫘

① 《史记·五帝本纪》，中华书局总校本1959年版，第10页。
② 容庚：《金文编》，中华书局1985年版，第818页。
③ 黄锡全：《汉简注释》，武汉大学出版社1993年版，第43页。
④ 同上。

祖字合文。知传说黄帝元妃嫘祖,事或有征。"① 陈直先生对此说表示赞同态度。我认为:"此字从女,从田,⊗象累卵之形,因为从田之字,壘、累、诔、雷、纍、累都是相通的,古音均在微部来纽,所以嫘祖之嫘,下面从田、从系,也表示嫘祖是发明养蚕、取丝之人。后来演变为累,为劳累之累。在汉简、石碑作此形累累累累,不从女,还从田表示种桑,取丝。所以后来嫘祖之后就成为累氏,写成此形。"纍氏,《风俗通义》佚文曰:"嫘祖之后或为纍氏,谨按《左传》晋七舆大夫有纍氏。"② 且,为祖的省形。孙诒让《古籀余论》曰:"且,当为且,即祖之借字。"又曰:"此祖则当为祖之假字。"此说甚确。这样看来稣甫人中的嫘应释为嫘祖之嫘。以后省去女旁,就成为嫘祖之后,也就是累氏。

现将几段铭文抄录于后:

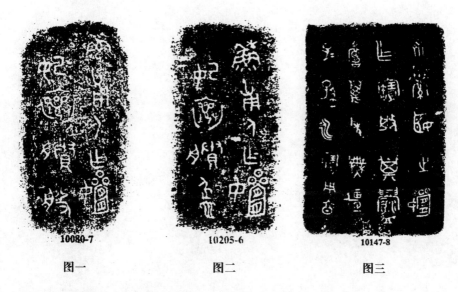

10080-7　　　　10205-6　　　　10147-8
图一　　　　　图二　　　　　图三

苏甫人作嫘妃襄媵得胜回朝（如图一所示）

苏甫人匜作嫘妃襄媵匜（如图二所示,见《殷周金文集成》）

这是苏国青铜器中嫘祖的合文,此种用法起源甚早,大概应在西周早期,《尔雅·释言》曰:"送也。"谓嫁女的财物相赠这是苏国为其嫘妃送

---

① 陈直:《史记新证》,天津人民出版社 1979 年版,第 11 页。

② [东汉] 应劭撰,吴树平校释:《风俗通义校释》,天津人民出版社 1980 年版,第 503 页。

嫁的器物。而齐荣姬盘（见图三）、嫘任壶应是不同变形的累字，时间应是较晚的字（见图三）。

从以上嫘字字形可以看出文献中所记嫘祖养蚕取丝应是史实，嫘祖之后又称累氏，这在金文中有反映，这些古文字资料更使我们相信司马迁在《五帝本纪》中记载的嫘祖应是可信的。

（高沛主编：《嫘祖文化研究》，文物出版社 2007 年 9 月）

有关嫘祖文化研究中的几个问题

河南省西平县炎黄文化研究会邀请我们参加西平县嫘祖文化研讨会，非常感谢！在这里我们想谈一谈对嫘祖文化研究的一些看法，不当之处，请批评指正。

一　不能轻易否定古文献

汉代司马迁《史记》首篇《五帝本纪》，记载了关于黄帝、颛顼、帝喾、尧和舜时期的历史，对于这个时期学术界称为五帝时代或传说时代。司马迁《五帝本纪》所记载的历史内容是信史还是传说，一直是考古学与历史学界争论的热点。有的学者认为，黄帝妻"嫘祖发明养蚕一说决不是事实"。还认为，"到了宋元时代，在古农书（蚕书）中奉嫘祖为蚕神说才逐见风行。"① 从而否定了《史记·五帝本纪》中的记载，这是我们不敢苟同的。

如何看待司马迁《五帝本纪》的记载？国学大师王国维先生在《古史新证》一书中早就指出："研究中国古史为最纠纷之问题是上古之事，传说与史实混而不分，史实之中，因不免有所缘饰与传说无异，传说之中、亦往往有史实为之素地，二者不易区别，此世界各国之所同也。"②

徐中舒先生师从王国维，他更明确地提出："司马迁写《史记》时，根据他当时能够见到的史料，已经深深感到百家言黄帝'其文不雅训，荐绅先生难言之'，他采取了谨严的科学的态度：择其言尤雅者，选择那

---

① 周匡明：《养蚕起源问题的研究》，《农业考古》1982 年第 1 期。
② 王国维：《古史新证》，清华大学出版社 1994 年版，第 1 页。

些比较可靠的史料，编撰了《五帝本纪》。"① 他又说："司马迁整理的《史记·五帝本纪》系统是有相当根据的。他所根据的古文是战国时代六国流传下来的资料，是保存了古代人民对于过去的酋长各据一方及其互相次弟代立的史传。……抛弃了汉代流传的对于黄帝的许多'不雅训'的传说，而著成《五帝本纪》。"② 2005 年 11 月 23—25 日，由河南博物馆院、中国社会科学院古代文明研究中心、河南省文物考古研究所共同举办的"文明探源——考古与历史的整合"学术研讨会上，与会代表普遍认为："五帝时代值得重视，至少包含不少史影。对古史文献的记载，要加以甄别和整理，正确的态度是不可轻信，也不要轻易全盘否定。要科学和理性地看待五帝本身和五帝之间的关系。对五帝时代的提法，大多数学者持肯定的态度。"③

以上实际表明，对司马迁所写的《五帝本纪》，我们不能采取轻意否定的态度。

二　黄帝与嫘祖初期活动地望

司马迁《五帝本纪》曰："黄帝者，少典之子，姓公孙，名曰轩辕。……黄帝居轩辕之丘，而娶于西陵之女，是为嫘祖。嫘祖为黄帝正妃，生二子，其后皆有天下：其一曰玄嚣，是为青阳。青阳降居江水，其二曰昌意，降居若水。"《史记·集解》曰："谯周曰：有熊国君，少典之子也。"皇甫谧曰："有熊，今河南新郑是也。"《索隐》曰："少典者，诸侯国号，非人名也。"皇甫谧在《帝王世纪》曰：黄帝"受国于有熊，居轩辕之丘，故因以为名，又以为号。"又说："（黄帝）有圣德，授国于有熊，郑也。""古有郑国，黄帝之所都。""新郑，古有熊国，黄帝之所都。""或言（新郑）县故有熊氏之墟，黄帝之所都也，郑氏徙居之，故曰新郑矣。"乾隆二十九年《大清一统志·卷一百五十》明确记载："轩辕邱，在新郑县西北故城，《史记》黄帝居轩辕之丘，《后汉书·郡国

---

① 徐中舒：《山海经和黄帝》，《山海经新探》，四川社会科学出版社 1986 年版，第 97 页。

② 徐中舒：《先秦史稿》，巴蜀书社 1992 年版，第 16 页。

③ 张得水：《"文明探源：考古与历史的整合"学术研讨会综述》，《中原文物》2006 年第 1 期。

志·河南尹》新郑黄帝之所都。《通典》新郑，祝融之墟，黄帝，都于有熊，亦在此也。"在这里文献记载明确表明，黄帝故里应在新郑，这是毫无疑问的。《山海经·西山经》曾记载有黄帝活动曰："黄帝，乃取峚山之玉荣。"袁珂《山海经校注》曰："郭璞云：'峚'音密。郝懿行云：'郭注《穆天子传》及李善注《南都赋》《天台山赋》引此经俱作密山，盖峚、密古字通也。'"① 密山在今新密，与新郑相邻，今新密、新郑两市毗邻地区有大量黄帝活动的遗迹和传说，说明黄帝居有熊（今新郑、新密一带）并不是虚传，是有一定事实根据的。

黄帝初期活动的地望我们即已搞清楚，现在需要考察的是西陵氏嫘祖的西陵应在何处？

西陵，《史记·正义》曰："西陵，国名也。"此国系指古代氏族部落。其地望在何处？有多种说法。一说在湖北黄冈市西北；二说在湖北浠水；三说在湖北宜昌市；四说在四川茂陵县；五说在河南西平县；六说在四川盐亭。上述诸说基本上又可以概括为湖北说、四川说、河南说。我们认为河南说比较可靠。

第一，《史记·五帝本纪》中明确记载："黄帝居轩辕之丘，而娶西陵之女，是为嫘祖。""生二子，其后皆有天下，其一曰玄嚣，是为青阳，青阳降居江水，其二曰昌意，降居若水。"根据《大戴礼记解诂》卷七，《帝系》第六十三记载："黄帝居轩辕之丘，娶于西陵氏之子，谓之嫘祖氏，产青阳及昌意。青阳降居泜水，昌意降居若水。"聘珍谓："泜水即江水也。"② 此江水，有的学者把它说成是长江，所以认为西陵氏应在四川。可是此江并非长江之专称而言的。此江应是指古淮水而言。淮水，古也称江水。《左传·哀公元年》记："春，楚子围蔡，报柏举也……蔡人男女以辨，使疆于江、汝之间而还。"杜预注曰："楚欲使蔡徙国，在江水之北，汝水之南，求田以自安。"杨伯峻先生《春秋左传注》认为此江应是指长江，我们认为很不恰当。关于此问题，石泉先生已有详细的考证，此不赘述。③ 所以这里的江应是指现在的淮河而言。在古代淮水流域

① 袁珂校注：《山海经校注》，巴蜀书社1992年版，第49页。

② 王聘珍撰，王文锦点校：《大戴礼记解诂》，中华书局1983年版，第127页。

③ 石泉：《古文献中的"江"不是长江的专称》，《荆楚历史地理新探》，武汉大学出版社1998年版。

曾有一个江国。《史记·正义》引《括地志》云："安阳故城在豫州新息县西南八十里。应劭云：古江国也。《地理志》亦云安阳古江国也。"安阳县，西汉置，治所在今河南正阳县西南，至隋始废，唐代属新息县。新息县即今息县。距息县西南 40 里有江国故城，在今河南正阳县大林乡涂店东北，江国故城址平面呈长方形，面积 17.5 平方米。传世及新中国成立后曾出土有众多江国青铜器，可为佐证。值得注意的是，江国城分为新、旧两城，安阳故城即江国的新城与涂店东北之江国城相距约 300 米。当地群众称为"四十亩大地处"。

江水即是淮河，那么若水应在何处？有的学者认为在四川境内，恐不当。我们同意孙华先生的说法，若水即汝水。汝水是古淮河的一个重要支流。汝、若音同属日母，当属鱼部韵，若属铎部韵，铎读方鱼郁之入声，鱼铎二部本可以对转。"《庄子·渔父》'吾语汝'，《人间世》又作'吾语若'，若汝在上古音俱通，汝水即若水。"关于此，马世之先生均有过论述，此不赘述。钱穆先生在《史记地名考》一书中认为："《六国表》明云：鄢：西陵，不得在江夏。"① 这是正确的。但钱穆先生又说："此西陵当近丹水，今浙川县境。黄帝娶西陵氏女，或此也。"此说不很恰当。从《史记·六国表》看鄢，西陵应是指西平。鄢就是今天的鄢陵，又叫阴陵。《战国策·卷六·秦四》曰："顷襄王二十年，秦白起拔楚西陵，或拔鄢、郢、夷陵，烧先王之墓。"程恩泽曰：案宋楚世家……徐广曰，（西陵）属江夏。汉志江夏郡有西陵县，在今黄州府黄冈县二里。《水经注》以为即白起所拔之西陵，正义引《括地志》主之，非也。"② 此西陵，我们认为应是指今河南西平县的西陵。因为西陵与鄢陵相邻，它与东陵的方位相对称。东陵，见《史记·夏本纪》曰："过九江，至于东陵。"《集解》孔安国曰："东陵，地名。"钱穆在《史记地名考》中曰："《汉志》庐江郡金兰，西北有东陵乡，淮水所出。"《尚书》"江水过九江，至于东陵者，西南流，水积为湖。"虽然他没有说明其具体位置，钱坫则谓大苏山即东陵，今商城县东南五十里。它与西陵的位置是相对称的。东陵、西陵名称正符合黄淮平原的地理特征。所谓陵，《尔雅注疏》卷七曰："大阜曰陵。"《疏》："如陵，陵丘。"注："陵，大阜也。"释曰：

---

① 钱穆：《史记地名考》，中华书局 2004 年版，第 551 页。

② 诸祖耿：《战国策集注汇考》，江苏古籍出版社 2008 年版，第 377 页。

"丘形如大阜者名陵丘。"说明陵是黄淮平原比较高的地形。西平为西陵之说正符合该地区的地理特征。西平西部为伏牛山余脉，有陵丘地，所以《水经注·溾水》云："汉曰西平，其西吕墟，即西陵亭也，西陵平夷，故曰西平。"那么战国时期的西陵又为何改称西平？现在看来《汉书·地理志》汝南郡在西平属汉时置县一说可能有误。因为在武威汉简中有"河平元年汝南西陵县昌里"的记载。《人民政协报》2000 年 10 月 23 日发表了西北师大李并成先生的文章《武威王杖简与汉代尊老扶弱制度》，该文记述了 1959—1981 年甘肃省武威先后出土了木鸠杖三根，王杖诏令简枚 36 枚。其中"河平"简称是汉成帝的年号，说明汝南郡的西平此时还是被称为西陵。到公元 9 年王莽下令变法改制中，才将"西陵"改为"新亭"。王莽不到 15 年政权就垮台了。"新亭"之名随之废止。最近在汝南郡郡治平舆县古城村发现一批封泥群，有西平封泥为"东汉汝南封国状况提供了确切材料。"此说明西平之名，应始于东汉。[①] 所以《后汉书·郡国志》才有西平县的记载："西平（有铁），有柏亭，故柏国。"因此，我们认为西平县的设置是在东汉时期，而不应在西汉。王莽时改西陵为新亭，后改为西平。这段行政区划的变迁说明古之西陵国应是在今河南西平县，西汉为西陵县地。古之西陵当为嫘祖故里，应无问题。

三　嫘祖养蚕取丝问题

嫘祖，是以发明养蚕取丝而著称于世的。关于此说法，有的先生认为是很晚出的传说记载，"发明养蚕一说决不是事实。"又说"到宋元时代，在古农书（蚕书）中奉嫘祖为蚕神才逐见风行。"此说值得研究。

首先嫘祖见于金文，陈直曰："《愙斋集古录》卷十六，二十五页，有稣甫人作'嬴妃妃媵匦'，又《攈古录》金文一一三，三十三页，有'嬴妊作安壶'，孙诒让《古籀余论》云'嬴字疑为嫘祖'二字合文，知黄帝元妃嫘祖，事或有征。"[②] 嫘祖养蚕取丝一说是否在宋代才盛行起来呢？皇甫谧《帝王世纪》说："黄帝垂衣而天下治。""黄帝垂衣裳。"又

①　孙慰祖：《汉汝南郡新见封泥群史征》，《中国文物报》2006 年 9 月 22 日。

②　陈直：《史记新证》，天津人民出版社 1979 年版，第 1 页。

说"黄帝始去皮服，为上衣，以象天也。"① 对于黄帝"垂衣裳而天下治"如何解释？孔颖达曰："黄帝已上衣鸟兽之皮，其后人多兽少，事或穷乏，故以丝麻布而制衣裳，使民得宜也。"（见《农桑辑要》注）这里已明确提出黄帝时代应是以丝麻布帛而制作衣裳的时代。古书中虽然没有说明养蚕是黄帝之妻嫘祖，但是在罗泌《路史》里引《淮南王·蚕经》中说："西陵氏劝蚕稼，亲蚕始此。"此书被认为是宋人伪书不可靠。《中国农学书录》（1964 年版）的第 53 页《淮南王·蚕经》中引有此条。《授时通考》卷十二所引《淮南子》第 4 条，《蚕经》云："黄帝元妃西陵氏始蚕，盖黄帝制衣裳因此始也。"（第 1647 页）我们认为《淮南子·蚕经》不太可能是宋人伪托的书。因为我们知道，在现今保存的《淮南子》一书中有佚文，其中在《淮南子》中已有养蚕之事的记载。《淮南子·泰族训》卷二十曰："原蚕一岁再收，非不利也，然而王法禁之者，为其残桑也。"这条材料说明《淮南子·蚕经》是可能存在的，最早的汉人氾胜之《蚕经》已经佚失，《淮南子·蚕经》一书到后来可能也佚失不存在了。从蚕史研究的成果来看这是完全可能的。北京图书馆主编的《中国古农书联合目录》著录现存的古蚕书专著有 120 种，是以东汉王景撰的《蚕织法》为最早。《旧唐书·经籍志》和《新唐书·艺文志》中均著录有《蚕经》一种，但未载撰者姓氏。这些蚕书大概早就失传。可是，有的先生认为《淮南子·蚕经》既不见北宋以前的书目，又不为北宋以前的人所转引，所以肯定此书乃北宋时代所写而伪托于刘安的。② 此推断似乎有些武断。如果此书是伪书，那么北宋人伪托刘安写《蚕书》的动机又是什么呢？对其原委说明不清，恐怕难以使人信服。

唐朝杜佑《通典》卷四十六谈道："汉皇后蚕于东郊。其仪，春桑生，皇后亲桑于苑中。蚕室养蚕千薄以上，祀以中牢羊豕。祭蚕神（日）[曰] 苑窳妇人，寓氏公主，凡二神。群臣妾，从桑还，献于茧馆，皆赐从桑者丝。皇后自行。窳音俞。"又说："后汉皇后四月，帅公卿列侯夫蚕。""祀无蚕，礼以少牢。"③ 又说"北齐为蚕坊于京城北之西，去皇宫十八外。"又说："每岁季春，谷雨后吉日，使公卿以一太牢祠先蚕黄帝

---

① 徐宗元：《帝王世纪辑存》，中华书局 1964 年版，第 20 页。
② 章楷：《我国的古蚕书》，《中国农史》1982 年第 2 期。
③ （唐）杜佑：《通典》，岳麓书社 1995 年版，第 668 页。

轩辕氏于坛上，无配，如祀先农。"这里古人在祭黄帝蚕桑时，却没有提到西陵氏嫘祖。可是按"后周制，皇后乘翠辂，率六宫三妃、三娀、御媛、御婉、三公夫人、三孤内子至蚕所，以一少牢亲进，祭奠先蚕西陵氏神。"① 在这里虽然没有直接提到黄帝妻嫘祖，但毫无疑问已奉西陵氏为蚕神。很明显这是宋以前供奉西陵氏嫘祖为蚕神的史实。这一点是毋庸置疑的。所以《通典》卷四十六又说唐代"皇后张工，并有事于先蚕。其仪备《开元礼》"。这不是偶然的。

其实这种祭蚕神的仪礼，在汉代就有了。《后汉书·礼仪上》曰："是月，皇后帅公卿诸侯夫人蚕，祠先蚕，礼以少牢。"刘昭注曰："《汉旧仪》曰：春桑生而皇后视 ［亲］ 桑于菀中。蚕室养蚕千薄以上。祠以中牢羊豕，（今）（祭）蚕神曰苑窳妇人，寓氏公主，凡二神。……晋后祠先蚕，先蚕坛高一丈，方二丈，为四出陛，陛阶五尺，在采桑坛之东南。"② 这些事实在元代《农桑辑要》中也有反映。《农桑辑要》卷一曰："汉制祭蚕神曰实苑窳妇人、寓氏公主。"又说"北齐先蚕祠，黄帝轩辕氏，如先农礼，后周祭先蚕西陵氏。"

不仅如此，对于蚕神祭祀之史事起源或可追溯到殷商之际。所以胡厚宣先生说："殷代蚕有蚕神，称蚕示……或与𢆶示同祭，或与𦥑示同祭，或与上甲同祭，乃被崇拜为远古神灵之一。"③ 此蚕神虽没有明确提为嫘祖，但中国是世界上养蚕织丝最发达的国家，对蚕神的祭祀应具有悠久的历史，这是没有疑问的。

四　西平嫘祖与中国蚕桑的起源

西陵氏嫘祖发明种桑养蚕，西平与中国蚕桑的起源有密切关系，关于此在古史中还可以找到一些证据。

1. 《水经注·潕水》说："（潕水）又东过西平县北。""又东过郾县南。又东过定颍县北，东入于汝。"潕水即舞水，古汝水支流，故道在今河南舞阳市和西平县境。值得注意的是，舞字写法与丝绸有密切关系。舞

---

① （唐）杜佑：《通典》，岳麓书社 1995 年版，第 669 页。
② （汉）班固：《后汉书·礼仪上》，中华书局 1965 年版，第 3110 页。
③ 胡厚宣：《殷代的蚕桑和丝织》，《文物》1972 年第 11 期，第 6 页。

字隶作鸚形在甲骨文中作如下数形①：

徐中舒先生说："象人两手执物而舞之形，为舞字初文。《说文》：'舞，乐也。用足相背。从舛、无声'。"舞字若像人两手执物而舞，那所执是何物，徐先生没有解释。过去有人认为是执牛尾，这与农业民族的习俗不相符合，我们认为应是手执丝绸之类的东西。《甲骨文字典》中有徐中舒先生解释："㸚，（舞）从舞形从千，所会意不明。疑为舞之异构。"又说："疑为用于祭祀之舞乐。"② 其实舞字的本意应是手执丝物。✦表示桑叶，战国时期青铜器的采桑图就作此形。

本图引自夏鼐：《我国古代蚕、桑、丝、绸的历史》，《考古》1972 年第 2 期，第 13 页。

---

① 徐中舒：《甲骨文字典》，巴蜀书社 1990 年版，第 630 页。
② 同上书，第 631 页。

现将甲骨文中有关蚕、桑、丝、帛等象形字意，摹录如下：

从此上诸形可以看出⿱应为丝的简形，帛从⿱形。离西平不远的许昌的许就作鄝。古代的鄝国即许国在今河南许昌市东。[1] 鄝与许相通，是假借字。舞水是汝水支流流经西平而得名，其得名与西平为嫘祖故乡发明养蚕织绸丝有关，这是很明显的。

2. 现代昆虫学家大都认为家蚕是从野蚕发展而来，现已有大量证据证明野蚕是家蚕的直接祖先，但对家蚕系统分化却有不同的观点。许多学者赞同多化性分化最早，家蚕有多个起源中心的说法。根据昆虫学家研究，野桑蚕收集在我国东、西、南、北部分有代表性的地区，产地包括：①杭州野桑蚕；②周至野桑蚕；③安康野桑蚕；④重庆野桑蚕；⑤武汉野桑蚕；⑥合肥野桑蚕；⑦镇江野桑蚕；⑧浒关野桑蚕；⑨吴江野桑蚕；⑩许昌野桑蚕；⑪沈阳野桑蚕。这11个县具有地域代表性的中国野桑蚕中陕西—四川—重庆一带的野桑蚕遗传背景较为复杂，而且遗传距离也部分表现为：野桑蚕以陕西为中心向其他地区辐射。[2] 西平县处在野桑蚕向家蚕的辐射区内，其附近的许昌地区就是中国11个具有地域代表性的家蚕起源地之一，所以科学研究的成果，也从一个侧面证明西平可能是中国家蚕养殖的起源地之一。

3. 由古西陵向西南，进入伏牛山余脉有蜘蛛山，此山属低山地区，海拔520.8米左右。相传嫘祖就是从蜘蛛织网中受到启发，发明利用蚕茧抽丝织布成衣，后来为纪念嫘祖的丰功伟绩，蜘蛛山被人们称为始祖峰。

---

① 史为乐主编：《中国历史地名大辞典》，中国社会科学出版社2005年版，第2798页。

② 鲁成、余红仕、向仲怀：《基于RAPD分析的中国野桑蚕和家蚕遗传多样性和系统发育关系研究》，《昆虫学报》2002年第2期，第198—203页。

在蜘蛛山顶，有一座始建年月无考的庙宇。原庙有正殿三间和东西厢房，现还保存有石磉、碑座、残碑、残砖瓦等遗物。相传是人们纪念嫘祖发明养蚕而建，因此称为始祖庙。在 1949 年以前每年的阴历四月十三日，当地人民举办传统的嫘祖庙会，追思嫘祖养蚕的功绩。在西平县境内的师灵岗、五沟营镇、专探乡、吕店乡、出山镇和西平县城分别有多处嫘祖庙或娘娘庙，这些与嫘祖文化密切相关的历史遗迹，应注意保护。这是研究嫘祖文化的重要历史见证。关于此，谢文华、高蔚先生有过论述，不再赘述。

五　考古发掘证明在我国养蚕有悠久的历史

养蚕织丝在我国具有悠久的历史。1926 年，在山西夏县西阴村发掘的仰韶文化遗址，据说发现了一个"半割"的蚕茧，"那割的部分是极平直。"[1] 许多学者都认为这是我国养蚕业出现的证据。但夏鼐先生认为是很靠不住的，大概是后世混入的东西。并进一步强调，认为我们不能根据这个靠不住的"孤证"，来判定仰韶文化有养蚕业。[2] 1921 年安特生在锦西沙锅屯江山文化遗址中又发现大理石制成的蚕形饰，日人石英一郎在《桑蚕起源》一文中确认为是石蚕。现存的红山文化的玉蚕已达 6 件之多。[3]

1982 年，在巴林右旗那日斯立新石器时代红山文化遗址中出土了 34 件真玉雕琢的玉蚕和 1 件巴林石雕琢的石蚕。[4] 1958 年在浙江吴兴县钱山漾遗址发现距今 4710 ± 100 年的绢片、丝带，经鉴定认为是家蚕丝织成。[5] 20 世纪 70 年代，在山西芮城县西五城发现新石器时代的陶蛹。[6]

20 世纪 80 年代，在北京市平谷县上宅、河北省正定县南杨庄、陕西

①　夏鼐：《我国古代蚕、桑、丝、绸的历史》，《考古》1972 年第 2 期，第 13 页。
②　张永红：《论红山文化反映的原始宗教纹饰》，《世界宗教研究》1995 年第 3 期。
③　吴岚、钱德海：《尚玉习俗与蚕文化》，《内蒙古文物与考古》2000 年第 2 期。
④　同上。
⑤　浙江省文化管理委员会：《1958 年浙江吴兴钱山漾发掘简报》，《考古学报》1960 年第 2 期。
⑥　中国科学院考古研究所山西工作队：《山西芮城东庄村和西王村遗址的发掘》，《考古学报》1973 年第 1 期。

省神木县石峁和辽宁省锦西沙锅屯新石器时代遗址都发现陶蚕蛹或玉蚕。其中南杨庄发现的两件陶蚕蛹长 2 厘米，宽、高均为 0.8 厘米，属于仰韶文化时期。由此可见，在五六千年前史前先民已经掌握植桑、养蚕、缫丝的技术。[①] 在这里还应强调说明的是，1980 年、1981 年在河北正定南庄仰韶文化遗址中出土的两件陶蚕蛹，其中一件经中国科学院动物研究所昆虫学家鉴定系家蚕蚕蛹。[②] 此外在河南淅川下王岗遗址曾出土有陶蚕。[③]郑州大河村遗址出土的彩陶中也有蚕形图案。[④] 在荥阳青台仰韶文化遗址瓮棺葬中发现有纺织品标本，经上海纺织科学院鉴定，这些织物不仅有用麻织的布，而且还有用蚕丝织的帛和罗。[⑤] 根据以上考古材料的研究，有的学者认为家蚕驯化的历史可推测到 6000—7000 年。[⑥] 这个推论应该是正确的。而这一时代正属于仰韶文化时期，黄帝妻嫘祖发明养蚕织丝的事实并非虚有。许多蚕史专家都认为，中国家蚕起源于黄河中游这一中华民族的发祥地。[⑦] 这就更进一步证实中国养蚕丝织应产生于仰韶文化的黄帝时代。这个结论应该说是可靠的。

（与陈昌远先生合作，发表于《嫘祖文化研究》，文物出版社 2007 年版）

---

① 陈文华：《农业考古》，文物出版社 2002 年版。
② 唐云明：《浅述河北纺织业上的几项考古发现》，中国纺织科技资料（第五集），北京纺织科学研究所，1981 年。
③ 河南省文物考古研究所：《淅川下王岗》，文物出版社 1989 年版。
④ 郑州市博物馆：《郑州大河村遗址发掘报告》，《考古学报》1979 年第 3 期。
⑤ 张松林：《荥阳青台遗址出土纺织物的报告》，《中原文物》1999 年第 3 期。
⑥ 郭郛：《从河北省正定南庄出土的陶蚕蛹试论我国蚕的起源问题》，《农业考古》1987 年第 1 期。
⑦ 段佑云：《家蚕起源于黄河中游中华民族发祥地》，《农业科学》1983 年第 3 期。

史前城址与中原五帝时代文明

任式楠先生说："我国史前城址的出现是聚落形态发展史上一次质的飞跃，也是一定历史阶段社会发生剧烈变革的一种显著反映。凸显于大城上的城垣，或再围以护河、沟壕，这是史前专有的一项大型设防系统工程。"① 从目前考古发现的古城址来看，其分属 8 个以上的考古学文化，空间分布划分为五大区域：其中黄河中下游华北平原地区、长江中游两湖平原地区、长江上游四川盆地和内蒙古高原河套地区总数在 50 座左右，另外还有长江下游太湖周边地区。对以上城址的分布，严文明先生曾有一个具体的统计："陆续发现的早于二里头文化的史前城址，1991 年以前有 20 多座，1995 年即增加到 30 座，到 1997 年更达 40 多座，现在已知有 50 多座了，发现速度是十分迅猛的。"②

一

通过对史前城址考古发掘材料的研究可以得出以下几点认识：

一些先生认为：在公元前 3000 年以前，也即仰韶文化晚期和大溪文化、大汶口文化阶段为中国史前城址初现时期。从公元前 3000 年开始，中国史前城址开始进入它的发展阶段。到公元前 2600—公元前 2000 年的时候，中国史前城址已达到全盛时期。③ 对于以上三个时期的划分我们基本赞同，对其中一些规律性的探索却有些不同的看法。余介方先生认为："中国史前城址进入中期阶段以后，一批城址开始在长江中游集中出现，

①　任式楠：《中国史前城址考察》，《考古》1998 年第 1 期。
②　严文明：《文明起源研究的回顾与思考》，《文物》1999 年第 10 期。
③　余介方：《从史前城址看中国文明的起源》，《中原文物》2003 年第 4 期。

以湖北天门石家河城及其附属遗址为典型，另外还发现有湖北荆门马家院江陵阴湖城、石首走马岭等大致均属于屈家岭文化及石家河文化早中期的几座古城。在上游地区的成都平原则发现有新津宝墩、都江堰芒城、温江鱼凫城、郫县古城、崇州双河城等 5 座，这些城址中，其规模最大者 120 万平方米（石家河），最小者亦有七八万平方米（走马岭），形制均不规整，有近似圆形，不规则长方形、梯形，甚至五边形等，主要是因地形而筑城墙，由地面堆积而起，不挖基槽。有的有护城壕。而到中期阶段黄河流域出现二十余座城址，黄河流域主要是在河南、山东境内，城墙的修筑一般都是先挖基槽，土坯夯筑，还有用先进的小板筑法。形制上城址除极少数呈圆形，不规则椭圆形外，绝大多数为长方形和方形。余先生认为这是黄河流域城址明显区别于长江流域的地方。除此之外，余先生还认为："黄河流域的城址大小不一，三、四十万平方米的仅有 2 座，10 多万至 20 万平方米的有 5 座，其余在五六万平方米及其以下的城址占了总数的大半，显示其总体规模又不及时代上稍早的长江流域。"① 这个评估，我们认为应该做一些补充说明。

作为城址，仅从规模上看，好像长江流域城址比黄河流域城址规模大，黄河流域没有像石家河城址 120 万平方米的城址，这是客观存在的事实，这可能与各地区人口密度不同有关。作为城址建筑，尤其是在探讨中国文明起源这个问题上，不能仅看表面的东西，应该看城址的内涵。很明显在筑城技术上，北方早期古城都采用夯土城墙筑法，先挖基槽，而且筑城技术到中期又有新的发展，筑城技术更加成熟。值得注意的是在新密市古城寨城址，城中发现大型宫殿基址和大型廊庑式建筑，不仅反映了当时城建规划、夯筑技术和土木建筑技术的进步，而且又体现了使用者所具有的至高无上的权威地位。同时为二里头文化中的大型宫殿和廊庑式建筑找到了源头，这些都说明中原地区已处在中国文明起源的前夜，社会即将进入以阶级和国家为特征的文明时代。在这里应该进一步指出的是，我们应看到宫殿遗址的出现及其所具有的重大意义。这是黄河流域城址与长江流域古城址在发展程度上最主要的不同之点，也反映其发展的进步性。同时也从一个侧面说明礼仪制度在初步形成中，贫富等级已有明显的分化。所有这些都表明黄河流域的文明进程比长江流域快，这也是黄河流域经济发

---

① 余介方：《从史前城址看中国文明的起源》，《中原文物》2003 年第 4 期。

展的必然结果。

　　史前黄河流域、长江流域城址的大量出现，标志着中国社会生产整体水平已达到相当高的程度，我们知道任何一个城址工程都不是由一个人的能力所能办到的。考古发现一般都在三四万平方米以上，大的如石家河城址达到 120 万平方米，这些城址的墙垣周长即使以 800 米来计算，也需要土石达几十万立方米，这还不包括墙垣外宽二三十米、深三十米的城沟，所以余介方先生说："城址的修筑绝非一村一寨之力所能为之，而只能是成千上万个人力在长时间内劳动的结晶，清楚地表明当时的氏族公社或部落集团已经具有从事非生产活动和营造大规模工程的物质基础。"① 在这里应有两点值得注意：一是凭靠这些力量从事劳动已达到超越氏族或部落的组织范围。修筑城址一定要有一个更高的权力机构作为承担这方面工程的组织者。二是要供给这样多的人力、物力的物质需要，这就充分表明当时社会生产力的水平已达到一定的高度，不然是不会完成这一工程的。所以，有的先生说："汇集诸种代表当时社会经济文化发展最高水平的文明要素于一处的这些都邑，已步入城市的行列。它的出现，标志着城市差别的产生，国家的形成和文明时代的到来。"② 有的先生还进一步指出："不同的城址类型所体现的生产力水平和社会等级也有所不同，其中夯土城墙所需的劳动量和用工量都大，并需要一定的社会组织能力，因而它的建造不是生活在简单聚落内的人所能完成的。"③ 同时还须指出，目前我们的"研究不能停留在城垣上，更重要的是它的内部设施，从行政管理机构到垃圾的处理等都是一个城市内非常重要的方面"。④ 除此我们还认为应注意城址内是否包含有经济内容，这一点也绝对不能忽略。

二

　　史学界、考古学界一般都认为，传说中的五帝时代应大体上与龙山时

---

　　① 余介方：《从史前城址看中国文明的起源》，《中原文物》2003 年第 4 期。

　　② 许宏：《先秦城市考古学研究》，燕山出版社 2000 年版，第 50 页。

　　③ 本刊记者：《中国古代文明起源及早期发展国际学术讨论会纪要》，《考古》2001 年第 12 期。

　　④ 同上。

代相当。我们也认为中国历史上应存在过"五帝时代"。① 五帝时代不仅有不同族群、不同部落之间相互争战，而且更有不同族群和部落的互相融合，不仅如此，五帝活动的舞台背景又恰是中国仰韶文化与龙山时代各文化发达的区域，特别是黄河中下游地区，这个地区所处的地理位置、气候变化、资源危机，气温失调、洪水泛滥，对于促使这一时期国家文明的出现产生了重大作用。

首先从地理条件看，为什么国家文明没有在辽河流域、长江流域形成，而偏偏在黄河流域的中原地区产生，我们认为地理环境发挥了至关重要的作用。首先从黄河流域气候与地理环境条件看，古今差别很大。② 现在的中原地区河流稀少，湖泊大多消失，但是远古时期河渠密布，湖泊星列，华北地区与今江淮之间类似，地势平坦，气候潮湿，林木茂盛，水陆交通便利，成为人类聚邑天然存在的良好环境。当然并不是说有了优越的地理条件，就一定会产生国家文明。但是作为国家产生的必要条件，优越的地理环境是其社会进步的基础。《史记·五帝本纪》记载黄河流域的黄帝与五帝时代，"迁徙往来无常处，以师兵为营卫"，考古发掘证明，黄河中下游还有大量的龙山时代的城址。考古工作者认为："城址，特别是龙山时代中晚期的城址，作为考古学证据，应是对古史传说中三皇五帝时大规模部落的直接反映。"③ 这种说法应是正确的。

徐旭生先生研究中国古史传说中的五帝时代后曾指出，中国古史传说时期大体上存在过华夏、东夷、苗蛮三大部落集团，他们之间相互混战不休，仅文献记载大规模的战争就有好几次，如炎黄之间的阪泉之战，黄帝与蚩尤之间的涿鹿之战，共工与颛顼之战，共工与祝融之战以及尧、舜征三苗等，值得注意，这些军事冲突和战争都发生在中原及其周边地区，龙山文化的墓葬、乱葬坑与城址大量出现在山东和河南龙山文化时代很可能就发生在这个时代的背景下。④

值得重视的是，近年来历史、考古学界把田野考古中很多遗址的内容

① 许顺湛：《五帝时代研究》，中州古籍出版社2005年版。
② 史念海：《由地理因素来试探远古时期黄河流域文化发达的原因》，《历史地理》1983年第三辑，上海人民出版社。
③ 余介方：《从史前城址看中国文明的起源》，《中原文物》2003年第4期。
④ 叶文宪：《部落冲突与征服战争：酋邦演进为国家的契机》，《史学月刊》1993年第1期。

开始与古史传说中的某些记载相印证，这是一个新的可喜现象。

如对龙山文化王油坊类造律台类型，李伯谦先生认为：“可能是帝舜有虞氏的文化，”① 李先生赞同其为东夷族文化。陶寺类型可能就是帝尧陶唐氏。山东大汶口文化与龙山文化，与太昊、少昊联系起来考虑，下王岗类型则可与三苗集团的屈家岭文化联系起来等等，这些不同地区的区域性文化，在经历相当长的时期的稳定和繁荣后，必然地会产生各个种族和文化圈之间的相互碰撞，于是战争是无法避免的。这就进一步证明古史传说是有一定的真实性，这一段时间属于中国早期国家产生的过渡期。

我们知道五帝时代，是野蛮社会的高级阶段，同时也是人类社会发展史上的关键时期。这个时代之所以被称为“部落联盟和军事民主制时代，是因为战争以及进行战争的组织已成为民族生活的正常职能”，② 历史文献的记载有不少反映了这个时期的战争特点，《逸周书·尝麦解》记载：“昔天之初，诞作二后，乃设建典，命赤帝分正二卿，命蚩尤，宇于少昊以临四方，司□□上天未成之庆。蚩尤乃逐帝，争于涿鹿之阿，九隅无遗。赤帝大慑，乃说于黄帝，执蚩尤，杀之于中冀”。③ 《逸周书·尝麦解》是一篇向祖先祭献新麦的一种仪式介绍。中冀就是冀中，这段话是叙述蚩尤追逐炎帝，在涿鹿之地相争，炎帝大为恐惧，就向黄帝求救。黄帝抓住蚩尤，在冀中杀掉他。冀中应在今河北省一带。《大戴礼·五帝传》也说：“黄帝与赤帝（炎帝）战于阪泉之野，三战然后行其志。”《淮南子·天文训》：“昔者共工与颛顼争为帝，怒而触不周之山，天柱折，地维绝。”《史记·楚世家》也说：“共工氏作乱，帝喾使重黎诛之而不尽。”《淮南子·原道训》说共工“与高辛争为帝，逐潜于渊，宗族残灭，继嗣绝祀”。《左传》昭公元年曰：“昔高辛氏有二子，伯曰阏伯，季曰实沈，居于旷林，不相能也。日寻干戈，以相征伐。”《孙膑兵法·见威王》曰：“尧有天子之时，黜王命而弗行者七，夷有二，中国四，……素佚而致利也，战胜而强立，故天下服矣。”《淮南子·修务训》：“舜……南征三苗，道死苍梧。”《战国策·魏策二》：“禹攻三苗，而东夷之民不起。”《吕氏春秋·召类》：“禹攻曹魏、屈骜，有扈，以行其教。”

---

① 李伯谦：《论造律台类型》，《文物》1983 年第 4 期。
② 《马克思恩格斯全集》第 21 卷，人民出版社 1957 年版，第 187 页。
③ 黄怀信：《逸周书校补注译》，西北大学出版社 1996 年版。

《荀子·议兵》："禹伐共工。"《墨子·非攻下》曰："禹亲把天子之瑞令，以征有苗"等，正是由于这些原始部落间战争，才促使各文化间多方位、多角度和深层次的迅速碰撞、交流和融合，从而推进中原地区国家文明的出现。

三

严文明先生在为钱耀鹏的著作《中国史前城址与文明起源研究》写序时曾这样提道："值得注意的是，当长江流域中下游的城址发展到公元前2600年左右时就相继衰败了，而黄河流域中下游城址则进入大发展的时期。一些城址的建筑技术明显比长江流域的城址为高。尤以中原地区最为突出。"在钱耀鹏先生的著作中，绘有一幅中原山东龙山城址与文化类型分布关系图，该图如下页所示：

从该图可以看出，中国古代文明的进程中，基本上是可以划分为东、西两个文明圈。一个是以山东鲁西南与河南濮阳地区连接组成的东方文明圈，这个文明圈就是文献上记载的五帝时代，帝颛顼、帝喾、尧舜的活动区。近年来，山东省的考古工作者曾经在鲁西南聊城地区徒骇河上游先后发现了以茌平县和阳谷县为中心的两个古城遗址群。1994年又发现八座龙山文化城。这八座龙山文化城址，分南北两组。南组3城，即阳谷景阳岗、皇姑冢和王家庄龙山城，以景阳岗龙山城为中心。北组5城，即茌平县的教场铺、大尉、乐山铺（三十里铺）、尚庄和东阿县的王集龙山城。以教场铺龙山城为中心。综观这两组龙山城和这两个古文化中心的龙山文化遗址，具有如下特征：首先，每组的龙山城都有一座30万—40万平方米的中心城，中心城内都有一小一大的大型夯筑台址，小台都居东，大台都在西。其次，中心城周围有若干小城，已知阳谷组有2座，茌平组有4座，实际上都可能超过此数。它们的面积大都在3万—4万平方米，其中阳谷组的皇姑冢较大，约6万平方米。[①] 张学海先生认为："茌平、阳谷所在的聊城地区，属《禹贡》兖州之域，汉为东郡地，处于冀、鲁、豫三省交汇地带的东部。冀、鲁、豫三省交汇地带是黄河中下游和华北、东北

---

① 张学海：《鲁西两组龙山文化城址的发现及对几个古史问题的思考》，《华夏考古》1995年第4期，第50页。

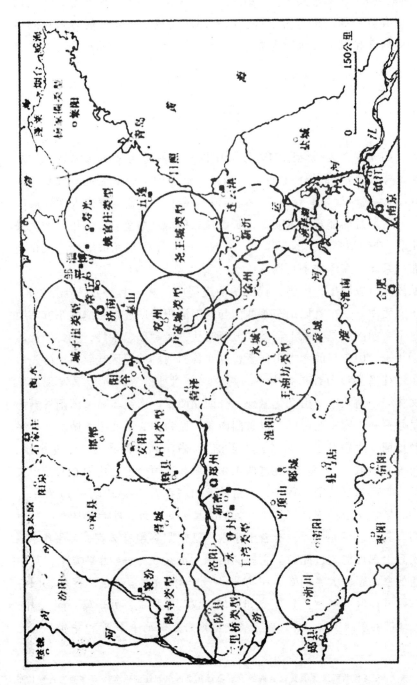

中原山东龙山城址与文化类型分布示意图（引自钱耀鹏书，第95页）

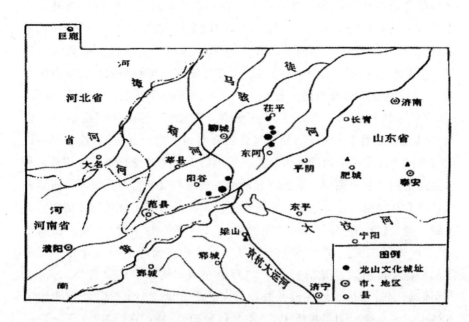

鲁西龙山文化城址分布图（1:2000000）（据张学海先生文）

三方文化最先接触、交融的中心区，是中国古史演进的一个极其重要的舞台，五帝时代的一些重大历史事件都发生在这里。"[1] 张先生还考证："茌平龙山古国就是有虞氏，校场铺龙山城可能就是舜都。"[2] 所以我们认为在这一区域内形成了古代一个东方文明起源圈，或称文明中心所在。这个区域正是历史文献上记载五帝时代颛顼、帝喾、尧舜的重要活动区域。《御览·皇王部》引《世本》说："相（土）徙商丘（即帝丘）本颛顼之虚。《史记·郑世家》的迁阏伯于商丘。"《集解》引贾逵云："商丘在漳南。"《汉书·地理志》曰："东郡治濮阳县，卫成公自楚丘徙此，故帝丘，颛顼墟。"古以商丘、帝丘为一地，在汉濮阳县。帝喾为五帝之一。徐中舒先生说高辛氏帝喾与太皞、少皞有关。喾、皞古音都是幽部互通，皞即高氏的部国。少皞氏故地在鲁，太皞氏在陈。这是皞族迁徙于不同地

① 张学海：《鲁西两组龙山文化城址的发现及对几个古史问题的思考》，《华夏考古》1995年第 4 期。

② 张学海：《从考古发现谈鲁西南地区古史传统的几个问题》，《中原文物》1996 年第 1 期。

区而得名的。"① 《左传》文公十八年说："昔高阳氏（帝喾）有才子八人。"《左传》昭公元年说："昔高辛氏有二子，伯曰阏伯"，"迁阏伯于商丘"。商丘即帝丘在今河南濮阳。帝喾的葬地，史书也有记载，《史记·五帝本纪集解》引《皇览》说："帝喾冢在东郡濮阳顿丘城南台阴野中"，《山海经·海外南经》也说："狄山，帝尧葬于阳，帝喾葬于阴。"《山海经·大荒南经》也说："帝喾葬于岳山。"郭璞注"岳山即狄山也"。《元和郡县志》曰："顿丘是狄山在县西北三十五里"，这条材料说明帝喾的葬地是在今濮阳有帝喾陵，后因行政区划的变化划归内黄县地是有其缘由的。由于颛顼、帝喾兴起活动在冀南与豫北这个区域内，所以葬此也就有其理由。值得注意，在这个区域内也是古代尧舜初期活动的重要区域。尧，《竹书纪年》说："尧居冀"，"（尧）封于唐，（尧）游居于陶"。陶地《说文》说："陶丘在济阴，即今山东菏泽县。"《史记·五帝本纪·正义》引《括地志》说："陶地在蒲州河东县即今晋南"，又引《括地志》曰："故尧城在濮州鄄城县东北十五里。"尧葬何地，《史记·五帝本纪·集解》引皇甫谧说："谷林即城阳。"成阳在哪里？《正义》引《括地志》说："雷泽县本汉成阳县。""尧陵在濮州雷泽县西三里。"

　　舜的出生与活动地区应该就在今河南濮阳县一带，我们在《尧舜故里探寻》一文中有详细论证，不在此赘述，亦可见濮阳县人民政府出版的《帝舜故里》一书。

　　（与陈昌远先生合著，发表于张新斌先生主编《颛顼帝喾与华夏文明》，河南人民出版社 2009 年版）

---

① 　徐中舒：《先秦史稿》，巴蜀书局 1992 年版，第 19 页。

《史记·五帝本纪》中的黄帝

一　科学而严谨的司马迁

司马迁是中国历史上伟大的史学家。《史记》首篇的《五帝本纪》追述了中国早期历史上的黄帝、颛顼、帝喾、帝尧、帝舜五帝的事迹，在《五帝本纪》之后，司马迁才按照《夏本纪》《殷本纪》《周本纪》《秦本纪》的顺序追述了夏、商、周、秦等中国早期的王朝历史，足见五帝时代在司马迁心中的地位是十分重要的。

生活在西汉时代的司马迁对遥远的黄帝等五帝事迹又是如何获知的呢？按照司马迁在《五帝本纪》中所说："学者多称五帝，尚矣。然《尚书》独载尧以来；而百家言黄帝，其文不雅驯，荐绅先生难言之。孔子所传《宰予问五帝德》及《帝系姓》，儒者或不传。余尝西至空桐，北过涿鹿，东渐于海，南浮江淮矣，至长老皆各往往称黄帝、尧、舜之处，风教固殊焉，总之不离古文者近是。予观《春秋》、《国语》，其发明《五帝德》、《帝系姓》章矣，顾弟弗深考，其所表见皆不虚。《书》缺有间矣，其轶乃时时见于他说。非好学深思，心知其意，固难为浅见寡闻道也。余并论次，择其言尤雅者，故著为本纪书首。"①

据此李学勤先生认为司马迁是采取历史文献与调查相结合的方法来进行五帝事迹研究的，他说：

"这和我们做人类学、社会学的研究是一样的，即'田野工作'。司马迁做了非常广泛的调查工作，他'西至空桐'（空桐山在现在的甘肃），

①　司马迁：《史记·五帝本纪》卷一，中华书局 1959 年版，第 46 页。

'北过涿鹿'（涿鹿就在北京附近，官厅水库的西边，现在还叫涿鹿），'东渐于海'（往东到了海边），'南浮江淮'（南边到了长江、淮河地区）。他在这些地方做什么呢？

'至长老皆各往往称黄帝、尧、舜之处，风教固殊焉，总之不离古文者近是'。

意思是说，那些地方都还代代流传着黄帝、尧、舜的传说。我们常说'行万里路，读万卷书'，司马迁就是一个典型。他不仅仅在图书馆看书，还要亲身调查，这一点我觉得非常重要。《五帝本纪》不仅综合了各种文献的说法，还与民间传说相对照。我想，今天我们研究上古的历史，也应该用这种方法，一方面通过文献，另一方面也要研究口头传说。司马迁通过这两种方法，得出的结论是'风教固殊焉，总之不离古文者近是'。意思是：各个地方有关五帝的传说有些差别，但综合起来看，它和古代的文献记载（这里主要是指《宰予问五帝德》和《帝系姓》）基本上是一样的。也就是说，他通过比较，认为《宰予问五帝德》及《帝系姓》基本上还是可信的。

'予观《春秋》、《国语》，其发明《五帝德》、《帝系姓》章矣，顾弟弗深考，其所表见皆不虚。《书》缺有间矣，其轶乃时时见于他说。非好学深思，心知其意，固难为浅见寡闻道也。余并论次，择其言尤雅者，故著为本纪书首'。

这里的《春秋》就是《左传》，《史记》中很多地方讲到《春秋》，指的就是《左传》，因为在司马迁看来，《左传》和《春秋》是分不开的，是一回事。司马迁说：《左传》、《春秋》能启发、证明《五帝德》和《帝系姓》。虽然它们的内容不是那么系统、深入，但都是有依据的。古书里的很多东西现在都没有了，但流散出来的材料还是存在的，这是他的结论。司马迁还是很自豪的，他说，若不是'好学深思，心知其意'，而是'浅见寡闻'的人，是不能够懂这个道理的。他把他搜集到的资料中最重要的内容都记录下来，便有了这篇《五帝本纪》。"①

除了李学勤先生所谈，司马迁在撰述黄帝等五帝事迹过程中采取了历史文献和实地调查相结合的科学研究方法以外，司马迁对于黄帝

① 李学勤：《〈史记·五帝本纪〉讲稿》，三联书店2012年版，第17—18页。

等五帝事迹的采择过程中所依据的史料也是相当严谨的。按照司马迁自己的说法，其对黄帝等五帝事迹的采择有"雅驯"和"不离古文"两个标准。所谓"雅驯"，《正义》曰："驯，训也，谓百家之言皆典雅之训。"① 所谓"不离古文"，《索隐》曰："古文即《帝德》、《帝系》二书也。近是圣人之说。"② 这里的《帝德》即《宰予问五帝德》，是孔子的弟子宰予与孔子的对话；《帝系》又称《帝系姓》，这两篇文献集中了上古有关五帝的史料，今天都收在《大戴礼记》。它们是司马迁撰著《史记·五帝本纪》的重要依据，也就是司马迁所说的"古文"。在《五帝本纪》中司马迁反复强调，《帝德》跟《帝系姓》这两篇文献不仅是"雅驯"的，更重要的是这些文献材料"不离古文"。由于"不离古文"，所以其所记内容可以与《春秋》《国语》等文献相印证，而且"其所表见皆不虚"。"古文"是什么？徐中舒先生认为司马迁所依据的"古文"是战国时代六国流传下来的资料，是保存了古代人民对于过去的酋长各据一方及其互相次第代立的史传。这些传说的次第，经过战国的史家们根据当时人民渴望统一的要求，从他们生活在私有制社会形成的父子世及观念出发而整齐划一的，司马迁就是以这种观念而评定选用他认为是"雅驯"又"不离古文"的资料，抛弃了汉代流传的对于黄帝的许多"不雅驯"的传说，而著成《五帝本纪》。③ 因此，作为一名史学家，司马迁撰写《五帝本纪》的态度是严谨而科学的。

二　《五帝本纪》中的黄帝世系与黄帝崇拜

司马迁在《五帝本纪》中说包括黄帝在内的五帝事迹"非好学深思，心知其意"，而对那些"浅见寡闻"者则"难为道"也。司马迁把《五帝本纪》放在《史记》这部不朽历史著作的首篇，其下才是《夏本纪》《殷本纪》《周本纪》《秦本纪》，其中的匠心我们今日治史者又如何理解与揣摩呢？

---

① （汉）司马迁：《史记·五帝本纪》卷一，中华书局1959年版，第47页。
② 同上。
③ 徐中舒：《先秦史论稿》，巴蜀书社1992年版，第16页。

从《五帝本纪》及以降的诸本纪中的记载来看，司马迁坚定地认为《五帝本纪》中的远古帝王黄帝、尧、舜、禹等以及商、周的先世稷、契都是一族的。他们的世系是这样的①：

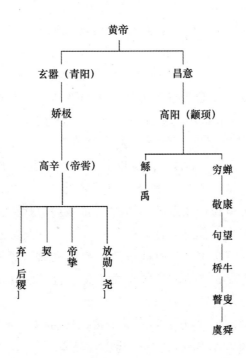

如果按照司马迁《五帝本纪》中的黄帝以下的世系，后来的先秦的主要朝代和人物都可以归于这一系统，这也就是我们至今仍要尊奉轩辕黄帝为人文初祖，而这也是我们自己常以黄帝子孙自居的原因。

既然《五帝本纪》中的黄帝、颛顼、帝喾、帝尧、帝舜都被司马迁尊为帝，那么以帝尊黄帝等人与先秦时期主要朝代人物和黄帝以下的世系又有什么关系？帝在殷周之时为帝礼，又做禘。徐中舒先生的《甲骨文字典》一书中帝字列有如下数形②：

① 徐中舒：《徐中舒历史论文选辑》，中华书局 1998 年版，第 972 页。
② 徐中舒：《甲骨文字典》，四川辞书出版社 2006 年版，第 23 页。

一期邺三·三四·五　一期遗六二二）　一期京二三八七　一期粹一三

二期　一期乙一七三

一期乙七〇〇　一期后上二六·五

二期粹八一一　二期后上二八·一四

三期甲七七九

四期撫续九一　四期粹一二　四期粹四三一　四期京四三六三

关于帝字的释义，徐先生认为卜辞禘不从示，象架木或束木以燔，并于其上加横画一或二以表示祭天。禘祭初为殷人祭天及自然神、四方之祭，其后亦禘祭先公先王。禘由祭天而引申为天帝之帝，又引申为商王之称号。帝字多从┭作"帝"，禘则多从□作"帝"，但亦通用。[1]

由此可见，帝祭仍是殷周时期的古老祭礼。此礼用于祭天、自然神、四方之神以及先公先王。禘礼的变革是一个较为复杂的问题，王辉先生有专文论述，在此本文不做深入探讨，但有一点应引起我们的重视，禘礼先是禘自然神，而后才禘本部族传说中的始祖及其自出。以周人而言，周人

---

①　徐中舒：《甲骨文字典》，四川辞书出版社 2006 年版，第 23—24 页。

之所以"禘其祖之所自出，以其祖配之"，原因就是他们以为本民族之始祖及其所自出也是神，是本民族的神祇，他死后灵魂得在帝之周围。殷遗宋人《叔尸镈》曰："虩虩成唐有严在帝所。"说的也是这种情形。正因为先帝在帝所，克配上帝，所以行禘祭时以其始祖配之。孙希旦《礼记集解》引赵匡曰："所自出，谓所系之帝。禘者，帝王既立始祖之庙，犹谓未尽其远追尊先之意，故又推寻始祖所自出之帝而追祀之。"① 所自出者是帝，始祖也是自然神，故得用大禘之礼祭之。故《国语·鲁语上》："有虞氏禘黄帝而祖颛顼，郊尧而宗舜；夏后氏禘黄帝而祖颛顼，郊鲧而宗禹；商人禘喾而祖契，郊冥而宗汤；周人禘喾而郊稷，祖文王而宗武王。"② 《礼记·大传》："礼不王不禘，王者禘其祖之所自出，以其祖配之。"郑玄注："自，由也。大祭其先祖所由生，谓郊祀天也。"③ 而司马迁生活的时代祖先崇拜与天神崇拜早已接近并混合，甚至说祖先崇拜早已压倒了天神崇拜，但以天神的尊号来称人王，对本民族的始祖及其所自出得进禘祭，大概就是司马迁所要传达给后世的"心意"吧！司马迁认为黄帝以下，即夏、商、周诸王朝的开创者都是可以归入黄帝系统的。因此，司马迁这样的设计又从另一个侧面证实了黄帝世系的可靠。这同时也是我们今天要尊奉黄帝为中华民族共同始祖的原因所在。

（张新斌主编：《黄帝与中华姓氏》，河南人民出版社 2013 年版）

---

① 孙希旦：《礼记集解》，中华书局 1989 年版，第 902 页。
② 徐元诰撰，王树民、沈长云点校：《国语集解》，中华书局 2002 年版，第 159—160 页。
③ 李学勤主编：《礼记正义》，北京大学出版社 1999 年版，第 997 页。

《史记·五帝本纪》中的颛顼帝喾

如何看待司马迁所写的《史记·五帝本纪》？这是人们读《史记》经常提出的一个问题，我同意徐中舒先生的看法。《五帝本纪》所列帝王世系，是"太史公根据古文资料《五帝德》、《帝系》（见《大戴礼》）而整理出来的"，徐先生又说："司马迁整理的系统，是有相当根据的。他所据的'古文'是战国时代六国传下来的资料，是保存了古代人民对于过去的酋长各据一方及其互相依次第代立的史传。这些传说的次第，经过战国的史家们根据当时人民渴望统一的要求，从他们生活在私有制社会形成的父子世及观念出发而整齐划一的，司马迁就是以这种观念而评定选用他认为'雅训'又'不离古文'的资料，抛弃了汉代流传的对于黄帝的许多'不雅训'的传说，而著成《五帝本纪》。"① 因此，我们对司马迁的《史记·五帝本纪》所记载的事实不能轻易否定，其史料价值是有其历史真实性的合理内核。

首先，值得我们注意的就是太史公依《世本》《大戴礼》以黄帝、颛顼、帝喾、唐尧、虞舜为五帝，谯周、应劭、宋均皆同。而孔安国《尚书序》、皇甫谧《帝王世纪》、孙氏注《世本》皆以伏羲、神农、黄帝为三皇，少昊、颛顼、高辛、唐、虞为五帝，这两个世系虽然有所不同，但对于颛顼、帝喾二帝，二说都是存在的，并没有否定抹杀其地位。《史记·五帝本纪》说："帝颛顼高阳者，黄帝之孙而昌意之子也"，又说颛顼"养材以任地，载时以象天"，对这句话应如何理解？我认为太史公是在强调颛顼时代的特点，颛顼重视农业生产，同时也注意天气的变迁与农业生产的关系。所以历史上曾出现过"颛顼历"的记载，历法的制定应与

---

① 徐中舒：《先秦史稿》，巴蜀书社 1992 年版，第 16 页。

颛顼有关。许顺湛先生说："《大戴礼·五帝德》中说颛顼'履时以象天'、'治气以教民'，就是指依靠天象历法指导农业生产，理四时五行之气以教化万民。"又说："黄帝时《调历》还不是十分完善，没有被后世所继承，颛顼在《调历》的基础上，有所发展，有所提高，有所完善，所以唐尧虞舜夏商周都沿用了颛顼的历法，史称《颛顼历》。在五帝三王时代这是比较成熟的历法。对后世产生极大的影响，因此说'历始于颛顼'、'颛顼为历宗'。"① 许先生这个评论应是恰当的。所以颛顼任用历、黎作为天文官，为中国古代的历法奠定了基础。在后来帝喾作了中原首领之后，把颛顼在天文学上的成就完全继承下来。所以《国语·周语下》说："颛顼之所建也，帝喾受之。"就是这个含义。颛顼时代注重农业、发展农业，必然要砍伐树木增扩农田。所以徐中舒先生说："龙山文化可能就是传说的高辛氏所建立的文化。'辛'即'薪'是树木，是以森林地带为其特征的。这是比较低下、阴森的生存地域，其地理位置也以黄河下游低地一带为主。"② 这就是说明古代五帝时代农业生产的地理条件的优劣是不可忽视的。

其次，宗教与礼制的规范化。我们知道古代礼制是规范人们思想和行为的，同时也是管理社会的重要手段。中国古代礼制的产生是与宗教结合在一起的，它是以原始宗教为其社会基础的。礼制的产生和发展应该说是社会的一种进步。《国语·楚语下》曾记载："颛顼受之，乃命南正重，司天以属神，命火正黎，司地以属民，使复旧常，无相侵渎，是为绝地天通。"这是颛顼时代一项重大的改革措施，他依靠南正重和火正黎两位得力的辅助，使地民与天神断绝沟通，只有颛顼和重、黎可以与天神沟通，随时可以传达天神的旨意，这无疑使颛顼成为天神的代言人、颛顼也就成为最高集权的宗教主，天神的意图就是礼制规范的依据，一切都能按规范办事，社会秩序也就安定了。《路史·疏仡纪·高阳》中说颛顼时代："立九寺九卿"和"五官"。"立九寺九卿"不能确指。只是注里说："盖因黄帝而益详。"说明颛顼时的社会组织结构，是继承黄帝而沿袭下来的。关于"五官"，注引《春秋传》云："句芒春官为木正，蓐收秋官为金正，祝融夏官为火正，玄冥冬官为水正，句龙后土中央为土正。"总

---

① 许顺湛：《五帝时代研究》，中州古籍出版社 2005 年版，第 88 页。
② 徐中舒：《先秦史稿》，巴蜀书社 1992 年版，第 17 页。

之，颛顼时正如《路史》所说："上缘黄帝之道而行之，修黄帝之道而赏之，弗或损益而致治平。"① 这说明颛顼在黄帝时代文明成果的基础上推进了中国古代社会的进步和发展，这一点值得肯定。

第三，颛顼之后为帝喾。帝喾也是五帝之一。《史记·五帝本纪》记载："颛顼崩，而玄嚣之孙高辛立，是为帝喾。帝喾高辛者，黄帝之曾孙也。高辛父曰蟜极。蟜极父玄嚣，玄嚣父曰黄帝。自玄嚣与蟜极皆不得在位。至高辛即帝位。高辛与颛顼为族子。"② 在这里说明帝喾是继颛顼之后而承帝位的。故《鬻子》一书是这样叙述帝喾的身世的："昔者帝喾，年十五而佐颛顼，三十而治天下。其治天下也，上缘黄帝之道而明之，学帝颛顼之道而行之。"进一步证实帝喾是继颛顼之后又一位有作为的历史人物。《史记·五帝本纪》这样记载："高辛生而神灵，自言其名。普施利物，不于其身。聪以知远，明以察微。顺天之义，知民之急。仁而威，惠而信，修身而天下服，取地之财而节用之，抚教万民而利诲之，历日月而迎送之，明鬼神而敬事之。其色郁郁，其德嶷嶷。其动也时，其服也士，帝喾溉执中而徧天下，日月所照，风雨所至，莫不从服。"以上文字是司马迁对帝喾一生的评价。而《正义》引皇甫谧《帝王世纪》也说帝喾："帝告（喾）高辛，姬姓也。其母生见其神异，自言其名曰夋。齝龀有圣德，年十五而佐颛顼，三十登位，都亳，以人事纪官也。"③

从以上记载来看，文献中的帝喾聪明、智慧、仁义过人，而且能够以身作则，使天下信服。同时还能诱导万民，会生财，善节用。他还特别注意天象历法和祭祀鬼神。在万民中顺天应时。德高望重，使普天下的人民都很顺从他。

关于帝喾在历史上的功绩，《史记》记载很少。但罗泌在《路史》中记载较多。关于此点，许顺湛先生在《五帝时代研究》一书中强调指出："帝喾能明黄帝之道，能遵颛顼之道，能节用修财，能治序三辰以治历明时，教民稼穑以因民。"④ 许顺湛先生还认为："帝喾时人与人之间相亲，饮食相与，守望相助，疾病相扶，耕以自养，长幼有序，左宗右社，明鬼

---

① 许顺湛：《五帝时代研究》，中州古籍出版社 2005 年版，第 90 页。
② 司马迁：《史记·五帝本纪》，中华书局 1959 年版，第 13 页。
③ 同上书，第 104 页。
④ 许顺湛：《五帝时代研究》，中州古籍出版社 2005 年版，第 92 页。

神而祭之。制礼作乐，政通人和，男有分，女有归，壮有用，老有终，四海同风，九州共贯，天下归往，人以乐生，都于亳殷。"① 许先生这段描述不仅总结了帝喾在中国古史上的功绩，而且还认为帝喾的时代是一个"四海同风，九州共贯，天下归往，人以乐生"的大同世界，因此，我们应充分关注颛顼、帝喾二帝在中国历史上的地位与贡献。

（张新斌主编：《颛顼帝喾与华夏文明》，河南人民出版社 2009 年版）

---

① 许顺湛：《五帝时代研究》，中州古籍出版社 2005 年版，第 93 页。

春秋赤狄皋落地望与皋落戈铭文释读

最近读《考古》2005 年第 6 期刘钊先生《上皋落戈考释》一文，受益匪浅，很有启发。上皋落戈是近年来出土的一件重要兵器，它对于研究春秋战国时期赤狄族的迁徙有着十分重要的意义。现不知皋落戈出土于何地？具体情况不甚清楚，故不敢妄言，现仅就刘先生文中所谈问题讲讲自己的一点看法，敬请刘先生指教。

一 东山皋落氏地望应在晋南垣曲皋落镇

首先谈皋落问题。刘先生认为"皋落"，即见于《左传·闵公三年》晋侯使太子申生伐东山皋落氏的"皋落"。《水经注·河水》："清水出清廉山之西岭……东流迳皋落城北。"杨守敬疏："《通典》，垣县有古皋落城；《元和志》，城在垣县西北六十里。唐垣县即今垣曲县。"杨伯峻的《春秋左传注》认为其地在今山西垣曲县东南的皋落镇，[①] 在这里，刘先生肯定太子申生所伐东山皋落是在山西垣曲县，那么皋落镇是在今山西垣曲县西北六十里，还是如杨伯峻先生所说在垣曲东南不知里许数。太子申生伐东山皋落是否就在垣曲县皋落镇，很早以前就有学者提出不同看法。

蒙文通先生在《周秦少数民族研究》一书中认为："东山皋落氏，于今为山西平乐县东皋落山。"刘昭引《上党记》："东山在壶关城东南，申生所伐者，今名平皋。皆当晋之东。旧说多以为垣曲县，则在晋南，不合称东山也。"[②] 那么现在疑问就出现了，太子申生伐东山皋落氏，究竟是在晋中乐平县（今山西昔阳县），还是在晋南垣曲县呢？

---

① 刘钊：《上皋落戈考释》，《考古》2005 年第 6 期，第 95、96 页。
② 蒙文通：《周秦少数民族研究》，龙门联合书局 1958 年版，第 60 页。

关于申生伐东山皋落氏的地望，陈槃先生曾举五说："献公之世，晋都在翼（今山西翼城县东南十五里）。所谓今垣曲县西北六十里之皋落城、皋落镇，在翼南，相去九十里。昔阳县东七十里之皋落山、皋落氏墟，在翼北，相去五百六十里。壶关县东南百五十里之平皋，在翼东，相去三百五十里。皋狼故城，其在武乡县西北五十里者，在翼北偏东，相去三百六十里。其在离石县西北者，在翼北偏西，相去四百十里。按晋自献公以前，盖不都太原。……献公在翼，而其称皋落氏系之东山，是皋落氏当在翼东。《上党记》提出之平皋，适在翼东，则平皋之说，盖其是也。"① 马长寿先生在《北狄和匈奴》一书中也指出：关于春秋时东山皋落氏的所在地，约有三说：一说在山西昔阳县东之皋落镇，但今昔阳距晋国都城绛（新绛县北）过远，与骊姬所谓"以皋落狄之朝夕苟我边鄙"不合。二说在壶关县。后汉书郡国志五上党郡壶关县下刘昭注引《上党记》云："东山在城东南，晋申生所伐，今名平皋。"平皋虽在晋东，然由绛至此相隔数百里，亦与"朝夕苟我边鄙"不合。三说在垣曲县，城北有皋落镇。以春秋初年晋国之疆域言之，此说最近。但此镇在绛都之东南，不在正东。②

近年来山西出版的一些有关晋国史的著作也都认为：东山皋落氏，赤狄别种。今山西垣曲和昔阳皆有皋落镇，《寰宇记》谓此即昔阳的皋落，按当时晋国势力未达晋中一带，此皋落氏应在垣曲。③

关于皋落镇的具体方位与里数，从唐以来诸说并存也不尽一致。《元和郡县图志》卷6河南道二陕州"垣县上"条说：皋落城，在县西北六十里。《太平寰宇记》卷47河东道八绛州"垣县"条，《读史方舆纪要》卷41垣曲县"清廉城"条皆从之。乾隆《大清一统志》卷118绛州［古迹］谓：皋落城在垣曲县西北五十里，今为皋落堡。该书［津梁］"葛寨桥"条并有皋落桥，在（垣曲）县西北五十里。今皋落镇在古城镇西北约26公里，正合《大清一统志》所记。若依《元和郡县图志》等所记，则皋落城应在今皋落镇之西北，近于现在的垣曲县城。一清里近于一唐里，以上两说相差5公里，未知孰是。④ 而有些山西方志著作则认为皋落

① 陈槃：《春秋大事表列国爵姓及存灭表撰异》，台湾中研院史语所专刊之五十二、五十三订本。

② 马长寿：《北狄与匈奴》，三联书店1962年版，第5页。

③ 李孟存、李尚师：《晋国史》，山西古籍出版社1999年版，第60页。

④ 邹衡：《夏商周考古学论文集》（续集），科学出版社1998年版，第208—209页。

城当在今山西垣曲县东南皋落乡。刘纬毅先生的《山西历史地名通检》
中载：东山皋落氏，春秋时赤狄之别种，在今垣曲县东南七里皋落乡。
《史记·晋世家》献公十七年："晋侯使太子申生伐东山。"《集解》："贾
逵曰，东山，赤狄别种。"《水经·河水注》："（清水）东流径皋落城北，
服虔曰，赤翟之都也。也谓之倚亳城，盖读声近，传因失声也。《春秋左
传》所谓晋侯使太子申生伐东山皋落氏者也。"《元和郡县志》陕州垣县：
"皋落城，在县西北六十里。《左传》曰，晋侯使太子申生伐东山皋落氏
是也。"然《太平寰宇记》谓："平定军乐平县东南七十六里之乐平山，
即东山皋落氏之地。"《永乐大典》卷五二〇四亦谓："皋落城，在乐平县
东南七十六里。晋献公使其子申生伐东山皋落氏谓此也。"按，此皋落与
晋都绛相距甚远，与骊姬所说"以皋落狄之朝夕苟我鄙"不合。其时晋
国势力尚未扩展至此。当以垣曲皋落为东山皋落氏之地可信。① 刘先生认
为东山皋落地望应在山西垣曲县东南七里皋落乡的看法应该是正确。在这
里我想作一补充说明。

　　首先，从春秋初年少数民族的地理分布状况来看也证明了这一点。春
秋初年成周洛阳周围少数民族的地理分布格局，《国语·郑语》上讲得很
清楚："当成周者，南有荆蛮，申、吕、应、邓、陈、蔡、随、唐；北有
卫、燕、狄、鲜虞、潞、洛、泉、徐、蒲；西有虞、虢、晋、隗、霍、
杨、魏、芮；东有齐、鲁、曹、宋、滕、薛、邹、莒；是非王之支子母弟
甥舅也，则皆蛮、夷、戎、狄之人。"② 上述文字是西周幽王八年（前
774 年）周太史史伯说的话，当时西周王朝由于阶级矛盾和民族矛盾极端
尖锐化，已濒临于全面崩溃的边缘。根据韦昭《国语》注，史伯所说的
上述三十四个封国和少数民族部落集团中，应、蔡、随、唐、卫、燕、
虞、虢、晋、霍、杨、魏、芮、鲁、曹、滕十六个封国为"王之支子母
弟"国，即所谓姬姓之国。申、吕、齐、陈、宋、薛六个封国，为周初
所封之异姓诸侯国，王室和姬姓之国同他们有婚姻关系，故称为"甥舅
之国"。姬姓之国和甥舅之国联合起来，即《左传》和《国语》中一再提
及的华夏国家。此处荆蛮、邓为南蛮国，莒、邹为东夷国，狄、鲜虞、
潞、洛、泉、徐、蒲、隗则为狄族各部落集团。华夏国家之外的这些国家

---

① 刘纬毅：《山西历史地名通检》，山西教育出版社 1990 年版，第 210 页。
② 天圣明道本《国语》。

和部落集团联合起来，即史伯所说的"蛮、夷、戎、狄之人也"。对《国语·郑语》中所说分布在成周以北的泉、洛两氏，段连勤先生认为：泉当为皋之讹，洛即落，《晋语》合称为皋落氏，亦曰东山皋落。① 我们知道在伊、洛河流域，春秋以前居住着众多的被称为伊洛之戎的少数民族，其中就有扬拒泉皋，被称扬拒泉皋。《左传》僖公十一年曰："夏、扬、拒、泉、皋、伊、雒之戎同伐京师。"杨注曰："扬即昭二十二年'刘子奔扬'之扬，去今河南省偃师县不远。……然《郑语》云：当成周者，北有潞、洛、泉、徐、蒲。似泉在洛阳市北。《汇纂》本续《汉书·郡国志》谓洛阳西南有前亭。前亭即泉亭。今姑从之。"② 从以上看来，泉（皋）、洛两戎族的分布应在今洛阳市以北的地区，这一地区应是春秋戎狄之族最早的居住地。这里应该进一步指出的是，居住在今伊、洛流域一带的扬、拒、泉、皋之戎，《国语》韦昭注中说："洛、泉、徐、蒲，皆赤狄，隗姓也。"③ 因此，现代学者也都认为扬拒、泉皋、伊洛之戎，可能与赤狄为同一族属。④ 只是到了春秋以后才不断向北从中条山、历山一带迁徙到今垣曲县一带。所以从成周四周的封国与戎狄杂居的情况来看，赤狄人活动的最早区域应在今晋东南垣曲县一带是可信的。

其次，从晋国初期的发展形势来看。晋国始封于唐，《史记·晋世家》曰："唐在河、汾之东，方百里，故曰唐叔虞。"叔虞封唐之初，周成王给他定的大政方针是《左传·定公四年》中所说的："启以夏政，疆以戎索。"《左传·昭公十五年》云："晋居深山，戎狄之与邻，而远于王室，王灵不及，拜戎不暇。"直到春秋初年，曲沃武公并翼之后，晋国的疆域才逐渐向外扩展，但是戎狄之与邻的状况不会有多大的改变。正如《国语·晋语》中所说的："景霍以为城，而汾、河、涑、浍以为渠，戎狄之民实环之。"到了晋献公后期才伐狄拓疆，当时骊姬说："从皋落狄之朝夕苟我边鄙，使无日以牧田野。"⑤ 晋献公就派太子申生率师伐东山皋落氏。太子申生伐东山皋落氏"败狄于稷桑而反。"⑥ 稷桑在何处？现

---

① 段连勤：《北狄族与中山国》，河北人民出版社1982年版，第25页。
② 杨伯峻：《春秋左传注》，中华书局1981年版，第338—339、283页。
③ 天圣明道本《国语》。
④ 李孟存、李尚师：《晋国史》，山西古籍出版社1999年版，第464页。
⑤ 《国语·晋语》。
⑥ 同上。

已不可考了。但当时晋伐东山皋落氏是做了充分准备的。晋国在铲除公侯威胁，确立继承人名分，整治内政后，于公元前 661 年，始建二军。扩大军队是对外扩张的前提。同年，献公自将上军南下，首先攻灭了耿，赐给大夫赵夙为邑，耿在今河津市东南二十里山王庄附近。继而再南攻灭了魏国，赐于大夫毕万为邑，魏在今最西南端的芮城县。同时，太子申生将下军北上，灭掉居于今霍州市西南十六里的霍国。次年，献公又派太子申生率二军伐东山皋落氏而胜之，东山皋落应在今垣曲县。前 658 年，晋军第一次沿颠軨（虞坂）古道越过中条山，假虞而灭了虢国在黄河北岸的宗庙所在地下阳（今平陆县西稍南的老县城一带）。二年后又第二次假虞伐虢，十二月，渡河攻灭了虢都上阳，上阳在今河南省三门峡西郊的李家窑，回师途中又灭掉了虞国，虞在今平阳县北中条山的张店镇东北，献公将下阳赐于大夫瑕公吕甥。① 从以上所列太子申生伐东山皋落前后晋国一系列的军事行动来看，东山皋落氏其地望应在晋之东南垣曲县皋落镇一带，而不应在今昔阳县的皋落镇。这一点是很清楚的，但必须明确的是晋人所伐的东山皋落氏应在绛东，绛东诸山纵横，正是狄戎出没的地方。《国语·晋语四》说周襄王避昭叔之难，周使者来晋通报，子犯曰："……启土安疆，于此乎在矣，君其务之，……乃行赂于草中之戎与丽土之狄，以启东道。"韦昭注，"二邑，戎狄间在晋东。"而晋国最初的封地唐的地望应在今曲沃与翼城交界处，其东北、东、东南邻邦皆为戎狄部族，那么所谓东山皋落氏，应是指晋国疆域东边的狄人部落的泛称，并非一个具体的方位概念。

最后，从晋国疆域的发展演变来看。晋武公晚期晋国的版图与晋文侯时期相比略有扩展。李孟存、李尚师两位先生大体上勾画出其时晋的疆域为太岳山西麓以西，黄河东岸以东，北到襄汾、乡宁一线，南至闻喜、夏县，即汾水与浍河交汇地带及其周围地区。② 这一区域范围并不是很大。而至太子申生伐东山皋落氏以后的武公、献公时期，晋国疆域大为扩展。晋献公死时，晋的疆域大致为：今山西省境内有临汾、运城两地区；南境到今黄河以南的秦岭山脉，东到今河南省三门峡市东的渑池一带，西达今

①　李孟存、李尚师：《晋国史》，山西古籍出版社 1999 年版，第 485—486 页。
②　同上书，第 484 页。

陕西华县、大荔、澄城一隅。① 故《史记·晋世家》曰："当此时，晋疆，西有河西，与秦接境，北边翟，东至河内。"索隐曰："河南，河曲也。内音汭。"② 因此，把东山皋落氏的地望判定在垣曲县应是有根据的。

二　上皋落地望在晋中昔阳东南

太子申生伐"东山皋落氏"的地望应在山西垣曲皋落镇，那么又如何认识戈铭中上皋落地望呢？

按《国语·晋语》所载太子申生伐东山皋落氏，"败狄于稷桑而返"，后又命大夫里克伐白狄，"败狄于采桑"。晋人这两次伐狄都限于击败对手，而非剿灭，所以当里克部将梁由靡建议追歼逃敌时，里克却说："懼之而已，无速众狄。"以至于这年夏天狄人又伐晋，"报采桑之役"③ 晋国彻底消灭狄人势力是在晋景公时期。晋景公在位十几年（前599—前581年），是一位有作为的君主。公元前598年，景公派郤成子求和于众狄。这时狄族内部已分裂为赤狄、白狄和长狄三支。其中赤狄最强，有的学者认为赤狄就是东山皋落氏，太子申生伐东山皋落氏后分裂解体为五部：潞氏（在今山西省潞城县东北）、甲氏（今山西省长子县）、留吁（今山西省长子、屯留附近）、铎辰（今山西省长治市）、廧咎如（一说在今山西省太原市附近，一说在今晋东南），其中潞氏最盛。④

晋国灭赤狄的重要步骤是在公元前594年（宣公十一年），晋成公利用北狄分裂与众狄的部落酋长会于欑涵。（左传注：欑涵狄地）在欑涵之会晋国离间了赤狄与众狄的关系，从此众狄与晋国和协，遂使赤狄陷于孤立状态。狄人的联合阵线既已分裂，晋国遂于宣公十五年灭潞氏。这年六月晋军分两路深入赤狄领土，东路军由荀林父率领，沿太行山东侧北上进击河北之赤狄，西路军由晋景公亲自率领由稷（今山西省闻喜县）东下，进击太行山腹地赤狄诸部老巢。东路军先发，将赤狄主力吸引至河北曲梁（今河北鸡泽县），击之，赤狄战败，杀潞氏首领酆舒。晋景公所率西路

① 李孟存、李尚师：《晋国史》，山西古籍出版社1999年版，第487页。
② 司马迁：《史记》卷三十九，中华书局第1648页。
③ 杨伯峻：《春秋左传注》，中华书局1981年版，第232页。
④ 李孟存、李尚师：《晋国史》，山西古籍出版社1999年版，第465页。

军，乘虚进入太行山脉内，迅速平定了赤狄余部的反抗，在曲梁（今山西潞城县东北四十里）彻底灭了潞氏。梁启超先生说："晋人之灭潞也，其君臣合全力仅克之。荀林父败赤狄于曲梁，遂灭潞；而晋侯身治兵于稷以略狄土。稷在山西绛州之闻喜，而曲梁在直隶广平之鸡泽县，亘七百余里。战线之长古今所罕也。"① 晋人灭潞氏，从此潞氏之地纳入晋国疆域之中。宣公十六年（公元前594年），晋国又灭掉了赤狄甲氏及留吁、铎辰。赤狄之甲氏在今山西屯留县北，留吁在今山西长子、屯留附近，铎辰在今山西长治一带，故《左传·宣公十六年》有"十六年春，晋士会帅师灭赤狄甲氏及留吁、铎辰"之载。直至公元前588年（成公三年），晋国灭掉了东山皋落的最后一支廧咎如。《左传·成公三年》："晋郤克、卫孙良夫伐廧咎如，讨赤狄之余焉。廧咎如溃。"顾祖禹《读史方舆纪要》卷一中载廧咎如应在今太原市一带，从其说。在这里应该进一步强调的是，在太子申生伐东山皋落之后，一部分皋落氏向东进行了迁徙，因此，今昔阳县的东山皋落镇的形成应与皋落氏向东、北方向的迁徙有密切关系。值得注意的是，在今山西省的方山县、盂县、昔阳县、武乡县、垣曲县都有叫皋落的地名。这些地名或曰"皋落"，或曰"皋狼"，或曰"皋牢"。所以李孟存等先生认为这种现象表明了赤狄部族，是由陕西进入晋后，又在晋人的打击下，渐次迁向山西的东部。② 这个意见应该是中肯的。在今昔阳县的东南仍有皋落地名，各种《州志》、《县志》皆谓春秋时东山皋落氏之地，这说明此地应为赤狄的居留地而无疑问。在这里我想强调说明的是，今山西昔阳县境内的东山皋落镇应为上皋落；而垣曲县皋落乡应为下皋落乡，省略下字称皋落乡。古时在地名前加上、下两字是有一定规律可寻的。这些地名大都是据某地在某一水系的上下游或某地方位南北的不同而命名的。③ 如虢国都城为上阳，在今河南陕县李家窑村附近，《左传·僖公五年》："八月甲午，晋侯围上阳。"杨注说："上阳，南虢也，在今河南省陕县南。"自陕县顺黄河而下不远便是山西平陆县，在县西南二十里有虢国下阳故城，近年来考古工作者还在此发现了春秋战国时的遗物，下阳故城在黄河之北，春秋时亦为虢国的大邑，《左传·僖公

---

① 梁启超：《饮冰室合集》第11册，《春秋夷蛮戎狄考》，第138页。
② 李孟存、李尚师：《晋国史》，山西古籍出版社1999年版，第465页。
③ 刘钊：《上皋落戈考释》，《考古》2005年第6期，第96页。

二年》："晋里克、荀息帅师会虞师，伐虢，灭下阳。"杨注引王夫之《春秋稗疏》曰："虢有三，荥泽之虢亭，东虢也；下阳在平陆县大阳之南，滨河之北，北虢；陕州之上阳，南虢也。……北虢为其故都，逼近于虞，后或渡河南迁，而宗庙社稷故在下阳。"① 虢国都邑上阳与下阳乃是因黄河水流的上、下游而区别的。同样性质的地名还有上蔡和下蔡、上都与下都等等。上皋落应是东山皋落氏向东北方向迁徙后才确定的地名，其地在今昔阳县东南皋落镇。可是在今昔阳县并没有任何水流，与垣曲县也没有任何关系，因此若以水流方向的原则来探讨上皋落命名的原因是不太适当的。那上皋落的地名究竟是因何而来呢？我认为昔阳县上皋落镇的命名很可能与其所在的地形有密切关系，昔阳皋落镇位于太行山西侧，其地势高亢，《山西通志》乐平县条下曰："皋落山在城东南七十里，即春秋时皋落氏所居，汉置县，今皋落村。"所以上皋落的命名很可能与皋落氏迁徙到太行山西后族居于地形较为高亢的皋落山上有关，故此地称为"上皋落"。山西境内同样性质的地名很多，如上党县、上虒亭等。上党县汉为壶关县，《元和郡县志》潞州条下载："上党县，本汉壶关县也，隋开皇中分壶关置上党县，属潞州。"《释名》曰，"党，所也，在于山上，其所最高，故曰上党。"上虒亭，在今沁县东南十里段柳乡。《汉书·地理志》上党郡条下："铜鞮县有上虒亭。"《水经·浊漳水注》："（铜鞮水）又东径故城北，城在山皋上，下临岫壑，东西北三面，岨袤二里，即故县之上虒亭也。"谭其骧先生主编的《中国历史地图集》第一册之"春秋时期晋秦地区图"中，在山西昔阳南部和垣曲南部都标有"东山皋落氏"，就有了不确切之处，揆诸实际，晋南垣曲的皋落应是赤狄东山皋落最早的居地，而晋中昔阳县东南的皋落镇应为东山皋落迁徙后所居之地，应为上皋，昔阳上皋落与垣曲皋落两地相差六七百里，并非一地，皋落戈与上皋落戈的出土已证明了这一点。

三　上皋落戈铭文释读

上皋落戈铭文释读的问题。上皋落戈中第五字为令字。对此字的释读刘钊认为戈铭中"命"上一字残，只剩下部笔画。由战国时期的"韩八年辛

———————

① 杨伯峻：《春秋左传注》，中华书局1981年版，第283页。

（新）城戈"铭文有"大命"之语看，颇疑此上皋落戈铭文"命"字之上也是"大"字。从残存的笔画看这种可能性很大。"大命"是对县级最高长官的称呼。"大命"即"太令"，称县级最高长官为"太令"，与称郡级最高长官为太守相似。① 此说主要承袭了蔡运章、杨海钦二位先生在《十一年皋落戈及其有关问题》中的看法。十一年皋落戈出土于洛阳市伊川县城关乡南府店，其形制为长胡三穿式，戈援的锋刃锐利，中脊隆起，断面呈菱形。戈内尾端有线刻铭文 3 行，共十六字，其中右起第一行最后一字为 ㈎（以下用 a 代替）字，字形与上皋落戈第五字字形几无二致。蔡运章、杨海钦先生将 a 释为大字，读如太，又将令释为命字，认为此戈的监造者为韩"皋落太令，……太命称如太令"，是对县级政府最高长官的尊称，这是我国对县令尊称为"太令"的最早史料。② 在这里若依蔡、杨两位先生的意见将"命"字解释为"县令"之意，则似有画蛇添足之嫌，关于这一点，李学勤先生早就指出过令是督造者，在题铭中有时写作"命"或"囗"。战国玺印如：阳潮命玺、囗泉命玺、臧囗命玺、女囗命玺、𩵋命鱼，都是令的官印。令的设置是推行郡县制的结果，所以这些记令的器物一般是较晚的。③ 因此，若将戈中"命"前一字释为大或太意，似有难安之处。

　　如果仔细观察十一年皋落戈中的 a 字，会发现其上部与鄂君启节、大贶簋"大"字构型并不相近，下部所从也并非太字下部所从之点的变体，容庚先生《金文编》中所收录的"大"字字形与十一年皋落戈中的 a 并不一致。如图所示④

舟節　鄂君啟　簋　大貺　鎬　大貺　鼎　鑄客　鎬　大子　鼎　大子

---

① 刘钊：《上皋落戈考释》，《考古》2005 年第 6 期，第 96 页。

② 蔡运章、杨海钦：《十一年皋落戈及其相关问题》，《考古》1991 年第 5 期，第 414 页。

③ 李学勤：《战国题铭概述》，《文物》1959 年第 8 期，第 60 页。

④ 容庚：《金文编》，中华书局 1989 年版，第 695 页。

　　在信阳长台关一号楚墓竹简中有一个从水旁的㴱字，李家浩先生将其释为浍。[1] 郭若愚先生认为应释为"深"。郭先生说：深，《汗简》作㴱、㴱并，碧落文。浅之对称也。二一〇一四简有浅缶。[2]"深"字与十一年皋落戈中 a 字不同的是去掉了水旁，去水旁后当为罙字，而罙与沈相通，古音均在侵部书纽，故可通假，这样看来沈应是一个地域的名称。因古代，并州、晋阳及汾绛诸州有"沈"的称呼，《括地志》载："大夏，今并州晋阳及汾绛等州是，昔高辛氏子实沈居之，西近河。"[3] 唐人所居的大夏，又叫大原，《左传》昭公元年记载了后帝迁实沉于大夏，"（后帝）迁阏伯于商丘，主辰。商人是因，故辰为商星。迁实沈于大夏，主参，唐人是因，以服事夏、商。其季世曰唐叔虞。……及成王灭唐，而封大叔焉，由是观之，则实沈，参神也。"说明晋地以参星为守护神，而实沈正是尧帝封于大夏的参神。所以王文清先生也认为被迁至大夏的实沈，在大夏的主参，后来被尊为参神，大夏之地又为"唐人是因"，"唐人"当即指陶唐氏之人，也即唐尧之族的人。"唐人是因"是说唐人因袭实沈居于大夏。他们继实沈居于大夏，可能是因为唐尧灭亡了居于大夏之地的实沈或其后裔。[4]《左传·昭公元年》在记载了实沈居大夏事后，又记金天氏后裔台骀被尊为汾神事，"昔金天氏有裔子曰昧，为玄冥师，生允格、台骀。台骀能业其官，宣汾、洮，障大泽，以处大原。帝用嘉之，封诸汾川，沈、姒、蓐、黄实守其祀。由是观之，则台骀汾神也。"杜预为唐人所居的大夏作注时说："大夏，今晋阳县。"注大原时又说："大原，晋阳也。"就是说，大夏、大原同为晋阳，即同为一地。大夏、大原既同为一地，则唐人继实沈所居之大夏，也即在台骀所处之大原。这个大夏或大原当在"汾川"即今汾河流域。《庄子·逍遥游》说："尧治天下之民，平海内之政，往见四子藐姑射之山、汾水之阳，窅然丧其天下焉。"这也是说，唐尧的统治中心在汾河流域地区。[5] 新中国成立后陶寺遗址的发现就有力地证明了这一点。现在皋落戈铭文沈令的释读也进一步地证实晋南垣曲皋落一带曾为古唐人后裔的活动区域为

---

①　李家浩：《著名中年语言学家自选集·李家浩卷》，安徽教育出版社 2002 年版，第 195 页。

②　郭沫若：《战国楚简文字编》，上海书画出版社 1994 年版，第 74 页。

③　王谟辑：《汉唐地理书钞》，中华书局 1961 年版，第 240 页。

④　王文清：《陶寺遗存可能是陶唐氏文化遗存》，《华夏文明》，北京大学出版社 1987 年版，第 108 页。

⑤　同上。

古沈地，同时也为商族汤都的所在。皋落沈令应是作为地域名称出现。

图一　伊川出土"十一年皋落戈铭文"

总之，今皋落戈与上皋落戈的发现，证实了今昔阳县与垣曲县均有皋落乡的地名是正确的。其中昔阳县皋落应为古时的上皋落，而垣曲县皋落应为最早的太子申生伐东山皋落氏的赤狄皋落氏之居地。

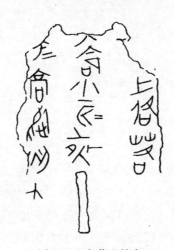

图二　上皋落戈铭文

（《中国历史地理论丛》2007 年第 2 期）

向寿戈再考

　　最近拜读董珊先生《向寿戈考》一文，受益良多。董先生认为戈铭第一字应为"向"，第二字应释为"寿"，戈铭中的"向寿之岁"就是以向寿出使于楚作为纪年。① 向寿其人见于《史记》和《战国策》记载，他始任用在秦武王年间，活动于秦武王时及秦昭王前期。关于向寿的事迹，董珊先生作了缜密而翔实的考订，董先生认为向寿大致生活于公元前308—前292年。向寿曾出使楚国，其如楚之事可以与连云港所出楚戈铭文的纪年"向寿之岁"互证。同时还考订戈铭中的"襄城公競脽"就是文献所记的楚将"景翠"。最后得出结论认为，向寿如楚的时间应该是秦武王四年拔宜阳之当年，这一年相当于楚怀王二十年，即公元前306年。② 这些考订都极有意义，读后使人增长了不少见识。这说明向寿戈应是一件标准纪年的青铜戈，在楚史研究上具有重要的意义和价值。在董先生的启发下，我也对向寿戈及其有关问题进行了探索，现提出来求教于董先生与学界诸贤，不当之处，请指教。

一

　　1987年，在江苏连云港市锦屏镇陶湾村岗嘴发现了3件铜戈，现藏连云港市博物馆。对其中一戈就是所谓的"向寿戈"。董珊先生在文后附记中说：此戈为征集品，与同时报道的另两件戈未必是同墓所出。但不论怎样，这应是一件较有价值的铜戈。该戈由内端向栏刻有两行铭文共11字。目前对此戈铭有三种不同认识的释读。

---

　　① 董珊：《向寿戈考》，《考古》2006年第6期。
　　② 同上。

连云港出土铜戈铭文摹本

1. 都寿之岁，襄城楚竞（境）尹所造①。

2. 都寿之岁，襄城公竞（境）尹所造②。

3. □寿之岁，襄城公竞脽所造③。

以上三种释读都认为戈铭中第二字应释为寿，而董先生则将第一字释读为向，认为戈铭可释为："向寿之岁，襄城公竞脽所造。"在这里应该提出的是戈铭中第二字，能否释为寿字呢？

寿字在许慎《说文》中无，但在金文中却有寿字。按徐中舒先生《汉语古文字字形表》所列寿字有作如下诸形。④ 此外还列有考字的字形大体如下⑤：

① 周晓陆、纪达凯：《江苏连云港出土襄城楚境尹戈读考》，《考古》1995 年第 1 期。

② 黄盛璋：《连云港楚墓出土襄城公竞尹戈铭文考释及其历史地理问题》，《考古》1998 年第 3 期，第 66 页。

③ 李家浩：《楚大府镐铭文新释》，《著名中年语言学家自选集·李家浩卷》，安徽教育出版社 2002 年版，第 119 页。

④ 徐中舒：《汉语古文字字形表》，四川人民出版社 1980 年版，第 336 页。

⑤ 同上书，第 337 页。

《汉语古文字字形表》所列"寿"字的不同字形

《汉语古字字形表》所列"考"字的不同字形

　　很明显，寿、考两字之间的联系是很密切的。寿字的 ^部部与考字的 部是一致的。但所不同的是寿字增加了 形，这是释读寿字的关键。，像田畴。卜辞中有涛字，徐中舒先生谓从水从，罗振玉在《增订殷墟书契考释》中释涛，谓此"从水声，今字从寿者犹，今字作畴也"（《增订殷墟书契考释》所说基本无误），故罗说可从。《说文新附》云："涛，大波也。从水、寿声。"① 从以上字形的分析来看，寿字字形的主要特点是有 形。这一字形特点在战国时期的楚系文字中常可看到。《楚系简帛文字编》中所收录的寿字有如下数形：②

　　① 徐中舒：《甲骨文字典》，四川辞书出版社 1990 年版，第 1209 页。
　　② 滕壬生编著：《楚系简帛文字编》，湖北教育出版社 1995 年版，第 689 页。

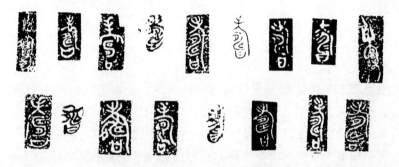

《楚系简帛文字编》所列"寿"字不同字形

《楚文字编》中所收录的寿字有如下数形①：

《楚文字编》所列"寿"字不同字形

上郡守寿戈铭文摹本

---

① 李守奎编著：《楚文字编》，华东师范大学出版社 2003 年版，第 515—516 页。

寿春府鼎中的寿字又作𤾂形，① 很明显凡寿字，都有𦥑或𦥑形，而今所谓向寿戈中第二字中间却从𦥑形，而不是𦥑或𦥑形，这就很难使人信从了。

董先生在文中还引用了上郡守寿戈的资料，指出传世和出土有 3 件上郡守寿戈，纪年分别为十二年、十三年和十五年。陈平先生据文献记载指出戈铭"上郡守寿"即向寿，其观点可信。② 可是若将"上郡守寿戈"与连云港所见的所谓"向寿戈"铭文作比较，就会发现两器中的寿字并不相同。

所以，从这里可以看到，向寿戈中的第二字若释成寿字，恐有很大的疑问。

二

董珊先生在其文中引用汤余惠、刘彬微、李家浩三位先生的观点认为，这些铭文的纪年是战国时楚地以事纪年的省略格式，"之岁"前面都是人名，他们是其他国家的使者，铭文以他们聘问于楚之岁纪年。

我们知道，楚国纪年有三种不同方式：一以序数纪年法。二以星岁纪年法。三以事纪年法。第三种以事纪年法在青铜器铭文或简文中是常见的纪年法。刘彬徽先生曾经举出十例。这十例可归纳为三类：

第一类，以他国使者来楚活动之事（聘问或其他活动）纪年。

（一）齐客张果问王于蔵郢之岁。

（二）郙客囷刍问王于蔵郢之岁。

以上二条见于江陵望山一号楚墓竹简。

（三）秦客公孙鞅问王于蔵郢之岁。

（四）齐客纆臒问王于蔵郢之岁。

以上二条出于江陵天星观一号楚墓。

（五）齐客陈豫贺王之岁。

（六）□客监固逅楚之岁。

（七）宋客盛公鵩（聘）于楚之岁。

（八）东周晋之客（许）缇归（馈）胙于蔵郢之岁。

---

① 崔恒升：《安徽出土金文订补》，黄山书社 1998 年版，第 277 页。

② 董珊：《向寿戈考》，《考古》2006 年第 3 期。

以上四条出土于包山二号墓。

（九）燕客藏嘉问王于菱郢之岁。

（一〇）秦客王子齐之岁。

以上十条以事纪年材料，其秦客的二条，齐客的三条，宋客一条，楚客一条，郙客一条，不释字的一条。刘彬徽先生认为以上每条纪事材料中均有某客，乃他国之使臣。《周礼·大行人》："大行人掌大宾之礼及大客之仪，以亲诸侯……时聘以结诸侯之好……凡诸侯之邦交，岁相问也，殷相聘也。"又同书《司仪》则云："凡诸伯子男之臣，以其国之爵等相为客而相礼。"简文中的问即聘问之意。① 由此我们可以看到，今所谓向寿戈铭文中没有客字，特别是没有秦客二字，很明显，表明这不应是"向寿如楚"之年的纪事。值得注意，简文中另有一条"秦客王子齐之岁"，殷涤非先生认为指的是楚考烈王为太子时为质于秦国之事。② 李零先生也认为：秦客王子齐之岁，应指楚国的某个名齐的王子入秦为使之年。③ 而李家浩先生则认为此说非恰，李先生说："铭文明明说王子齐是秦客，怎么能说他是'入秦为使'的楚人呢？"④ 所以在楚竹帛和青铜器铭文中凡外宾使楚之年都要加"客"字，这是楚国纪年的一个重要规律。

在这里还应说明的是，在包山楚墓中还见有以下三条材料：

宋客盛公□聘楚之岁　　　　　《包山》125 号简

宋客盛公□之岁　　　　　　　《包山》132 号简

盛公□之岁　　　　　　　　　《包山》130 号简

李家浩先生认为上述三条材料中的第二条省略了聘楚二字，而第三种材料除省略聘楚二字外，还应省略了宋客二字。⑤ 我想说明的是，以上第三条材料"盛公□之岁"中并没有省略"宋客"二字，这里所说的盛公与宋客盛公应该是两个人，而非一人。1981 年发掘的随州市擂鼓墩二号墓出土文物中有一件青铜器，铭文六字"盛君蒶之御簠"。何浩等先生认

---

① 湖北荆沙铁路考古队：《包山楚墓》，文物出版社 1991 年版，第 534 页。

② 殷涤非：《寿县楚器中的大膚镐》，《文物》1980 年第 8 期，第 26 页。

③ 李零：《论东周时期的楚国典型铜器群》，《古文字研究》第十九辑，中华书局 1992 年版，第 152 页。

④ 李家浩：《楚大府镐铭文新释》，《著名中年语言学家自选集·李家浩卷》，安徽教育出版社 2002 年版，第 119 页。

⑤ 同上。

为其身份为封君，因为所封是楚的诸侯，自然又可以称公，所以，此"盛公□之岁"应是楚人的制作。何浩先生认为盛君之盛为地名，名"萦"之封君为楚人，但不是楚成氏之后，更不是成国国君。① 这说明"盛公之岁"并非"宋客盛公之岁"的省略式。

三

董珊先生根据《史记·甘茂列传》考订了向寿如楚之年。认为向寿如楚的时间应该是秦武王四年，秦拔宜阳之当年，这一年相当于楚怀王二十年，即公元前 307 年。而这件向寿戈以此事纪年，其绝对年代应为下一年，即公元前 306 年。②

在这里有一个问题，即向寿如楚之年是在公元前 307 年，而戈的制作应在公元前 306 年，这一结论是否与戈铭中所说的制作者"襄城公竞雎"相吻合呢？春秋战国时期楚国边境大邑称县，其长官为公，这应该是没有疑问的，戈铭中襄城即今河南襄城县，关于襄城的历史沿革，周晓陆、黄盛璋、董珊诸先生均有详细的考察。此不赘述。但现在应该讨论的是，所谓"向寿戈"制作的公元前 306 年（楚怀王十九年），襄城究竟是否属楚的问题。

战国纪年的确定是一个复杂而有争议的问题。董珊先生的推算是依照日人平势隆郎《新编史记东周年表》而定的，但著名古史专家杨宽先生的《战国史》中推定的年代，也应是较为可靠的。根据杨先生的意见公元前 307 年应是楚怀王 22 年，公元前 306 年应是楚怀王 23 年。

现依据有关文献对襄城县的归属作一梳理。三家分晋后，按照《汉书·地理志》的记载，襄城应属韩国疆域，故《汉志》载："韩地颍、角、亢、氐之分野也。韩分晋得南阳郡及颍川之父城、定陵、襄城、颍阳、颍阴、长社、阳翟、郏，东接汝南，西接弘农得新安、宜阳、皆韩分也。"③ 关于此，王人聪先生《六年襄城令戈考释》中有论述，④ 不赘述。

<hr>

① 楚文化研究会编：《楚文化研究论集》（第一集），荆楚书社 1987 年版，第 231 页。

② 董珊：《向寿戈考》，《考古》2006 年第 6 期。

③ （汉）班固：《汉书·地理志》，中华书局 1962 年版，第 1651 页。

④ 王人聪：《六年襄城令戈考释》，《第三届国际中国古文字学研讨会论文集》，香港问学社 1997 年版。

六年襄城令戈被王人聪先生认为是战国晚期，但我认为应是战国早期之物。关于此我另有专文考察，不再赘述。

根据《史记》的《六国年表》及《魏世家》记载："魏昭元年，秦击魏襄城，拔之。"说明此时襄城应属魏国，而魏昭元年是公元前295年。① 《秦大事记》载秦昭王六年（公元前301年）"攻新城"，七年"新城陷"，十一年"新城归"。睡虎地秦简中的新城就是襄城，《史记·正义》引《括地志》说"许州襄城县古新城也"。说明这时襄城已归秦所有。到楚怀王二十九年（公元前298年）襄城又归楚，所以《史记·楚世家》记"秦又复攻楚，大破楚，楚军死者二万，杀我将军景缺。"《六国年表》则云："楚怀二十九，秦取襄城。"这些材料都说明在战国时期秦、楚对于襄城的争夺是反复而激烈的。所以何浩先生认为襄城、襄陵在怀王时都非楚国封君所能享有的封地。② 既然襄城在怀王时难得为楚地，那么襄城公所造之戈自然不应在楚怀王之时，这是不言而喻的。

《说苑》中有楚大夫庄辛说襄成君事，《说苑·善说篇》中载："襄成君始封之日，衣翠衣，带玉剑，履缟舄，立于流水之上。大夫拥钟锤县，令执枻号令，呼谁渡王者于是也。楚大夫庄辛过而说之，遂造托而拜谒，起立曰：'臣愿把君之手，其可乎？'襄成君忿然作色而不言。"按照黄盛璋先生的考证，楚大夫庄辛说襄城君事，其时应在公元前278—前276年间。③ 其实，《战国策·楚四》也记载了庄辛的事迹。庄辛，鲍彪曰，楚人，《元和姓纂》称庄辛为楚庄王之后，以谥为号。诸祖耿《战国策集注汇考》载"……乃封庄辛为成陵君而用计焉。与举淮北之地十二诸侯。《后语》云：而与谋秦，复取淮北之地。……大事记：顷襄既失郢都，复召庄辛，闻其言，至于色变体慄，此其所以能稍复故地也。复取江南十五邑，在顷襄二十三年。《新序》又载：楚襄用庄辛计，与淮北之地十二诸侯。盖丧乱之后，补败扶倾之计，皆出于辛。"④ 此事说明庄辛为楚顷襄王时大夫，其事当在顷襄王二十三年，即公元前276年，也就是襄城君始封之时。而"向寿戈"铭文中的"襄城公競雎"与此时不应相去很远。

---

① 钱穆：《史记地名考》，商务印书馆2001年版，第600页。

② 湖北荆沙铁路考古队：《包山楚墓》，文物出版社1991年版，第579页。

③ 黄盛璋：《连云港楚墓出土襄城公競尹戈铭文考释及其历史地理问题》，《考古》1998年第3期，第69页。

④ 诸祖耿：《战国策集注汇考》，江苏古籍出版社1985年版，第830页。

因为襄城公应是始封之君，战国时封郡除楚外，大抵皆称君，也有称公的。黄盛璋先生引《战国策》专门谈及此事。《战国策·楚策》记："城浑出周，三人偶行，南游于楚，至于新城，城浑说新城令曰：'……楚王何不以新城为主郡也，边邑甚利之'，新城公大悦，乃具驷马乘车，三百金，之楚，城浑得之，南交于楚，楚王果以新城为主郡。"新城公即新城令，证明其时楚封君所封之地相当于县，或就是县，故县令亦称公。此新城为楚边邑，定为襄城之地的新城为最合。① 所以，《说苑》中所记始封之襄城君与戈铭中的襄城公应是一致的，其始封年代应早在楚顷襄王之后，而若以董先生所定戈铭中向寿如楚在楚怀王二十年，即公元前307年，则其时楚尚无襄城公之封，则何来襄城公所造之戈，所以两者是无法相印证的。

以上论述，从三个方面对于所谓"向寿戈"的问题进行了讨论，现在看来对于此戈的释读和认识，还应是一个需要继续探索的问题。

（《考古》2008 年第 3 期）

---

① 　诸祖耿：《战国策集注汇考》，江苏古籍出版社 1985 年版，第 830 页。

地理环境与河洛文明

地理环境对古代文明起源和发展具有极其重要的意义。在中国古代文明起源的历史进程中，河洛—中原地区的古代文明曾经发挥了引领中国历史发展潮流的重大作用。其原因正是河洛地区优越的地理基础和物质条件，使得当其他地区文明化进程发生逆转之际，河洛—中原文明却走上了统一发展的轨道，并由此开启了中华文明统一发展的新纪元。

一　地理环境与古代文明之间的关系

对于地理环境与古代文明起源和发展的一般关系，学术界有过较多的论述。"世界著名的研究文明的历史学家 A. J. 汤因比则采用实证主义方法来检查'大河文明'因果联系。他说：'格兰德河流域（在美国与墨西哥的边界上）和美国科罗拉多河流域同埃及和美索不达米亚的环境条件是完全一样的……却没有让它们两岸原有的居民创造这种奇迹……''安第斯文明是在一片高原上出现'，'在非洲东部的高原'并未能'创造'文明'社会'。'中国文明有时被称为是黄河的产物，因为它正巧是在黄河流域出现的，但是多瑙河流域虽在气候特点、土壤、平原及山地面貌上同黄河非常相似，它却没有产生相似的文明。'基于这些论述，他认为环境在文明起源上'不足以成为积极因素。'"[①]

关于汤氏的观点，王恩涌先生已有批驳，本文不再赘述，我想强调说明的是，我认为地理环境不仅与文明起源和发展有着密不可分的关系，而且地理环境在文明起源时代具有极其重要的意义。地理位置（经度、纬

---

① 王恩涌：《文明起源的地理分析》，《北京大学学报》1995 年第 2 期，第 95 页。

度，主要是后者）、地形、气候、土壤、水文、动物、植物、矿藏等因素，对文明是否能够形成有着特别重要的直接影响。简单地说，这些要素不仅对人类群体的经济类型，对作为古代文明的物质基础的农业、定居以及农村和城市，而且对推动和促进文字的发明和应用，都有着深刻的甚至是决定性的影响，而且对人们由发现和开发矿藏到冶炼制造金属器，有着同样深刻的甚至决定性的影响。①从中原地区古代河洛文明的起源和发展与古代地理环境之间的关系来看，就证明了这一点。

二　三大文明区域地理环境的差异与历史命运

在中国古代文明起源的历史进程中，长江中下游地区、黄河中下游地区和东北的西辽河流域是中国新石器时代文明起源较早的区域。由于上述三个地区地理环境条件下所决定的区域差异非常明显，因此，这三个地区所诞生的早期文明的发展方向和历史命运也完全不同。

首先从气候背景来看，中国大陆的气候大致可以划分为东中部季风气候区、西北干旱区和青藏高原区三大区域。中国的西北地区由于深处内陆而气候干旱，沙漠化严重。青藏高原地区由于海拔高，气候寒冷干旱。东北中北部地区由于高纬而气候寒冷。这些地区的新石器文化都起源较晚。中国的华南地区炎热多雨，植被茂盛，野生动植物资源丰富，古代人类发展农业的需求不十分迫切，所以该地区虽然新石器文化起源早，但一直发展缓慢。因此，上述地区由于气候和环境条件的影响，新石器文化的发展水平和发展速度均受到限制，文明起源也相对较晚，而中国的亚热带和温带季风气候区的中东部地区遂成为中国新石器文化兴起与繁荣和文明兴起与发展的主要地区。即中国的长江中下游地区（亚热带）、黄河流域和东北南部的西辽河流域（温带）是中国新石器文化和文明起源较早和影响较大的主要地区。②上述三个重要区域，如以整个长江流域观之，长江中下游的远古文明和文化，自全新世末期以来，其发展与演变又各有其特点。以长江中游而言，新石器文化自10000多年前起步，经历了几千年的

---

① 段渝：《论巴蜀地理对文明起源的影响》，《四川大学学报》1988年第2期，第100页。

② 科技部社会发展科技司、国家文物博物馆与社会文物司编：《中华文明探源工程文集》（环境卷1），科学出版社2009年版，第16页。

发展和繁荣，到 6000aBP 前后的大溪文化时期，开始了向文明时代演进的进程，到 5000—4000aBF 的屈家岭—石家河文化时期，进入了初级文明社会阶段，经济社会发展达到了十分发达的水平。但到 4000aBP 前后，这一曾经辉煌一时的长江中游文明显著衰落了！[①] 而以长江下游而言，长江下游的新石器文化，经过上山、跨湖桥、河姆渡（马家浜—崧泽）等发展阶段，到良渚文化时期达到顶峰。但约 4200aBP 前后的良渚文化晚期，整个地区的新石器文化迅速衰落。这一发展历史同长江中游地区十分类似，只是衰落的时间可能略早。[②] 由长江流域新石器时代文化衰落的共同时间背景来看，4000aBP 前后是一个具有转折性的界标。从这一界标以后长江流域的古代文明都不可避免地走向了衰落。

对于长江流域中游石家河文化和下游良渚文化衰落原因的研究，目前学术界达成的基本共识大体有两点：第一，气候的干凉化。气候的干凉是引起石家河文化、良渚文化衰落的重要原因之一。第二，洪灾和水患的加剧。以长江中游地区而言，对此问题需要从两方面理解，其一，从大溪文化时期起，随着人口的不断增加，人们从江汉—洞庭盆地周边地区逐渐向长江两岸的低海拔地区扩展，到石家河晚期，这种扩展达到最大规模，势必大大增加洪水灾害的风险；其二，全新世中期，海面达到与现在大致相当的高度并维持小幅的波动。升高的海面势必引起长江干支流的水位升高，水位升高又引起河道淤积，河道淤积又加重水位升高。这一过程相对海面达到高位的时间而言，势必滞后一段时间，即到约 4000aBP 前后，长江干支流已显著发生淤积，导致水位升高而引起洪患的频率和规模增加，在长江两岸一些低海拔地区，已发现有大溪—石家河时期的遗址被埋于厚数米的洪患淤泥之下就证明了这一过程。[③] 同样的情况，还见于长江下游的良渚文化之中，在这里就不再赘述。

处于温带地区的西辽河流域，其新石器文化经过兴隆洼、赵宝沟、红山早期等时代的连续发展，到距今约 5500 年前后以后，红山文化晚期发展出以牛河梁遗址为代表的大型祭祀遗址（包括一座女神庙、多处积石

---

①　科技部社会发展科技司、国家文物博物馆与社会文物司编：《中华文明探源工程文集》（环境卷1），科学出版社 2009 年版，第 22 页。

②　同上。

③　同上。

冢和祭坛），红山文化遗址出土多种玉器（玉龟、玉雕龙和勾云形佩），被誉为照亮中华大地的第一道文明曙光（苏秉琦，1988，1994）。而5000aBP之后，气候的干凉化和科尔沁沙地的加剧和扩展，显著影响了该地区新石器文化的发展。之后的小河沿文化（4850—4350aBP）同红山文化相比显示出明显的衰落趋势。遗址数量锐减，分布地域缩小。红山时期普遍使用的先进翻土工具——石耜和石犁几乎绝迹，表明农业生产力水平的明显退步。红山文化晚期开始的文明进程出现了倒退。导致这种文化衰退的原因是多方面的。气候干凉化和科尔沁沙地的扩展，引起该地区农业经济的衰退是主要原因。①

由此来看，全新世大暖期气候背景下气温由温暖向干凉的转化，考验了东亚大陆灿若繁星的古代文明，而4000aBP正是这些古代文明命运和前途的关键时期。

三　河洛地区的地理环境与河洛文明的绽放

河洛地区主要指今黄河以南包括陕西潼关至郑州以南、洛水、伊水及嵩山周围，以及颍水上游登封等地，大致相当于北纬34°至35°，东经110°至114°之间，这个地区很早以前就成为中国远古文明的核心区。在漫长的华夏文明史前时期，始终是中国原始人类聚集的集中场所，积淀了极其丰富而浓厚的原始文化，在华夏文明的起源过程中占有独特的地位。大量历史文献和考古资料说明河洛地区是中华民族的摇篮，华夏文明的策源地。② 在这里应该指出的是，"河洛"一词作为历史文化地理概念，其在中国古代文明起源的研究范畴中所使用的中原概念基本上是相吻合的。因此，无论河洛文明还是中原文明，其在中国古代文明起源和发展中的历史地位皆可以被概括为中心地位和核心作用。严文明先生认为中国新石器时期文化具有多样性，"就像一个巨大的重瓣花朵"③。严先生还指出新石器时代考古学文化可以划分为六大区域，其中，这五个文化区都紧邻和围

---

① 科技部社会发展科技司、国家文物博物馆与社会文物司编：《中华文明探源工程文集》（环境卷1），科学出版社2009年版，第22页。

② 陈昌远、陈隆文：《中国历史地理简编》，河南大学出版社2007年版，第390页。

③ 严文明：《中国史前文化的统一性与多样性》，《文物》1987年第3期，第49页。

绕着中原文化区，很像一个巨大的花朵，五个文化区是花瓣，而中原文化区是花心。各文化区都有自己的特色，同时又有不同程度的联系，中原文化区更起着联系各文化区的核心作用。① 那么河洛—中原地区在中国文明起源和发展中的核心地位是何时确定的？有的学者认为是在东亚大陆气候发生转折的4000aBP前后。到4000aBP前后，各地区受环境特征及其演变的影响，经历了文化大调整之后，只有中原地区在初级文明的基础上进一步发展，进入了中华文明的早期发展阶段，中原地区在中华文明发展历史中的核心地位得以确立。其他地区文明化进程的势头发生停滞或逆转，文化出现明显衰落，各地区各自发展的地位丧失，被纳入以中原地区为核心的发展轨道，开启了中华文明以统一发展为主线的新时代。所以，约4000aBP之前的文化大调整是中华文明起源与发展历史上的重大事件，之前各区域之间虽有或多或少的联系，但以各区域分别发展为主，区域内也有逐步整合的过程；之后虽然也有多次的分化，不同地区文化上也有差异，但是以统一发展为主线。这次文化大调整和中华文明发展历史的转型，同样同环境特征及其演变具有十分密切的关系。②

那么在早期文明进程中，在特定的气候转折背景下，河洛—中原地区的古代文明是如何避免了东亚大陆其他区域文化走向衰落的历史命运，而开启了中华文明以统一发展为主线的新时代呢？这或许与中原地区特殊的地理条件有着密切的关系。全新世以来，东亚大陆季风区在气温和降水具有明显的三段式特点，即全新世初期为气温和降水逐渐波动性升高的时期，全新世早中期为气温和降水明显偏高的大暖期气候时期，全新世中晚期气温和降水呈现波动性下降的趋势。③ 因此，气候干凉化和洪水灾害成为东亚大陆各个区域文明所必需面临的共同挑战。而中原地区最大的环境优势就是即便在气候干凉化成为不可逆转的大势之后，旱地农业仍然可以作为文明继续发展的基础与保障。

黄河流域基本上属于暖温带干凉气候类型，只有抗旱性强的作物才能适应。粟和黍是这一流域主要的粮食作物。黍和稷是同一类的两个品种，

①　严文明：《中国史前文化的统一性与多样性》，《文物》1987年第3期，第48页。

②　科技部社会发展科技司、国家文物博物馆与社会文物司编：《中华文明探源工程文集》（环境卷1），科学出版社2009年版，第20页。

③　同上书，第16页。

仅有粳性和糯性的区别。① 以粟而言，粟的生长期较短，又有明显的耐旱、抗瘠、分蘖力强、滋生力旺等特点，比较适合于当地气候、土壤等自然条件。粟的叶面蒸发量小，在生长期间，比其他粮食作物需要水分少得多，耗水量仅占生育期的百分之六点一，如遇严重干旱，叶子常纵卷，甚至呈假死状态，以最大限度地减少水分消耗，根部却往下深扎，一但遇水，便很快恢复生长，不致影响收成，其后期生长阶段需要较多的水分，恰逢夏季降雨。因此学者们普遍断言，黄土是原始农耕的理想土壤……更由于粟、稷等干旱性作物容易耕种，耗时费力少，适应性强等优点，就为剩余产品的较早出现，畜牧业的进步，家庭副业的发展，乃至私有制的萌芽、扩大、最终导致向文明社会的转变奠定了物质基础。② 因此，近年出版的《中华文明探源工程文集·环境卷》中指出，中原地区从海拔数十米的华北平原西部，到海拔1000多米的黄土高原，分布有平原和河谷平原、河流阶地、台地、丘陵坡地、黄土梁塬、山地等地貌类型，除一些较高的基岩山地地貌单元外，其他各种地貌类型的地表都分布有厚层的黄土或次生黄土，这样的景观特点和土地资源条件使得中原地区发展了以黍和粟为主、兼有其他多种作物的旱作农业，并有较为发达的家畜饲养业作为补充。这样的经济形态最具抵御气候波动的潜力。不同高度的景观单元都是人类活动和新石器文化发展的有利地区，这样的景观特征也最具抵御洪水灾害的潜力，因为洪水灾害只可能影响低地平原和河谷低地部分，不足以影响整个区域的文化发展进程，为抵御洪水灾害而进行的社会组织行为还可能加速一些文明因素的形成。③ 因此，在4000aBP为转折的气候波动干凉化趋势背景下，河洛—中原地区的气候暖温程度始终保障了旱作农业的持续发展。这使得当其他地区文明化进程发生逆转之际，河洛—中原文明由此走上了统一发展的轨道，并由此开启了中华文明统一发展的新纪元。

著名的地理学家王恩涌先生在论及历史上黍、粟作物带与古代文明起源的关系时，曾有过详细的阐述，王先生认为，从我国文明起源占重要地

---

① 刘毓璜：《诗经时代稷粟辩》，《农史研究集刊》第二册，科学出版社1960年版。

② 杨邦兴、裘士京：《文明起源与旱地农业》，《安徽师范大学学报》1987年第2期，第82页。

③ 科技部社会发展科技司、国家文物博物馆与社会文物司编：《中华文明探源工程文集》环境卷1，科学出版社2009年版，第20页。

位的夏、商、周三朝的都城核心区所在地来看，恰好在从安阳到郑州，再经过洛阳到西安，成为一个马蹄形。这个马蹄形恰好又与气候及土壤、地貌有一种巧合。在气候上，它与 600—650 毫米的等雨线一致；在地貌上，它又是黄土高原的边缘。因小米是旱作，属耐旱作物，低于 600 毫米，仍可以生长、发育，但因供水少于需要，产量就会下降。如果多于 650 毫米，则易引起洪、涝而不利夏季小米生长。降雨多，雨季长，不易于小米秋季的结实与收获。总之，降雨过多或过少都会使产量下降，只有在降水量在 600—650 毫米才能获得最佳结合。在土壤上，黄土母质本身不仅矿物质含量相对丰富，有利作物生长；而且黄土质地疏松，有利于耕作。在农业发展早期，人们既未掌握洪、涝灾害规律，又无技术与能力克服灾害，农田多位于山麓与河谷高地。所以，马蹄形反映了气候、土壤以及耕作技术之间的最佳结合。与埃及一样，由于最佳结合取得了高产提供的物质基础，才使文明在该地首先出现。[1] 在这里我想强调说明的是，历史上的这条马蹄形黍、粟作物带不仅为中国古代文明的孕育和诞生提供了物质条件和地理基础，而且在以后的历史进程中，在这一区域内还诞生了夏商周早期国家。这条马蹄形地带就是司马迁在《史记》中所说的三河地区。这说明早在西汉时期，伟大的历史学家司马迁就已经认识到了黄河流域在中国历史进程中的核心地位，他在《史记·货殖列传》中提道："昔唐人都河东，殷人都河内，周人都河南。"又说"夫三河在天下之中，若鼎足，王者所更居也"。从现在的考古材料来看，以中原—河洛为中心的历史趋势应是起自新石器时代，历夏商周，经春秋战国汉魏直至隋唐北宋，在漫长的历史进程中，三河地区都处在历史舞台的核心地位，并且发挥了引领历史发展潮流的重大作用。[2] 这一点是不能否认的。

（本文由张新斌先生推荐发表于《东北史地》2011 年第 6 期）

---

① 王恩涌：《文明起源的地理分析》，《北京大学学报》1995 年第 2 期，第 97 页。
② 陈昌远、陈隆文：《中国历史地理简编》，河南大学出版社 2007 年版，第 25 页。

河洛文明的地理基础

一 河洛与中国古代文明

　　河洛地区主要指今黄河以南，陕西潼关至郑州、开封之间，洛水、伊水的两河流域与嵩山周围地区，颍水上游登封也应包括其中，其大致相当于北纬34°至35°，东经110°至114°之间的区域。这个地区很早以前就是中国远古文明的核心区，同时也是中华民族的摇篮和中国古代文明的策源地。

　　研究河洛文明，首先要正确理解文明的概念。在这里，我主张将文明的因素和文明的标志区分开来。目前不少学者都把美国人类学家克拉克洪的文明"三要素"，即文字、城市、金属器的出现作为中国文明形成的标志。此说似有不妥之处，克拉克洪所谓的古代文明三要素，实际上仅仅是指物质文化方面的某些基本要素。而作为文明的要素可以很多，但作为文明起源的标志只能有一个，即国家的出现。正如恩格斯在《家庭、私有制和国家的起源》中反复强调所说"国家是文明社会的概括"一样。我之所以强调国家是文明社会的概括是因为物质文化的这些基本要素都是在相应的组织结构中出现，并为这个特定的组织结构服务，也就是说，古代文明产生的标志是国家（即政治组织机构）的出现，而文明要素则是国家——这一政治组织不同功能的反映。这应该是文明的因素与文明的重要区别。

　　从现存文献和考古资料的相互印证来看，中国文明进程中国家这种政治组织机构的最早出现是夏代的河洛地区。夏王朝是公认的中国历史上的第一个王朝，河洛地区正是夏王朝活动的中心区。1959年发现的偃师二里头遗址经 C^{14} 测年其时代约为公元前1900年至前1600年，正好属于夏王朝的纪年范围。《古本竹书纪年》上说夏王太康、羿、桀都"居斟鄩"。有夏一代，在斟鄩建都长达100多年之久。古斟鄩地望在洛水和伊水相汇处不远，偃师二里头遗址中发现的宗庙遗址，证明今偃师市西南五公里二里头村南高地处当为夏都斟鄩是可信的。文献上所记载的夏都还有阳城。《古本竹书纪年》曰"夏后氏禹居阳城"。《世本》曰"禹都阳城。"阳城地望虽有数说，但以河南登封阳城说最为可信。有的学者根据煤山一期文化的特点与登封王城岗遗址进行比较研究，认为登封王城岗年代相当煤山一期文化，应是早期夏文化。王城岗遗址应该就是禹都阳城。韦昭说"禹都阳城，伊洛所近"，登封王城岗遗址其位于颍水流域的上游，也应属河洛范围无疑。夏朝之后的商朝是我国历史上的第二个奴隶制王朝，汤都西亳在今偃师商城，其距二里头夏代遗址约 6 公里，正处伊洛平原之中。殷商之后西周成为中国历史上的第三个奴隶制王朝，西周又在河洛地区营建王都——成周洛邑，所谓成周者乃"周之道成于此"之意，说明周王朝的统治事业和各种典章制度完成于河洛地区。由于中国历史上最早的夏、商、周王朝相继以河洛地区为中心建立了国家，因此司马迁在《史记·封禅书》说："昔三代之居皆在河洛之间。"又说"三河在天下之中，王者所更居也。"可以毫不夸张地说，从夏商周，历春秋战国汉魏直至隋唐，中原河洛地区都处于东亚大陆历史舞台的核心地位，发挥了引领历史潮流的重大作用。因此，我们认为河洛地区是中国远古文明的策源地。

二　东亚大陆古代文明的区域特征

河洛地区在中国古代文明起源过程中的中心地位，是由其所处的东亚大陆的地理位置决定的。严文明先生认为中国文明的起源不是在一个狭小的地方。也不是在边远地区，而是首先发生在地理位置适中、环境条件也最优越的黄河流域和长江流域的广大地区。由于各地地理环境不同，文明化的过程也有所不同。它们相互作用，此消彼长，逐渐从多元一体走向以中原（河洛）为核心、以黄河流域和长江流域为主体的多元一统格局，再把周围地区也带动起来。这一格局的形成是中国古代文明的重要特点，也是她之所以具有无穷活力和强大凝聚力，以致成为世界上几个古老文明中唯一没有中断而得到连续发展的伟大文明的重要原因。这一论述不仅概括了中国古代文明的特点，而且还分析了其所产生的途径及文明的环境特征。

就太平洋西岸东亚大陆的地理形势而言，这里山岭峪谷纵横交错，平原广袤无边，且有大河奔流贯穿东西，长江、黄河就是东亚大陆上两条最大的河流。西高东低的自然地势使长江、黄河向东奔流入海的同时，也将东亚大陆分割成南北纵向的三大地理单元：长江流域地区、黄河流域地区和黄河以北地区，而黄河流域正处东亚大陆的中心位置。从中原河洛文明产生以前，东亚大陆新石器时代经济、文化类型的区域空间特征来看，在前述南北纵向三大板块之间丛集了诸多的远古文明。就中国南部地区而言，古代文明主要集中在长江流域的中、下游地区。长江中游的古代文明主要有城背溪文化，以后发展为大溪文化和屈家岭文化，到龙山时代发展为石家河文化。著名的楚文化应是在此区域内孕育出来的。这一地区在古史传说时代为三苗部落的活动区域。经济类型主要是稻作农业。而长江下游较早的古代文明有河姆渡文化，其后有马家浜文化和良渚文化，后来又有古吴越的史前文化，经济类型为稻作农业，其区域范围相当于今江浙地区。长江以北黄河流域的上、中、下游都分布有数量众多的史前文明。黄河上游的甘肃和青海东北部地区，最早是没有陶器的拉乙亥文化，其后在仰韶文化的强烈影响下，产生了马家窑文化，到龙山时代又发展为齐家文化。这里的新石器文化就是以后的戎羌各族的史前文化，经济类型主要是狩猎、采集和旱作农业，其地理范围相当于今天黄河上游的甘肃、青海两省。黄河流域的下游则为东方海岱区，这一地区主要包括今天山东丘陵及其附近的平原地区，是传说中的太昊和少昊为代表的两昊部落集团活动的区域，较早的为北辛文化，继之而起的是大汶口文化，大汶口文化分布范围相当广大，其中一部分西至河南，与仰韶文化发生交错分布的关系。大汶口文化以后发展为山东龙山文化，龙山文化的继承者是近年来发现的岳石文化，其经济类型主要为旱作农业经济。其地理范围相当于黄河下游山东省全境及周边一部。在黄河流域的中游地区则是中原——河洛文化区。它以渭河流域和晋、陕、豫三省邻接地区为中心，范围几乎遍及陕西、山西、河北、河南全境。根据古史传说，这一带是黄帝和炎帝所代表的部落集团活动的区域，以后就形成了华夏各族。在这个地区内，新古器时代早期有老官台文化、磁山文化和裴李岗文化，以后晚期融合为仰韶文化（但在内部仍保持不同的地方类型）。到铜石并用时代则发展成中原龙山文化。这一区域内是中国早期国家和文明的策源地，河洛地区是中原文化区的核心区域。黄河流域之北为燕辽文化区，这一区域的中心在辽河和大凌河流域，较早的有兴隆洼文化，继之而起的有红山文化和小河沿文化。其经济类型为狩猎、采集和旱作农业，区域范围相当于今天内蒙古、河北、辽宁一带。从以上新石器时代以来，东亚大陆古代文明的区域分布特征来看，黄河流域的古代文明显然处于东亚大陆古代文明的中心地带，而中原—河洛文明区则又处在黄河流域古代文明的中心。总之，历史上河洛—黄河文明区的核心地位是与其在新石器时代以来东亚大陆古代文明空间分布格局中的中心位置相一致的，地理条件的中心性是河洛文明产生、发展的基础。

三　河洛在古代文明中的区域优势

由于河洛地区自新石器时代以来一直处于东亚大陆古代文明的中心位置，因此它带动了周围地区的古代文明，并最终走向了以中原—河洛为核心的中华文明多元一统的格局。所谓地理位置的中心地位，就是指在史前文明的集合体里，河洛地区是物流、情报、信息网络的中心。即古人所说："王者封诸侯必居土中，所以教化者平，贡赋者均。"这个居于中心的地理位置方便当地人广泛吸收各地文化的成败经验，体会出同异族打交道的策略心得，终致后来居上。赵辉先生认为我们还可以把这个认识再引申得远一点，那就是，中原—河洛文化的强大主要依赖于政治、经验的成熟，而并不是因为它在经济实力上占有多么大的优势。反之，前一个时期的那些地方文明由于处在这个网络的边缘，信息来源狭隘，从而导致了它们的政治上的不成熟和社会运作方向的偏斜，最终在和中原—河洛文化的对峙中渐落下风，有的甚至还没来得及和中原文化直接对峙就先行衰落下去了。因此，河洛作为一个地理实体的凸显，不仅为以后夏、商、周三代文明准备了地域舞台，而且还持续地影响了中国历史的进程，以至于在12世纪以前中国政治的重心都没有离开此区域。我们虽然不能认为河洛文明像光、热一样的向四周放射，但是可以说，河洛文明区像车毂，车轮四周的车辐皆聚于车毂。河洛文明在中国古代文明起源和发展过程中起着中心轴的作用，影响和带动了周边区域的文化，这一点是绝对不能否认的。因此，我们说中国远古文明的中心区应在黄河流域，而其核心却是在河洛地区。

（本文经李立新先生推荐发表于《中国社会科学报》2010年11月11日008版）

河南与中华姓氏制度的起源

一

司马迁在《史记·五帝本纪》中所记载的中国早期历史应该是可信的，不仅如此，在五帝时代以前中国社会很可能还应有一个伏羲时代，太昊伏羲氏对中国古代文明的重要贡献是制嫁娶、正姓氏，使中华民族的婚姻关系发生了重大变化。从考古资料和文献记载来看，河南应是最早实行族外婚制的地区，同时也是中国姓氏制度的起源地。

伟大的史学家司马迁在追溯中国历史童年的时候，在《史记》中首先谈到的是《五帝本纪》《夏本纪》《殷本纪》和《周本纪》，其中夏、殷、周都被证明是信史而无疑问，只是在《夏本纪》之前，司马迁还著有一个《五帝本纪》，在《五帝本纪》中司马迁第一次把黄帝、颛顼、帝喾、唐尧、虞舜在系统的正史中列为首篇，这是古史中最权威的一种说法，对于司马迁所确认的五帝，历代的史学家大多都是赞同的，并认为司马迁所整理的五帝系统是有相当的根据的，五帝时代不是传说时代，应该是一个历史时代。那么五帝时代之前，还有没有更早的历史时代？答案是：有。根据古书文献中记载，五帝之前还有一个三皇时代，对于三皇的认识千奇百怪，众说纷纭，计有七八种之多，对此我们不必去理会它，但其中有六种说法都是将伏羲氏排在首位，足见伏羲氏在人们心目中的地位是相当崇高的。伏羲氏之后才是神农氏、燧人氏。那么如何认识较五帝时代更早的三皇时代？有的学者认为对三皇的认识，要换个角度来观察分析，他们应是不同时代的代名词，古代有的学者把三皇作为具体人看待，而且还说他们活了多少年，这明显都是错误的。古代也有不少高明的学者，把三皇作为时代看，例如伏羲氏是渔猎时代的代表，神农氏始"教民耕而陶"，有了农业，同时也会制造陶器，人们走向定居生活，所以说早期的农业时代是以神农氏为代表，燧人氏发明了人工取火，保证了熟食，对人类造福不浅，因此说燧人氏是人类早期人工取火时代的代表。如果我们这样来看待三皇，便会感到古文献记载是合情理的，古代学者把不同历史阶段，冠以恰当的名称，我们为什么要去否定它呢?[①] 因此，文献上所说的三皇应该是中华民族早期不同历史阶段的代名词，当然也可能是远古的大族团，或者族团的首领，伏羲氏开启的三皇时代与后来黄帝时代交织在一起，成为华夏民族形成的两大支柱，并被亿万华人尊为中华人文始祖。

二

　　中华民族莫不以龙的传人自居，这一称号的由来与伏羲分不开。伏羲在中国古代文献中又作伏戏、伏希、庖牺、包牺、宓羲、宓戏等。伏羲的含义按照东汉大儒应劭所撰《风俗通义》引《含文嘉》的说法应该是："伏者，别也，变也。戏者，献也，法也。伏羲始别八卦，以变化天下，天下法则，咸伏贡献，故曰伏羲也。"也就是说伏羲氏的贡献在于创制了八卦，但是近代著名的学者闻一多、姜亮夫等人将伏羲氏看成中国人类史发展的一个阶段，同时也把他看成一个部落集团的首领。伏羲生于何处？《太平御览》卷七八引《诗含神雾》说："太迹出雷泽，华胥履之生宓牺。"这里所说的华胥氏应该是伏羲（即宓牺）的母亲，她在雷泽之畔履大人之迹而孕，生育了伏羲。文献中所说的胥，有的学者认为胥、疋、雅、夏古今相通，华胥即为华夏，是中华民族种族之名。雷泽，根据《水经注·瓠子河注》的记载："瓠河又左迳雷泽北，其泽数在大成阳县故城西北十余里，昔华胥履大迹处也，其陂东西二十余里，南北一十五里，即舜所渔也"。《水经注》中所说的雷泽，至今仍有遗迹可寻，在今河南濮阳县境，那么伏羲的出生地自然应在今河南地区，所以河南便是伏羲祖族的居地。这样看来，河南当是龙的故乡。

---

① 许顺湛：《五帝时代研究》，中州古籍出版社 2005 年版，第 11 页。

三

伏羲氏又称太昊伏羲氏，他与少皞族同为中国古史时代东夷集团前后相继的两大族团。少皞氏故地在鲁，太皞氏故地在陈，太皞与少皞的差别，是由于皞族迁徙于不同地区而得名的。古史中对一些民族原住地多称为"少"，少即"小"，是指该族早期人口稀少势力弱小时期。"太"即"大"，乃该族后来迁徙新地人口众多，势力强大时的称号。如小月氏与大月氏的情况，少梁和大梁、小夏和大夏的情况都是属于这类的名称。① 皞族属于风姓，风与凤通，风姓之国是以鸟为图腾之族所建，这些国家先是居于鲁国附近，后来迁徙到南方的陈地，使皞族得到新的发展，这就是陈地（今河南淮阳）之所以成为太皞之墟的历史原因，因此，少皞、太皞应居二地：一在山东，一在河南，其先后发展顺序是不相同的，少皞在前，太皞在后。《左传·昭公十七年》记载说，少皞的祖先名挚，其立之时，有一只凤鸟到来祝贺，所以这只部落又被称为凤鸟氏，其实有的学者认为少皞的首领挚，当是一只禽鸟的化身。挚，指鹰隼一类的猛禽。② 这种禽鸟图腾是少皞氏部落的原生形态的图腾，说明禽鸟与太阳在神话王国里是紧密相连的，这是东夷集团的民族特点，后来向南发展才形成太皞伏羲氏，是东夷集团的另一支。③ 而少皞时期的凤鸟就是龙的雏形，中国古代文献中第一个出现的姓就是"风"姓，中华民族以龙的传人而自居追根溯源盖由此而来。

太皞族部落向南迁徙，到陈地后得到了新的发展，并在陈建立了都城，皇甫谧《帝王世纪》说："太昊帝庖牺氏，风姓也，蛇首人身，有圣德，都陈。"又说"伏羲都陈"。这里的陈，古称苑丘，在今河南淮阳，其地处黄河冲积扇南沿的颍水中游，左挹嵩山，右控商丘，是历史上的交通枢纽，迁到陈地后皞族部落势力强大，人口众多，《左传·昭公十七年》中说："太皞氏以龙纪，故为龙师而龙名。"如上所述太皞族的前身少皞族是风姓，这里的风即凤，本从虫，即龙。说明太皞氏部落应是以龙

---

① 徐中舒：《先秦史论稿》，巴蜀书社 1992 年版，第 19 页。

② 袁珂：《古神话选释》，人民出版社 1963 年版，第 174 页。

③ 龚维英：《原始崇拜纲要》，中国民间文学出版社 1989 年版。

为氏族图腾的民族，是东夷集团南下的一支，《竹书纪年》笺按引《通鉴外纪》说："太昊命朱襄为飞龙氏造书契；昊英为潜龙氏造甲历；大庭为居龙氏造屋庐；浑沌为降龙氏驱民害；阴康为土龙氏治田里；栗陆为水龙氏繁滋草木，疏导泉流。又立五官：春官为青龙氏，又曰苍龙。夏官为赤龙氏，秋官为白龙氏，冬官为黑龙氏，中官为黄龙氏，是为龙师而龙名。"这种以龙纪官的制度成为伏羲时期的一大特点。伏羲都陈，死后也葬于陈，至今淮阳有太昊伏羲陵，此陵春秋时已建，历代均有修葺。今存陵园占地 500 余亩，殿宇巍峨，华彩璀璨，号称天下第一陵，为中国十八大名陵之一，濒蔡河之滨，临万顷碧波，甚为壮观。

少皞、太皞的考古学文化是什么？大家一致公认是大汶口文化，大汶口文化是黄河下游地区发展起来的势力很强的一支新石器时代文化，大汶口文化的发展与确立是新中国考古研究的重大成果之一，大汶口文化起源于山东泰安一带，随后便以强劲的势头迅速向四周扩展，目前所知，在山东黄河以南的广大地区，到处都有大汶口文化遗址，大汶口文化是以泰安为中心，向东、向南、向西三方面发展，形成一个扇面分布状况，从分布区域上看，向东已经遍及整个山东半岛，东南已达黄海边缘，向西遍及豫东一带，最西已经到达河南平顶山地区，而向南的发展非常迅速，已经遍及苏北和黄海地区，尤其是大汶口中期以后有急剧南下的趋势。大汶口文化经济发展水平较高，手工业已从农业中逐步分离出来成为独立的经济部门，因此有学者特别指出大汶口文化是初期奴隶制社会时期。这种考古文化的族属之所以被认为是少昊、太昊东夷族文化，是因为根据古书记载，太昊与少昊集团都是崇拜太阳的民族。从字形上看"昊"字就是天上有一个日字，太昊与少昊之所以称昊，表明太阳崇拜是少皞与太皞集团共同的信仰。①

四

太昊伏羲氏为中国古代文明做出了许多贡献，其中最重要的就是制嫁娶、正姓氏、使我们民族的婚姻关系发生了重大变化，伏羲以前，人们"男女杂游，不媒不聘"过着近亲通婚的血缘婚姻生活。伏羲时代的人们

① 穆仁先主编：《伏羲与中华姓氏文化》，黄河水利出版社 2004 年版，第 32 页。

已经认识到男女同姓，其生不蕃的道理，伏羲氏应该是最早改革婚姻制度，禁止近亲通婚，实行族外婚制的部落，伏羲始制嫁娶之礼，与后世的嫁娶的含义是不尽相同的，它只是指一个氏族对另一个氏族之间的嫁娶，是一种族外群婚。不过，这种群婚已排除了氏族内部血亲间的性关系，实行氏族之间的男女群婚，当然是比族内"血缘群婚"进步了，而且是非常重要的一步。①

传说伏羲和女娲原是兄妹，后来结为夫妇，这个传说与伏羲始制嫁娶并不矛盾，正反映了人类婚姻发展史上的重大变革。因为这里的伏羲是指伏羲氏族，女娲指女娲氏族，是关系亲近的两个兄弟氏族。伏羲始制的嫁娶之礼，禁止氏族内部血亲之间的性关系，实行族外群婚。这里传说伏羲兄妹结婚正是两个氏族族外群婚的状况，禁止族内混乱性关系实行族外群婚，这是人类婚姻制度的重要一步，随之而来的是实行（族外）对偶婚和个体婚（以一夫一妻制为基础），这是伏羲和女娲之后新石器时代的事了，如果没有伏羲始制嫁娶之礼，没有禁止族内血亲间的性关系和实行族外婚，后世就不可能有文明的个体婚（一夫一妻制），也就没有人类科学的繁衍和健康的体魄，甚至在某种程度上说就没有人类社会的文明。② 这应该是伏羲氏对我们民族最重要和最伟大的贡献。

婚姻制度的变化是中国姓氏制度产生的直接原因，因为族外婚必须以至少有两个不同血缘关系的氏族同时并存为前提，而原始氏族之间区别不同血缘关系的唯一因素，就是他们源自不同的始祖先，这位始祖先就成为他们氏族存在的标志、名号和姓氏，这种标志、名号和姓氏在世界其他一些原始氏族中又称作图腾。《左传·隐公八年》云："天子因生以赐姓。"杜预注："因其所由生以赐姓"，就是说每一个原始氏族，都是或主要是由其始祖先而得姓，同一姓氏的原始氏族都是生自于一个共同的始祖先，不同的始祖先繁衍出不同姓氏的原始氏族。因此，族外婚一旦形成制度并成为人们自觉遵守的风俗习惯，姓氏的重要性就突出来，因此姓氏的形成与族外婚的产生有着密切的关系。《白虎通·姓名》云："人所以姓者何？所以崇恩爱，厚亲亲，远禽兽，别婚姻也。故纪世别类，是生相爱，死相哀，同姓不得相娶者，皆为重大伦也。"族外婚产生以后，姓氏就在区别

----

① 穆仁先主编：《伏羲与中华姓氏文化》，黄河水利出版社 2004 年版，第 143 页。
② 同上书，第 144 页。

婚姻关系中起着关键作用，伏羲氏实行族外婚制，中国最早的姓氏大约就在这个时期产生。①

既然伏羲氏的都城与葬地在今河南淮阳，那么女娲的葬地又在何处？河南西华、沈丘、淮阳等地都有关于女娲的传说，女娲去世后葬在今周口西华县境，在今西华县城北的思都岗村，有女娲城。西华女娲城位于西华县城北 7.5 公里的聂堆镇思都岗村。相传为"女娲氏之故墟"或"女娲之都"，城系女娲补天时所筑。《太平寰宇记》卷十载："县西二十里，旧传女娲之都，本名娲城。"女娲死后人们在城西修女娲陵，在城内建女娲阁，上供女娲，下供伏羲。后来城、阁被毁、百姓思念娲皇故都，因名"思都岗"。民间传说，这一带就是当年女娲补天处，20 世纪 80 年代后期新建的女娲阁在城中拔地而起，坐北向南，高 8 米，占地 2000 多平方米。整个建筑飞檐斗拱琉璃瓦顶，一派古朴景象，四周古柏参天，绿水荡漾，景色宜人，城西女娲陵高 13 米，陵前建有女娲墓碑，陵阁并峙，相映生辉。这些在中原大地上广泛流传的有关伏羲和女娲的神话，从一个侧面印证了河南是中华姓氏起源地的史实，中华民族婚姻发展史上的族外婚以及与之有密切联系的姓氏制度应首创于河南，河南应是中华姓氏的起源地。

（王琳副教授执笔，发表于《三门峡职业技术学院学报》2008 年第 4 期）

---

① 穆仁先主编：《伏羲与中华姓氏文化》，黄河水利出版社 2004 年版，第 27 页。

《水经注》研究与中原古代水环境

郦道元与《水经注》

一 《水经》与《水经注》

中国古代浩如烟海的历史文献中，《水经》是我国第一部专门记述河道水系的专著。在《隋书·经籍志》和《旧唐书·经籍志》中都记载了《水经》的作者及卷数，为《水经》三卷，郭璞撰。在这里《隋书》和《旧唐书》的作者都认为《水经》的作者应是晋代的郭璞。后来《新唐书·艺文志》中又说："桑钦《水经》三卷，一作郭璞撰。"对于《水经》的作者又出现了一个汉朝人桑钦。以后的历代公私图书目录中，都是以东汉的桑钦作为《水经》的作者。所以，宋朝的《通志·艺文略说》："《水经》三卷，汉桑钦撰。"这样对于《水经》作者的记载，便存有晋郭璞和西汉桑钦这种截然不同的观点。

晋朝的郭璞是一位专门为古书作注的大学者。他曾为许多古籍，如《山海经》《尔雅》《穆天子传》等书作注，郭璞是晋朝一位非常有名的大地理学家，对我国古代河流、山川等自然地理有着十分精湛的研究。可是在郭璞所注的《山海经》中，曾引用了《水经》八处，因此有的学者认为："假使他撰写《水经》，则又何必引用他人的著作，为此断定郭璞并没有撰写过《水经》。"① 桑钦是西汉成帝时代的人。东汉时期的史学家班固在撰写《汉书·地理志》时就已经征引过桑钦的著作共计六次，可是这六处文字内容和我们现在所见到的今本《水经》都截然不同。不仅如此，《汉书·地理志》六处引用桑钦著作，用的是"桑钦言""桑钦以为"等字样，并未写出"水经"的书名。所以《水经》为西汉桑钦所作

---

① 陈桥驿：《郦道元与〈水经注〉》，上海人民出版社 1987 年版，第 23 页。

的看法，并不一定能够成立。

清人胡渭在《禹贡锥指·例略》中认为《水经》："创自东汉而魏晋人续成之，非一时一手作。"《四库全书提要》根据《水经》中出现的地名作出了考证："观其涪水条中，称广汉已为广魏，则决非汉时；钟水条中，称晋宁仍曰魏宁，则未及晋代。推文寻字，大抵三国时人。"把胡渭的说法和《四库全书提要》的说法合起来加以考虑，《水经》的著作年代，大概就差不多了。今人钟凤年又提出《水经》作于新莽时代之说。钟老的理由，一是谷水于后汉建武四年即由河南县引至洛阳，而经文不言引至洛阳，说明是书问世于后汉建武四年之前；二是睢水经说"睢水出梁郡鄢县"，梁郡于前后汉俱为国，而鄢县俱属陈留郡，王莽天凤二年由陈留度属梁郡，后汉又还陈留，说明是经当作于王莽之时。① 虽然自《水经》成书以来对其作者的看法存在着很大的差异，但其书在中国古代地理学史上的首创价值却是无容怀疑的。《水经》以水道为纲，每水单独成篇，记述其源流和流经的地方，并旁及地域的遗闻逸事和山川景物。据《唐六典》注，《水经》共载水道137条。《水经》开创了水志的记述体裁，确立了以水证地的方法。但它内容简单，所记水道繁简不等，其中错误亦多。② 但《水经》经过郦道元的注释，其学术价值大大增加，使原载水道补充发展为1252条，为《水经》的十倍。注文达三十万字，比《水经》增加近二十倍。郦道元在记述水道时，穷源究委，旁征博引，不仅记述它们的发源和流向，而且详细叙述流经地区的山陵、原隰、城邑、关津亭障、建置沿革、古城遗址、农田水利、土地物产等情况，有关的历史事件、人物、神话传说等，无不旁征博引。所以，该书是我国六世纪前最全面系统的综合性地理著作。③ 因此，北魏郦道元的《水经注》、晋郭璞的《山海经注》、裴松之的《三国志注》和李选的《文选注》，并称为中国古代的四大名注。

二　郦道元与《水经注》的撰写

郦道元是北魏人。在官修二十四史的《魏书》和《北史》中都载有

① 靳生禾：《中国历史地理文献概论》，山西人民出版社1987年版，第112页。
② 杨正泰：《中国历史地理要籍介绍》，四川人民出版社1987年版，第68页。
③ 同上。

郦道元及其父郦范的传记，其中《魏书·郦范传》有 1059 字，《郦道元传》有 309 字；《北史·郦范传》有 290 字，《郦道元传》有 612 字。说明郦氏家族在北魏社会生活中是一支有广泛影响的力量。北魏是鲜卑族拓跋部所建，后来南下中原，国力不断强大，郦道元生活在北魏领土最广和国势最盛的时期，自然环境和人文社会环境的深刻变异给郦道元创著《水经注》提供了良机。

著名历史地理学家陈桥驿先生曾指出，从公元 4 世纪初直到 6 世纪后期之间，中国境内的巨大人群经历了一场前所未有的地理变异，即中国历史发展进程中出现了一次前所未有的"地理大交流"。大群生活在北方草原的游牧民族，相继进入华北和中原，他们放弃了"天苍苍，野茫茫"的自然环境和"风吹草低见牛羊"的游牧生活，而定居到这片对他们来说是完全陌生的土地上从事农业生产。同样，原来居住在这个地区的汉族，也就被迫大批南迁，放弃了他们世代定居的这片坦荡肥沃的小麦杂粮区，迁移到低洼潮湿的江南稻作区。从战祸蔓延、人民流离的这种现象来说，这个时代是中国的混乱时代；但从文化交流、民族融合的这种结果来说，这个时代是中国的光荣时代。[①] 因此不论中国北方或南方，数量巨大的人群，都面临着新的自然地理环境和人文地理环境。在这场地理大交流中，直接参加交流的人们，新、旧地理环境构成了他们现实生活和思想上的强烈对比，空前地扩大了他们的眼界和丰富了他们的地理知识。对于那些没有直接参加交流的人们，他们有的留恋故土，宁愿冒恶劣的处境而安土重迁，有的则是直接参加交流者的后代，这些人尽管没有地理大交流的实践经验，但他们同样从他们的亲属和父老那里，获得他们的故土和新领地的地理知识。[②] 地理大交流造就了杰出的地理学家和地理学著作的诞生。这就是郦道元及其不朽之著——《水经注》诞生的背景。

郦道元在《水经注》原序中说："大川相间，小川相属，东归于海。脉其枝流之吐纳，诊其沿路之所躔，访渎搜渠，缉而缀之。"意思是大河相互隔开，小河相互连在一起，滚滚东流，一同奔向大海。我就来探寻支流是怎样分出去和汇合进来，观察河流沿途所经的路线，多方考察寻求，收集资料，加以辑录整理说明，郦道元对祖国河流的研究与撰述是建立在

---

① 陈桥驿：《郦道元》，花山文艺出版社 2000 年版，第 6 页。
② 陈桥驿：《郦道元生平考》，《地理学报》1988 年第 3 期。

野外实地考察与实践基础之上的，而决不是"默室求深，闭舟向远"的纸上谈兵。有的学者认为由《水经注》的内容和郦道元的传记来看，他祖籍是今河北涿县，但早已南迁到涿县一百余里的今容城县，童年即在容城度过。10岁时（476年）随父居青州（州治今山东益都），直到他21岁（487年）才离开青州，随父回到北魏都城所在地的平城（今山西大同）。翌年（488年），即承袭父爵（永宁侯爵）出任尚书主客郎的官职。由此时开始，一直到景明二年任冀州镇东府长史时为止，他都在中央政府工作。十多年的京官生活，使他有机会与帝王外出巡行，了解各地的地理情况。《水经注》卷三："余以太和十八年（494年），从高祖北巡，届于阴山之讲武台。"北巡结束不久，于同年十月，随朝廷由大同迁都洛阳。太和二十一年（497年）又随孝文帝（高祖）第二次北巡，经今山西太原，抵达旧都平城，并历云中（今和林格尔）、离石（今离石县）、平阳（今临汾）、龙门（今河津），然后沿黄河南下，经河津、蒲坂（今永济）渡河溯渭水西上长安，再由长安乘船顺渭水东下至黄河茅津渡。自此沿黄河河岸陆行，经三门峡回抵洛阳，历时半年之久。由景明二年（501年）任冀州镇东府长史开始，一直到延昌四年（515年）由东荆州刺史任上罢官为止，他担任地方官的时间长达15年。这期间，相信他的足迹遍及他治下的各个地区。[①] 换言之，他由488年开始出仕到515年罢官，用了前后28年的时间为《水经》作注做好了资料收集工作。

特别是在入仕以后，郦道元曾跟随北魏孝文帝拓跋宏到各处巡狩，长途的跋涉，使他获得大量宝贵的野外考察资料，如对阴山地区古代游牧民族岩画的发现就是一例。在卷三《河水》经"又北过北地富平县西"注中说："河水又东北历石崖山西，去北地五百里，山石之上，自然有文，尽若虎马之状，粲然成著，类似图焉，故变谓之画石山也。"在同卷经文"至河目县西"注中又说："（河水）东流径石迹阜西，是阜破石之文，悉有鹿马之迹，故纳斯称焉。"《水经注》记载的阴山岩画，近年来已被内蒙古文物考古工作者所发现。在阴山山脉西段的狼山地区，西起阿拉善左旗，中经磴口县、潮格旗，东至乌拉特中后联合旗，东西长约三百公里，南北宽约四十公里至七十公里，在深山幽谷和峭立的山巅上，已经找到一千多幅各种内容的岩画。这一次内蒙古文物考古工作者对阴山地区古代岩

---

①　萧樾：《中国历代的地理学和要籍》，广西师范大学出版社2002年版，第115页。

画的考察，就是根据《水经注》提供的线索进行的，而结果获得成功。郦道元在野外工作中播下的种子，在一千四百多年以后的今天结出了丰硕的果实。[①] 在因公外出之余，郦道元仍不放弃从事野外考察工作，比如对泗水源头的调查就是一例。对于泗水的源头，文献记载数说并存。《汉志》说它发源于乘氏县（今山东菏泽县附近），《水经》说它发源于卞县（今山东省泗水县北）北山，《山海经》说它发源于鲁（今山东曲阜县一带）东北。郦道元在因公外出的途中在卞县故城（今山东省泗水县东）东南桃墟附近找到了泗水的发源地。所以《水经注》卷二十五《泗水》："泗水出鲁卞县北山"之下说："鲁国卞县东南有桃墟。……墟有漏泽，方十五里，渌水澄渟，三丈如减。泽西际阜，……阜侧有三石穴。广圆三四尺。穴有通否，水有盈漏，漏则数夕之中，倾陂竭泽矣。……自此连冈通阜，西北四十许里，冈之西际，便得泗水之源也。"遗憾的是道元生在扰攘的乱世，在他死去后的半个世纪后，中国才出现了全国统一的局面。由于南北分裂的存在，使得他的野外考察工作只能局限于北魏的疆域之内，而对包括长江在内的祖国南方河流的研究，只好完全求之于文献资料了。因此，清初的刘献廷说："予尝谓郦善长其人，其注《水经》，妙绝古今。北方诸水，毫发不失，而江、淮、汉、沔之间便多纰缪。郦北人，南方诸水，非其目及也。"

从《北史·郦道元》的记载，我们可以看出郦道元为官刚耿、正直，执法严峻，《魏书》将其列入《酷吏列传》可见他是一个治事为学都很刚正的人。因其在治事之时"素有威猛之称"，所以"权豪始颇惮之"，以致终遭权贵诮害而死。晚年郦道元被遣关右大使，在奉使关中路上，遭雍州刺史萧宝夤暗算，被困于阴盘驿亭，"亭在冈上，必食冈下之井。既被围，穿井十余丈不得水，水尽力屈，贼遂逾墙而入。"[②] 郦道元及其随从尽被杀害。

在郦道元的《水经注》中记载了两次惨烈的水源争夺战。一次是东汉与匈奴在西域疏勒城的激战。《水经注》卷二《河水》："其一源出于阗国南山，北流与葱岭所出河合，又东注蒲昌海。"注中说："汉永平十八年，耿恭以戊己校尉，为匈奴左鹿蠡王所逼，恭以此城侧涧傍水，自金蒲

① 陈桥驿：《郦道元》，花山文艺出版社 2000 年版，第 207 页。
② （唐）李延寿；《北史》卷二十七。

迁居此城。匈奴又来攻之，壅绝涧水。恭于城中穿井，深一十五丈，……有顷，水泉奔出，众称万岁。乃扬水以示之，虏以为神，遂即引去。"①如果说耿恭因水而生的话，刘宋虎牢关的守将毛祖德却没有那么幸运。北魏泰常八年，魏军攻占刘宋毛祖德据守的虎牢关，卷五《河水》经"又东过成皋县北，济水从北来注之"，注："魏攻北司州刺史毛祖德于虎牢，战经二百日，不克。城惟一井，井深四十丈，山势峻峭，不容防捍，潜作地道取井。余顷因公至彼，故往寻之，其穴处犹存。"②虎牢关因水绝而破就是发生在郦道元身边，郦道元还亲自凭吊过古战场，而且目击了北魏军挖掘的地道。可是郦道元没有预料到的是，虎牢关毛祖德的悲剧不久就发生在阴盘驿亭上。

三　《水经注》的地理学价值

《水经注》是中国地理学史上的一部独具特色的区域历史地理学著作。从《水经注》的著述中，我们可以看到郦道元是以河流的流域范围为纬，以河流所经地区的各种自然地理和人文地理要素为经，编织而成一部完整的以河流为主的历史区域地理文献。

以完整的河流区域为研究对象，在中国古代地理学研究中有着悠久的传统。这一传统的肇端应始自《山海经》，《山海经》按南西北东顺序讲山（后续有中山）、海外、海内的地理知识，"大荒"几部分亦按东南西北顺序描述，间杂所记 358 条河流和湖泊，只能按同样的方位划出水系区，但无名称予以提纲挈领。《禹贡》记大禹"治山通水"，所导九河，涉及到发源地或上游地区、流向和归宿，可按流域所在划出若干水系区，如弱水水系区、黑水水系区等。继《史记·河渠书》《汉书·沟洫志》专述全国水利工程、运河和天然水系情况后，成书于三国时代的《水经》著作，开始以主要河流为纲，描述其源头、流向、经行之地、归宿和主支流关系，形成一套自成体系的叙述方法。③那么《水经》所形成的这一套自成体系的区域研究方法，自郦道元为其作注则特色益为彰显。按郦道元

① 陈桥驿等译著：《〈水经注〉全译》，贵州人民出版社 1996 年版，第 37 页。
② 同上书，第 153 页。
③ 侯甬坚：《区域历史地理的空间发展过程》，陕西人民教育出版社 1995 年版，第 184 页。

的解释，北魏以前的地理学文献是存在着一定的偏颇的，所谓："昔《大禹记》著山海，周而不备；《地理志》其所录，简而不周；《尚书》、《本纪》与《职方》俱略，都赋所述，裁不宣意；《水经》虽粗缀津绪，又阙旁通。所谓各言其志，而罕能备其宣导者矣。"所以现在"寻图访赜者，极聆州域之说，而涉土游方者，寡能达其津照，纵仿佛前闻，不能不犹深屏营也"。尽管在北魏以前中国地理学有了相当的成就，但其缺憾是明显的，也就是说，《大禹记》所载的山海，虽然包罗万象却并不详尽；《地理志》所作的记述，内容亦简单而不够全面；《尚书》《本纪》与《职方》皆很粗略，都赋的描写又局限于体裁而不能充分发挥思想；《水经》虽然大致上理出了河流的头绪，却没有予以融会贯通。这真是所谓各说自话，但很少能加以疏导。现在按图索骥，寻访旧迹的人，听遍了关于州郡疆域的谈论，而游历于九州四海的旅行家，却很少能比照着看河流，因而纵使与先前所知的情况隐约相似，还是不能不深感无所适从。① 而《水经注》的撰写特点又恰恰在于以注释的方式补足了以往地理学文献的诸多弊端，所谓："大川相间，小川相属，东归于海。脉其枝流之吐纳，诊其沿路之所躔，访渎搜渠，缉而缀之。《经》有谬误者，考以附正；文所不载，非《经》水常源者，不在记注之限。"也就是说，大河相互隔开，小河相互连在一起，滚滚东流，一同奔向大海。我就来探寻支流怎样分出去和汇合进来，观察河流沿途所经的路线，多方考察寻求，收集资料，加以辑录整理。《水经》中有错误的地方，就加以订正；典籍中未见记载，不属《水经》中常流不断的水源，在记述作注时也不加限制。② 为此，道元以其所记诸水的干支关系作为划分区域类型的标准，所谓："水有大小，有远近。水出山而流入海者，命曰经水。引它水入于大水及海者，命曰枝水。出于地沟，流于大水，及于海者，有命曰川水也。"③ 就是这个意思。在这里，郦道元把水系的干支构成关系作为划分河流区域的基本依据，陈桥驿先生认为这一依据的制定具有重要的地理学价值，它不仅是河流的各种称谓的定义，而且也是郦道元撰写《水经注》的规范，全部注文达三十余万言，除了后世传写所造成的错讹以外，基本上是符合他在卷首所制

---

① 陈桥驿等译著：《水经注全译》，贵州人民出版社 1996 年版，第 2 页。
② 同上书，第 3 页。
③ 同上书，第 4 页。

定的撰写规范的。这就是《水经注》的体例严密之处。① 郦道元所尊奉的这一撰写规范，实际上从地理学思想和研究方法上看不仅弥补了 6 世纪以前中国地学发展的弊端，而且将《水经》以来开创的"因水证地"的一套自成体系的叙述方法，推向了成熟、完备和规范，因此具有极高的地理学价值。所以有些学者认为：《水经注》所记载的 1200 多条河流的发源地点、流经地区、支渠分布以及历史上的变迁情形，是我国 6 世纪以前关于河道水系最详细的记录。这些河流流经的地区，几乎遍布全国各地，有的还延伸到今国境之外，其覆盖面积之广，实属空前。我国正史中，从《后汉书》到隋唐五代的正史，皆无记述河道水系的专篇。《宋史》以后的正史中，虽有《河渠志》，但受体裁的限制，规模、内容皆比不上《水经注》。直到明代之前，以全国范围为记述对象的河道水系专著仍然很少，类似的综合性地理巨著更是绝无仅有。②

　　尽管《水经注》是一部独具特色的区域历史地理著作，但它所体现出的地理学的综合性特征却是鲜明的。从《水经注》的著述中我们可以看出郦道元并没有割裂地理学所强调的自然与人文各要素之间的密切关系，较为完整地体现了地理学的综合性的学科特征。譬如就自然地理学的重要分支之一——气候研究而言，在道元撰著《水经注》的时代，尽管各种气候要素还没有明确计量标准，但从其对气候状况的描述来看，《水经注》对于当时祖国各地的气候差异综合记载，毫无疑问为我们提供了研究和认识古代气候地域分异规律的宝贵资料。我国气候区域的差异性十分显著，东部地区（包括东北部、东部、东南部地区）由于濒临太平洋，都处在季风区内；西南部的青藏高原地区由于海拔较高，处在高寒气候区内；东部季风与西南高寒区以北基本上属于干旱区域，《水经注》对于东部季风和西北干旱地区的记叙是相当清楚的。《水经》中的卷三十三、三十四、三十五这三卷都是记江水的，而长江流域正是典型的季风活动区。江水"又东过鱼复县南，夷水出焉"条注文中说："（鱼复）城里无泉，乃南开水门，凿石为函，道上施木天公，直下至江中，有似猿臂相牵引汲，然后得水。水门之西，江中孤石，为淫预石，冬出水二十余丈，夏则

---

① 陈桥驿：《水经注研究》，天津古籍出版社 1985 年版，第 30 页。
② 杨正泰：《中国历史地理要籍介绍》，四川人民出版社 1987 年版，第 69 页。

没，亦有裁出处矣。"① 鱼复城附近长江中的淫预石是一块孤石，冬天露出水面二十余丈，夏天则没在水下，也只有露出一点的地方，淫预石显然成为指示季风的信标。《水经注》卷三十五所记载的区域相当于今湖南、湖北一带的长江中游南北两岸地区，该卷注文中的记载涉及了许多长江中游沿岸的"江浦"，所谓"江浦"，就是沿江的小支流港汊，全卷记及的共达 74 处之多。但其中有 12 处，注文说明"夏浦"。② 这些沿江浦口的形成与暖季风的到来有直接的关系，卷三十五的注文中记载的与暖润的夏季风有密切关系的有：俞口，"江水自龙巢而东得俞口，夏水泛盛则有，东无之。""西江口、黄金濑、黄金浦、良父口、鸭兰、治浦等"；卷三十五"湘水从南来注之"注文中就记载了这些江浦，"江水右会湘水，所谓江水会者也。江水又东，左得二夏浦，俗谓之西江口，……江之南畔名黄金濑，濑东有黄金浦、良父口，夏浦也。""江口白螺山南，右历鸭兰矶北，江中山也。东得鸭兰、治浦二口，夏浦也。""江水东迳若城南，……南对郭口、夏浦，而不常泛矣。东得苦菜夏浦，浦东有苦菜山。江迳其北，故浦有苦菜之名焉。"③ 注文中反复说上述沿江夏浦的形成往往是："夏水泛盛则有，冬无之。"这显然是与东部季风区内的气候条件有关系的。长江流域的大部分地区在季风区内。6 月至 8 月夏季风盛行，气候湿热；11 月至翌年 3 月冬季风盛行，气候干冷。4 月、5 月和 9 月、10 月为过渡季节。夏季风平均 5 月初在华南沿海一带开始，然后向北推进，6 月中旬从华南迅速前进到华中，7 月中旬移到华北，8 月中旬到达最北界线。8 月底或 9 月初夏季风南退到华中或南岭一带，这也是冬季风的开始。当夏季风在华南、华中、华北盛行时，恰好也是这些地区的雨季，夏季风开始在华中和华北盛行时，正是长江流域的梅雨季节。冬季风来到这些地区也就是这些地区雨季的结束。季风进退的迟早和持续时间的长短，决定各地区冷暖旱涝。④ 因此暖湿季风带来大量的降水，是形成长江沿岸地区大量季节性支流汉港的根本原因。

　　《水经注》中还记载了除季风区以外的干旱地区的气候地貌特征。

　　① 陈桥驿等译著：《水经注全译》，贵州人民出版社 1996 年版，第 1157 页。

　　② 陈桥驿：《郦道元》，花山文艺出版社 2000 年版，第 81 页。

　　③ 陈桥驿等译著：《水经注全译》，贵州人民出版社 1996 年版，第 1199 页。

　　④ 《中国大百科全书》编辑部：《中国大百科全书·地理卷》，中国大百科全书出版社 1990 年版，第 237 页。

《水经注》卷二"（河水）其一源出于阗国南山，北流与葱岭所出河合，又东注蒲昌海"注中所指地区在古楼兰国一带，即今塔里木盆地中的罗布泊，这一地区"土地沙卤，少田，仰谷旁国。国出玉，多葭苇、柽柳、胡桐、白草。国在东垂，当白龙堆，乏水草"。该卷中（河水）："又东过陇西河关县北，洮水从东南来流注之。"下又说："河水右经沙洲北。段国曰：浇河西南百七十里有黄沙。沙，南北百二十里，东西七十里，西极大杨川。望黄沙，犹若人委乾糒于地，都不生草木，荡然黄沙，周回数百里，沙洲于是取号焉，"① 按照郦注中所提到的植被特征来看，这一地区显然属于荒漠森林，注中所说的胡桐，又叫胡杨、异叶杨是荒漠地区最古老的一种杨树，在中国新疆库车千佛洞和甘肃敦煌铁皮沟的第三纪古新纪地层中曾发现过它的化石，距今约 6500 万年，胡杨林在中国干旱地区分布之广，面积之大，为世界上所罕见。注中所说的柽柳又称红柳，萌蘖性强，侧枝韧性大，能耐风沙的袭击和沙埋。在沙漠、戈壁广布的干旱地区，柽柳经常遭到流沙的侵袭，使灌丛不断积沙。而柽柳在沙埋后由于不定根的作用，仍能继续生长，于是"水涨船高"，形成了高大的灌丛沙堆（沙包）。② 柽柳和胡杨都属于典型的荒漠植被，按照现在气候地貌学的观点，植被稀疏、降雨稀少，在平坦的地面发育大量的沙丘等风积地貌，这些都是干旱区特有的地貌特征。郦注中虽然没有作气候区域的划分，但可以确定的是其所记地区都属于干旱气候区。在这里还应进一步强调的是，从郦的记载中我们还可以看到两条明确的气候和气温界线。第一条是前已述及的卷五《河水论》和卷十六《榖水注》记载的从黄河到伊洛河的冬季冰冻。这一条可视为华北与华中的气候界线。另一条界线记载于卷三十六《温水》注中。在"东北入于郁"注中。注文说："至于风气暄暖，日影仰当，官民居止随情，面向东西南北，回背无定……古人云，五岭者，天地以隔内外。"③ 这就说明，古人早已看到了五岭在"地以隔内外的"作用，所以五岭显然是一条郦注在气候记载中区分华中和华南的界线。④ 除此之外，《水经注》还对历史自然地理中植物、动物、土壤、水文、地

---

①　陈桥驿等著：《水经注全译》，贵州人民出版社 1996 年版，第 42 页。

②　吴正：《中国的沙漠》，商务印书馆 1996 年版，第 73 页。

③　陈桥驿等著：《水经注全译》，贵州人民出版社 1996 年版，第 1228 页。

④　陈桥驿：《郦道元》，花山文艺出版社 2000 年版，第 81 页。

貌、环境等其他要素也作了深入而细致的研究。

　　《水经注》对于历史人文地理学的贡献也是多方面的，注文内容涉及到区域经济、交通道路、关隘津梁、行政区划、人口民族、城市聚落等方面的史料详赡而全面。从《水经注》中所记载的区域经济中工业地理资料来看，注文中记载的古代手工业部门包括采矿、冶金、机器、纺织、造纸、食品等，涉及能源矿物中的煤炭、石油、天然气，金属矿物中的雄黄、硫黄、盐、石墨、云母、石英、玉、石材等。① 《卷三》河水 "又南过上郡高奴县东"注文中说："高奴县又洧水，肥可燃。水上有肥，可接取用之。《博物志》称酒泉延寿县南山出泉水，大如筥，注地为沟，水有肥如肉汁，取著器中，始黄后黑，如凝膏，然极明，与膏无异。膏车及水碓缸甚佳。"意思是说高奴县有洧水，水上有油，能燃烧，可以采集起来使用。《博物志》说：酒泉延寿县南山有泉水流出，大小有如箩筐，在地上冲出一条水沟。水上有油，稠腻得像肉汁一样，舀来放到器皿中，开始时呈黄色，以后就变成黑色，好像凝冻得肉汁一样，点着后很明亮，和油脂没有分别。用这种油来漆车和水碓上的铁圈极好。② 这里所说的肥水，很显然就是我们今天的石油。卷三十三 "（江水）又东过鱼复县南，夷水出焉"注文中说："水源出县北六百里上庸界，南流历县，翼带盐井一百所，巴、川资以自给。粒大者方寸，中央隆起，形如张缯，故因名之曰缯之盐。有不成者，形亦必方，异于常盐矣。王隐《晋书·地道记》：入汤口四十三里，有石煮以为盐。③ 石大者如升，小者如拳，煮之水竭盐成。盖蜀火井之伦，水火相得乃佳矣。"注文提到的所谓火井就是今天得天然井，而注文中所见到的正是有关古代长江流域井盐生产与分布的珍贵史料。

　　总之，《水经注》尽管是一部以描述河流为主的优秀的区域历史地理学著作，但同时也兼具地理学综合研究的学科特征，是中国地学史上的一座巍峨的丰碑。

（《华北水利水电学院学报》2007 年第 1 期）

---

① 陈桥驿：《郦道元与〈水经注〉》，上海人民出版社 1987 年版，第 80 页。
② 陈桥驿等译著：《水经注全译》，贵州人民出版社 1996 年版，第 106 页。
③ 同上书，第 1155 页。

《水经注》与祖国江河的生态危机

　　河流与人类社会发展有着密切关系，自古以来就受到人们的高度重视，因此在中国古代地理学文献中出现了许多记载研究河流的著作，如《山海经》《禹贡》《汉书·地理志》等，而郦道元的《水经注》则无疑是其中最有代表性的名著。《水经注》记载了6世纪以前祖国境内河流水道1252条，其所注《水经》不仅限于大小河系源流脉络，而且每条河的发源、流程、归宿以及河流的含沙量、水位、流速、河床宽狭等相关水文资料都有详细的记载。不仅如此，更重要的是道元还把每一条河流所经行的环境状况也作了详尽的描述。这无疑为我们后世认识、了解、研究当时的地理环境提供了第一手资料。所以《水经注》不仅是我国地理学史上无出其右的河流水文地理名著，而且对于我们研究以河流流域为区域的环境演变历史也有重要参考价值。

　　由于《水经注》在中国学术史上的特殊地位，所以至明末清初郦学研究之风大盛，名家辈出，形成了考据、词章和地理三大学派。考据学派以朱谋㙔、孙潜、刘献廷、沈炳巽、何焯、全祖望、赵一清、戴震为代表，他们厘定经注、校勘文辞，在文献整理方面作了艰苦的努力，使郦注的错漏累牍成为完璧，为郦学的发展打下了基础。词章学派以明代文学家钟惺、谭元春、杨慎为代表，他们从文学的角度总结和推广了郦注的成就。以致后世谈山水文学莫不以"太上郦道元，其次柳子厚，近时则袁中郎"相称。而地理学派则更是郦学研究中有强大生命力的学派，远以杨守敬、熊会贞等为代表，近则以史念海、陈桥驿、侯仁之、谭其骧为领军。地理学派的代表人物所做的工作与前贤相比，并非单纯的版本校勘工作，而是努力探求《水经注》本身的地理价值。正如侯仁之先生所说如果要真正认识《水经注》在地理学上的价值，只是从书本上校勘《水经注》是不够的，更重要的是必须以实践——也就是用《水经注》所记述的真实对象——来"校勘"《水经注》。[①] 这即是郦道元撰著《水经注》的出发点，同时又是郦道元地理思想的精髓。这一学术理念在环境日益剧烈变化的当代更值得我们深思。诚如道元在《水经注》自序中讲到，他所读过的古代地理书籍，如《山海经》《禹贡》《禹本纪》《周礼·职方》《汉书·地理志》以及描写地方的都赋之类，还有《水经》，都觉得过于简略，不能惬意。（原文为："昔《大禹记》著山海，周而不备；《地理志》其所录，简而不周。《尚书》、《本纪》与《职方》俱略，都赋所述，裁不宣意；《水经》虽粗缀津绪，又阙旁通。所谓各言其志而罕能备其宣导者矣。"以下他又继续写道："今寻图访赜者，极聆州域之说，而涉土游方者，寡能达其津照，纵仿佛前闻，不能不犹深屏营也。"）因此他说决定为《水经》作注，于此可见他的重要目的之一，还在于记述地理。但是他认识到地理现象是经常在变化的，上古的情况已很渺茫，其后民族的迁徙、城市的衰亡、河道的变迁、名称的交互更替，都是十分复杂的。（原文为："绵古芒昧，华戎代袭，郭邑空倾，川流戕改，殊名异目，世乃不同，川渠隐显，书图自负，或乱流而摄诡号，或直绝而生通称，枉渚交奇，洄湍决澓，躔络枝烦，条贯系骜。《十二经》通，尚或难言，轻流细漾，固难辨究。"）正是由于这一认识，他才决定以水道为纲，进而描述经常在变化中的地理情况。[②] 在今天看来，郦道元撰著《水经注》的工作，就是通过对祖国河流、水系的研究，来探索以河流为中心的地理环境和地理条件的变化情况，以提出自己的一得之见，即所谓"正可自献径见之心"，这一观点显然是从河流、水文的角度，对地理学研究的核心问题——人地关系做出了深刻而独具匠心的诠释。

我们知道《水经注》是我国地理学史上最著名的河流水文地理名著，同时也是一部以河流为纲的区域地理名著。它以西汉王朝的版图为基础，包括若干地区并兼及域外，对如此广大的地域范围内的许多重要河流及其流域，进行综合性的描述，内容包括自然地理和人文地理。这样的记载毫无疑问会成为我们研究工作的资料基础。不仅如此，《水经注》以前的地理著作，缺乏实地考察的基础。而郦道元提倡"访渎搜

---

① 侯仁之：《历史地理学的视野》，三联书店 2009 年版，第 255 页。

② 同上书，第 254 页。

渠",所以在注文中包括了他的大量野外实地考察的成果。以实地考察的成果撰写地理书,这虽然是"地理大交流"时代涌现出来的许多地理书的共同特色,但是由于《水经注》是这个时代的一切地理著作中的翘楚,而它所收录的野外考察成果也确实最为丰富,为他书所不及,因此,野外实地考察与地理著作的撰写相结合,《水经注》实开其端。①由于郦注中包含了大量、真实的地理资料,这就使我们能够有可能把道元时代与当代包括水环境在内的各种地理因素做一系统的比较研究,从"复原"地理环境的工作中深入了解以河流为中心的祖国疆域内环境演变的历史过程,以及这一历史过程中所凝结的历史教训。从这个意义上讲郦道元的工作为我们今天的研究地理环境的变迁做了极有价值的资料准备工作。

在这里还应进一步说明的是,在 1500 年前,道元在《水经注》中所记载的 1252 条河流,时至今日有很多都难寻其踪了,它们从祖国大地上消失的时间或早或晚,消失的原因错综复杂,但是,那些曾经奔流不息的大河都永远难以再波浪涌翻了,却是一个严酷的不争的现实。道元在《水经注》中曾用两卷的篇幅记叙了古代济水的发源、流程的归宿。《禹贡》中说"济、河惟兖州",济水在古代是与黄河、淮河、长江并列的大水,所以《河水》篇称"江、淮、河、济"为四渎,所谓渎是独流入海的大河,说明济水并非一条普通的河流。现在河南省济源市仍存有规模宏大、富丽堂皇的济渎庙,那巍峨庙堂折射出的雄浑与大气显示了这条大河在古人心目中的地位,历代帝王还不断将其神化,尊之为"王"或"公"。可现在除了济源、济南、济阳、济阴这些因济水而生的古代地名外,古代济水早已荡然无存了。问题还不是如此简单,《水经注》中鸿沟水系的渠水、阴沟水、汳水、睢水、沙水、涣水、涡水、获水、鲁沟水等等在今天也同样难以见到它们的踪影。总之《水经注》中所记载的祖国疆域内古今水系的变迁是巨大的,也是真实的。《水经注》的开篇是《河水》,《河水》是《水经注》全书最长的一篇,计有五卷,五万余字之多,占全书的七分之一,郦注中的黄河水流激峻,枝津众多,汹涌澎湃,为"览百川之宏壮,莫尚美于黄河"。也就是说道元认为纵观百川壮伟的雄姿,再没有比黄河更壮美的了,足见道元时代黄河奔流到海不复回的气

① 陈桥驿:《郦道元评传》,南京大学出版社 2006 年版,第 138 页。

慨！可 1997 年黄河下游断流时间长达 226 天，断流河段上延至河南开封，长达 704 公里，自古以来咆哮入海的万里巨川，贯通三大高原、四大地理台阶的历史长河一度成了时断时续、首尾分离的无尾河川。河流的消失和河流生命的萎缩反映了祖国境内河流生态危机的加剧。20 世纪后半期，全世界的河流都面临着河流崩溃、尾闾消失、河槽淤塞、河床萎缩、河道断流、湿地退化、水质污染等河流生态危机，这些河流生态危机还有不断加重的趋势。有人说未来的十年可能是中国江河生态环境变化最大的十年，新一轮的水电开发给江河带来的影响，可能比当年砍伐森林还严重，这决不是杞人之忧！当代由河流生态危机所引发的各种灾害已经深入到了祖国的大西南，而这一地区正是祖国河流的源头所在。2009 年七八月以来，西南汉源、重庆、康定发生的几次大的泥石流和水灾都被称为"罕见"，这些罕见的灾难都出现在西南大型水电站和库区。在汶川地震后，岷江上一个接一个被毁坏的水电站，还在不断造成新的次生灾害：鲁地拉、怒江支流迪麻洛突发的泥石流，威胁着人民的生命安全和国家财产的安危；2009 年 7 月 17 日成都山体滑坡水源浑浊致城区大面积停水。云南金沙江鲁地拉电站曾于 2008 年 6 月 11 日，在电站后山突发泥石流灾害，泥石流在活动房上冲开一个大洞，奔向金沙江。这次泥石流中有 9 人遇难。四川汉源县顺河乡境内猴子岩发生堵塞大渡河的泥石流后，记者采访当地居民得到的说法是：电站修路放炮太多了。汉源县也是 2008 年汶川地震的重灾区。8 月 6 日堵塞大渡河的地方，离瀑布沟电站只有 10 公里。这些"罕见"的灾难频现在祖国西南的江河源头，是偶然还是必然？祖国境内河流的生态危机是否已从古代文明的发源地和中心区蔓延到了江河的源头？鉴古知今，那么处今日之时，当我们再翻检《水经》中道元的注文，找寻那些今天再也找不到的祖国大地上的河流之时，谁又能告诉我们在祖国大地上又经历了一个怎样严酷的环境演迁过程，我们人类在这一环境演迁过程中又扮演了什么角色？

　　穿越岁月的隧道，道元在 1500 年前传递给我们的信息足以使我们能给祖国的江河写一份完整而详尽的履历和记录，这份履历和记录不仅记载了祖国大地上以河流为中心的环境演迁的昨天、今天和明天，更可以让我们从中吸取经验和教训。如果把探索数千年来中国水环境变迁规律的课题作为一个艰巨的学术任务，那么道元应该就是这项工作的先行者，今天当我们赓续其后努力前行之时，或许这项伟大课题正可以道元的《水经注》

为起点。这应是当代地理学派的责任与义务，悬此鸿鹄，心向往之！

[《华北水利水电学院学报》（社会科学版）2010 年第 1 期]

　　应刘明博士之邀，为《华北水利水电大学学报》（社会科学版）策划了两期《水经注》专题研究笔谈。在笔谈的编者按中指出：

　　　　公元 6 世纪初北魏郦道元撰著的《水经注》是祖国历史上不朽之名著。《水经注》不仅记叙了与人类活动密切相关的古代河流，而且兼及当时的自然和人文环境状况，因此这是一部经世致用的著作。在河流与水环境状况早已发生巨大变迁的现代社会，进一步挖掘《水经注》中的环境价值和时代价值，理清祖国境内以河流为中心的水环境变迁的原因、特点、历程和演变规律，并从中汲取生存智慧，应是当代学人研究这部不朽名著的出发点和归宿。为此，《华北水利水电大学学报》编辑部组织有关专家围绕《水经注》版本校勘、错简订正、研究方法和实践、海外郦学研究和实用价值等问题进行了笔谈，以期通过此次笔谈，不仅能够总结《水经注》研究的经验和成果，深化《水经注》研究实践，而且能够为未来《水经注》研究的发展尽绵薄之力。此次笔谈在历史地理学界、水利史界和郦学研究史上尚属首次。受邀参加这次笔谈的学者有：陈桥驿、朱士光、陈昌远、徐少华、刘盛佳、王双怀、王元林、徐海亮、陈隆文等九名学者，此次笔谈受朱士光师支持鼓励尤著。

《水经注》中的老子故里

老子是我国著名的哲学家、思想家，道家学派的创始人。对于老子故里，《史记·老子韩非列传》载之甚明："老子者，楚苦县历乡曲仁里人也，姓李氏，名耳，字聃，周守藏室之史也。"正义引《括地志》云："苦县在亳州谷阳县界。有老子宅及庙，庙中有九井尚存，在今亳州真源县也。"历音赖。晋《太康地记》云："苦县城东有濑乡祠，老子所生地也。"① 楚就是古代楚国，苦县即唐代真源县，也就是今鹿邑县，历乡（或作"濑乡、赖乡"）就是县城东的太清宫乡，而曲仁里就是今乡政府所在地——太清宫镇② 这本是一桩铁案，自汉代以来少有疑问。可近年来，有关老子故里的认识又出现了否定《史记》旧说的亳州涡阳说，因而引起了相当激烈的争论。我注意到，无论支持旧说还是推尚新说，其在论证资料的采择上往往都以郦道元《水经注》卷二十三《阴沟水》作依据。在这里，本文通过对郦氏《水经注》中有关资料的研究，进一步辨析两说真伪，并据以认为《史记》旧说之可信。不当之处，敬希指教。

一 应全面、准确理解古代地理文献

《水经注》卷二十三记载了有关老子和老子故里的史料。此章专记阴沟水、汳水和获水。《水经》经文说："阴沟水出河南阳武县蒗荡渠。"蒗荡渠即渠水，说明阴沟水是从渠水中分流而出的。经文又说阴沟水"东南至沛，为涡水"。那么阴沟水就应该是涡水的上源。郦道元在谈阴沟、蒗荡、沙水和涡水四者关系时说："阴沟始乱蒗荡，终别于沙，而涡水出

---

① 司马迁：《史记》卷63，中华书局1962年版，第2140页。
② 王珏：《老子故里在鹿邑求解》，《周口师范学院学报》2004年第4期，第107页。

焉。"意思是阴沟水先流入蒗荡渠，最后又从沙水分出，成为涡水，也就是说涡水是从沙水中分出，涡水、沙水的上源都是从黄河里分出的阴沟水。

涡水自沙水分出以后，按郦道元所记"过水迳大扶城西，……又东南迳阳夏县西，又东迳邈城北，……又东迳大棘城南。"大扶城即扶乐城，杨守敬《水经注疏》谓扶乐城在太康县四十里，阳夏县城即今太康县治。邈城，在太康县东南。大棘城南，《括地志》："大棘故城在宁陵县西南七十里。"《太平寰宇记》："在柘城县西北三十里，以后转属宁陵，复属柘城矣。在今柘城县西北。①从以上所记可知涡河河道尚在太康县境而未入今鹿邑境。《水经注》中所记涡河河道古今差别很大，在今太康县境，今涡河自县西北芝麻洼流入，在穿过太康县城东北角后向东南流入今柘城、鹿邑境内。而《水经注》中的河道却在今太康县城以西。在太康县城西常营镇、清集、独塘一线至今仍有老涡河的河道。此老涡河河道又经太康县城南毛庄镇向东，在水牛陈、顾楼、大施庄之间与今天涡河河道交汇。由是推知，《水经注》中的涡河河道是在绕行今太康县城以西后，又经太康县城的西南方向，经常营镇、逊母口镇、大许寨、马厂镇一线附近地区，向东流进入鹿邑境内。而太康境内的老涡河河道很可能就是《水经注》中的涡河旧道。

涡河在入鹿邑县境后，注文中记载了大量与老子故里有关的史料。现将此段涡水引录如下："涡水又东迳安平县故城北，《陈留风俗传》曰：大棘乡，故安平县也。士人敦悫，易以统御。涡水又东迳鹿邑城北，世谓之虎乡城，非也。《春秋》之鸣鹿矣。杜预曰：陈国武平西南有鹿邑亭是也。城南十里有晋中散大夫胡均碑，元康八年立。涡水之北有汉温令许续碑，续字嗣公，陈国人也，举贤良，拜议郎，迁温令。延熹中立。涡水又东迳武平县故城北。城之西南七里许，有汉尚书令虞诩碑，碑题云：虞君之碑。讳诩，字定安，虞仲之后。为朝歌令、武都太守。文字多缺，不复可寻。按范晔《汉书》，诩字升卿，陈国武平人。祖为县狱史，治存宽恕，尝曰：于公为里门，子为丞相，吾虽不及于公，子孙不必不为九卿。故字诩曰升卿。安定，盖其幼字也。魏武王初封于此，终以武平、华夏矣。涡水又东迳广乡城北，圈称曰：襄邑有蛇丘亭，故广乡矣。改曰广

---

① 郦道元注，杨守敬、熊会贞疏：《水经注疏》，江苏古籍出版社2001年版，第1938页。

世。后汉顺帝阳嘉四年，封侍中挚填为侯国，即广乡也。涡水又东迳苦县西南。分为二水。枝流东北注，于赖城入谷，谓死涡也。涡水又东南屈，迳苦县故城南。《郡国志》曰：春秋之相也。王莽更名之曰赖陵矣。城之四门，列筑驰道，东起赖乡，南自南门，越水直指故台，西面南门，列道径趣广乡道西门驰道。西届武平北门驰道，暨于北台。涡水又东北屈，至赖乡西，谷水注之。……涡水又北迳老子庙东。庙前有二碑，在南门外。汉桓帝遣中官管霸祠老子，命陈相边韶撰文；碑北有双石阙，甚整顿。石阙南侧，魏文帝黄初三年经谯所勒；阙北东侧，有孔子庙，庙前有一碑，西面，是陈相鲁国孔畴建和三年立。北则老君庙，庙东院中有九井焉。又北，涡水之侧，又有李母庙。庙在老子庙北，庙前有李母冢。冢东有碑，是永兴元年谯令长沙王阜所立。碑云：老子生于曲、涡间。涡水又屈东，迳相县故城南，其城卑小实中。边韶《老子碑》文云：老子，楚相县人也。相县虚荒，今属苦，故城犹存，在赖乡之东。涡水处其阳。疑即此城也。自是无郭以应之。涡水又东，迳谯县故城北。《春秋左传》：僖公二十二年，楚成得臣帅师伐陈，遂取谯，城顿而还是也。王莽之延成亭也。魏立谯郡，沇州治。沙水自南枝分，北迳谯城西，而北注涽。……涡水又东南，迳城父县故城北，沙水枝分注之。"①

按郦道元在《水经注》中所言，涡水在今鹿邑县境内的经行是较为明确的。涡水东迳安平县故城北，鹿邑城北、武平县故城北，广乡城北，东南屈后经苦县故城南，赖乡北经老子庙东，又北经李母庙、相县故城南。向东再经谯县故城北，在谯县故城西涡水已入今安徽境内，涡水再东南，在今安徽境内经城父故城北，下城父城北，涡阳故城北，龙亢县故城南至涡口城入于淮水，这是《水经注》中涡河河道的基本状况。而上述涡水所经由的城邑大部分遗址尚存，安平县故城，杨守敬按，今有安平集，在鹿邑县西北七十里。鹿邑城，在今鹿邑县西六十里。武平县故城在今鹿邑县西四十里。广乡城在今鹿邑西。苦县故城、赖乡城在今鹿邑县东十里。老子庙、李母庙、李母冢都在今鹿邑县东。相县故城在今鹿邑县东十五里。谯县故城，在今安徽亳州市。城父故城，又名夷邑，治所在今安徽亳州市东南七十里。涡阳在今蒙城县。龙亢县故城在今怀远县西北七十五里。在这里应该强调说明的是今天的涡阳县并非《水经注》中的涡阳，

---

① 陈桥驿、叶光庭等译注：《水经注全译》，贵州人民出版社 1996 年版，第 811 页。

今涡阳汉为城父、山桑、至县地，清同治三年（1864 年），由亳州、宿州、阜阳、蒙城析置涡阳县，乃因袭北魏涡阳县名，其距北魏蒙城涡阳约30—40 公里。因此，从《水经注》中记载的有关老子故里的遗迹来看，至少在北魏以前，能说明为老子故里的文物遗存都集中在今鹿邑城以东，即苦县故城东、相县故城以西的东西十余里范围之内。而今天安徽境内的谯县故城、城父故城、涡阳城均在相县故城以东。而今天涡阳县在北魏时尚未有行政建制，其处在古城父与古涡阳城，也就是今城父集与蒙城之间，偏于《水经注》中所记载的老子故里东南 110 余公里，该地没有任何老子遗物和遗迹可寻，因此老子故里在今涡阳县说是难以成立的。

由于鹿邑县涡水沿岸是真正的老子故里，所以自汉代以来保存了大量纪念老子的石刻和碑文，其中见于郦道元《水经注》的有《李母冢碑》和边韶《老子碑》两种，此两块石碑碑文均被严可均《全上古三代秦汉三国六朝文》收录，极有价值，其中李母冢前石碑是永兴元年谯县县令长沙人王阜所立，此碑全名《老子圣母李夫人碑》。碑文曰："老子者，道也，乃生于无形之先，起于太初之前，行于太素之元，浮游六虚，出入幽冥，观混合之未别，窥清浊之未分。"① 从碑文内容上看，此碑完全是纪念性质的。立碑者是汉桓帝永兴元年的谯县县令长沙人王阜。东汉谯县县治在今鹿邑县城东 2.5 公里的今亳州市谯城区，谯县县令立碑纪念老子不在今安徽涡阳县，而在其西的今鹿邑太清宫镇，正说明《史记》老子故里苦县历乡曲仁里之说在当时是无人置疑，而在今天也是值得信从的。

二　《水经注》中谷水的流向与今天涡阳武家河不符

老子故里涡阳说的又一依据是："涡阳县境内的武家河，古名谷水，老子出生地天静宫位于武家河入涡处，故可说：'谷水处其阳'可知老子故里在涡阳。"② 老庄先生将涡阳武家河水当作古代的谷水，并据认为这是老子故里在涡阳的又一证据。

涡阳县境内的武家河是否为《水经注》中的谷水呢？从郦道元所记

---

① 严可均辑：《全上古三代秦汉三国六朝文》，中华书局 1999 年版，第 652 页。
② 老庄：《涡阳：道家始祖老子故里》，《阜阳师范学院学报》（社会科学版）1997 年第 1期，第 87 页。

谷水自源头、经行及至赖乡附近入涡水的河道来看，谷水根本流不到今亳州涡阳县境。《水经注》中谷水全文如下："谷水首受涣水于襄邑县东，东迳承匡城东。《春秋经》书：夏，叔仲、彭生会晋郤缺于承匡。《左传》曰：谋诸侯之从楚者。京相璠曰：今陈留襄邑西三十里有故承匡城。谷水又东南迳已吾县故城西。《陈留风俗传》曰：县，故宋也，杂以陈、楚之地，故梁国宁陵县之徙种龙乡也。以成、哀之世，户至八九千，冠带之徒求置县矣。永元十一年，陈王削地，以大棘乡、直阳乡，十二年，自鄢隶之，命以嘉名曰已吾，犹有陈、楚之俗焉。谷水又东迳柘县故城东。《地理志》，淮阳之属县也。城内有柘令许君《清德颂》，石碎字紊，惟此文见碑。城西南里许，有汉阳台令许叔种碑，光和中立；又有汉故乐成陵令太尉掾许婴碑，婴字虞卿，司隶校尉之子，建宁元年立。余碑文字碎灭，不复可观，当似司隶诸碑也。谷水又东迳苦县故城中，水泛则四周隍堑，耗则孤津独逝。谷水又东迳赖乡城南，其城实中，东北隅有台偏高，俗以是台在谷水北，其城又谓之谷阳台，非也。谷水自此东入涡水。"[1]

由郦道元所记，我们知道，谷水并非一条大水，从源头到尾闾，《水经注》记载确凿。谷水在襄邑县城东从涣水中流出，迳承匡城东，又东南迳已吾县故城西，再东迳柘城县东，之后穿过苦县故城，在赖乡城南东入涡水。注文中所说的襄邑县在今河南睢县西。承匡城，在今河南睢县西三十里匡城乡。已吾县故城，在今宁陵县西南四十里。柘县故城，即今柘城县城。赖乡城在今鹿邑县东十里，谷水在赖乡城南入涡。所以熊会贞在《水经注疏》按语中说："（谷）水自今睢州东，东南流经宁陵县，柘城县，至鹿邑县，东北入涡。"[2] 此言大体正确。这条水道大体是经睢县西，经宁陵、柘城两城，至今鹿邑县入涡水，其西距安徽亳州数十公里。而涡阳境内的武家河虽为涡河支流，虽源出河南商丘县城北山丘，但其主要部分在安徽省北部，沿商丘与虞城县界南流，经安徽省亳州市东，至涡阳县城中入涡河，全长 127 公里。[3] 因此，以武家河为《水经注》谷水的看法与古代文献不符合，《水经注》中的谷水不在今涡阳县境。老庄先生之说无文献根据。

① 陈桥驿、叶光庭等译注：《水经注全译》，贵州人民出版社 1996 年版，第 810 页。
② 郦道元注，杨守敬、熊会贞疏：《水经注疏》，江苏古籍出版社 2001 年版，第 1944 页。
③ 朱道清：《中国水系大辞典》，青岛出版社 1993 年版，第 170 页。

三 《水经注》中的相县故城在鹿邑境内

《水经注》中的相县故城是确定老子故里在今鹿邑县境的重要坐标。按《水经注》所言相县故城在老子故里与谯城之间，相县故城之西有苦县故城、赖乡城、老子庙、李母庙、李母冢等。相县故城之东则是谯城，曹氏冢群和城父故城。相县故城在两汉至隋唐之间，属于苦县，所以郦道元才说："相县虚荒，今属苦，故城犹存，在赖乡之东，涡水处其阳。"这里所说的赖乡，于宋代乐史《太平寰宇记》有记。《太平寰宇记》引崔元山《濑乡记》说："李母祠在老子祠北三里。祠门内右有圣母碑，东院内有九井。"《述征记》："庙内九井，或云汲一井，而八井动。"《舆地志》"老子祠，即老子所生旧宅。"①《太平寰宇记》卷十二濑水条下也清楚地记载："濑水，在县东南十二里。于苦县界相县故城西南五里谷水分流，入灵溪池，东入涡水。相县在濑水东是也。"② 这说明至少在宋代，当时"苦县界"确有"濑乡"和"相县故城"，其确切方位是：濑乡在"县（城）东南12里"，在"相县故城西5里"；而相县故城在赖乡东5里，距当时苦县治所也仅仅17里之遥。③ 因此相县故城的地望对于我们寻找老子故里有极其重要的价值。

那么相县故城究竟应在何处？杨守敬按："《一统志》，秦时故县，非汉沛郡治之相县。《寰宇记》，相县在濑水东。在今鹿邑县东十五里。"④也就是说杨守敬认为相县故城在今鹿邑县东十五里。从鹿邑县城向东十五里正好是今太清宫镇附近。仔细考察太清宫镇附近地形，我们的目光聚焦到涡河北岸上的一处高地，可能由于涡水改道时激流冲刷而过，且历代受河流雨水冲刷严重，这块高地现在只剩下半公里大小。它位于太清宫镇东北方向，与《濑乡记》所说相县故城在"濑乡东"吻合。与此高地隔河相望的是南岸的抄纸店村，该村距太清宫镇大约3华里，加上涡水宽约1公里，高地距太清宫镇的远近与《濑乡记》《历代疆域表》相合无间。其

---

① （宋）乐史：《太平寰宇记》，中华书局2007年版，第237页。
② 同上书，第238页。
③ 王珏：《老子故里在鹿邑求解》，《周口师范学院学报》2004年第4期，第110页。
④ 郦道元注，杨守敬、熊会贞疏：《水经注疏》，江苏古籍出版社2001年版，第1946页。

次，当地父老至今仍称高地为"谷阳城"。这个自古相传的地名，不仅令人想到上引晋成帝成康三年更名谷阳县，直至唐乾封元年才更名真源的事实，以及边韶、郦道元"相县荒虚，今属苦"的记载。这均可证明当地所传"谷阳城"之名完全有根有据，决非空穴来风。至此，这个扑朔迷离的"相县故城"的地理位置终于有了完全合乎情理的理解。①

　　因此，由文献中所记相县故城位置来看，至少在北魏以前能够证明为老子故里的遗物均分布在相县故城以西的今鹿邑县境内，与今亳州涡阳没有任何关系。故今安徽涡阳为老子故里之说应属无据之论。

　　（本文承张新斌、李立新先生指教，发表于《鹿邑与中华李姓之根》，河南人民出版社 2010 年版）

① 王珏：《老子故里在鹿邑求解》，《周口师范学院学报》2004 年第 4 期，第 110 页。

洛阳偃师水泉石窟摩崖碑记释地

　　洛阳水泉石窟位于偃师市南寇店乡水泉村，窟门南侧上方的摩崖碑刻含有洛阳一带造龛像记一通。温玉成①、张总②、刘景龙与赵会军③、贺玉萍④等先生都对此碑记进行过深入的研究，特别是贺玉萍先生提出，位于水泉石窟外南侧崖壁上方的摩崖碑记，是唯一记载北魏洛阳地区造像情况的碑记，内容丰富，堪称"洛阳造像记"。……这些记载从侧面反映出北魏洛阳地区佛教造像种类繁多，佛教发展空前繁盛的史实，对我们全面了解佛教在中原地区的发展提供了不可多得的证据。⑤ 贺先生又认为，此碑记的记载比《水经注》和《魏书》都要早，它不仅完整地记录了北魏洛阳地区石窟分布情况，也留下了有关当时洛阳至荆州南阳一带山川名称与位置的资料，为郦学研究、北魏地记学研究提供了重要史料。⑥ 这些看法应该是十分中肯和正确的。但在这里更应强调说明的是，碑记中有多处残泐漫漶，经贺先生校勘后增补了一些文字，其中有很多属于古代地名，笔者在仔细阅读碑记内容之后，在贺先生所录新文的基础上，结合古代地理文献记载，再对碑记中所载古代地名及与之相关的造像分布情况做一系统考察，不当之处，敬希批评指教。

---

　　① 温玉成：《洛阳市偃师县水泉石窟调查》，《文物》1990 年第 3 期。

　　② 张总：《白佛山等十六王子像概述》，《敦煌研究》1983 年第 3 期。

　　③ 刘景龙、赵会军：《偃师水泉石窟》，文物出版社 2006 年版。

　　④ 贺玉萍：《洛阳偃师水泉石窟摩崖碑记释读》，《文物》2009 年第 11 期。

　　⑤ 贺玉萍：《洛阳水泉石窟摩崖碑刻的新发现》，《光明日报》2009 年 3 月 31 日，第 012 版。

　　⑥ 贺玉萍：《洛阳偃师水泉石窟摩崖碑记释读》，《文物》2009 年第 11 期。

一　碑记中大狂水与荡阶城地望

按贺先生所录新文，水泉石窟摩崖碑记内容大致如下：

> 洛州阿育王寺造铜像三区各长三尺金度色并佛□（奥）輂造石窟一区中置一万佛造一千五百龙华像区」□州钵侯山西北大狂水南十三里造五千佛堂一区当皆城东北四里造一千五百龙华像一区」梁州项城东北三里造万佛三区浮图一区延酥堆上千佛天官一区」新城山伊水西小水南等二里造千佛天官一区小水北二□（里）在黑山中造五百华胜佛一区」郏州山西□头五里田侯谷中造一千五百龙华像陆浑川长城西小水北谷（应为各）一里造千佛天官一区」造一千五百龙华像一区七里洞造一千五百龙华像一区造十六王子行像十六区五县内」合大小像三万八千一十六区佛经一千卷。①

经校勘后，贺先生确认了碑记中的地名有□州钵侯山、梁州项城、新城山伊水西、郏州山西口头等四处。在这里应强调指出的是原碑虽有漫漶残泐，但其中大狂水、小水、当阶城、陆浑川、长城西等地名却十分清晰，没有异议，而正确释读上述地名对于我们探知北魏洛阳地区石窟分布状况有重要价值。

碑记中提到大狂水一次。"大狂水南十三里造五千佛堂一区，当皆城东北四里造一千五百龙华像一区。"碑记中的大狂水、当阶城均见于《水经注》卷十五。"伊水又北，迳当阶城西，大水狂入焉。水东出阳城县之大苦山。《山海经》曰：大苦之山多琈玗之玉，其阳，狂水出焉，西南流，其中多三足龟，人食之者无大疾，可以已肿。狂水又西。迳纶氏县故城南。《竹书纪年》曰：楚吾得帅师及秦伐郑，围纶氏者也。左与倚薄山水合。水北出倚薄之山，南迳黄城西，又南迳纶氏县故城东，而南流注于狂水。狂水又西，八风溪水注之。水北出八风山，南流，迳纶氏县故城西，西南流，人于狂水。狂水又西，得三交水口。水有三源，各导一溪，并出山南合舍，故世有三交之名也。石上菖蒲，一寸九节，为药最妙，服

---

①　贺玉萍：《洛阳偃师水泉石窟摩崖碑记释读》，《文物》2009 年第 11 期。

久化仙。其水西南流,注于狂水。狂水又西迳缶高山北,西南与湺水合。水出东北湺谷,西南流迳武林亭东北,又屈迳其亭南,其水又西南迳湺阳亭东,盖籍水以名亭也。又东南流入于狂。狂水又西,迳湺阳城南,又西迳当阶城南,而西流注于伊。"① 据此可知大狂水源出阳城大䔿山,向西流经纶县故城南、湺阳城南后,再向西流,迳当阶城后注入伊水。其间大狂水又接纳了自北而南流来的倚薄山水、八风溪水、三交水和湺水四条支流,在这里应强调说明的是,大狂水的四条支流均在湺阳城以东,因此,碑记中的当阶城则应位于湺阳城以西,大狂水入伊水不远之处。这为我们确定碑记中大狂水、当阶城的位置提供了重要坐标。

大狂水即今天的白洚(又作降)河,其河道犹存。《伊川县志》载《水经注》称白洚河为大狂水。《孟子·滕文公(下)》载:"水逆行为洚。洚水者,洪水也。"该河源自登封县黄龙洞山,自东向西,从颍阳乡张门村入伊川境,经半坡、江左、白沙、水寨四乡,于水寨乡姬磨村西南入伊河,干流全长48公里,流域面积423平方公里,多年平均流量0.4立方米/秒。② 碑记中说:"大狂水南十三里造五千佛堂一区",就应该在今白洚河以南十三里求之。白洚河河道流向虽多有曲折,但在今刘窑水库以东作东北—西南流向,此段河道只有东、西而无南、北概念,因此碑记中所说的造像必不会在此区域内。白洚河自刘窑水库以西至入伊河段,河道呈东西走向,故始有南、北概念。因此,造像应在此段河道以南十三里求之。伊水以东,大狂水以南十三里的地理范围并非十分广大,但包括伊水以东的伊川县的白元乡;汝阳县北部的内埠乡一带就应在这个范围之内。而今伊川县南酒后乡的吕寨村就位于碑记中所说大狂水南十三里不远。此处吕寨石窟位于东山半腰,北魏时造。有三个洞穴,内凿数百尊大、小不等石像,造像精美,栩栩如生,是否就是碑记所说之处,可暂备一说。

碑记中的当阶城。按《水经注》所载,大狂水自东而西的最后一条支流为湺水。湺水之西、大狂水之北有湺阳城。湺阳城西、大狂水北有当阶城。这就为我们寻找当阶城提供了可靠的坐标。而碑文中说当阶城东北四里造一千五百龙华像一区。湺水即今天的丁惠河,发源于江左乡狮子头

① 郦道元著、陈桥驿校证:《水经注校证》,中华书局2007年版,第376页。
② 伊川县志编撰委员会编:《伊川县志》,河南人民出版社1991年版,第57页。

山南。《山海经》载："狂水西南与溎水合流，溎水源出于溎谷（狮子头山南）。"丁惠河系白涍河的第一大支流，流经三峰寺、尹湾、丁流至下磨村东注入白涍河。干流全长 18.5 公里，流域面积 62 平方公里，多年平均流量 0.2 立方米／秒。① 溎水方位即明，只需再确定溎阳故城的位置。溎阳故城遗址犹存在白沙乡下磨村东 1 里，北环焦枝铁路，西南临白涍河，面积约一平方公里，四周城墙城壕残迹明显可见，"城"内堆满瓦砾、砖块、石头等物。数十年来曾有屋顶"顶柱石"、玉石印章等文物出土。与《水经注》记载相吻合。溎阳城建于魏孝文帝太和十三年（489 年），因南临溎水而得名。隋文帝开皇六年（586 年），改溎阳县为武林县，十八年（598 年）又改为纶氏县。随着县名的变化，县城迁移，此地遂成废墟。② 因此，碑记中所载当阶城当不会位于今丁惠河及溎阳故城以东，而应位于上述二地之西。

《水经注》卷十五中载："大狂水又西，迳溎阳城南；又西，迳当阶城南，而西流注于伊。"这就进一步证实了当阶城应位于溎阳故城西，大狂水入伊水处的东北方向。今白涍河经白沙乡、水寨乡之后，在水寨乡姬磨村西南入于伊河。那么伊水东岸、白涍河之北的宋村、姬磨村、水寨镇、乐志沟一带则与文献所载当阶城的位置大体吻合，不仅如此，上述区域向东南沿白涍河与溎阳故城位于一条直线上，这与《水经注》的记载符合若契，因此今宋村、姬磨村、水寨镇、乐志沟一带很可能就是北魏当阶城所在的区域。如果以此区域为基点，向东北四里，那么碑记中所说的"一千五百龙华像"就应该坐落于今伊川县南申、刘沟、侯沟、杨沟、司马沟、吴岭一带。

二　碑记中的小水与黑山地望

碑记中提到小水共三次：

□□□□□□小水南等二里造千佛天宫一区

小水北二□在黑山中造五百华胜佛一区

陆浑川长城西小水北各一里造千佛天宫一区

---

① 伊川县志编撰委员会编：《伊川县志》，河南人民出版社 1991 年版，第 57 页。

② 同上书，第 582 页。

　　这里的小水应是与碑记中的大狂水相比较而言的。《水经注》卷十五《伊水》记有小狂水，此小狂水在大狂水之北，流向与大狂水同，均为自东向西注入伊水，且流程较大狂水短促，干流长度仅20公里，故有小狂水之称，碑记中的小水应即指此而言。《水经注》记小狂水说："（小水）又来儒之水，出于半石之山，西南流，迳斌轮城北，西历艾涧，以其水西流，又谓之小狂水也。其水又西南迳大石岭南，《开山图》所谓大石山也。山下有大石岭碑。河南隐士通明，以汉灵帝中平六年八月戊辰，于山堂立碑，文字浅鄙，殆不可寻。魏文帝猎于此山，虎超乘舆，孙礼拔剑投虎于是山。山在洛阳南。而刘澄之言在洛东北，非也。山阿有魏明帝高平陵，王隐《晋书》曰：惠帝使校尉陈总、仲元诣洛阳山请雨，总尽除小祀，惟存大石而祈之，七日大雨。即是山也。来儒之水又西南迳赤眉城南，又西至高都城东，西入伊水，谓之曲水也。"[1]　小狂水又称曲水，时至今日此水仍有曲河之称。按《伊川县志》载："曲河，又名小狂水，源自江左乡张窑村，由东到西流经冯沟、邢坡、许营至彭婆西北注入伊河。干流长20公里，流域面积83.2平方公里，多年平均流量0.1立方米/秒。"[2]　碑记中提出的小水南、北二里的造像就应该在今曲河南北两岸二里的范围内寻找。如果以今曲河为坐标，就小水南二里而言，造像分布应南不过曲河以南伊川县南衙、申圪垯、曹沟、侯沟、苗沟、陈沟、小张沟、姚沟一线；就小水北二里而言，造像分布应北不过伊川县槐庄、阎沟、赵沟、柏树沟、梁沟、张沟、邵沟一线。总之，上述南北两线间应是碑记中所提到的小水南北二里地区造像石的分布区域。

　　碑记中又说："小水北二［里］在黑山中造五百华胜佛一区"，其中的黑山并不见于文献。贺玉萍先生据《水经注》洛水："洛水之侧有石墨山，山石尽黑，可以书疏，故以石墨名山矣"的记载，认为石墨山就是黑山。[3]　此说可能有不确之处，就宏观地理方位而言，石墨山在伊水之西的洛水流域，而碑记中明确写"黑山在小水北二里"，而小水自东向西注入伊水，故黑山不应在伊水之西的洛水流域寻找，石墨山并非黑山。若按碑记中所说黑山在小水北二里，那么黑山应在今天曲河以北二里寻找，自

---

①　郦道元著、陈桥驿校证：《水经注校证》，中华书局2007年版，第377页。

②　伊川县志编撰委员会编：《伊川县志》，河南人民出版社1991年版，第57页。

③　贺玉萍：《洛阳偃师水泉石窟摩崖碑记释读》，《文物》2009年第11期。

今龙门山向东南，伊川、偃师两县市交界的蚂蚁梁、潘沟、上徐马、水泉、高谷堆、大风门山一线正是伊水以东诸多支流的分水岭。此线以北，《水经注》中记有休水、合水两大河流，此两水向北注入伊洛河中。此线西南的大狂水、小狂水则向西注入伊水，而上述南、北两流域的分水岭就是《水经注》中所说的半石之山，以此而论，碑记中的黑山很可能就是《水经注》中半石山的一支，那么若再以今曲河为坐标，其北二里黑山中的五百华胜佛造像很可能就在今曲水以北伊川县的槐庄、赵沟、柏树沟、梁沟、范老庄、张沟、孙窑一线南北区域内。而上述地区就应该是碑记中所说黑山的所在。

三　陆浑川与长城西地望

碑记中有："陆浑川长城西小水北各一里造千佛天宫一区。"

这里的陆浑川、长城西均不见于《水经注》，（《水经注》卷十五《伊水篇》："伊水又东北，涓水注之。水出陆浑西山，即陆浑都也。"）那么陆浑川究竟在何地？川是伊水流域一种较为常见的地貌形态，流域内有"九山、半陵、半分川"之称。特别是在伏牛山、外方山和熊耳山一带山地、丘陵、山间谷地难以截然分开，丘陵下有沟，沟内有水，水边有地，且高低不平，多为梯田、沟平地、川台地。这些地形多分布于伊河流域的两侧，其海拔多在250—400米之间，从今天的范围来看嵩县境内的田湖、阎庄、库区等乡的30多个自然村大多都有这种地貌分布，这些地区的山间谷地多用川字来命名，如焦涧川、赵村川、高都川、贾寨川、黄寨川、德亭川、左峪川、大章川等。因此，凡地名后加川字的实际上都是对伊水流域山间沟平地或山间川台地的总称。那么以此而论，碑记中的陆浑川就应该是陆浑山间的川台地。在今嵩县北有陆浑山，又俗称陆浑岭。唐《元和郡县志》"伊阙县"条下说："陆浑山，俗名方山，在县西五十五里。"[1]《元和志》中所说的县是指唐代伊阙县城而言的，唐代的伊阙县城，今称古城，旧址在今伊川县城南4公里。从此城向西五十五里，就到了今洛水以东的宜阳县南部。不过，《元和志》中的说法可能有所不确。对此《大清一统志》也有所纠正。《大清一统志·河南府》载："按《水

---

① （唐）李吉甫：《元和郡县志》，中华书局2005年版，第134页。

经注》陆浑山，在故县（指嵩县。——笔者注）西九十里，应在今县西北界，与方山本二山也。《元和志》混而为一。"① 按照旧志所载，伊水流域的陆浑山有二座，但都在清嵩县境内。故《大清一统志》说："陆浑山有二，俱在嵩县东北。一距县四十里，在伊水之西，春秋时陆浑戎居焉。秦因其地置陆浑县。一距县二十五里，晋魏隋唐所置陆浑县地也。今尚呼为陆浑岭。"②《一统志》中所说伊水之西距清嵩县县治东北四十里的陆浑山，是秦置陆浑县的辖境，似乎与晋魏隋唐以后的陆浑岭没有太大关系。而距县城二十五里的陆浑岭，其名称始于晋魏之际，其与水泉石窟开凿的时间大体相当。因此碑记中所说的陆浑川若与距清嵩县县城二十五里的陆浑岭有关的话，那么陆浑川就应该是陆浑山间的一处川台地。清代嵩县县治在今嵩县县城的城关老城，今为城关镇人民政府驻地。若以今嵩县老城城关镇为坐标向东北二十五里，大约正是今天嵩县田湖乡的辖境，此地处九皋山、西岩山和陆浑岭之间，正有陆浑岭（山）的地名。若此推论不误，那么碑记中的陆浑川就应该位于今嵩县北田湖乡境的陆浑山中。今田湖镇（乡）东北铺沟村南有铺沟石窟，位于县城东北 20 公里，紧靠嵩洛公路，面对伊水，山青水秀。石窟刻凿在灰色粗沙岩小山包的崖壁上。东边 5 窟自上而下错落毗连，造像基本相似。正壁刻一佛二弟子二菩萨，并有火焰背光。阴线刻飞天和伎乐。东西两壁刻有弥勒小龛、千佛龛、涅槃变、维摩变及佛传故事等。窟顶均刻莲花藻井。其中 2 号窟最大，正中佛高 1.5 米，南壁佛高 0.97 米，北壁整齐排列佛像 8 行，每行 5 尊，共 40 尊，呈方格形。每行之间有募化者和刻凿者姓名。西边一窟，俗称"六郎窟"，高 5 米，宽 6.6 米，正面刻佛像 1 尊，高 1.8 米。主佛体形高大，占居石窟主要部位。外壁满雕千佛，两肩齐平，深目高鼻，整齐大方。这 6 窟佛像面部丰满而稍长，衣纹流畅而多褶。从雕像风格看，当为我国北魏时期在龙门石窟的影响下刻凿。③ 铺沟石窟开凿的时间和方位，与碑记中的陆浑川大体相当，其中是否就有碑记中所说的陆浑川北一里所造的千佛天宫一区？亦可暂备一说。

　　长城西一里。碑记中提到的陆浑川长城可能是春秋时期诸侯国之间修

　　① （清）穆彰阿等撰：《大清一统志》，中华书局 1986 年版，第 10116 页。
　　② 同上书，第 10115—10116 页。
　　③ 《嵩县志》编纂委员会：《嵩县志》，河南人民出版社 1991 年版，第 786 页。

建的长城，提供了探究古地理的一条新史料。① 这条史料的价值在于明确
记载了洛阳周边地区北魏以前存在长城防御的史实，关于中国古代长城，
学术界将其定义为长城是以土、石、砖垒筑的连续性高城墙，系古代边境
御敌的军事工程。景爱先生认为这个定义中包含有五个内容或层次，缺一
不可。1. 长城是连续性高城墙。2. 长城以土、石、砖垒筑。3. 长城属于
御敌军事工程。4. 长城修筑在边境地区。5. 长城是古代建筑。也就是说
长城具有以夯土、石头、烧砖垒筑的又高又长的城墙，显然是一种巨大的
建筑工程。它是用以防御敌人侵略的军事工程，长城既然是军事防御工
程，它必定要修筑在边境地区，达到御敌于国门之外的目的。但是，需要
说明白一点的是，长城修在边境地区，不等于长城修建在国界线上。因
此，长城不是国界。② 就碑记中所提到的长城西而言，它很可能位于北魏
以前河伊洛平原南部农耕民族与游牧民族之间的缓冲地带，是农耕民族为
防止游牧民族南下而修筑的军事防御工程。今伊河流域的嵩县，商代称有
莘之野，又名空桑，春秋时秦、晋迁陆浑之戎于此，使之成为农耕民族与
游牧民族的错居之地，历史上的陆浑县也由此而来。《左传·僖二十二
年》："秦、晋迁陆浑之戎于伊川。"宣三年："楚子伐陆浑之戎，遂至于
洛。"亦谓之阴戎。昭九年："晋梁丙、张趯率阴戎伐颍。"杜预曰："阴
戎，陆浑之戎也，以在晋阴地而名。"……昭十七年：晋荀吴帅师灭陆
浑，"以其二于楚也"。汉置陆浑县。建安二十四年陆浑民孙陆等起兵南
附关羽，是时羽围樊城也。晋及后魏亦为陆浑县，又尝置防蛮都督于此，
盖伊阙以南大山长谷，多为蛮居，故置督以防之。东魏分北陆浑县属新城
郡，于南陆浑县置伊阳郡，此北陆浑也。后周并入南陆浑县。《五代志》
陆浑东北有故城，东魏武定二年所立北荆州也。后周改曰和州，隋初曰伊
州，大业初废。③ 这说明至少在北魏以前伊水流域南部地区仍然有游牧民
族陆浑之戎或阴戎等的存在，故此地有防蛮都督的设置。既然有防蛮都
督，那么修筑长城作为防御工程自是情理之中的事情。由于伊水流域曾作
为陆浑之戎的居地，所以此地至今仍留有许多与陆浑相关的地名。《读史
方舆纪要》卷四十八载：嵩县北三十里，有陆浑城。嵩县东北四十里有

---

① 贺玉萍：《洛阳偃师水泉石窟摩崖碑记释读》，《文物》2009 年第 11 期。

② 景爱：《中国长城史》，上海人民出版社 2006 年版，第 29 页。

③ （清）顾祖禹：《读史方舆纪要》，中华书局 2006 年版，第 2265 页。

陆浑山，伊水经其下。嵩县北七十里有陆浑关①在这里能与碑记中长城相
印证的是陆浑关。古代选择长城路线的时候，尽量让长城通过山区，以充
分利用山险，这样可节省大量的人力、物力。山险虽可阻敌，但山间的沟
谷和川地，却会给敌人留下可通之途，成为长城防御中的薄弱环节，因
此，为了控制山间的道路、川地和沟谷，古人往往又有关隘的设置，关隘
与长城总是相辅相成的，这是一个简单的道理。陆浑关就是为拱卫伊洛河
下游的河洛平原而设置的，至少在西汉时期，此关既已闻名。《汉书·地
理志》载："陆浑县有关"，即指此而言。《唐书·地理志》载："陆浑有
汉故关。"至于陆浑关的具体位置，《清一统志》载：（陆浑关）在"嵩
县北。……《旧志》在嵩县北七十里"。都是指此关而言的。《读史方舆
纪要》卷四十八"陆浑关"条下载："陆浑关，在县北七十里。旧志云：
在伊阙县西南。更始二年赤眉贼西攻长安，分其众为二部，一自武关，一
自陆浑关，两道西入，盖由陆浑西北趣函谷关道也。"② 这些史料都说明
陆浑关的设置至少在西汉时就应存在了，其地理位置在今嵩县北。再结合
碑记中的陆浑川，那么石刻中的长城西很可能就在陆浑关的附近，即今嵩
县北部、伊川县南部地区。如果此推论不误，那么碑记中长城西的位置也
可以得到确定了。

（《文物》2011 年第 6 期）

---

①　（清）顾祖禹：《读史方舆纪要》，中华书局 2006 年版，第 2265—2267 页。

②　同上，第 2267 页。

《禹贡》中的黄河与济水

最近阅读何幼琦先生的大作《古济水钩沉》[①] 一文，该文运用大量的历史文献资料考证了古黄河与古济水，提出很多值得注意的研究意见，颇有启发性与创意性，但对其中某些观点我们有不同的看法，今提出请教于何先生，并望海内外专家指正。

一 《禹贡》的性质

首先，何先生在文中提出："《禹贡》历来被经学家奉为古代地学的经典，至今还是如此，它由于被尊为经，引起了学者研究地学的兴趣，在这一点上有其历史的积极意义。又由于它的记载内容有若干失真，又经过后人的牵强附会和武断曲解，在历史地理方面造成了严重的混乱，最重要的一点，就是把上古的济水和黄河，都说得面目全非，要澄清这点，必须认识《禹贡》的性质，排除后人对其性质的误解。"他又说："战国后期，全中国统一的政治、经济形势已经到来，诸子百家，对于如何实现统一和如何管理统一后的国家，都从思想体系、政治纲领、社会制度以及伦理、道德等各个方面，分别提出了自己的主张，有的还提有行政区划设计方案，在传世的文献中，《吕氏春秋·有始览》和《淮南子·地形篇》的'九州'是杂家的方案。《禹贡》、《周官·职方志》和《尔雅·释地》的九州，是儒家不同派系的方案。"因此，何先生认为如果硬是奉《禹贡》为地学经典就不能不说它是"七真三假，名不副实了"。在这里何先生给我们提出一个重大问题，即应如何认识《禹贡》一书的性质。

---

① 何幼琦：《古济水钩沉》，《新乡师范学院学报》1983 年第 2 期。

　　首先，如何认识《禹贡》的性质，这个问题很重要。《禹贡》是《尚书》的一篇，它是我国最早最系统同时也较为全面地记载中国早期古代地理的专著，《说文》曰："贡，献功也。"贡冠以禹，记禹功也。《史记·五帝本纪》云："唯禹之功为大，披九山，通九泽，决九河，定九州，各以其职来贡，不失厥宜。"《史记·匈奴传》赞云："尧虽贤，兴事业不成，得禹而九州宁。"水土既平，万民乐业，怀帝之德，念禹之功，史官记之，以章厥功，命曰《禹贡》。① 这是《禹贡》的由来，《禹贡》全文分为三段，首述禹治九州之功，次述禹治山水之功，末述禹统一中国之功。

　　根据当今考古学家的研究："九州实为黄河长江流域公元前第三千年间龙山时期即已形成，后历三代变迁仍继续存在的一种人文地理区系。"这一认识是根据"迄今所发现的 7000 多处中华史前遗址，确定了近 30 多个考古学文化，以碳 14 断代法测出了数百个史前年代数据，由此大体上建立起中国境内（主要的黄河长江流域）史前文化发展的时空框架"。以为这一"龙山文化圈是中国古代文明的基地，而这一基地与《禹贡·九州》的范围虽不是完全吻合却大体相当"②。所以顾颉刚先生说："既然《禹贡》作者是根据自然地区区划九州，而实际上已存在着长期形成的这一人文地理区系，当然就客观的据以反映这一区系而写成《禹贡》了。"顾先生又说："《禹贡》是客观地按经过长期形成的人文地理区系为依据，完全撇开了三代实际的政治地理区域来写成的。"③ 由上我们完全可以看出《尚书·禹贡》篇并不是何先生所说的："战国后期，全中国统一的政治、经济形势已经到来，诸子百家，对于如何实现统一和如何管理统一后的国家，都从思想体系、政治纲领、社会制度以及伦理道德等各个方面，分别提出了自己的主张，有的还提有行政区划的设计方案。"

　　其次，《禹贡》写成的时代，有人主张春秋说，而何先生主张战国说，认为是战国后期的作品。

　　最近保利艺术博物馆新购藏一件失盖的有铭铜盨。其铭如下："天命禹敷土，随山浚川，迺差象（地）设征，降民监德，乃自作配享民，成父女。生我王，作臣，厥颖（贵）唯德，民好明德，顾才天下。用厥绍

① 周秉钧：《尚书易解》，岳麓书社 1984 年版，第 47 页。
② 顾颉刚、刘起釪：《尚书校释译论》，中华书局 2005 年版，第 522 页。
③ 同上。

好，益□懿德，康亡（？）不懋。孝友，惄（訏）明经齐，好祀无废。心好德，婚媾亦唯协。天犛（鼇）用考，神复用祓禄，永御于盗（氓）。燹公曰：民唯克用兹德，亡侮。

"盨"为这件青铜器皿的名称。这种礼器，于西周中期偏晚的时候开始流行。① 盨的作器者为某公，李学勤先生释为"遂"②，裘锡圭先生释为豳，认为"燹公似为燹地的一位封君，燹即为邠在陕西。"③ 释为豳可能是正确的。

值得注意的是盨铭同《诗》、《书》等传世文献有着非常密切的关系，铭文的"天命禹敷土，随山浚川，迺差方设征。"与《书序》："禹别九州，随山濬川，任土作贡"相近，所以这使李学勤先生感到"非常令人惊奇"④。

《书序》用"任土作贡"概括《禹贡》的主要内容，盨铭与此相当的内容是"厘方设征"。"征"《左传》僖公二十五年注"赋也"。"差方"是区别不同的土地，"设征"是规定各自的贡赋。

记录有禹的金文在燹公盨出现以前，一直只限于春秋时代，而且内容都仅涉及禹，没有直接叙述禹的事迹。像燹盨铭文这样讲禹，且与《诗》、《书》对应乃是第一次。

李学勤先生认为盨"这种礼器，于西周中期偏晚的时期开始流行"。又说："盨的字体也有西周中期的特征，更支持这一判断。"⑤ 裘锡圭先生也认为："从器形和铭文字体看，其时代当属西周中期后段。"⑥

从以上遂公盨铭文的判断，该铜器为西周中期或稍晚时期的作品，其中铭文开头内容与《尚书·禹贡》开头相同，证明《尚书·禹贡》并不是战国后期学术家不同派系提出的统一方案，不应是战国后期的作品，这一点几乎可以肯定，因此《禹贡》很可能是西周时期的作品。

---

① 朱凤翰：《古代中国青铜器》，南开大学出版社 1995 年版，第 82 页。

② 李学勤：《论燹公盨及其重要意义》，《中国古代文明研究》，华东师范大学出版社 2005 年版，第 126 页。

③ 裘锡圭：《中国出土古文献十讲》，复旦大学出版社 2004 年版，第 62 页。

④ 李学勤：《论燹公盨及其重要意义》，《中国古代文明研究》，华东师范大学出版社 2005 年版，第 132 页。

⑤ 同上书，第 126 页。

⑥ 裘锡圭：《中国出土古文献十讲》，复旦大学出版社 2004 年版，第 24 页。

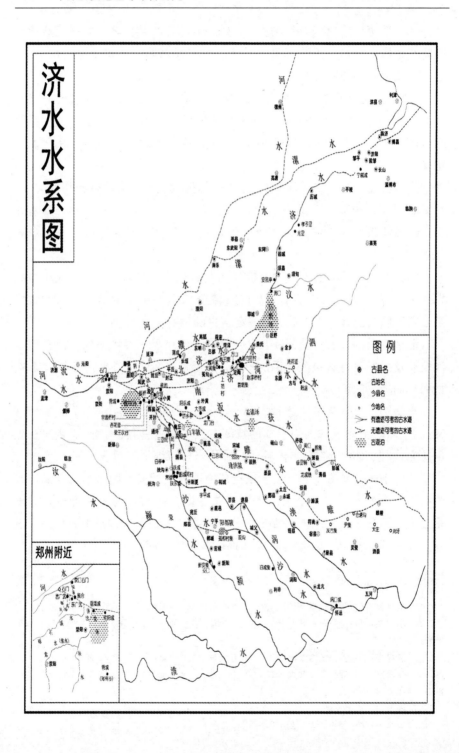

第三，大禹治水的事迹是否存在呢？对于大禹治水的事迹有考古发掘材料可以证实，河南省考古工作者在辉县孟庄发现了一座龙山文化时期的城址，城址的平面略呈方形，东、西、南、北四面墙均为直墙，东城墙最长，为 375 米，北城墙残长 260 米，复原长度 340 米；西城墙在 20 世纪 60 年代初农民挖孟庄渠将墙体的西部全部挖去，并堆在孟庄渠的西岸，人为移动 50 米左右，城墙内面积约为 12.70 万平方米，外围有一周护城河。城址东城墙中部发现有城门，西墙中北部有大的缺口，已探出部分宽约 15 米，从发掘看此段龙山文化城墙在二里头文化之前已被洪水冲毁。[①]《辉县孟庄》发掘报告还称：从孟庄遗址发掘的资料分析，洪水发生的初期是从龙山文化晚期开始的。中原地区这一时期受洪水袭击的还有登封王城岗遗址。王城岗为东西排列的两座城，其西城被来自西北部王尖岭下的山洪冲毁，城内冲沟及城墙基槽被洪水冲毁的痕迹十分清楚，东城是被五渡河河水暴溢冲毁的。[②] 又说："《淮南子·本经训》记载：'共工振滔洪水，以薄空桑'，共工氏所处的时代大约在氏族社会的末期，因为他的名字多与大禹的父亲鲧联系在一起，而且同鲧一样也曾有过治水的经历。"[③]

气象学家研究表明："中原地区在距今 5000 年—4000 年前的龙山文化时期正是降雨量较多的时期。"[④]

从以上科学考察的事实中，可以看出，中国古代确实存在大禹治水的气候背景事实，并非史学家的虚构，因此，《尚书·禹贡》确是我国古代地学的经典著作，其真实性毋庸置疑。

二 古黄河问题

何幼琦先生还认为："《禹贡》的严重错误，在于河水、济水以及河、济关系的记载。"

《禹贡》说："导河、积石，至于龙门，南至于华阴；东至于底柱，又东至于孟津；东过洛汭，至于大伾山，北过降水，至于大陆，又北，播

[①] 河南省文物考古研究所编：《辉县孟庄》，中州古籍出版社 2003 年版，第 87 页。

[②] 同上书，第 381 页。

[③] 同上。

[④] 王邨：《中原地区历史旱涝气候研究和预测》，北京气象出版社 1992 年版，第 61 页。

为九河，同为逆河，入于海。"何先生认为《禹贡》导河节中错误有三，现分别叙述，加以辩证如下：

1. "导河，积石，至于龙门。"何先生说："编者是如何知道这个积石？很成问题。"又在雍州条说："浮于积石，至于龙门。"何先生认为："这个积石又成了水名。……连积石到底是山、是水也拿不准。"这就有点为难《禹贡》的作者了。我们认为《禹贡》中两处都说积石，这两处积石，并不是像何先生说的一为山，一为水。我们认为《禹贡》中的两处积石都应释为积石山，关于此，曾运乾《尚书正读》说得很清楚。"《汉志》金城郡河关县云：'积石山在西南羌中，河水行塞外，东北入塞内。'按在今西宁之西南。河水由星宿海东南流，绕大积石山之东麓，折而西北流，复折而东北流至甘肃临夏。径积石山南，则小积石山，非禹导河之积石山也。"[1] 黄河河源究竟在哪里？解放后曾经有过调查和讨论，黄委会勘测设计院的张先生主张黄河应为多源，有的先生认为卡日曲定为黄河正源更为适宜，元清两代三次查勘黄河源头也多以卡日曲为河源。可是有的同志提出应以玛曲作为黄河正源。[2] 不管怎么样，黄河流经大积山这是毫无疑问的。故顾颉刚、刘起釪先生说："积石——山名。《汉志》'金城郡河关县（今青海同仁）下云：'积石山在西南羌中。河水行塞外，东北入塞内。'其山即今青海阿尼玛卿山。"[3] 自东晋时吐谷浑占积石山，俗称小积石山，而以原山为大积石山。小积石山时代较晚。并非《禹贡》原来之积石山，仍当以阿尼玛卿山当《禹贡》之积石。在这里顾颉刚先生对《禹贡》作者，给予很高的评价，顾先生说："《禹贡》只就自己所确知的黄河上游积石山谈起，自是其谨严处。"[4] 在这里我们要问为什么顾颉刚、刘起釪先生在《尚书校释译论》书中没有把雍州"积石"理解为水，而唯独何幼琦先生理解为积石水，那显然是何先生的解释错误，而不是《尚书·禹贡》的错误。

2. "至于大伾，北过降水，至于大陆。"

西周铜器《竞卣》云："隹伯雍父以成自[师]，即东，命戍南尸，正

---

① 曾运乾：《尚书正读》，华东师范大学出版社 2011 年版，第 83 页。

② 《黄河河源究竟在哪里》，载于《光明日报》1983 年 11 月 1 日。

③ 顾颉刚：《尚书校释译论》，中华书局 2005 年版，第 786 页。

④ 同上。

月既生霸辛丑，在斡。"据王国维先生考证，"斡"应为地名就在成周之东的大伾。张光直先生说大伾山在成皋县。这些意见都很正确。但却是何幼琦先生指责《禹贡》的第二个错误。何先生说："其北有大陆。《左传》昭公元年：'魏献子田于大陆，楚焉，还，卒于宁。'大陆也见于《淮南子》高诱注，高诱注谓即《禹贡》之大陆，在今河南修武县境。"何先生又说："宋人尊经护短，硬是指派黎山（在今浚县境）为大伾，漳水为降水，钜鹿为大陆，都是毫无根据的。"我们认为何先生的这些说法都是值得商讨的。

首先谈大陆。在这里何先生引用《淮南子》高诱注，谓《禹贡》之大陆，在今河南修武县境，恐有些不确切。因为《尔雅·释地》十薮，有大陆而无钜鹿，说明钜鹿即是大陆。所以顾颉刚、刘起釪先生在《尚书校释译论》中说："大陆，古湖泽名，又称钜鹿泽。《锥指》云：'大陆，地也，非泽也。以地为泽，自班固始'。其言不确。"《淮南子》高诱注沿用其说是不当的，《译论》又说："据近年地下水探测，今河北省巨鹿、南宫、冀县、束鹿、宁晋、隆尧、任县间有一古大湖泽遗迹，由西南斜向东北，长约六十七公里，钜鹿、隆尧二县间东西最宽处约二十八里。（见河北省地理研究所《河北平原黑龙港地区古河道图》）。证实古有此大湖，自即大陆泽遗址。古大陆泽秦以后渐缩为二泊，北泊名宁晋，南泊仍名大陆，现在大部分淤成平地。"[1] 说明古大陆即钜鹿。故曾运乾《尚书正读》曰："大陆，泽名。在钜鹿北。"[2] 应该是没有问题的，而何先生认为大陆泽在今河南修武县境，则是不当的，因为此地没有任何遗迹可考察。

其次看降水。何先生认为："降水，郑玄谓'降'，声转为共，河内共县，淇水出焉。他以淇水当之。《禹贡》的编者对这一带的地理不明，把大陆摆在降水之北，好像是颠倒了二者的位置，其实这个降水应系济水之误。"

对何先生这个看法我们实在不敢苟同，济水就是济水，怎么能说《禹贡》的降水就是济水呢？

《水经·漳水注》说得很清楚，"漳水东经屯留县南，又屈迳其城东，东北流，有绛水注之。"自是漳水亦称降水，胡渭《禹贡锥指》指出漳水经屯留、襄垣、栾城、涉县以迄曲周，即降水所经。《汉志》广平国斥章县（今曲周、肥乡）注引应劭说漳水在此入河，即《禹贡》所记河入大

---

① 顾颉刚、刘起釪：《尚书校释译论》，中华书局 2005 年版，第 790 页。
② 曾运乾：《尚书正读》，华东师范大学出版社 2011 年版，第 84 页。

陆泽前"北过降水"之处。可知降水或漳水原在今曲周县境注入大河（所谓禹河）。《锥指》指出《禹贡》之漳水、降水尽于此。此说甚是。①故顾颉刚、刘起釪先生认为："据《水经·漳水注》及《锥指》所载，知降水原为出自山西屯留县西发鸠谷（又名方山，盘秀岭，盘石山，鹿渎山）的一条小水，其上源原名滥水（一作蓝水）。至屯留注入自长子县西南来之浊漳水。自是浊漳水亦名降水。东行至林县交漳口与源于山西昔阳自北南来的清漳水合为漳水，出太行山东行，周时以降水之名在今河北肥乡、曲周二县间注入古大河。《通典·州郡八》漳水横流而入河，在今（唐）广平郡肥乡界。""故篇中言自大伾来之河水，北过降水。"②

由上可见《禹贡》所说的"北过降水"与济水根本不能混淆。

3. "播为九河，同为逆河。"何先生说："本来是黄河首徙以后下游的实况，就是漫溢横流，反复承合的状态，九言其多，逆言其横。"何先生又指责："《禹贡》的编者又把'九'误为成数之九，九股河身在兖州摆不下来，不说明而有倾向性地把它移到冀州。"如此解释《禹贡》"播为九河，同为逆河"。恐怕有些不妥。

"播"，《诗·般》疏引郑玄注云："播，散也。"伪孔："北分为九河，以杀其溢。"颜师古注《汉志》此句云："播，布也。"苏轼《书传》："播，分也。"总之，播为散布之意。③九河，应是指黄河自大陆泽北出后，向东北分散成为九条河道。战国时期盛行禹疏九河之说，而自汉以来，很多人不知有九河，且不知其确切位置。在这里何先生认为九言其多，不是指九条河道，可能与《禹贡》作者的原意不相吻合。"九河"实应是指九条河道。

现代科学工作者在河北省黑龙港地区确实发现了地下九条河道带。1978年2月28日《光明日报》刊登了一篇题为《河北省黑龙港地区地下水综合科学考察取得重大成果》，文章说："黑龙港地区包括：衡水、沧州、廊坊、邢台、邯郸5个地区的46个县市，耕地面积占河北全省总耕地面积的三分之一。……所以《禹贡》的九河，就是黑龙港地区的地下九条古河道带，应是无问题的。"河北省地理研究所于1972年绘成《河

---

① 顾颉刚、刘起釪：《尚书校释译论》，中华书局2005年版，第534—535页。
② 同上书，第790页。
③ 同上。

北平原黑龙港地区古河道图》其说明书说，黑龙港地区有九条古河道带。这九条古河道带大致按自南至北排列。各河道带的名称所依据的河道，虽其时代有先后，但大体由地势决定河道的形成，有些古河移徙后，后起的河实际循归旧河故道，有些则此河夺彼河道。

最后顾颉刚、刘起釪先生说："按衡水至邢台间即古大陆泽地区，而汉人所说的九河区域，完全就在黑龙港地区之内。所以认为《禹贡》九河，就是黑龙港地区的地下九条古河道带，应是无问题的。"① 这个论断应该说是科学的，有根据的。

如何看待九河，"同为逆河"的问题？何幼琦先生说："本来是黄河首徙以后下游的实况，就是漫溢横流，反复承合的状态，九言其多，逆言其横。"如此解释，恐有不妥。曾运乾《尚书正读》曰："名曰逆河，言相向逆受也。入于海者，入于渤海也。"② 周秉钧《尚书易解》曰："郑玄曰：'同，合也。下尾合名为逆河，言相逆受也'。"③《古汉语常用字字典》曰："逆，向相反方向活动。"郦道元《水经注·江水》："水逆流百余里，涌起数十丈。"顾颉刚、刘起釪先生在《尚书校释译论》中解释得最为清楚，说："逆河之正确解释，指海水涨潮时倒灌入河，使临海口的河段受海水因而都成鹹水。"所以王充耘《读书管见》释逆河为："以海潮逆入而得名。"明夏允彝撰《禹贡古今合注》云："今九河以下，即为逆河，殆谓自此而下，即海潮逆入矣。"清初王夫之《稗疏》云："水之入海……近海必平。且潮落则顺下，潮生则逆上。……受潮之逆上，故曰逆河。……九河之尾皆逆，非合而为一可知已。"这些学者都正确地解释了逆河的地理现象。所以"同为逆河，是说都是逆河。程氏《禹贡论》引或说：同者，九河一故。即九条河下游都一样成为逆河"④。

河北平原黑龙港地区的考察报道说："查清了河北平原地下水按照水质可分为两大区。除黑龙港和安平县一部分外，其余全部是淡水区。"这就是说黑龙港濒海地是咸水区，与海水同质。此即为《禹贡》所说的逆河之作用。九条河的入海处都叫逆河，取义于海水逆入，因而逆河之水是

---

① 顾颉刚、刘起釪：《尚书校释译论》，中华书局 2005 年版，第 792 页。
② 曾运乾：《尚书正读》，中华书局 1961 年版，第 84 页。
③ 周秉钧：《尚书易解》，岳麓书社 1984 年版，第 70 页。
④ 顾颉刚、刘起釪：《尚书校释译论》，中华书局 2005 年版，第 796 页。

咸水。现在科学考察获知黑龙港东北地区是咸水证实了这点。① 这样看来何幼琦先生把《禹贡》"同为逆河"解释成为"逆言其横"是错误的，曲解了《禹贡》作者的原意。

最后谈一下《禹贡》的碣石。碣石在何处？何幼琦先生说："碣石一名积石之山，今名大山，在山东无棣县境，它本身是河水入海的显著标志。"何先生指责："《禹贡》的编者无知，把它同太行、恒山连在一起，在导山开说：'太行、恒山，至于碣石，入于海。'"《禹贡》作者在这里把太行山、恒山，与碣石连在一起。应该说是没有错误的。碣石，它就是一座山，被称为碣石山。曾运乾《尚书正读》曰："碣石山在右北平骊成县西南，……今河北抚宁、昌黎二县界也。"周秉钧《尚书易解》也都说："太行、恒山、碣石，皆冀州山，太行山在今山西、河南、河北交界处，绵延千余里。恒山，在河北曲阳县西北，又名常山。碣石山，在今河北抚宁、昌黎二县界。入海，谓由此道可涉海也。"顾颉刚、刘起釪先生在《尚书校释译论》一书中也说："碣石，作为渤海北岸供航海作标志之石。在今河北乐亭县南的海岸边。作为可以观沧海而招致后世一些帝王（秦皇、汉武、魏武等）登临的碣石山，在今河北昌黎县。"② 我们以为《禹贡》中的碣石是不应在山东无棣境的。

三　古济水问题

《禹贡》中说："导沇水，东流为济，入于河，溢为荥；东出于陶丘北，又东至于菏。又东北，会于汶；又北，东入于海。"何先生认为《禹贡》的编者，在文字上做了错误的修改，给后人造成绝大的困难。参考《水经》，可以看出，原本有几句该是"会于河，出荥泽北，东至于陶丘"，被编者改成上述文字。改"会"为"入"，还只是小疵。而把"出荥泽北"改为"出陶丘北"，问题就严重了。何先生还认为：错误的文字经过了汉儒的曲解，就变成了离奇的神话。怎么知道"溢为荥"的是济水而非河水呢？于是制造出"截河横济"说："济（上声，水名）者，济（去声，训渡）也。"它的水性劲疾，有渡过河水的本领。怎么又"出陶

---

① 顾颉刚、刘起釪：《尚书校释译论》，中华书局 2005 年版，第 796 页。
② 同上书，第 775 页。

丘北"呢？又制造了"伏流潜出"说。在荥泽至陶丘之间，似乎有一条地下水道，供济水流通。这两种无知的妄言，居然在经学中支配了两百多年，至今还有它的余毒。

在这里何先生的说法首先把《禹贡》的本身记载说成编者改变了文字。把"会"为"入"又出荥泽北，改为"出陶丘北"。这种随意曲解"禹贡"作者的原意，应该说是不恰当的。关于济水，"三伏三见"水性的特点，我们在《郑州历史地理研究》一书中曾有过详细的探讨，可见第四章第五节：《释〈禹贡〉济水"三伏三见"》在此不再赘述。不过需要说明的是，《禹贡》所记载济水的材料，充分证实"三伏三见"之说是可信的，并不是唐宋学者的妄说。

济水为古代四渎之一。《尔雅·释水》曰："江、河、淮、济为四渎，四渎者，发源注海者也。"《礼记·王制》曰："其时淮济犹独流入海，故得与江河并列。"《说苑》卷十八《辩物》曰："四渎者何谓也？江、河、淮、济也。四渎何以视诸侯？能荡涤垢浊焉，能通百川于海焉，能出云雨千里焉。为施甚大，故视诸侯也。"这些记载说明济水是独流入海的。故《史记·殷本纪》曾记载说："古禹，皋陶久劳于外，其有功于民，民乃有安。东为江，北为济，西为河，南为淮，四渎已修，万民乃有居。"说明早在商代以前就已有四渎的概念。《周礼》曰："天子祭天下名山大川，五岳视三公，四渎视诸侯"，说明四渎在历史发展过程中，不仅是一种地理概念，而且也成为一套象征王朝正统性的文化符号，所以，我们认为《尚书·禹贡》的记载不能轻易否定和随意曲解。

济水，《禹贡》曰："导沇水，东流为济。"导"沇"作"沈"，而"沈州"作"兖州"，"沈"为"兖"的原字。钱大昕《史记考异》曰："沈州，本以沈水得名。《尚书》作兖州。"《汉书·地理志》"河东郡垣县"下云："《禹贡》王屋山东北，沇水所出，东南至武德入河。"垣县今山西垣曲县东南，王屋山在其东，正在今山西、河南两省交界处。沇水出其东南麓，正在河南省北边境上。武德在今河南武陟县东境。秦置县，在今县城东南大城村。如此看来，济水还应该经孟县、温县入武陟县境入黄河。故《水经注》："济水出河东垣县东王屋山，为沇水，又东至温县西北为济水。"故伪孔云："泉源为沇，流去为济。"东流后沇水既为济水，故沇水所出王屋山所在之地，后遂成为济源县。《水经注·济水注》记叙之济源城，今为济源市。按"济"字原作"泲"。①

"入于河"，出于王屋山的济水南入大河。《汉志》说是从武德入河。《水经注·济水注》则叙述入河处有几次变迁。并云："其后水流径通，津渠势改，寻梁脉水，不与昔同。"胡渭《禹贡锥指》说："济水入河之道再变。"顾颉刚、刘起釪先生指出，"今清理诸变异，简为述之如下：济水自济源分而为二，一为支津，自济源西南流注溴水。一为主流，自济源东出，古时经温县东北，折而东南合奉沟水，历沙沟南入于河，河南岸为今汜水镇。王莽时此道干涸，称为济水故渎。济水改由温县南入河。河南岸即今巩县。后其道又陷河中。而由济水另入溴水的支津为主流在孟县南境入河。今济水又循垣县东行，至汜水镇东广武镇北岸入河。"②

在这里顾颉刚、刘起釪先生并不承认"伏流"说。

首先，我们认为济水源头在王屋山。自太乙池而下应为一伏。到以后出现东西二源此应为一现。这就是顾颉刚、刘起釪先生所说的一为支津，一为主流。古济水自王屋山顶太乙池发源后，随即潜流于地下，而在济源县西北的平地上复出，流至今温县西南，这应是"一伏一现"。所以《史记）正义》引《括地志·卷二·王屋县》："沇水出怀州王屋县北十里王屋山顶，崖下石泉淳不流，其深不测。既见而伏，至济源县西北二里平地，其源重发，而东南流为泲水。"也就是说，唐朝司马贞认为济水的源头是重发"既见而伏"的，所以《山海经·北次三经》曰："王屋之山多石㶏水出焉，而西北流于泰泽。"袁珂《山海经校注》曰："㶏水，在今山西省阳城县西南。经首太行山，则起自河南省济源县，北入山西省境，与王屋山遥遥相对。《列子》谓之太形。""泰泽"我们认为有人提出㶏水就是沇水即济水。因为济水的济古音在脂部精纽与古沇（泲）古音应相同，而泰泽应是王屋山上的太乙池，太乙池之下应是即今济源济渎庙中的小北海——济渎池。济渎池，也叫北海池，分为东西二池。这里就是济水的源头。西池边一块山石上刻着"济水之源"四字，旁边是白虎亭，亭中有水，水位比北海池中的水位高，千百年来亭中的水不见进也不见出，据说可以治眼病，因此又叫眼光池。③ 值得注意，《汉书·地理志》所记：

①　顾颉刚、刘起釪：《尚书校释译论》，中华书局2005年版，第801页。

②　同上。

③　李玲玲：《济渎庙访古》，《寻根》2007年8月10日。

"王屋山在东北，沇水所出，东南至武德入河。"这里就是最早记载古沇水的入黄河口是在武德。有学者认为沇水入黄河处应在今河南武陟东南圪垱店乡大城村附近注入黄河，恐有些不准确。① 圪垱店为武陟县圪垱乡人民政府驻地，在本城镇东 11 公里而大城村在武陟县木城镇东南约 7 公里处，属圪垱乡。为秦武德县、隋武陟县治所在地。《水经注·沁水》中，"又东过武陟县南"即此。清代名城子，后更今名。村址建在东西向的土岗上。② 根据地形看，古沇水入黄河处应在今沁水以西。

第二，"入于河，溢为荥。"济水入黄河，沉伏，再向南岸溢出荥泽当为一现。对于这种现象应如何解释，古往今来有多种不同的看法。

顾颉刚、刘起釪先生说："事实是古大河在南岸的广武（今荥阳北境）分出一条支津向东南流，其北岸斜对着济水入河处。古人误以为是济水横过大河南流（遂有济与河斗而南出，或入河后伏流南出诸语），因而把南面这条水接着称济水。其南出大河南岸处，古时是一沼泽，称荥泽。"③ 顾、刘二位先生的解释实在不能令人满意。因为顾、刘之说对荥泽的地理位置应在何处都没有弄清楚，古荥泽并没有位于济水入河口之南。《水经注·济水注》叙述济水在汇合荥渎之后，东流经荥阳县北，又东南会砾石溪水，又东会索河，再东就是荥泽了。砾石溪水就是今天的索河北的枯河。根据郦道元这个说法，则荥泽应该在索河流下高崖处的东南了。这应是我们今天对荥泽地理位置的一个基本认识。④ 在这里应该看到古荥泽与古济水入河处，是不相对应的。

根据历史文献记载："济水入河，并流数十里而南截河，又并流数里，溢为荥泽。在敖仓东南"，敖仓在广武东，皆在荥阳北。胡渭《禹贡锥指》⑤ 曰："济水既入于河，与河相乱，而知截河过者，以河浊济清故可知也。"这个现象说明了什么问题呢？古代的济水入黄河后，济水的水流量很大，显示河清的特点，而没有与黄河相混在一起。因此，才能出现溢流，形成了荥泽。溢，满也，由于黄河水与济水两股水相汇合后，潴水

---

① 李宗昱：《河北之济的变迁》，《华北水利水电学院学报》2011 年第 3 期。

② 河南省地名词典编纂委员会新乡地区分会编：《河南新乡地区词条》（送审编），1985 年印刷，第 46 页。

③ 顾颉刚、刘起釪：《尚书校释译论》，中华书局 2005 年版，第 802 页。

④ 陈隆文：《古荥泽考》，《郑州历史地理研究》，中国社会科学出版社 2011 年版。

⑤ 胡渭著、邹逸麟整理：《禹贡锥指》，上海古籍出版社 2006 年版，第 590 页。

的流量增大。所以才溢为荥泽。荥泽的出现应该是与济水有关的，所以济水从武德入河后与黄河同流一段后，由于济水与黄河合流后水势很猛，因此在荥阳又汇合嵩阴的山水和泉水，才积为荥泽，这就是所谓"二伏二见"，故胡渭曰："泰泽之水有上源，与盐泽相似，但至此停而不流，人识其为潜行地下耳。荥泽则异于是，其水似井泉，自中而满，不可指一路为源。故吴幼清云无来处也。"① 其实，荥泽之水应是由太行山之南和嵩山之阴两股水汇合而成。

第三，"东出于陶丘北，又东至于荷，又东北，会于汶，又东，北入于海。"《禹贡》所记济水从荥泽往东，又不现了，再到陶丘之北，又现出地面。此又是一现，从北往东北，一直入海。胡渭在《禹贡锥指》中说："溢者自中而满，无上源亦无下流，颇与阿井相似。出者自下而涌，源在地中，流在地上，如趵突泉之流而为泺水，济自北不更伏矣。"胡渭又说："自荥口至陶丘，皆后世荥渎之所经，非禹迹也。今曹州定陶界中并有济水故道，禹时则济水伏流，涌自陶丘之北，而东注于菏泽，无上源也。"② 这就是说在今荥阳东北的荥泽以东，济水又伏流地下，向东潜行至陶丘（今山东定陶西）之北，从地下溢出，这就是胡渭所说的"三伏三见"。

在这里值得注意的是《禹贡》所言"东出"的"出"字，当可证明胡渭的"三伏三见"之说，应是《禹贡》的原始记载。"出"，曾运乾《尚书正读》曰："出者，出于地也。"③ 周秉钧《尚书易解》曰："陶丘，在今山东定陶县。"《尔雅·释丘》："再成为丘。"郭璞注："今（晋）济阳定陶中有陶丘。"故顾颉刚、刘起钎先生《尚书校释译论》指出：按济水自荥泽东流，东北经今原阳、封丘、兰考东之古济阳，直至陶丘北。《禹贡》时陶丘为其地地名，无论其在后来定陶之北或南或中，济水都是经陶丘之北向东北流去"④，陶丘就是今天山东定陶。

"又东至于菏。"菏，《史记》《汉书·地理志》皆误作"荷"，颜师古注明即菏泽之水。大抵济水至定陶西会菏水后，经过定陶东北汇为菏泽，故说："由东至于菏。"菏水自菏泽东出流入泗水，济水则继续东北

---

① 胡渭著、邹逸麟整理：《禹贡锥指》，上海古籍出版社 2006 年版，第 591 页。
② 同上书，第 598 页。
③ 曾运乾：《尚书正读》，中华书局 1996 年版，第 86 页。
④ 顾颉刚、刘起钎：《尚书校释译论》，中华书局 2005 年版，第 802 页。

流入大野泽①。郦道元《水经注》、胡渭《禹贡锥指》，近人顾颉刚、刘起釪等诸位先生的著作皆言济水自此分为南济、北济。此说法，不应是《禹贡》的原意。"又东北会于汶。"汶水在今山东省东平县安山入济水，其地在菏泽东北，故云："东北会于汶。"济水入大野泽后，复自泽北出，过寿张（即东平境），遇汶水来注。

"又北东入于海"，《史记》作"又东北入于海"，周秉钧《尚书易解》也说："《地理志》'济水自荥阳东至琅槐，入海'。琅槐，在今山东广饶县东北。"② 曾运乾《尚书正读》谓："王鸣盛云，以《水经注》、《元和志》、《寰宇记》诸书考之，今小清河所经皆古济渎，而大清河所经自历城以上至东阿，亦古泲渎也。"顾颉刚、刘起釪二位先生在《尚书校释译论》一书中说的很清楚。《史记》作"东北入于海"。《汉志》与本篇同。"其实此不必计较，寻之济水实际，会汶后，基本向北过今东阿、平阴、齐河，然后东过济南，即自历城向东北经邹平、高青、博兴诸县以入海。则言北而东或言统东北，皆无不可。东汉黄河大体以济水河道入海。宋庆历年间河决商胡（濮阳境）而离济水，其后济水分为大、小清河。清咸丰时黄河复夺大清河河道以入海，自后不复有济水（从此古济水自历城以上成为黄河下游河道，历城以下为小清河）。"③

2009 年 7 月笔者曾随中央电视台《话说济水》摄制组沿济水故道进行实地考察，重新思考济水的"三伏三见"。根据《尚书·禹贡》以及近现代该地区的水文资料，不难看出古代济水流经区域的地下水资源是相当丰富的。《禹贡》所记济水的特征是"三伏三见"，济水的这一特征保留在中国古代最早最原始的地理文献材料《禹贡》之中，《禹贡》的记载不能轻易否定。因此我们认为《尚书·禹贡》应是中国古代地学部经典著作，其价值并非如何幼琦先生所说是"七真三假，名实不副"。对待古代地理文献的记载我们应努力做出认真思考，科学解释，这才是我们对待古代文化的基本态度。

（与陈昌远先生合著，发表于《孙作云百年诞辰纪念文集》，河南大学出版社 2014 年版）

---

① 顾颉刚、刘起釪：《尚书校释译论》，中华书局 2005 年版，第 803 页。
② 周秉钧：《尚书易解》，岳麓书社 1984 年版，第 73 页。
③ 顾颉刚、刘起釪：《尚书校释译论》，中华书局 2005 年版，第 803 页。

邗沟、菏水与鸿沟

——兼论黄河与长江两大流域水运的沟通

一

　　江淮间的邗沟、商鲁间的菏水与中原腹地的鸿沟水系是春秋战国时期东亚大陆著名的水运工程，这三条运河不仅各自具有其行经路线、航运及灌溉功能，而且它们三者还相互贯通，形成了一个完整的水运系统，沟通了东亚大陆黄河流域与长江流域的水运交通，邗沟、菏水与鸿沟的连通标志着中国历史上的运河开始进入到有完整体系的时代，其价值与意义重大。商鲁间的菏水与中原腹地的鸿沟早已荡然无存了，只有江淮间的邗沟虽屡有变迁但至今仍发挥着航运功能。在这里，本文试对邗沟、菏水和鸿沟的相互关系及其在历史上的价值，试作粗浅探索，不当之处，望批评指正。

二

　　中国水运史的开端往往都以吴王夫差开邗沟为起点。夫差开邗沟之事见于《左传·哀公九年》。《左传·哀公九年》载："秋，吴城邗，沟通江淮。"杨伯峻注曰："邗城当在今扬州市北，运河西岸。邗江即《水经注》之韩江，吴于邗江旁筑城挖沟，连通长江与淮水，大致自今扬州市南长江北岸起，至今清江市（今淮安市，笔者注）淮水南岸止，今之运河即古邗沟水。"①《水经注·淮水》也记载了此事："昔吴将伐齐，北霸中国，

---

　　① 杨伯峻：《春秋左传注》，中华书局 2009 年版，第 1652 页。

自广陵城东南筑邗城，城下掘深沟，谓之韩江，亦曰邗溟沟，自江东北通射阳湖。《地理志》所谓渠水也。西北至末口入淮。"① 根据文献记载和考古资料，现代历史地理工作者已基本搞清了春秋邗城的地理位置和邗沟最初的经行路线。郭黎安先生认为，"春秋时的邗城在今扬州市北五里蜀岗上，邗沟在蜀岗下，沟水由城东南的今铁佛寺前屈曲向东至今螺丝桥，再由弯头北上。然后穿越武广（又作武安湖，今邵伯湖）、陆阳（又作渌洋湖，今江都市北境尚有遗迹）二湖之间，注入樊梁湖（今高邮湖）。出湖折向东北，流经博芝、射阳湖（约在今宝应县东，与淮安、建湖、兴化三市县交界处）后，复折向西北，由山阳县末口（今淮安新城北辰坊）入淮。"② 汉魏六朝以后，邗沟的运道屡有变迁，直至宋代，邗沟不仅更名为淮南运河，而且楚州（今淮安市淮安区境内）运河大部分河段开始筑堤。原来在江淮之间的运河两岸存在着一系列湖泊，宋以前运河贯湖而过，湖河不分。但邵伯以北地势西高东低，夏季，高宝诸湖承天长以东各河洪水，泛滥东溢；枯水季节又因水量不足而断航。为防止水流下泄，危及湖东农田及提高航道水位，保证枯水期航运，唐代李吉甫曾筑平津堰；宋景德中，李溥任制置江淮等路发运使，感到高邮新开湖水散漫，多风涛，便下令回空东下的漕船在还过泗州时，装载石块输入新开湖中，积为长堤；③ 天圣中，张纶"又筑漕河堤二百里于高邮北，旁锢钜石为大，以泄横流"，④ 至此，淮南运河的西堤大部分完成。至绍熙五年（1194 年），淮东提举陈损之又于扬州江都县至楚州淮阴县筑运河堤三百六十里，并在堤岸旁开凿了一条新河，⑤ 从此淮南运河始与运西诸湖分离，位置也较古

---

① （北魏）郦道元注、陈桥驿校证：《水经注校证》，中华书局 2008 年版，第 713 页。

② 陈桥驿：《中国运河开发史》，中华书局 2008 年版，第 218 页。

③ （元）脱脱：《宋史》卷 299，《李溥传》，中华书局 1977 年版，第 993 页。原文如下：溥时已为发运副使，迁为使，仍改西京作坊使。然茶法行之数年，课复损于旧。江、淮岁运米输京师，旧止五百余万斛，至溥乃增至六百万，而诸路犹有余食。高邮军新开湖水散漫多风涛，溥令漕舟东下者还过泗州，因载石输湖中，积为长堤，自是舟行无患。累迁北作坊使。

④ （元）脱脱：《宋史》卷 426，《张纶传》，中华书局 1977 年版，第 12695 页。

⑤ （元）脱脱：《宋史》卷 97，《河渠志七·东南诸水下》，中华书局 1977 年版，第 2395 页。原文如下：绍熙五年，淮东提举陈损之言："高邮、楚州之间，陂湖渺漫，茭葑弥满，宜创立堤堰，以为潴泄，庶几水不至于泛溢，旱不至于乾涸。乞兴筑自扬州江都县至楚州淮阴县三百六十里，又自高邮、兴化至盐城县二百四十里，其堤岸傍开一新河，以通舟船。"

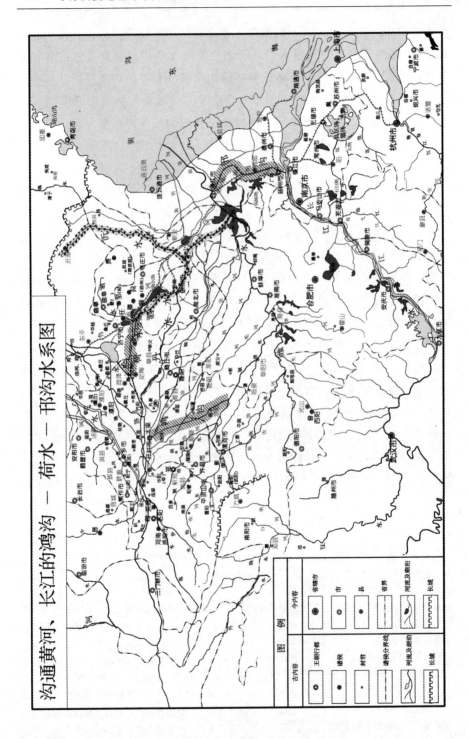

邗沟稍有东移，而今天的里运河正是在宋代运道的基础上形成的。① 邗沟的开凿不仅改造了江淮间的自然环境，而且沟通长江和淮河两大水系，对联系我国的南北水运交通起到了重大作用，因此，目前学术界在谈到中国运河或中国水运的肇始时莫不以邗沟为始。

按文献所载，吴王夫差是在鲁哀公九年秋"城邗"的，吴王夫差元年是公元前495年，而鲁哀公元年为公元前494年，以此为标准推测，鲁哀公九年应该是在公元前485年，此时已是春秋末年，距春秋时代结束的公元前476年不过九年的光景，所以说中国水运的起点应在春秋末年应无太大问题。就在吴王夫差开凿邗沟后的第四年——鲁哀公十三年，即公元前481年，夫差为北上中原与晋侯会盟，继邗沟之后，又在淮河以北的今河南、山东交接地带"阙为深沟"，开挖了一条沟通商鲁间的水运通道。按先师所言："当时鲁国都于曲阜，宋国都于商丘。宋国本属商人之后，菏水正在其间，故称通沟于商鲁之间。"② 这条商鲁间的运河因是从中原地区东北部的古菏泽分出，并向东注入泗水，连接了今山东一带泗水的中上游地区，故又有菏水之称。其具体路线大体如下：西起今封丘县境内的黄池（今封丘县东约23公里平街），东南流经葵丘（今民权县城）东17.5公里处林七集南黄河故道北岸，在旧考城（今兰考境）东，又东经今定陶、武县到今沛县而注入泗水。③ 按照《左传·哀公十三年》所载，吴王夫差之所以开凿这条水运通道，是为了完成与鲁哀公、晋定公在黄池的盟会，《左传·哀公十三年》所谓"公会晋侯及吴子于黄池"即指此而言。吴子与晋侯会盟的黄池，至唐代中叶仍有遗迹可寻，其地在今河南省开封、新乡之间的封丘县境内。故《元和郡县志·卷七》载："黄池，在（封丘）县七里。鲁哀公十三年，晋侯与吴子争盟于此。"④ 《水经注疏·卷七》"黄亭近济"下杨守敬案曰："杜预曰，陈留封丘县南有黄亭，近济水。……《续汉志》平丘有黄池亭。刘昭《注》引《陈留志》，黄亭在封丘。《元和志》，黄池在封丘南七里。在今封丘县西南。"⑤ 先师也指

---

① 陈桥驿：《中国运河开发史》，中华书局2008年版，第25页。

② 史念海：《中国的运河》，陕西人民出版社1988年版，第29页。

③ 刘德岑：《先秦时代运河沿革初探》，《西南师院学报》1980年第2期，第23页。

④ （唐）李吉甫：《元和郡县志》，中华书局1983年版，第178页。

⑤ （北魏）郦道元注，杨守敬、熊会贞疏：《水经注疏》，江苏古籍出版社2001年版，第681页。

出黄亭是春秋时期吴晋两国相会的黄池的所在地，临近济水，是一个有名的地方。黄池本在今封丘县南七里，其地明代曾经成为黄河河道，今黄河古道遗迹俨然犹在。① 由于黄河河道的变迁，原在黄河以南的封丘县，现在已位于黄河主河道的北岸了。从现在行政区划来看，封丘县属河南新乡市管辖，可唐代的封丘县却属汴州节度使节制。但不管怎样，吴子与晋侯曾经会盟的黄池位于中原腹地，这是毫无疑义的。

黄池盟会之事不仅见于《左传》，而且其他文献与考古材料中也有记载，因而是极其可信的。《国语·吴语第十九》载："吴王夫差既杀申胥，不稔于岁，仍起师北征。阙为深沟，通于商鲁之间，北属之沂，西属之济，以会晋公午于黄池。"依徐元诰所说，阙，穿也。黄池，在今河南封丘县西南七里。② 吴王夫差、鲁哀公与晋定公在中原地区即黄池的这次会盟于后代传世青铜器也可得以佐证。辉县出土有赵孟庎壶二器，铭云："禺（遇）邗王于黄池，为赵孟庎（介），邗王之锡金，以为祠器。"二器皆作于此时。另外山西代县也有出土，汇纂云："书会于此。"③ 由此看来，晋吴的黄池盟会，是春秋末年的一件大事，而完成盟会所需这条"阙于商鲁"间的深沟，其作用在于沟通了经由济水、泗水直达中原腹地的水运交通，从此长江之舟可游于黄河。济水是古代黄河下游的一条分流，自荥阳北分河水东流，经今原阳县南，封丘县、兰考县北，东流至今定陶县汇为菏泽，再东北注入巨野泽，出泽得受汶水，又东北流约循今黄河至济南市，以下大致走今小清河入海。泗水则发源于泰山山脉，南流大致走今山东南四湖区经徐州入淮。吴国这条运河就是疏导菏泽水东流至鱼台入泗水，后世称为菏水。这条运河开凿以后，吴国的水师可由淮入泗，由泗入菏，由菏入济，由济入河，到达黄河中游任何一地。这条菏水便成为中原地区东西往来的主要航道，而位于两水交汇处的定陶成为"天下之中"的重要都会。④ 吴王夫差为开挖这条商鲁间的运河，还付出了相当的代价。越王勾践乘吴师北上之际"乃命范蠡、舌庸率师沿海沂淮以绝吴路，败王子友于姑熊夷。越王勾践乃率中军沂江，以袭吴，入其郭，焚

---

① 史念海：《河山集》（三集），人民出版社 1988 年版，第 312 页。
② 徐元诰撰，王树民、沈长云点校：《国语集解》，中华书局 2006 年版，第 545 页。
③ 杨伯峻：《春秋左传注》，中华书局 2009 年版，第 1674 页。
④ 邹逸麟：《黄淮海平原历史地理》，安徽教育出版社 1997 年版，第 148 页。

其姑苏，徙其大舟。"① 此时的吴王夫差不仅被循海而逆入于淮的越军断了归路，而且越王勾践还攻入了姑苏城，缴获了吴王夫差的大舟。吴国的霸业就此衰落。因此，吴王夫差开凿邗沟和沟通商鲁间的菏水都应是其争霸中原政治设计的组成部分，它们的开凿显示了当时偏居于东南地区的吴人势力对深入中原腹地获得政治独立地位的渴望。

从文献上所见东亚大陆上最早的这两条运河的形成原因和位置关系来看，邗沟与菏水的开凿，前后间隔仅仅只有四年，而且都是缘于吴王夫差争霸中原的政治目的，因此，我们主张考察中国及中原地区水运的起源时，应将邗沟、中原商鲁间菏水的开凿与中原地区古代水运系统——鸿沟水系，综合起来进行全面的研究。吴王夫差所开的邗沟固然已远远逸出中原区域范围之外，但它却是吴王夫差北上中原争夺霸主的起点。没有邗沟的开凿欲以问鼎中原的吴国舟师便不能从吴都出发由江入淮，再继而北上，吴人的霸业只能局促于淮水以南而不能深入中原腹地。因此，为完成成为中原的盟主的夙愿。吴王夫差在邗沟完工后的第四年又急急忙忙、不恤民力"阙沟深水，出于商鲁之间"②。而商鲁间菏水的贯通，不仅从地理上沟通了济水与泗水的水运交通，而且泗水向南入淮，这样就又延伸了江淮间邗沟向北的通航里程，使得邗沟、商鲁间的菏水与中原黄河流域的鸿沟水系连接成为一套完整的水系，而这一套水系沟通了东亚大陆的南北和东西。

三

中原地区的鸿沟水直接由黄河中分出，不仅它本身航运畅通，而且还与淮、泗以北、以西的丹水、睢水和涡水等几条水道相连接。鸿沟由大梁南流途中，最北面的丹水（又称汴水）在大梁城北分鸿沟水东流，其上游在今河南商丘市北一段叫作"汳水"，下游经今安徽砀山县北至彭城（今江苏徐州市）北入泗，称为"获水"。睢水在今河南旧陈留县西分鸿沟水东南流，经今河南杞、睢二县之北，宁陵、商丘之南，由永城东北南行，经今安徽宿县和江苏睢宁县北，至宿迁县入泗；涡水从今太康县西北

---

① 徐元诰撰，王树民、沈长云点校：《国语集解》，中华书局 2006 年版，第 546 页。
② 同上书，第 554 页。

分出后，过今亳县北，东南至今睢远县东入淮。由此可见，鸿沟开浚后，将河、济和淮、泗的丹、睢、涡、颍诸水联系在一起，于是在黄淮平原上形成以鸿沟为主干，以自然河流为分支的完整水道交通网——鸿沟系统。鸿沟凿成以后，北通河济，南临淮水，并通过巢肥运河、邗沟以达于长江；复经堰渎、胥浦、古江南河和百尺渎，东南抵太湖、东海及钱塘江；沿济水东下经淄济运河可通齐都临淄；由济水北上通过濮水入卫（濮阳）；由济入河，由河入洛，再向西又可远及洛阳。所以《史记·河渠书》有鸿沟"通宋、郑、陈、曹、卫，与济、汝、淮、泗会"的说法。鸿沟作为中原地区航运的主要纽带，与邗沟、菏水、巢肥运河等使我国历史上的运河，开始进入了有体系的时代。[①] 东亚大陆南北地区的水上交通从此创出了新的格局。这一套完整的水运系统，不仅大大改变了东亚大陆的水运交通条件，而且进一步促进了沿岸地区灌溉农业的发展，给东亚大陆带来了数以"万亿"计的财富，为不久到来的统一事业奠定了基础。故司马迁在《史记·河渠书》中说："荥阳下引河东南为鸿沟，以通宋、郑、陈、蔡、曹、卫与济、汝、淮、泗会。……于吴，则通渠三江、五湖，……此渠皆可行舟，有余则用溉浸，百姓享其利。至于所过，往往引其水益用溉田畴之渠，以万亿计，然莫足数也。"[②] 更重要的是，由于中原鸿沟水系与邗沟商鲁间菏水的沟通，使得沿岸地区形成了许多繁荣的经济都会，陶（今定陶）即是其中最为著名者。陶在济水与菏水之连接点上，早就被人们称为"天下之中"，成为当时十分富庶的商业中心。春秋末年辅助越王勾践击灭吴国，洗雪会稽之耻的越国大臣范蠡，在辞官后来到陶，变名易姓为朱公，凭借陶"诸侯四通，货物所交易也"的有利区位，十九年中三致千金，"陶朱公"也成为富而好行其德者的代称。[③] 这一套水运系统在历史进程中所发挥的重要作用，于"天下之中——陶的兴起"可见一斑。

总之，邗沟、商鲁间的菏水与鸿沟水系的沟通，不仅促进了黄河流域经济的发展，使这一地区在战国至唐末一千二三百年间成为中国北方最发达的经济区，而且加强了以中原为中心的黄河流域地区与周边区域，特别

---

① 王育民：《先秦时期运河考略》，《上海师范学院学报》1984 年第 3 期，第 120 页。
② 司马迁：《史记·河渠书》，中华书局 2006 年版，第 179 页。
③ 陈桥驿：《中国运河开发史》，中华书局 2008 年版，第 200 页。

是与南方长江中下游之吴、楚等地区的经济文化交流，使中原华夏文化与长江中下游地区之荆蛮文化加快了融合会通的过程。史念海先生甚至认为鸿沟水系的建成促使了当时人们追求国家统一思想观念的滋生，荀子提出的"四海之内若一家"的主张，就是其集中的体现。因此，邗沟、商鲁间的菏水与鸿沟水系的连通，使东亚大陆的两河系统——黄河流域地区与长江中下游地区的政治、经济紧密地联系在一起，推动了当时国家统一的进程，中国历史上的运河也开始进入到有完整体系的时代，因此，其历史作用应给予充分肯定。

（感谢朱中华先生对本文的指教，发表于《淮阴工学院学报》2012 年第 4 期）

隋唐大运河通济渠考古新发现研究

——以水溃遗迹为中心的考察

  水溃遗迹是近年来隋唐大运河通济渠段（即汴河）最新考古发现之一。水溃遗迹位于古代中原地区著名湖泊——圃田泽范围之内。圃田泽是隋唐大运河郑州—开封段用于调节水量的天然水柜。水溃遗迹对于研究隋唐大运河通济渠（即汴河）河道有较为重要的价值。该遗迹的发现证明唐宋汴河河道应在其北20华里左右，而水溃遗迹东侧的古河道应为明清贾鲁河故道。

  隋唐至宋，东亚大陆太行山以东的黄淮海平原上，存在着一套完整的水运体系。这一套水运体系，以洛阳和开封为中心，包括东北走向的永济渠和东南走向的通济渠、邗沟、江南运河；而其中的通济渠则贯穿了黄淮平原的腹地，沟通了东亚大陆中部区域的东西往来，其交通价值尤为显著。通济渠在战国时代为鸿沟中的浪水或蒗荡渠，汉魏又称渠水或汴渠，大业元年三月经隋炀帝修整始有通济渠之名。通济渠"自（洛阳）西苑引谷、洛水达于河，自（郑州北）板渚引河通于淮"①。也就是说今天洛阳至郑州、开封间的通济渠诸段，不仅是隋唐大运河的重要组成部分，而且是运河系统中的引水枢纽区域，地理位置十分重要。

  由唐入宋，通济渠又兼汴河之名，其在国家政治经济生活中的作用进一步加强，宋人张洎说："唯汴水横亘中国，首承大河，漕引江、湖、利尽南海，半天下之财赋，并山泽之百货，悉由此路而进。"②汴河成为北宋王朝的生命线和立国根基。此时的通济渠（或汴河）可以分为三段：

---

① （唐）魏征等：《隋书》，中华书局1973年版，第63页。

② （元）脱脱：《宋史》，中华书局1977年版，第2321页。

西段起自东都洛阳西苑，引谷水、洛水，东循阳渠故道由洛水注入黄河；中段自洛口到板渚，是利用黄河的自然河流；东段起自板渚，引黄河水走汴渠故道，注入淮水。[①] 而历史上郑州以东、开封以西地区的隋唐大运河正处在通济渠（或汴河）中段之尾和东段之首的衔接区域，对于今天的运河申遗工作具有十分重要的研究价值和学术意义。

为配合大运河申遗工作，郑州文物考古研究院组建了隋唐大运河考古队，于 2010—2011 年对郑州段大运河沿线进行全面调查，并在工作方法上进行了改进，在采取传统考古调查、勘探和试掘等手段的基础上，并结合人类学的有关调查方法，对运河沿线文化遗产进行了立体扫描，获取了大量的实物资料和民间传说。[②] 根据顾万发、汪松枝二位先生执笔的《隋唐大运河郑州段调查》一文所载，[③] 巩义市洛口仓、郑州市惠济桥段河道和中牟县水溃遗迹等三处遗址成为这次运河调查最新、最重要的收获，而其中的水溃遗迹——我们认为与唐宋时期通济渠（或汴河）故道关系密切，是研究隋唐大运河极具价值的遗产资源。本文试就水溃遗迹的相关问题作一探讨，不当之处，敬希批评指教。

一　水溃遗迹的发现及其文献依据

水溃遗迹位于中牟县官渡镇西北水溃村附近。水溃村属中牟县官渡镇辖下的一个普通行政村，周边地势阔平。该村东北距开封城 40 余里，西南距中牟县城约 10 里，地理位置处在郑州、开封之间。

2011 年年初，郑州市文物考古研究院在配合郑州交通重点工程建设管理中心郑汴物流通道工程中，对位于中牟县官渡镇水溃村西北约 500 米处的一段运河遗迹进行发掘，并对周边进行了详细的调查和勘探。由于地下水位较高，勘探和发掘难度较大，在发掘过程中采取了降水方法，向下发掘至 7.5 米，发现深灰色淤积层，出土有少量宋元时期的陶片、瓷片等。结合发掘的地层剖面，在周边近 30 平方公里范围分布着一处呈东西

---

① 潘镛：《隋唐时期的运河和漕运》，三秦出版社 1987 年版，第 29 页。

② 顾万发、汪松枝：《隋唐大运河郑州段调查——洛口仓、惠济桥段河道、水溃等遗迹是这次调查重要收获》，《中国文物报》2012 年 4 月 27 日第 4 版。

③ 同上。

向的沼泽地。而在发掘区以西部分，在勘探中发现一些奇特现象，每间隔三四百米，青灰色淤积土层总会出现约一百米的断档，而这近百米内堆积着较为纯净的黄褐色土层，在这百米土层过后再次出现青灰色淤积土层，这种断档的黄褐色土层共发现有三、四段。这些现象表明此处应是用于调节水量的大型水利设施，即"水柜"。据当地群众介绍，在发掘区东北部不远处郑开大道与长青路交叉口南部，2007 年修建长青路时在西侧取土曾挖出一个带有铁链的铁锚，铁锚出土位置距地表约 6—7 米，结合该区域地层堆积情况，应属宋元时期。而铁锚的发现也印证这里曾行驶过大型船舶。同时，结合勘探、发掘和文献记载，对中牟段大运河做了详细的调查，并基本搞清其走向。[①] 发掘者根据勘探过程中地层里出现的"青灰色淤积土层与黄褐色土层"交替存在的"奇特现象"，认为此处"应是用于调节水量的大型水利设施"，即"水柜"的看法，应该说是正确和中肯的，但可能是囿于篇幅所限，发掘者并未对此"奇特现象"和问题做更深入的探讨，殊为可惜。

以水溃遗迹为"调节水量的水柜"的结论应该是可信的。关于通济渠（汴河）上"水柜"的记载见于《宋史·河渠志》，据《宋史·河渠志四》载："三月，辙又乞'令汴口以东州县，各具水柜所占顷亩，每岁有无除放二税，仍具水柜可与不可废罢，如决不可废，当如何给还民田，以免怨望。'八月辛亥，辙又言：'昨朝旨令都水监差官，具括中牟、管城等县水柜，元浸压者几何，见今积水所占几何，退出顷亩几何。凡退出之地，皆还本主。水占者，以官地还之；无田可还，即给元直。圣恩深厚，弃利与民，所存甚远。然臣闻水所占地，至今无可对还，而退出之田，亦以迫近水柜，为雨水浸淫，未得耕凿。知郑州岑象求近奏称："自宋用臣兴置水柜以来，元未曾取以灌注，清汴水流自足，不废漕运。"乞尽废水柜，以便失业之民。'十月，遂罢水柜"[②]。从文献记载来看，水柜之设主要是充分利用汴河沿岸的湖泊陂塘，以其蓄泄之水来调剂汴渠中的水量，而水柜设置也主要分布在郑州附近汴河渠首和开封以西的中牟、管城两县，这是由于历史上中牟、管城两县存在着大面积的天然湖泊陂塘之

---

① 顾万发、汪松枝：《隋唐大运河郑州段调查——洛口仓、惠济桥段河道、水溃等遗迹是这次调查重要收获》，《中国文物报》2012 年 4 月 27 日第 4 版。

② （元）脱脱：《宋史》，中华书局 1977 年版，第 2330 页。

故。水柜之设首先由宋用臣创置，水柜之修建大大便利了汴河上的漕运，所以"清汴水流自足，不废漕运"，取得了明显的成效。既然以耕地和农田作为水柜蓄泄洪水之用，则不免有"失业之民"，因此，苏辙于元祐元年（1086 年）三月上书哲宗要求罢废汴河水柜，朝廷也竟采纳了苏辙的建议，并于该年十月废去了中牟、管城等县的水柜设施，还田于耕，得到了暂时的物质利益。

失去水柜调节的汴河，河道往往浅涩难行，漕运因之受到严重影响。到绍圣四年（1097 年），杨琰、贾种民等大臣又纷纷上书要求恢复水柜的设置。《宋史·河渠志四》载："四年闰二月，杨琰乞依元丰例，减放洛水入京西界大白龙坑及三十六陂，充水柜以助汴河行运。诏贾种民同琰相度合占顷亩，及所用功力以闻。五月乙亥，都提举汴河堤岸贾种民言：'元丰改汴口为洛口，名汴河为清汴者，凡以取水于洛也。复柜清水，以备浅涩而助行流。元祐间，却于黄河拨口，分引浑水，令自汜上流入洛口，比之清洛，难以调节。乞依元丰已修狭河身丈尺深浅，检计物力，以复清汴，立限修浚，通放洛水。及依旧置洛斗门，通放西河官私舟船。'从之。"① 这一次恢复水柜先是杨琰请"依元丰例，减放洛水入京西界大白龙坑及三十六陂，充水柜以助汴河行运"，从文献中所记"洛水入京西界大白龙坑及三十六陂"的分布地点来看，这些水柜大体都分布在今巩义、郑州西的古洛口一带，既然洛口一带的水柜都已恢复，那么中牟、管城两县间的水柜，依元丰旧制，也应在恢复之列。水柜在汴河上的废除与再置前后仅有 11 年。

水柜并非拦河蓄水，而是充分利用河旁自然湖泊和水系筑塘蓄水，水柜之设，遍及郑州、开封之间汴河沿岸各段，其水利功用因区域差异各有特点。因此，北宋汴河沿岸的水柜其功能主要是调节水量，确保航道畅通。建于板渚以西的水柜，其功能主要是减少汴河中的泥沙，汴河的水源引自黄河，黄河中有大量泥沙，为解决泥沙问题虽采用多种技术措施仍不能常保航道畅通。北宋后期，汴渠成为地上河，水位日渐升高。为保证国家运输干线的功能，在元丰二年（1079 年）兴建了清汴工程。工程以洛水为主要水源，堵塞洛口，使其不入黄河，开长 51 里的引水渠接汴渠，并堵塞汴口，使黄河水不入渠。在引水渠上，沿途接纳汜水、索水等小河

① （元）脱脱：《宋史》，中华书局 1977 年版，第 2334 页。

来水；在引水渠与黄河之间做积水塘，渗取黄河水和原堤两旁沟湖陂泺积水，作为水源补济。采用这些方法，使汴渠成为一条以清水为源的河流，改变了泥沙造成的不利影响。[①] 而在板渚以东至开封之间的汴河两岸，水柜的设置主要在利用运河两岸的湖泊洼地，在其周边筑堤蓄积地面坡水和泉水。运河水浅时放水入运，运河水大时放水入水柜，特别是运河发生洪水时可泄洪水入水柜蓄存，待运河缺水时回注接济。据考北宋郑州、管城、中牟沿岸的汴河上建有 36 座水柜，平时蓄水以备汴河缺水时济运。[②] 而这一区域中最大、最著名的水柜当数圃田泽。《隋唐大运河郑州段调查》报告中说："（水溃遗迹）周边近 30 平方公里范围分布着一处呈东西向的沼泽地"，这片面积广大的沼泽地极有可能是汴河沿岸蓄水济运水柜的湖相沉积，由此看来，顾万发、汪松枝二位先生执笔的《隋唐大运河郑州段调查》报告中所说的"结合发掘的地层剖面，在周边近 30 平方公里范围分布着一处呈东西向的沼泽地。而在发掘区以西部分，在勘探中发现一些奇特现象，每间隔三四百米，青灰色淤积土层总会出现约一百米的断档，而这近百米内堆积着较为纯净的黄褐色土层，在这百米土层过后再次出现青灰色淤积土层，这种断档的黄褐色土层共发现有三、四段。这些现象表明此处应是用于调节水量的大型水利设施，即'水柜'"的看法，应该有所修正，也就是说考古工作人员所发现的"青灰色淤积土层与纯净的黄褐色土层"相伴出现的"奇特现象"，并非水柜本身，而报告中所谓"在周边近 30 平方公里范围内分布着一处呈东西向的沼泽地"才应该是水柜本身所在。水溃遗迹的发现地位于今天中牟县官渡镇水溃村西北500 米，周边方圆 5 公里区域内的地层下都有湖泊沉积，故其应为汴河沿岸蓄水济运的水柜遗迹无疑。水溃村的村名始于何时？县志失载，但以汉语语言学的角度来考察，在豫东方言中柜和溃是很容易混读的，这种现象在语言学中被称作"送气与不送气的混读"，水柜之柜在方言发音中本来是不送气的，而溃在发音中却是送气的，水柜讹读水溃实际上是混淆了豫东方言发音时送气与不送气的关系，这在中古汉语中是很常见的语言现象。如在方言中把不送气的"捕"读为送气，把不送气的"族"读为送

---

① 郑连弟：《中国水利百科全书》，中国水利水电出版社 2004 年版，第 189 页。

② 同上书，第 201 页。

气，把不送气的"造"读为送气，把不送气的"泊"读为送气等。① 水柜讹读为水溃就是其中一例，由此来看，今天水溃村及其周边地区在唐宋时期应是汴西诸多水柜所在地之一。

二　圃田泽与水溃遗迹性质

唐宋汴河沿岸尽管水柜数量众多，但面积最大者当推中牟的圃田泽。早在战国时代的鸿沟水系中，圃田泽就已经作为汳水的水柜，发挥调节鸿沟水系水量的作用。鸿沟又称大沟，战国时代由魏国开凿。鸿沟运河之所以必须借助圃田泽作为蓄水库，是因为它选择的线路与黄河构成"丁"字形，坡降较大，不易防洪的缘故。魏惠王二十九年（公元前 341 年），魏国被秦、齐、赵三国打败，这就迫使魏国以中原地区为主要活动场所。中原虽是当时全国经济文化最发达和交通最便利的地区，可是，淮水以北、泗水以西的大平原，其地形是由北向南倾斜，流经这块平原上的河流均作西北、东南向，不是东入泗水，就是南注淮水。由于地形坡降较大，雨量有限，这些河流的常流量较小，自然也就降低了它们的通航能力。魏国既然迁都大梁，要在中原地区扩展自己的势力，就必须适应这种自然地理形势，开凿运河，既能使它们互相贯通，形成一个完整的水运交通网，又能为它们提供丰富的水源。就在军事失利的第三年，又引圃田泽水东流，把大沟运河伸延到大梁城北。……鸿沟的水源来自黄河，又有圃田泽进行调节，水量充沛，因而与它相通的各自然河流的面貌大为改观，通航能力也大大提高了。② 而唐宋时期的通济渠（或汴渠）正是在利用并改造了战国鸿沟水系中汳水、获水的基础上形成的，这条运河在以后的中国历史进程中成为沟通黄淮平原交通的大动脉，为维护封建国家的统一发挥了重大作用。

圃田泽作为水柜发挥了调蓄隋唐大运河通济渠段水量的功能，这从历史上圃田泽湖面的盈缩变化可以得到证明。对于圃田泽水域面积记载最为详细的是《水经·渠水注》载："郑之有原圃，犹秦之有具圃。泽在中牟县西，西限长城，东极官渡，北佩渠水，东西四十许里，南北二十许里。

①　承郑州大学文学院王东教授赐教，在此特表感谢。
②　马正林：《正林行集》，光明日报出版社 2005 年版，第 334 页。

中有沙冈，上下二十四浦，津流径通，渊潭相接，各有名焉。有大渐、小渐、大灰、小灰、义鲁、练秋、大白杨、小白杨、散吓、禹中、羊圈、大鹄、小鹄、龙泽、密罗、大哀、小哀、大长、小长、大缩、小缩、伯丘、大盖、牛眼等浦，水盛则北注，渠溢则南播"①，郦道元所记魏晋时期圃田泽的面积是东西四十里许，南北二十里许，这条材料应该是我们研究圃田泽水域盈缩的依据。

唐宋时期，圃田泽的水面较魏晋时有所扩大。《元和郡县志》载："圃田泽一名原圃，县西北七里。其泽东西五十里，南北二十六里，西限长城，东极官渡。上承郑州管城县界曹家陂。又溢而北流为二十四陂。小鹄、大鹄、小渐、大渐、小灰、大灰之类是也。"② 这时泽的面积东西是五十余里，南北二十六里，圃田泽的面积显然有所扩大。宋代《太平寰宇记·卷二》载："圃田泽，一名原圃，在县西北七里。其泽东西五十里，南北二十六里，西限长城，东极官渡。"③ 宋代圃田泽的面积与唐代相当，较之魏晋有了扩大。这些记载应该说是可信的。唐宋时代圃田泽水域面积有所扩大的原因，很可能与汴河的水量调节作用有密切的关系。如前所述，汴河（通济渠）就是《水经注》中的渠水，无论渠水还是后来的汴河之水都是取自黄河，其水量自然十分丰富。不仅如此，北宋时宋人又以汴口（汴河入河之口）和洛水入河之口距离不远，洛水和黄河相比泥沙更少，所以又将洛水引入汴河，从此汴河就有了清汴的名称了。④ 洛水的引入自然又增加了汴河的水量，而郑州、开封之间北宋时又兴修了诸多水柜等水利设施以保存水资源，因此，汴河东去，在万胜镇之南与圃田泽相串通，这不仅造就了万胜镇的繁华，而且使圃田泽的水体也有所增加⑤。这时的圃田泽作为汴河沿岸最大的水柜，与周边其他水柜相配套，充分发挥了古代水柜回注接济、蓄泄来水的水利功能，并与其北面的汴河形成了往复径通的水流循环，既大量保存了可贵的水资源，又调节了汴河的航运用水。

---

① （北魏）郦道元撰，（清）杨守敬等疏：《水经注疏》，江苏古籍出版社 1989 年版，第 1871 页。

② （唐）李吉甫：《元和郡县志》，中华书局 1983 年版，第 206 页。

③ （宋）乐史：《太平寰宇记》，中华书局 2007 年版，第 28 页。

④ 史念海：《中国运河》，陕西人民出版社 1988 年版，第 230 页。

⑤ 陈隆文：《郑州历史地理研究》，中国社会科学出版社 2011 年版，第 122 页。

明清以后，圃田泽的泽面已呈现萎缩之势。明末顾祖禹《读史方舆纪要》"圃田泽"条下，也记载了此时的湖面盈缩情况。《读史方舆纪要》记载："圃田泽在县西北七里，中多产麻黄，《诗》所谓东有甫草也。东西五十里，南北二十六里，西限长城，东极官渡，高者可耕，洼者成汇。今为泽者八，若东泽、西泽之类；为陂者三十六，若大灰、小灰之类，其实一圃田泽耳。"① 顾祖禹《读史方舆纪要》虽然记载泽面东西五十里，南北二十六里，但其中已有变迁：此时泽中已有陆地形成，且高者可耕，洼者成汇，今为泽者八，为陂者三十六。这说明圃田泽到明末已有很大的变化，已分割为大小不等的八个泽面和三十六个陂，已经露出泽面的土地还可以耕种。②

到了清代，圃田泽面积显然是缩小了。《大清一统志》记圃田泽虽然仍是"西限长城，东极官渡"，但"东西四十余里，南北二十余里，中有沙岗，上下四十四浦，津疏迳通，渊潭相接，各有名焉"。这说明清代圃田泽已经在缩小，中间已形成许多沙岗。乾隆《郑州志》曰："圃田泽在州东三里……东西十里，南北二十六里，西限长城，东极官渡，高者可耕，洼者成汇，今为泽者八，若东泽、西泽之类，为陂者三十六，若大灰、小灰之类，其实一圃田泽耳。"乾隆二十六年《中牟县志》也载："（圃田泽）高者出而可耕，下者散而成汇，今为泽者八，为陂者三十六，实圃田一泽所分也。"说明圃田泽是在缩小，到清朝乾隆时代，已经缩小成为"东西十里，南北二十六里"。大概到清代中叶，圃田泽就不复存在了。只存其名，已没有任何水域可供研究。圃田泽的旱涸大概应在清代中后期，其变迁原因我已有专文讨论，此处不赘述。时至今日，原来圃田泽旧址范围内部都已被农田、道路、村落所取代，其中的环境变迁是相当大的。

应该进一步说明的是，在水溃遗迹发掘过程中，考古工作人员结合地层剖面认为"在（水溃遗迹）周边近30平方公里范围分布着一处呈东西向的沼泽地"，这一结论从考古地层学的角度印证了唐宋时期汴河南岸水柜面积的广大。这一处近30平方公里的东西向沼泽地的范围及具体空间位置，发掘者未作详细的说明，但我以为此处面积广大的沼泽地存在两种

---

① （清）顾祖禹：《读史方舆纪要》，中华书局 2005 年版，第 2163 页。

② 陈隆文：《郑州历史地理研究》，中国社会科学出版社 2011 年版，第 124 页。

可能：若此沼泽地的分布在今官渡镇水溃遗迹以西，那么，毫无疑问，它应该是圃田泽的湖泊沉积；而若此沼泽地分布在今官渡镇水溃遗迹以东，那么，它很可能就是文献中所记崔苻泽的遗存，关于此问题将有专文论述，此不赘言。

魏晋迄于明清的地理学文献对于圃田泽的四至范围记载较为清楚：

北魏《水经注·卷二十二》："（圃田泽）泽在中牟县西，西限长城，东极官渡，北佩渠水，东西四十许里，南北二十许里。"①

唐《元和郡县志·卷八》："圃田泽，一名原圃，其泽东西五十里，南北二十六里，西限长城，东极官渡。"②

宋《太平寰宇记·卷二》："圃田泽，一名原圃，在县西北七里。其泽东西五十里，南北二十六里，西限长城，东极官渡。"③

清《大清一统志》"古圃田泽"条下记"（泽）在中牟县西，……西限长城，东极官渡"④。

根据以上文献所记圃田泽的范围来看，我们把圃田泽的位置初步推定在以今天中牟县城之西北的贾鲁河右、左两岸为中心，北至大孟镇南北地区，南不过西古城村—东古城村一线以南，西至青龙山魏长城一线，东至官渡镇以西，这一区域内应该是圃田泽水盛之时的最大范围。⑤ 在这里应强调指出的是，自魏晋至明清的地理文献在谈到圃田泽东部的界线时都是以官渡为坐标的，即所谓"东极官渡"，也就是说圃田泽向东不会超过官渡一带。今中牟县城东不足 10 里，即为官渡镇的所在。官渡镇的周边地区（特别是西北方向）保存了大量以官渡为地名的历史遗迹。《元和郡县志·卷八》"官渡台"条下载："官渡台，俗号中牟台，亦名曹公台，在县北 12 里。曹操破袁绍于此。"⑥《太平寰宇记·卷二》"中牟台"条下载："中牟台，在县北十二里。一名官渡台，又名曹公台。故基在河南，

---

① （北魏）郦道元撰、（清）杨守敬等疏：《水经注疏》，江苏古籍出版社 1989 年版，第1871 页。

② （唐）李吉甫：《元和郡县志》，中华书局 1983 年版，第 207 页。

③ （宋）乐史：《太平寰宇记》，中华书局 2007 年版，第 28 页。

④ （清）穆彰阿、潘锡恩等：《大清一统志》，上海古籍出版社 2008 年版，第 9210 页。

⑤ 陈隆文：《郑州历史地理研究》，中国社会科学出版社 2011 年版，第 124 页。

⑥ （唐）李吉甫：《元和郡县志》，中华书局 1983 年版，第 206 页。

是为官渡城。即曹公与袁绍相持于此。"① 这座官渡台，实际上是一座古城的遗存，清朝中叶"遗台犹存"，《大清一统志》中将其称为官渡城。②而水溃遗迹发现于中牟县官渡镇西北的水溃村西北 500 米，如果以水溃遗迹为坐标，自水溃遗迹向西应该是圃田泽的中心区域，自水溃遗迹向东南就是今天的官渡镇，而历史上以官渡为地名的主要遗存大致都分布在水溃遗迹的东南方向，因此，包括今天水溃遗迹所在区域应属唐宋圃田泽的东南边缘，水溃遗迹离文献中圃田泽的东岸——"东极官渡"的界限不会太远，这一点对于我们认识水溃遗迹的性质非常重要。

《水经注·渠水·卷二十二》载："渠水自河与济乱流，……历中牟县之圃田泽，……泽在中牟县西，西限长城，东极官渡，北佩渠水，……水盛则北注，渠溢则南播。"③ 魏晋的渠水就是后来的隋唐大运河通济渠（或汴渠）段，这条渠水流经中牟县的圃田泽，圃田泽与渠水连接在一起，河渠相通、深潭相接，水涨时圃田泽水就向北流注，渠水满溢就向南边的圃田泽宣泄。因为通济渠（或汴渠）是从黄河中分出的，故其水量大小变化不定，存在着流量不均的问题，这一状况至唐宋时仍未有改变，所以汴河沿岸水灾频繁，影响到了汴河的航运。就《宋史·本记》《宋史·五行志》二篇中关于汴河泛决的材料而言，北宋一代汴河泛决共 22次，其中除二次不知月份、一次在二月外，其余 19 次皆泛决于六月至九月，可知其洪水期与今日黄河一样，也集中在夏秋之际。汴河洪峰来势也十分猛烈。④《宋史·河渠志》中记有汴水决浚仪县，宋太宗亲往塞口之事："淳化二年六月，汴水决浚仪县。帝乘步辇出乾元门，宰相、枢密迎谒。帝曰：'东京养甲兵数十万，居人百万家，天下转漕，仰给在此一渠水，朕安得不顾。'车驾入泥淖中，行百余步，从臣震恐。殿前都指挥使戴兴叩头恳请回驭，遂捧辇出泥淖中。诏兴督步卒数千塞之。日未旰，水势遂定。帝始就次，太官进膳。亲王近臣皆泥泞沾衣。"⑤ 此次汴河决口使太宗的步辇陷入泥淖之中，太宗、亲王、近臣都"泥泞沾衣"。大中祥

---

① （宋）乐史：《太平寰宇记》，中华书局 2007 年版，第 28 页。
② （宋）穆彰阿、潘锡恩等：《大清一统志》，上海古籍出版社 2008 年版，第 9183 页。
③ （北魏）郦道元著、陈桥驿校证：《水经注校证》，中华书局 2008 年版，第 526 页。
④ 邹逸麟：《椿庐史地论稿》，天津古籍出版社 2005 年版，第 89 页。
⑤ （元）脱脱：《宋史》，中华书局 1977 年版，第 2318 页。

符二年八月，汴河涨溢，冲毁了自开封到郑州的道路，交通为之阻塞。[①]
总之，汴渠虽然有圃田泽作为水柜调节其来水，但仍不免有水患之忧。

为调控航运水量，唐宋汴河主河道及水柜周边附近采用过许多当时较
为先进的水工技术。以元丰二年的清汴工程而言，清汴工程是当时各种先
进水工技术的综合利用：在水源工程上采用水柜（索水等小河上游建有
36 个小型山区水库）、玲珑坝（用石块堆成的透水坝，以渗取黄河水）；
在防洪工程中采用了堤防（在清汴引水渠两岸）、埽工（在与引水渠平行
的黄河岸边），水碰溢流坝（在原洛河入黄河口，平日壅水入引水渠，洛
水来量过大时由坝顶溢流入黄河），和泄水斗门（泄水闸，设在原汴渠
上，当洪水威胁汴京时预先开闸分水）；在通航工程中采用了复闸（古代
船闸，建在清汴与黄河间被截断的氾水上）；在河道整治方面采用了束水
（用柴木结构束窄一些河段的河床）、锯牙（挑水短坝系列）、木岸（全河
上共做 60 里）和水闸（每 100 里一座，原汴渠多泥沙时不用闸，清汴工
程中可用其节制水流）。[②] 这些工程技术措施都是围绕取水、泥沙处理、
防洪、延长通航时间四个方面展开的，[③] 其中的泄水坝，在今天看来就是
水工建筑上的排水闸，此类排水闸主要用于排泄洪涝渍水，又称排涝闸。
通常设在洪涝地区向江河排水的出口处。灌溉渠道上的排水闸用来排除灌
溉渠道内多余的水量，如洪水期排除渠系集水面积内的洪水，一般称为泄
水闸。一般排水闸常建于排水渠道末端的江河堤防上。当外河水位高于堤
内水位时，关闸挡水；当堤外江河水位低于堤内涝水位时，开闸排水，减
免农田遭受洪涝灾害；当堤内农田有蓄水灌溉要求时，根据需要可关闸蓄
水或从外河引水，因此排水闸常具有双向挡水和双向过流的特点。[④] 水溃
遗迹的位置正处在"东极官渡"的圃田泽的东岸，排水渠道建在这一地
区对于向地势较低的东南方向排泄汴河、圃田泽的洪水有着十分便利的条
件。而土料则是古代水利工程中应用最多的材料。俗话说："水来土掩"
形象地说明了土是控制水流运动的主要水工建筑材料，这是古代的情况。

①　（元）脱脱：《宋史》，中华书局 1977 年版，第 2321 页。

②　郑连第等主编：《中国水利百科全书·水利史分册》，中国水利水电出版社 2004 年版，
第 189 页。

③　同上书，第 188 页。

④　李珍照等主编：《中国水利百科全书·水工建筑分册》，中国水利水电出版社 2004 年版，
第 292 页。

但并不是随处取土和堆土都能达到控制水流的目的，各种土都有它特定的物理学性质，只有用适合建筑土工建筑物的土料，并采用适宜的设计和施工技术修建，它才能发挥土工建筑物挡水的作用。[①] 由于单独一种土往往有某种缺陷，水工实践中常以两种或三种土掺和使用。其中的两合土为黏土与沙土的混合体，有塑性，能搓成直径1—3毫米的土条，一般均经过自然风化及耕作，土质松散易挖，色褐或黄。[②] 而三合土则用石灰、沙、黄土拌和而成，筑堤有较好的效果，也可用于构筑石堤、水闸等。沙是石灰浆中的骨料，有沙骨料支撑，灰浆易于接触空气而迅速凝聚，同时也可减轻灰浆凝聚，体积收缩时出现裂缝。石灰浆则起到胶结作用。这是由于石灰浆（氧化钙）接触空气后，吸收二氧化碳，而凝固为碳酸钙，从而增强灰浆凝结后的力学强度。[③] 清代末年在永定河河工研究所的教学讲义中，归纳前代河工著作的有关记载，详细介绍了三合土在修建建筑物地基，制作灰浆以及用作石土建筑灌溉等方面的广泛应用。其中，用以构筑石堤、水闸、坝工、桥梁地基的称作灰步土。灰步土施工是堆敷三合土一尺，夯筑至七寸乃实。用石灰、沙土和糯米汁拌和所成之灰浆，用作砌石的黏合剂。[④] 今水溃遗迹中，每间隔三四百米，青灰色淤积土层总会出现约一百米的断档，而这近百米内堆积着较为纯净的黄褐色土层，在这百米黄褐色土层过后再次出现青灰色淤积土层，这种断档的黄褐色土层共发现有三四段。[⑤] 在考古发掘中，工作人员只发现有青灰色的淤积土、黄褐色土两种土料，而没有砌石，此两种土料笔者未亲眼目见，故不敢妄言，但根据报告中所说这两种土料的色状特点，将其推测为水工建筑的两合土或三合土可能问题不是太大。因此，我们初步断定水溃遗迹中所出现的这两种土料很可能就是建在圃田泽东岸类似于今天排水闸一类水工建筑物的土料遗存。如果此推测不误，那么在圃田泽东岸作为汴河"水柜"的排水闸或排水通道，很可能就位于今天水溃遗迹的周边地区。

---

① 周魁一：《中国科学技术史·水利卷》，科学出版社2002年版，第80页。
② 水利部黄河水利委员会：《黄河河防词典》，黄河水利出版社1995年版，第251页。
③ 周魁一：《中国科学技术史·水利卷》，第81页。
④ 同上书，第82页。
⑤ 顾万发、汪松枝：《隋唐大运河郑州段调查——洛口仓、惠济桥段河道、水溃等遗迹是这次调查重要收获》，《中国文物报》2012年第4期，第27页。

三　唐宋汴河河道蠡测与水溃村古河道

　　顾万发、汪松枝二位先生执笔的《隋唐大运河郑州段调查》报告中认为，在（今水溃村）发掘区东北部不远处郑开大道与长青路交叉口南部，2007 年修建长青路时在西侧取土曾挖出一个带有铁链的铁锚，铁锚出土位置距地表约 6—7 米，结合该区域地层堆积情况，应属宋元时期。而铁锚的发现也印证这里曾行驶过大型船舶。同时，结合勘探、发掘和文献记载，对中牟段大运河作了详细的调查，并基本搞清其走向。① 可能是限于篇幅，报告中并未将中牟段大运河的具体走向讲清楚，只是说在水溃遗迹"发掘区东北部长青路西侧发现过铁锚"，"应属宋元时期"。我先后两次到水溃一带做过实地考察，结合文献确认在水溃遗迹的南北地区，确实存在一条或者几条未被我们完全认识的古河道，而其中一条古河道大致位于今水溃遗迹的东侧，距今天贾鲁河河道向东大约 3—5 里，河道作西北—东南走向。具体地讲，其河道走向可能是由水溃遗迹向东南，经官渡镇东北，在板桥附近穿过 310 国道，经前於、魏寨之间，至今店李口后，再向南达于开封县朱仙镇。这条古河道是否为唐宋时期汴河的主河道，的确应给予深入研究。

　　隋唐大运河汴河段自板渚以东进入开封城的河道走向迄今未有明确的考古发掘结论。近年来为配合大运河申遗一事，虽在此区域内做了一定的工作，但要彻底搞清这一段运河的河道走向恐还须结合文献资料做更进一步的工作。为解决这一问题，近年来我在此区域内进行了多次野外调查，初步推定，若以今天万胜村为坐标，经今天连霍高速以南，至于岗吴、西刘集、盆窑、穆楼、郑岗、湾张、毛拐、张家庵、西吴一线南北地区应该就是隋唐大运河通济渠（或汴河）段河道所经之地。② 而今天水溃遗迹东北古河道的发现，对于印证隋唐大运河汴河段河道的具体方位确有非常重要的价值。

　　探寻隋唐大运河通济渠郑州—开封段的河道走向，《宋史·河渠志

---

① 顾万发、汪松枝：《隋唐大运河郑州段调查——洛口仓、惠济桥段河道、水溃等遗迹是这次调查重要收获》，《中国文物报》2012 年第 4 期，第 27 页。

② 陈隆文：《郑州历史地理研究》，中国社会科学出版社 2011 年版，第 209 页。

三·汴河上》有一条非常重要的文献材料未引起我们的足够重视。宋仁宗天圣六年，"勾当汴口康德舆言：'行视阳武桥、万胜镇，宜存斗门。其梁固斗门三宜废去，祥符界北岸请为别窦，分减溢流。'……悉从其请"①。在这里康德舆提到了汴河沿线上的三处地名：阳武桥、万胜镇、斗门，这三处地名对于我们确定汴河河道位置至为关键。

　　阳武桥位于唐阳武县境，《元和郡县志》载阳武县与管城、荥阳、荥泽、原武、新郑、中牟县同为郑州所辖，其县内"有汴渠，又名蒗宕渠，今名通济渠，西南自荥泽、管城二县界流入"②。唐阳武县有汴河的史实至宋代仍可得到证明。《太平寰宇记》"阳武县"条下记：（阳武县有）"蒗荡渠，即汴河之别名，一名通济渠"③。而"阳武故城，在县东南二十八里。高齐文宣天保七年移理汴水南一里"④。这里的阳武故城是汉代的原武故城，唐宋时的黄河河道就位于其北 25 里，高齐天保七年阳武县城设在汴水南一里之地。文献中所谓的阳武桥正是汴河上通往阳武县北的一座重要桥梁，后来被简称为杨桥。今中牟县西北万滩镇西约 12 里，黄河大堤南岸不足 1 里有杨桥村，杨桥村附近地区应该就是唐宋阳武桥的所在。由于黄河的南摆，唐宋时的阳武县城已被黄河河道所夺占，而唐宋汴河河道就位于今天黄河南堤南约不足 1 里的杨桥村一带。

　　万胜镇，位于北宋东京开封西北约 60 里，是汴河上的重镇。顾祖禹《读史方舆纪要》记："万胜镇，在圃田泽之北。亦曰万胜寨。唐长庆二年宣武军乱，命韩充为宣武帅，充自滑州入境，军于万胜。光启三年秦宗权将卢瑭军万胜，夹汴口为梁，以绝汴州运路，朱全忠袭取之。后唐同光四年帝幸关东，至万胜镇，闻李嗣源入汴，遂还。宋景德二年，开封府言：'万胜镇先置斗门以减河水，今汴河分注浊水入广济河，埋塞不利。'帝以斗门本泄京、索河，泛流入汴，不便壅塞，命高置斗门。胡氏曰：'万胜镇在中牟，东距大梁不过数十里'。"⑤ 宋都东京西有五门，从北而南数，最北边称咸丰水门，又名西北水门，是金水河入城之门；次曰固子

① （元）脱脱：《宋史》，中华书局 1977 年版，第 2322 页。
② （唐）李吉甫：《元和郡县志》，中华书局 1983 年版，第 206 页。
③ （宋）乐史：《太平寰宇记》，中华书局 2007 年版，第 27 页。
④ 同上。
⑤ （清）顾祖禹：《读史方舆纪要》，中华书局 2005 年版，第 2164 页。

门；再次曰万胜门，即通往万胜镇的城门；此万胜门之南不远就是西水门，即汴河上水门，亦即汴河入城门，包括南北两岸的陆行门大通和宣泽；最南之门曰新郑门，又称顺天门。从万胜门与汴渠入城的水门来看，两者一北一南与万胜镇、汴渠的走向是相吻合的，说明今岗吴—西吴一线北就应是金元以前汴河在郑汴间的故道。① 今天中牟县北部黄河大堤南 15 里有万胜村，应该就是唐宋万胜镇所在区域，村北有一条古河道，问诸村民都称之为"汴洛河"，这条古河道很可能就是唐宋汴河的遗迹。

若自万胜村向东，越过今天连霍高速公路略向东南，经中牟西吴、小店之间即进入到开封境内，在开封县西潘店、史寨、西网、东网、黄寨、孙斗门之北地区，很可能就是唐宋汴河的河道，而这一推测与拙著《郑州历史地理研究》中的结论大体一致。在现代水工建筑中斗门是指灌溉渠系中的配水渠首部为斗渠时的进水口门。而中国古代也曾把运河上建的闸门以及堤、堰上所设的放水闸门也称斗门。斗门建于干、支渠的堤岸，多采用涵洞式，以 90°的分水角引水，进口设有控制闸门，其布置形式如分水闸中的对称布置。斗门的材料多用砖、石及混凝土，有些引水流量很小的渠道采用陶瓦管进入渠堤作为引水的斗门。② 也就是说唐宋汴河的主河道上建有相当数量的进、出水闸门，这些闸门统称为斗门。在万胜镇附近的汴河干堤上创置斗门的记载，《宋史·河渠志》共见三次：

真宗景德二年六月，"开封府言：'京西沿汴万胜镇，先置斗门，以减河水，今汴河分注浊水入广济河，埋塞不利。'帝曰：'此斗门本李继源所造，屡询利害，以为始因京、索河遇雨即泛流入汴，遂置斗门，以便通泄。若遽壅塞，复虑决溢。'因令多用巨石，高置斗门，水虽甚大，而余波亦可减去"③。此为其一。

仁宗天圣六年，"康德舆言：'行视阳武桥、万胜镇，宜存斗门。其梁固斗门三宜废去，祥符界北岸请为别窦，分减溢流'"④，此为其二。

元丰六年，"十月，都提举司言：'汴水增涨，京西四斗门不能分减，致开决堤岸。今近京惟孔固斗门可以泄水下入黄河；若孙贾斗门虽可泄入

① 陈隆文：《郑州历史地理研究》，中国社会科学出版社 2011 年版，第 209 页。

② 李珍照：《中国水利百科全书·水工建筑分册》，中国水利水电出版社 2004 年版，第 297 页。

③ （元）脱脱：《宋史》，中华书局 1977 年版，第 2339 页。

④ 同上书，第 2322 页。

广济，然下尾窄狭，不能尽吞。宜于万胜镇旧减水河、汴河北岸修立斗门，开淘旧河，创开生河一道，下合入刁马河，役夫一万三千六百四十三人，一月毕工。'诏从其请，仍作二年开修"①，此为其三。

　　总之，万胜镇附近建有多处斗门的记载，从侧面印证了汴河主河道就应该位于此区域内的史实。在今万胜村东 40 余里开封县西部有斗门村的地名，斗门村南北不远还有韩斗门、王斗门、田斗门、孙斗门等与汴河水工工程相关的地名，其数量与文献所载大致吻合。而距孙斗门村西不足 10 里又有汴河堤的地名，因此，我以为这一区域当是唐宋汴河主河道所经之地。总之，板渚以东的汴河河道极有可能自唐宋管城（今郑州市老城区）东北，沿今黄河大堤南岸经石桥，进入到中牟县杨桥村一带，自杨桥村向东经永定庄、小朱庄、北孙庄、娄庄北、十里店、七里店到万胜村，从万胜村略偏东南走向，在芦岗南，毛拐、土寨之北越过今连霍高速公路向东；再经小店、秫米店、姚寨、杨岗、王府寨以南，西吴、潘店、史寨、西网、东网、孙斗门之北地区向东至今开封县西斗门村，自斗门村再向东约 16 里的开封埛门村南、南正门村北进入唐宋汴梁城。

　　今天的水溃遗迹北距杨桥—万胜村—斗门村一线的唐宋汴河故道约有 22 里之遥，处在圃田泽的东岸，如果唐宋汴河是从万胜镇（村）向东南至于水溃的，那么其间就要经过杨佰胜、土寨、岳吴庄、大吕、阎堂等地，这样就绕行了至少 22 里。更有疑问的是，如果汴河经由水溃进入宋都开封，那么就必须再由水溃向东北绕行 30 里至于斗门村后，再折向东南约 16 里，才能在今天南正门村与埛门村之间进入到宋都开封城中，唯此才能与文献记载的汴河河道相吻合，而这样的绕行前后迂回多达 70 里之遥，现实中恐难以成立。况且在隋炀帝开通济渠（即汴渠）以前，运河多依自然河道而行，迂回曲折不可避免。鉴于这样的曲折，隋炀帝曾对开封城以西的汴河进行了裁弯取直，因而也大大缩减了通航里程，故《太平寰宇记》"通济渠"条下载："通济渠，在县南二里。隋大业元年以汴水迂曲，回复稍难，自大梁城西南凿渠引汴水入，号通济渠。"② 由此来看，大梁城以西的通济渠（或汴渠）河道都是经过工程技术处理的顺

---

① （元）脱脱：《宋史》，中华书局 1977 年版，第 2329 页。
② （宋）乐史：《太平寰宇记》，中华书局 2007 年版，第 5 页。

直形河道而非弯曲形自然航道。因此，水溃遗迹并非位于通济渠主河道上，其北距汴河河道还有相当的距离，水溃村东侧的西北—东南的古河道也并非隋唐通济渠的旧道，唐宋汴河的故道应位于水溃遗迹北约 20 里，即今天杨桥—万胜村—斗门村一线。

（承介永强教授指教，发表于《陕西师范大学学报》（哲学社会科学版）2013 年第 3 期）

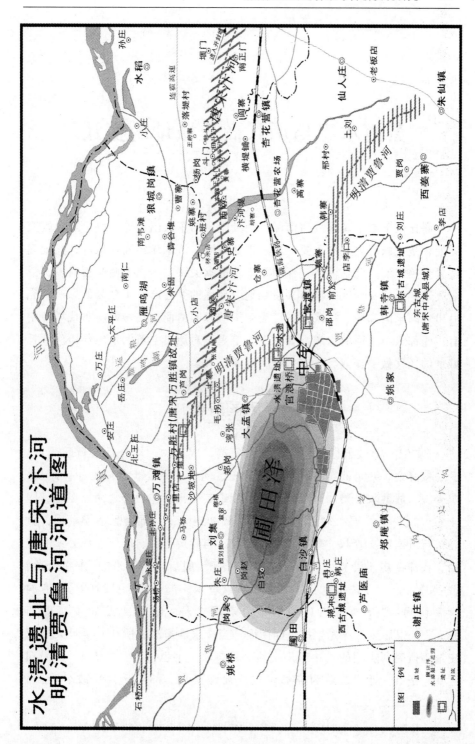

黄河水患与历代商丘城址的变迁

　　商丘位于豫东黄河故道南侧，地处中原的东大门，苏、鲁、豫、皖交界处，是我国历史上的重要区域。古代黄河、济水流经商丘地区，其地理位置南控江淮、北临河济，保障东南、襟喉关陕。历史上由于黄河多次泛滥改道，对这一地区的城市兴衰和地理环境的变迁产生了深刻的影响，先后出现的宋国都城、汉睢阳城、唐宋宋城和明清商丘县城四座古代城市中有三座都毁于黄河的水患。在这里，笔者试对历史上黄河水患与历代商丘城址的迁移做一探索，不当之处，敬希指教。

一　宋国故城

　　《史记·宋微子世家》谓："武王崩，成王少，周公旦代行政当国。管、蔡疑之，乃与武庚作乱，欲袭成王、周公。周公既承成王命诛武庚，杀管叔，放蔡叔，乃命微子开代殷后，奉其先祀，作微子之命以申之，国于宋。"《史记·周本纪》："成王少，周初定天下，周公恐诸侯畔周，公乃摄行政当国。管叔、蔡叔群弟疑周公，与武庚作乱，畔周。周公奉成王命，伐诛武庚、管叔，放蔡叔。以微子开代殷后，国于宋。"宋在何地？《正义》曰："今宋州也。"《集解》引《世本》曰："宋更曰睢阳。"有的学者认为："命微子启代殷后，为宋国之君，宋都商丘（今河南商丘）。"① 很显然，晁先生把今河南商丘当作宋国国都的所在。复旦大学历史地理研究所主编的《中国历史地名辞典》一书也认为："宋国，西周初封置，子姓。始封之君为商纣王之庶兄微子启。都商丘（后改名睢阳，

---

　　① 晁福林：《试论宋国的政治发展及其历史特征》，《史学月刊》1989 年第 6 期。

今河南商丘县城南）。"其具体方向位置仍然不清楚。杨伯峻在《春秋左传注》襄公九年中也指出："宋都今商丘市。"总之，各家对于宋国都城准确地理位置存在着不同的看法。

首先应说明的是，所谓"宋都今商丘市"的说法并不十分准确。因为商丘市起源于明永乐二年（1404年），这里原为一个荒凉小镇，称"乔家集"。清康熙时称"朱孙集"。清咸丰三年（1853年）这里的地主豪绅为对付太平天国军队，便在村周围挖壕筑寨，称"朱家集"，后称"朱集"。1915年为商丘县第八区。同年五月，朱集火车站竣工。1917年元月陇海铁路开（封）徐（州）段正式通车，由于交通条件的变化，这里的商业、手工业和服务行业日渐发展，初步形成集镇。1945年，设置朱集镇。1948年11月6日，商丘解放后建置商丘市，辖朱集、商丘城关两镇。1949年3月，撤销商丘市建制，商丘城关划归商丘县，在朱集镇建立朱集市。1950年5月，又在商丘县城关建置商丘市。1951年8月，朱集、商丘二市合并，称商丘市，政府设于朱集。① 这便是今商丘市的沿革。而现今已发现的宋国故城遗址位于商丘市区以南，并未在今商丘市区范围内。

根据商丘市文物部门20世纪80年代的调查成果，基本可以断定宋国故城遗址，是在商丘县城南2.2公里的王坟乡（现改称古宋乡），古睢水故道的北岸和东岸。也就是今商丘县城南老南关及其附近地区，商（丘）—鹿（邑）公路穿城而过，老南关村西北200米远的灰土堌堆（现已铲平）即是西南城角。该区域内曾发现大量绳纹瓦及战国时期的陶豆、陶碗等残片。由此向北680米跨过古宋河进入城河内，城址灰层未尽，这是宋国故城的西城墙。从西南城角向东经过南门的灰土堆，又跨过古宋河到周国台村东的灰堆（现已铲平）继续东伸，过王坟村，这段计长约2500米，是宋国古城的南墙。由南墙通过王坟村再向东，仍有城墙灰土，但没有找到南墙折向北的转角处，故未能查出城的东墙。北墙在今城河水内，亦未寻到遗迹。城墙均埋葬在地下1.5米深左右，只有三个灰土堆（城墙建筑遗迹）露出地面，内含遗物多为绳纹和素面陶片。② 清嘉庆年间开挖的宋河由城西北而来，穿过西墙，流经城址中间，再转向南，穿过

---

① 商丘地区地方志编纂委员会：《商丘地区志》，三联书店1997年版，第179页。
② 河南省文化厅文物志编辑室：《河南省文物志选稿》第八辑，1983年，第44页。

南城墙的南门东侧流往城外。1982 年冬进行河床加宽工程，当地文物部门配合工程进一步考察了工程范围内的城墙结构情况。墙宽 22 米，墙体向下延伸至 3.5 米深的河底未尽（因有水无法探测）。墙体上面覆盖着一层地表扰土，由地表向下 50 厘米，发现三种大小不同的薄砖 400 多块，砖上有的饰有绳纹，有的刻划成 "11X11 11X11" 形状纹。地表 1.5 米以下见城墙夯土，每层厚 10—15 厘米，圆形夯窝，直径 3—4 公分，夯土呈灰色，内含时代不同的残片及杂骨、蚌壳等。城墙上半部及外侧的夯土层中，含有汉代素面和绳纹陶片，五铢钱及时代稍晚的施釉瓮片。城墙下半部及内侧的夯土层中，含有东周时期的陶豆、陶碗和更早一些的陶器残片。由此可得知，故城下原为新石器时代的龙山文化遗址。[①] 这是 20 世纪 90 年代以前，宋国都城考古发掘与发现的初步情况。

20 世纪 90 年代以后，中美联合考古队在商丘地区进行多学科的田野调查，直至 1997 年春，宋国都城的基本状况已大体搞清。通过上述多年的调查工作，东周宋国都城城墙的方向、位置和保存状况已逐渐清晰明确。宋国故城的东城墙长 2900 米、西墙长 3010 米、北墙长 3252 米、南墙长 3550 米、周长为 12985 米，面积为 10.2 平方公里。钻探发现东南角、西南角和西北角都为弧形。由于钻探条件限制，东北角的位置是根据东墙和北墙可能的延伸线来确定的，我们推测它也应该为弧形。从图一可看出，四面城墙都很直，但城墙走向不是正南正北，城不是正方形亦非长方形。东墙和西墙走向偏东北和西南，而南墙和北墙则偏东南和西北。东南角和西北角为钝角，而西南角和东北角则为锐角。[②]（见图一）

总体来看，西部城墙保存较好，而东部很多地段由于晚期建城没能保存下来或保存很差。西墙大部、南墙和北墙的西段都保存很好，城墙顶部离地表浅处有的不到 1 米，宽度大都在 12—15 米。根据横穿南墙西段的地层钻探剖面分析，我们知道城内和城外东周时期的古地面一般在 10 米左右，而城墙夯土的根底则一般在 11.5—12 米，这说明有 1—2 米深的基槽。另城墙外深孔钻探结果确证有城壕或城湖的存在。

①　河南省文化厅文物志编辑室：《河南省文物志选稿》第八辑，1983 年，第 44 页。
②　中美联合考古队：《河南商丘县东周城址勘查简报》，《考古》1998 年第 12 期，第 21—27 页。

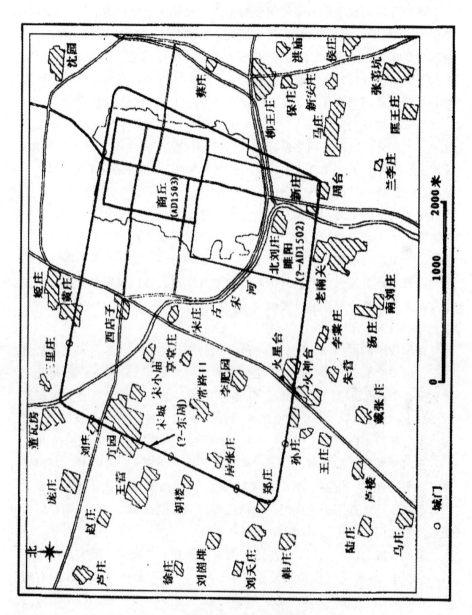

图一　河南商丘县宋城、睢阳城址位置图

（引自《考古》1998 年第 2 期）

　　我们可以对这一东周城址筑建的土方工程量作个保守的估计，假设城墙平均高 10 米、墙顶宽为 15 米、底宽 25 米，整个城墙的土方工程量则为 2597000 立方米。① 根据《左传》《史记》及《府志》《县志》记载，春秋时期宋国故城，各个城门是有其名称的。城门的命名均以城门朝向为准，故顾炎武《日知录》云："凡宋城之门皆以所向之邑名也。"

　　以宋国故城的东门而言，其似应称为扬（原作杨）门。《左传》昭公二十一年宋元公以华、向之乱，"公自杨门见之"。杜注"见国人皆扬徽。睢阳正东门名杨门"。笔者认为《左传》中所谓的杨门应是通向东南沿海——扬州之门，故曰扬门。

　　宋国故城的东北门曰蒙门。《左传》襄公二十七年曰："乙酉，宋公及诸侯之大夫盟于蒙门之外。"杨伯峻《春秋左传注》谓："宋都东北有蒙城，则蒙门为宋都之东北门，出此门至蒙城者。"此说甚确。春秋宋都东北旧有蒙泽县或曰蒙县，六国时楚置蒙县。唐武德四年置蒙泽县。此城由蒙泽得名。治今商丘县城关镇北 18 公里老蒙墙寺。现存有碑文可考查。隋开皇初省入睢阳。②

　　宋国故城的南门曰庐门。《左传》桓公十四年曰："冬，宋人以诸侯伐郑，报宋之战也。……以大宫之椽归为庐门之椽。"又《左传》昭公二十年曰："华氏居庐门以南里叛。"亦即此庐门也。卢门应是通向今安徽庐江与古六国之门。宋国故城东南门曰垤泽门。杨伯峻《春秋左传注》襄公十七年曰："泽门即《孟子·尽心上》之垤泽之门，宋东城南门也。"

　　宋国故城西北门曰曹门。《左传》成公十八年曰："夏六月，郑伯侵宋，及曹门外。"杜注："曹门，宋城门也。"顾栋高《春秋大事表》卷七之二谓由宋国去曹国必出此门，故谓之曹门。曹国在宋之西北，则曹门当是宋之西北门。古曹国即今山东曹县一带。

　　宋国故城北门曰桐门。《左传》襄公十年曰："庚午，围宋，门于桐门。"此桐门，亦见《左传》昭公二十五年："叔孙婼聘于宋，桐门右师见之。"杜注："右师，乐大心，居桐门。"《左传》哀公二十六年杜注："桐门，北门。"《左传》哀公二十六年"冬十月，公游于空泽"。杨伯峻

---

　　① 中美联合考古队：《河南商丘县东周城址勘查简报》，《考古》1998 年第 12 期，第 21—27 页。

　　② 商丘县人民政府地名办公室：《河南省商丘地名词条选编》（油印本），1987 年。

《春秋左传注》："空泽即《水经·获水注》之空桐泽，在今河南商丘地区虞城县南，旧为汴水所经，今湮。"《左传》哀公二十六年"奉公自空桐入如沃宫"。杜注："奉公尸也。梁国虞县东南有地名空桐。沃宫，宋都内宫名。"宋都北门为桐门，应是因通向梁国空桐泽之门得名。

宋国故城外城有门曰桑林门。《左传》昭公二十一年："宋城旧鄘及桑林之门而守之。"杜注："旧鄘，故城也。"杨伯峻《春秋左传注》谓："则此桑林之门，桑林社之围城门也。当在宋都郊外，作外城据点以守之。"《左传》襄公十年曰："宋公享晋侯於楚丘，请以桑林。"又曰："宋以桑林享君，不亦可乎？"杨伯峻《春秋左传注》谓："桑林，本为桑山之林，商汤曾于此处祈雨。《吕氏春秋·顺民篇》曰：'汤乃以身祷于桑林'。《帝王世纪》：'大旱七年，祷以桑林之社'是也，其后殷商以及宋国奉为圣地，而立神以祀之'。《吕览·诚廉篇》所谓：'世为长侯，守殷常祀，相奉桑林'者也。"[1] 因此，我们推测宋国都城应有外城和内城之设。

宋国都城始建于何时？中美联合考古队在对宋国故城的南墙西段和西墙进行发掘时，发现城墙夯土分为上、中、下三部分不同颜色的夯土组成。上部夯土呈浅灰褐色，含料礓石较多，夯土中发现有汉代板瓦、筒瓦、五铢钱等遗物，没有见到晚于汉代的包含物。中间部分夯土呈黄褐色，夯土中包含物较少，只见到少量陶片，其中一件为战国陶鬲口沿，其余多数为春秋时期遗物，可见中间部分夯土年代的上限可能为春秋时期，下限至战国时期。下部夯土呈深褐色，土质较黏，含料礓石较少，夯土中出土有较多的陶片，陶片上多饰有绳纹，器形有鬲、矮直领罐、小口罐、盆、厚胎圜底器等，这些陶片的时代基本上不会晚于西周，上限可能会推至商末周初。据此，我们可以试作推断：该东周城址可能修建于西周初年，历经春秋战国时期，西汉时期梁孝王刘武在宋国都城的基础上加以修建而成为梁国睢阳城。[2]

在这里应该强调说明的是，根据宋国都城的考古发现来看宋国都城主要建在原始自然地表上，且宋都城墙夯土的根底一般在11.5—12米，而宋都城墙初建时的原始自然地表距现地面已有10米，这说明从新石器时

---

① 杨伯峻编著：《春秋左传注》，中华书局1981年版，第977页。

② 郑清森：《宋国都城初探》，《文物世界》2001年第3期，第14页。

代直到汉代前后商丘一带的地貌条件相对很稳定，以成壤作用为主，当时的自然地面在相当长的时间内没有很明显的变化，基本在同一水平上。汉代以后沉积开始加快，但对地貌的变化影响并不是很大，自然地面的加积比较缓慢。一直到北宋末年黄河南泛以后，沉积作用开始迅速加快，大量黄泛泥沙堆积下来，彻底地改变了商丘一带的自然和文化地貌景观。[1] 黄河泛滥给豫东地区地理环境所带来的灾难也影响到了这一地区古代城市的命运。

二 汉睢阳城、隋唐宋城与明清商丘县城的变迁

秦、汉、隋唐、宋至明弘治年间，在今宋国故城的遗址范围内增修而成的睢阳城一直是古代豫东地区的重要城市。按《汉书·地理志》载："梁国，故秦砀郡，高帝五年为梁国。莽曰陈定。属豫州。户三万八千七百九，口十万六千七百五十二。县八：砀、杼秋、蒙、已氏、虞、下邑、睢阳。故宋国，微子所封。《禹贡》盟诸泽在东北。"[2]《汉志》特别强调睢阳，故宋国，微子所封。《后汉书·郡国志》载："梁国睢阳，本宋国阏伯墟。"《晋书·地理志》曰："梁国睢阳。"《宋书·州郡志》载："南豫州南梁郡睢阳令，汉旧名。孝武大明六年，改名寿春，八年复旧。"《魏书·地形志》载："魏时梁郡领睢阳。"《隋书·地理志》谓："梁郡，开皇十六年置宋州。宋城，旧曰睢阳，置梁郡。开皇初郡废，十八年县改名焉。大业初又置郡。"《旧唐书·地理志》谓："宋州、望、隋之梁郡。武德四年，平王世充，置宋州。宋城，郭下。治古睢阳城。汉睢阳县，隋改为宋城。"《新唐书·地理志》载："宋州睢阳郡，县曰宋城。"《宋史·地理志》曰："应天府河南郡，县曰宋城。"《金史》载："归德府睢阳县，宋名宋城，承安五年更名。"《元史》："睢阳，下，倚郭。"《明史》："洪武初省。嘉靖二十四年复置，更名商丘。弘治十五年旧治圮于河。"从文献上所记西周宋国以后商丘地区的沿革情况来看，秦汉至明弘治十五年以前，今宋国故城先后有睢阳、宋城、商丘之称。具体来说，在

---

① 荆志淳等：《河南商丘全新世地貌演变及其对史前和早期历史考古遗址的影响》，《考古》1997 年第 5 期，第 79—80 页。

② 斑固：《汉书·地理志》，中华书局 1960 年版，第 1636 页。

西汉、东汉、晋、宋、魏之际称睢阳。隋唐以后称宋城。北宋建立以后，由于此地是赵匡胤发迹的地方，宋人以之为帝业肇基之地，为表王之兴盛，所以将其改为应天府，县城仍叫宋城。金更名为归德，这是归德府名的开始。明清以降都称归德府，置商丘县，称商丘。所以今豫东商丘行政区的称号虽各朝有所不同，但有一点可以肯定，作为府治或州治的治所在明弘治十五年以前，文献中没有见到有迁徙的记载。历史上的睢阳、宋城、商丘县城的城市主体部分都没有偏离西周时期宋国都城的遗址范围太远，是在宋国故城遗址的基础上发展起来的。

中美联合考古队在追索东周故城南墙东段的过程中又发现了一座古城，在距今老南关村西北约300米大堌堆近地表处，探到夯土，土色呈深灰，土质较软、杂，其中夹少量白灰，也夹有故城址南墙的夯土块，夯土内夹有瓷片等，显然不是东周城址的墙土。在这种夯土之下发现有黄褐灰花、土质较硬的东周城墙夯土。这一晚期夯土叠压在早期城墙夯土之上的地层堆积，从老南关村西北地向东直线延伸至周台村东北角。很明显上部的晚期夯土当是东周以后修筑的城址的墙土。早、晚夯土界线浅的离地表3.5米，深的则可达9.5米。晚期墙土在两头离地表很浅或露于地表，一二十年前曾经为两个堌堆。在中间，晚期墙土顶面离地表多为3—4米。晚期墙土从老南关西北大堌堆向北延伸，但不见有早期城墙夯土埋于其下。在周台村东北角，晚期夯土向北折拐，随着向北延伸，其下的早期城墙夯土则逐渐消失，这主要是因为早、晚城墙走向不同。晚期墙土向北穿越古宋河，一直延伸至距今商丘县城东南角近165米处，伸入今县城南墙下，折拐后沿着商丘县城南墙略偏外侧向西延伸。这样大致可以确定，老南关村西北地至周台村东北这段夯土墙当是这座城址的南墙，全长约1160米，它是利用了早期东周城南墙东段修建而成。由周台村东北至距今商丘县城东南角165米处伸入南墙下的这段夯土墙，为城址的东墙，全长约1500米。由老南关西北大堌堆向北延伸的夯土墙当为城址的西墙。西墙向北穿过古宋河后，为护城湖，受条件限制不易布孔，如若从老南关村西北地深灰色夯土的起点，至古宋河边，再将此线延长至与东墙伸入到距今商丘县城东南165米处的南墙相对应的这一点，它的长度亦在1500米左右。这就是说城址的西北角大致在今商丘县城西南角向西约370米处的护城湖中。北墙联结东、西墙的北端，全长亦为1160米左右，只是这段墙大部被压在今商丘县城南墙下，西段则沦入护城湖中。①

对于叠加在东周宋国故城之上的这座古城，中美考古队的专家认为，由于商丘县从秦汉到明代大部分时间内名为睢阳，因此，可称这座古城为睢阳城而无疑问。在这里我想补充说明的是，按照文献的记载，这座古城不仅是汉至宋魏之际的睢阳城，而且也是隋唐、北宋的宋城，同时应是明弘治十六年以前归德府府治所在的商丘县城（见图二）。

有的学者认为，此睢阳城址的始建年代当在唐代。② 也有的学者认为睢阳城址始建年代应该晚于北宋，而以后不断有修复和改造。③ 而我个人认为叠压在东周宋国故城之上的这座城址应该是秦汉迄于明弘治十五年之前的睢阳城，也即隋唐至宋的宋城，明弘治十六年以前的归德府商丘县城。唐李泰《括地志辑校》载："宋州外城本汉睢阳县也。《地理志》云睢阳县，故宋国也。宋州宋城县，在州南二里外城中，本汉之睢阳县也。汉文帝封子武于大梁，以其卑湿，徙睢阳，故曰梁也。"④ 唐代的文献里明确说唐代的宋城县是唐宋州外城的一部分。不仅如此，《括地志》中还明确说唐代宋州的宋城县就是汉之睢阳县。很显然，这一说法与考古发掘中宋国故城之上叠加着汉睢阳城址的史实是相吻合的。那么就此而论，叠压在宋国都城之上的睢阳城在唐代时已开始使用是不成问题，但是否如有的学者所说该城一定始建于唐代或北宋呢？这确应是一个值得讨论的问题。首先从该城城墙夯土包含物来看，底部出土物比较单纯，除东周及更早的陶片外，主要只有汉代前后的砖块和陶片，也有零星的瓷片。⑤ 而20世纪90年代出版的《商丘地区志》睢阳旧城条下也说："（睢阳旧城）城墙上半部与下半部内外侧夯土中，分别发现有汉代和东周时期的陶器和陶片，底部还发现有更早的方格纹、篮纹陶片。从旧城西南角灰土堌堆向东，跨过古宋河到周台村继续东伸，过王坟村、侯庄村到宋菜村西，长约

　　① 中美联合考古队：《河南商丘县东周城址勘查简报》，《考古》1998 年第 12 期，第 25页。

　　② 刘园园：《商丘古城城址变迁及原因探析》，《三门峡职业技术学院学报》2007 年第 4期，第 51 页。

　　③ 中美联合考古队：《河南商丘县东周城址勘查简报》，《考古》1998 年第 12 期，第 21—27 页。

　　④ （唐）李泰著、贺次君辑校：《括地志辑校》，中华书局 2005 年版，第 153 页。

　　⑤ 中美联合考古队：《河南商丘县东周城址勘查简报》，《考古》1998 年第 12 期，第 21—27 页。

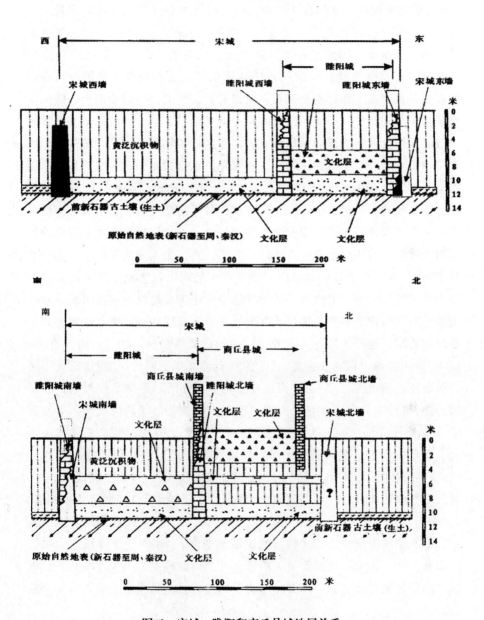

图二　宋城、睢阳和商丘县城地层关系

注：上．东西向剖面　下．南北向剖面，引自《考古》1998 年第 2 期。

3.5 公里为南城墙，其间有 4 个灰土堆，内含大量战国至汉代的陶片、砖瓦，为 4 个南门的遗迹。"[1] 而按照《水经注·睢水》的记载："睢水又东迳睢阳县故城南，周武王封微子启于宋，以嗣殷后，为宋都也。"[2] 这说明在郦道元撰《水经注》时此城仍名睢阳城，而在现在的睢阳旧城南确实有一条古河道。根据地质钻孔中可以看到，今老南关与阏伯台一线向南至戴张庄与刘官庄这一线的地层堆积是有明显差别的。两者的上部堆积是一致的，均为黄泛形成的黄棉沙土，但下部堆积则明显不同，戴张庄、刘官庄一线为细沙、粗沙为主的河床相沉积，老南关阏伯台一线为粉沙、细沙土、黏土（淤泥）沙土和黏土等洪水泛滥的堆积。用磁力仪测试的结论也是一致的。虽然这些堆积主要形成于黄河南泛之后，然而黄河南泛前商丘一带地貌相对稳定，根据地貌的继承性，可以推断东南关之南的戴张庄和刘官庄一线历史早期应有大的古河道，古河道走向为东西向略偏西北和东南。[3] 有的学者认为这条河道就是睢水的旧道。按照今天考古发掘睢阳旧城与其南古河道的位置关系和城墙夯土中的大量汉代遗物来看，我认为睢阳旧城的建造并非在唐代或北宋以后，而就应该是汉睢阳故城，其下是宋国故城，这样才能与《水经注》中的记载相吻合。故《大清一统志》谓："睢阳故城，在商丘县南。《左传》襄公九年士弱曰：'陶唐氏火正阏伯居商邱，相土因之。'注：商邱在宋地。《史记》命微子代殷后，国於宋。注：《世本》曰：宋更名商邱曰睢阳。秦置县，汉高祖三年，彭越攻下梁地睢阳，十一年为梁王都。景帝时，吴楚七国反，梁孝王守睢阳拒之。明年，孝王广睢阳城七十里。《后汉书·郡国志》注：戴氏《北征记》曰：城周三十七里，凡二十门。《地道记》曰：梁孝王筑城十二里，自鼓唱节杵下而和之。称睢阳曲。《水经注》《睢水经》，睢阳县故城南。《元和志》隋开皇三年，废梁郡以县属亳州。十六年于此置宋州。睢阳属焉。十八年改为宋城，王应麟《通鉴地理通释》：州南一里外城中，本汉睢阳县，张、许守一城捍天下，蔽遮江淮，即此地也。"[4]《清一统志》中说的睢阳故城在商丘县南，实际上这里的商丘县应是指明弘治十六年以后

---

①　商丘地区地方志编纂委员会：《商丘地区志》，三联书店 1997 年版，第 1509 页。

②　（清）杨守敬疏：《水经注疏》，江苏古籍出版社 2007 年版，第 2007 页。

③　中美联合考古队：《河南商丘县东周城址勘查简报》，《考古》1998 年第 12 期，第 21—27 页。

④　穆彰阿等撰：《嘉庆重修一统志》，中华书局 1986 年版，第 9572 页。

的归德府府治所在地的商丘县城而言的。

考古发掘证明，与位于宋国故城遗址范围内东南角的汉睢阳故城紧邻的就是商丘县城。商丘县城亦称归德城，此城是明弘治十六年（1503 年）在旧城北重建，利用旧城北墙为新城南墙，经杨泰和周冕两任知府修筑，至正德六年（1511 年）告成。这与《清一统志》中所记载的睢阳故城与归德府城的位置关系是相一致的。城周围 7 里 2 分 5 厘。城墙高 2 丈 5 尺，顶阔 2 丈，址阔 3 丈，外包 3 尺宽大砖，白灰砌缝，内为黄土夯实。正德八年，知府刘信建四门外楼 4 座及东门、南门内楼 2 座。嘉靖二十四年，复升归德州为府，并置商丘县为府治。嘉靖三十四年，知府王有为补建西门、北门内楼，并增置角楼 4 座。敌楼（即炮台，又称马面）13 座，警铺 32 处。嘉靖三十七年，巡抚章焕令知府陈学夔包以砖门四：东宾阳，西垤泽，南拱阳，北拱辰。后又修两个水门，一在南门东，一在南门西。后又建四个扭头门，南门向东，东门向南，北门向西，西门向北。城墙上周有 3600 个垛口。四门拱圈内各有木质铁裹巨门两扇。城外丈余为护城河，深 2 丈，阔 5 丈 2 尺，有与四关相连通的吊桥和道路贯通外埠城乡。城外护城大堤距城一里许，周长 8 公里，顶阔 2 丈，址宽 6 丈 1 尺，今城池仍存，唯门楼等已毁。城内街道经纬分明，形如棋盘。[①] 这样我们基本上可以对宋国故城、汉睢阳城（即明弘治十六年以前的商丘城）、归德城（即明弘治十六年以后的商丘城）三城之间的相互关系作如下的确定：宋国故城建在前新石器古土壤（即生土）之上，当时古地面离现代地表已有 10 米左右。汉睢阳城（即明弘治十六年前的睢阳城）位于宋国故城的东南部，其城墙根基略高于宋国都城，它的南墙是利用了宋国都城的南墙东段修建而成的。归德城（即明弘治十六年后新建的商丘县城）位于宋国都城故址的东北部，汉睢阳城（即明弘治十六年前的睢阳城）之北，归德城的城墙根基坐落在黄泛沉积物中，它的南墙压在明弘治十六年前的汉睢阳城的北墙之上。[②] 三座古城的相互关系如此复杂，实与汉至明清以来这一地区黄河水患所引起的地理环境的变化有密切的关系。

根据已知的考古调查材料，在商丘一带至少早在仰韶文化时期便有人

①　商丘地区地方志编纂委员会：《商丘地区志》，三联书店 1997 年版，第 1508 页。

②　中美联合考古队：《河南商丘县东周城址勘查简报》，《考古》1998 年第 12 期，第 21—27 页。

类的活动。实际上更早的时候商丘一带的地貌条件已变得很稳定了,成壤作用成为地貌发展的主导营力,更新世末和全新世早期干冷的气候促使了土壤剖面内的碳酸钙盐集层的发育。全新世中期以后气候变得温暖湿润,但土壤剖面在新的条件下仍得以继续发展,稳定的地貌条件至少持续到汉代前后。长时间稳定的地貌给早期人类活动提供了有利的自然环境,……由于存在稳定的自然环境,人们有很大的余地选择聚落方式,① 至少河流洪水泛滥,在此时不成为聚落选择的重要考虑因素,人们可以择高或筑高而居,也可平地营建;同时长期稳定的地貌条件也有利于大规模聚落址的发展,……已有的实际材料说明最晚到东周,商丘一带已有大规模聚落址的营建,平地而居应该已成为当时的主要聚落方式。② 那么这一时期宋国都城的营建与持续使用即是一例。

　　大约汉代前后,由于自然或人类活动的影响,淮河流域的河流冲积作用开始逐渐加快。商丘一带此时仍处在淮河水系的影响范围之内,沉积作用的加快导致成壤作用的减弱,地貌的不稳定因素也随之增加。季节性的小规模洪水泛滥可能开始影响到人类的聚落活动,但是还不太可能存在大规模或灾难性的洪水泛滥,这种格局一直持续到北宋末年黄河南流入淮。这个阶段平原上沉积的速度每年平均只有 2—2.5 毫米,1200 年间堆积不到 2.5 米。在这种环境下,人类活动的基本地面随着沉积作用的进行而缓慢加高,地层相应地逐渐加厚。③ 这样的地理背景对豫东地区古代城市的影响便体现在汉代以后睢阳故城的兴起和使用上。北宋末年,黄河开始南流汇淮入海,以后的 700 年间,黄河频繁的改道、决溢和泛滥彻底改变了商丘一带的自然和文化的地貌景观。短短 700 年间,在老南关一带至少堆积了 8—11 米的黄泛沉积物,每年的平均加积高达 11—15 毫米,而在商丘地区南部则普遍堆积了 4—6 米的黄泛沉积物,每年平均加积也高达 6—9 毫米。这些堆积主要发生在灾难性的决溢和泛滥之际。这种不稳定的地貌条件对于当时人类的聚落方式有着直接的影响,一方面迫使择高而居成为主要的聚落形式,另一方面限制了聚落的规模。黄河南泛对史前和早期

---

　　① 荆志淳等:《河南商丘全新世地貌演变及其对史前和早期历史考古遗址的影响》,《考古》1997 年第 5 期,第 79—80 页。

　　② 同上。

　　③ 同上。

历史时期遗址的破坏、保存有着重大的影响，先前暴露于地表的绝大多数遗址被巨厚的沉积物所掩埋。① 汉睢阳故城的被冲毁和城址的向北迁徙即说明了此问题。

如前所述，汉晋的睢阳城、唐宋时期的宋城县和明清归德府治的商丘县城，同时也是位于宋国故城遗址东南部的睢阳旧城，该城的城址自汉晋迄于明弘治十六年以前没有见到有迁徙的记载。只是在明弘治年间，睢阳城址才有所迁徙。所以《明史·地理志》载："商丘，元曰睢阳，洪武初省。嘉靖二十四年六月复置，更名。旧治在南，弘治十五年圮于河，十六年九月迁于今治。"这说明汉睢阳城是直接被黄河所吞没的。明正统至弘治年间，黄河在豫东地区决溢最终影响到了这座古城的命运。弘治二年（公元 1489 年），黄河大决于开封及封丘金龙口，洪水四散奔流，郡邑多被害。据奉命治河的白昂在弘治三年报称，这次决口后"水入南岸者十三，入北岸者十七。南决者，自中牟杨桥至祥符界析为二支：一经尉氏等县，合颍水，下涂山，入于淮；一经通许等县，入涡河，下荆山，入于淮。又一支自归德州通凤阳之亳县，亦会涡河入于淮。北决者，自原武经阳武、祥符、封丘、兰阳、仪封、考城，其一支决入金龙等口，至山东曹州，冲入张秋漕河。去冬，水消沙积，决口已淤，因并为一大支，由祥符翟家口合沁河，出丁家道口，下徐州"（《明史·河渠志》），河道形势更混乱。② 弘治二年以后，黄河屡在豫东地区决溢，且都威胁到睢阳故城的安危，明弘治年间豫东一带的水患大概 2—3 年就爆发一次，其具体情况大体如下：

弘治四年（公元 1491 年），兰阳决溢，"十月戊午，黄河溢"。（《明孝宗实录》）

弘治五年（公元 1492 年），张秋、封丘金龙口等处决，"秋七月，张秋河决"。"时河溢汴梁之东，兰阳、郓城诸县皆被水患，复决杨家、金龙等口东注，溃黄陵岗，下张秋堤"。（《明史纪事本末》）

弘治七年（公元 1494 年），张秋决溢，"春二月，河复决张秋。"（《明史纪事本末》）

① 荆志淳等：《河南商丘全新世地貌演变及其对史前和早期历史考古遗址的影响》，《考古》1997 年第 5 期，第 79—80 页。

② 水利部黄河水利委员会：《黄河水利史述要》，水利出版社 1982 年版，第 243 页。

　　弘治九年（公元 1496 年），中牟等县决溢，"十月戊戌，户部奏：河南中牟、兰阳、仪封、考城四县，以河决民田尽没"。（《明孝宗实录》）

　　弘治十一年（公元 1498 年），归德决溢，"七月壬子工部管河员外郎谢绪言：……今黄河上流于归德小坝子等处冲决，与黄河别支会流，经宿州、睢宁等处，通由南宿迁小河口流入漕河"。（《明孝宗实录》）

　　弘治十三年（公元 1500 年），归德丁家道口决溢，"河南巡抚都御史郑龄奏：……今丁家道口上下，河决堤岸者十有二处，共阔三百余丈，而河道淤塞者三十余里"。（《明孝宗实录》）（据《黄河水利史述要》整理。）（见图三）

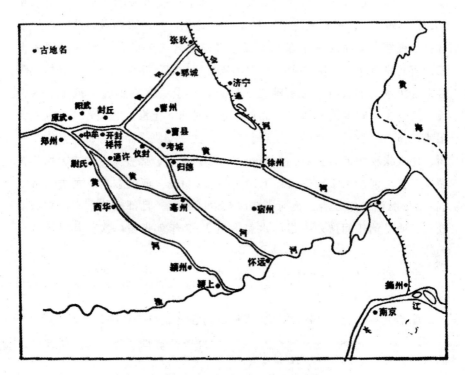

图三　弘治二年黄河主要流路示意图

（引自《黄河水利史述要》）

　　弘治年间，黄河在豫东地区的泛滥给睢阳城的安危造成了很大的威胁。最终不免于弘治十五年被黄水所吞没。故《明史·地理志》载："商丘，元曰睢阳，洪武初省。嘉靖二十四年六月复置，更名。旧治在南，弘治十五年圮于河，十六年九月迁于今治。北滨河。正统后，河决而南。城尝在河北，正德后，仍在河南。"①《明史·地理志》中所说弘治十五年圮于河的商丘旧治就是指叠压在宋国故城遗址之上的汉睢阳城。而今治则是指汉睢阳城之北的弘治十六年以后的明清归德府城而言的。所以今天的商丘县城，即归德府城，系建于明弘治十六年（1503 年），而旧城（汉睢阳城）则位于其南，新城之南门为旧城北门故址。弘治十六年前的睢阳故城虽然毁于洪水，但该城的南墙就在今老南关村北地，可见老南关的名称是沿袭明初的地名。汉睢阳城之所以向北迁到今归德城的位置，而没有离开太远，是因为城北地势较高的缘故。所以《嘉靖归德志·建置志》卷二载："弘治壬戌（旧城）圮于水，西南二面尚存其址，正德六年抚按会奏准迁徙城北高地，大率尚在古城之中也。"② 尽管新城地势较高，但黄河河道往复滚动，时在城南，时在城北，仍不免对商丘古城构成威胁。所以嘉靖年间，知府李应奎在距新城一里许修筑了一道护城堤，此堤"四面环郭门，周十有六里，高视城之半，厚倍之。上树之柳，不数月而工竣，遂成巨障也"③。至此，归德府城才算是有了一道屏障，保护了城市和人民的安全。

（牛玉国主编《黄河与河南论坛：黄河文化专题研讨会论文集》，承赵炜先生指教，黄河水利出版社 2009 年版）

---

① （清）张廷玉等：《明史》卷 42，中华书局 1974 年版，第 985 页。
② 天一阁藏明代方志选刊续编：《嘉靖归德志·建置志》卷二，上海书店 1997 年版。
③ 清：《归德府志》乾隆十九年，中州古籍出版社 1994 年版，第 392 页。

黄河水患与历代睢县城址的变迁

　　明清以来黄河频繁决溢，对黄河中下游地区的地理环境带来了深刻的影响，使得许多城市的地址不得不做迁移。本文利用考古发掘和文献资料，结合实地考察，对睢州古城、旧城与新城的变迁作了系统考察，分析了黄河水患对睢县城址的选择所造成的深刻影响。

　　睢县位于商丘西部、惠济河中游，处中州之东辅、华夏之心腹。它东达于徐淮，西连汴洛，南连谯亳，北据黄河，地理位置十分独特。今之睢县的沿革可追溯到秦襄邑县。秦襄邑治襄陵，因宋襄公陵墓得名。金天德三年更名睢州，因城北有睢水而名。明代罢州为县，称睢县。由于睢县北靠黄河，故明清以来黄河泛滥多被其害，历史上睢县县城共经历两次迁徙共有三城，是研究豫东地区地理环境变迁的宝贵素材，本文试对黄河水患与历代睢县城址变迁之问题作一探索，不当之处敬希指正。

一

　　宋元以来，黄河下游分成数股在今黄河以南、淮河以北、贾鲁河以东、大运河以西的黄淮平原上不断泛滥决口改道，成为豫东地区的大害。以豫东睢县而言，睢县河患始于宋、元，而以明清为最甚。《宋史》书河决拱州（今睢县）及襄邑者达十次，《元史·五行志》记睢县河决者五次，其中大水者二次。明清以来河溢豫东的次数更是越来越多，给这一地区地理环境的变迁带来了深刻的影响。清代以后，河决豫东大体如下：

　　顺治二年（1645年），"夏，决考城县之流通口，又决王家园"。（《清史稿·河渠志》）

　　顺治五年（1648年）"河决兰阳"。（《清史稿·河渠志》）

　　顺治十七年（1661年）"决陈留郭家埠、虞城罗家口"。（《清史稿·河渠

志》）

康熙二年（1663 年）"决睢宁武官营及朱家营"。（《清史稿·河渠志》）

康熙四年（1665 年）"河决上游，灌虞城、永城、夏邑"。又"决安东茆良口，庐舍田禾多被淹没"。（《清史稿·河渠志》）

康熙三十五年（1696 年）"大水，决（仪封）张家庄"。（《清史稿·河渠志》）

康熙四十八年（1710 年）"决兰阳雷家集、仪封洪邵湾及水驿张家庄各堤"。（《清史稿·河渠志》）

雍正三年（1725 年）七月十三日，决仪封"南岸大寨大堤"，漫溢"兰阳板厂后大堤"。（《续行水金鉴》引朱批谕旨）

乾隆元年（1736 年）四月，因砀山毛城铺"河决"，永城亦被灾。（《清史稿·河渠志》）

乾隆四十三年（1779 年）"决祥符，旬日塞之。闰六月，决仪封十六堡，宽七十余丈，掣溜湍急，由睢州、宁陵、永城直达亳州之涡河入淮，历时两年堵筑五次方告合龙。八月上游迭涨，仪封十六堡已塞复决"。（《清史稿·河渠志》）

乾隆四十五年（1780 年）六月，"决考城、曹县，未几俱塞，十一月，张家油房塞而复开"。（《清史稿·河渠志》）

乾隆四十六年（1781 年）"七月决仪封，漫口二十余，北岸水势全注青龙岗"。"十二月，将塞复塌，大溜全由漫口下注"。（《清史稿·河渠志》）

乾隆四十九年（1785 年）"八月，决睢州二堡。……十一月塞"。（《清史稿·河渠志》）

乾隆五十二年（1788 年）"夏，复决睢州张家口，经宁陵、商丘，从涡、肥诸水入淮"。（《清史稿·河渠志》）

嘉庆三年（1799 年）"八月溢睢州"，经宁陵、鹿邑注水入洪泽湖。（《清史稿·河渠志》）

嘉庆十八年（1814 年）"九月，决睢州及睢南薛家楼，桃北丁家庄"。（《清史稿·河渠志》）

嘉庆二十三年（1818 年）"六月，溢虞城"。（《清史稿·河渠志》）

嘉庆二十四年（1819 年）"七月，河溢仪封及兰阳"。经杞县由涡入淮。（《清史稿·河渠志》）

嘉庆二十五年（1821 年）"三月，马营口塞，……是月仪封又漫塌"。（《清史稿·河渠志》）

道光二十一年（1842年）六月，河决祥符三十一堡，环护城堡，大水围城八个月，街市水深数尺或丈许。城墙塌坏一百余丈。大溜汇向苏村口，分南北二股入淮。祥符、陈留、通许、杞县、太康、鹿邑、睢州、柘城、淮宁及安徽之太和、凤阳等，共五府三十三州县受灾。

道光二十三年（1844年）六月，特大洪水，河决中牟，大溜趋朱仙镇，历通许，扶沟、太康入涡会淮。朱仙镇受灾严重。

咸丰五年（1856年）六月，河决兰仪之铜瓦厢。

同治二年（1864年）水由兰阳下注，考城、长垣被淹。

光绪十三年（1888年）六月决开封大辛庄。八月，郑州十堡漫决，口门五百四十七丈，夺溜由贾鲁河入淮，清廷迟迟不塞，黄流漫溢，中牟、祥符、尉氏、扶沟、鄢陵、通许、太康、西华、淮宁、沈丘、鹿邑多被淹没，水深四、五尺至一、二丈。①（见图一）

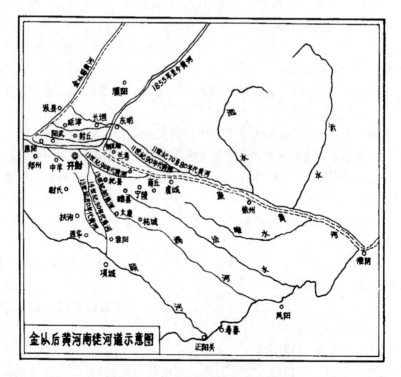

图一　金以后黄河南徙河道示意图

　　① 水利部黄河水利委员会《黄河水利史述要》编写组：《黄河水利史述要》，水利出版社1982年版。

从以上统计资料看来，黄河在豫东地区河溢的次数是很多的。黄河的决溢给整个豫东地区的古代城邑带来了巨大的影响，睢县城池的变迁就是一例。

二

睢县自秦设县至今，因受黄河水患，经历两次迁徙共有三城。睢县县城分古城、旧城和新城（见图二）。古城为方形。在旧城西一里许。此古城为秦时所筑，最早称襄邑。按清光绪《续修睢州治·建置》载："秦分天下为郡县，始皇欲城承匡，以其地卑湿，移县襄陵，因名襄邑，属砀郡。三国、晋、宋、后魏、东魏更属不一，襄邑之名则相沿也。"《太平寰宇记》载："（襄邑县）东京东一百四十五里，七乡。春秋时宋襄公地也，宋襄公葬焉，故曰襄陵。今墓在县西北（一作东）。秦始皇以承匡卑湿，遂徙县于襄陵，改为襄邑县。"[①] 很显然，最早的睢县城应该就是秦时的襄邑。襄邑的废弃是因被黄河河水所冲没，至于此城毁于何时，于文献无载，但基本上应该肯定襄邑城的废弃应在北宋崇宁年以前。故明嘉靖《睢州志》曰："古城，睢旧城也，在今城西，河水冲没，乃改筑。"清光绪十八年（1892）《续修睢州志》记载："古城为邑旧治，在今城（旧城）西一里许，避黄河而迁者也。"旧城遗址仍存，由此为坐标，我们可推断古城的大体位置及其之西范围所在。《续修睢州志》又载："张公台，城北三里，即张思德清香馆旧址。"旧志中所谓的张公台，至今仍称其名。张公是时人对张去华、张思德父子双状元（张去华、张思德系北宋哲宗时人——笔者注）的敬称，该村昔有高台，清香馆坐其上，村以台名。张公台在（睢县）旧城西北，因此，"城北"应指古城而言，看来，古城清代中后期时还是存在的，据此，可以推断古城北界应在张公台南三里。新中国成立前后在豆府元村（在今睢县城湖西20—30米——笔者注）曾发掘出一通界碑，碑文既有土地的四邻和主人，又指出此地位居古城南门外，由此可以推断古城的南界。古代城池一般是方形的，现在已确定了它的三条边界，则大致可以推断出古城的确切位置了。在其北部曾多次发现过秦砖、汉瓦和陶器等，不但可以证实古城的年代，而且也证实这一推断大体上是

---

① 河南省睢县地名办公室：《河南睢县古今地名荟萃》，中国科学院开封印刷厂1988年版，第99页。

正确的。[①] 由此我们可以基本上确定睢县古城的范围和地理位置了。

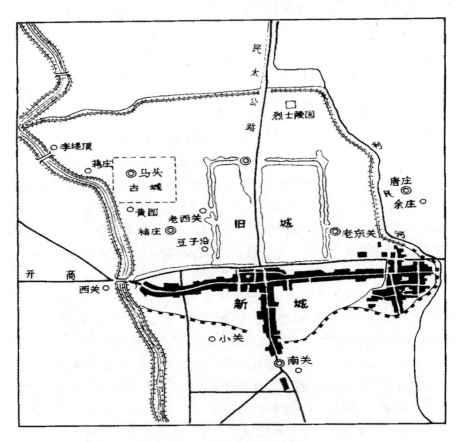

图二　睢县城池变迁示意图

北宋以后黄河河道开始南摆，对豫东地区的影响逐渐加强。睢州县治之所以从古城迁到旧城，完全是"避黄河而迁者也"。旧城始建于宋代崇宁年间（1102年—1106年）。周十里三百步。金、元以来，兵燹相仍，旧城城垣日就圮坏。洪武二十二年（1389年）指挥吴仲对旧城进行了修茸，"建城楼四，角楼四，巡铺四十二"。正统十年（1445年）水浸城郭，漕运参将汤节奉命督理河道，从生员黄琦策环城筑堤。成化十三年

---

① 河南省睢县地名办公室：《河南睢县古今地名荟萃》，中国科学院开封印刷厂1988年版，第86页。

（1477 年）黄河在河南境内决溢，据《明实录》载："今岁首黄河水溢，淹没民居，弥漫田野，不得播种。"这次洪水直接影响了襄邑旧城。明嘉靖《睢州志·建置·城池》载："成化十三年（1477 年）河决杞县过睢，冲入城垣，官廨、民居、学宫、庙刹荡析无遗。水退城中淤淀，军民营室居之。正德二年，睢州知州宋景又修城筑四门，南门正治门，北门通镇门，东门永安门，西门通汴门。嘉靖十三年（1534 年）以后，睢县旧城又遭黄水冲击，为保全城郭，知府胡瑞增修城墙，'高阔三丈余'，十四年河决逼堤，知府吴江昼夜筑补，城赖保全。二十二年河复冲西北隅，啮堤将溃，知府王佐取柳枝编堤，以受冲突，谓之'柳堤'，葱郁成林，后巡抚章公焕因作新城。"[1] 明嘉靖《睢州志》对此记载亦十分清楚，"（嘉靖）十四年河决，汹涌逼堤，知府吴江巡视筑补，城赖保全。二十二年，河复冲西北一隅，护堤将溃，知府王佐……取柳枝编北堤一面，以受冲突，谓之'柳堤'，今葱郁成林。堤内北门官道两旁有吴公二台，嘉靖二十四年（1545 年）夏，御史吴悌筑，为睢人避水之所"。[2] 为避黄水，睢人在旧城城北不得不筑一道长堤以自保，护城堤防的存在使城池多幸免其害。可是每次黄河水过后，城外淤积较高，城内地势相对降低。年复一年，城内外地面逐年增高，所以每当狂水南奔，旧城更亦难安。崇祯十五年（1642 年）黄水再次冲入旧城，这时新城虽建成不久，但新城、旧城一片汪洋，旧城遂废而成为湖泊，自此睢阳旧城湖水满腹，州治不得不迁至新城南关（今睢县县城）。旧城即今城湖。这就是今天睢县城湖形成的原因所在。

旧城虽废，但四岸高地则为旧城墙，另有几处遗迹还可以探寻。襄台，在旧城东北隅，为城湖中一小岛，相传春秋时为宋襄公所筑望母台，台上是宋襄公的行宫。后宋襄公丧此，更名为宋襄公陵，地名因此名襄陵，秦置襄邑县也由此而来。今为睢县貂场所在地。其他还有驼岗、金锁岭、乾明寺、濯锦池（又名凤凰台）等，其中濯锦池环北关之南、西、北三面。《续修睢州志》记载："盖邑之善织锦者，环池而居，故名。"据《陈留风俗传》记载，这里所织的锦缎是供皇帝制作服装用的，所以，

---

① （清）光绪《续修睢州志·建置·城池》。转引自《河南睢县古今地名荟萃》，中国科学院开封印刷厂 1988 年版，第 109 页。

② 明嘉靖《睢州志》。转引自《河南睢县古今地名荟萃》，中国科学院开封印刷厂 1988 年版，第 90 页。

《魏都赋》称为"锦绣襄邑"。《汉书·地理志》中明确记有"襄邑有服官"，说明历史上此地的纺织业是相当发达的。就微观地形而言，睢州旧城大体是北高而南低。明嘉靖《睢州志·山川》载："金锁岭控州治，其形隆然而高，当年避水患者，多筑居于此，今为州之正街。"金锁岭即今旧城北关，以形似得名，睢州旧城的北墙就建在其上，明代睢州州治就坐落在金锁岭之阳，故《睢州志·公署》载："（睢州州治）在城内正北，地形颇高阜，即金锁岭之脊也。洪武初知州杨时敏建。正统五年（1440年）知州仲广重加修葺。成化间（1465年—1487年）知州王珣、弘治二年（1489年）知州徐镒亦尝修理。嘉靖三十四年（1555年）知州于文征重加修理整齐。（有）正厅五间，过厅五间，幕厅三间——在厅事东，仪仗库三间——在厅事西，帑藏——在过厅东。六房——左，吏、户、礼、承发司；右，兵、刑、工、架阁库。大门三间，仪门三间。"[1] 说明当时睢人对旧城的地势是有相当准确的认识的，所以他们将睢州州治一类的行政公署机构放在全城地势最高之处。可今天，旧城黄水成湖周长十里又三百步有奇，面积1.67平方公里，最大水深3米，水中植蒲养鱼，年产鱼3万公斤。1976年，惠济河夏楼闸修成后，回水由通惠渠，经西关灌入湖中，湖水更加充盈。2008年4月我们再去考察，这里已辟为水上游乐园了。豫东地区古今城市变迁之巨，由此可见一斑。

明嘉靖三十七年至三十八年（1558年—1559年）因水患又建今城，即睢县新城。新城建好以后，新、旧两城相连，旧城呈正方形，新城为椭圆形，新长旧狭，形如凸字，俗称之凤凰城。坐落在原旧城南关外的一块东西向的长形高地上。这条高阜有东西二岭，东曰凤凰岭，西曰鞍子岭。旧城的南城墙是新城的北城墙，两城因而相连。新城的选址主要是利用旧城南关外的一块东西向的长形高地，以此避免新城建成再遭洪水的袭夺。其实按清康熙《睢州志·城池》卷的记载，新城本身就是建在旧城的南关，旧城南关"有高阜，延袤若干里。城中避水患者千家移居于此，遂为省府通衢。……因之，筑新城焉。新城其长十有二里，其高二丈有五尺，其围之步积而数之三千八百有奇。周围包之以砖。建门七：南门三，中曰鸣凤，左曰右光，东门二，正东曰朝阳，东北曰左翼，西门曰翔蕤，

① 河南省睢县地名办公室：《河南睢县古今地名荟萃》，中国科学院开封印刷厂1988年版，第90页。

小北门曰右翼。……城周围环之以池，池之形势遂城而成。当门有浮桥，以便往来，疏浚深广。植柳以固其岸。承平日久，城颓池湮。崇祯四年（1631）奉命修凿，新城本砖，止加补葺。旧乃土城，更甃以砖，复增高数尺，门楼、敌台、女墙、羊马墙屹然一新，可谓金汤之固矣"①。旧志中说睢州新城修好之后是固若金汤，其实也未必。从清乾隆十九年所编纂的《归德府志》中载有的睢州城池图来看，新城之所以较旧城选址优越，是其充分利用了旧城南关外的那块东西向的长形高地，故睢州的州署、粮仓、书院、庙祠等皆沿此高地东西一字排列。可是，从清乾隆年间制作的睢州城池图来看，旧城之中不仅城水满腹，即便是新城赖以修筑的那块东西向长形高地的南北高地两侧也都有数处面积大小不等的积水，特别是新城南城墙以南，南大街东西两侧都有面积颇大的城湖存在，说明新城除南关一带外，其余地势也同样是较低的（见图三）。

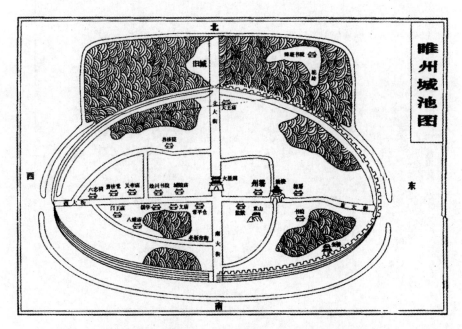

图三　睢州城池图　引自清乾隆十九年《归德府志》

由于新城建在旧城之南的这条东西向的高阜上，所以此处地势是新城

---

① （清）康熙《睢州志·城池》，第一册，第107—112页。

最高之处，今新城内的建设路、解放路就分别坐落在这条高阜东西两段的凤凰岭、鞍子岭上，至今还可以看到此地之地势明显要高于新城他处。很显然，明代睢县新城城址的选择主要是为了避开黄水的侵夺进而南迁至旧城之南的高阜上，新城建好之后，睢人才算稍得安宁，故清人严讷的《睢州新城记》说："新城于睢州之南，自御史中丞华阳章公始也。睢旧城以河数溢污矣。南有高阜，延袤若干里，徙业者万有余家，公驻节其境，思有以保障之，因士民之合辞以请，而乐自输其资也。乃询、乃谋、乃相、乃营、乃即南郭故址，崇其卑，厚其薄，周聚庐之攸止而斥筑焉。其长十有二里，其高二丈五尺，其围之步积而数之，三千八百有奇。橹雉相望，屹立蜿蜒，盖经始于嘉靖戊午（1556）之仲秋，迄明年己未季春告成。而睢人于是乎究安矣。"①

图四 今睢县城区

---

① （清）康熙《睢州志·艺文》，第四册，第576—581页。

　　明嘉靖年以后睢州新城、旧城并用。明末迄于满清，睢县新城经过多次修整。睢州新城虽然选址于较高之处，但也并非高枕无忧。崇祯十五年（1642 年）九月，李自成率领的农民起义军与明军战于开封，明河南巡抚高名衡掘开开封城北朱家寨及马家口，洪水直冲汴梁，一年多后，明亡。这次洪水从睢州新城西门翩蕻门和右翼门冲入城中，又由水门向北灌入旧城，两城所存仅金锁岭、凤凰岭和鞍子岭数处。今城、旧城一片汪洋，旧城内仅存襄台和金锁岭上数家人。顺治十六年（1659 年）黄河水又决城，淹没民舍数千间，损失惨重。顺治十七年（1660 年），黄河在陈留郭家埠、虞城罗家口决溢，溃水由睢州新城西北门右翼门冲入城中，民房被淹没数千间。直至康熙二十一年（1682 年）知府陈应富捐俸修城，新城城墙又被加高加厚，才算稍稍免除了秋水灌盈常被冲决的忧患。[①] 在这里应该强调说明的是，睢州新城外的水系构成应该是相当复杂的。按照旧志的记载，新城西边小门名右翼门，嘉靖年间睢州新城修筑之时，右翼门外本无通路，后来经乡绅倡议开之。右翼门之外之所以没有通路，盖是因其北就是黄河故道，陆路交通不便的缘故。在新城未修之前，睢城周围有发达的水系交通可直通东南吴越、荆楚之地，商旅往来睢县城址数载，后因黄河灌城，新城周围的水系亦荡然无存了。2008 年 4 月中旬，我们到睢县考察，在今睢县县城向北不远，经当地人士的指点发现了一条四五十米宽的河道。河道方向是东西向，十分宽阔，自该河道遗址向南有一村庄名曰马头，当地朋友说这个村庄很早以前被称作码头，后来才改成今名，这说明睢县城北一带的古代水系是很发达的。只是后来由于黄河的冲决便不复存在了。

---

　　① 新城西小北门，所谓右翼门者，查旧志原无此门，门外亦不通路，相传一乡绅为圆亭之便倡议开之，耳不知此地系黄河故道。当未修新城之先，常通舟楫。壬午黄河灌城，即从此入。吴越、荆楚商帆、贾舶往来城下者数载。顺治七年（1650）全砖为墙。十六年己亥，水复决入城内，新修民房淹没数千间。十八年再修，工颇草草，其下皆碎砖细孔，水时浸入。若有水患，殊为可虑。康熙二十一年（1682 年）知州陈应富捐俸，倡始闽州绅士鼓舞乐输，于是选生员忠勤者尚乘龙、崔九峰、杨圣修、曹维和分日省视。工成既坚且厚，秋水灌盈无复冲决之患矣。见清康熙《睢州志·城池》第一册，转引自河南省睢县地名办公室：《河南睢县古今地名荟萃》，中国科学院开封印刷厂 1988 年版，第 83 页。

三

明清时期黄河水患频繁，对整个豫东地区的地理环境的影响从睢州县城池的变迁可见一斑。那么，这一时期黄河在开封——归德地段河患频繁的症结在哪里？清政府治河时的地形勘测结果解答了这一问题。清乾隆时钦差侍郎裘日修和有治水经验的胡玉璟，是负责这一地区治河的两位名臣。乾隆二十二年五六月间，豫东地区遭受严重水灾。《清实录》载乾隆二十二年五六月间，"河南归德、陈、许等属各县，夏雨连绵，秋禾淹浸"，"各县水占地亩，重者十分之三、四，轻者亦十之一、二。"① 水灾过后，乾隆帝谕令胡玉璟和裘日修 "会勘豫省水道，筹办疏浚事宜"。裘日修、胡玉璟按照乾隆的谕旨，迅速驰往被灾地区，"熟察该地情形" 及时探明了开、归、陈、汝一带长期积累的 "受患之田"。他们说，"查黄河以南……自荥泽之下，北阻大堤，南则连山横亘，诸水所经惟以正东及东南两面为去路。正东则上江（安徽）、宿迁之淮河，向因砂硬滩、徐溪口等处梗塞，致水无出路，此商丘、虞城、夏邑、永城四邑频年被水之由也；东南则以江南颍州府属各县为出路。……而两者接壤处，浅阻实多，豫省之水雍遏，则豫省受其患，继之奔溃四溢，……此开（封）、陈（州）、迤下及于柘城、鹿邑、汝宁，迤下及于西平、上蔡，频年被水之由也"。② 说明商丘、城、夏邑、永城等四邑由于地势低洼，下游正东睢河和东南颍州各府县难以顺畅泄洪，以致造成黄河在这一地区梗塞雍遏，这是形成豫东地区常被水灾的关键原因。对此乾隆二十二年镌河南省开封、归德、陈州、汝宁四府三十六州县水利图碑有详细的记载，陈昌远、王子超先生有专文论及③，不再赘述。

值得注意，豫东地区黄河水患，对该地区的河道破坏很大，不可不引起我们重视研究。

1998 年 2 月底，商丘地区文化局、文管会的同志，在宁陵县发现一

---

① 《清实录》卷541，中华书局2008年版，第11页。
② 《清实录》卷542，中华书局2008年版，第37页。
③ 陈昌远、王子超：《乾隆二十二至二十三年豫东治水述略》，《中原文物》1983年第2期，第34—37页。

艘古代的木船。木船出土地的前华岗村位于宁陵县南 40 华里，东距华堡乡 2 华里，西北距张弓镇约 10 华里，南距柘城县城 58 华里。木船出土地点在村东黄河故道西岸，当地人称运粮河，又称张弓河、废黄河。此河起源于何时，不是很清楚。《明史》卷七记载："黄河自唐以前皆北入海，宋熙宁中，始分趋东南，一合泗入淮，一合济入海。金明昌中，此河绝，全河皆入淮。"两干流都未行宁陵到柘城这条线，因此，张弓河不可能是宋代所形成的"老黄河"。据不完全统计，自元太宗六年（1234 年）至至正二十六年（1366 年）在豫东地区，黄河水患至少达四十五次之多，有几次涉及睢县、宁陵、柘城等地。例如，元至元二十五年（1288）五月河决襄邑（今睢县）……元元贞二年（1296 年）"河决杞、封丘、祥符、宁陵、襄邑五县"。夹在鹿邑、襄邑之间的柘城，势必不可避免再受其灾。另据《柘城县志》记载：至元元年三月，大德二年秋七月，延祐六年夏六月，至正四年夏五月都有黄河水灾。张弓河很可能就在这个时期形成。黄河首次夺涡入淮是在公元 1235 年—1251 年，持流时间最少在 80 年以上。公元 1355 年，黄河走金代末期的故道。明洪武二十四年（1391 年）黄河决原武，改由开封经亳入淮，正流不经过徐州。明正德以前，黄河由颍、涡会淮的时期在百年以上。到明代潘季驯（1251 年—1595 年）以后，黄河下游专行旧汴泗的河道，较这以前数道并列，为患确实有所减轻。因此张弓河至迟在公元 1595 年以前，已是黄河下游是数道并行中的一道。由于数道并行，使黄河往东流水较少，影响运输。为此，明嘉靖十六年，曾开地丘店、野鸡岗诸口，上流四十余里，由桃源集丁家道口入旧黄河，截涡河水入河济洪（《明史·卷七》）黄河复原故道后，张弓河也就只能起个支流作用了。此涡水是出兰阳赴皮寨、经睢州野鸡岗及亳州，至怀远入淮。所以，张弓河在明嘉靖年间可能也称涡河。[1] 因为张弓河曾经作过黄河的支流，至下游又入涡河，所以在宁陵一带又有涡河、黄河故道、老黄河、废黄河之称，有的学者认为此河从元至明嘉靖以前可能是黄河干流之一。嘉靖以后成为一条支流。到清乾隆年间已有较大的淤塞。清咸丰五年改道北行后，此河已渐失去作用。最迟在后期基本完全淤塞断航。现在此河宁陵西北段已无迹可寻。南段已干涸。华岗村明船的出

---

① 商丘地区文化局文管会：《宁陵县华岗出土的明木船》，《中原文物》1983 年第 2 期，第 61 页。

土说明，明清以来，由于黄河水患的影响，豫东地区的城邑和河道曾经发生过重大的变迁，而这些问题的确应该引起我们的关注和研究。

（豫东商丘、夏邑、睢县考察，承徐峰先生陪同，深表感谢，本文发表于《三门峡职业技术学院学报》2012 年第 3 期）

历史上黄河故道水运功能的开发和利用

一 引言

黄河以"善淤""善决""善徙"而著称，从周定王五年（公元前 602 年）有记载的黄河首次改道以来，迄于当代已有 2500 年了。在这 2500 年间，黄河共有决口 1500 余次，影响较大的改道 26 次，而其中有 5 次属于重大改道。有学者认为黄河改道具有以下特点："从时间上看，现行河道以北行河时间长，现行河道以南行河时间短。从改道的时间间隔看，越向近代间隔时间越短，摆动越频繁。若以公元 1048 年为界，以前的 3000 多年较大的改道有 9 次，平均约 300 年改道一次。公元 1048—1938 年近 900 年较大的改道就有 17 次，平均五六十年就改道一次。"[①] 频繁的黄河改道，即是几千年来黄河流域自然环境变化的结果，同时也是人类活动对自然环境施加影响所致。不仅如此，黄河的改道还更深刻地影响了黄河流域的自然环境和人类社会发展，给黄淮海平原上的历史进程带来了巨大的影响，每次黄河改道以后，都会形成新的环境和生态格局，而在此基础上所形成的新的人地关系又在某种程度上影响和决定了黄河流域的历史命运。鉴于此，如何在已有的环境变迁基础上，因地制宜，充分认识研究黄河古河道形成、演变的历史过程和历史特点，挖掘黄河故道的潜在利用价值，是我们当代区域经济建设和社会发展战略应该关注的问题。历史上，利用和开发黄河已有河道推动区域经济和社会进步有一些成功的经验和实践，本文对以魏晋时期曹操开白沟、隋唐时期隋炀帝凿永济渠过程中对前代黄河故道利用的成功经验，谈一谈历史时期黄河故道的开发利用及其相关经验，以期能

---

① 王泾渭：《历览长河》，黄河水利出版社 2009 年版。

够为今天黄河流域经济和社会的可持续发展提供有益的借鉴。

二　魏晋白沟的开凿与先秦黄河下游故道

东汉末年，群雄割据，曹操为统一中国北方地区就必须消灭盘踞在今天海河流域的袁绍割据势力，从而以战争的形式完成中国北方地区的统一。为保证统一战争的需要，彻底消灭袁绍割据势力，进兵北方的海河流域地区，曹操先后开凿了白沟、平虏渠、泉州渠和新河等运渠，使中原地区的船只由黄河入白沟，再经清河北上，经过平虏渠、泉州渠和新河穿越海河流域的诸多大河直抵辽西的渤海之滨。凭借这套水运网络，曹操不仅消灭了袁绍及其残余割据势力，而且战胜了乌桓，基本上完成了中国北方地区的统一事业。在曹操所开的白沟、平虏渠、泉州渠和新河四条著名运渠中，白沟对于先秦黄河古河道的利用，是值得称道的成功经验。

关于先秦以前的黄河古河道问题，谭其骧先生《西汉以前的黄河下游河道》作过系统研究。谭先生依据古代地理文献《汉书·地理志》《山海经·山经》和《禹贡》的记载将战国中期以前，海河流域的黄河下游河道划分禹贡河、山经河和汉志河三条故道，这三条故道为我们研究河北平原水运发展的地理条件提供了重要依据。

山经河的河道是沿太行山东侧向北，大致经今河南省武陟东、浚县大伾山之西、内黄西、曲周东、广宗西、巨鹿东、宁晋东、深县东、安平东、蠡县东、高阳西、安新东、霸县南，经今天津入海。[①] 而禹贡河的河道与山经河的河道有很长一段是重合的，在从孟津直至深县这一段，禹贡河和山经河是同一条河道。深县以下，这条河道大致是经今东昌北、成平北、青县西和北，在今天的天津南入海。[②] 汉志河的河道自孟津以下至滑县西南一段，仍与山经河及禹贡河河道重合。在位于今滑县西南的古代称之为宿胥口的地方，汉志河与山经河和禹贡河河道分开，然后经今浚县（古称黎阳）大伾山东、濮阳北、内黄东、大名东、馆陶东、临清南、高唐东、平原西、德州东、景县东、沧州东南，在今天津南的黄骅附近入海。山经河和禹贡河主要是战国时期以前黄河经行的河道。而《汉书·

---

① 陈桥驿：《中国运河开发史》，中华书局 2008 年版。
② 同上。

地理志》记载的河道主要是西汉时期黄河所经的河道，但其中的局部河段，也曾为以前的黄河所经行。[①] 黄河下游走山经、禹贡河、汉志河入海的流路在东汉时有了改变。直到东汉明帝时，经著名水利专家王景治理疏导，在公元 70 年，使黄河有了一条新河道。这条河道位于今天的黄河河道北侧，由今河南荥阳向东北，经今新乡市东、滑县、浚县，在今浚县北转向东，经今濮阳市南，经今山东莘县东、高唐县东，至位于今山东高青县东北的古代千乘海口入海。经王景治理和疏导的新的黄河河道，是一条相对稳定的河道，在较长时间里，没有发生大的改道，直到北宋时期，才发生大的改道，改向北流，至今天的天津入海。[②] 经王景治理后，黄河改在千乘海口入海，先秦时期以山经河、禹贡河和汉志河为流路的三条黄河下游河道遂由此成为故道，这就为曹操开凿白沟水系，以及后来北方地区统一大业的完成提供水上交通的自然条件。

　　古代黄河下游的居民为防御洪水，在自己的聚落或耕地的外围修筑堤防以自卫，是很早就开始了。但下游河道全面修筑绵亘数百里长堤，则完成于战国中叶。西汉末年贾让说："盖堤防之作，近起战国"，基本上是不错的。当时黄河下游东岸是齐国，西岸是赵、魏，各自为防护自己的疆土都修筑了防河大堤。齐国所修的堤防，距河床二十五里，赵、魏所修筑的堤防，距河床也是二十五里，两堤相距五十里。洪水来时大溜可以在堤内游荡，泥沙落淤在堤内。[③] 今天河南境内自武陟县木栾店，经获嘉、新乡、延津、汲县、浚县、终至于滑县有一条古黄河大堤，遗迹至今犹存，明万历《卫辉府志》和清《一统志》称"汉堤"。雍正《河南通志》及1983 年出版的《黄河史志资料》称"太行堤"。当地统称"古阳堤"。其名称之由来，顾名思义：汉堤是指汉朝时期所筑的堤；太行堤是处在太行山前的黄河大堤；古阳堤即古黄河的北堤。总之，前一种说法是按它兴起的时间而得名，后两种说法是按它所处的地理位置而定名。关于这条古阳堤，刘仰洲先生认为此堤决非"汉堤"，它应是兴起于春秋，形成于战国，完善于秦，至汉时已具相当规模。[④] 这道古阳堤在宿胥口（今浚县西

①　陈桥驿：《中国运河开发史》，中华书局 2008 年版。

②　同上。

③　邹逸麟：《黄淮海平原历史地理》，安徽教育出版社 1997 年版。

④　刘仰洲：《古阳堤史考》，河南省水利志编辑室编辑，《河南水利史料》1984 年版，第 49 页。

南地壕村）西南与汉志、禹贡、山经三河走向相一致，应是按沿黄河下游汉志、禹贡、山经三河流路所经区域修筑的。西汉时期，黄河下游河道专行汉志河道入海后，战国时期的山经河和禹贡河的河道便不再成为黄河下游所经，遂成故道所在。而其中古山经河和禹贡河重合经行的河道在古内黄县境内的一段，后来为清河河道。山经河和禹贡河重合的河道的很大一部分以及禹贡河河道，后来成为漳水的河道。① 这里所说清河河道对于后来卫河的形成起到了非常重要的作用。在战国以前，由于古阳堤还没筑成，所以在丹、淇二水之间的所有发源于太行山之间的河流和山前倾斜平原地区的地面水，都是在当地直接泄入汉志河以西的黄河河道。而太行山与古黄河之间的平原地区，本是古黄河的河滩地。这一区域内，土壤肥沃，地下水源丰富，草木茂盛，是一片天然的肥沃之地，所以早在商朝时，卫辉一带（即旧汲县）就有"牧野"之称，当古阳堤在战国正式筑成后，它不仅担起了防御黄河洪水北泛的作用，而且同时也产生了使该堤以北的山区河流和当地地表水不能直接泄入黄河的新问题。加之泥沙问题，古黄河河床逐年抬高，致使古阳堤以北的原黄河滩地，相应地又变成背河洼地，吴泽、汲城、柳卫等陂洼地区由此产生。从而迫使上述山区河流和地表水只得从洼地、顺地形平行与汉志黄河东流，至今汲县小河口村和淇水汇合，于宿胥口（今浚县西南地壕村）流入黄河。该河水源因系山泉组成，河水清澈透明，与浑浊的黄河水形成了鲜明的对比，故后定名为"清水"，此水即为卫河的前身。② 《汉书·地理志》卷二十八魏郡下说："内黄，清河水出南。"③ 内黄正在浚县宿胥口之北，所以当代历史地理学家王守春说，清河最早见于记载的是在《汉书·地理志》，所记的"清河"只是一条很短的河流，只从内黄县的南部开始，沿原来的山经河和禹贡河二河的共同故道，向东北经魏县和大名，最多可能流到馆陶县。它的源头可能是平地上的泉或潭渊，也可能是位于今浚县的大伾山。到了东汉末年，建安六年（201年，官渡之战第二年）十二月，曹操追击袁绍的儿子袁谭，袁谭逃到南皮县的清河之畔安营扎寨，但还是被曹操消灭："曹操讨谭，军其门，谭夜遁南皮，临清河而屯。明年正月，急攻之。谭

---

① 陈桥驿：《中国运河开发史》，中华书局 2008 年版。
② 刘仰洲：《古阳堤史考》，河南省水利志编辑室编辑，《河南水利史料》1984 年版，第 49 页。
③ （汉）班固：《汉书·地理志》，中华书局 1962 年版。

欲出战，军未合而破。"此记载表明，清河已是一条从内黄到南皮的很长的河了。① 也就是说王先生认为源于内黄南部（浚县）的清河是沿原来山经河和禹贡河二河共同的河道往北流的，清河河道借用了战国山经河禹贡河的旧河道。

《水经注·淇水》中还记载了曹操利用宿胥故渎，下枋木成堰，遏淇水东入白沟，以通漕运的史实。"汉建安九年，魏武王于水口下大枋木以成堰，遏淇水东入白沟，以通漕运，故时人号其处为枋头。是以卢谌《征艰赋》曰：后背洪枋巨堰，深渠高堤者也。自后遂废。魏熙平中复通之。故渠历枋城北，东出，今渎破故堨。其堰悉铁柱，木石参用。其故渎南迳枋城西。又南，分为二水：一水南注清水，水流上下，更相通注，河清水盛，北入故渠，自此始矣；一水东流，迳枋城南，东与菀口合。菀水上承淇水于元甫城西北，自石堰东、菀城西，屈迳其城南，又东南流历土军东北，得旧石逗。故五水分流，世号五穴口，今惟通并为二水。一水西注淇水，谓之天井沟。一水迳土军东分为蓼沟，东入白祀陂。又南分，东入同山陂，溉田七十余顷。二陂所结，即台阴野矣。菀水东南入淇水。淇水右合宿胥故渎，渎受河于顿丘县遮害亭东，黎山西北。会淇水处，立石堰遏水，令更东北注。魏武开白沟，因宿胥故渎而加其功也。故苏代曰：决宿胥之口，魏无虚、顿丘。即指是渎也。"② 按照郦道元所记曹操"开白沟，因宿胥故渎而加其功"的白沟水运工程应包括渠首和渠道两部分工程。渠首工程的位置在淇河入黄河口以上的枋头。有学者认为枋头就在今浚县西的东枋城与西枋城。在此地，曹操利用巨大的枋头在淇水水口筑城堰坝，用高堤深渠将原先流入黄河的淇水加以拦截，淇水由此分为两支："一支南流注入清水，水流向下向上都可流通，河清水大时，就从这里往北倒灌入旧渠。而另一支则往东流经在枋城之南后再往东经菀口注入到白沟之中。白沟应该是宿胥故渎上的一段，它是先秦时期山经、禹贡河河道的一部分，可能是当地排水需要日渐形成的，起自浚县西，接近淇水东岸，向东北流后下接内黄以下的古清河。"③ 正因为白沟是宿胥故渎的

---

① 陈桥驿：《中国运河开发史》，中华书局 2008 年版。

② 郦道元撰、陈桥驿等译：《水经注全译》，贵州人民出版社 1996 年版，第 326 页。

③ 夏邦杰：《卫河的历史形成和卫源概述》，河南省水利志编辑室《河南水利史料》，河南省水利志编辑室 1984 年版，第 38 页。

一段，因此曹操将这段故道稍加疏凿就实现了当时行水黄河（当时称河水）、淇水、古老的山经、禹贡河河道以及源头在内黄县的清水诸河的沟通，这就为完成黄河、海河两大水系的联通创造了条件，从而为统一北方奠定了水运交通基础。郦道元称曹操的此项工程是"方复故渎矣"，暗示了这是一条故渎，是一条老河道。但这条老河道究竟是那一条河流的故道，郦道元认为白沟所经行的老河道是由获嘉县西北太行山地中流出的清水的故道，认为曹操开凿白沟时，古河道的痕迹依然还存在，"余目尚存"，故称白沟为"方复故渎矣"，认为清水又回复到以前的故道。他还认为原先源头在内黄县的清河，在内黄县无源流，其源流应是从获嘉县太行山中流出的清水。（《水经·清水注》："又东入于河"，郦道元注文说："谓之清口，即淇河口也。盖互受其名耳。《地理志》曰：清河水出内黄县南。无清水可来，所有者惟钟是水耳。盖河徙南注，清水渎移，汇流迳绝，余目尚存。故东川有清河之称，相嗣不断。曹公开白沟，遏水北注，方复故渎矣。"）[1] 从郦道元注所载有一点是能够肯定的，那就是曹操开凿白沟乃是利用了一条业已存在很久的古老河道，这条河道年代久远，所以郦道元说"方复故渎"，对于曹操开凿白沟所经的这条故渎的性质，王守春先生引谭其骧先生《海河水系的形成与发展》中的看法认为白沟所行乃"山经河"和"禹贡河"的故道，而不是从获嘉县太行山流出的清水的故道。[2] 由此看来，华北大平原上沟通南北的水运网络的部分河段乃是借助了古老的山经、禹贡河的故道，先秦时期古老的黄河故道不仅为黄河、海河两大水系的沟通提供了水运发展必不可少的航道条件，而且也成为曹操完成中国北方地区统一的重要基础。

三　隋代永济渠的开通与西汉屯氏河故道

除了曹操筑枋头，遏淇水东入白沟利用山经、禹贡河的河道外，至隋初，隋炀帝在白沟的基础上又开凿了永济渠。永济渠是隋唐大运河流经海河流域的一段，它南联沁水，北达涿郡，沟通了黄河、海河两大水系。永济渠是隋大业四年（608 年）正月开建，大业五年（609 年）正式完工，

---

① 　郦道元撰、陈桥驿等译：《水经注全译》，贵州人民出版社 1996 年版，第 316 页。

② 　陈桥驿：《中国运河开发史》，中华书局 2008 年版。

从开工到建成前后仅用了一年的时间。永济渠开通后的大业七年（611年）二月，隋炀帝乘龙舟"自江都行幸涿郡……入永济渠。"① 也就是说隋炀帝此次是由长江北岸的江都（今扬州）启程，向北经邗沟入淮水向西到通济渠，再由通济渠入黄河，由黄河转入沁河最后进入到永济渠，之后再经由永济渠向北到达涿郡郡治蓟城（今北京老城区西南部）的。永济渠的开凿把海河流域与中原地区连接在一起，对于海河流域的开发产生了深远的影响，永济渠通航能力极强。《元和郡县志·河北道一·贝州》"永济县"条下载，隋唐永济渠"阔一百七十尺，深二丈四尺。"② 唐制的一尺约为今 30 厘米，由此推算永济渠渠宽 51 米，深 7.2 米，可谓通航能力巨大。由于永济渠通航能力极强，所以促进了其所流经的今河北平原中部、东部城乡区域的发展，如横跨永济渠两岸的清河郡（包括河北清河、广宗，山东临清等十四县）拥有三十万户，发展成为当时全国人口密度最大的地区之一。③ 而沧州、大名等地，也随着永济渠水运的发展逐渐成为区域经济的中心。

永济渠的部分河段又借用了西汉以来的黄河故道，汉武帝元封二年（公元前 109 年），黄河决于馆陶，此后便形成了一条黄河的分支流——屯氏河。《汉书·沟洫志》载：黄河"复北决于馆陶，分为屯氏河，东北经魏郡、清河、信都、渤海入海。"④ 这条屯氏河在今大名县北部从黄河分出，向东北经今馆陶东、临清西、武城西、故城东，然后又与黄河干流会合。屯氏河的宽度和深度被称为与黄河干流几乎相等，因此，这是一条很宽大的河道。② 从此后的六、七十年间，屯氏河与大河分水并流，增加了排泄洪水的能力，故"馆陶东北四、五郡，虽时小被水害，而兖州以南六郡无水忧"⑤，使得馆陶以上的河患大为减少。《汉书·地理志》"信成"下载有"张甲河，首受屯氏别河，东北至蓨县（在今景县南）入漳水"⑥。信成，当时在清渊东北。就是说屯氏河上还有一条名叫张甲河的

---

① （宋）司马光编著：《资治通鉴》卷 181 隋炀帝大业七年二月条，中华书局 2011 年版，第 5760—5761 页。

② （唐）李吉甫撰，贺次君点校：《元和郡县志》，中华书局 1983 年版，第 466 页。

③ 海河史简编编写组：《海河史简编》，水利水电出版社 1977 年版。

④ （汉）班固：《汉书·沟洫志》卷二九，中华书局 1962 年版，第 1686 页。

⑤ 同上书，第 1687 页。

⑥ （汉）班固：《汉书·地理志》卷二八，中华书局 1962 年版，第 1577 页。

分支，至于这条分支是何时出现的，现在已无从查考了。汉元帝永光五年（前 39 年），清河郡灵县鸣犊口河决（在今高唐县南），黄河向北又分出一股，至蓨县南入屯氏河槽，史称鸣犊河，即"河水别出为鸣犊河，东北至蓨入屯氏河"①。（《汉书·地理志》）至此，原屯氏河断流，馆陶至东光之间长时间分流的形势不复存在，出现了鸣犊河与大河分流的新形势。② 总之，屯氏河作为黄河下游的一条重要分支存在了将近 100 年。

隋炀帝大业四年（608 年）"诏发河北诸郡男女百余万开永济渠，引沁水南达干河，北通涿郡。"③ 涿郡的郡治蓟城位于今北京老城区西南部的宣武区。根据目前所见历史文献来看，我们基本上可以推定隋代永济渠之所以能迅速通航，并沟通了华北大平原的水上交通，其原因之一就是充分利用了曹操开通的白沟以及西汉黄河的屯氏故道。

西汉屯氏河的故道在隋唐至北宋仍然保存完好。唐《元和郡县志》卷十六《魏州·馆陶县》下载："大河故渎，俗名王莽河，在县东四里。屯氏河，俗名屯河，在县西二里。"宋《太平寰宇记》卷五十四《魏州·馆陶县》下也记有："大河故渎，俗名王莽河，东去县四里。屯氏河，俗名毛河，在县西二里。"④ 说明至少在馆陶一带屯氏河旧迹犹存。由于唐宋时屯氏河旧道犹存，所以隋唐运河于北宋沟通中原——渤海湾地区的水上交通航道的部分地段就为永济渠所利用。《元和郡县志》卷十六《贝州》下清楚地记载了隋代永济渠与西汉屯氏河的承继关系。"永济渠，在县西郭内。阔一百七十尺，深二丈四尺。南自汲郡引清、淇二水东北入白沟，穿此县入临清。按汉武帝时，河决馆陶，分为屯氏河，东北经贝州、冀州而入渤海，此渠盖屯氏古渎，隋氏修之，因名永济。宋代《太平寰宇记》卷五十四《魏州》下也说："永济渠，在县西南。自汲郡引清、淇二水东北入白沟，穿此县入临清。按汉武时，河决馆陶，分为屯氏河，东北经魏郡、清河、信都、渤海入海。此渠盖屯氏古渎，隋氏修之，因名永济。"⑤ 王守春先生认为隋炀帝所开的永济渠可以分为三个部分。第一部分为从沁水到曹操开通的白沟运河；第二部分为从曹操开通的白沟河到今

① （汉）班固：《汉书·地理志》卷二八，中华书局 1962 年版，第 1577 页。
② 黄河水利史述要编写组：《黄河水利史述要》，黄河水利出版社 1982 年版。
③ 魏征：《隋书·炀帝纪上》，中华书局 2012 年版。
④ （宋）乐史：《太平寰宇记》，中华书局 2007 年版，第 1110 页。
⑤ 同上书，第 1113 页。

天的天津；第三部分为从今天的天津到隋代的涿郡郡治蓟城。其第二部分是利用了曹操开通的白沟—清河—平虏渠水运通道的部分河段以及屯氏河的部分河段，而其第一部分和第三部分，则是隋代新开通的运河河段，第三部分还利用了古永定河，隋代称为桑干河的河道。① 这说明永济渠中的第二部分的部分河段巧妙地利用了西汉屯氏河的故道，正是由于在开凿永济渠的过程中充分利用了河北平原上已有的黄河故道，因此，永济渠便在很短的时间内迅速完成，并成为沟通黄河、海河两大流域的水上动脉，为促进沿线区域的经济和城市发展提供了必不可少的条件。

四　结语

在中原向北至渤海湾的广阔平原上，由于历史上黄河及其相关水系的变迁遗留下了诸多古河道，利用这些古河道发展水运事业应是因地制宜之举，这些古河道遗存为中原—环渤海地区水运网络的构筑奠定了水运基础，成为这一地区水运事业发展的必要条件之一。历史上魏晋时期曹操开通的白沟和隋代炀帝开凿的永济渠的成功通航就证明了这一点。

但是应该强调说明的是，就今天黄淮海平原区域发展的现实需要而言，黄河古河道在国民经济和社会经济发展中的利用价值可能并非历史上发展水运一项。我们认为黄河古河道的现实价值是多方面的：可以将现行河道与黄河故道做比较研究，推测现行河道寿命；也可以研究故道尾闾演变规律，为河口治理和海港建设提供历史依据；也可以把当今河道与古河道相似河段作系统比较，研究当代河道的演变规律和治理措施；除此之外，黄河故道区的经济开发治理、故道区内水利文物资料的利用和保护、旅游资源的开发，甚至可以以黄河故道为对象申报世界文化遗产。总之，研究黄河故道，保护和利用黄河故道在当代具有重要意义和价值，应该引起我们的高度关注。

（本文承王守春教授、左其亭教授、张华兴先生指教，发表于《人民黄河》2014 年第 12 期）

---

① 陈桥驿：《中国运河开发史》，中华书局 2008 年版。

从《朱仙镇新河记碑》看贾鲁河水运的历史价值

清代河南巡抚李鹤年撰《朱仙镇新河记碑》对于研究明清贾鲁河水运具有重要价值。该碑不仅记载了明清贾鲁河上游、下游的水系构成状况和河道变迁，而且为我们进一步认识明清时期贾鲁河水运的历史价值提供了珍贵资料。由《朱仙镇新河记碑》记载可知，明清贾鲁河水运不仅承担了中原地区与东南沿海的水上联系，而且在战国鸿沟水系、隋唐通济渠、宋代汴河淤塞失去水运功能后，再一次承担了沟通黄河、淮河两大水系的历史重任。

一 《朱仙镇新河记碑》的发现与整理

为深入探讨贾鲁河水运问题，近年来我沿贾鲁河流域进行了学术考察。2012年，在朱仙镇乡政府大院内发现清代河南巡抚李鹤年撰写的《朱仙镇新河记碑》（见图一）①。通过对此碑的整理与研究，我认为《朱仙镇新河记碑》（以下简称《新河碑》）对于探索中州名镇——朱仙镇商业兴衰与贾鲁河水运的相互关系，重新认识贾鲁河水运的历史地位和水系构成状况有极高的史料价值，现将碑刻文字整理如下：

---

① 承蒙开封县文物管理所陈文斐所长陪同，表示感谢。

图一　朱仙镇新河碑记①

　　自荥阳西南诸山溪，合京、须、索、郑之水，东流至祥符，经朱仙镇达周家口，复合沙、颍诸水，委输于淮，以元臣贾鲁实治之，遂名贾鲁河。往时舟楫畅行，上可抵京水镇；以故，朱仙镇百货充牣会城，因之号繁富焉。自道光二十三年，河决流淤，屡濬屡塞。予初任豫抚，即有意修复之，既已迁擢去。光绪七年秋，复抚豫，缙绅父老为予言：水利宜莫先于治贾鲁河。且请自王堂改疏新河达镇，循旧河淤道，入镇南行，而建闸以资宣泄。为经久计，予察其工钜，民夫不任劳役，费且不赀，踌躇未即决。既思，予于五年任河督，堵筑黑岗险工，尝檄北、东二镇练军暨毅军健卒，合力并作。诸军故予旧部，踊跃胜民夫数倍，以是知兵力之足用。乃谋之统带豫营蒋东才军门。蒋君凤具干济才，且勇于任事，毅然请行。予复讲而语之曰：事莫难于经始。兹河之役，非一再矣。道光间发帑金大治之，功卒不就，当事者且获咎。同治十二年工甫竣，不旋踵而淤浅如故，进锐退速，将徒劳而无功，子其慎持之。于是蒋君躬挈所部，驻河上，咨谋相度，率作兴事。明年春三月，予奉命阅伍，道经朱仙镇，蒋君逆为予言挑濬状，自李牧岗至张市，数十里皆疏通无阻患，且规画王堂新河，功率利弊，了如指掌，予斥其可与图成也。以书告之司、通诸君，益大治修，具增犒赉，以期集事。而蒋君督励将士，以兵法部勒，暑雨无所避，昼夜兼作，凡四阅月而新河成。水泉畅流，舟行无碍，商贾骤

---

① 位于河南省开封县朱仙镇乡政府大院。

集，居民灌乎相和，向之壅遏烦滞，一涤而新之。缙绅父老举欣欣然，知有以乐其乐而利其利也。相率请为文以纪其盛，予曰：岂直唯是而已，后之踵而有事于斯者，若建闸，若岁修，周之复之，方绸缪未艾也。乃叙其颠末，勒石于镇，俾来者有考焉。是役也，以八年二月二十五日开工，七月二十八日工竣，凡用银七千五百两。董其事者：记名提督蒋东才。与其事者：布政使觉罗成孚、按察使豫山、粮台候补道黄振河、署开封同知英惠、新息通判沈宣昭，皆例得备书。

此碑系 1881 年（即光绪八年）8 月由河南巡抚李鹤年撰书，碑高 231 厘米，宽 77 厘米。李长傅先生在《朱仙镇历史地理》中曾有提及，说此碑在朱仙镇北门内路西，今存[①]。左慧元先生编《黄河金石录》中也作了收录[②]，但均未以此碑记为对象做更深入和系统的研究。因此，本文拟利用《新河记碑》的相关记载，进一步深入研究贾鲁河水运的历史价值，廓清贾鲁河水系的构成状况和河道变迁，为厘清贾鲁河水运与沿岸商业城镇的兴衰变迁提供借鉴。

二　明清贾鲁河上游的水系构成状况

《新河碑》对贾鲁河上游的水系构成状况有明确而详细的记载。碑文记载："（贾鲁河）自荥阳西南诸山溪，合京、须、索、郑之水，东流至祥符，经朱仙镇达周家口，复合沙、颍诸水，委输于淮，以元臣贾鲁实治之，遂名贾鲁河。往时舟楫畅行，上可抵京水镇；以故，朱仙镇百货充牣会城，因之号繁富焉。"按碑记所说贾鲁河的上源在"荥阳西南诸山溪，合京、须、索、郑之水"，此说完全合于明清时期贾鲁河上游的水系构成状况。贾鲁河上源较多，这些水源分布在今新密市北部山谷（也就是荥阳西南诸山）。贾鲁河上主要支流有二条。西支古称"京水"，亦称贾峪河（孔河），源于密县袁庄乡南弯长里沟，向东北流。经荥阳县上湾、寺河两个小型水库（水库为新中国成立后所建——笔者注），经张庄入郑州市中原区常庄水库，在赵坡村与东支汇流。东支有三源。西源于密县白寨

---

①　李长傅：《李长傅文集》，河南大学出版社 2007 年版，第 473 页。
②　左慧元：《黄河金石录》，黄河水利出版社 1999 年版，第 366 页。

乡杨树岗圣水峪，由圣水峪河经申河、全垌入尖岗水库；中源于二七区侯
寨乡三李西的冰泉、温泉流经三李村、全垌东入圣水峪河；东源于侯寨乡
刘家沟九娘娘庙泉，流入尖岗水库，在赵坡村与西支汇流入西流湖，经石
佛、老鸦陈在皋村穿东风渠（平交）向东经周庄、姚桥、中牟县大吴村、
白沙乡、城关镇、邵岗乡、韩寺乡的胡辛庄东南入开封县，经尉氏、扶
沟、西华至周口市汇入沙颍河。贾鲁河全长 246 公里，流域面积 5896 平
方公里，其中在郑州境内河长 137 公里，流域面积 2750 平方公里，多年
平均径流量 2.99 亿立方米。该河在 20 世纪 50 年代初，水量充沛，下游
可通舟楫至中牟。① 这是贾鲁河上游诸源今天河道的走向与构成，这一带
的水系构成与明清时期大体一致，变迁不大。

　　而碑记中的须、索水亦为贾鲁河的主要支流，索须河（见图二）因
索水、须水两河汇流而得名。索河源于荥阳崔庙乡竹园村石岭寨，经三仙
庙一小型水库、丁店中型水库、楚楼中型水库、河王中型水库、庙湾一小
型水库，在中原区的大榆林村与须水汇流；须水发源于荥阳县贾峪乡岵山
（古称嵩渚山）东麓沤蔴坑，流经楚村、饮马坑小型水库、吕庄、谷家寨
小型水库和中原区刘沟小型水库，经须水至大榆林村与索河汇流后，东流
经师家河、铁炉寨、马寨，跨东风渠至马庄，从祥云寺东南流入贾鲁
河。② 由此来看，《新河碑》中所记贾鲁河上游源于荥阳西南诸山溪的京、
须、索、郑诸水，除郑水外皆可落实。

　　《新河碑》中的郑水见载于《明史·地理志》。《明史·地理志三》
郑州条下载："郑州，洪武初，以州治管城县省入，西南有梅山，郑水出
焉，下流旧入汴河，后湮。又西有须水，源出荥阳县，旧亦入于汴水。"③
从《明史·地理志》所记清代郑水的源头来看，郑水之源应位于贾鲁河
上游西源一系的京、须、索三水东面的梅山，其与源于"荥阳西南诸山
溪"的"京、须、索"诸水并非同一源头，这是应该强调说明的。清乾
隆十三年刊《郑州志》载："梅山在州西南，去州一舍许，高数十仞周数
里，筋石肤土颇称雄厚，邑之镇山也。其脉来自嵩岳，经密县皆为石山，
至此脱为土，隆然突起状似乳形，为一郡之望，西南诸冈岭多原于此。其

---

①　郑州市水利志编纂委员会：《郑州水利志》，1995 年铅印本，第 19 页。

②　同上。

③　（清）张廷玉等：《明史》，中华书局 1974 年版，第 980 页。

称梅未详，或谓旧多梅花故，山之巅有庙二：一曰三皇庙，一曰碧霞元君庙。春秋楚芳子冯率师侵费、滑还师即此地。"① 今郑州市区、新密市、新郑市交接的新郑市辖境内西北部有梅山地名，应该就是郑水的源头。梅山之东有十八里河是否就是郑水的上游，应进一步研究，但在 2005 年出版的郑州市域地图上，郑东新区辖境内有"郑河"地名，此地在今郑东新区如意路与龙湖外环南路交叉口一带，我颇疑心此处就是明代郑水故道下游所经，若自梅山向东北，郑水故道大体很可能在今十八里河与金水河之间向东北流，至今郑东新区向东再注入贾鲁河。如果此推论不误，那么《新河碑》中的贾鲁河上游水系应包括西支的索、须河，中支的京水河和源于梅山的东支的郑水。京、索须、郑水共同构成了贾鲁河的上源水系，中支京水、西支索须故道犹存变迁不大而东支的郑水已湮没无迹了。

图二　今位于祥云寺东的索须河和贾鲁河交汇处② （安磊摄影）

---

① （清）张钺修、毛如诜等：《郑州志》，台湾学生书局 1969 年版，第 125 页。
② 左侧是索须河，右侧是贾鲁河。

三 明清贾鲁河下游的水系构成状况与河道走向

《新河碑》上又载："（贾鲁河）东流至祥符，经朱仙镇达周家口，复合沙、颍诸水，委输于淮。"也就是说贾鲁河的下游的河道，经开封朱仙镇达周家口。周家口即今天的周口市，贾鲁河在周家口合沙、颍两水，向东南"委输于淮"，即沟通了淮河中游。碑记里的沙河发源于河南省鲁山县石人山，流经鲁山、平顶山、叶县、舞阳、郾城、漯河、西华、商水、周口、淮阳、项城、沈丘及安徽省界首、太和、阜阳、颍上诸县市，于颍上县沫河口入淮河。全长619公里，流域面积39880平方公里（包括黑茨河流域面积）。① 沙河在西华县陈桥入周口市境，至沈丘县贾庄进入安徽省境内，在今周口市境干流长164公里。沙河在今周口以下原为颍河；上游北舞渡以上原为汝水支流滍水，因两岸积沙如雪又名沙河；中间郾城至截断头（今新集）原为大澧水。元至正年间舞阳截汝水、滍水东流入澧，统称大沙河。后澧水于截断头村淤闭，改流东北行入颍，形成今日之沙颍河，周口地区称为沙河。② 颍河源于河南省登封县嵩山南麓的少室山下，流经登封、禹县、襄县、许昌、临颍、郾城、西华、周口，于周口市郊孙嘴入沙河，全长261.7公里，流域面积7348.3平方公里。自西华县瓦屋赵村入境，至周口市孙嘴入沙河，区内干流长度65.35公里，入周口市境流域面积3087平方公里。③ 这里的颍河又称褚河，系魏武帝漕运故道，经过截汝、滍水入澧及后来的改澧入颍等水系变迁，沙河的形成及占据面积、洪水的主导地位，成为干流，而周口以上的原颍河上游变成支流，仍称颍河。④ 历史上的沙颍河河道在周口以上虽屡有变迁，但在今周口市一段却相对稳定，沙颍河在今周口市交汇以后，贾鲁河又自北而入，这为周口水运的兴起提供了地理条件。沙河、颍河与贾鲁河这三条水道在周口交汇后，东南流经沈邱县入安徽太和境，"迳界首集、税子铺、旧县

---

① 周口地区水利志编纂办公室编：《周口地区水利志》，中州古籍出版社1996年版，第60页。

② 同上。

③ 同上书，第61页。

④ 同上。

集……出阜阳界牌集，至颍上八里垛达于淮"[1]，再经由运河而达江浙，周口因此成为河南东部与江南地区商品流通的重要枢纽。[2]

图三　周口大渡口码头旧址[3]

①　吴承志等：民国十四年《太和县志》卷三《水利志》，台湾成文出版社 1971 年版。
②　许檀：《清代河南的商业重镇周口——明清时期河南商业城镇的个案考察》，《中国史研究》2003 年第 1 期，第 136 页。
③　该图片承蒙李全立、高礼祥两位先生提供，特表感谢。

在这里应强调说明的是，周家口地处沙、颍、贾鲁三河交汇之处，明清以后凭借独特的水运优势而逐渐发展成为中原地区著名的商业城镇，但在商业繁荣和城市发展过程中，贾鲁河的水运所发挥的历史作用要远远超过沙河和颍河水运。2012 年，我在周口贾鲁河沿线考察，承蒙周口市文物局李全立局长、高礼祥科长、焦华东科长的无私帮助。李局长将周口市大渡口码头遗址的考古资料全部提供给我，在此向他们深表谢意。周口大渡口码头旧址（见图三），位于川汇区沙颍河与贾鲁河交汇处南对岸。码头长约 380 米，宽 1.6—14 米，高 1.1—1.5 米。底部用青砖平铺，上砌红石，大部分为泥沙淤埋，西部现存有用于加固码头的密集木桩，仅在枯水期时露出水面。明永乐元年（1403 年），明成祖朱棣称帝后，采纳礼部尚书郁新的建议，决定将都城由南京迁往北京，大批物资亟须北运。永乐四年（1406 年）和永乐六年（1408 年），朱棣又采纳郁新的建议，开辟淮河、沙河漕运，周家口（原名颍岐口）从此成为北运物资转漕北京的航运枢纽。成化年间，贾鲁河始通周家口，这里形成三川汇流之势，水运东达江淮，西通秦晋，北抵朱仙镇，舟楫来往频繁，商贾云集，商业更趋繁华。万历二十六年（1598 年），湖北江夏（今武昌）人熊廷弼（当年中进士，后成为明代军事家）到北京参加会试，在途径周家口时看到这里三岸连起，埠口毗连，桅樯林立，夜晚灯火阑珊，颇有"小武汉"的气象，他不禁赞道："万家灯火俚江浦，千帆云集似汉皋。"清康（熙）道（光）年间，周家口经济达到鼎盛。① 大渡口码头在周口近代城市兴起和发展过程中曾起到了重要作用，关于此问题将专文讨论，此处不赘述，但该码头的发现确实证明明清之际繁荣的周家口商业对于贾鲁河水运的依赖程度要远远超过沙、颍二河。关于此，明代交通文献中的记载也证明了这一点。明代隆庆年间刊行的《一统路程图记·卷五·江北水路》中清楚地记载了自京杭大运河枢纽——淮安，经南河，也就是今天的淮河到河南省会开封（汴城）的水运路线应如下：

> 淮安。十里湖口闸。十里移风闸。十五里清江闸。十五里福兴闸。十里新庄闸。十里淮河口。北去徐州。西南五里马头。六十里洪

---

① 周建山等：《强力推进文化遗产保护，科学开展文物资源普查》，《周口日报》2010 年 6 月 11 日 A3 版。

泽驿。三十里石灰窑。三十里龟山。三十里泗州。六十里旧县。十五
里龙窝。三十里山冈。三十里双沟。三十里浮山寺。三十里五河县。
三十里小溪湾。三十里三岔。三十里青泥湾。十里凤阳府。三十里十
里溜。三十里长淮溜。三十里半步溜。三十里怀远县。北往亳州。二
里荆山。禹王庙。廿里马头城。三十里断窑。三十里洛河。三十里石
头铺。三十里泥岔。三十里下蔡。三十里寿州河口。三十里焦冈。十
五里筍椿河。十五里至正阳。西十里八里躲。六十里颍上县。六十里
江口驿。四十里钓鱼台。十里张家溜。廿里大溜。五里颍州。河南兵
宪驻札。十五里白庙。十里泗河铺。六十里太和旧县。四十里税子
铺。十五里界沟驿。廿里纸店。三十里王坝溜。十里槐方店。十五里
王昌集。廿里富坝口。南至南顿五十里。北十里新站。八里牛家埠。
五里颍息坡。南，下水，四十里至南顿。北廿五里周家店。十五里李
方店。三十里西华县。一百廿里李家潭。四十里朱仙镇。起车。四十
里至汴城。[①]

　　从《一统路程图记·卷五·江北水路》所载淮安由南河至汴城的水
路沿线的相关地名来看，自淮安向西在淮河口进入淮河水道后，溯淮河而
西经五河县、凤阳府、涡水之侧的怀远、寿州河口至颍上县。颍上县就是
沙颍河入淮河之处，自此舟船便离开淮河主河道而向西北方向行驶进入到
沙颍河中。沙颍河上的太和旧县、税子铺、纸店、槐方店、昌集、周家店
等处均是沙颍河沿岸重要的商业集镇。舟船至周家店后，若再需向中原汴
城方向行驶便要自沙颍河转入到贾鲁河河道中，在周家店以北，《一统路
程图记》中载有李方店、西华县、李家潭、朱仙镇等地名，这些地名印
证了贾鲁河沿线河道的构成状况与在此基础上所形成的繁荣商业市镇。李
方店应在今周口市西北十五里左右的李方口，此地向西2里有上口，此附
近区域应该就是明清贾鲁河故道所经。西华县位置没有变化，以之为坐
标，周口市北郊李方口之北，西华县南薛湾，闸口、栗楼冈、丁口、大王
店（庄）一线应该是明清两代贾鲁河故道所经过的区域。而按文献中所
载自西华县城向北有李家潭，李家潭南距朱仙镇四十里，若按照这样的里
距来推算，李家潭很可能就是今扶沟县的吕潭镇，吕潭又有吕家潭之称，

①　杨正泰：《明代驿站考》，上海古籍出版社2006年版，第245页。

其称李家潭很可能是音讹之故。吕潭地处扶沟—太康、开封—周口两条官道枢纽，且有贾鲁河流经，舟楫畅通，为水路交通要冲，明万历年间已形成商业繁荣的市镇。当时，贾鲁河纵贯镇中，把全镇分为河东、河西两部分。镇中心设有闽、浙、赣、鄂、秦、晋六省商号，大街商铺鳞次栉比，河内樯桅如林，远近商旅云集，喧闹异常。每年农历"三月十五""小满""六月六""九月九""十月一""腊八"等大会不断，更是车水马龙，熙熙攘攘，摩肩接踵，多者一日达数万人。吕潭镇周长6公里，据1937年统计，有5400户，28000人。[①] 据现代《扶沟县志》载，吕潭镇中心原有一座横跨贾鲁河的三孔石拱桥，据碑文记载：该桥创建于明万历年间，桥身全长50余米，系用雕凿成的大小不一，形状各异的岩石嵌砌而成，缝隙不漏，浑然一体，三个桥孔，皆前有龙头，后有龙尾，桥两边石雕栏杆上，整齐地排列着双双对对的石猴、石狮，相互嬉戏。镇内有山西会馆、陕西会馆，寨北门外，有"无梁庙""五孔桥"及北极宫。无梁庙全系砖石砌成，面积宽广，不用梁柱，中塑像关羽、关平、周仓，栩栩如生，以上文物均于1938年陷于滔滔黄水之中。[②]

吕潭镇中心的这座三孔石拱桥对于研究贾鲁河水运的兴起时间具有重要价值。清代光绪十九年《扶沟县志》中载有何稽武《吕家潭创建石桥记》。该碑记内容如下：

> 天根见而成梁，王政也。扶境有河曰惠民，河之巨镇曰吕家潭，下达淮泗，上接洪河，淮徐两河之产交输之，故艘舰云屯，珍奇狷集，越在远疆者至，不识邑而识镇，庶几称陆海哉。先是构木为桥，以济辎轸，顾木善圮，圮而累，葺之劳费，且不任无如石便也，第木之费一而石之费百，民曰费不百不可以永。相与诣县大夫请质焉，大夫曰："劳。"曰："莫或驱之，劳孰怨？"大夫曰："费。"曰："莫或敛之费孰怨？"既而曰是可因也，下令云：维是岁时之不易，诚不欲强民起不急之役，奈不可已，且举自民我何敢拂，无甯宽岁月劳费以逞可，于是余粟者授食，余赀者给费，经始于万历癸未夏，僝工于甲午春，凡十易稔而桥成，长二十丈，阔三丈，高二丈七尺，屹若长

---

① 扶沟县志编纂委员会：《扶沟县志》，河南人民出版社1986年版，第54页。
② 同上书，第55页。

虹而望之翼翼如也。自是商艘渔舠鳞集，其下星轺辎重往来，其上淮徐两河之人与利，脉络相属，且什百千万于昔，而向者巨镇若增之。重矣是役也，费数千缗，工役至不可纪。[①]

《石桥记》中不仅记载了吕家潭石桥的修建过程，而且对贾鲁河水运的繁荣也载之甚详，称吕家潭为贾鲁河上的商业"巨镇"，其富庶堪称"陆海"。光绪十九年《扶沟县志》中还记石桥创制年代与规模大小："吕家潭石桥创于万历癸未至甲午，历十稔工成，长十二丈，阔三丈，高二丈七尺，最为壮丽。"[②] 根据光绪十九年《扶沟县志》中吕潭石桥创于明万历癸未至甲午年的记载，我们可以推知癸未、甲午年分别为万历十一年（1583）和万历二十二年（1584）前后历时 10 年之久，始建成此桥，这一点与何稽武《吕家潭创建石桥记》中的记载相吻合。而隆庆、万历年间贾鲁河的水运已经发展到了非常繁荣的程度，但贾鲁河水运的肇始与发达繁荣之间不应是一蹴而就的，其间还要经历一段相当漫长的过程，因此贾鲁河水运肇始的上限恐怕还不能局限于《一统路程图记》刊行的隆庆和石桥创制的万历年间，而其水运的时间上限和历史价值亦有进一步认识和研究之必要了。

四　对明清贾鲁河水运历史价值的再认识

《新河碑》的记载对我们进一步认识明清时期贾鲁河水运的历史价值提供了珍贵资料。

碑记中说贾鲁河至少在清代光绪八年以前是："舟楫畅行，上可抵京水镇。"京水镇即今天郑州北郊惠济区花园口镇辖下的京水村，西距黄河上著名的花园口渡口不足十里，京水村村南 2 里左右至今仍有贾鲁河河道，京水村南的一段贾鲁河河道大体做东—西走向，现在河道狭窄仅有 3—4 米宽，且污染较重。京水村西距花园口渡口仅 9 里之遥，1938 年花园口决口，黄河主泓曾在京水村东头今卫生院冲出一条河道（见图四）。1938 年这里是黄河溃水首当其冲之地。今天京水村南 2 里的贾鲁河应该

---

① 熊灿、张文楷：光绪十九年《扶沟县志》卷四，国家图书馆馆藏，第 21 页。

② 同上。

就是明清时期贾鲁河的旧道。惟此，自朱仙镇上溯而来的舟楫才能"畅行，上可抵京水镇"。京水镇在明清两代是黄河南岸的著名市镇，其兴起与贾鲁河水运南来商品渡过黄河花园口向北转输有密切关系，但由于贾鲁水运的衰落，这里的贾鲁河今天已不能再有"舟楫畅行"了，其行政地位也由明清时的镇下降为现在的村。尽管如此，有一点应该肯定，明清两代贾鲁河水运的最北界线就在今天黄河南岸6—7公里的郑州市惠济区花园口镇的京水村一带，这一点是没有疑问的，碑刻中所记的京水镇地名也从另一个侧面说明，经贾鲁河水运北上的江淮商品很可能是在花园口一带渡过黄河而继续向北转输的，因此，贾鲁河在明清两代起到了沟通黄河、淮河两大水系水运交通的历史作用，这是《新河碑》中反映出的一个真实的事实。

图四　今京水村卫生院就建在古河道旧址上①（安磊摄影）

---

① 即原黄河故道。

其实，对于贾鲁河水运的历史价值，明代嘉靖时期左都御史胡世宁早有认识。嘉靖六年（1527 年），黄河决于丰沛，溃水先冲入京杭大运河后又漫入昭阳湖，漕运断绝，胡世宁上奏神宗请疏浚贾鲁河以通漕舟。万历三十三年茶陵知州范守己再次上奏明神宗说：“查荥阳之东广武山南一水，东流经郑州中牟之北、祥符之西，縠朱仙镇而南经尉氏、扶沟、西华之东，沈丘之南，在元史名为郑水，土人名为贾鲁河者也。南至周家口与颍水合流名为沙河，至颍州正阳镇入淮，直抵淮安。今自正阳至朱仙镇，舟楫通行略无阻滞。”① 又说：“自朱仙镇而北而西至郑州西北惠济桥地方，不及二百里，河身略窄，稍当修浚。若于惠济桥西开一支渠，分水一派，北入黄河，不及二十里。渡河而北直入沁口，为道甚便。如谓郑水微弱，不任漕舟，则荥郑之间又有京水、索水、须水诸泉皆可引入郑水以济漕挽。再每二十里建一石闸，如会通河之比则蓄洪，有时水自裕，如计其工费丁力亦不过四五万两耳，若此道既通，则漕舟出天妃闸即縠洪泽湖入淮，溯淮入颍水，溯颍入郑水，牵挽尤稳，黄河又可不用矣，虽冲溢万变何虑焉。”② 由范氏的奏疏中所谓郑州西北惠济桥、京水、索水、须水等诸地皆可落实。特别应该强调说明的是惠济桥在今郑州市北郊惠济桥村，此桥是一座三孔石桥，桥面长 14.44 米，宽 5.08 米，建于元末明初……在惠济桥南侧及南部河道经过试掘，出土有唐、宋、元、明、清时期堆积层及大量文化遗物，尤以元明时期遗物最为丰富。河道两侧河堤经过解剖，发现其时代最早到元代，晚至清代，元代以前河堤已不清晰。③ 由现代考古资料证明惠济桥下确实存在着一条向北与黄河相通的古河道，这条古河道正是范守己说“于惠济桥西开一支渠，分水一派北入黄河不及二十里耳，渡河而北直入沁口，为道甚便”的贾鲁河河道。此道贯通以后，江淮北上京师漕舟可不经会通河，在范守己看来贾鲁河水运最大的优势不仅是“牵挽尤稳”，而且可以避黄河的艰险，即所谓：“黄河又可不用矣，虽冲溢万变何虑焉。”这条“出天妃闸即由洪泽湖入淮，溯淮入颍水，溯颍入郑水”的水运网络的北段就是明清郑水或贾鲁河河道。明代范守己

---

　　① “中央研究院”历史语言研究所校印：《明神宗实录》，“中央研究院”历史语言研究所依北平国立图书馆红格本影印，1962 年，第 7855 页。

　　② 同上书，第 7855—7856 页。

　　③ 顾万发、汪松枝：《隋唐大运河郑州段调查》，《中国文物报》2012 年 4 月 27 日，“发现”版。

所建议的这套联通黄河、淮河的水运通道只需将贾鲁河上游京、索、须诸泉皆引入郑水（即贾鲁河）便可使江淮漕舟出于"荥阳之间"，"其工费丁力亦不过四五万两耳"，这项工程于嘉靖九年（1530 年）五月完工，前后大体经历了 3 年的时间，贾鲁河上游的航运体系基本形成。由此来看，早在明朝嘉靖年间，由今天郑州西北黄河南岸，经朱仙镇，至周家口，再入沙颍河、淮河，洪泽湖到京杭大运河枢纽——淮安的水运道路就已形成。郑州西北地区的贾鲁河（或郑水）上游就已经成为这套水运体系的起点了。

　　尽管贾鲁河是南下入淮之水，但由于构成其源头的京、索、须诸水距黄河很近，因此，其与黄河的关系至为密切，黄河的变迁成为影响贾鲁河水运的重要因素。嘉靖六年（1527 年），左都御史胡世宁献治河之议，建议"汴西则浚孙家渡抵寿州以杀上流"。七年正月，如世宁策，"乃别遣官浚赵皮寨、孙家渡，南北溜沟以杀上流"，后由工部侍郎潘希曾代替继续"疏孙家渡口以杀河势"。九年（1529 年）五月，孙家渡河堤成。① 由是可知，明清贾鲁河的上源除了有京水、索水、须水诸水外，还应有孙家渡河，此河亦为贾鲁河上源支流之一。以孙家渡河为上源支流其作用主要是利用贾鲁河河道分杀黄河水势，因此孙家渡河作为黄河向贾鲁河的泄洪通道，其与黄河是联通的。弘治七年（1494 年）五月，在太监李兴、平江伯陈锐的协助下，刘大夏经过查勘，采取了遏制黄河北流，分水南下入淮的方略，治理黄河，此事见载于《明史·河渠志》。"（弘治）七年五月命太监李兴、平江伯陈锐往同大夏共治张秋。十二月筑塞张秋决口工成。初，河流湍悍，决口阔九十余丈，大夏行视之，曰：'是下流未可治，当治上流。'于是即决口西南开越河三里许，使粮运可济，乃濬孙家渡口，别凿新河七十余里，导使南行，由中牟、颍川东入淮。又濬祥符四府营淤河，由陈留至归德分为二。一由宿迁小河口，一由亳涡河，俱会于淮"②。此次刘大夏治黄河采取遏制北流，分水南下入淮的方略，分别在今天的开封东，郑州北，开封县东（祥符陈留县）挑浚了三条入淮泛道，此三条泛道分别利用了开封兰考元代的贾鲁旧河（元代贾鲁河与明清贾鲁河为

---

　　① 吴朋飞：《明清贾鲁河水运环境变迁的刻画》，《华北水利水电学院学报》（社会科学版）2012 年第 5 期，第 11 页。

　　② （清）张廷玉等：《明史》，中华书局 1974 年版，第 2023 页。

两条河——笔者注），郑州明清贾鲁河上游孙家渡河和今天开封县陈留镇
东四府营河分泄黄河洪水，这次疏河除挑浚了明清贾鲁河上游孙家渡河
外，还凿新河七十里，导黄河水南行，由中牟、颍川东入淮，而这里所谓
中牟以下的河道应该就是经过朱仙镇的明清贾鲁河。清代同治十年《中
牟县志》的记载也证明了这一点。同治十年《中牟县志》卷之一《舆地》
载："贾鲁河即汴水分派也。以曾经元臣贾鲁疏浚故名，西自郑州交界灰
池口入中牟，东至店李口入祥符。在牟境顺长八十里。县城、西南三异等
十二里之水皆归之以下流。旧与黄河通，故名小黄河。元至元二十七年黄
河决汴河淤塞。"① 同治《中牟县志》中另存孙家陂沟地名，我疑心是孙
家渡河淤塞后所形成的沟陂，类似这样的沟陂池塘在中牟县境十分普遍。
因此孙家渡作为黄河与贾鲁河的连接河道，起到了分减黄河干流洪水的作
用，其航行的价值和功能也就不言而喻了。

　　明朝前期黄河河势极不稳定，河道变迁复杂，而在治河策略上，明人
重北轻南，以保漕为主。为了防止黄河北决冲没运河，在这一时期中，多
次在北岸修筑大堤，尽量使黄河南流，接济徐、淮之间的运河，同时在南
岸多开支河，以分黄河水势。"北岸筑堤，南岸分流"，成了前期治河的
主要措施。② 由于明人治黄采取南岸分流的策略，故位于黄河中、下游衔
接之地的郑州，特别是郑州西北地区便成为黄河分流南下的首选之地，这
是由郑州地区特殊的地理条件所决定的。在郑州邙山以东黄河南岸大堤未
筑以前，孙家渡河作为贾鲁河上源的一段，发挥了行洪、航运的水运功
能，故至嘉靖二十四年（1546）《汴京遗迹志》中仍说："衍字今所谓孙
家渡口者，亦自荥泽而下，引河为渠，由朱仙镇东南，达于淮、泗，似亦
汴渠之遗意。特以不近都会，而转漕非其所资，故任其浅涸，而不为之疏
浚耳。"③ 这说明嘉靖年间孙家渡河仍然是"引河为渠，由朱仙镇东南，
达于淮、泗"，其仍然具有转运漕粮的功能，只不过是其周围还没有形成
大的商业都会城市罢了。根据郑州北部地区地形与黄河的位置关系来分
析，孙家渡既然为黄河上的渡口，那么就不应该偏离今黄河南岸太远，而

---

① 吴若烺：同治十年《中牟县志》卷之一《舆地》，国家图书馆馆藏，第15页。
② 黄河水利史述要编写组：《黄河水利史述要》，水利出版社1982年版，第234页。
③ 吴朋飞：《明清贾鲁河水运环境变迁的刻画》，《华北水利水电学院学报》（社会科学版）
2012年第5期，第11页。

明代李濂在《东京遗迹志》中又说"（孙家渡口）在荥泽而下引河为渠"，那么这条从黄河中引出的泛道的上游，则很有可能位于今郑州西北部邙山京广铁路桥以东至惠济区黄河大堤南石桥以西的地区。由于黄河的南摆，孙家渡河的上游河段极有可能因黄河所侵夺而不复存在了。而下游的某些河段很可能就是利用了1938年以前中牟县境内贾鲁河的河道。

　　总之，明清以来作为黄河泛道的孙家渡河和源于荥阳西南诸山溪的京、须、索、郑诸水共同构成了贾鲁河上游与黄河相联系的水上通道。这条水上通道不仅承担了中原地区与东南沿海的水上联系，而且造就了贾鲁河流域商业城镇的繁荣，更重要的是，在战国鸿沟水系、隋唐通济渠、宋代汴河淤塞失去水运功能后，贾鲁河再一次承担了沟通黄河、淮河两大水系的历史重任。由于贾鲁河的地理位置较鸿沟水系、隋唐通济渠和宋代汴河更偏于黄淮平原的西部，因此，这条贯通中原腹地且能够通江达海的水上通道较之前代水运更加近捷方便，并在明清以来的区域发展和黄淮平原经济格局中承担了不可替代的作用。因此，贾鲁河的水运价值应重新认识。

　　（贾鲁河沿线考察，承蒙李全立先生、高礼祥先生、陈文斐先生热情帮助，文章草成又承张锴生先生指教，发表于《中原文物》2014年第1期）

水运与淮河流域中小城镇的发展

——以明清乌龙集为中心的研究

乌龙集即今天河南信阳淮滨县，明清时期是淮河流域著名的商业集镇。乌龙集位于淮河中、上游（见图一），明清两代属息县管辖，其地理位置于发展淮河水上运输有着得天独厚的条件。以历史上淮河水运与乌龙集集镇商业繁荣的互动关系为对象，探讨淮河黄金水道水运与其流域内中小商业城镇的密切关系，对于当今中、小城镇的发展有着重要的借鉴意义。

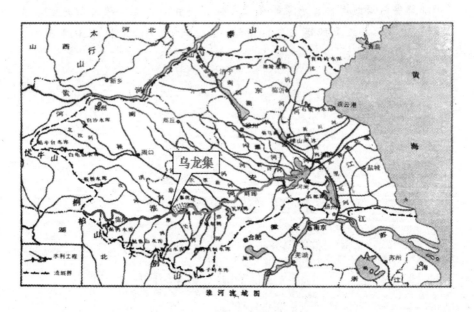

图一

一　唐代淮盐西输与乌龙集水运的肇始

乌龙集东距淮河上、中游分界处——洪河口14公里，处淮河干流上游之尾，中游之首的位置，因此，成为淮河流域黄金水道航运的起点。淮滨县，因地处淮河之滨而得名，是河南信阳市八县之一，与安徽省临泉、阜南及本省新蔡、潢川、息县毗邻。今天的淮滨县城还是在明清时期，淮河流域著名的商业集镇——乌龙集基础上发展而来的。

乌龙集的水运兴起于何时？文献中虽没有记载，但我们可以通过古代淮河流域食盐的运销及路线来探讨此问题。

乌龙集原属信阳息县辖境，按嘉庆四年《息县志》所载唐宋两代息县乌龙集周边的食盐情况大体如下："唐以前息之食盐无定，在价亦无定例，天宝至德间，斗盐十钱。贞元四年，淮西节度使陈少游奏加民赋，淮盐每斗增为钱二百一十，后复增六十，民始病。顺宗时，始减江淮盐价，每斗钱二百五十，民稍便。宋时，两淮，颗盐最盛，息县隶汝宁府为蔡州所食俱颗盐，每勑自三十四至四十四等。"[①] 也就是说唐朝自天宝元年（742）至唐朝灭亡的天祐四年（907）的165年间，包括乌龙集在内的整个息县百姓都是以江淮盐为食。在这165年间，乌龙集一带的盐价先在贞元四年（788）上涨到每斗二百七十钱，后又降至每斗二百五十钱，致使乌龙集一带盐价上涨的直接原因是淮西节度使陈少游"奏加民赋"。其实陈氏的"病民之举"在贞元四年（788），此时距"安史之乱"结束已有26年，经过"安史之乱"的打击，唐代全国物价已普遍上涨，乌龙集一带的盐价由天宝至德年间的斗盐十钱到后来的二百七十钱，盐价上涨了27倍。而此时按《息县志》中所言，乌龙集一带销售的食盐毫无疑问是溯淮河而来的江淮盐。

今天的淮滨县横跨淮河南北，但唐代的淮滨县域以淮河为界，淮河以南属淮南道光州辖，淮河以北则属河南道豫州辖，不仅在"汴、滑、唐、蔡之东"，而且在淮盐西输的通道上，是海盐行销区，这一点与嘉庆《息县志》的记载是相吻合的。

---

① （清）刘光辉：清嘉庆四年《息县志》卷之二《食货》，中国国家图书馆馆藏，第26页。

按照唐代行政区域来看，唐代乌龙集一带属河南道豫州新息县所辖①，新息县即今息县。乌龙集居息县之东隅的淮河左岸，东距息县县治（即今息县县城）66 公里，而唐代豫州的东邻就是颍州，豫、颍两州的州界就是乌龙集之东的汝水（即洪河），乌龙集东距汝河口 14 公里，而汝水向东不远的颍州境内又有淠水入淮之口，即淠口，因此处淮河干流左岸汝、颍、淠、淮诸水交汇的地理条件，决定了在唐代淮盐西输的淮河水运通道上，乌龙集处在淮河中、上游水运的核心位置。

目前，我们虽然还没有直接的材料证明乌龙集在唐代就已经形成，但根据现在所掌握的各种材料来看，至少在唐宋之际，淮汝交汇的淮河中、上游地区的"水陆传输"促进了这一地区商业集市的兴起，乌龙集应在其中。

二　明清南河盐运与乌龙集水运的繁荣

明清两代的盐法制度"大率因明制而损益之。"② 根据相关文献记载，明代淮盐的运销仍然是沿长江和淮河两条大河溯流而上的，这基本上承袭了唐、元以来的旧制。

明代《一统路程图记·卷五》记载了淮安向西溯淮而上的淮河水运航线大体是由淮安入南海，即经"淮安。十里湖口闸。十里移风闸。十五里清江闸。十五里福兴闸。十里新莊闸。十里淮河口。北去徐州。西南五里马头。六十里洪泽驿。三十里石灰窑。三十里龟山。三十里泗州。六十里旧县。十五里龙窝。三十里山冈。三十里双沟。三十里浮山寺。三十里五河县。三十里小溪湾。三十里三岔。三十里青泥湾。十里凤阳府。三十里十里溜。三十里长淮溜。三十里半步溜。三十里怀远县。北往亳州。二里荆山。禹王庙。廿里马头城。三十里断窑。三十里洛河。三十里石头铺。三十里泥岔。三十里下蔡。三十里寿州河口。三十里焦冈。十五里筒椿河。十五里至正阳。西十里八里躲。六十里颍上县"③。《一统路程图记》中所记载的这一段水路是"淮安由南河至汴梁水路"的一部分，所

---

① （唐）李吉甫：《元和郡县图志》，中华书局 1983 年版，第 240 页。
② （清）赵尔巽：《清史稿·食货志》，中华书局 1976 年版。
③ 杨正泰：《明代驿站考》，上海古籍出版社 2006 年版，第 245 页。

谓的南河即淮河。明代称黄河为北河，由淮安向北经徐州至汴梁（今开封）一段的黄河常常"走塞不可测"①，因此南河即淮河便发挥了重要的水运通道作用。

从这一段水运的路线来看，江南之盐船先由淮安入运河，再入淮运交口，后向西入洪泽湖，经泗州、五河、凤阳府至怀远县，怀远是涡河入淮之口，由淮入涡可以"北往亳州"。由怀远溯淮河向西经寿州河口、焦冈、筍椿河，再由筍椿河西行十五里即到正阳镇。此处"正阳镇属寿州，商贾聚于河东，曰东正阳，土人聚河之西，曰西正阳，委官收船料，以给凤阳高墙之费"②。这里所说的船料即是按舟船大小、长、宽尺寸，分别收取不同的税额，淮河上的著名榷关为淮上凤阳钞关，凤阳钞关设于明代成化元年（1456 年），包括正阳、临淮二关，其正阳关设在正阳镇，位于寿州（今寿县）西 60 里。③ 从这里我们能够看出正阳关在整个淮盐西输的过程中有着重要的地位。

淮船由正阳镇报关后，一路向西北入沙颍河水系，一路继续向西，循淮水而至淮河中、上游一代的固始、息县等地。因此，明代中原地区西部、西南部、南部、东部、东南部地区的盐运及其他商业往来都是借助了淮河干流及其沙颍河支流。而息县乌龙集东距颍上县颍河入淮之口 108 公里，根据目前所见文献资料，我们基本可以推断明清时期乌龙集不仅仍以南河水运为淮盐西输的主要通道，而且已逐步发展成为淮河中、上游地区的区域中心城镇。

乾隆二十三年《光州志》中记有"汝宁及开封属陈州、商水、项城、沈丘、西华，南阳府属之舞阳，与今光州所属四县食两淮盐"④。由此看来，淮河中、上游地区的今驻马店、周口、信阳、漯河等地区的食盐运输都是利用了淮河及其支流沙颍河水系，明清之际淮河干流水运对于乌龙集的进一步发展起到了重要的作用。关于此，嘉庆四年《息县志》的记载更说明了这一点："息邑额行淮北纲盐四千三百引，新增加代三百七十五引，盐船至正阳关经乌龙集入境水涸，自临河店陆运抵县，每纲盐一引原

① 杨正泰：《明代驿站考》，上海古籍出版社 2006 年版，第 246 页。

② 同上。

③ 马茂棠：《安徽航运史》，安徽人民出版社 1991 年版，第 156 页。

④ （清）高兆煌：清乾隆三十五年《光州志》卷二十一《盐法志》，中国国家图书馆馆藏，第 10 页。

额重二百四十斤，雍正四年及乾隆十三年、十六年三次加至六十四斤，两引合并谓之并引，重七百二十八斤。"① 息县每年"额行"淮北纲盐四千三百引，后经两次增额共计五千五百引，这些淮北纲盐先至正阳关报关，然后溯淮水而上至乌龙集进入息县境内，运往息县县城的食盐均在临河店卸船，而后经陆运至息县县城。

根据嘉庆《息县志》所载，乌龙集所销之盐应该是在凤阳钞关辖下的东正阳镇报关后，沿淮河而上，过颍淮交汇的古颍口后在向西运到乌龙集的，而这一水运路线正可与《一统路程图记》中所记颍淮相佐证，使我们清楚地认识到明清之际淮河中、上游地区水运航道已构成了一套完整的网络。因此，嘉庆四年《息县志》说："盐船至正阳经乌龙集入境。"

因此说淮河中、上游地区的今驻马店、周口、信阳、漯河等地区的食盐运输，都是利用了淮河及其支流沙颍河水系，明清之际淮河干流水运对于乌龙集的进一步发展起到了重要的作用。

三　明清时期作为淮河中、上游水运网络中心的乌龙集

乾隆三十五年高兆煌纂修的《光州志》对于光州盐税与盐运的记载尤为详细："本州额行淮北纲盐八千七百引，新增加代七百五十八引，又新增加代余盐七百五十八引，共计一万二百一十六引。盐船自淮所至正阳关。经乌龙集小船起驳，由潢河入境，水涸自张庄集陆运抵州。光山县额行淮北纲盐四千引，新增加代一千引，又新增加代余盐一千引，共计六千引。盐船自正阳关经乌龙集小船起驳，由潢河至州城南，用竹簰拽浅抵县。固始县额行淮北纲盐一万引，新增加代八百七十二引，又新增加代余盐八百七十二引，共计一万一千七百四十四引。盐船至正阳关小船起驳，经南照、三河尖抵县。息县额行淮北纲盐四千三百引，新增加代三百七十五引，又新增加代余盐三百七十五引，共计五千五十引。盐船至正阳关经乌龙集入境，水涸至临河店陆运抵县。商城县额行淮北纲盐三千四百引，新增加代二百九十七引，又新增加代余盐二百九十七引，共计三千九百九十四引。盐船至正阳关小船起驳，经南照、三河尖至固始堆卸，自固始陆

---

① （清）刘光辉：清嘉庆四年《息县志》卷之二《食货》，中国国家图书馆馆藏，第27页。

运由瓦庙抵县。"①

按照文献所载，光州全州"额行"淮北纲盐一万二百一十六引，清代光州州治在今信阳潢川县，辖光山、固始、商城、息县四县，其中潢川、光山位于乌龙集的西南方向，州治潢川所销之盐沿淮河至正阳关，后在乌龙集分装小船起驳，然后沿潢河入境，先运至张庄集后，再有陆路抵州治潢川。因此，从乌龙集向潢川、光山输盐的水上路线来看，乌龙集西南方向的盐运主要借助了淮河及其支流潢河的水运。

息县位于乌龙集之西，息县所销淮北纲盐五千五百引，盐船自正阳关经乌龙集入息县县境，再向西至临河店后，盐船就不能再继续西行，必须在临河店卸船后经陆路转运至息县县城。

商城、固始位于乌龙集的东南。从乌龙集东南固始、商城两县的盐运路线来看，两地盐运除固始经瓦庙至商城一段为陆运之外，其余盐运仍然是借助乌龙集以东淮河河道及其右岸的史、灌河。

另外，乌龙集南潢河、史河之间的白露河，明清两代也是可以通航的。今天的白露河是固始、淮滨两县的界河，河道虽有弯曲，但河床平均宽75米，时至今日木帆船上行还能到淮滨县王店乡北庙集一带②，而其下航线也可到今固始县淮河右岸（南岸）的朱皋镇③。乌龙集的东北还有洪河，洪河又称洪汝河、大洪河。清乾隆年间洪河河道经过多次挑浚，河流畅达，利于航运，故《大清一统志》中载："乾隆二十二年，于新蔡县境内开濬深通，加筑堤堰。二十三年，后于汝阳县之谢家埠，挑濬直沟一道，长一百四十余丈，又于柳家湾濬沟一道，长一百十余丈，至今河流畅达。"④ 据《淮滨县志》载，新中国成立前，洪河航道上行可达舞阳县武功。建国后，因上游修水库，航道能力降低，上行只能到新蔡县练村⑤。1986年编纂的《淮滨县志》中保存了一张新中国成立初年淮滨县（老乌龙集）周边地区内河通航里程统计表，摘录如下：

① （清）高兆煌：清乾隆三十五年《光州志》卷二十一《盐法志》，中国国家图书馆馆藏，第12—13页。

② 淮滨县地方志编纂委员会办公室：《淮滨县志》，河南人民出版社1986年版，第462页。

③ 固始县志编纂委员会：《固始县志》，中州古籍出版社1994年版，第327页。

④ （清）穆彰阿：《大清一统志》卷二百十七《汝宁府》，中华书局，第10525页。

⑤ 淮滨县地方志编纂委员会办公室：《淮滨县志》，河南人民出版社1986年版，第462页。

内河通航里程统计表①

河名	起点	正点	通航里程（公里）	船类	河名	起点	正点	通航里程（公里）	船类
淮河	淮滨	谷堆	13	轮船	洪河	淮滨	洪河桥	31	木帆船
淮河	淮滨	洪河口	16	轮船	洪河	淮滨	栏杆	38	木帆船
淮河	淮滨	往流	27	轮船	洪河	淮滨	方集	50	木帆船
淮河	淮滨	老观堂	43	轮船	洪河	淮滨	固城	61	木帆船
淮河	淮滨	曹集	54	轮船	洪河	淮滨	赵集	75	木帆船
淮河	淮滨	望岗	60	轮船	洪河	淮滨	麻里店	91	木帆船
淮河	淮滨	三河尖	73	轮船	洪河	淮滨	新蔡	129	木帆船
淮河	淮滨	南照集	88	轮船					
淮河	淮滨	张庄	19	木帆船	白露河	淮滨	白露河口	20	木帆船
淮河	淮滨	耿埠口	27	木帆船	白露河	淮滨	徐滩	30	木帆船
淮河	淮滨	踅子集	37	木帆船	白露河	淮滨	万家沟	41	木帆船
淮河	淮滨	长陵	49	木帆船	白露河	淮滨	北庙集	57	木帆船
淮河	淮滨	息县	97	木帆船					

　　以记载淮滨（乌龙集）为中心的"内河通航里程统计表"的数据显示：淮滨的水运以淮河为主干，自淮滨向东88公里轮船最远可达安徽颍上县的南照集，这与《光州志》中所载淮盐运输的水运路线是一致的。自淮滨向西97公里，木帆船最远可达息县，其他淮河沿岸的重要通航码头包括谷堆、洪河口、往流、老观堂、曹集、望岗、三河尖、张庄、耿埠口、踅子集、长陵等12处。而淮滨向南沿白露河而下木帆船可达白露河口、徐滩、万家沟，最远下行57公里可到淮滨县南王店乡的北庙集。淮滨东北沿洪河而上，经洪河桥、栏杆、方集、固城、赵集、麻里店，木帆船可上行129公里到达今新蔡县城下，而洪河流域正是明清两代汝宁府的辖境，淮北纲盐运船就是自淮河转入洪河后再向西北行至这一区域。因此，从乌龙集周边的水系构成及在此基础上形成的水运联系来看，乌龙集地处淮河干流，其东北的淮河左岸有洪河，其南的淮河右岸自西向东有潢河、白露河；更东的方向则有史、灌河，这些大小河流构成了淮河中、上

---

　　①　淮滨县地方志编纂委员会办公室：《淮滨县志》，河南人民出版社1986年版，第462页。

游地区的一套水运网络，乌龙集占据了这套水网的核心位置。经过宋元明三代的不断发展，清朝初年就已经形成为这一区域水运和贸易的中心了。

四　水运与乾隆年间乌龙集行政地位的上升

明清以来，由于水运的不断发展，淮河中、上游地区形成了许多诸如乌龙集等富有活力的中小商业集镇，这些中、小商业集镇在以后区域历史发展进程中，随着水运条件的不断变化，其行政地位也各有沉浮。

以乌龙集来说，光州是在雍正二年（1724）升为直隶州的，其下领光山、固始、息县、商城，州治在今潢川县城。乌龙集由于水运发达，经济繁荣，人口增多，社会治安问题日益显现，乾隆二十一年（1756），河南巡抚图尔公炳阿上奏中央，请求将光州州判官直接移驻息县乌龙集，这次奏议并非采取通常设巡检司的惯例，而是将州署直隶机构直接派驻乌龙集，足见乌龙集在当时淮河中、上游的行政地位已非一般巡检司可比。驻乌龙集的光州州判署不仅辖有"息之东六里村保"，而且"凡窝赌、窝娼、私宰、私杀、斗殴、盗窃之事，皆责成管理"，其职权范围比其下级机构巡检司要大，故"而督州及四属捕务犹如故"，此时的乌龙集在行政地位上仅次于光州直隶州，而这样的治理方式"于地方治理大有裨益矣"。这里所谓的"于地方治理大有裨益矣"可能包括两层含义：其一州判署设于乌龙集的，凡窝赌、窝娼、私宰等社会治安问题确实得到了有效的解决；其二州判署的移驻是乌龙集行政地位上升的必要要求，唯其如此，才能够适应乌龙集的进一步发展。故《光州志·卷十四·秩官制》载："乾隆二十一年，以息县东界安徽颍、阜，幅延二百里，咨官弹压。抚军图尔公炳阿奏请将判官移驻息县之乌龙集，分息之东六里村保隶焉，凡窝赌、窝娼、私宰、私杀、斗殴、盗窃之事，皆责成管理。而督州及四属捕务犹如故。盖一转移间，官不必另设，而于地方治理大有裨益矣。"[①]

总之，光州州判署移驻乌龙集既是明清以来乌龙集水运发展的必然结果，同时也是乌龙集行政地位由普遍商业集镇上升为县制的开始，当然行政地位的提高也会反过来助推乌龙集在清朝中后期的进一步发展。凭借淮

---

① （清）高兆煌：清乾隆三十五年《光州志》卷十四《官志》，中国国家图书馆馆藏，第20页。

河中、上游水运条件的区域中心优势，1951 年 7 月 2 日，河南省人民政府决定，析固始、息县各一部，设置淮滨办事处（县级）；"1952 年 8 月 11 日，中华人民共和国中央人民政府政务院决定：裁撤淮滨办事处，设淮滨县（县人民政府驻乌龙集），划归信阳专区领导；……1962 年 10 月 20 日，中华人民共和国国务院决定：恢复淮滨县，以合并于息县的原淮滨行政区域和合并与固始县的原淮滨县期思、张庄两个区的行政区域为淮滨县的行政区域"①。乌龙集发展为淮滨县，迄今已有 60 年了，这一成果应该是淮滨水运历史发展的必然结果。

今天的淮滨县城是在明清时期淮河流域著名的商业集镇——乌龙集的基础上发展而来的，目前依托淮滨县城而形成的淮滨港经过明清以来的发展已经成为淮河中、上游流域重要的港口，它不仅是淮河中、上游及其周边地区与安徽、江苏、浙江、上海等省市横向经济联系的窗口，而且淮滨港的经济辐射力早已突破淮河中、上游流域的局限，伴随淮河黄金水道水运的延伸达到长江中游、下游三角洲地区及沿海一带。因此，明清乌龙集到淮滨县城的城镇发展过程，不仅是值得深入研究的经济地理问题，而且其发展经验对目前中、小城镇的发展具有借鉴和启发作用。

（本文草成承李福华先生指教，淮滨考察由夏明夫先生、彭大国先生、张贵义先生、尤新峰诸先生帮助，发表于《淮北师范大学学报》（社会科学版）2014 年第 2 期）

---

① 淮滨县地方志编纂委员会办公室：《淮滨县志》，河南人民出版社 1986 年版，第 48 页。

谈杨汝楫在清代水利史上的地位

    杨汝楫，字济庵，辽宁盖县人，清朝康熙二十六年（1687 年）补授光州固始知县。其在固始县令任上三年，治水利、兴学校、明教化，颇有政绩，受到固始百姓的爱戴，固始百姓皆谓以："自前明以来循绩异政，以杨公为居最云。"杨氏在固始知县任上的突出的政绩就是兴修水利。他修复了期思—零娄古灌区的水利设施，并著有《水利图说》一文，阐释其治水实践和水利思想，而目前水利界对杨氏的水利实践和思想认识不够。现提出来，并主张在中国水利史上应给杨汝楫一定的地位。

一　杨汝楫生平

    《光州志》卷四十九《官迹列传（四）》四载有杨汝楫生平事迹：

    "杨汝楫，字济庵，奉天盖平人，以笔帖式初授河西令，康熙二十六年，补受授固始，才识敏达，案无留牍，尤心存爱民，日以兴复、养教为邑事。旧有史曲诸河资灌溉，历代以来，渠道皆淹没，明邑令薛良、张梯虽相继筑，皆以工大费繁未竟其利。汝楫既任事，率僚属遍履四野，相其原隰高下，某处可开渠置闸以通其流；某处宜凿陂树坝以防其泄。经营三载，凡邑中巨浸，如史曲二河，次则如白露，又次如急流羊行等河，以次浚筑。并教以启闭之法，定为分灌之令，工讫。详请县丞专司其政。旧志谓今人食其德，虽大禙不政无遗种，邑民每饮食必祝之，非虚语也，又加意造士，建书院、立斋房，延名宿主其席，诸生薪水咸供给之。邑之登甲乙科者遂多，四乡则建义学数十处，弦诵之声达乎四境。尤严于缉盗，有杜三才、夏银匠，系江南劫舟盗魁潜来邑境，皆廉获立毙之，境内夜不扃户。秩满升保安州知州，囊橐萧然，士民至今思之，谓自前明以来循绩异政，以杨公为居最云。"

　　根据此传所载，杨汝楫最初从办理文书的下级属吏身份被授河西县令。康熙二十六年（1687 年）被授为光州固始县令，杨汝楫任职光州固始县令间案无留牍，心存爱民之心，从《光州志》所载杨氏在固始知县任上的主要德政有三宗：其一为兴水利，这是杨氏传文中叙述最详最精细的部分；其二为建书院，立斋房、延名师、建义学，发展固始县教育，杨氏此举使得固始"弦诵之声达乎四境"。其三为严于缉盗，强化安保，捕获往来于江南、淮河之上的江洋盗贼，使得固始境内路不拾遗，"夜不扃户"。当时固始百姓都说"谓自前明以来循绩异政，以杨公为居最云"，也就是说固始百姓都认为杨汝楫是明代以来最能给他们带来实惠的官员，因此，杨汝楫在清代历史上应该是一个值得称道的官吏。

二　主持再修了中国最早的渠系引灌工程——期思陂

　　《光州志》中所载杨汝楫的事迹主要有兴修水利，发展生产；倡明教化，严于缉盗两事，其中兴修水利之事对固始民生尤为重要。在杨汝楫任职固始以前，固始百姓灌溉都用史、曲等诸河，由于灌溉工程修建时间较久，河渠河道都淹没了，明代县令薛良、张梯虽然相继修筑，工程较大，费用较多，也较烦琐，但都没有成功。等到杨汝楫任县令，他率领属官，走遍境内四野，查看平原和低下的地方，看看哪个地方可以开渠，哪个地方可以置闸，使其河水流通；哪个地方可以开挖池塘、堤坝，以防止倾泻。经营管理三年，凡是境内大的河流，如史曲二河，次之如白露河，再次之如急流、羊行河等，都修筑了堤岸并教会百姓启闭使用的方法，工作完成之后，又让县丞专门负责管理此事。固始的百姓从杨汝楫的德政中得到实惠，"每饮食必祝之，非虚语也。"这应该是人民发自内心的爱戴和拥护。

　　在这里应该说明的是，杨汝楫所开之渠乃是踵继春秋孙叔敖"作期思陂，灌雩娄之野"后的又一德政。期思陂的位置应在古期思县境，期思故城在今淮滨县东南期思镇，本蒋国故地，春秋入楚为期思邑。雩娄在今固始县东南部陈淋子镇北约四公里的史河左岸，距期思 45 公里。雩娄之野即上起雩娄城下至史灌河交会处的史灌河平原，即今梅山灌区总干、中干渠控制的范围。这块土地，从南向北平缓倾斜，是很理想的灌区。也就是说期思雩娄灌区是我国见诸记载最早的渠系引灌工程。据考，"期思陂"就处在这块平原的中间偏上，即今黎集、石佛等乡境内。根据汉代在"期思陂"基础上兴起的"茹陂"，明代在"茹陂"基础上兴建和发展的清河灌区（即百里不求天），以及清代杨汝楫的《水利图说》推论，期思陂的工程形式，是在今黎集乡附近，引史河水入陂，再由陂灌田，长藤结瓜式的工程布局。因为此项工程是引蓄结合、引水口汛期要堵，灌溉时又要扒开，所以在《光州志》中有"孙叔敖常决期思之水灌田"的记载。因为此项工程是在古期思县境内紧靠雩娄的决水流域，灌区又是孙叔敖世居境内的雩娄之野，所以《淮南子》中有"孙叔敖期思之水而灌雩娄之野"的记载。东汉崔寔把它命名为"期思陂"，故今人称之为"期思雩娄灌区"，都是合乎情理的。

孙叔敖所开期思陂因年代久远渠道皆湮没，至杨汝楫任固始县令之时，杨氏便开始全面修复和发展了孙叔敖所筑期思古灌区，并以此促进了固始、淮滨一带的农业发展，造福了当地百姓。对此，淮滨文史专家尤新峰先生在其大作《淮滨历史文化漫谈》中有论述，尤先生认为，杨汝楫在白露河修复的期思陂水利灌溉工程的名称，有些在期思一带至今仍然保留着，如方家湖、月牙湖、张大塘等。期思古城一带众多的陂塘遗址也说明，期思陂最早完成的部分应该是紧靠期思陂都邑附近，条件比较便利的陂塘和排水灌溉工程。如今，通过对期思河至兔子湖一带古陂塘遗迹的仔细观察，仍然依稀可见当年古期思陂的影子。在这些遗迹中，保留最完整，最应该受到关注的是期思河。

期思河也称期思死河，这是今人对它的称谓，《光州志》《固始县志》均未见期思河名称的记载。清康熙年间杨汝楫《水利图说》载："（白露）河自西南来，回龙港一带，有顺流而下之势……于上筑沙坝（故址在白庙集附近沙坝村）如清河法而开其渠曰兴龙口，引河而下……其名兴龙者，以兴龙台之名名之……由是西开一沟，由老猫窝始，由方家湖而宋湖（期思镇东南今有方家湖水库）……东开一沟由陈家湖始（今有陈洼大塘）……或由吴湖至月牙湖（吴湖今为红旗水库，月牙湖今有月牙岗水库）……而姜家港与旱河为邻（旱河即今谷堆乡朱湾、洪营村南之旱河，为期思河上游北支）……至沟汊分汊，不必尽名，而标其大者曰兴龙、曰回龙、曰丁家三闸……河之浚也，余目击之，手画之。"期思河东西蜿蜒约20公里，宽约30—50米，深在2米以上，这么大的工程，如系清初开挖，杨汝楫不会漏记其名，杨汝楫已经点明："至沟洫分汊，不必尽名，而标其大者曰兴龙、曰回龙"，这说明期思河古已有之。在《光州志·水志》上也没有期思河的名字，曲河、羊行河、春河等均有记载而不记期思河，说明期思河不是自然河流。结论只有一点：期思河是孙叔敖决期思之水时留下的大型水利通道，是古期思陂的重要组成部分，陂已荒废，但它仍在期思古城一带流淌，因修在期思，所以与期思陂一样被人们喊作期思河。期思河西段当地人至今称其为旱河，杨汝楫也提道"姜家港与旱河为邻"，这说明清康熙之前，由于期思陂荒废，这条水利通道曾一度断流，而被当地人称为旱河。清康熙年间经杨汝楫再次疏浚，并挖通与白露河连接的兴龙口，才重新发挥输水作用。

由此来看，杨汝楫在淮滨固始一带于清康熙二十六年以后所做兴水利润黎民一事在中国水利史上应有一席之地，他恢复和延续了中国最早的水利灌区期思——零娄古灌区的使用生命，使之在2600年以后仍然发挥着为人民谋福利的作用，杨汝楫恢复期思——零娄古灌区的功劳不可忘记。

三　《水利图说》中"均利"的治水思想

更应值得注意的是，杨汝楫将其在淮河流域的治水实践整理写成《水利图说》，为研究清代淮河流域水利情况提供了重要参考。杨汝楫的治水实践被完整地保存在《光州志》卷二十四《沟洫志》和康熙三十二年《固始县志》中，特别是清康熙三十二年《固始县志》是由杨汝楫亲自编纂，此书"于旧志驳者去之，陋者润之，疏者考之"，其十二卷卷次为：卷首图七幅，卷一沿革表，卷二建置志，卷三食货志，卷四秩官表，卷五师儒表，卷六选举表，卷七人物志，卷八典礼志，卷九武备志，卷十异流志，卷十一杂述志，卷十二艺文志。然全书的精华在于水利。杨汝楫在任三年，亲履四野，经营三载，对邑中主要河道依次疏浚修筑，并定出启闭水闸之法与分灌之令，固始县水利从此面貌焕然一新。本志对此作了极翔实的记载。详述以清河水利、堪河水利、曲河水利为干的三大水利系统，并均配以详细的水利图。图文并茂，具体详明，是很难得的资料。由此奠定了本县的水利基础。此百年大计，为以后历次修志的重点。杨汝楫的《水利图说》不仅配有专图，而且附于《固始县志》水利卷中，《水利图说》分总说、清河水利图说、堪河水利图说、柳沟口水利图说、曲河两坝水利图说、白露河水利图说、急流涧羊行河水利图说、水利源流、详文等数部分，内容极为详赡丰富，极有水利文献的价值，而且其"使贫弱俱沾水利"的治水思想则更有独到之处。

杨汝楫通过治水化解了当时积弊多年的用水不均所引发的社会矛盾和贫富阶层的利益冲突，使得"贫弱者俱沾而豪强不得擅决堤坝"。关于此，杨氏《水利图说·总说》中载："我邑东南有史河、泉河、石槽、杨林、羊行等河，西有白露河、曲河，古人分流安闸散衍于各塘陂湖港沟堰，将二百余所。上流下接，以次受水，各有期限，虽旱为虐而稼穑无恙，亦十二渠之遗泽也。迨后泉源猝变，史淤上闸口，而清河一带源绝淤三汊口；而堪河之普惠、均利二闸塞，迁流漫衍，水利全去，仅存各乡沿冈官塘之水。曲河、白露灌口湮没，久不沾利，至于石槽、杨林、羊行等河，间有筑埂积水、浇灌下流，民田无几而又劳役不均，分利不公，用力兴筑者乃贫弱小户，而争先使水者则宦豪大室，且也上坝之水未满定期，而下坝豪强集数首人决坝，甚至持兵相攻，而上坝之功力成虚矣，安在其均利也？是在良有司留心民事，委贤丞佐主之不时令修筑堤防，而所筑诸河积水按日分放，俾贫弱者俱沾而豪强不得擅决堤坝。如是，即不能比顺成之岁，亦可救荒旱之什一也！即如古西门豹之遗泽，庶几其不尽坠也哉！"也就是说治水之举不仅可以协调自然（水）与人的关系，而且还能调解穷人与富人之间的矛盾。杨汝楫从民生出发，使"有司"留心于百姓疾苦，抑制豪强大户使其不得擅决堤坝取水，使贫富之户均利于水，都能够平等地享受水利之惠，这一"均利"用水的思想是关乎国脉的大事，因此，杨氏固始的治水理念在今天应引起充分关注。

（承杨惠淑女士指教，发表于《河南水利与南水北调》2012 年第 21 期）

中原古都古城与古国研究

地理环境与中国最早城址的选择

——以郑州仰韶西山古城为例

中原地区是中国城市起源最早的地区之一，而位于郑州市北郊的西山古城仰韶文化遗址，则是中原地区范围内考古发现最早的城址，以郑州西山古城为例，来探索中国早期城市的选址与地理环境之间的关系，对研究中国古代早期城市的起源、城址选择等问题具有重要的参考价值。

一 中原地区仰韶时代古城的发现

1984 年冬，在郑州西北郊进行考古调查时发现了西山遗址。1993—1996 年，国家文物局考古领队班连续三年的发掘和探索，发现了迄今我国年代最早的古城遗址——西山古城。经钻探推知，西山遗址的文化堆积以仰韶晚期文化遗存为主，各类遗迹层层相叠，打破关系错综复杂。其城址平面略呈不规则的圆形，西垣残存 60 余米，北垣西段自西北角向东北方向延伸，长约 60 米；中段向东延伸，略向外弧凸，长约 120 米；东段再折而东南，与西北角形状略同，残长约 50 米；其余地段仍在勘察之中。城垣现存保存最好的一段约 3 米，宽约 5—6 米，城墙折角加宽至 8 米左右，西北角城垣基底宽约 11 米；城外壕沟宽 5—7.5 米，深 4 米。西山遗址面积约 10 万平方米，实际发掘面积为 6385 平方米，仰韶文化城堡只占遗址的一小部分，从城的西北角到东北角的宽度约 185 米。除发现北、西两座城门外，还清理房基 120 余座，窖穴、灰坑 2000 余座，灰沟 20 余条，墓葬 200 余座，瓮棺 130 多座，出土大批陶、石、骨器等人工制品及兽骨、种子等动植物遗骸。① 西山古城由大型环壕和城墙组成，环壕为人工所挖，城墙用板筑法夯打而成。城内发现附设有"影壁式"防御系统的城门二座及大量建筑基址、墓葬等。西山古城建筑方法、形制结构，显示了巨大的进步和创造力，开启了中国城垣建筑规制的先河。

根据遗物遗迹判断，西山遗址可分为三期文化遗存。其中，第一期遗存约当后岗一期文化时期；第二期遗存最为丰富，具有庙底沟文化特点，但又具明显的地方特色，即通常所谓庙底沟类型的东方变体；第三期遗存的内涵比较复杂，其主体属于秦王寨类型（即大河村类型）的仰韶文化，并出现了东方大汶口文化和南方屈家岭文化因素。根据有关的出土遗物分析，西山古城当建于西山遗址二期早段，至三期晚段即已废弃。其绝对年代约距今 5300—4800 年间。郑州西山仰韶文化城址的面世，是我国史前考古的重大发现。为我们研究仰韶时代豫中地区考古学文化面貌特征、文化性质、聚落形态、社会组织、丧葬习俗、生态环境、与周边文化关系等诸多问题提供了详尽的实物资料。②

郑州西山仰韶文化城址位于郑州市北郊 23 公里处的邙山余脉，枯河北岸的二级阶地边缘。郑州西山城址位于仰韶文化秦王寨类型聚落群的中部，东距大河村遗址约 17 公里，西距青台遗址约 12 公里，点军台遗址约 9 公里，秦王寨遗址约 17 公里，南距后庄王遗址约 6 公里，陈庄遗址约 15 公里。还有郑州市区的须水乡白庄、沟赵乡张五寨、杜寨、金水区胜岗、古荥乡石河、荥阳市区的汪沟、竖河、池沟寨、陈沟、阎村、张河、杨寨北等诸多遗址，都距西山城址不远，其时代均属于仰韶文化晚期的秦王寨类型。由此可知，西山城址是这一聚落群中的唯一城址，其地位一定高于诸聚落遗址，是这一地区的中心要邑。另从宏观的中原地区的新石器文化城址的考古发现来看，除了郑州西山仰韶文化城址以外，中原地区还发现了大量仰韶文化、龙山文化的古城遗址，如郑州西山仰韶古城遗址、③ 淅川龙山岗仰韶晚期城址、安阳后岗遗址、登封王城岗遗址、淮阳

---

① 许顺湛：《郑州西山发现黄帝时代古城》，河南省炎黄文化研究会编：《炎黄颂》，中国经济文化出版社 2003 年版，第 125—126 页。

② 马世之：《郑州西山仰韶文化城址浅析》，《中州学刊》1997 年第 4 期，第 136—140 页。

③ 国家文物局考古队领队培训班：《郑州西山仰韶时代城址的发掘》，《文物》1999 年第 7 期，第 4—15 页。

平粮台龙山文化城址、郾城郝家台遗址、辉县孟庄龙山文化城址、新密古城寨龙山文化城址、新密新砦遗址、平顶山蒲城店遗址、濮阳高城与戚城龙山文化城址、温县徐堡龙山文化城址、博爱西金城龙山文化城址。这些早期城址的出现不仅为中国城市起源、发展掀开了第一页，而且表明中国文明时代也已到来。因此，仰韶——龙山中原地区古城的出现具有重大的学术意义，而且研究这些古城的选址对于我们今天城市发展有着极其重要的现实价值。

二　西山古城的选址与地形的关系

从宏观的地势、地貌上来看，中原地区大致可以划分为三个地理单元。西部处于黄土高原的东南缘，中部豫西地区处于第二阶梯向第三阶梯的过渡地带，东部为广阔平坦的华北大平原；而郑州市就横跨中国第二和第三级地貌台阶，西南部嵩山属第二级地貌台阶前缘，东部黄淮平原为第三级地貌台阶后部，山地与平原之间的低山丘陵地带，构成第二级地貌台阶向第三级地貌台阶过渡地区。就仰韶西山城址的选址特点来看，地势地貌有两个特点：一是郑州西山古城遗址位于郑州市北郊23公里处的惠济区古荥镇孙庄村西，北距黄河约4公里，遗址北依西山，为邙山余脉，山岭在遗址东侧戛然而止，恰似黄河中下游之交的脊轴；南面枯河是发源于荥阳境内山区的一条短促的季节性河流。遗址坐落在枯河北岸二级阶地的南缘。二是西山遗址正是坐落在延绵不绝的豫西丘陵与东南部的黄淮平原的交界点上。

从西山古城所在地区的地壳运动趋势来看，郑州地区西部的地势与地貌，在晚更新世末期以来，发生了自下降而抬升的重大变化，一万多年来，郑州地区的北部和西部发生过间歇性持续性上升的变化。而桃花峪以上的黄河河床，则呈现间歇下切，史前黄河在邙岭至洛河口一线众多的沟峪里留下高于现代常水位左右的淤积沙层就说明了这个问题。全新世的中晚期，黄河水乃至大洪水已无法再进入这一条形走廊。沿着京广铁路线，郑州北部存有一条太行山前的深断裂，这条断裂北自北京、石家庄，经邯郸新乡、郑州，抵平顶山，它大致与中国东部地貌的第三级台阶西缘相应，在其东部是不断下沉的华北平原，其西边是不断间歇抬升。① 从地质的角度来看，我们以西山古城为坐标，对比西山古城以东和以西城市的平均海拔，也可以明显看出不断抬升的西部台地与东部相比其海拔明显偏高。若以京广铁路线为地理坐标，京广线以西是地势较高的台地，京广线以东是地势较低的平原，且京广线东西两地区的地壳活动是完全不一样的，西边基本趋势是抬升，东边的基本趋势是下降。西山古城遗址紧邻京广线，位于京广线西侧，位于抬升地区最东部的边缘，这是西山古城遗址地势、地形以及地质构造上的特点。

再从西山古城周边的地形来看，西山位于邙岭余脉的西山上，邙山位于郑州市西北隅，邙山的地貌主要为黄土台地和黄土丘陵，由于黄河的侧蚀和众多沟谷侵蚀作用，使得黄土丘陵形态显得异常陡峻。邙山，又称北邙，属秦岭崤山余脉中间的一段，横亘在黄河南岸、洛阳城北的黄土丘陵地带，高出黄河、洛河水面约 150 米。西山南有洛水，地处黄河与洛河交汇处，南北 16 公里，东西 30 公里，面积约有 500 平方公里，地势开阔。在邙山地表以下 5—15 米的土层，渗水率低、黏结性能良好、土壤紧硬密实。《山海经》等古代文献中所记载的"平逢山"即邙山。位于邙山余脉上的西山古城遗址就符合了相对于周围的地理环境地势较高的要求。

三　西山古城的选址与河流关系

西山古城南临枯河，枯河古称"旃然河"，因明嘉靖年间河枯而得名，又有说其天旱则干涸，故称枯河。枯河源于荥阳市白杨村旃然池（今主要水源为上街区郑州铝厂排放的废水）。今天的枯河流经蒋头、仁里村、前真村、唐岗水库、樊河村，由小胡村东入邙山区古荥乡，穿过京广铁路，经保合寨、岗李村北南裹头注入黄河。枯河虽然也称"旃然河"，但与《水经注·济水》中作为索水异称的"旃然水"是完全不同的。《水经注·阴沟水　汳水　获水》曰："汳水出阴沟于浚仪县北，阴沟即蒗渠也。亦言汳受旃然水，又云：丹、沁乱流，于武德绝河，南入荥阳合汳，故汳兼丹水之称，河济水断，汳承旃然而东，自王贲灌大梁，水

---

① 徐海亮、王朝栋：《史前郑州地区黄河河流地貌与新构造活动关系初探》，《华北水利水电学院学报》2010 年第 6 期，第 102—105 页。

出县南，而不迳其北，夏水洪泛，则是渎津通，故渠即阴沟也。"[1] 汳水
即汴水，汴水出自阴沟，阴沟出自旃然水，所以古旃然水就是汴水或阴沟
水或蒗荡渠的上源。所以《水经注·济水》曰："济水又东，索水注之。
水出京县西南嵩渚山，与东关水同源分流，即古旃然水也。"[2] 由此来看，
汜水河东、广武岭南的枯河，虽也名旃然，但其与索水上源的旃然河实为
两条河，不能混淆为一。索水之北的枯河在《水经注·济水》中又有砾
石溪水之名，其与西山古城址关系极为密切。

综观中原地区的新石器时代城址，这些城址大多位于大河支流水系地
势较高的地方，这决非偶然。例如，王城岗城址位于五渡河西岸、后岗城
址位于沮河岸边、大师姑城址索河二级台地上等，都是位于河流的二阶地
上。西山遗址之所以会大都分布在河流的二级阶地之上，是因为阶地一方
面会高出河面，一方面会接近河流，这样既可以防御洪水，又方便取水。
正如史念海先生所说："新石器时代的遗址遍于全国各地，大体来说，总
是邻近当地的河流湖泊，即今在一些遗址近旁已无水源，然由遗址的遗物
来看，当地是曾经有过河流的，不过由于自然的变迁，昔日的河流已干枯
和绝流。……实际上当时人们居住于河流的旁边，应当和交通问题有关。
古代人们不仅注意到要在河流旁边选择住地。而且还特意选择到两河交汇
的地方，正是这样的意思。"[3] 西山古城城址的选择也说明了这一点。不
仅如此，西山古城城址还处于大河三级支流的上游地势较高的地区，这样
既可以防御洪水，又方便取水。

现在的枯河是一条发源于荥阳境内山区的短促的季节性河流，但仰韶
时代枯河的水环境状况与现在却大不一样。从枯河曾经的水量来看，枯河
并非是一条小河。依据北京师范大学王晓岚教授等人对西山遗址环境考古
研究结果，遗址南部的枯河历史上曾有两次北袭侧蚀遗址的过程，第一次
在 5145aBP—3360aBP 之间，侧蚀平均速率为每百年 1.1 米；第二次在
3300aBP—3000aBP 间，枯河的北袭彻底破坏了城址的南部。在这里应该
说明的是，根据王晓岚教授等人的研究成果，"当地的地貌条件是洪积成
因的向东向南倾斜的宽阔平原，虽有枯河穿过，因其具有冲沟性质而无泛

①　陈桥驿：《水经注校证》，中华书局 2007 年版，第 555 页。

②　同上书，第 190—195 页。

③　史念海：《河山集》（第一集），三联书店 1963 年版，第 7 页。

滥之苦，又平原的组成物质下部是更新世洪积黄土层，顶部为全新世黄土层，很适合古代人类居住和进行旱作农业耕作活动。"① 既然当时枯河并无泛滥之苦，那么枯河第二次北袭应该是在 3300aBP—3000aBP 间，而非西山城址兴起和繁荣的仰韶时代，这样可能对我们研究古代城址与河流的关系具有普遍意义。对于小河流的理解，史念海先生说："汾河支流釜水，现在看来不过是宽约二公尺的小河，可是却有六七十公尺的河谷，河谷两旁又是矗立着数十公尺高的河岸，可见它原来是一条大河。"② 如今枯河东北流经荥阳王村、高村、广武及邙山区古荥，在保合寨北流入黄河，河槽宽 30 米左右，河水正常流量虽只有 0.2—0.3 秒立方米，但 1957 年，最大流量曾达 970 秒立米。全长 40.6 公里，流域面积 267 平方公里。因此，我们认为枯河，即古之砾石溪水对于西山古城遗址的成长起到了哺育作用。位于枯河北缘的西山古城在仰韶时代，既无河水泛滥之忧，又有充足的水源，这些都促进了城址周边旱作农业耕种的发展。因此，这样的人水关系哺育了中原地区城市的萌芽。

四　西山古城是秦王寨类型考古学文化中的区域中心

从历史地理学的角度来界定古代城市起源应具备以下两条标准：第一，遗址的内涵与城市活动的条件是否相符；第二，生产和交换情况是否成为或形成区域中心，而在这两个条件中，以后者最为重要。③ 西山城址毫无疑问是其所在区域内地域系统的中心，甚至是周边商业贸易的汇聚中心。

首先，我们来分析一下西山古城遗址周边的仰韶文化遗址与西山古城的相互关系。仰韶时期，中原地区的四种重要类型，其空间分布大体分为豫北安阳大司空村后岗一期、豫西陕县庙底沟、豫中秦王寨、豫西南淅川下王岗四种。从仰韶文化中原地区考古学文化差异及其空间特征而言，豫中类型位于中原地区仰韶时代考古学文化的中心地区，而就豫中类型而

---

① 王晓岚、何雨、贾铁飞、李容全：《距今 7000 年来河南郑州西山遗址古代人类生存环境》，《古地理学报》2004 第 2 期，第 234—240 页。

② 史念海：《河山集》第一集，三联书店 1963 年版，第 16 页。

③ 陈昌远、陈隆文：《郑州西山古城与中国早期商业贸易》，《黄河科技大学学报》2010 年第 3 期，第 32—35 页。

言，有数个遗址，其中尤以大河村遗址为代表。在这些遗址中郑州西山城址位于仰韶文化秦王寨类型聚落群的中心位置，在它的周边有秦王寨遗址、青台遗址、点军台遗址、后庄王遗址等。西山古城遗址东距大河村遗址约 17 公里，西距青台遗址约 12 公里，点军台遗址约 9 公里，秦王寨遗址约 17 公里，南距后庄王遗址约 6 公里，正处在仰韶文化豫中类型的中心。

由于处在豫中类型区域典型的秦王寨文化的中心，诸多文化遗址的分布范围内，都没有发现古城址，而只有在郑州西山发现古城遗址，这表明郑州西山遗址应是秦王寨类型文化、政治、经济、军事的中心地带。根据历史文献记载，郑州及其附近地区在古代还是祝融部落的活动区域。郑州西山古城址的发现，表明郑州地区从很早以前开始就成为了中原地区的商业贸易中心。所以西山古城为中心的周边地区的商业贸易的交换都可以在以西山古城为中心的区域内的中心聚落进行，所以城址的内涵和城市活动的地理条件符合城市出现的规律。

这里有一个问题需要注意，在当时的生产力条件下，要想完成筑城这样巨大的工程是需要巨大的劳动力支持的，那么作为中心聚落自然不可能独自完成这样的任务，这就需要以城址为中心集合周边临近部落的力量来共同完成，那么，中心聚落四通八达的区位优势也促成了这一任务的实现。这样劳动力的动员在某种程度上又加强了中心聚落和周边聚落的组织关系，为中心聚落进行商业贸易活动提供了社会组织背景。西山古城居中的地理位置同时也成为周围及临近氏族集团争夺的主要目标，西山古城优越的地理条件与其兴衰变迁有着密不可分的关系。同时，"西山遗址古代人类生存时期的耕作地面，至少自 7200aB1P1，农耕已相当普遍，也有了旱作农业。正因为有了农耕收获的物质基础，本遗址才有建筑城墙形成一定规模的聚落。"[①] 由此我们认为，西山古城遗址在当时无论是从中原地区来看，还是从豫中类型的文化来看，它都已经成为了一个作为生产和交换的区域中心，是一个聚落群的中心，具有中心聚落的性质。

---

① 王晓岚、何雨、贾铁飞、李容全：《距今 7000 年来河南郑州西山遗址古代人类生存环境》，《古地理学报》2004 年第 2 期，第 234—240 页。

五　小结

中原地区成为中国古代最早产生城市的地区之一，这完全是由于自然环境的条件造成的。由于当时人类改造自然和利用自然的能力还相当低下，地理环境或者说自然环境在文化形态和文化精神的形成中起着决定性的作用。中原地区优越的地理环境是中原文化生成和发展的基础，西山古城遗址的选址就证明了这一点。

同时，我们应该看到，地理环境的选择是早期城市选址的主要因素，人们要想在一个相对适宜的生态环境下进行城市选址，还必须综合考量这一地区的地理环境。西山古城及早期的中原古城的选址都与地理环境有着密不可分的关系，从地势地貌来看，西山古城位于地势较高的抬升地貌下；从与河流的关系来看，西山古城位于大河三级支流的上游；从考古学文化的区域来看，西山古城位于秦王寨文化的区域中心，也是商业交换的中心。地理环境与选址的这种互动关系影响了中国早期城址的起源。

（本文由张灿硕士执笔，承陶谦先生指教，发表于《黄河科技大学学报》（哲学社会科学版）2012年第1期）

郑州大师姑城址性质与
夏商鼎革的再认识

郑州大师姑城的发现，对于夏代城市考古的研究具有重要意义。对于大师姑城的性质，学术界有不同认识。大师姑城应是夏代古观国的始封地，历史上郑州地区称管或管邑实由此而始，大师姑城址的发现对于夏商史的研究，特别是夏商交替、汤始居亳、文献中"三亳阪尹"等夏商史重大问题都有十分重要的学术价值。它为进一步研究夏代社会和中国古代文明起源提供了珍贵资料。

郑州大师姑城是 2003 年全国十大考古新发现之一，围绕大师姑城址的研究学术界先后形成了韦顾说、古昆吾城说和商汤韦亳说等三种不同的看法和观点。韦、顾说与商汤韦亳说是建立在汤始居亳的"亳都"应在郑州商城的基础之上的；而若以古昆吾的地望在郑州大师姑，那么夏史中的"昆吾夏伯"居"昆吾之丘"的记载又无法在郑州一带落实，因此韦、顾说、古昆吾城说和商汤韦亳说等三说尽管影响很大，但需要重新思考。如果从夏商关系和夏商交替年代出发，立足"汤始居亳"的亳都在今山西垣曲商城，那么郑州西北大师姑城址的性质及其在夏商之际交替变革的意义与城址的价值应该有重新认识的必要。

一 郑州大师姑城址非韦、顾说

大师姑二里头文化城址的性质问题，目前存在较大的分歧意见。

王文华先生认为："韦、顾两地地望与大师姑遗址所在地相近。大师姑夏代城址北距黄河南岸约 13 公里，隔岸正对沁水入河处，距郑州市区直线距离约 22 公里。由此可见，大师姑夏代城址有可能为韦或顾之一。"① 他又说："韦，邹衡先生考证不能远至濮阳，而应在今郑州市区内。……韦、顾两地地望与大师姑遗址所在地相近。"汤伐韦、顾，见于《诗经》。《诗经·商颂·长发》有："韦、顾既伐，昆吾夏桀。"② 在这里，我们应如何理解"韦、顾既伐，昆吾夏桀"？首先，我们必须要知道，商汤始都亳应在何处？也就是说汤是从何地出发征伐夏桀的，这是我们确定韦、顾地望的前提。如果这个问题弄不清楚，那么对韦、顾的探讨自然是不能正确理解其存在的方位。由于邹衡先生认为"汤始居亳"是在郑州商城，因此《诗经·商颂·长发》所说的"韦、顾"自然要在郑州附近寻找。但在这里有一个问题必须解决，那就是夏代是在何处被灭亡的？夏究竟是在今偃师，还是在山西安邑被灭国？如果这个问题不能很好地解决，自然韦、顾的定位就存在大问题了。我们主张商汤灭夏的战争应是在山西安邑境内进行的。如果商汤始居亳在郑州，那么如何进行韦、顾与昆吾地望的考察呢？所以邹衡先生只有把韦、顾确定在郑州附近才能自圆其说。

考诸古史，古代的韦国应在今河南滑县境内。故崔述《考信录·商考信录》卷一《诗经·商颂》考曰："按此文称'韦、顾既伐，昆吾夏桀'。则是汤先伐韦、顾，次乃伐昆吾，最后乃伐夏也。盖汤之初国小，其力不能伐昆吾。……逮至韦、顾既灭，地广兵强，已无敌于天下，然后乃伐昆吾，昆吾既灭，……然后……乃伐夏耳。"③ 韦、顾联称，说明二地比较接近，因此，应将两地联系起来考察，这样才符合历史的实际。

韦即豕韦，夏代彭姓国。《路史·后纪八》曰："夏之中兴，别封其（彭祖）孙元哲于韦，是为豕韦，迭为夏伯。"④ 豕韦的地域，在今河南省滑县一带。滑县古称白马县，县治在今滑县东 18 公里的固留镇白马墙。豕韦建都韦城，位于白马墙之东南。皇甫谧《帝王世纪》记载："白马县南有韦城。"⑤《左传·襄公二十四年》杜预注："豕韦，国名。东郡白马

---

① 王文华：《郑州大师姑二里头文化城址发现的意义》，韩国河、张松林主编：《中原地区文明化进程学术研讨会文集》，科学出版社 2006 年版，第 331 页。

② 李学勤主编：《十三经注疏·毛诗正义》，北京大学出版社 1999 年版，第 1459 页。

③ 崔述：《考信录》卷一，商务印书馆 1937 年版，第 6 页。

④ 罗泌：《路史》卷十七，文渊阁四库全书本，台湾商务印书馆 1989 年版，第 150 页。

⑤ 徐宗元：《帝王世纪辑存》，中华书局 1964 年版，第 67 页。

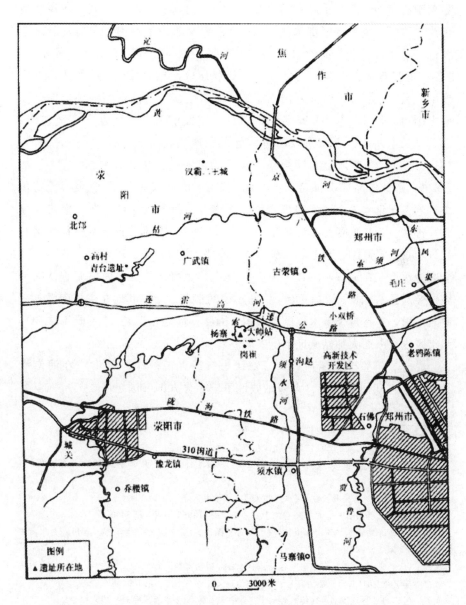

大师姑遗址位置示意图（引自《郑州大师姑（2002—2003）》）

县东南有韦城。"①《水经·河水注》曰："白马有韦乡、韦城，故津亦有韦津之称。"②《水经·济水注》云："濮渠又东迳韦城南，即白马县之韦乡也。"③《后汉书·郡国志》载曰：东郡"白马（县）有韦乡，杜预曰：'县东南有韦城，古豕韦氏之国'"。④ 隋开皇六年（586）分白马县南境置韦城县。《元和郡县志》河南道曰："韦城县，本汉白马县地，殷伯豕韦之国也"。⑤ 宋《太平寰宇记》曰："古殷伯豕韦之地也。"⑥《左传》云："二十四年，春，穆叔如晋。范宣子逆之。问焉，曰：……宣子曰：'昔匄之祖，自虞以上为陶唐氏，在夏为御龙氏，在商为豕韦氏。'"⑦ 故《汉书·韦贤传》："其谏诗曰：'肃肃我祖，国自豕韦。'"⑧ 陈奂《毛诗传疏》卷三十谓："今河南卫辉府滑县东南五十里有废韦城。"⑨《重修滑县志》亦云："韦城废县在滑县东南五十里。"⑩ 沈钦韩《春秋左氏传地名补注》也说："豕韦氏《续志》东郡白马有韦乡。《汇纂》《隋志》置韦城县全废为镇，今在卫辉府滑县东南五十里。"⑪ 黄盛璋先生曾做出调查认为韦城即今滑县的妹城。⑫《诗经·长发》中的韦即豕韦，其地在今河南滑县东南五十里，这在古今学术界已趋共识。因此马世之先生说："韦既不在今郑州市区内，因而大师姑城址不是韦城。"⑬ 马世之先生之说正确。

　　总之，不管今人还是近人，都认为《诗经·商颂》的韦应在河南滑县，不应在郑州。因此，大师姑城址不应是夏方国韦国之城。

---

①　李学勤主编：《十三经注疏·春秋左传正义》卷三十五，第 1001 页。

②　郦道元著、陈桥驿校注：《水经注校证·河水注》卷五，中华书局 2007 年版，第 134 页。

③　郦道元著、陈桥驿校注：《水经注校证·济水注》卷八，第 204 页。

④　范晔：《后汉书·郡国志》卷二十一，中华书局 1965 年版，第 3450 页。

⑤　（唐）李吉甫撰、贺次军点校：《元和郡县图志》，《中国古代地理总志丛刊》卷八，中华书局 1983 年版，第 199 页。

⑥　（宋）乐史：《太平寰宇记》卷九，中华书局 1999 年版，第 48 页。

⑦　李学勤主编：《十三经注疏七·春秋左传正义》卷三十五，第 1001 页。

⑧　（汉）班固：《汉书·列传》卷七十三，中华书局 1962 年版，第 3101 页。

⑨　陈奂：《毛诗传疏》，商务印书馆 1933 年版，第 79 页。

⑩　滑县地方志编纂委员会：《重修滑县志》，1986 年油印本，第 22 页。

⑪　沈钦韩：《续修四库全书·经部·春秋左氏传地名补注》，上海古籍出版社 2002 年版，第 212 页。

⑫　黄盛璋：《〈孙膑兵法·擒庞涓〉篇释地》，《文物》1977 年第 2 期。

⑬　马世之：《郑州大师姑城址性质试探》，《中原文物》2007 年第 3 期。

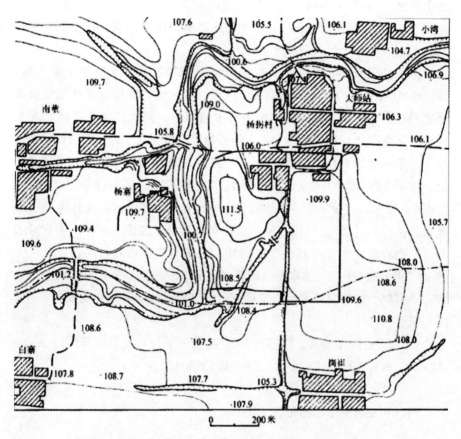

大师姑遗址地形平面图（引自《郑州大师姑（2002—2003）》）

　　大师姑城址是否为顾呢？顾，夏商时的己姓国，地望应在何处？目前有两种不同的看法：一为在河南原阳，一为在河南范县。主张河南原阳说的是王国维先生。王先生最早在《殷墟卜辞中所见地名考》中说："雇字古书作扈。《诗经·小雅·桑扈》、《左传》及《尔雅》之'九扈'，皆借雇为扈。然则《春秋》庄二十三年盟扈之扈，殆本作雇。杜预云：荥阳卷县北有扈亭（今怀庆府原武县）。"①

　　陈梦家《殷墟卜辞综述》根据《卜辞通纂》中 743 庚甲卜辞上雇、勐等地名的记载认为："雇即自雇，与勐、来相近，来即清水注所记修武县之敕丘。自沁阳至雇，是东南向向大河而行。河水注卷五'河水又东北经卷之扈亭北，春秋左传文公七年晋赵盾与诸侯盟于扈，竹书纪年晋出公十二年河水绝于扈，即于是也'。今原武县西北有扈亭故址，当郑县之北。庚甲卜辞粹 300 和前 2.4.8 并有'才雇卜'之辞而后者'才雇卜''才河卜'相次，故知雇、河皆滨河。雇为夏代的诸侯，商颂长发'韦顾既伐，昆吾、夏桀'，所伐之韦、顾皆在黄河以北的豫北地区，韦在滑县东境，而顾即世本'有扈氏与夏同姓'之扈。雇至殷降而为伯，武丁卜辞云'贞乎取雇白'（北京图书馆何遂藏骨）"②。陈梦家先生认为韦、雇应在黄河以北的豫北地区。李学勤先生在《殷代地理简论》也说：

　　　　"□□卜在勐贞，□□八月敦□，[王] 受祐？不 [茜戋]？王固曰："大吉。"[在] □月。萃 1296（京 5633）[五]

　　同时它也是一个田猎地区：

　　　　丁亥卜在勐贞，王步，亡灾？擒？兹御。获犰五。续 3，30，2 [五]

　　　　勐近于河，所以在勐向河行祭：
　　　　□□ [卜] 在勐贞，其……河，重牛？[在] □月。前 2，7，6 [五]

---

①　王国维：《观堂集林·观堂别集》卷一，中华书局 1959 年版，第 1155 页。
②　陈梦家：《殷墟卜辞综述》，中华书局 1988 年版，第 305 页。

据此，雇和勤都是滨于黄河的地名。"①

根据卜辞地名排比，李先生认为雇是滨于黄河的地名，其地近于清怀庆府，正好与王说吻合。

由于邹衡先生主张汤始居亳在郑州商城，为了调和文献上的矛盾，故邹衡先生说："如果顾在今山东范县，则与郑亳相距太远，两地在军事上并无必然的联系。"又说："范县说最早只见于《元和志》，缺乏更早的记载。因此，我们认为扈顾说是可信的，范县说不可取。"② 按邹衡先生的说法，顾在范县说是唐人之论出现较晚，故不可信。但应该强调说明的是顾在齐地之说的始论者应该是晋代的杜预。杜预注《左传》哀公二十一年曰："秋，八月，公及齐侯、邾子盟于顾。"③ 杜预最早提出"顾，齐地"。顾，如果是在郑州，那么齐侯、邾子就要在郑州会盟了，这基本上是不可能的。因此顾应在今河南山东交界的范县才比较准确。因此杨伯峻在《春秋左传注》曰："据《读史方舆纪要》，顾即《诗经·商颂》'韦，顾既伐'之'顾国'，在今河南范县旧治东南五十里，齐地。"④ 沈钦韩《春秋左氏传地名补注》："《左传·哀二十一年》公及齐侯，邾子盟于顾。《注》顾，齐地。《一统志》顾城在曹州府范县南三十里，《通志》云，县南五十里。"⑤ 因此，文献上顾地的地望应在河南山东交界的今河南范县才较为准确。

我们应该强调指出，王国维、陈梦家先生把《左传》中所记的"扈"说是"雇"，可能只是强调两字在字形上相近，其实二字并没有必然的联系。杜预注："《左传》扈，郑地，在荥阳卷县西北"中的"扈"与"雇"在原阳两者并非同一问题，其为两地也无任何纠葛，因此，把"雇"说成是"扈"，又说成其地在郑州市境内，即《诗经·商颂》的"韦顾既伐"的"顾国"似有不妥。这样来看，顾国只有在今河南范县境

---

① 李学勤：《殷代地理简论》，科学出版社 1959 年版，第 43 页。

② 邹衡：《夏文化分布区域内有关夏人传说的地望考》，《夏商周考古学论文集》，文物出版社 1980 年版，第 248 页。

③ 李学勤主编：《十三经注疏·春秋左传正义》卷六十，第 1704 页。

④ 杨伯峻：《春秋左传注》，中华书局 1981 年版，第 1717 页。

⑤ 沈钦韩：《续修四库全书·经部·春秋左氏传地名补注》，上海古籍出版社 2002 年版，第 134 页。

内，而韦在河南滑县境，只有两地均在今河南省东北部地区，韦、顾两地相去才不必太远。而这一看法正与古代文献相符合，所以《元和郡县图志》卷十一濮州范县条曰："故顾城在县东二十八里，夏之顾国也。"①《太平寰宇记》《诗地理考》《毛诗传疏》等皆主张顾在河南范县境内。顾国不在今河南原武县，因而大师姑城址也不应是古顾国城。

二　郑州大师姑城址亦非古昆吾城

2007 年，马世之先生又提出大师姑城址是古昆吾城。

马世之先生认为，汤灭韦、顾、昆吾之后，接着讨伐夏桀，夏王朝遂被灭亡。从商汤伐夏进军路线来看，大师姑城址很可能就是昆吾城。② 联系商人灭昆吾的史实，以大师姑城为昆吾城的看法可能有进一步认识的必要。

高士奇《春秋地名考略》曰："按《国语》，祝融后八姓昆吾为夏伯矣。又曰己姓昆吾、苏、顾、温、董则夏灭之矣。韦注：昆吾，祝融之孙，陆终第二子名樊，为己姓，封于昆吾。昆吾，卫，是也。昆吾、苏、顾、温、董五国皆昆吾之后，别封者莒其后。《诗·商颂》'韦、顾既伐，昆吾夏桀'。郑笺：'顾、昆吾皆己姓三国，当于桀恶，汤先伐韦顾，克之昆吾。夏桀则同时诛也。'由此言之，则昆吾灭于商，与《国语》小异也。昭公四年，楚灵王曰：昔我皇祖伯父昆吾，旧许是宅。"③ 这里有一个问题，昆吾国是灭于夏，还是灭于商？高士奇《春秋地名考略》曰："二十八年，昆吾会诸侯伐商，三十一年，商自而征夏邑，克昆吾。国语谓昆吾灭于夏，而竹书谓灭于商。与商颂韦顾既伐昆吾，昆吾夏桀之说同俟考。"④ 根据文献来看，昆吾与夏、商均发生过冲突，但最终为商汤所灭。故《尚书·汤誓》正义引皇甫谧说："今安邑见有鸣条陌、昆吾亭，左氏以为昆吾与桀同以乙卯日亡，韦顾亦尔。故《诗》曰：韦顾既伐，

---

① （唐）李吉甫撰、贺次君点校：《元和郡县图志》，《中国古代地理总志丛刊》卷十一，中华书局 1983 年版，第 297 页。

② 马世之：《郑州大师姑城址性质试探》，《中原文物》2007 年第 3 期。

③ 高士奇：《春秋地名考略》卷十四，文渊阁四库全书本，商务印书馆 2007 年版，第 680 页。

④ 同上。

昆吾夏桀。"① 按照皇甫谧之说，昆吾与夏桀都是在乙卯日被商汤灭亡的。昆吾的居地何在？商汤是在何地灭亡昆吾的？"（安邑）县西有鸣条陌，汤伐桀战昆吾亭，《左传》昆吾与桀同日亡。"② 安邑应是昆吾的最早居地，而商汤灭夏以后，昆吾余部才开始迁徙，故《竹书纪年》曰："昆吾氏迁于许。"③ 由此来看，商汤从亳（山西垣曲县）出兵向西进军安邑、鸣条，灭夏灭昆吾于晋南的。④

安邑在今山西夏县，历史上不仅是昆吾的旧居地，而与夏联系密切，昆吾与夏在此地形成了联盟。皇甫谧《帝王世纪》曰："禹自安邑都晋阳，至桀徙都安邑。"⑤ 《太平寰宇记》卷四十六引为"禹或营安邑，即虞夏之两都也。"⑥ 郦道元《水经注·卷六》涑水曰："又西南过安邑县西。安邑，禹都也。禹娶涂山氏女，思恋本国，筑台以望之，今城南门台基犹存。"⑦ 杨守敬《水经注疏》曰："两汉、魏、晋，县并属河东郡；后魏改为北安邑，属河北郡。在今夏县西北十五里……又引夏静《与洛下人书》曰，安邑涂山氏台，俗谓之青台，上有禹祠。"⑧ 据此安邑当即古安邑，即今夏县，曾为禹都。禹从阳城迁都于此，后来桀也在此定都。《史记·秦本纪》载："十年，卫鞅为大良造，将兵围魏安邑，降之。"集解："地理志曰河东有安邑县。"正义引《括地志》云："安邑故城在绛州夏县东北十五里，本夏之都。"⑨《元和郡县志·卷六》载："安邑故城在（夏）县西北十五里，夏禹所都也。"⑩ 而桀都亦在安邑，最后为商所灭。夏朝末年桀荒淫无道，皇甫谧在《帝王世纪》说："桀淫乱，灾异并见，

① 徐宗元：《帝王世纪辑存》，中华书局 1964 年版，第 60 页。
② 同上书，第 69 页。
③ 陈昌远：《商族起源地望发微——兼论山西垣曲商城发现的意义》，《历史研究》1987 年第 1 期。"商族起源于晋南说"见陈昌远、陈隆文：《论先商文化渊源及其殷先公迁徙之历史地理考察》（上、下），《河南大学学报》2002 年第 1、3 期。
④ 徐宗元：《帝王世纪辑存》，中华书局 1964 年版，第 52 页。
⑤ （宋）乐史撰、王文楚点校：《太平寰宇记》卷四十六，中华书局 1999 年版，第 272 页。
⑥ 郦道元著、陈桥驿校注：《水经注校证》卷六，中华书局 2007 年版，第 169 页。
⑦ 郦道元著、杨守敬、熊会贞疏：《水经注疏》，上海古籍出版社 1995 年版，第 207 页。
⑧ （汉）司马迁：《史记》卷五，中华书局 1959 年版，第 203 页。
⑨ （唐）李吉甫撰、贺次君点校：《元和郡县志》，《中国古代地理总志丛刊》卷六，中华书局 1983 年版，第 159 页。
⑩ （唐）李吉甫撰、贺次君点校：《元和郡县图志》卷六河南道二，中华书局 1983 年版，第 159 页。

雨日斗射，摄提移处，五星错行，伊洛竭，慧星出，鬼哭于国，汤伐之。"① 商汤不仅伐无道夏桀，而且作为夏族联盟的昆吾也未能逃脱。商汤与夏桀、昆吾的战役都是在安邑附近进行的。所以文献上讲："桀败于鸣条之野……鸣条亭在安邑之西……安邑见有鸣条陌、昆吾亭。"②

应该强调说明的是，昆吾族既是夏族联盟中的重要成员，同时也是华夏族中最先开采铜矿并铸铜冶炼的部族。按《墨子·耕柱篇》中"昔者夏后开（启）使蜚廉采金于山川，而陶铸之于昆吾"③ 所说，昆吾族是夏族联盟中最擅长开采冶炼和铸造铜器的部族。昆吾族制造和冶炼铜器的技艺十分高超，至西周时仍享有盛誉，而《尸子》中也有"昆吾之金"的记载。④

关于昆吾族名称的由来。王克林先生认为可能与铸器的钳锅有关。《说文》曰："壶，昆吾圜器也。"⑤ 这是一种厚胎的圜底陶器，在晋西南晚期龙山文化中最为常见。由于这种胎厚的陶器能耐高温，当是熔铜的理想器皿。⑥ 昆吾族的居地，文献记载在昆吾之山，此地产铜，故《山海经·中山经》云："中次二经，济山之首……又西二百里，曰昆吾之山，其上多赤铜。"⑦ 袁珂注引郭璞云："此山出名铜，色赤如火，以之作刃，切玉如割泥也；周穆王时西戎献之，《尸子》所谓昆吾之剑也。"⑧ 又《拾遗记》卷十说："昆吾山，其下多赤金，色如火。昔黄帝伐蚩尤，陈兵于此地，掘深百丈，犹未及泉，惟见火光如星。地中多丹，炼石为铜，铜色青而利。"⑨ 因此王克林先生认为昆吾山之名是从昆吾族而来，由于昆吾世代聚居在这个地区，其地便为后人称之为"昆吾之丘"了。按文献所记，昆吾不仅居于夏人故地（即所谓夏墟），而且与夏比邻，且均在"己卯"为商汤所灭。王先生据《史记·吴太伯世家》《帝王世纪》《括

① 徐宗元：《帝王世纪辑存》，中华书局1964年版，第59页。

② 同上书，第60页。

③ 吴毓江撰、孙启治点校：《墨子校注》，中华书局1993年版，第656页。

④ 尸佼：《尸子》，上海古籍出版社1989年版，第2页。

⑤ 许慎撰、段玉裁注：《说文解字注》，上海古籍出版社1981年版，第495页。

⑥ 王克林：《中国古代文明与龙山文化》，田昌五主编：《华夏文明》第一集，北京大学出版社1987年版，第130页。

⑦ 袁珂：《山海经校注》，上海古籍出版社1980年版，第122页。

⑧ 同上书，第123页。

⑨ （晋）王嘉撰、齐治平校注：《拾遗记》卷十，中华书局1981年版，第232页。

地志》所载，认为昆吾之居就在山西夏县、平陆一带，这一带为夏人故地，即史籍所载的夏墟。《史记·吴太伯世家》云：周武王"封周章弟虞仲于周之北故夏墟"。《集解》徐广曰，"在河东大阳县、《索隐》："夏都安邑，虞仲都大阳之虞城，在安邑南故曰夏墟。"①《帝王世纪》"舜嫔于虞，虞城是也，亦谓吴城"，② 其所谓夏墟吴城者，鄙见当是由昆吾山递变而来的。据《括地志》卷二："蒲州，河东县雷首山，一名中条山……亦名吴山。"③ 吴、虞字同，音亦相通。从音韵声读考之，吴城之吴，实为昆吾字之急读。据此，则昆吾故地当即吴山所在，与上记载言"昆吾夏伯"居"昆吾之丘"，其地就在当今晋西南之夏县、平陆一带。④

　　从以上记载来看，昆吾城应在山西晋南安邑即今夏县一带。如果我们把大师姑城定为古昆吾城，那么文献资料中有关夏史与昆吾地望的记载是无法解读的。

三　郑州大师姑城址与商汤韦亳无涉

　　如何认识《吕氏春秋》所记的韦亳。李锋先生提出商汤灭夏后曾居于亳是学术界的共识，但此亳何在？则观点不一，有山东曹县北亳说，蒙城景亳说，商丘南亳说，郑州商城郑亳说以及偃师商城西亳说等，有学者提出汤亳非一的观点还是有说服力的。⑤ 准此，则大师姑早商城址就有可能是商汤灭夏前所居的最后之亳——韦亳⑥。

　　作为郑州韦亳说的主要文献根据大体如下：

　　第一，是引用《吕氏春秋·具备篇》为据。"汤尝约于韦、薄矣，武王尝穷于毕、裎矣，伊尹尝居于庖厨矣，太公尝隐于钓鱼矣。贤非衰也，智非愚也，皆无其具也。"⑦ 证明商汤在灭夏前曾居于韦亳，当是历史事

　　①　（汉）司马迁：《史记》卷三十一《吴太伯世家》，中华书局 1959 年版，第 1447 页。

　　②　徐宗元：《帝王世纪辑存》，中华书局 1964 年版，第 44 页。

　　③　（唐）李泰等著、贺次君辑校：《括地志辑校》，中华书局 1980 年版，第 51 页。

　　④　王克林：《中国古代文明与龙山文化》，田昌五主编：《华夏文明》第一集，北京大学出版社 1987 年版，第 138 页。

　　⑤　杜金鹏：《"偃师商城界标"解析》，《偃师商城遗址研究》，科学出版社 2004 年版，第 157 页。

　　⑥　李锋：《郑州大师姑城址商汤韦亳之我见》，《考古与文物》2007 年第 1 期。

　　⑦　张双棣等：《吕氏春秋译注》，北京大学出版社 2000 年版，第 627 页。

实，并且汤居韦亳之时与"武王尝穷于毕、郢矣，伊尹尝居于庖厨矣，太公尝隐于钓鱼矣"的情况相同，即都是处在统一大业尚未完成之时。李教授据此认为大师姑早商城址就应该是商汤在灭夏前后所居的韦亳无疑。① 其实韦亳在郑州之说并非李教授的新见，邹衡先生早在 20 世纪就有论证。邹先生引《吕氏春秋·具备篇》"汤尝约于韦、薄矣"一句后指出，高注："薄或作亳。"衡按：韦亳连称，当指一地，犹《水经·穀水注》之称"亳殷"。但此亳非指偃师，乃指郑州商城。②

对于《吕氏春秋》所说韦亳应如何理解？首先，我们认为它不是指《诗经·商颂·长发》中"韦顾既伐"的韦，关于此邹衡先生早已说得很清楚，"韦亳连称，当指一地"。因此，我们不能将《吕氏春秋·具备篇》中所说"汤尝约于韦、亳"中的韦、亳作为两个地名分开研究，文献中韦亳并称实是指一地而言的。既然如此，那么究竟如何理解《吕氏春秋·具备篇》中的"汤尝约于韦、亳"。《吕氏春秋·慎大览》曰："汤立为天子，夏民大说，如得慈亲，朝不易位，农不去畴，商不变肆，亲韦如夏。"③ 高诱注：韦，读如衣。今兖州人谓殷氏皆曰衣。言桀民亲殷如夏氏也。毕沅曰："《书·武成》：殪戎殷"④，《礼记·中庸》作："壹戎衣，郑玄注曰：齐人言殷声如衣。"⑤ 因此，从音韵学的角度考察，衣、殷二字声本相近，故可通假。据王辉先生《古文字通假字典》载，衣与殷确有相通的音韵学证据。"衣（微影 yi）读为殷（文影 yin），双声，微文阴阳对转。天亡簋（又称大丰簋）：天亡又（佑）王，衣祀于王不（丕）显考文王，事喜（饎）上帝……不（丕）緐（肆）王乍庚，不（丕）克气（讫）衣王祀。沈子也簋盖：'念自先王先公迺（乃）妹克衣，告剌（烈）成工（功）。'衣学者多读为殷。殷墟甲骨文亦有衣祀，《后·下》三四·一：'酓自上甲衣，亡壱。七月。'《合集》一五二正：'翌乙未勿衣寮。'衣与殷通，《尚书·康诰》：'殪戎殷。'《礼记·中庸》：'壹戎衣

---

①　李锋：《郑州大师姑城址商汤韦亳之我见》，《考古与文物》2007 年第 1 期。

②　邹衡：《夏文化分布区域内有关夏人传说的地望考》，《夏商周考古学论文集》，文物出版社 1980 年版，第 249 页。

③　张双棣等：《吕氏春秋译注》，北京大学出版社 2000 年版，第 431 页。

④　曾运乾：《尚书正读》卷四，中华书局 1964 年版，第 169 页。

⑤　李学勤主编：《十三经注疏·礼记正义》卷五十二，北京大学出版社 1999 年版，第 1437页。

而有天下。'郑玄注:'衣读如殷,声之误也,齐人言殷声如衣。'殷祭乃合祭。《周礼·大宗伯》:'率五年而再殷祭,一祫一禘是也。'《礼记·曾子问》:'服除而后殷祭。'孔颖达疏:'殷,大也……大祭故谓之殷祭。''衣王'即殷王,'讫衣王祀'乃终止殷王之祭祀,亦即终止其统治也。按裘锡圭说衣字用法如卒。又姚孝遂《甲骨文字诂林》按语云:"'衣'与'卒'乃后世所分化,卜辞犹未区分。"① 说明韦亳读作衣亳即殷亳应是符合古代文献的。故殷亳是指汤最初兴起的"汤亳"而言的。《吕氏春秋·慎势篇》中还有一条记载:"汤其无韦,武其无岐,贤虽十全,不能成功。"② 此韦与周武王兴起的岐山并称,张双棣等先生认为:"韦:汤为天子前的封国。"③ 这样理解是正确的,所以从大量文献记载来看,韦应是商汤灭夏前的居地殷亳,其地望应在何处?当在今山西垣曲县。此"亳"才应是灭夏前的最后一亳。如果大师姑城是韦城,即商汤灭夏所居最后一亳,那么我们又怎么理解《诗经·商颂·长发》"韦、顾既伐,昆吾、夏桀"的内容呢?这岂不是自然矛盾吗!怎么能说明商汤灭夏是在伐韦、顾、昆吾的基础上建立的呢?高诱注:韦、岐,汤、武之本国,④古代学者已经讲得很清楚了。成汤的韦既然如同周武王的岐山,那么邹衡先生认为"则韦非郑州不可,由此可见郑州本名韦,也就是韦、顾既伐的韦"的观点显然也是说不通的。"韦亳"的韦应是指山西垣曲商城城址而言的,此地应是商汤灭夏前最早的居地,同时也是汤始居亳的所在。⑤

第二,邹衡先生根据《逸周书·殷祝解》:"汤放桀而复薄";《吕氏春秋·慎大览》:"伊尹奔夏三年,反报于亳";《书序》:"汤既黜夏命,复归于亳";《殷本纪》:"既丑有夏,复归于亳";以及《左传》宣公三年:"桀有昏德,鼎迁于商"等文献记载,将商汤亳都确定在二里头夏都之东的郑州商城。⑥ 近年,杜金鹏先生又在此基础上进一步指出,郑州商

---

① 王辉:《古文字通假字典》,中华书局 2008 年版,第 651 页。

② 张双棣等:《吕氏春秋译注》,北京大学出版社 2000 年版,第 568 页。

③ 同上书,第 570 页。

④ 同上书,第 249 页。

⑤ 陈昌远:《商族起源地望发微——兼论山西垣曲商城发现的意义》,《历史研究》1987 年第 1 期。

⑥ 邹衡:《论汤都郑亳及其前后的迁徙》,《夏商周考古论文集》,文物出版社 1980 年版,第 108 页。

城是灭夏前就有汤亳的观点更具可信性。① 王晖先生则是在研究大量文献的基础上，更明确地提出商汤韦亳在郑州的观点。② 最近李锋先生综合上述诸位先生的看法后认为，商汤灭夏前后所居之亳在郑州一带的观点是可信的，又说如果相信郑州一带存在有商汤灭夏前后所居之亳的话，那么，此亳也应该非大师姑城址莫属。③ 尽管商汤韦亳在郑州的观点获得了许多学者的支持，但有一个关键性的问题上述诸多学者都采取了回避的态度，即上述学者都没有从正面解释文献中"汤居亳，与葛为邻"的问题。

"汤居亳，与葛为邻"的记载见于《孟子·滕文公下》："汤居亳，与葛为邻。葛伯放而不祀，汤使人问之曰：'何为不祀？'曰：'无以供牺牲也。'汤使遗之牛羊，葛伯食之，又不以祀。汤又使人问之曰：'何为不祀？'曰：'无以供粢盛也。'汤使亳众往为之耕，老弱馈食；葛伯率其民，要其有酒食黍稻者夺之，不授者杀之；有童子以黍肉饷，杀而夺之。书曰：'葛伯仇饷。'此之谓也……汤始征，自葛载；十一征而无敌於天下。"④ 焦循在《孟子正义》一书，始终没有把汤居亳与葛为邻的事实解释清楚。其实不仅焦循，包括近代考古大家邹衡先生在内也未能例外。邹衡先生说南亳说和北亳说共同非难西亳说的一个铁证，就是西亳与葛地相距八百里，与孟轲所说的"与葛为邻"不合。今郑州距葛（今河南东部宁陵县）是近多了，但还是有四五百里，若要"使亳众往为之耕"仍然不便。⑤ 总之，上述诸说的持论者之所以未能很圆满地解释"汤居亳，与葛为邻"的问题，关键是汤始居亳的"亳"的地望应确定在何处。如果把"汤始居亳"的亳确定在山西垣曲县古城镇，那么不仅可以解决"与葛为邻"的问题，而且汤所伐三鬷、韦、顾、昆吾以及夏桀所处的地理位置都可以得到较为完整的解释。⑥ 因此，我们认为汤灭夏所居的"亳"

---

① 杜金鹏：《"偃师商城界标"解析》，《偃师商城遗址研究》，科学出版社 2004 年版，第386 页。

② 王晖：《汤都偃师新考——兼说"景亳""韦亳"（郑亳）及"西亳"之别》，《偃师商城遗址研究》，科学出版社 2004 年版，第 435 页。

③ 李锋：《郑州大师姑城址商汤韦亳之我见》，《考古与文物》2007 年第 1 期。

④ 李学勤主编：《十三经注疏·孟子注疏》，中华书局 1980 年版，第 168 页。

⑤ 邹衡：《论汤都郑亳及其前后的迁徙》，《夏商周考古论文集》，文物出版社 1980 年版，第 200 页。

⑥ 陈昌远：《商族起源地望发微——兼论山西垣曲商城发现的意义》，《历史研究》1987 年第 1 期。

也就是《吕氏春秋》中所说的韦亳，应当是指山西垣曲商代遗址而言的，其理由有如下四端：

首先，山西垣曲县有亳城。垣曲县有亳城的记载最早见于北宋《太平寰宇记》卷四七河东道八绛州"垣县"条："古亳城在县西北十五里。《尚书·汤诰》'王归自克夏，至于亳，诞告万方'，即此也。"①

《大明一统志》卷二十平阳府（古迹）"亳城"条从之说："在垣曲县西北一十五里，相传汤自克夏，归於亳，即此。"②

《读史方舆纪要》卷四十一绛州垣曲县"邵城"条也说："亳城在县西北十五里。相传汤克夏归亳，尝驻於此，因名。"③

乾隆《大清一统志》卷一五六绛州（古迹）"亳河"条引《寰宇记》说："古亳城在县西北十五里。"又引《县志》说："城周百四十步，今谓之下亳里。"④

其次，《孟子》："汤居亳，与葛为邻"⑤ 的葛地可以落实。

我们在山西垣曲县境内找到了葛城，光绪《垣曲县志》卷一，把"葛寨春耕"列为县八景之一。垣曲县葛城，最早见于《大明一统志》卷二十平阳府（古迹）"葛城"条说："垣曲县西南五里。汤始征葛即此，俗名葛伯寨。"

《读史方舆记要》卷四十一绛州垣曲县"邵城"条抄录《大明一统志》说："葛城在县西南五里，相传汤始征葛即此。俗名葛伯寨。"⑥

《山西通志》卷六十（古迹）四载，绛州垣曲县有"葛城南五里，距亳城十五里。土人名葛伯寨"。⑦

清人俞正燮在《癸巳类稿·汤从先王居义》一文中说："先王有服，

---

① （宋）乐史：《太平寰宇记》卷四七，中华书局1999年版，第994页。

② 李贤、彭时等：《大明一统志》卷二十，文渊阁四库全书本，台湾商务印书馆2007年版，第454页。

③ （清）顾祖禹撰，贺次君、施和金点校：《读史方舆纪要》卷四一，中华书局2005年版，第1921页。

④ 《大清一统志》卷一五六，文渊阁四库全书本，台湾商务印书馆2007年版，第7306页。

⑤ 李学勤主编：《十三经注疏六·孟子注疏》，中华书局1980年版，第168页。

⑥ （清）顾祖禹撰，贺次君、施和金点校：《读史方舆纪要》卷四一，中华书局2005年版，第1871页。

⑦ 《山西通志》卷六十，文渊阁四库全书本，台湾商务印书馆2007年版，第545册，第136页。

不常厥邑，岂得责汤始终皆绕葛居？又今山西垣曲西北有亳城，即后周亳城县，西南有葛城，即《史记》赵成王十七年与魏惠王遇葛孽者，亳葛岂得必近宁陵。"① 清人俞正燮之说很有启发。

值得注意，葛伯寨，俗称寨子村，今名寨里村，在古城镇西南 2.5 公里，当亳清河入黄河处的右岸，东距古城镇商代遗址仅约 1.5 公里。南距黄河岸约 0.5 公里，地势较平缓。若以古城镇商代城址为汤所始居之亳都，那么以亳为坐标原点寨里村即葛城就近在咫尺。古代文献上怎么不能说"与葛为邻"呢？"汤始居亳，与葛为邻"的葛只在山西垣曲葛伯寨，商汤才能够由使童子饷耕。因此，孟子所说的"汤居亳，与葛为邻"，完全是历史的真实记录，不必怀疑。其他任何地方都不可能落实"亳"与"葛"的空间位置关系。

第三，山西垣曲县为汤始居亳地，其说最早见北宋《集韵》卷十铎韵"亳"字条下注云："绛州垣县西有景原亳，并西接安邑，盖汤将至桀都，于此誓众，故《春秋传》有'景亳之命'。杜预不释景，又曰亳今偃师，非是。"②

《山西通志》卷六十（古迹）四绛州垣曲县"亳城"条《韵府》亦曰："垣曲西有亳原，汤于此誓众。"③

亳原，最早见于《隋书·地理志》中，绛郡"垣"条："后魏置邵郡及白水县，后周置邵州，改白水县为亳城。开皇初郡废。大业初州废，县改为垣县，又省后魏所置清廉县及后周所置蒲原县入焉。"④ 蒲、亳二字古音相通，蒲原即亳原县，白水县的设置与亳也有关系，因白古音属铎部，与蒲、亳，古音相同也都属铎部，应是可以相通的，所以白水县的设置也与汤居亳的历史有关系。在垣曲县我们可以找到汤伐夏桀的誓师处——亳原，其他地方却不可能找到这样作为化石的历史地名。

最后，考古工作者在山西垣曲县还发现了一座商代早期的城址，这座商城应该就是"汤始居亳"的亳都。邹衡先生曾将目前全国已发现的 5 座早商城址都列表如下：

①　（清）俞正燮：《癸巳类稿》，商务印书馆 1957 年版，第 26 页。

②　（宋）丁度等编：《集韵》卷十，上海古籍出版社 1985 年版，第 727 页。

③　《山西通志》卷六十，文渊阁四库全书本，台湾商务印书馆 2007 年版，第 136 页。

④　魏征等：《隋书·地理志》卷三十，中华书局 1973 年版，第 850 页。

商城名称	城垣周长（约数）	城内面积（约数）
郑州商城	6960 米	300 万平方米
偃师尸乡沟商城	5900 米	190 万平方米
夏县东下冯商城	1580 米	13.69 万平方米
垣曲古城镇商城	1490 米	12 万平方米
黄陂盘龙商城	1080 米	7.54 万平方米

邹衡先生认为从上表可以看出，古城镇商城仅大于盘龙城商城。与东下冯商城大体相似。论城垣周长，郑州商城比它大至 4.6 倍，尸乡沟商城大它约 4 倍。论城内面积，郑州商城比它大至 25 倍，尸乡沟商城大它约 16 倍。规模大小相差如此悬殊，倘若古城镇商城为汤之亳都，那么与它基本同时的郑州商城和尸乡沟商城又该是商汤的何都呢？这将是难以解答的问题。[①]

邹衡先生以城址的大小为标准来论断城址的性质，倒也提出了一个令人深思的反证。我们知道汤在灭夏以前，商族的实力并非十分雄厚，文献里有所谓"汤以七十里之亳并夏桀"之说。这反映在城址规模和大小方面，垣曲古城镇商城遗址作为灭夏前的"汤始居亳"的亳自然要大大小于取得全国政权后所建的尸乡沟商城和郑州商城，这是符合事物发展规律的。尤其是早期商亳，其规模大小等文献中有明确的记载。"汤居亳"最早应是"汤居薄"。《荀子·议兵篇》："古者汤以薄，滴（镐）。"[②]《管子·轻重甲》曰："夫汤以七十里之薄，兼桀之天下，其故何也？"[③] 可见"汤居亳"，最初应为"汤居薄"，亳地应离薄山不远，空间范围较小。《括地志辑校》卷二曰："蒲州，河东县雷首山，一名中条山，亦名历山……亦名薄山。"[④] 所以汤居薄应离薄山不远，据《山西历史地名录》记载，历山在垣曲县东北九十里，俗称舜王坪，相传舜帝躬耕于此，海拔

---

① 邹衡：《汤都垣亳说考辨》，《夏商周考古论文集》续集，文物出版社 1998 年版，第 213 页。

② 荀况撰、安小兰译注：《荀子·议兵篇》，中华书局 2007 年版，第 59 页。

③ 刘向编、李山译注：《管子》，中华书局 2009 年版，第 187 页。

④ （唐）李泰等著，贺次君辑校：《括地志辑校》卷二，中华书局 1980 年版，第 51 页。

2321 米，为本县最高峰。山上树林茂密，盛产药材。此历山，应即是薄山。① 因此，"汤始居亳" 当在晋南。

成汤以 "七十里的亳" 而取得天下，可以说是以弱胜强，以小获大。所以，其 "始居之亳" 是不能与商汤夺取天下之后修筑的偃师亳城和郑州商城相比的。这也就是垣曲商城面积和规模均较小的原因。

原来拥护郑州商城为汤灭夏前始建的李伯谦先生现在也改变了自己的看法，李先生认为："实际上冷静思考一下，便不难理解。《孟子·滕文公下》载 '汤十一征' 而灭夏，在戎马倥偬之际，在没有灭掉夏王朝，没有建立自己的稳定的政权的情况下，商汤怎么可能劳师动众，经年累月的建造一个规模达 16 万平方公里的城池呢？即使不包括在建筑顺序上可能稍晚一些的外廓城，单就内城来说，也是不可能的。"李先生又说："将考古实际和文献记载结合起来分析，我们只能说郑州商城（内城、外廓城）是汤灭夏复亳之后所建，而不能说是灭夏前始居之都。"② 李先生所论颇有启发。

关于郑州商城庞大的工作量，考古学家有其测算。如果挖土的劳动者按 3000 人计算，用铜镢的 1000 人，用石斧的 2000 人，那么平均每天可挖原土 500 立方米。一年之内还必须会遇到雨雪不能进行工作的时候，那么每年按 330 个工作日计算的话，一年可挖原土方 164000 立方米。如果一个人挖土供给一个人向墙上面运，运土的劳力也就需要 3000 人。再从城墙夯打的坚固情况看，如果有 3000 人运土的话，至少需要有 4000 劳力进行平整和夯打。这样计算起来，估计当时平均就按用 1000 个劳力经常进行工作，像建造这样大的城墙，就需要约 18 年的时间才能建成。如果用 2000 个劳力经常进行工作，也需要用九年的时间才能建成。当然商代的统治阶级对奴隶的劳动不一定每天只要求工作 10 小时左右，或者时间要更长一些。③ 不仅如此，邹衡先生都认为："以全部城墙的长、宽、高计算，郑州商城共有夯土量约 87 万立方米，即相当于二里头夏文化宗庙基址的 40 多倍。在当时的劳动条件下，若按起土、运土、夯筑 1 立方米

---

① 陈昌远：《商族起源地望发微——兼论山西垣曲商城发现的意义》，《历史研究》1987 年第 1 期。

② 李伯谦：《对郑州商城的再认识》，《古都郑州》2005 年第 4 期。

③ 安金槐：《试论郑州商代城址——隞都》，《安金槐考古文集》，中州古籍出版社 1999 年版，第 149—150 页。

需 15 个劳动日计算，修筑全部城墙，总共约需要 1300 万个劳动日。即使每天有上万个奴隶参加筑城劳动，也需要四、五年的时间才能完成。"①如果再加上近年来发现的外廓城，恐怕需要近 10 年的时间才能全部筑成。显然如此巨大的工程量，商汤灭夏前不可能完成这样规模的商城遗址的，所以我们认为郑州地区的商城不可能是商汤灭夏前的最后所居的亳都。郑州商城只能是商汤灭夏后，从山西垣曲亳都迁偃师商城（亳都）而后，为进一步控制东方，在大其亳都的范围又修建了郑州商城，即郑亳。今垣曲商城、偃师商城和郑州商城的发现正符合《尚书》所谓"三亳阪尹"之说，如此看来，我们对商汤灭夏与商都兴替的历史应重新认识。同时《尚书》"三亳阪尹"之说也可以得到落实。而三亳之中的山西垣曲商城应为北亳，偃师商城当为西亳，郑州商城为大其亳的范围，故又可称为南亳，这就是文献上所说的"三亳"。

文献上的"三亳阪尹"之说，见于《尚书·立政》。曾运乾《尚书正读》谓："三亳者，汤旧都之民服文王者，分为三邑。其长居险，故曰阪尹。"② 顾颉刚、刘起釪先生《尚书校释译论》说："三亳是殷代先前的都城所在（按，有北亳、南亳、西亳），'阪'是险要的地方，为了防止叛乱，在那里都设'尹'防守。"③ 以三亳为商汤三座旧都之说始于汉代郑玄，三亳之中除偃师西亳没有争议外，其他亳为北亳、谷熟为南亳，历史上均存在很大争议。以至于分辨不出历史进程中的原生形态和次生形态，西周武王伐纣灭商后，商的后人微子被封于今商丘（古称宋）。有些学者据此把商丘作为商人的起源地这是不恰当的，今商丘地区没有先商文化与早商文化的遗物发现，因此，把商丘称为"南亳"恐还须斟酌。除了南亳外，还有北亳即景亳。北亳在今山东曹县西北，传说汤曾在此盟会诸侯。北亳、南亳所在的区域也都未曾发现过商代遗址，同时有未见有先商文化的大量分布，因此，将其视为汤灭夏前的都城是存在疑问的。今商丘地区商代遗迹的产生大体都与西周建立后微子封宋有密切关系，微子是殷遗，封到宋即今商丘一带后，不忘其祖先，从而将商史进程中原生形态的历史事件和历史地名搬到殷商后裔的新封之地，以致后人在研究这段历史

① 邹衡：《试论夏文化》，《夏商周考古学论文集》，文物出版社 1980 年版，第 179 页。

② 曾运乾：《尚书正读》，中华书局 1964 年版，第 253 页。

③ 顾颉刚、刘起釪：《尚书校释译论》（四），中华书局 2005 年版，第 1679 页。

的时候，混淆了先出和晚出，原生和次生的区别，都误以为其地为亳都所在。在中国历史研究中，有很多原生形态的东西被后起的次生形态所掩盖，而它的真实的原始风貌却被遗忘，这种现象很普遍。历史研究应该还历史的本来面貌。

四　郑州大师姑城址为古观国（管国）说

大师姑城址应是方国遗址。2003 年马世之先生曾来函询问大师姑城址的性质，当时由于没有很好的思考，率尔应答认为大师姑是太康居斟寻，现在看来很不恰当，有必要进行修正。我们认为大师姑城址应为夏启之子五观的封地。《汉书·古今人表》自注："启子，昆弟五人，号五观。"[①]《国语》韦昭注也说："五观，启子，太康昆弟也。"[②] 对于这个问题我们应该从郑州管城的得名谈起。

今郑州的管城，大多数学者都认为是由西周管叔的封地而命名的，那么管叔的封地到底应在何处？程平山、周军在《商周管邑地望考略》一文中明确提出：西周和春秋时期的管邑在郑州西北郊一带，商代晚期的管邑也应该在郑州西北郊一带。郑州战国城是战国管邑，而郑州商城是早商时期的管邑。郑州商城是商汤灭夏以后建立的都城，称管亳，可以简称亳。[③] 这段文字说明郑州管城的起源是很早的。文献中有关"管"在郑州地区的记载大体如下：

一、《史记·管蔡世家》云："武王已克殷纣，平天下，封功臣昆弟。于是封叔鲜于管，封叔度于蔡，二人相纣子武庚禄，治殷遗民。"《集解》引杜预说："管在荥阳京县东北。"[④] 以地望求之，在今郑州一带。[⑤]

二、《汉书·地理志》河南郡中牟条下："中牟，圃田泽在西，豫州薮，有莞叔邑。"唐颜师古注曰："莞与管同。"[⑥]《后汉书·郡国志》河

① （汉）班固撰、颜师古注：《汉书·古今人表》卷二十，中华书局 1959 年版，第 881 页。

② 徐元诰撰，王树民、沈长云点校：《国语集解》，中华书局 2002 年版，第 484 页。

③ 程平山、周军：《商周管邑地望考略》，《中原文物》2000 年第 4 期。

④ （汉）司马迁：《史记·管蔡世家》卷三五，中华书局 1959 年版，第 1564 页。

⑤ 程平山、周军：《商周管邑地望考略》，《中原文物》2000 年第 4 期。

⑥ （汉）班固：《汉书·地理志》卷二十八，中华书局 1959 年版，第 1555 页。

南尹中牟条下："有圃田泽。……有管城。"① 《水经·渠水注》："径管城西。故管国也，周武王以封管叔矣。"② 唐李泰《括地志》云："郑州管城县外城，古管国城也，周武王弟叔鲜所封。"③ 郑州市旧城一带发掘出早商、战国、东汉、唐代、宋代及以后的城址。总之，汉代至唐代文献中记载的管叔邑，都是指郑州商城以及在郑州商城城墙基础上修建的战国城而言的。战国以后东汉、唐代至清代的郑州城，又都是利用郑州商城与战国城靠南部的三分之二的面积，另筑了北城墙，④ 因此，管邑就是战国以后至清代的郑州城。

三、金文中的"闗"即"管"。于省吾先生认为"闗"为管之初文，闗应读为管蔡之管，古无管字，管为后起的借字。⑤ 徐中舒、杨宽诸位先生也同意于先生之说，徐中舒先生认为辛未是甲子后第八日，闗屡见于殷商的铜器，其地必去殷都朝歌不远。于氏以闗为管叔之管，以声韵及地望言之，其说可信。⑥ 杨宽先生同意于、徐之说，认为郑州商城当是西周初期管叔受封的管国。西周初期管叔封于管，是沿用商代的旧称，并不是一个新定的国名，并认为郑州商城为商代的都城闗（管）。⑦ 程平山等先生根据戍嗣子鼎铭文记载，认为闗有宗庙，大（太）室，这与郑州商城情况不符。因此，郑州商城不是商代后期和周初的闗。⑧

程平山先生还根据卜辞管地的记载，如"庚辰卜贞，在官"（《甲骨文合集》1916）。又如"戊戌卜，侑伐父戊，用牛于官"（《殷墟文字乙编》5321）。《仪礼·聘礼》："管人布幕于寝门外。"郑玄注："古文管作官。"⑨ 这些文献材料，认为郑州商城一带不是商后期和西周初年的管城，郑州商城一带也无春秋时期的重要遗迹和遗物，说明春秋时期的管邑也不在此。⑩

---

① （南朝宋）范晔：《后汉书·郡国志》卷一百一十，中华书局 1965 年版，第 3389 页。

② （北魏）郦道元著、陈桥驿译注：《水经注校证·渠水注》，中华书局 2007 年版，第 514 页。

③ （唐）李泰等著，贺次君辑校：《括地志辑存》，中华书局 1980 年版，第 174 页。

④ 程平山、周军：《商周管邑地望考略》，《中原文物》2000 年第 4 期。

⑤ 于省吾：《利簋铭文考释》，《文物》1977 年第 8 期。

⑥ 徐中舒：《西周利簋铭文笺释》，《四川大学学报》1984 年第 1 期。

⑦ 杨宽：《商代的别都制度》，《复旦大学学报》1984 年第 1 期。

⑧ 程平山、周军：《商周管邑地望考略》，《中原文物》2000 年第 4 期。

⑨ 杨天宇：《仪礼译注》，上海古籍出版社 2004 年版，第 218 页。

⑩ 程平山、周军：《商周管邑地望考略》，《中原文物》2000 年第 4 期。

　　程平山等先生又进一步提出由于郑州战国城是战国时期的管邑。商代后期西周和春秋时期的管邑又在郑州市西北郊古荥泽附近。因此，可以判断郑州市及西北郊一带是商周时期的管邑所在，而郑州商城是早商时期的管邑。[①] 在这里有一个问题值得深入探讨，那就是既然管叔是在西周初年被封的，而此时郑州地区已经有了"管"的地名，这就说明管叔受封以前"管"地已经存在，那么殷商以前的"管邑"究竟在何地？

　　清代学者张调元《京澳纂闻》记："（郑州西北郊）惟石佛集北石佛寺中有宋庆历八年幢子石刻云：奉宁军管城乡云云。宋前以此为管乡，其地正在京县城东北，则其为古管国明矣。"[②] 也就是说清代学者以今郑州西北郊的石佛寺一带为古管国的所在地。比清代更早的《后汉书·郡国志》对于管国地望的定位与张调元大体一致。《后汉书·郡国志》河南条下杜预曰：管国也，在京县东北，汉书音义曰："故，管叔邑。"[③] 1986年，张松林先生又随邹衡先生去郑州西北郊考察，从洼刘遗址西北 1 公里的堂李遗址内采集到 1 件战国陶豆，豆柄上戳印文字"官"。根据古文字"官"与"管"通假，尤其是战国戳印地名之故，更可证明管城或古管国应在郑州市西北郊一带。[④] 张先生又进一步指出（古管城）很可能位于洼刘东侧或西侧的河岸台地上，只能筑于贾鲁河西岸，即今柿园至五龙口之间。如果此推测不误，那么其四周分布大量西周遗存，则是以管城为中心的村落有关。对于张先生所论管国很可能位于郑州西北郊的观点，我们基本赞同。但我们想进一步说明的是，洼刘遗址对于我们寻找西周管邑地望确有很高价值，关于此，我们早已有专文说明。洼刘遗址中出土的青铜器说明洼刘西周贵族墓与陕西高家堡 M_4 时代相近，应为西周早期武王灭殷后至成王时期的遗存；而墓主也只能定为西周管叔的直系亲属。[⑤] 据此而论，洼刘遗址应成为我们寻找西周管邑地望的坐标。如果我们将洼刘西周贵族墓地定为西周管叔直系亲属之墓的话，那么西周管邑必距洼刘墓地不远。而大师姑城址位于索河右岸，东距西周洼刘墓 15 里左右，正位于西

---

①　程平山、周军：《商周管邑地望考略》，《中原文物》2000 年第 4 期。

②　张调元：《张调元文集》（上），中州古籍出版社 2004 年版，第 392 页。

③　（南朝宋）范晔：《后汉书·郡国志·河南》，中华书局 1965 年版，第 3392 页。

④　张松林等：《西周管邑管城与管国》，《郑州文物考古研究》（下册），科学出版社 2005 年版，第 1498 页。

⑤　同上书，第 1499 页。

周以前管地的区划范围之内。

既然西周时期的古封国管国在今郑州市西北郊一带，那么这个位于郑州西北郊的西周管国是否是最早的"管"或"管国"呢？

郑州大师姑城址应该就是西周以前的管国所在地。

根据文献来看，大师姑城是夏代启子观的封地，故《汉书·古今人表》自注："启子，昆弟五人，号五观。"① 《国语》韦昭注也说："五观，启子，太康昆弟也……《传》曰夏有观、扈。"② 所以此城应称之为"观城"。据《史记·楚世家》记载："昆吾氏，夏之时尝为侯伯，桀之时汤灭之。"③ 《史记·殷本纪》说："夏桀为虐政淫荒，而诸侯昆吾氏为乱。"④ 商汤灭夏战争开始时"观国"与昆吾、豕、韦等均被商汤所灭。

根据考古发掘材料，大师姑城址的始建年代，各部分不尽相同，根据叠压城垣内外两侧的地层和城垣中出土陶器判断，该城垣最早建于二里头文化二期偏晚阶段，在二里头文化三期早晚阶段之间大规模地续建。城址的废弃年代，大约在二里头文化四期偏晚阶段和二里岗下层之间。

城址内部的二里头文化堆积以二里头文化二、三期和四期偏早阶段遗存为主，已发现有房基、墓葬、灰沟、灰坑和大量遗物。在灰沟内出土有大量陶质排水管残片，说明在该遗址中部应该存在有较大规模的建筑基址。

值得重视的是，在夯城垣和护城壕沟之间，发现了早商时期的大型环壕。早商环壕和护城壕沟平行分布，位于二里头文化护城壕沟的内侧。外侧或打破二里头文化护城壕沟，或利用该壕沟的外侧壕壁，内侧则为新挖成，并打破了叠压城墙外侧的二里头文化层。环壕内二里岗早商文化遗存丰富，初步推断其时代应在二里岗下层一、二期之间，说明早商时期这里仍是一处重要的聚落。⑤ 大师姑城址内发现多处二里岗文化取代二里头文化的暴力破坏遗存。从大师姑二里岗文化早期环壕来看，二里岗文化早期环壕"外侧或打破二里头文化护城壕沟，或利用该壕沟的外侧壕壁，内

---

① （汉）班固撰、颜师古注：《汉书·古今人表第八》卷二十，中华书局 1962 年版，第881 页。

② 徐元诰撰，王树民、沈长云点校：《国语集解》，中华书局 2002 年版，第 484 页。

③ （汉）司马迁：《史记·楚世家》卷四十，中华书局 1959 年版，第 1690 页。

④ （汉）司马迁：《史记·殷本纪》卷三，中华书局 1959 年版，第 95 页。

⑤ 郑州市文物考古研究所：《郑州大师姑》，科学出版社 2004 年版，第 275、338 页。

侧则为新挖，并打破了叠压城墙外侧的二里头文化地层。"① 这种打破方式说明二里岗时期壕沟取代二里头时期的城壕完全是一种破坏式的更替方式。除此之外，G5 及 H69 内的堆积也是暴力破坏后的遗存。首先，在 G5 内的堆积中，不仅含有大量草木灰和大量二里头文化晚期陶片、陶水管残片，而且还填埋有大量坍塌的、厚达 60—65cm 的原始夯土墙体。这些陶水管和原始夯土墙体应该是大型建筑的组成部分。其次，H69 内的草拌泥堆积也明显是建筑的废弃遗物。上述遗迹内所堆积的遗存皆为建筑废弃遗物，尤其是原始夯土墙、陶排水管道等大型建筑物废弃堆积的现象表明，当时的城内应该是遭受到了严重的破坏，把地下陶水管道都能够折腾出来，可见其破坏规模之大、程度之深，既不像自然力破坏所致，也不像是自身拆旧建新的行为所为，而应该与暴力方式有关。② 以上考古发掘说明，很可能在夏代末期古观国曾被商灭亡，而商代建立后，此处仍是一处早商时期的聚落遗存。所以《国语》云："启有五观，谓之奸子。五观盖其名也，所处之邑，其名曰观。"③ 观国被商灭后，一部分夏裔向北逃亡，在今濮阳地区又重新建立观国。因此，濮阳一带在战国文献中屡有观地的记载。《史记·六国年表》："显王元年，齐威十一，伐魏取观。"④《史记·魏世家》："三年，齐败我观。"《索隐》曰："齐败魏于浊津而围魏惠王，惠王请献观以和。"⑤《史记·平准书》《集解》徐广曰："观，县名也。属东郡。光武改曰卫，公国。"⑥《史记·魏世家》《集解》徐广曰："年表曰伐魏取观。今之卫县也。"《正义》："魏州观城县古之观国。"⑦ 由此看来，《史记》中所载战国魏州观地是与郑州早商之观城有着十分密切的关系。除了魏州之观外，夏代管国在历史上的影响，并未因被商灭亡而中断。历史上，郑州地区有许多以管邑、官、管国、莞命名的地名，很多学者都以其与西周初年管叔受封于此地而得名，其实并非如此。古观国的观字古音在元部见纽，管、莞、官也同属元部见纽，因此，观、管、莞、官

---

① 郑州市文物考古研究所：《郑州大师姑》，科学出版社 2004 年版，第 275 页。

② 李锋：《郑州大师姑城址研究》，博士学位论文，郑州大学，第 34 页。

③ 徐元诰撰、王树民、沈长云点校：《国语集解》，中华书局 2002 年版，第 484 页。

④ （汉）司马迁：《史记·六国年表》卷十五，中华书局 1959 年版，第 718 页。

⑤ （汉）司马迁：《史记·魏世家》卷四十四，中华书局 1959 年版，第 1844 页。

⑥ （汉）司马迁：《史记·平准书》卷三十，中华书局 1959 年版，第 1417 页。

⑦ （汉）司马迁：《史记·魏世家》卷四十四，中华书局 1959 年版，第 1844 页。

可以相通假，古观国也就是后来的管国、管邑的源头。郑州地区有管的地名，实应追溯于夏商之际的古观国。今郑州西北大师姑夏商城址的发现证明了这一点。

总之，郑州地区有管的地名，不应起源于西周管叔受封之际，早在夏商时期郑州西北地区就有观国了，大师姑城址的发现对于探讨夏商关系、夏商交替年代等一系列夏商周考古研究中的重大问题具有十分重要的学术价值。因此，对于大师姑城址性质的初步认识应当符合夏商之际交替变革的历史背景。

五　从郑州大师姑城址看夏商鼎革

袁广阔先生认为，大师姑城址是为阻止商人的西进而建立的。[①] 李伯谦先生也认为，这可能与夏代晚期夏民族要对付从开封往郑州并将继续西进的商族的侵入有关。他说："这座城东南距郑州市区约40华里，位置非常重要，为什么重要？……从它发掘出来的东西判断，它应该是夏王朝建立在东方的一个重要的具有军事意义的城址，它的年代和二里头文化偏晚阶段相当，显然是为了防止东方来的敌人对它侵略骚扰而建立的一个城。"[②]

江林昌先生在以上诸说的基础上，进一步认为二里头是都城，而大师姑则是二里头都城的军事防卫重镇。有意思的是，当商灭夏建国后，商民族建立都城在"郑州商城"，又在其西向的偃师建立了一个军事重镇"偃师商城"，偃师商城显然是商人为了防止其西方二里头夏人的复仇再起而建立的。江林昌先生又认为，由夏族的二里头都城及其东方军事重镇大师姑城，与商族的郑州商城都城及其西方军事重镇偃师商城有对应关系，我们仿佛可以看到当时两族紧张激烈的军事较量情景，一幅生动的历史通卷正展现在我们面前。[③]

在这里应强调说明的是，如果将商汤灭夏前所居的都城确定在郑州商

---

① 袁广阔：《郑州大师姑城址二里头文化城址发现的意义》，《中国文物报》2005年3月25日，第3版。

② 李伯谦：《夏文化探索与中国古代文明形成》，《古代文明研究通讯》2008年第37期。

③ 江林昌：《文献所见夏族的活动范围与考古学上对夏文化的探索》，《烟台大学学报》2009年第3期。

城，那么有一个问题是无法回避的，即郑州商城与偃师商城孰早孰晚的问题。就始建年代而言，郑州商城始建年代根本不可能早于偃师商城的始建年代。从近年的碳十四测定的结果来看，这一结论已被考古学所证实。[①] 更何况规模宏大的郑州商城根本就不可能建于商汤灭夏之前。基于此，则郑州商城很难与商汤灭夏前后所居之亳有任何关系。"汤始居亳"只能在垣曲商城，商族以晋南为基地，不断向东发展，始有偃师商城，也就是汤都西亳。随着商人势力的不断扩张，汤大其亳邑范围以控驭东方边地，故又有郑州商城，也就是所谓的"三亳阪尹"。因此我们似乎不能将偃师商城视为一座军事重镇。

今郑州大师姑城址的发现，不仅证实了夏末古观（管）国作为夏代方国都城的存在，而且也说明大师姑城既非为防止商人西进而建，也非二里头夏都的外围军事防御重镇，它的发现从侧面再次证实了西亳为偃师商城的合理性，而郑州商城是晚于偃师商城的。所以郑州商城不应是汤始居亳的亳都，只能是大其西亳的亳都范围。我们认为商汤灭夏后，商族势力是向东发展，而不是西进，而有的先生所说大师姑城址是为阻止商人的西进而建立的说法，值得进一步推敲。"汤革夏命"随着商族势力的不断扩大，商人自西向东逐步扩张。《楚辞·天问》明确指出："成汤东巡，有莘爰极。"[②] 这时汤始居亳的亳地应在今山西垣曲，而不应在商丘南谷熟镇，孙作云《天问研究》认为："汤国都仍在亳（商丘谷熟镇），伐莘，应该说是北伐。大概因为屈原只知道汤居西亳，而莘国在东方，故曰东巡。"[③] 孙先生此说有误，按照今天的考古材料来看，如果把"汤始居亳"的亳都定在山西垣曲县，那么商人灭夏后迁西亳——偃师商城，所以才称为汤东巡。这样来看，屈原之说并未有误。

因此，大师姑城为军事重镇说应加以斟酌，其应为夏代方国都城无疑。

（本文与姜建设教授合著，发表于《史学月刊》2013 年第 11 期）

---

① 张雪莲等：《郑州商城和偃师商城的碳十四年代分析》，《中原文物》2005 年第 1 期。

② 孙作云：《天问研究》，河南大学出版社 2008 年版，第 243 页。

③ 同上。

汤灭葛国地望考辨

葛国为夏代的一个诸侯国，文献记载其在夏末被商汤所灭。一直以来，对于葛国的地望所在，学界说法众多，比较传统的说法是葛国地望应在今商丘宁陵一带。拙文结合对先商文化的理解，通过文献考证、考古资料之对比，认定葛国应在今晋南垣曲一带。

一　文献中的葛国

葛国是夏代的一个诸侯国，夏末为商汤所灭。汤灭葛事迹现主要见于《孟子》。《孟子·梁惠王下》曰："汤一征，自葛始"[1]，这表明商汤征伐的第一个目标就是葛国。征伐葛国，对于商灭夏有着重要的意义。《孟子·滕文公下》对此次征伐又有了较为详细的记载："汤居亳，与葛为邻。葛伯放而不祀。汤使人问之曰：'何为不祀？'曰：'无以供牺牲也。'汤使遗之牛羊。葛伯食之，又不以祀。汤又使人问之曰：'何为不祀？'曰：'无以供粢盛也。'汤使亳众往为之耕，老弱馈食。葛伯率其民，要其有酒食黍稻者夺之，不授者杀之。有童子以黍肉饷，杀而夺之。《书》曰：'葛伯仇饷。'此之谓也。为其杀是童子而征之，四海之内皆曰：'非富天下也，为匹夫匹妇复仇也。''汤始征，自葛载'，十一征而无敌于天下。东面而征，西夷怨；南面而征，北狄怨，曰'奚为后我？'民之望之，若大旱之望雨也。归市者弗止，芸者不变，诛其君，吊其民，如时雨降。民大悦。"[2] 在《孟子·梁惠王下》还讲道："惟仁者为能以大事小，

①　李学勤主编：《十三经注疏·孟子注疏》，北京大学出版社1999年版，第57页。
②　同上书，第168—169页。

是故汤事葛，文王事昆夷。"①

除了《孟子》，《史记·殷本纪》中也写道："汤征诸侯。葛伯不祀，汤始伐之。"②《尚书·商书》也提道："乃葛伯仇饷，初征自葛。"③

根据以上的文献记载，我们可以了解到一些葛国的大致情况。它与商汤所居"亳"相邻，是商汤征伐天下的首征目标，最后被汤灭掉。与汤相比，葛国应是一个势力较为弱小的诸侯。作为商灭夏过程中重要的一环，探究葛国的地望将有助于夏商史中相关问题之研究。

二 有关葛国地望的不同看法

一直以来，对于葛国的地望，学界说法众多，莫衷一是，大致有以下几种看法：

最古老的应是商丘宁陵说。《汉书·地理志》宁陵条曰："宁陵，莽曰康善。孟康曰：'故葛伯国，今葛乡是'。"④《史记集解》引《汉书·地理志》："葛，今梁国宁陵之葛乡。"⑤《后汉书·郡国志》："宁陵故属陈留。有葛乡，故葛伯。"⑥《水经·汳水注》云："汳水又东迳葛城北，故葛伯之国也……其地葛乡，即是城也，在宁陵县西十里。"⑦《宁陵县志·古迹》："葛城，在县北十五里，古葛伯国。"⑧除了古代文献外，近人主张此说的也为数不少。如王国维先生在《说亳》中就说："《孟子》言'汤居亳，与葛为邻'。皇甫谧、孟康、司马彪、杜预、郦道元均以宁陵县之葛乡为葛伯国。谧且谓偃师去宁陵八百余里，不能使民为之耕，以证汤之所都当为谷熟之南亳，然谷熟之去宁陵，虽较之偃师为近，中间尚隔二百余里。若蒙县西北之薄，与宁陵东北之葛乡，地正相接。"⑨

---

① 李学勤主编：《十三经注疏·孟子注疏》，北京大学出版社 1999 年版，第 36 页。

② （汉）司马迁：《史记》，中华书局 1959 年版，第 93 页。

③ 李学勤主编：《十三经注疏·尚书正义》，北京大学出版社 1999 年版，第 197 页。

④ （汉）班固：《汉书》，中华书局 2010 年版，1558—1559 页。

⑤ （汉）司马迁：《史记》，中华书局 1959 年版，第 94 页。

⑥ （汉）范晔：《后汉书》，中华书局 1965 年版，第 3426 页。

⑦ 陈桥驿：《水经注校证》，中华书局 2007 年版，第 557 页。

⑧ 河南省宁陵县地方志编纂委员会：宣统《宁陵县志》，中州古籍出版社 1989 年版，第 59 页。

⑨ 王国维：《观堂集林》，河北教育出版社 2003 年版，第 265 页。

修武说。《路史·国名纪》卷二记载："在河内修武有葛伯城，葛伯墓。《九域志》：'汤始征者。'"[①] 此即为修武说的文献来源。今人林志鹏就主张此说。通过对修武附近的焦作市府城村发现的一座早商城址进行分析，结合其他的一些考古资料，他认为"若《路史·国名纪》'今郑西北有葛乡城'，'在河内修武，有葛伯城、葛伯墓'所记不误，郑州西北的修武附近应该就是夏末葛国所在"，"虽说文献不足征，但透过考古材料的补充，对于夏末葛伯的地望可得到一较清楚的认识，即其地当在今河南修武附近，不能远至河南东部的宁陵。"[②]

长葛说。宋郑樵《通志》卷二十六《氏族略》释："葛氏，伯爵，嬴姓，夏时诸侯。今许州郾城北三十里有葛伯城，即其地也。子孙以国为氏。"[③] 乐史在《太平寰宇记》卷七《河南道·许州》也说道："葛伯城，在（郾城）县北三十里，周回四里。汤誓云'葛伯仇饷，初征自葛'，即此也。"[④] 邹衡先生也认为其可能为葛国所在地之一。[⑤]

郑州附近说。在郑州商城发现之后，邹衡先生认为郑州即为商汤所居亳都，并指出葛就在郑州附近。他认为："南亳说与北亳说共同非难西亳说的一个铁证，就是西亳与葛相距八百里，与孟轲所说的'与葛为邻'不合。今郑州距葛（今河南东部宁陵县）是近多了，但还是有四五百里，若要'使亳众往为之耕'仍然不便。其实，古代名葛之地，与亳一样，也是很多的……郑地也有葛，而且不止一处……这些葛城距郑州商城最远的也只有百多里，当然可以'使亳众往为之耕'了。"[⑥] 此外，袁广阔先生通过对荥阳附近的张楼村发现的战国时期"格氏"陶文的分析，认为此陶文中的"格氏"即为古文献中的葛地。他说："格氏（古百切）与葛（古达切）古音相近，葛乃格的通假字可以说文献所记载的葛、葛地、葛城乡、葛伯均与'格氏'有关。牛济普认为今之荥阳县以北区或即古时之葛（格）地，西周时这里有格伯（西周铜器'格伯殷'铭文中记有格

① （宋）罗泌：《路史》卷二，清光绪二年（1876年）刻本。

② 徐少华、晏昌贵编：《荆楚历史地理与长江中游开发》，湖北人民出版社2009年版，第6页。

③ （宋）郑樵撰、王树民点校：《通志二十略》，中华书局1995年版，第64页。

④ （宋）乐史：《太平寰宇记》，中华书局2000年版，第39页。

⑤ 邹衡：《夏商周考古学论文集》，文物出版社1980年版，第186页。

⑥ 同上书，第185—186页。

伯城），东周时此地有格氏（战国印陶可证格氏为氏国城市地名）。这个葛地距郑州商城仅 60 余里。2000 年郑州市文物研究所在郑州西郊大师姑发现一座应是夏王朝的方国遗址……该城距郑州商城约 20 公里。从考古材料看，它是距离郑州商城最近的夏代方国城址，是被商文化取代的最早的一处夏文化重要城址。更为重要的是，郑州商城内城兴建的时间正是该城废弃的时间，二里岗文化时期这里已经成为一座普通的聚落遗址。它与战国陶文'格氏'出土地相距约 10 公里，这一地区战国为'格氏'之地似无多大问题。我们认为它很可能是汤始征所消灭的葛。"[1]

河北说。此说法缺乏文献直接记载，陈立柱先生主此说法："汤征葛国，我们认为即《后汉书·郡国志二》魏郡斥丘县之'有葛'。"[2]

三　葛国应在晋南

根据《孟子·滕文公下》："汤居亳，与葛为邻"的记载，葛国应该与汤所居"亳"相邻。又据《史记·殷本纪》："成汤自契至汤八迁，汤始居亳，从先王居。"[3] 可见此时商汤所居之"亳"即为先王所居之地。从考古学层面上讲，这应该是在先商文化的分布区内。对于先商文化，考古学界认为是以河北磁县下七垣遗址为代表的文化，分布主要集中于太行山东麓，大概就在今天的豫北、冀南地区。先商文化可分为漳河型、辉卫型两个主要类型。漳河型主要分布于河北省的唐河以南、河南省的淇河以北、卫河以西。辉卫型的范围则主要是北至淇河，南至黄河，包括沁河下游、卫河上游一带。[4] 但细观以上诸说，不管是古今论述颇多的宁陵说；还是长葛说，都与先商文化的核心分布区相隔较远，不太符合文献中的记载。河北说缺乏文献上的佐证，修武说的文献也显得太过单薄，两者恐难以为信。那么葛国到底在何处？我们认为实应在晋南垣曲。

正如邹衡先生所说："先商文化与山西境内的古代文化确是有着密切

---

[1] 袁广阔：《关于商代亳都的思考》，《2004 年安阳殷商文明国际学术研讨会论文集》，社会科学文献出版社 2004 年版，第 398—399 页。

[2] 陈立柱：《夏末葛国考》，《殷都学刊》2003 年第 3 期。

[3] （汉）司马迁：《史记》，中华书局 1959 年版，第 93 页。

[4] 邹衡：《试论夏文化》，《夏商周考古学论文集》，文物出版社 1980 年版。

关系。"① 1984 年山西垣曲商城遗址的发现，为我们提供了一个新的思路
去探究葛国的地望所在。垣曲县位于山西省南部，运城市东北端，东北与
阳城、沁水两县毗连，北和翼城、绛县接壤，西与闻喜县交界，西南连接
夏县，东邻河南省的济源市，南与河南省的渑池、新安县隔黄河相望。陈
昌远先生认为："过去都认为先商文化以西是以武陟沁水为界，沁水以西
为夏文化。沁水以东为先商文化，现在看来根据最近一些考古材料，在沁
水以西也有先商文化的分布。沁水应作为夏商文化的交汇地，不能作为分
界线。沁水以西，武陟县大司村发现有先商文化遗存，调查认为是属于早
商文化。但根据鬲、簋和大口尊的出土情况，应属于先商文化。""先商
文化在经过沁水向西进行到西垣曲（亳），始居亳地之后，商汤完成灭夏
任务把商文化又扩大到晋南平陆地区。"② 这样来看，垣曲正好处于先商
文化区的分布圈内。在具体谈到山西垣曲商城遗址的时候，陈昌远先生还
认为："考古工作者在垣曲县古城镇发现一座相当早商文化的古代夯土城
址。初步进行钻探和试掘，城垣平面为平行四边形，城内面积十二万余平
方米，四面城墙中以北墙较为完整，迄今仍保存在地上，长约三百三十
米，高三至五米，宽五至十二米。其余三面均存在于地下。以西墙保存较
好，长约三百九十五米，东墙仅存北段四十五米，南墙中段及东段外侧则
被黄河冲毁，墙基石和墙体为夯土筑城，土色棕红、细密坚硬，夯窝为圆
形尖孔，排列十分紧密。城垣内部布局为东南部有密集的灰坑和窖穴等遗
迹，文化层堆积较厚，可能是居住区。中部偏东有一组夯土建筑基址，分
为六块，较大的一块为长方形，长约五十米，宽约二十米，还有的为曲尺
形，可能是宫殿区。从地层关系和墓群判断，当属于商代二里岗时期。根
据邹衡先生研究，郑州二里岗时期相当于成汤时期，称为殷商早期文化。
因此，我们初步可以断定此遗址当为'汤始居亳'的最早'亳'都。"③
葛地与商汤所居亳相邻，自然也就应该在周围，而不能是远在宁陵或长
葛等。

其实，古人对于商族起源于晋南说亦有提及。清人俞正燮在《癸巳

① 邹衡：《夏商周考古学论文集》，文物出版社 1980 年版，第 161 页。
② 陈昌远、陈隆文：《论先商文化渊源及其殷先公迁徙之历史地理考察（下）》，河南大学学报 2002 年第 2 期，第 73 页。
③ 陈昌远：《商族起源地望发微——兼论山西垣曲商城发现的意义》，《历史研究》1987 年第 1 期，第 136—144 页。

类稿》卷一《汤从先王居义》中就已指出："《水经·汳水注》、《书正义》俱引谯云：'葛在宁陵，则亳理不得远'，不悟《盘庚》明云：'先王有服不常厥邑'，岂得责汤始终皆绕葛居？又今山西垣曲西北有亳城，即后周亳城县。西南有葛城，即《史记》赵成王十七年与魏惠王遇葛孽者，亳葛岂得必近宁陵？"① 在这里，俞正燮就对古代盛行的宁陵说提出了质疑，并初步提出了葛在垣曲的想法。文献中对于垣曲葛城也多有记载。山西垣曲县葛伯城，最早见于《大明一统志·平阳府》卷二十，曰："葛城，在垣曲县西南五里。汤始征葛即此，俗名葛伯寨。"②《读史方舆记要·垣曲县》："又有葛城，在县西南夏里。相传汤始征葛，即此。俗名葛伯寨。"③《山西通志·古迹》中讲到绛州垣曲县有"葛城南五里，距（亳城）十五里。土人名葛伯寨。"④《大清一统志·绛州》曰："葛城，县南五里，距亳十五里，土人名葛伯寨。"⑤《山西通志》卷五又讲道："《旧通志》县南四十里葛伯寨，在汤山下，相传葛伯阻兵。据张象蒲以亳在垣曲，则葛伯在此处，盖童子可以饷耕，理不得远也。"⑥ 光绪《垣曲县志》卷一更是直接把"葛寨春耕"列为县八景之一，还说道："葛伯寨在治南五里。"⑦ 据今天所见，垣曲古城村的西南方有寨里村，亦称葛伯寨，东距古城镇商代遗址仅约 1.5 公里。这应该就是文献中的葛城所在。

综上所述，通过对于垣曲考古资料与文献的互证对比，再加之以历史地名学的佐证，可见山西垣曲县葛伯寨位于考古学发现的先商文化区内，与"汤始居亳"的"亳"都近在咫尺，完全符合了文献上的"汤居亳，与葛为邻"之说，应该即为古之葛国所在。

（由刘晨阳硕士执笔，发表于张新斌、杨智钦主编：《葛天氏与上古文明》，河南人民出版社 2013 年 10 月，第 157—163 页）

---

① （清）俞正燮：《癸巳类稿·汤从先王居义》，辽宁教育出版社 2001 年版，第 24—25 页。

② （明）李贤等撰：《大明一统志》卷二十，三秦出版社影印，明天顺五年（1461 年）刻本，第 1305 页。

③ （清）顾祖禹：《读史方舆纪要》，中华书局 2005 年版，第 1921 页。

④ （清）曾国荃等纂：《山西通志》卷六十，清光绪十八年（1892 年）。

⑤ （清）穆彰阿等纂：嘉庆《重修一统志》，商务印书馆 1934 年影印本。

⑥ （清）曾国荃等纂：《山西通志》卷五，清光绪十八年（1892 年）。

⑦ （清）薛元钊纂：光绪《垣曲县志》卷一，清光绪六年（1880 年）。

盘庚迁殷地望与洹北商城

一

安阳殷墟一直被视为盘庚以来商代殷都的所在。但从目前殷墟范围内所发现的遗迹来看，都无武丁以前盘庚、小辛和小乙时期的遗存。这说明盘庚迁都在安阳殷墟的旧说存在着很多疑问。通过对文献记载和考古发掘资料的研究，认为盘庚迁殷之地望应在今安阳洹河之北岸、小屯之东北，即今安阳市北郊方北营、屈王度、韩王度、北招贤一带。而导致殷人迁都的直接原因是洹水、漳水泛滥与改道所引发的环境变迁。

《古本竹书纪年》谓："自盘庚徙殷，至纣之灭，七（二）百七十三年更不徙都。"（朱辑本七改作二百）此殷应指在何处？一般都认为："商王盘庚十四年（公元前 14 世纪）自奄迁都于殷（今安阳市小屯）。"[①] 有的学者也认为："商王盘庚十四年从奄（今山东曲阜）迁都殷（今安阳市郊小屯）。"[②] 有的学者则认为："晚商时期小屯一带是富饶地区。盘庚之所以将都址选择在小屯一带，首先是基于有利于农业生产发展的选择，盘庚迁都于此为商朝后期的政治、经济和文化的发展与繁荣奠定了基础，创造了有利条件。"[③] 李民先生认为："安阳殷墟有宫殿、宗庙，有统治阶级的大型墓葬，有大量的当时的文字——甲骨文，有连续发展的丰富文化，又有古代文献的明确记载，说它是盘庚迁殷以来商代都城是不必置疑的。"[④] 总之，众多学者都认为安阳殷墟是盘庚迁殷的殷都。

---

① 安阳古都学会：《安阳古都研究》（一），河南人民出版社 1998 年版，第 28 页。
② 同上书，第 36 页。
③ 同上书，第 98 页。
④ 同上书，第 111 页。

杨锡璋、徐广德、高炜三位先生在《盘庚迁殷地点蠡测》一文中对此观点提出了质疑。[1] 认为《古本竹书纪年》记载殷墟为盘庚所迁至帝辛国亡时一直以这里为都城，则殷墟的甲骨文中应包括盘庚以来八代十二王的卜辞。可是王国维、董作宾和陈梦家诸位甲骨学专家都没有找到盘庚、小辛、小乙三王时的卜辞。20 世纪 80 年代出版的《甲骨文合集》中，胡厚宣先生等学者把该书收集的 41965 片甲骨分为五期，包括武丁至帝辛，无武丁以前盘庚、小辛、小乙三王时的刻辞。这样来看，把安阳殷墟作为王都从盘庚开始就落空了。殷墟宫殿和宗庙区墓址的年代而言，从目前的发掘材料看，小屯北地的宫殿、宗庙筑基址中，还没有可以确认为是盘庚、小辛、小乙时期的遗迹。殷墟王陵区位于侯家庄、武官村北，前营村西名曰西北岗的高地上。从西北岗大墓的时代看，也没有可确认是属于武丁以前的即盘庚、小辛和小乙三王的陵墓。从上所述在目前所知的殷墟范围内，无论是甲骨卜辞，还是宗庙、宫殿基址或王陵，都尚未找到证明，明确地说明是武丁以前即盘庚、小辛和小乙时期的遗存。杨锡璋等三位先生从以上三个方面对盘庚迁殷就在安阳殷墟的传统说法，提出了质疑。

二

在这里，笔者首先还想谈一点，就是盘庚迁殷的文献记载问题。

现今能找到最早的文献记载是《古本竹书纪年》，这是西晋太康二年（281）出于汲郡一座魏墓中，据有关学者研究它是战国时代魏国的史书。写成于公元前 297—前 296 年间。[2]

由于年代久远，各家所引《古本竹书纪年》不尽相同，今列述如下：

《水经·洹水注》曰："《古本竹书纪年》曰：'盘庚即位，自奄迁于北蒙，曰殷'。"

《太平御览》八三《皇王部》："《纪年》曰：'盘庚旬自奄迁于北蒙，曰殷'。"

《尚书·盘庚·正义》："《汲冢古文》云：'盘庚自奄迁于殷，殷在邺南三十里'。"

---

① 杨锡璋、徐广德、高炜：《盘庚迁殷地点蠡测》，《中原文物》2000 年第 1 期。

② 陈梦家：《六国纪年》，上海人民出版社 1965 年版，第 113 页。

《尚书·祖乙书序·正义》："《汲冢古文》云：'盘庚自奄迁于殷'。"

《史记·项羽本纪·集解》："瓒曰……《汲冢古文》曰：'盘庚迁于此，《汲冢》曰殷墟南去邺三十里'。"

《史记·殷本纪·正义》："《括地志》云：'相州安阳本盘庚所都，即北蒙，殷墟南去朝歌城百四十六里'。《竹书纪年》云：'盘庚自奄迁于北蒙，曰殷墟。南去邺四十里'，是旧邺城西南三十里有洹水，南岸三里有安阳城，西有城名殷墟，所谓北蒙者也。"

从以上不同文献材料的记载中可以肯定，这些原始材料都是说盘庚所迁之殷叫北蒙，其地离邺城只有三四十里。

根据整理校对后的《古本竹书纪年》的记载："盘庚旬自奄迁于北蒙曰殷。""殷在邺南三十里。"此记载非常明白清楚。可是范祥雍在订补时谓《史记·项羽本纪》《索隐》《殷本纪·正义》均作："盘庚自奄迁于北冢，曰殷墟。"说明北蒙即北冢，这是地理上的一大特征。北冢为什么又称作北蒙呢？可能是因为冢像小山，"殷"即在北蒙之北故叫北蒙，又称北冢。可是在今安阳找不到北蒙山，虽然历史上曾经有过蒙赍山的记载，[①] 但地理方位显然与此不相符合。

根据《古本竹书纪年》的记载，殷在邺南 30 里。古邺城地址在今河北临漳县西南部，南距河南省安阳市 18 公里。有的说在今安阳市北偏东 20 公里临漳县的邺镇。这样来看，如殷地在邺南 30 里，其地理位置应在今天安阳市郊方北营、屈王度、韩王度东北一带，正好在安阳市区东北 18 公里处有座韩陵山，在洹水的北岸，像一古冢，是否就是古之北蒙。关于蒙的含义，《九州要记》谓："蒙山者沐也。言雨露常蒙因以为名"。[②] 盘庚迁殷应指漳水以南、洹水以北这个区域内，这个地区应该就是古之盘庚迁殷的殷都所在。考古工作者曾在小屯东北地区发现过稍早于武丁居住的遗迹和墓葬，邹衡先生断定是在盘庚、小辛、小乙时期。[③] 郑振香先生对这些遗存持相同的看法，并据以认为"不宜否定盘庚迁殷之说。"[④] 论者一般都同意邹、郑二位先生的看法，可以肯定小屯东北地区

① 许作民：《安阳古今地名考》，中州古籍出版社 1992 年版，第 154 页。

② 王谟：《汉唐地理书钞》，中华书局 1961 年版，第 139 页。

③ 邹衡：《试论殷墟文化分期》，《夏商周考古学论文集》，文物出版社 1980 年版，第 72—82 页。

④ 郑振香：《有关殷王都三个问题》，《殷墟的发现与研究》，科学出版社 1994 年版，第 49 页。

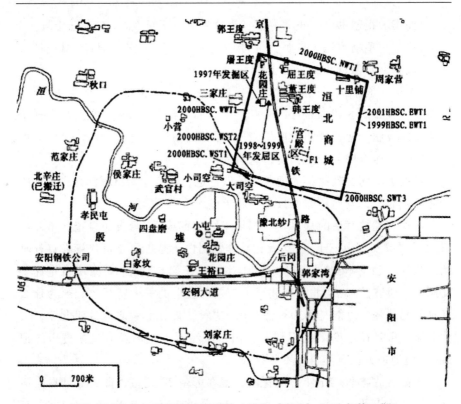

洹北商城及其与殷墟位置关系图（引自《考古》2003 年第 5 期）

这一时期的遗迹、遗物的规格尚不能与王都性质相称，但是给我们一个很重要的信息，那就是盘庚迁殷的殷都应该在此，即小屯的东北地区。笔者之所以把盘庚迁殷的殷都初步推断在洹水以北曰北蒙、南去邺城30里之处，即今安阳市东北郊方北营、屈王度、韩王度、北招贤一带。其主要根据有两点，一方面，根据最新安阳殷墟遥感考古研究成果，"除小屯东北的殷墟宫殿区范围外，仍然存在有较大面积的建筑基址"。"在目前能够开展工作的范围内，即东、北面以洹河为界，南至安李铁路，西至安阳钢铁公司东墙，基本上可以确定没有城墙。"① 另一方面，1980 年中国社会科学院考古研究所在三家庄村东发掘商代墓葬 8 座，出土的青铜器、陶器非常丰富，根据考古工作者研究其器形特征断定是相当盘庚时期的器物，这是考古工作者第一次在安阳找到相当盘庚、小辛、小乙时期成组随葬陶

---

① 刘建国：《安阳殷墟遥感考古研究》，《考古》1999 年第 7 期。

器资料。① 根据以上考古材料，笔者推断《古本竹书纪年》关于盘庚迁殷的地点，最初可能是在安阳洹河北岸，即今安阳市郊方北营、屈王度、韩王度东北一带，以后因水患的原因，渡洹河到安阳小屯。并不是"至武丁即位，国力隆盛，方迁到现在所知的小屯为中心的殷墟"②。

在这里应该着重指明的是，在今安阳市东北郊方北营、屈王度、韩王度一带也就是现在安阳殷墟保护区东北外缘一带发现了一座规模巨大的商代城址，考古学家将其称为洹北商城。对洹北商城的发掘应始自20世纪60年代。1961—1963年中国科学院考古研究所安阳工作站曾在今洹北商城遗址内采集到一些"殷文化前期"的遗物。③ 1997年中国社会科学院考古研究所和美国明尼苏达大学科技考古实验室联合组成中美洹河流域考古队，在洹河流域约800平方公里的范围内进行考古调查和区域考古研究，选择洹北三家庄、花园庄一带作为田野调查的前期试点，④ 特别是1998年年初通过对洹北商城花园庄一带进行密集钻探，了解到洹北花园庄遗址的实际规模应不小于150万平方米，并分布有大片夯土基址。这一钻探结果，使我们对洹河流域东周以前的聚落分布特征产生了规律性的认识：花园庄遗址应是商文化白家庄阶段至殷墟大司空村一期以前洹河流域最大的中心聚落。这些判断，是对洹北花园庄遗址的重新定位。⑤ 2001年在洹北商城中又发现了宫殿区，并探出了近30余处夯土建筑基址，对其中的一号宫殿基址进行了大部分的揭露。高江涛、谢肃两位先生通过对一号宫殿基址的祭祀遗存的位置，用牲等内涵与卜辞所见宗庙祭祀活动的祭法、场所、用牲等内涵相比较，认为两者基本上是一致的，这说明一号宫殿为宗庙的性质。⑥ 杜金鹏先生也认为一号宫殿基址被证明为商代中期的宫殿基址，结合考古勘探资料，知道在一号宫殿的北面还有大量夯土建筑基址，构成了一个庞大的宫殿建筑群。由此可证洹北商城确实存在，是年代早于安

---

① 中国社会科学院考古研究所安阳工作队：《河南安阳洹河流域的考古调查》，《考古学集刊》（第3辑），中国社会科学出版社1983年版。

② 杨锡璋、徐广德、高炜：《盘庚迁殷地点蠡测》，《中原文物》2000年第1期。

③ 中国社会科学院考古研究所安阳工作队：《河南安阳洹河流域的考古调查》，《考古学集刊》（第3辑），中国社会科学出版社1983年版。

④ 中美洹河流域考古队：《洹河流域区域考古研究初步报告》，《考古》1998年第10期。

⑤ 唐际根：《从百年甲骨到新发现的商城》，《文物》2000年第4期。

⑥ 高江涛、谢肃：《从卜辞看洹北商城一号宫殿的性质》，《中原文物》2004年第5期。

阳殷墟晚商文化遗存而晚于偃师商城早商文化遗存的一座商代中期城址。[①] 因此，洹北商城中宗庙宫殿建筑的存在。说明其性质应为都城无疑。

三

根据考古材料和文献记载，我们可知盘庚迁殷的殷都所在的洹水北岸，漳水以南的地区内其环境是有变迁的，而导致其变迁的直接原因是与洹水和漳水的泛滥及改道有关。

洹水又称安阳河、洹河，"在府北四里"，[②] 因我国北方河流多以"河"为其通名，近代也称洹水为洹河。洹字转为水名，别无他指。汉许慎《说文解字》曰："洹字，洹水，在晋鲁间。从水，亘声。"晋杜预《春秋左传集解》注曰："洹，音桓，一云恒，今土俗音袁。"洹河又称安阳河，始见于隋唐时期。郦道元《水经注》谓："水出洹山，山在长子县也。"洹水的上游和中游，都在山区和丘陵地带，由于自然地理条件的制约，有史以来河道无较大的变化。洹河出山以后，进入平原地区，改道的机会便增多了。所以自洹河形成以来，在今安阳市区上下，已经创造了一个面积约270平方公里的冲积扇，在这个冲积扇上，不知有多少次河道变迁。通过考古工作者的仔细调查，从新石器时代开始，古文化遗址的分布，在安阳市区以西，多未分布在现今的河道两旁，而是分布在市区通向广润陂的两条高阜地带上。[③] 这说明那时的洹河可能是从这两条高阜地带中间通过的，往下则经今广润陂注入当时的禹河。大约从明嘉靖年之后，洹河下游再次南徙自永和西，折而南，至曲店又折而东，经辛村，流到伏恩河而入卫河。这段河道直到明末清初。河道变迁的具体情况，可见许作民先生的《洹河考述》。[④]

洹河以北是漳河。漳河"在府北四十里，自林县东流，经此又东北，接临漳县界，清漳水流合焉"[⑤]。漳河也经常泛滥和改道，漳河流域是商

---

① 杜金鹏：《洹北商城一号宫殿基址初步研究》，《文物》2004年第5期。

② （明）顾祖禹：《读史方舆纪要》，中华书局2005年版，第2319页。

③ 中国社会科学院考古研究所安阳工作队：《河南安阳洹河流域的考古调查》，《考古学集刊》（第3辑），中国社会科学出版社1983年版。

④ 许作民：《安阳古今地名考》，中州古籍出版社1992年版。

⑤ （明）顾祖禹：《读史方舆纪要》，中华书局2005年版，第2320页。

族先公活动的中心地区。邺城在临漳县西 20 里，相传为春秋时期齐桓公所筑，战国时西门豹为邺令。东汉建安九年（204 年），曹操营建邺都，以后十六国时期后赵、冉魏、前燕和南北朝时期的东魏、北齐也都相继在邺建都。此地距安阳市城北 45 公里。后又因漳河改道，北邺城到北岸，南邺城在南岸。而且城垣和宫室都被冲毁，现仅存曹魏时所筑的金凤台一座，铜雀台一部分。这些情况都可以说明漳河水的变迁。

　　洹、漳流域古代地理环境的变化，在《尚书·盘庚篇》中说得很清楚。曾运乾《尚书正读》曰："帝盘庚之时，殷已都河北。盘庚渡河南，复居成汤之故居，乃五迁无定所。殷民咨胥相怨，不欲徙。盘庚乃告谕诸侯大臣，乃遂涉河，南治亳殷。行汤之政，而后百姓由宁，殷道复兴，诸侯来朝，以其遵成汤之德也。"① 盘庚在迁都时告谕大臣，为什么要迁都，就是因为："古我先王，将多于前功、适于山。用降我凶德嘉绩于朕邦。今我民用荡析离居，罔有定极，用降我凶德。"② 曾运乾先生曰："荡，水所荡洗也。析，分也。"故"荡析离居，罔有定极"。③ 这说明当时水患的严重。

　　在这里应指出的就是盘庚涉河的"河"的问题。《史记·殷本纪》曰："帝盘庚之时，殷已都河北。盘庚渡河南，复居成汤之故居，乃五迁，无定处。殷民咨胥皆怨，不欲徙。盘庚乃告谕诸侯大臣……乃遂涉河南。治亳。"《史记·殷本纪》所说的"河"到底指的是哪条河？值得研究。多数学者都认为指的是古黄河。这些学者认为，《史记·殷本纪》所说"盘庚渡河南，复居成汤之故居"，指 1983 年发现的偃师商城为"盘庚之亳殷"。④ 或指偃师商城的晚期为盘庚都。⑤ 这里有一个问题，那就是盘庚为什么要从河北迁到道路如此遥远的河南？《史记·殷本纪》又说："帝武乙立，殷复去亳，徙河北。"这又是什么原因？这些都是无法解释清楚的。而偃师商城是汤都西亳，这一点是可以肯定的。该城的废弃时间同二里岗上层文化二期即白家庄期接近，已进入中商时期。若以该城为盘庚始建，未免同考古实际相去太远。若将偃师商城第三期视为盘庚时的遗

---

① 曾运乾：《尚书正读》，中华书局 2011 年版，第 104 页。
② 同上书，第 115 页。
③ 同上书，第 116 页。
④ 郑光：《试论偃师商城即盘庚之亳殷》，《故宫学术季刊》1991 年第 4 期。
⑤ 彭金章、晓田：《试论偃师商城》，《全国商史学讨论会文集》，1985 年。

存，同武丁时的遗存又不相衔接，存在着明显的缺环，所以从文献上或考古文化发展序列上看，这种推测也都是很难成立的。

《史记·殷本纪》所说的"盘庚渡河南"，此"河"是否指安阳的"洹河"呢？今黄河自三门峡向东流经洛阳、郑州、开封，在兰考附近向东北流，至山东利津入海。商代黄河并非如此，那时的黄河从河南武陟西北行，经滑县、浚县过安阳与内黄之间，至河北省中部又东北，在天津附近入海，有的学者称之为禹河。① 此河经由安阳地区是南北流向，只有河东、河西之分，没有河北、河南的概念，由此来看，《史记·殷本纪》所谈的"河"，不是指的黄河，而应是指洹河。洹河、洹水之名"自殷至清皆用之"。② 这样"盘庚渡河南"就是指的小屯这一片地区。成汤及其先公都曾活动于漳水、洹河流域，故称为"复居成汤之故居"，"行汤之政"。盘庚先居北蒙为殷，后渡洹河而南，又将殷的地名带到安阳小屯，称为殷墟。由此来看，殷的地名最初应是指漳水南、洹河北的"北蒙"；至于小屯称为殷墟，那可能是在"渡河南"以后的事。故《古本竹书纪年》曰：小辛"居殷"，小乙"居殷"，武丁、祖庚"居殷"，"至殷之灭，七百七十三年，更不徙都"。

四

盘庚从北蒙殷地渡洹河到小屯是否可以找到有关考古发掘的证据呢？以上杨锡璋、高炜三位先生所谈的问题是否可以成立，值得信赖呢？

首先，谈殷墟是否存在盘庚、小辛、小乙时期的甲骨文问题。

董作宾先生发表的《甲骨文断代研究例》，在董氏所划分的五期中，甲骨文第一期的年代就包括盘庚、小辛、小乙、武丁四王。③ 胡厚宣先生在《甲骨续存》序中明确指出董作宾所划定的"文武丁卜辞"（即陈梦家所称的"自组卜辞""午组卜辞"和"子组卜辞"）当属武丁以前即盘庚、小辛、小乙之遗物。④ 胡厚宣先生在一些论文里明确表示关于人祭的卜

---

① 王青：《试论史前黄河下游的改道与古文化的发展》，《中原文化》1993年第4期。

② 许作民：《安阳古今地名考》，中州古籍出版社1992年版，第169页。

③ 董作宾：《甲骨文断代研究例》，《庆祝蔡元培先生六十五论文集》，商务印书馆1933年版。

④ 胡厚宣：《甲骨续存》，群联出版社1995年版。

辞，盘庚、小辛、小乙时期计有 40 片，卜辞 70 条，祭用 100 人，另有 57 条未记人。① 最近，刘一曼等先生指出，1973 年在小屯南地 H115 中所发现的一片刻辞卜骨，以及 1937 年在小屯东北地 YM331 中出土的一片刻辞（编号（乙）9099），其字体风格比武丁时期的自组卜辞要早，两片刻辞甲骨所处的灰坑和墓葬的时代，也要早于大司空村一期，应相当于盘庚、小辛、小乙时期。②

其次，小屯殷墟是否存在盘庚、小辛、小乙时期的宗庙、宫殿基址等遗迹。

近年来中国社会科学院考古研究所安阳工作队在三家庄和白家庄西地进行了发掘，迄今在殷墟至少有 5 个地点发现了早于武丁时期的居住遗址和墓葬。1980 年在三家庄发掘了一批居址和墓葬，从出土的陶器和铜礼器看，就属殷墟文化早期阶段的文化遗物。③ 在苗圃北地也同样发掘有盘庚、小辛、小乙时期的墓葬。④ 20 世纪 30 年代在小屯东北地共发现宫殿、宗庙遗址 53 座，由北往南排列可分为甲、乙、丙 3 组，左右对称，都排列在同一中轴线上，且成一组蔚为壮观的宫殿宗庙建筑群。石璋如先生认为甲组基址属住室建筑，乙组为宫殿宗庙建筑，丙组基址为“祭坛”。整个 3 组宫殿建筑的时代，石璋如先生认为甲组最早，乙组次之，丙组最晚。其中有些宫殿的始建年代要早到盘庚、小辛、小乙时期。⑤

1987 年春，安阳考古工作队为配合殷墟博物苑的建设，对甲组基址进行了重新发掘。发掘报告明确指出，甲四、甲六、甲十二、甲十三基址的修建年代比较接近，而甲十一则早于甲十二。⑥ 由此可知，甲组基址中属一期偏早阶段的基址就不下 5 座。换言之，甲组基址当始建于盘庚、小

①　胡厚宣：《中国奴隶社会的人殉和人祭》，《文物》1974 年第 7—8 期。

②　刘一曼：《考古发掘与卜辞断代》，《考古》1986 年第 6 期。

③　中国社会科学院考古研究所安阳工作队：《安阳殷墟三家庄东的发掘》，《考古》1983 年第 2 期。

④　中国社会科学院考古研究所安阳工作队：《1984 年秋安阳苗圃北地殷墓地发掘简报》，《考古》1989 年第 2 期。

⑤　石璋如：《建筑遗址·小屯乙编：遗址的发现与发掘》，历史语言研究所出版社 1959 年版。

⑥　中国社会科学院考古研究所安阳工作队：《1987 年安阳小屯东北地的发掘》，《考古》1989 年第 10 期。

辛、小乙时期。① 由此可以证实，盘庚渡过洹河，在小屯建都是有可靠的真实性的。

再次，是关于王陵区的问题，自 1934 年对侯家庄西北岗王陵区发掘以来，至今已发掘大墓 8 座，其中 M1001 规模最大，时间最早，大家认识不一致，张光直先生认为 M1001 大致可能是属于盘庚的。② 邹衡先生将侯家庄西北岗 HPKM1217、M1500 的时代归入殷墟第一期，即盘庚、小辛、小乙时期。1959 年在武官村北地王陵区东区发现一座长方竖穴式中型墓，墓中有葬具椁、棺、殉人 6 个，随葬有成套的青铜礼器和武器。从墓葬出土情况看，墓主人应为王室成员，从出土的陶器和青铜器形制看当为殷墟早期文化一期晚期阶段。③ 也就是说是属于盘庚、小辛、小乙时期。

总之，笔者认为盘庚最初都北蒙（殷），此殷应在洹河以北的今洹北商城，后因漳河水泛滥，迁都到洹河以南今安阳小屯地区，以后各王皆居于此，至纣灭亡，二百多年更不徙都。

（发表于《河南大学学报》（社会科学版）2007 年第 3 期）

---

① 杨宝成：《试论殷墟文化的年代与分期》，《考古》2000 年第 4 期。

② 张光直：《中国青铜器时代》，三联书店 1983 年版。

③ 中国社会科学院考古研究所安阳工作队：《安阳武官村北一座殷墓》，《考古》1979 年第 3 期。

古谢邑地望考

一　有关古谢邑地望的不同看法

　　古谢邑在何处？其影响较大的传统说法是南阳说。《国语·郑语》记郑桓公想在成周附近建国，曾考虑过"谢西之九州"的地方。他的臣子史伯却提出了"唯谢郏之间"。"谢"，三国韦昭注曰："谢，宣王之舅申伯之国，今在南阳。谢西有九州，二千五百家曰州。"又曰："间，谓郏南谢北，虢郐在焉。郏后属郑，郑鲁楚取之，鲁昭元年传曰葬王于郏谓之郏敖是也。"在这里，三国时的韦昭明确指出谢的地望在宣王之舅申伯之国的河南南阳。以后朱熹在《诗集传》的《诗经·崧高》"于邑于谢"注中指出："邑，国都之处也。谢，在今邓州南阳县，周之南土也。"谭其骧先生主编的《中国历史地图集》更将"谢"标于今河南南阳市东南约 30 里处。《光明日报·史学》第 548 期[①]所载《中国谢氏源流讨论会在南阳召开》一文一致认为：周宣王用以改封申伯的谢邑故地，就在今南阳县金华乡东谢营村。谭其骧先生曾有专文讨论此问题，谭先生认为："谢邑故址，当在今南阳金华乡之东西谢营村无疑。"[②] 上述诸说将古谢邑确定在今南阳县的主要根据是《荆州记》中所说"棘阳东北百里有谢城"的记载，而此材料则见于《续汉书·郡国志》南阳郡棘阳县刘昭注中。对此说首先表示怀疑的是申光亚先生[③]，他通过对《诗经》中《崧高》《黍苗》二诗的内容进行分析，对古谢邑的地望得出了自己的看法：第一，将《黍苗》"原隰既平，泉流既清"与《崧高》的"我图尔居，莫

---

① 《光明日报》1991 年 12 月 18 日。
② 谭其骧：《古谢邑故城应在今南阳县境》，《南都学坛》1992 年第 1 期，第 14 页。
③ 申光亚：《古谢邑今地考》，《中州今古》1988 年第 4 期，第 54—56 页。

如南土""彻申伯土田""彻申伯土疆"等诗句结合起来看，谢国应是河
道经流、土地肥沃的富庶的农业之邦。第二，从《诗·黍苗》"悠悠南
行"和申伯"我徒我御，我师我旅"浩浩荡荡的迁封情景看，不可能是
三五十里的短距离。申伯原封在序山（今南阳市北的独山）南麓，现在
改封于谢。"悠悠南行"其目的何在呢？《崧高》诗的内容明明白白地说
明是"南土是保"，周天子封申伯于谢邑主要是起阻碍楚军北上的作用，
故应当是选择在襄阳之北、汉水之左的战略要冲地带。所以申伯徙封应当
到南阳盆地的南端，桐柏山以西，倘如是朱熹所说的仅三五十里之地，那
就根本不需要那么规模浩大的举动，这样迁封也根本达不到战略上"南
土是保"的作用。所以，申先生将实际考察和《水经注》所记的谢水材
料结合起来，认定今唐河县的苍台乡之古城址即古谢邑的看法应该是有价
值的。申先生的这个看法实际上是批评了古谢邑在今南阳市东南50里金
华乡谢营村的说法，他的看法应该说是正确的，我完全同意。但将古谢邑
确定在今唐河县苍台乡的看法却不敢苟同，现提出求教于学界诸贤。

　　首先《诗经·小雅·黍苗》曾描写召穆公在谢邑的地方营造城邑的
情景，现抄录如下：

　　　　芃芃黍苗，阴雨膏之。悠悠南行，召伯劳之。
　　　　我任我辇，我车我牛。我行既集，盖云归哉。
　　　　我徒我御，我师我旅。我行既集，盖云归处。
　　　　肃肃谢功，召伯营之。烈烈征师，召伯成之。
　　　　原隰既平，泉流既清。召伯有成，王心则宁。

　　从诗内容"悠悠南行，召伯劳之"，朱熹《诗集传》注曰："悠悠，
远行之意。"可以看出召伯改封于谢邑，绝对不是在离南阳市三五十里的
东谢营村。因此，谢邑在南阳市之说是不能成立的。再从诗的内容"我
任我辇，我车我牛。我行既集，盖云归哉"的句子来看，朱熹《诗集传》
注曰："辇，人輓车也。牛，所以驾大车也。"可以看出申伯这次迁封，
有的肩上背着东西，有的把造城用的材料装在车上用人拉着，赶着车子用
牛拖着走，这说明申伯所封的地方又不能算太远。由于从申伯改封于谢的
人数很多，《黍苗》中又说："我徒我御，我师我旅。我行既集，盖云归
处。"朱熹《诗集传》注云："徒，步行者。御，乘车者。五百人为旅，

五旅为师。《春秋传》曰，君行师从，卿行旅从。"说明召穆公送申伯到谢的地方，是跟着很多人的队伍，有的步行，有的是坐着车子，还加上国王的一师兵，计有二千五百人护送他，又用自己的一旅兵五百人帮同照料着，到了谢的地方。① 这样庞大的队伍，要走很远的路程，实属困难。因此，申先生提出古谢邑在唐河苍台乡之说，离南阳市有一百多里可能就又有些不恰当。

二　古谢邑地望应在今唐河县郭滩乡附近

那么古谢邑究竟应在何处？《诗经·小雅·黍苗》描绘了谢邑的地理特征："原隰既平，泉流既清。召伯有成，王心则宁。"朱熹《诗集传》注曰："土治曰平，水治曰清。言召伯营谢邑，相其原隰之宜，通其水泉之利。此功既成，宣王之心则安也。"可以看出谢邑是平原地带，而且有泉流之便。今南阳市东南部是冲积平原，是找不到任何泉流的，因此，把古谢邑确定在南阳市东南约 30 里处的金华乡东谢营村是不恰当的。相反在今河南唐河县东部、东南部为低山丘陵地带，海拔在 250 米以上；东北部地区海拔都在 150 米以上；西部、中部为唐河冲积平原，海拔 150 米以下，属南阳盆地的西南边缘。从地形上看，谢邑位于唐河县的西部、中部的可能性为最大，唯其如此，才符合《诗经》中所描绘的"原隰既平，泉流既清"的地理特征。此区域之中的今唐河源于方城县境，从北向西南流，至湖北枣阳两河口与白河汇流，在本县有众多支流如桐河、蓼阳河等。因此，该地有百泉之利，又是平原，适宜于黍苗生长，所以古谢邑毫无疑问应在唐河境。

郦道元《水经·比水注》曰："比水又西南流，谢水注之，水出谢城北，其源微小，至城渐大，城周回侧水，申伯之都邑。《诗》所谓申伯番番，既人于谢者也。世祖建武十三年，封樊重少子丹为谢阳侯，即其国也。然则是水即谢水也。高岸下深，浚流徐平，时人目之为淳濞水，城、戍又以淳濞为目，非也。其城之西，旧棘阳县治，故亦谓之棘阳城也。谢水又东南迳新都县，左注比水，比水又西南流迳新都县故城西，王莽更之曰新林，《郡国志》以为新野之东乡，故新都者也。"在这里应该着重说

---

① 江阴香：《诗经译注》第 5 卷，中国书店 1983 年版，第 137 页。

明的是，《荆州记》所记"棘阳东北百里为谢城"的说法显然是靠不住的，其与郦贤所注的《水经》是相违背的。《水经注》明确指出："其（谢）城之西，旧棘阳县治，放亦谓之棘阳城也。"这怎么能说棘阳东北百里为谢城呢？郦贤是专门搞水文地理的，况且延寿四年（515年）他曾任东荆州刺史，而刺史任上的治所即今河南泌阳县，正是唐河的邻县，所以他对比水支流谢水及其附近谢城的记载应是可信的。《荆州记》的记载与郦贤之说其可信度是大相径庭的。有的学者根据《荆州记》的材料，就断定古谢邑在今南阳市东南30里的东谢营村证据是不足的。

我仔细研究郦道元所说的地理位置后，认为古谢邑确应在今唐河县西部。比水就是今天的唐河，泚本作比，唐以后作泌，唐河流经社旗、唐河、新野等县，又经湖北襄阳县，至枣阳两河口和白河汇流，南入汉江。《水经注》谓"比水西南流，谢水注之"，又说"谢水出谢城北，其源微小，至城渐大，城周回侧水，申伯之都邑"。现在考察唐河县境内注入唐河的诸水流，说：北边的有桐河、泌阳河，然后是三夹河，再向南有蓼阳河、清水河、疆石河，并无谢水。《南阳府志校注》说："王贞夫、孙文青、刘尧庭诸先生谓谢水即涧河。"此说有些不确切。因为今天涧河自然存在，如果涧河水流是谢水，那么谢城自然就容易寻找了，确定其地理位置就容易了，可是现在的问题是郦道元《水经注》所记的谢水，水源微小，很可能今天已不复存在了。它很可能是与涧河水伴行的一条古水。这样看来求谢水以确定古谢邑地理位置的工作难度实在较大，只有根据《水经注》的记载，先探明棘阳故城的地理位置而后再探求古谢邑的所在。

《大清一统志》谓："棘阳故城，在新野县东北，古曰黄棘，《史记》楚怀王二十五年与秦昭王盟于黄棘，汉高帝七年，封杜得臣为棘阳侯，置县，《汉书》注应劭曰，在棘水之阳故名，晋属义阳郡，惠帝改属新野郡，宋大明中，属河南郡，齐因之，后魏置汉广郡，治南棘阳，兼领西棘阳县，西魏改郡曰黄冈，以西棘阳省人，而改南棘阳为百宁县，后周废郡，又省百宁入新野县，《寰宇记》棘阳故城，古谢国之地，有废城，在今湖阳县北，《元一统志》棘阳镇在新野湖阳二县间，即故城也。"在这里《大清一统志》认为棘阳故城为古谢国地，在湖阳与新野之间的说法，我认为应该是确凿的。根据南阳地区文管会的调查，棘阳故城位于新野县东南45里张楼村一带，南北长约1000米，东西宽约350米，已无城垣，城址坐落在南北走向的岗脊上，东临低洼的狄青枯湖和唐河，城内文化层较厚，发现汉代筒瓦、板瓦、瓦当、水管道、排水沟、水井、石磨、铜器、铁器、青瓷器等，还有街道遗迹及房基等。① 此记载明确告诉我们棘阳就在今新野县东南的张楼村。该城址又称棘阳城，明嘉靖《南阳府志》记载："汉置（棘阳）县，居棘水（即今溧河）之阳，故名。"《大清一统志》说："汉高帝七年，封杜得臣为棘阳侯，置县。"《史记》载："楚怀王二十五年与秦昭王盟于黄棘。"《汉书·地理志》说棘阳"古曰黄棘"。其地理位置《元一统志》称，棘阳"有镜镇，介于新野、湖阳二县之间"。这些记载与今天考古发现的材料正相吻合，揆诸今地应在溧河之北的溧河铺附近，其具体位置就在溧河左岸的前张楼村。在这里应该指出的是由南阳地区文管会供稿的文物志《棘阳故城》条中认为古棘阳东临低洼的狄青枯湖和唐河可能有不确之处，因为棘阳是在棘水之阳而得名，它应是东临溧河，不可能东临唐河，如果是东临唐河，那么地理位置就可能有错误了。总之，认为古棘阳在新野东南45里张楼村一带的说法应该是可信的。我们如果找到了古棘阳的地理位置，以此为坐标，再结合郦道元《水经注》的记载，那么谢水附近谢邑的地理位置庶几可定了。

《水经注》所记比水（唐河）支流，先记澧水（即今三家河），又记溲水，而后才记谢水，又说："比水又西南流，谢水注之。……此水又西南流，迳新都县故城西，王莽更之曰新林，《郡国志》以为新野之东乡，故新都者也。"新都县故城，在今新野县五庄乡，汉置，属南阳郡。汉封王莽第九女惠，修城郭，西汉永始六年（前14年），封王莽为新都侯于此，其具体地理方位就在新野县东南王庄乡梅湾大队九女城村。从郦道元所记载比水与古谢水的流向以及《水经注》中所记古谢城在湖阳与棘阳之间的关系来看，古谢城应就在唐河县郭滩乡谢庄一带。② 值得注意的是，在唐河县城郊有谢冲、谢庄，黑龙锁乡有谢庄，这些村落都是谢姓聚居地，它表明古谢国与谢姓的发展有着密切的关系。

历史上申伯改封于谢邑的目的是很明确的，那就是"往近王舅，南

① 河南省文化厅文物志编辑室：《河南文物志选稿第4辑》，第30页。
② 徐少华先生认为古谢城亦不出今新野之施庵至唐河的郭滩一带，新野县东45里的张楼村发现的"棘阳城"则应是汉晋棘阳县。见《周代南土历史地理与文化》，武汉大学出版社1994年版，第51页。

土是保"。那么为什么又称为谢邑呢？有的学者认为是"周天子答谢诸侯的地方，因称谢邑"①。此说或恐有不当之处，谢邑得名应是其地居谢水之侧之故，而非答谢之意。关于谢的本意，徐中舒先生讲得好："申伯是宣王的元舅，宣王封之于申，地在河南南阳，这是对付南方的军事重镇。《崧高》说：'亹亹申伯，王缵之事，于邑于谢（谢，是淮夷的一部分。谢或作序，序、徐古鱼部字，徐转为谢，是鱼模转为歌麻之征），南国是式。王命召伯，定申伯之宅。'宣王命召伯虎为申伯经营，并使被征服的谢人为之筑城。又命召伯'彻申伯土田'、'彻申伯土疆'，即划出一部分土地作为申伯的采邑，并派遣'傅御'（近臣）把申伯的'私人'（家内奴隶之类）迁去。"② 这一切都是为了"南土是保"，都是为了对付荆楚。自殷商时期以来，中原政权就对南土进行过大规模的经营，《诗经·商颂·殷武》："挞彼殷武，奋伐荆楚。……维汝荆楚，居国南乡，昔有成汤，自彼氐羌，莫敢不来享，莫敢不来王，曰商是常。"这里的荆楚应是南方江汉流域的众多方国，西周时改封申伯于谢，正是为了在"南土"之地建立起巩固的南方边防基地，而谢邑本身的地理位置及其所具备的地理条件正符合了西周中央政权经营南土的要求。因为谢邑距唐河（沘水）很近，可以顺水而下达到汉水，自汉又可入江，这样看来谢邑在此军事上的地理位置比在南阳市东南 50 里更适合于"南土是保"的政治和军事要求，所以古谢邑在南阳市金华乡谢营村的说法，是不甚确切的。

　　以上对谢邑地望的粗浅看法，仅是一己之见，不当之处请批评指正。

　　　　（承朱士光师指教，发表于《中国历史地理论丛》2005 年第 1 期）

---

① 郏县地名委员会编：《郏县地名轶闻》（内刊本）。
② 徐中舒：《西周史论述（下）》，《四川大学学报》1979 年第 4 期，第 98 页。

古苏国地望及其疆域问题

苏国是先秦时期一个古老的封国，有关其地望与疆域，学术界有不同的看法。为了弄清楚苏国地望及其疆域，在这里首先必须搞清楚古文献中的苏、温是否为一国的问题。近年来的一些论著中都认为"苏"即"温"。如"建都于温，故亦可称温，犹如战国时期魏国都梁，亦称梁国一样。由此可见苏、温本为一国，是可以肯定的"①。此问题现在看来值得进一步研究。温国与苏国是一国还是两国？郭沫若先生早年在《两周金文辞大系及图录考释》一书中说："䣄即穌，亦即蘇，苏乃己姓。《郑语》'己姓昆吾、苏、顾、温、董'己即妃之省。《晋语》'殷辛伐有苏，有苏氏以妲己女焉'妲己亦着姓也。《郑语》以苏、温为二国。《左传》则以苏温为一。"又曰："顾栋高《春秋大事表（五）〔爵姓存灭表〕》温下注云：'春秋初苏氏已绝封，隐十一年王与郑人苏岔生之田十二，温居一焉。不知何时地复归王，苏氏续封而仍居温。僖十年为狄所灭。二十五年王以其地赐晋，至文年女栗之盟复见苏子。杜注，盖王复之，或云自是迁于河南。'余意温盖苏之支庶，苏公入仕王室盖别有所封，其故邑为子孙所保有而亦有苏名，犹邾之大、小邾，若之上下都也。故温虽灭，而苏国犹存。"② 在这里郭沫若先生在解决苏、温是否为一国的问题时，采取调和的办法，认为温盖苏之支庶，苏公入仕王室盖别有所封。其故邑为子孙所保有，而亦有苏后，犹邾之大小邾，若之上下都也。郭沫若先生这个认识，我认为基本上是正确的。但是古之温国与苏国之间到底有什么渊源关系并未讲清楚。我认为西周之前温与苏，不是一国，但在西周时期，温与苏却成为一国。因此，苏、温二国关系密切，源远流长。

---

① 梁晓景：《苏国史迹考略》，《史学月刊》1985 年第 2 期。

② 郭沫若：《两周金文辞大系图录考释》，中国科学出版社 1957 年版，第 242 页。

一

古温国与古苏国的区别，最早分别见于《今本竹书纪年》。帝芬"三十三年，封昆吾氏子于有苏"。"帝芬"即帝槐，"有苏"就是古苏国。这说明早在夏代中叶，昆吾氏之子就在苏地建立国家。《今本竹书纪年》又谓帝癸二十六年"商灭温"。此温国与有苏国是否在一起呢？有些学者认为有苏氏建都于"温"故亦称温国。这实际上是一个错觉。因为古温国在今河南温县，此温的得名，与古温国毫无关系。根据乾隆《温县志》记载：温之得名，是因县境内有两温泉：一个在现在孟县境北部；另一个在温县城西五里远村。由于两个温泉即在古温地，因此，相传古温国即以此二泉得名。此温国在商为商所灭，成为商的畿内邑。①

"有苏"的苏国，从文献记载看与古温国却毫无关系。因为有苏是商王朝的重要封国。《国语·晋语一》记载史苏的话说："昔夏桀伐有施，有施人以妹喜女焉，妹喜有宠，于是乎与伊尹比而亡夏。殷辛伐有苏，有苏氏以妲己女焉，妲己有宠，于是乎与胶鬲比而亡殷。周幽王伐有褒，褒人以褒姒女焉，褒姒有宠，生伯服，于是乎与虢石甫比……周于是乎亡。"韦昭注曰："殷辛，汤三十——世帝乙之子殷纣也。有苏，己姓之国，妲己，其女也。"《史记·殷本纪》记载殷纣王"好酒淫乐，嬖于妇人，爱妲己，妲己之言是从"。《集解》引皇甫谧曰："有苏氏美女。"《索隐》云："《国语》有苏氏美女，妲字己姓也。"《今本竹书纪年》记："帝辛九年王师伐有苏，获妲己以国。"这些记载说明商灭温，与伐有苏国，应是两国，绝对不能说温即苏。故《国语·郑语》载祝融八姓："己姓昆吾、苏、顾、温、董。"《潜夫论·志氏篇》也有同样的记载曰："凡因祝融之子孙，己姓之班，昆吾、籍（苏）、扈、温、董。"萧山汪继培笺曰："《郑语》云己姓、昆吾、苏、顾、温、董，按籍、苏字形相近，往往致误。《史记》惠景间侯者年表江阳侯苏嘉，徐广曰，苏一作籍，《晋世家》献侯籍，《索隐》云系本及谯周皆作苏。"这也都说明苏、温在商代应是两国。温在今河南温县，而有苏商时在何处呢？秦嘉谟《世本

---

①　温县人民政府办公室编：《温县地名考》第一集，1986年，第2页。

补辑本》曰：“苏氏颛顼祝融之后，陆终生昆吾，封苏，邺西苏城是也。”① 有的学者认为“苏的地点在今辉县市西北二十五公里的苏门山”②。后种说法文献根据不足，应以邺西苏城为是。

商时温国在今河南温县，古有苏国应在邺西苏城，而不在今河南温县。苏国在邺西苏城，邺在今河北临漳县，因此，商纣时伐有苏是向北用兵。可是周灭商后，苏国之后苏忿生为周武王的司寇，以后又封于温地。《尚书·立政篇》曰：“周公若曰：‘太史，司寇苏公，式敬尔由狱，以长我王国。”孔安国传曰：“忿生为武王司寇，封苏国，能用法，敬汝所用之狱，以长施行我王国。言主狱当求苏公之比。”《左传》成公十一年曰：“昔周克商，使诸侯抚封，苏忿生以温为司寇，与檀伯达封于河。”杜预注：“苏忿生，周武王司寇苏公也。”孔颖达引正义曰：“《尚书·立政篇》云，太史司寇苏公，此传与彼俱言苏公为司寇，明是一人。此言克商即为司寇，是武王司寇。”这说明武王灭商以后，将司寇苏公封于温，于是温国与苏国，在周时就合并为一个苏国。故有的学者认为：“苏则是商代古国，西周以来受封于温，并温有之。”③ 这个认识应该是正确的。故《潜夫论·志氏篇》谓：“周武王时有苏忿生为司寇而封于温。”由于苏忿生受封于西周，其后世绵延不绝，到东周时子孙繁衍，因此，苏国青铜器很多，著名的有《苏卫妃鼎》《苏公子簋》及《宽儿鼎》《苏公簋》《苏甫人匜》《苏貉豆》等，④ 这些青铜器都是西周晚期至春秋中叶的苏国遗物。它们为我们研究苏国的历史及其在各国中的地位与作用提供了极其宝贵的资料，它说明东周时苏国与商时苏国应有区别，但渊源关系极为密切。

二

古苏国始封地望。复旦大学历史地理研究所《中国历史地理地名辞典》编委会主编的《中国历史地名辞典》谓：“温邑，在今河南济源县西

① 秦嘉谟等辑：《〈世本〉八种》，商务印书馆 1957 年版，第 36 页。
② 马世之：《沁水下游古国探秘》，《黄河文化》1993 年第 1、2 期。
③ 李零：《楚国族源、世系的文字学证明》，《文物》1991 年第 2 期。
④ 郭沫若：《两周金文辞大系图录考释》，中国科学出版社 1957 年版，第 244 页。

南，西周、春秋时苏国建都于此。"① 具体地理方位不详。杨伯峻《春秋左传注》谓："成公十一年传云：昔周克商，使诸侯抚封，苏忿生以温为司寇，则苏忿生乃周武王时司寇受封于温者也。温即隐公三年'取温之麦'之温，故城在今河南省温县西三十里。"此说是根据《括地志》和《读史方舆纪要》的记载。《括地志》谓："故温城在怀州温县西三十里。汉晋为县，本周司寇苏忿生之邑。"《读史方舆纪要》卷四十九记："温城，故城在今（温）县西南三十里，周畿内国。武王时苏忿生以温为司寇是也。"

可是《路史·国名记丙》谓："苏，己姓，子扰在夏曰伯，今怀之武德有苏古城，在济源西北二里。"

以上诸说，大多数以为最初苏国的温邑在今河南省温县西南 30 里，其说影响较大，为各类著作所采用。《路史》所记完全是错误的。可是郭沫若先生在《两周金文辞大系及图录考释》一书中却认为："温在今河南温县，苏大率即在其附近。"② 其说显然是错误的。杜预在《左传》隐公十一年注谓"温即今温县"，此说是正确的。因为古之温邑，汉晋在此设县，故杜预注"温今温县"为确。郭沫若先生注温在今河南温县，苏大率即在其附近那就大错了。因为今之温县是战国时赵孝成封李同父于此，因名李城。《史记·平原君虞卿列传》："李城，邯郸传舍吏子李同战死，封其父为李侯。"《集解》："徐广曰：河内成皋有李城。《正义》怀州温县，本李城也。李同父所封。隋炀帝从故温县城移县于此。"《括地志》谓："怀州温县，本李城也。李同父所封，隋炀帝从故温城移县于此。"隋大业十三年（617 年）起，为温县县治迄今。《元和郡县志》谓："温县，隋大业十三年（617 年）自古城（古温邑）移于今所。"清乾隆二十四年《温县志》卷七谓："温县城，唐武德四年（621 年）建城，周围五里十三步，高一丈五尺，广四步，门东、西、南三。明景泰元年知县虞廷玺、正德五年知县李镗重修。嘉靖三十年知县孟津扩城南面正开门……崇祯十二年知县张兆罴增修东南城……清乾隆二十三年知县王其华创凿城

---

① 复旦大学历史地理研究所：《中国历史地名辞典》，江西教育出版社 1986 年版，第 875 页。

② 郭沫若：《两周金文辞大系图录考释》，中国科学出版社 1957 年版，第 245 页。

池，周围五里四十步，深六尺，阔一丈二尺。"① 从以上记载来看，今温县县城，从隋开始才是温县的治所，一直沿用至明清。新中国成立前县城内仅有衙前街，街道狭窄，可以佐证是县治所在地，这是毫无疑问的。可是今温县县城却不是古之温邑，因古之温邑有多处，其具体方位在今温县境内有变迁。据《汉书·地理志》河内郡有温县，班固自注云："故国，己姓，苏忿生所封。"《后汉书·郡国志》谓："温，苏子所都。"说明汉之温县即古之苏忿生温邑。那么汉县治所在何处？今考察应在温县城（称温泉镇）西南 13 公里的清风岭，有安乐寨的村名。东临古城，西连上苑，东北毗西招贤。寨东北有汉代烘窑遗址。相传三国时温县故城在今温县安乐寨、古城、西招贤一带。原为温邑故城，司马氏欲代魏，曾选择故邑筑城建都。以故城为中心，跨清风岭，坐北向南，纵宽各 3 公里，占地 9 平方公里许，夯土筑城。东门石砖刻有"司马故里"，西门石刻"安怀寨"，后称"古晋城"，俗称"版城"，这就是"古晋城"的由来。古晋城分内城外城，内城居中偏西，原名安乐宫，是为帝妃皇室居留准备的主要宫殿，周围筑有高大的城墙，开有南、西两门，南门刻有"安乐宫"三个字，约在清初（1644）改名为"安乐寨"。后因历受黄河水患和战争的影响，南北外城湮灭，寨墙倾颓，咸丰三年（1853 年）又在原来寨墙的基础上增高加固，添修了东、北两门。北寨门上石刻"安乐寨"三字，两边刻咸丰三年小阳月重修，同时将南寨门上原有"安乐宫"的"宫"字凿掉，改为"寨"字，显然能辨出寨文凹进许多。该村古寨墙垣残存，四个寨门已劈成豁口。由"安乐宫"的具体位置可以推知晋温县故城。② 值得注意的是晋时的温县治所，不是汉时温县的治所，城池略有变迁。西汉时的古温邑即在现在武陟县的温村，即隋时所迁的温县故城，其具体方位由汉代烘范窑址可以佐证。在西招贤与安乐寨两村之间偏北的台地上，约相当于温县故城北墙处。因为汉代专门用来焙烘陶范（铸模）的专用窑名烘范窑，所以 1975 年从这里发掘清理出一座基本完整的汉代窑址和五百多套陶范，当可证明汉代故温县应在附近。今发掘的汉代烘范窑遗址离今县城 13 公里。③

---

① 温县人民政府办公室编：《温县地名考》第一集，1986 年，第 8 页。

② 同上书，第 60 页。

③ 河南省博物馆：《河南省温县汉代烘范窑发掘简报》，《文物》1976 年第 9 期。

再根据《水经·济水注》记载："济水于温城西北，与故渎分。南迳温县故城西，周畿内国，司寇苏忿生之邑也。《春秋》：僖公十年，狄灭温，温子奔卫，周襄王以赐晋文公。济水南历虢公台西。《皇览》曰：温城南有虢公台，基址尚存，济水南流注于河。郭缘生《述征记》曰：济水迳河内温县注于河，盖沿历之实证，非为谬说也。济水故渎，于温城西北，东南出，迳温城北，又东迳虢公冢北。《皇览》曰：虢公冢在温县郭东，济水南大冢是也。济水当王莽之世，川渎枯竭，其后水流迳通，津渠势改，寻梁脉水，不与昔同。"

由上可知东汉至晋初时，温县古城经过一次迁徙，而原"温县古城"即苏忿生所封的温邑古城，应当在虢公台北，即现在的上苑村。虢公台在该村西头，此为东城外，而晋魏时的温县城（迁徙过的）旧址在今招贤。现在当地人尚能指出其具体方向与地理位置：西至安乐寨与上苑间，东至辛庄与夏庄间，北至牛冢，南至新蟒河，长宽各6里许。这样来看，杜预所注古苏忿生的温邑，不应是晋时的温县县城，而其县西北的上苑村、古城村一带应为古之温邑。所以汉迁今县境内置温县，其治所在今古城村、安乐寨以东。其具体里数，应是离县城大约13公里。故乾隆《温县县志》曰："古温城，在温县西南二十里，有古城，汉温县，即苏忿生封邑亦曰苏城。"经过县地名工作实际调查，在今温县西南13公里的西招贤村，周围确实有一处面积10平方公里的小城。由于长期水土流失，只能在地面上隐隐约约可以看出凸起的城墙，个别处保存较好，高度尚存六七米左右。相传西招贤在故城东门内，通过现场实地调查，它位于北城墙东段的内侧，如果这里是北城墙的东门，则在西段还应有一个城门。铁器冶炼遗址正位于北城墙中段之北，是在城墙的外面，故城分内城和外城。故城之内，汉代的瓦片、陶片和残砖，俯首皆可拾到，此处为汉代之温邑当属无疑，所以汉之温邑在安乐宫以北，冶铁遗址以南古城村，这就是苏忿生古之温邑。故《大清一统志》谓："温县故城，在今温县西南三十里，亦曰苏城，周为畿内邑。《左传》隐公二年，郑祭足帅师取温之麦。注：温今河内温县。成公十一年，刘康公曰：苏忿生以温为司寇。苏氏即狄，又不能于狄而奔卫，于是襄王劳文公而赐之温。战国时为魏地，汉置县，属河内郡。东魏天平中，移县于古城东北七十里，隋大业十三年，又移治于李城。"现在看来《大清一统志》所说古温邑离县城30里，是有些错误的。同时又把古温邑说成是苏城，其主要根据仍然是《括地志》的记载。现据实地考察，应为 26 里左右才是比较可信的。

三

苏国的疆域到底有多大？有的学者根据《左传》隐公十一年记载："王取邬、刘、苏、邘之田于郑，而与郑人苏忿生之田：温、原、绨、樊、隰郕、欑茅、向、盟、州、陉、隤、怀。君子是以知桓王之失郑也。"这就是说周桓王把原来属于苏忿生的温、原等 12 邑中的田地赠给了郑国。由此可见"西周时期苏国至少占有温、原等十二邑的范围"。对于这 12 邑中的地望，他们根据杨伯峻《春秋左传注》的考释，做出了如下的推定："苏国的疆域东起今河南省武陟县西十一里，西至济源县西南二十余里，北到修武县西北约二十里，南达孟县西数里，东西长约一百四十余里，南北宽约七十里，跨有今修武、武陟、获嘉、温县、沁阳、孟县、济源等县间地，方圆一百余里。"① 在这里首先应该指出，根据杨伯峻先生《春秋左传注》所考释的 12 邑古今地名对照的具体里数，有的是可信的，但也有的很不确切。故对于苏国的疆域范围的考察显然是有其的不准确之处的，如：

温：杨伯峻《春秋左传注》谓："在河南温县西稍南 30 里。"

古温邑：应在今河南省温县西南 26 里之古城村。（详见本文考证）

原：今河南省济源县北而稍西 15 里。

古原：应在今河南省济源市西北 2 公里原城遗址。②

绨：杨伯峻《春秋左传注》谓："在今河南省沁阳西稍南 30 里有故绨城。"

《济源县志》谓："《水经注》淇水又东北经波县故城北，汉高帝封公上不害为侯国，《汉书·地理志》波有绨城，《左传》王与郑绨即此。"《大清一统志》谓绨"在河内县西南，《左传》隐公十一年，桓王以苏忿生之田与郑有绨。注绨城在野王西南，《汉书·地理志》波注，孟康曰今有绨城。《水经注》济水流经郤城北，郤即绨字之讹也。《括地志》故绨城在河内县西南三十里，《明一统志》付逯城即古绨城"。

①　梁晓景：《苏国史迹考略》，《史学月刊》1985 年第 2 期。

②　陈昌远：《原氏仲簋与原国地望考辨》（未刊稿）。

复旦大学历史地理研究所《中国历史地理地名辞典》编委会主编的《中国历史地名辞典》谓："绵邑，一作郗邑。在今河南沁阳县西南。《左传·隐公十一年》周桓王以苏忿生之原、绵等十二邑与郑。"

野王即今河南，沁阳县，故古绵城应在沁阳县西南30里为确。

樊：亦名阳樊，杨伯峻谓："在今济源县东南约20里。"

顾栋高《春秋大事表》谓："樊在今河内怀庆府济源县西南十五里，有阳城。"

《清一统志》谓："樊城，在武陟县西南四十里，今名古樊城，相传樊哙屯兵于此。"

江永《春秋地理考实》谓："杜注名阳樊，野王县西南有阳城，汇纂在今济源县东南三十八里。"

《修武县志》与《清一统志》的说法是相一致的，《修武县志》认为古樊："在县（修武县）西南三十里。《旧志》云汉樊哙屯兵处，按阳樊、攒茅诸地相去不远，此城盖即古之樊口。樊仲山所居，因以得名也。舞阳侯屯兵之说，全无依据。"据文献与实际考察，西周宣王封仲山甫为樊侯，建立樊侯国，都城原在今陕西长安县东南，后向东徙至阳邑，又称阳樊，在今济源县西7公里的曲阳村东，至今仍有遗迹可寻，应以此为准。故《读史方舆纪要》载："河南怀庆府济源县西南十五里阳城，古阳樊也。"《括地志》曰："曲阳故城在怀州济源县西十里。"樊国都城在今济源市西7公里的承留乡曲阳村一带，其地望与文献记载基本一致。

隰郕：杨伯峻《春秋左传注》谓："在河南省武陟县西南。"

《清一统志》谓："隰城，在武陟县西南十五里，《左传》隐公十一年王以苏忿生田与郑有隰城，又僖公二十五年，宽侯杀太叔于隰城，注在怀县西南。"

江永《春秋地理考实》谓："杜注在怀县西南，汇纂云怀庆府武陟县西南十五里隰城是也。"

根据《武陟县志》的记载："隰城在县西南十五里城子村。《旧志》云《左传》王与郑隰成即此。"通过实地考察古周隰城遗址，我认为古隰城应位于武涉县西南7.5公里处，即今北郭乡的城子村。现该城遗址还残存一个北门，历代对此门虽然没有维修，但还可以看出其古城遗址的面貌。1964 年公布为县级文物保护单位。[①] 因此,《左传》中的隰城应以武陟县西南 15 里城子村为确。

櫕茅:梁晓景引《春秋左传注》谓:"在今河南修武县西北二十里。"

江永《春秋地理考实》谓:"杜注在修武县北,汇纂修武今属怀庆府县北二十里大陆村即其地也。"

《清一统志》谓:"在修武县西北二十里,《左传》隐公十一年,王以苏忿生田与郑,有櫕,注櫕在修武县北,《后汉书·郡国志》修武有櫕茅田,注,县西北有櫕城,《通鉴地理通释》櫕茅在修武县北,今为大陆村。"

京相璠《春秋土地名》谓:"河内修武县北有故陨城,实中今世俗谓之皮垲,方四百步,实中高八尺,际陂北隔水一十五里,俗所谓兰丘也。方二百步,西一十里,又有一丘,际陂世谓之敕丘,方五百步,形状相类疑即古櫕茅也。"

《释例土地名》云:"汲郡修武县北有櫕茅。"

《修武县志》也谓:"陨城在县北二十里。"故櫕茅城应位于修武县北 20 里大陆村为确。

向:杨伯峻《春秋左传注》谓:"在今河南省济源县南稍西二十余里。"

《济源县志》谓:"阚骃志曰轵县南山西曲有故向城,即周向国也。《诗》作都于向,《左传》桓取向以与郑,《竹书纪年》云郑侯使韩辰归晋阳及向,更名高平。《括地志》云:'在怀州古河阳县西北四十里。'"按汉河阳县即今河南孟县。

《清一统志》谓:"在济源县南,周畿内向邑。《诗》作都于向。《左传》隐公十一年,桓王以苏忿生之田与郑,有向。注轵县西有地名向上。《竹书纪年》魏襄王二十四年,郑使韩辰归阳及向,二月城阳、向,更名阳为河雍,向为高平。《水经注》天浆水出轵南罩向城北,俗谓之韩王城。阚骃《十三州志》轵县南山西曲有故向城,即周向国也。《括地志》韩王故城,在河阳县西北四十里。"

上面《清一统志》与《济源县志》的记载是一致的,按战国轵邑,

---

① 武陟县地名办公室编:《武陟县概况》,1984 年铅印本,第 73 页。

秦置轵县，治所在今济源县轵城乡人民政府驻地，在济源县城关镇南 6 公里。而轵城西有向上的地名，即古向，恐不确切。在这里应该指出古向的地理位置应在今沁阳县。今沁阳县境内有西向地名，为西向乡人民政府驻地。在沁阳县城关镇西北 10 公里，逍遥石河西侧。古向城，原址在今村东北，金时西迁至今址，故名西向。① 按古向国应在此。京相璠《春秋土地名》谓："或云河内轵西有地名向，今无。"说明古向在今济源县轵县西是有疑问的。按今实际考察，向应在今沁阳西北 10 公里的太行山下，称"东向""西向"，此二村属西向乡所辖，位于古轵县之东，沁水北岸。向国有着悠久的历史，殷墟卜辞屡次记载有商王到向狩猎之事，向应位于殷"沁阳田猎区内"，故在今沁阳县西北 10 公里西向乡为确。

　　盟：杨伯峻《春秋左传注》谓："在今河南省孟县南稍西数里。"

　　江永《春秋地理考实》谓："杜注今盟津，汇纂在今怀庆府孟津县南十八里。"

　　《左传》杜预注："盟，今盟津。"《史记·周本纪》记载："九年，武王上祭于毕，东观兵，至于盟津，……是时，诸侯不期而盟津者八百诸侯。"《后汉书·光武帝纪上》注引《论衡》说："武王伐纣，八百诸侯同与此盟。故曰盟津。"《史记·夏本纪》《集解》引孔安国曰："盟津，在洛北。"《索隐》曰："盟古孟字，孟津在河阳，在《十三州记》云河阳县在河上，即孟津是也。"有的学者认为，孟津在今洛阳市孟津县老城西北 8 里黄河南岸的白合（鹤）镇一带。②

　　盟津即今孟县，因盟、孟古音均在阳部相通用。③《括地志》曰："盟津，周武王伐纣，与八百诸侯会盟津，亦曰孟津，又曰富平津。"又谓："盟津在怀州河阳县南门外。"按隋时开皇十六年（596 年）复置河阳县，其治所在今孟县城关镇南 7.5 公里。由此可以推知，古盟津应在孟县城南 15 里，与江永所说里数大体相当。在这里应该指出今孟县城关镇是金大定廿八年（1188 年），因黄河水患，故州、县治所，北迁 7.5 公里，故称

　　① 新乡地区地名词典编辑部：《河南省新乡地区词典》，河南省地名词典编纂委员会新乡地区分会，1985 年铅印本。

　　② 梁晓景：《明公封邑考——兼谈周公后裔封国的若干问题》，《中原文物》1987 年第 3 期。

　　③ 孟县地名办公室主编：《河南省孟县地名志》，1986 年铅印本，第 70 页。

上孟州（即今城关镇）；后来古城修复，复徙州治于故城，故县称下孟州。元初，治下孟津。元宪宗八年（1258年）州、县又复迁治上孟州，明清降州为县。省河阳，始名孟县。因为古黄河河道的变迁，古盟的地理位置应在今孟津县南孟津老城，对此扣马镇的地名可为佐证，[①] 而不应在孟津县白鹤镇。

州：杨伯峻《春秋左传注》谓："在今河南省沁阳县东稍南五十里之地。"

江永《春秋地理考实》谓："杜注在今州、县，汇纂今故城在怀庆府河内县五十里。"

《清一统志》谓："在河内县东南，本周畿内州邑，《左传》隐公十一年王与郑人苏忿生之田有州。后汉属晋，为栾豹邑。昭公二年，晋人以州赐郑公孙段。七年子产归州田于韩宣子。宣子因徙居之，汉置县，属河内郡。后汉因之，东魏天平初，置武德郡治此，隋初郡废，开皇十八年（598年）改县曰邢邱。大业初，又改曰安昌，仍属河内郡。"《括地志》谓："怀州武德县，本周司寇苏忿生之州邑也。"今考察，温县武德镇即西周的州邑，见《邢侯簋》的铭文。汉置州县，东魏天平元年（534年）置武德郡，隋开皇三年郡废，开皇十六年（596年）改置邢邱县。宋熙宁六年（1073年）废县为武德镇至今。镇东北有东周盟誓遗址和州城遗址，可为佐证。其具体方位，离温县县城13公里，在县城东北部。[②] 杨伯峻先生谓在沁阳县东南50里之地可能有误，因为沁阳东南可以是温县，其里数就不止50里。

陉：杨伯峻《春秋左传注》谓："在今河南沁阳县西北三十里。"

江永《春秋地理考实》曰："杜注阙，汇纂舆地太行陉在怀庆府西三十里一名丹陉。"今按太行八陉，其中就有"太行陉"，一名丹陉，位于今河南省沁阳县西北20里太行山间。根据《元和郡县志》记载："太行陉在怀州北，阔三步，长四十里。"自碗子城南长平铺至新店，自星轺泽

---

① 孟县地名办公室主编：《河南省孟县地名志》，1986年铅印本，第71页。

② 有的学者将《井（邢）侯簋》的州与山东淳于州混为一体，似有不妥。"认为《春秋经桓公五年》，冬公入曹。孔颖达《疏》《世本》国，姜姓"。《左传》则作："冬，淳于公入曹。"杜注："淳于，州国所都。"可见州即淳于，又周初井侯簋记赏赐"臣"有"州人"，州国殆其后代，州人在周初被作为奴隶赏赐，其先有可能是殷的与国，入周后常与周为敌。淳于在今山东安庄县东北，与杞、密、莱相距很近。（王辉：《史密簋释文考地》，《人文杂志》1991年第4期）

北至河底，皆所谓羊肠坂。群山回绕，道路险窄，是豫北、晋南之间的交通孔道。于太行山顶设关，名太行关，又称天井关。宋改为雄定关，元末称平阳关。据《山西通志》记载："（天井）关踞山之绝顶，古即名太行陉也。"[1]

隤：杨伯峻《春秋左传注》谓："在今河南省获嘉县北约二十里。"

江永《春秋地理考实》："杜注，在修武县北，汇纂京相璠曰河内修武有故隤城。"

今实地考察，因行政区划变迁，隤城应位于焦作市东部九里山东侧山脚下，属九里乡，离市区约35华里。当地传说春秋时隤城寨是一座古城，原城址在现在村址的西北部。《修武县志》记："春秋隤城在县北二十三里。"《太平寰宇记》曰："隤城苏忿生十二邑，其一也。"《水经注》谓："修武县北有故隤城，实中今世俗谓之皮垴，方四百步，实中高八丈，际陂北隔水……"《后汉书·郡国志》谓："河内郡修武有隤城。"据《修武县志》记载："张陆村重修功德记上面刻有'修武之北二十余里陆真山之东俯临古城，名曰隤城，号曰吴泽镇'。"县地名干部实地考察，隤城寨在历史上没有张陆村之说，在隤城寨村南3里，有大陆村，村里张姓居多，张陆村当指大陆村古时村名为宜。

据河南省文物考古队调查证明，这一带地下遗存文物很多，有石器、蚌器。1975年在这个大陆村东修蓄水池曾挖出古代铜钱三缸，其中有汉代铜钱，说明隤城寨是一个古老的城邑当属无疑。[2]

怀：杨伯峻《春秋左传注》谓："在今河南省武陟县西南。"

复旦大学历史地理研究所《中国历史地理地名辞典》编委会编纂的《中国历史地名辞典》认为古怀邑"在今河南武陟县西南"，没有具体的里数，离县城距离不详。

古怀邑战国时属魏，秦置县，故名怀。今实际调查古怀城遗址在今武陟县西约6公里处土城村，北边紧靠沁河大堤，南距东张村不到1公里，故怀县城基尚存。但由于历代沁河决口，城基已被淤没。解放时还残留一个城门，1974年也被当地群众拆掉。[3]

① 吕志毅：《太行八陉》，《地名知识》1982年第1期。
② 焦作市地名领导小组办公室编：《焦作地名考》第一集，1982年铅印本，第19页。
③ 武陟县地名办公室编：《武陟县概况》，1984年铅印本，第67页。

根据以上考释，苏忿生 12 邑具体位置与杨伯峻先生《春秋左传注》及梁晓景先生考证有出入之处，现列表如下：

古邑名	现今地望	
	杨先生《春秋左传注》及梁晓景考证意见	本文考释结论
温	河南省温县西南三十里	河南省温县城西二十六里
原	河南省济源县西北十五里	河南省济源市北四里
绨	河南省沁阳县西南三十里	河南省沁阳县西南三十里
樊	河南省济源县东南约二十里	河南省济源市西十四里
隰郕	河南省武陟县西南十五里	河南省武陟县西南十五里
攒茅	河南省修武县西北二十里	河南省修武县西北二十里
向	河南省济原县南稍西二十余里	河南省沁阳县向乡城关镇西北二十里
盟	河南省孟县南稍西数里	河南洛阳市孟津县老城北
州	河南省沁阳东稍南五十里	河南省温县城东北二十六里
陉	河南省沁阳县西北三十里	河南省沁阳县西北二十里
隤	河南省获嘉县北约二十里	河南省焦作市修武县北二十三里
怀	河南省武陟县西南十一里	河南省武陟县西十一里

由上可见苏国的疆域："东起今河南省武陟西十一里，西至济源县西南二十余里，北到修武西北约二十里，南达孟县西数里，东西长一百四十余里，南北宽约七十余里，跨有今修武、武陟、获嘉、温县、沁阳、孟县、济源等县间地，方圆一百余里"① 的看法是值得商榷的。实际上苏国疆域应是东起今河南省修武县北 23 里，今为焦作市东 30 华里，九里山脚下的大陆村；西至今济源县西北 4 华里；北到沁阳县西北 20 华里，南达孟县南今孟津老城，东西长约 64 公里，南北宽不对称，形成两头大中间凹，最宽处约 70 公里，跨有今修武、武陟、焦作市、

---

① 梁晓景：《苏国史迹考略》，《史学月刊》1985 年第 2 期。

温县、沁阳县、孟县、济源等县地，方圆有百余里，可谓是西周、春秋时的一个大古国。

（在本文写作过程中，承龚留柱教授、李振宏教授指教，发表于《史学月刊》2002 年第 9 期）

蔡国历史地理问题考辨

　　蔡国是周代一个重要姬姓诸侯国。它始封于今新乡卫辉市一带。蔡仲复封后，蔡国的都城先在上蔡，中间迁往新蔡，最终迁于下蔡。蔡国的兴衰与其所处的地理环境条件密切相关。作为姬姓的蔡国，与周室同宗。它自周初开始封国，到战国初年被南方的楚国灭亡，共经历了六百余年的历史，在周代的封国中占有重要的地位。蔡国的事迹多见于史书记载，其中司马迁的《史记·管蔡世家》更是较为系统地讲述了蔡国的历史。但即便如此，关于蔡国的史料仍显匮乏，它的一些历史地理问题学界仍是看法颇多，值得我们去认真探究。

一　"三监"与蔡的始封地

　　《史记·管蔡世家》记载："武王已克殷纣，平天下，封功臣昆弟。于是封叔鲜於管，封叔度于蔡。二人相纣子武庚禄父，治殷遗民。"① 可见蔡国的始封是从蔡叔度开始的。那么蔡叔度的封地到底在何处呢？一直以来，学界对此都有着不同的看法，大致有以下几种。

　　其一为上蔡说。对于史记中蔡叔所封"蔡"的解析，《集解》引世本曰："居上蔡。"② 《汉书·地理志》也持此说，在《汝南郡下》中记载道："上蔡，故蔡国，周武王弟叔度所封。度放，成王封其子胡，十八世徙新蔡。"③ 后世文献大多沿用此说，将上蔡作为蔡国的始封地。如郦道元《水经注·汝水》曰："（上蔡）县，故蔡国，周武王克殷，封其弟叔

---

① （汉）司马迁：《史记》，中华书局 1982 年版，第 1564 页。
② 同上。
③ （汉）班固：《汉书》，中华书局 1964 年版，第 1562 页。

度于蔡。"① 《括地志·豫州》也说："豫州北七十里上蔡县，古蔡国，武王封弟叔度于蔡是也。"② 顾祖禹《读史方舆纪要·上蔡县》曰："蔡国旧城周二十五里，蔡叔度始封此。"③

其二为修武说。今人晏子主张此说。他通过分析文献资料说道："《续汉书·郡国志》载河内郡'山阳邑''有蔡城'，刘昭注云'蔡叔邑此'。东汉山阳县在今河南修武县，其地正在殷都朝歌附近，蔡叔始居之地即在此。"④

其三为郑州祭地说。郑杰祥先生持此说法："按'祭'与'蔡'古音同属齿音月部，可相通假……因此，笔者认为，位于今郑州西北郊的这处'祭'地，也可称为'蔡'地，此地位于古敖山东麓、黄河南岸，南距石佛镇（即我们称做的古管地）约 15 公里，显然应是蔡叔度最初的封地。"⑤

其四为长垣说。清人朱右曾《逸周书集训校释》中称："蔡叔食邑疑即今大名府长垣县之祭城，其后成王改封蔡仲于蔡，今汝宁府上蔡县地。"⑥ 何光岳先生在论述古蔡国问题的时候也说道："今长垣县蔡城，叔度初封于此。"⑦

对于上蔡说的怀疑，古已有之。《尚书·蔡仲之命》孔安国《传》曰："叔之所封，圻内之蔡。仲之所封，淮、汝之间。"⑧ 孔颖达《正义》讲道："检其地，上蔡、新蔡皆属汝南郡。去京师太远，叔若封于上蔡，不得在圻内也。"⑨ 郑樵在《通志·都邑略》也曾说过："蔡本畿内之地，以为蔡叔之采邑，及蔡叔逆命国除。至蔡仲，始改封于汝南，故以汝南为蔡。及迁州来，则以州来为下蔡，汝南为上蔡。"⑩ 他们都提出蔡的始封

---

① 郦道元著、陈桥驿校证：《水经注校证》，中华书局 2007 年版，第 505 页。

② 李泰等著、贺次君辑校：《括地志辑校》，中华书局 1980 年版，第 134 页。

③ （清）顾祖禹：《读史方舆纪要》，中华书局 2005 年版，第 2364 页。

④ 晏子：《蔡国始封地地望辨正》，《中国历史地理论丛》1991 年第 3 期。

⑤ 郑杰祥：《新蔡的由来及其在蔡国历史上的地位》，《黄河科技大学学报》2010 年第 4 期。

⑥ 朱右曾：《逸周书集训校释》卷四《文政弟三十九》，商务印书馆 1937 年，第 60 页。

⑦ 何光岳：《蔡国史考》，《贵州文史丛刊》1986 年第 2 期。

⑧ （汉）孔安国：《尚书正义》，上海古籍出版社 2007 年版，第 660 页。

⑨ 同上书，第 661 页。

⑩ （宋）郑樵著、王树民点校：《通志二十略》，中华书局 1995 年版，第 569 页。

地不应在上蔡，这是有一定道理的。据《史记·管蔡世家》："武王已克殷纣，平天下，封功臣昆弟。於是封叔鲜於管，封叔度於蔡：二人相纣子武庚禄父，治殷遗民。"《史记·周本纪》也云："武王为殷初定未集，乃使其弟管叔鲜、蔡叔度相禄父治殷。"① 郑玄《毛诗谱》："邶、鄘、卫者商纣畿内方千里之地，其封域在《禹贡》冀州太行东北衡漳，东及兖州，桑土之野，周武王伐纣以其京师纣子武庚为殷后，庶殷之顽民被纣化日久，未可以建诸侯，乃三分其地置三监，使管叔、蔡叔、霍叔尹而教之。自纣城而北谓之邶，南谓之鄘，东谓之卫。"② 《汉书·地理志》："河内本殷之旧都，周既灭殷，分其畿内为三国，《诗·风》邶、庸、卫国是也。邶，以封纣子武庚；庸，管叔尹之；卫，蔡叔尹之；以监殷民，谓之三监。"③ 从以上记载中可以看出，周灭商之后，为了治理殷人，稳固东方领土，曾经让蔡叔与管叔参与监管殷人。我们都知道，当时的殷人势力主要分布于朝歌一带，即今天的豫北安阳、淇县等一带。在交通通信尚不发达的当时，如何才能让远在上蔡的蔡叔去监管远在千里之外的殷人呢？再者，《史记·管蔡世家》中说道："周公旦承成王命伐诛武庚，杀管叔，而放蔡叔，迁之，与车十乘，徒七十人从。"④ 《逸周书·作雒解》谓："乃囚蔡叔于郭凌。"⑤ 蔡叔被打败后，被迁到了郭凌这个地方囚禁。这充分说明其始封并非在郭凌附近，要不然也称不上是流放。而郭凌，正是在上蔡境内⑥。综上可见，上蔡之说并不准确。

而郑州祭城说也显得有些文献支撑薄弱，因其属于郑地，不是东周王室的畿内之地。正如何光岳先生所说的那样："荥阳、上蔡在豫中和豫南，地方遥远，怎能监视豫北的殷民呢？"⑦ 修武说的文献资料则过于单薄。而长垣离殷都也较远，不太符合《尚书》所说的距离和当时的客观实际。我们认为其应在新乡市卫辉倪弯乡。

---

① （汉）司马迁：《史记》，中华书局 1982 年版，第 126 页。
② （汉）郑玄撰、纪昀等编：《钦定四库全书·毛诗谱卷首》，第 10—12 页，《文渊阁四库全书本》，台北故宫博物院藏本。
③ （汉）班固：《汉书》，中华书局 1964 年版，第 1647 页。
④ （汉）司马迁：《史记》，中华书局 1982 年版，第 1565 页。
⑤ 黄怀信等：《逸周书汇校集注》，上海古籍出版社 2007 年版，第 517—518 页。
⑥ 陈昌远：《有关古蔡国的几个历史地理问题》，《中国历史地理论丛》1998 年第 3 期。
⑦ 何光岳：《蔡国史考》，《贵州文史丛刊》1986 年第 2 期。

正如上文所说的那样，周武王灭商后，"小邦周"战胜了"大邦殷"，如何统治原有的殷人跟占领区，成为了周王室的难题。为了防范旧殷人造反，周王室实行了一系列的措施，对于殷人进行了严密的控制。其中，文献中多次提到的"三监"就是周王朝的重大举措。《逸周书·作雒解》记载："武王克殷，乃立王子禄父，俾守商祀。建管叔于东，建蔡叔、霍叔于殷，俾监殷臣。"① "三监"由周武王的弟弟"康叔、管叔、蔡叔"组成，他们的目的在于"监视武庚"。从中我们可以看出，蔡叔作为三监之一，他的始封之地必在武庚当时所在地的周围。三监的疆地与管、蔡、霍三叔的封地有着重要的联系。那么蔡叔监的是哪一部分疆地呢？陈昌远先生在《"三监"人物疆地及其地望辨析》一文中明确指出蔡叔始封地应在鄘城，霍叔始封地在邶城。② 《帝王世纪》也说："自殷都以东为卫，管叔监之；殷都以西为庸（古同墉），蔡叔监之；殷都以北为邶，霍叔监之，是为三监。"③ 那么鄘的地望又在何处呢？郑玄《邶、鄘、卫谱》曰："自纣城而北谓之邶，南谓之鄘，东谓之卫。"④ 可见鄘应该在纣城之南。纣城，王隐《晋地道记》："朝歌本沬邑也。诗云爰采唐矣，沬之乡矣。殷王武丁始迁居之为殷都……有糟邱酒池之事焉，有新声靡乐号邑朝歌。"⑤ 《括地志》又谓："纣都朝歌在卫州东北七十三里朝歌故城是也。本沬邑，殷王武丁始都之。"⑥ 《帝王世纪辑存》曰："帝已复济河北徙朝歌，其子纣仍都焉。"⑦ 可见，纣城即为朝歌，根据现在的考古发掘，可以确定其具体位置在今淇县县城附近。那么鄘应该在今淇县以南的地方。即应在新乡市卫辉市（古汲县）倪弯乡一带即古鄘国地。《清一统志》说："在汲县东北，周初所封之国，郑氏《诗谱》自纣而南谓之鄘。《通典》鄘城在新乡西南三十二里，古鄘国也。《太平寰宇记》在汲县东北十

① 黄怀信等：《逸周书汇校集注》，上海古籍出版社 2007 年版，第 507 页。

② 陈昌远：《"三监"人物疆地及其地望辨析》，《河南大学学报》（社会科学版）2004 年第 2 期。

③ 皇甫谧著、徐宗元辑校：《帝王世纪辑校》，中华书局 1964 年版，第 90 页。

④ 郑玄撰、纪昀等编：《钦定四库全书·毛诗谱卷首》第 12 页，《文渊阁四库全书本》，台北"故宫博物院"藏本。

⑤ 王谟辑：《汉唐地理书钞》，中华书局 1961 年版，第 161 页。

⑥ 李泰等著、贺次君辑校：《括地志辑校》，中华书局 1980 年版，第 83 页。

⑦ 皇甫谧著、徐宗元辑校：《帝王世纪辑校》，中华书局 1964 年版，第 23 页。

三里。"① 实地考察发现其实应以汲县东北 7 公里为确，即今卫辉市倪湾乡，因为在村内发现明万历 35 年《修关帝庙碑》一座，记有"大明国河南卫辉府汲县北固社人氏居民人等现在郦城村居住"等字样（存于卫辉市文化馆），可知今倪湾乡应为汲县东北之郦城所在地，当为蔡叔度的始封地。《续汉书·郡国志》记载河内郡"山阳邑"有蔡城，刘昭注云"蔡叔邑此。"② 东汉山阳县在今河南北修武县地，离新乡卫辉市不远，正在殷都朝歌（今淇南之西南）之西，故蔡叔度始封地应在今卫辉市无疑。

二　蔡国复封后都城的变迁辨析

蔡叔度战败后被迁徙到了郭凌囚禁起来，很快就死去了，蔡国也不复存在。但到了蔡叔的儿子胡的时候，蔡国又再次被封。《史记·管蔡世家》记载："蔡叔度既迁而死。其子曰胡，胡乃改行，率德驯善。周公闻之，而举胡以为鲁卿士，鲁国治。于是周公言于成王，复封胡于蔡，以奉蔡叔之祀，是为蔡仲。"③ 蔡仲所居之蔡在何地？《集解》引宋衷语曰："胡迁居新蔡。"④《水经·汝水注》也记载曰："汝水又东南经新蔡县故城南，昔管蔡间王室，放蔡叔而迁之，其子胡，能率德易行，周公举之为卿士，以见于王，王命之以蔡，申吕地也。以奉叔度祀，是为蔡仲矣。宋忠曰：故名其地为新蔡，王莽所谓新迁者也。"⑤ 这两条文献实际都是引宋忠说，即认为蔡仲所封地在新蔡。但是据《汉书·地理志》汝南郡条："上蔡，故蔡国，周武王弟叔度所封。度放，成王封其子胡，十八世徙新蔡。"⑥ 可见，姬胡所居之蔡应在上蔡。此说也见于诸多文献记载。如《左传·隐公四年》："陈、蔡方睦于卫。"杜预注："蔡，今汝南上蔡县。"⑦《通志·都邑略》："蔡本畿内之地，以为蔡叔之采邑，及蔡叔逆

① （清）穆彰阿等纂：《嘉庆重修一统志》卷 203，卫辉府二，中华书局 1986 年版，第 9829 页。

② 钱林书：《续汉书郡国志汇释》，安徽教育出版社 2007 年版。

③ （汉）司马迁：《史记》，中华书局 1982 年版，第 1565 页。

④ 同上。

⑤ 郦道元著、陈桥驿校证：《水经注校证》，中华书局 2007 年版，第 506 页。

⑥ （汉）班固：《汉书》，中华书局 1964 年版，第 1562 页。

⑦ （清）洪亮吉等撰：《春秋左传诂》，中华书局 1987 年版，第 194 页。

命国除。至蔡仲，始改封于汝南。"①《读史方舆纪要》卷五十汝宁府上蔡县条也说："春秋时，为楚所侵，迁于新蔡，因以此为上蔡。"② 此外，考古发掘的蔡国故城为蔡始都新蔡做了更为有力的证明。尚景熙先生说道："蔡国故城位于上蔡县芦岗的东坡。芦岗即古蔡地……城墙高约 4—11 米，宽 15—25 米……城墙系用夯逐层筑起。夯土一般为黄色或灰黄色。城墙中下部的夯土中，包含有仰韶、龙山、商代和西周时期的陶片；上部夯土层里，有春秋战国时期的遗物和陶片。由此可见，该城始筑于西周初年，春秋战国时期进行过加固和复修"，"春秋时期的遗迹、遗物特别丰富，大约是这座古城的鼎盛时期。"③ 上蔡蔡侯墓群的发现更是印证了《史记》中蔡国在上蔡十几世的记载。这些充分说明了蔡仲所居即为上蔡而不应该在新蔡，上蔡作为蔡国第一个都城的地位是不能否认的。

经历十几世的蔡国在蔡灵侯时期被楚国灭掉，使"弃疾为蔡公"。但是公子弃疾很快就杀掉了楚灵王而自立为王，"为平王"。为了报答蔡人在夺位中的贡献及笼络诸侯，楚平王将蔡国复国。《史记·管蔡世家》："楚灭蔡三岁，楚公子弃疾弑其君灵王代立，为平王。平王乃求蔡景侯少子庐，立之，是为平侯。是年，楚亦复立陈。楚平王初立，欲亲诸侯，故复立陈、蔡后。"④ 那么，复国后的蔡平侯所居又在何处呢？《集解》引宋忠语曰："平侯徙下蔡。"⑤ 但是《汉书·地理志》云："汝南郡新蔡县。"班固自注："蔡平侯自蔡徙此，后二世徙下蔡。"⑥《读史方舆纪要》卷五十汝宁府新蔡县条也记载"新蔡县，……古吕国，春秋蔡平侯迁都于此，故曰新蔡，汉置县，……晋武帝分新蔡郡，……东魏置蔡州。"⑦ 可见，蔡国在平侯复国时开始迁都，但究竟迁到了哪里？是在新蔡还是下蔡，文献说法不一。但在新蔡的考古发掘为解决这个问题提供了有力的佐证。新蔡故城，位于新蔡县城关镇西北部。城垣周长 3215 米，现东、南城墙保存较好，一般高 2.7 米，最高达 10 米，基宽 20—50 米，夯层厚 14 厘米，

① （宋）郑樵著、王树民点校：《通志二十略》，中华书局 1995 年版，第 569 页。
② （清）顾祖禹：《读史方舆纪要》，中华书局 2005 年版，第 2365 页。
③ 尚景熙：《蔡国故城调查记》，《中原文物》1980 年第 2 期。
④ （汉）司马迁：《史记》，中华书局 1982 年版，第 1568 页。
⑤ 同上。
⑥ （汉）班固：《汉书》，中华书局 1964 年版，第 1561—1562 页。
⑦ 顾祖禹：《读史方舆纪要》，中华书局 2005 年版，第 2365 页。

夯层清晰。历年出土有陶鼎、壶、豆、铜剑、镞、"郢爰"、蚁鼻钱及陶
水管道等。城北分布有墓葬区。据记载，为蔡平侯元年（公元前530年）
所迁之新蔡城①。这里现已作为河南省重点文物保护单位。这些考古发现
证明了班固所注的正确性，即平侯所迁之都应是新蔡而非下蔡。

　　蔡人在蔡昭侯时期因为受楚人逼迫无奈之下再次迁都，以图寻求吴国
的帮助。《史记·管蔡世家》记载了这件事情："楚昭王伐蔡，蔡恐，告
急於吴。吴为蔡远，约迁以自近，易以相救；昭侯私许，不与大夫计。吴
人来救蔡，因迁蔡于州来。"② 关于州来的地望，《索隐》："州来在淮南
下蔡县。"③《左传·隐公四年》孔颖达《正义》引《侯爵谱》亦云："平
侯徙新蔡，昭侯徙九江下蔡。"④ 蔡迁州来后，五世国君蔡昭侯、成侯、
声侯、元侯及侯齐，除亡国之君侯齐外，其余四君的陵墓均已发现。如著
名的蔡昭侯墓即在今安徽寿县一带发现，结合《史记》中的记载，可见
蔡昭侯迁州来一事已经是毋庸置疑的。

三　地理位置与蔡的兴亡

　　蔡国从公元前11世纪末建国，到公元前343年灭于楚国，前后经历
了六七百年，其间的兴衰与其所处的地理位置息息相关。蔡国位于淮水与
汝水之北，实处于汝水中游，这里土地肥沃，交通便利，其南可抵达江、
淮，控制威慑南部诸族。北可直达成周，为王室和中原重要的屏障。因
此，此地不论是政治上、军事上还是经济上，在当时都是地位显赫。蔡国
的兴起与这样的地理方位有着密切的关系。西周初期，周王室的势力在淮
河以东以南地区都比较薄弱，周公在平定"三监"与武庚的叛乱之后，
继续征伐东方与南方的徐方、淮夷，也曾伐楚。周公东征对于周王室来说
意义重大。这些征伐极大地扩大了周的疆土，使周的统治势力范围扩大，
周开始真正拥有东方、南方的土地。周王室将蔡仲复封在蔡地，自然有稳
固新占领地区的意图。于是蔡国与陈、江、申、息、黄一起成为"南捍

---

　　① 国家文物局：《中国文物地图集·河南分册》，中国地图出版社1991年版，第443页。

　　② （汉）司马迁：《史记》，中华书局1982年版，第1569页。

　　③ 同上。

　　④ （晋）杜预注，（唐）孔颖达等正义：《春秋左传正义》，上海古籍出版社1990年版，第
57页。

荆蛮，而北为中原之敝"的封国。正因这种重要地位，蔡国为捍卫西周南土做出了不可磨灭的贡献，而且蔡侯也为西周王室的重要宠臣之一。蔡国的都城上蔡也因此成为一座兴盛的名城。正如尚景熙先生所言："蔡国故城雄踞冈坡，汝、洪二水东西环绕，附近地势险要，物产丰富，成为这座名城的兴起的有利条件。""春秋时期的遗迹、遗物特别丰富，大约是这座古城的鼎盛时期。"① 春秋初年的蔡国仍然在国际舞台上扮演着重要的角色。如在周桓王十三年（公元前707年），周桓王兴师问罪郑国，蔡国也参与了对郑国的讨伐。

　　进入东周以后，周王室日渐衰微。蔡国为王室控制蛮夷、屏蔽王室的作用已经大大削弱，但却日益成为诸侯争霸的重要棋子，其重要的军事地理价值并没有削弱。特别是其位居南方大国——楚国北进中原之要道之上，更是对其兴衰产生了不可避免的影响。楚人不甘于偏居南方，一直就想北进中原。基于这样的战略考虑，楚人先后灭掉了江淮之间的许多小国。到了春秋中期，楚国已经是"方城以为城，江、汉以为池"。但此时楚国要想向中原称霸，北边有绵延的伏牛山阻隔，只能往南阳盆地的东北方向，在方城隘口这里东出，然后才能顺利向北发展。而东出方城第一个要征服的地区就是蔡国。另外，楚国本营远在江汉，要想稳固地进取中原，必须建立自己的前沿军事基地。楚国灭掉了南阳盆地的一些诸侯国，虽然在前进的路上迈出了一大步，但却受到地形的局限，急需在盆地东侧的平原上建立稳固的基地以图北进。《史记·楚世家》中就记载道："灵王曰：'昔诸侯远我而畏晋，今吾大城陈、蔡、不羹，赋皆千乘，诸侯畏我乎？'对曰：'畏哉'。"② 楚王的目的即要在伏牛山以东的平原上建立自己四个重要军事前沿重镇，其中的"蔡"正是上蔡。由此可见，蔡国正是楚国的兵锋所指与战略要道，其都城上蔡更是楚国在北方建立一条重要军事堡垒线的中间环节上。正是如此，蔡国不断地受到楚国的军事打击。自《左传》庄公十四年"秋七月，楚人蔡"起，楚国多次与蔡国发生战争，更是于楚灵王时期直接灭亡了蔡国。《史记·管蔡世家》："令公子弃疾围蔡。十一月，灭蔡，使弃疾为蔡公。"③ 虽然，蔡国后来又得以

---

① 尚景熙：《蔡国故城调查记》，《中原文物》1980年第2期．

② （汉）司马迁：《史记》，中华书局1982年版，第1705页。

③ 同上书，第1567页。

复国，但势力已大不如前。迫于楚国的巨大压力，蔡人更是将国都迁到了离楚地更近的新蔡。

诸侯在中原的争霸更是加剧了蔡国的衰落。春秋中后期，晋楚为了争夺霸权不断地发动战争，先后爆发了城濮之战、邲之战、鄢陵之战等重大会战。晋国在今山西一带，南下争霸必须要得到中原诸侯小国的屈服才能更好地打击楚国。而楚国为了北进争霸，也必须得到郑、蔡等小国的服从才能更积极地与晋国斗争。这样，企图南下的晋国与希望北进的楚国不可避免地在郑、蔡一带交锋。身在晋国与楚国夹缝下的蔡国生存的异常艰难，经常面临着被征伐的噩运。《史记·管蔡世家》："夏，为晋灭沈，楚怒，攻蔡。"《史记·管蔡世家》："哀侯十一年……息侯怒，请楚文王……楚文王从之，虏蔡哀侯以归。"① 蔡国当时的位置，正如顾栋高先生在《春秋大事表·春秋时楚始终以蔡为门户论》中所说：楚在春秋北向以争中夏，首灭吕、灭申、灭息，其未灭而服属于楚者曰蔡。……蔡自中叶以后，于楚无役不从，如虎之有伥，而中国欲攘楚，必先有事于蔡。盖蔡居淮汝之间，在楚之北，为楚屏。"② 随后的春秋晚期，蔡国又卷到了吴楚的争斗中。吴国位于今太湖流域，其与楚国在春秋后期发生了愈加激烈的斗争。而迁都后的蔡国地处淮河上游，是吴国溯淮西进攻楚的重要战略通道。而楚国为了防范吴人，也需要紧密控制蔡国这一桥头堡。后来的吴攻楚之战鲜明地表现了蔡地的战略地位。吴军先伐取了楚之六、潜，打通了通蔡的道路，随后通过蔡国，一路向西与楚交战于汉水，楚军大败。《史记·吴太伯世家》："阖庐从之，悉兴师，与唐、蔡西伐楚，至於汉水。楚亦发兵拒吴，夹水陈……楚兵大败，走。"③ 后吴军五战皆胜，遂入楚郢都。蔡国为了雪耻与自保，在两强中间选择了吴国作为依靠。公元前 507 年，被软禁数年之久的蔡昭侯获释归蔡，开始与吴国交好，并依靠吴国的力量，保全自己的势力。《史记·管蔡世家》："蔡昭侯使其子为质於吴，以共伐楚。冬，与吴王阖闾遂破楚入郢。"④ 蔡国借助吴国，对楚国来了一次沉重地反击行动。但是这次军事反击为蔡的再次亡国埋下了

---

① （汉）司马迁：《史记》，中华书局 1982 年版，第 1566 页。
② 顾栋高著，吴树平、李解民点校：《春秋大事表》，中华书局 1993 年版，第 2024 页。
③ （汉）司马迁：《史记》，中华书局 1982 年版，第 1466 页。
④ 同上书，第 1568—1569 页。

伏笔。终于在蔡昭侯二十六年，楚昭王伐蔡，蔡国都迁州来（淮南下蔡），这时蔡国只能依靠吴国的势力以苟延残喘。《史记·管蔡世家》："侯齐四年，楚惠王灭蔡，蔡侯齐亡，蔡遂绝祀。"[①] 蔡国最终再次灭国，消失在历史长河中。

　　（本文由刘晨阳硕士执笔，发表于《三门峡职业技术学院学报》2013年第 3 期）

---

① （汉）司马迁：《史记》，中华书局 1982 年版，第 1569 页。

蒋国历史地理问题考辨

　　蒋国是西周时期的古老封国之一，最早见诸于文献记载的是《左传》僖公二十四年富辰的一段话："凡、蒋、邢、茅、胙、祭、周公之胤也。"《新唐书·宰相世系表》认为："周公第三子伯龄封于蒋，子孙因以为氏。"那么，蒋国始封何处？何时受封？近人均已有探讨，但其中有些问题值得进一步研究。本文试就有关蒋国历史地理的问题进行探讨，不当之处敬希批评。

一

　　蒋国应受封于何时？周灭商后，为巩固其新政权，一方面对商王朝的残余反抗势力进行武装镇压，另一方面又采取大分封的办法实行"分封"统治。据文献记载，西周初年较为集中的分封大致有三次[①]：一在武王伐纣之后，二在周公摄政与成王亲政之时，三在康王在位之世。故《左传》昭公二十六年曰："昔武王克殷，成王靖四方，康王息民，并建母弟，以藩屏周。"便是周初三次大分封的重要记载。我们说蒋国受封之时也应在西周初年，这一点是毋庸置疑的。但是其具体时间在周初什么时候，存在以下几种不同看法：

　　一、《左传》僖公二十四年载："昔周公吊二叔之不咸，故封建亲戚，以藩屏周。"而从封"凡、蒋、邢、茅、胙、祭"的情况来看，说明蒋国受封之时，应当在周公东征之后，即"周公摄政"之时。故童书业先生说："周公还政成王，在既定东都之后。《洛诰》'惟周公诞保文武受命，

---

　　① 徐中舒：《西周史论述》（上），《四川大学学报》1979 年第 3 期。

惟七年.'此为古代纪年之法,则周公'受命'称王凡七年,其大封之事当在此七年中也."①

二、《汉书·王莽传》载:"成王广封周公庶子,六子皆有茅土。"说明蒋国也应在六子之内,其受封之时当在成王执政之后,即成王"亲政"之时。有的学者认为在周成王四年（公元前1060年）②。

三、如果根据《左传》僖公二十四年唐人孔颖达所作《疏》认为:"凡、蒋、邢、茅、胙、祭,周公之胤也。岂周公自封哉?固当成王即位之后,或至康王之时,始封之耳。"③认为蒋国受封之时当在成王执政之后至康王在位之时。

从以上文献记载看,我认为蒋国受封应与邢侯同时。《左传》僖公二十四年曰:"凡、蒋、邢、茅、胙、祭"都是周公庶子,按其顺次"蒋"是第二。如果将蒋与受封于鲁的周公长子伯禽并计,那么蒋应是第三,邢是第四,与《汉书·王莽传》所谓"周公享七子之封"的叙述是完全吻合的。它从一个侧面证明蒋国受封应与邢国同时。根据1921年洛阳出土的《邢侯簋》和有关材料,当可说明蒋、邢二国同时受封,其时间当在成王亲政之时的说法是比较可信的。

《邢侯簋》又名《周公簋》,郭沫若先生判定此器为康王时器。④ 唐兰先生认为《井（邢）侯簋》是康王时重要铜器之一,这件铜器可能在康王前期。⑤ 可是李学勤先生却定为成康时器。⑥ 但根据《邢侯簋》的铭文内容和文献记载,我认为该簋应为成王时器。现将《邢侯簋》铭文抄录如下:

> 佳（唯）三月,王令（命）荣暨内史
> 曰:匀井（邢）侯服。锡臣三
> 品:州人、重人、鄘人。拜
> 稽首,鲁天子,周厥频

①　童书业:《春秋左传研究》,上海人民出版社1980年版,第35页。
②　何光岳:《蒋国考:兼谈蒋菰（茭白）的栽培和利用》,《史学月刊》1987年第3期。
③　李学勤主编:《春秋左传正义》,北京大学出版社1999年版,第419页。
④　郭沫若:《两周金文辞大系图录考释》,科学出版社1985年版,第39页。
⑤　唐兰:《两周青铜器铭文分代史征》,中华书局1986年版,第163页。
⑥　李学勤、唐云明:《元氏铜器与西周邢国》,《考古》1979年第1期。

福，克奔走上下帝，抚令
于有周。追孝，对，不敢
坠，昭朕福盟。朕臣天子
用典王命，作周公彝。

铭文中的王应为成王，荣是人名，是执周王命令的辅臣，当即成王时任职的荣伯。锡与赐通，孙诒让认为"舍"即"施舍"①，唐兰先生认为即授予。② 义不同。井即邢的初文，故井侯即为邢侯。州、重，郡，郭沫若先生释为部落名称，已沦为奴隶。唐兰先生认为：州人即州氏，河内郡有州县，即今河南沁阳东南。重，即重字，以州与郡推之，当在邢国附近，在今河南省辉县一带。郡，今河南省新乡县西南三十二里有郡城。③

根据铭文内容，《邢侯簋》是邢侯在接受成王授赐之后，为祭祀其父周公而作的器物。因此，李学勤先生认为铭文中的邢侯，无疑就是周公之子第一代邢侯，④ 它说明邢国的第一代受封之人是周公之子。因此，《邢侯簋》为成王时器。我们据此也认为蒋国受封之时应当在成王亲政之时。

蒋国受封不在周公摄政之时，而在成王亲政之时，还可以从其他有关文献中找到佐证。《诗经·鲁颂·閟宫》："王曰叔父，建尔元子，俾侯于鲁，大启尔宇，为周室辅。"皇甫谧《帝王世纪》也说："周公居冢宰摄政，成王年少，未能治事。故号曰孺子。八年始躬政事，以周公为太师。封伯禽于鲁。父子并命，周公拜于前，鲁公拜于后，王以周公勋劳于天下，故加鲁以四等之上。兼二十四附庸，地方七百里。"⑤ 从这些记载看来，虽然是记伯禽受封在成王亲政之时，但从这里亦可以得知蒋国受封之时，也应当在成王亲政之时。蒋国受封当在成王之时，这一点是可以相信的。

传世蒋国青铜器有《蒋兑簋》《蒋子宝爵》，有关内容见于《殷周金文集成释文》，此不赘述。根据《姬蒋鼎》，蒋为姬姓这一点是毫无疑问的。又据《蒋兑簋》铭文曰："唯正月初吉甲午，蒋兑作朕文祖周公皇考

① 孙诒让：《古籀拾遗》，中华书局 2005 年版。
② 唐兰：《两周铜器断代中的康宫问题》，《考古学报》1962 年第 1 期。
③ 唐兰：《两周青铜器铭文分代史征》，中华书局 1986 年版，第 161—162 页。
④ 李学勤、唐云明：《元氏铜器与西周邢国》，《考古》1979 年第 1 期。
⑤ 徐宗元：《帝王世纪辑存》，中华书局 1964 年版，第 91 页。

季氏尊簋，用祈眉寿，万年无寿……"铭文中的"皇考"是对亡父之尊称。《礼记·曲礼》谓"父曰皇考"，《离骚》曰"朕皇考曰伯庸。"《礼记·王制》曰"曾祖之庙曰皇考庙。"而朱熹注曰："皇，美也，父死称考。王逸《章句》皇美也，父死称考。"《礼记·祭法》曰："诸侯立五庙，一坛，一墠。曰考庙，曰王考庙，曰皇考庙，皆月祭之。"以《礼记·祭法》证之，皇考周公当为蒋兑之父庙，此说明蒋兑为蒋国第一代国君，其称周公为"皇考"，说明蒋国受封之时也应当在成王亲政、周公亡命之时。这一结论也与《麦尊》铭文所记邢国受封的时间是一致的。《麦尊》铭文曰："王命辟，邢侯出劲（稆）侯于邢，粤若元侯见于宗周，亡尤。……唯归，匡天子休。告亡尤，用恭义宁侯显考于邢侯。"①铭文的大意是说："二月，邢侯谒见成王于镐京，很顺利。……返回邢国后，为正天子成王之美德，邢侯以恭敬宁亲仪礼告祭其亡父周公于邢国。"《麦尊》一般认为是成王时器。是邢侯一位名叫麦的官吏在邢侯朝谒成王受到优厚礼节的待遇返回邢国之后，所做的一件器物。铭文明言邢侯称其亡父周公为"皇考"，说明邢侯受封之时当在成王周公去世之后。②而蒋国的受封也只有在此时才能与《左传》僖公二十四年所记"凡、蒋、邢、茅、胙、祭，周公之胤也"相印证。所以蒋国的受封当在成王亲政之时，这一点不应有太大的问题。至于说蒋国受封在成王亲政的哪一年？《今本竹书纪年》有一段材料可以参考。黄永年先生点校的《今本竹书记年》中引《通鉴外纪》曰："成王在位三十年，通周公摄政三十七年。"③"元年丁酉春正月，王即位，命冢宰周文公总百官。庚午，周公诰诸侯于皇门。夏六月，葬武王于毕。""武庚以殷叛，周文公出居于东。""二年，奄人、徐人及淮夷入于邶以叛。""三年，王师灭殷，杀武庚禄父，迁殷民于卫。遂伐奄，灭蒲姑。""四年春正月，初朝于庙。王师伐淮夷，遂入奄。""五年春正月，王在奄，迁其君于蒲姑。""夏五月，王至自奄，迁殷民于洛邑，遂营成周。""六年，大蒐于岐阳。""七年，周公复政于王。""八年春正月，王初莅阼亲政。命鲁侯禽父，齐侯伋迁庶殷于鲁。""二十一年，周文公薨于丰。""二十二年，葬周公于毕。"如果根据《今

---

① 唐兰：《两周青铜器铭文分代史征》，中华书局 1986 年版，第 249 页。

② 杨文山：《邢国封建考》，《河北学刊》1989 年第 5 期。

③ 黄永年点校：《今本竹书纪年疏证》，辽宁教育出版社 1997 年版，第 85 页。

本竹书纪年》的年代推算，将蒋国受封之时断定在鲁国伯禽受封之后周成王在位的第八年，而邢国受封也在此时，应该说是可信的。在这里应该说明的是蒋国受封不大可能在周成王在位的二十二年左右。最近有的同志将邢侯受封之时，断定在周公去世之后的周成王二十二年，[①] 这个看法似乎不妥。

二

蒋国始封地应在何处？古今学者存在以下不同的看法，其中影响较大的有以下三种：

一、清高士奇《春秋地名考略》据《太平寰宇记》记在今尉氏县西六十里有蒋城，谓蒋国故封在此。

二、今人何光岳先生认为："蒋国始封地，当在今获嘉西北三十里的蒋河之滨。蒋河发源于修武县北陆真山下的蒋村泉，东注入卫河，旁有蒋村，或即蒋国故城。"[②]

三、《汉书·地理志》谓"期思"，颜师古注曰："故蒋国。"《后汉书·郡国志》谓："期思有蒋乡，故蒋国。"《左传》杜注："蒋在弋阳期思县。"《路史·国名记戊》罗萍注："期思故城在固始西七十里。"《读史方舆纪要》卷五十光州固始县："期思城，县西北七十里，古蒋国。"上述诸说都以蒋国始封当在期思，而期思故城古代文献都明确记载其应在清固始县境内。

可是今人杨伯峻先生《春秋左传注》中却说："据杜注今河南省固始县东北有蒋集，当即其地。"在这里，杨伯峻先生显然错误地将古期思县蒋乡误作今河南省固始县的蒋集，因而误解了杜预注的真正含义。何光岳先生也沿袭杨注的错误观点，提出了"今固始县东北二十里有地名蒋家集，即古之蒋乡，位于史河东岸，乃古蒋国故地"的看法。[③] 进而又批评谭其骧先生主编《中国历史地图集》（第一集）春秋、楚、吴、越图中列蒋国于期思，即采用《路史》罗萍注及《读史方舆纪要》之说的作法，

① 杨文山：《邢国封建考》，《河北学刊》1989 年第 5 期。

② 何光岳：《蒋国考：兼谈蒋菰（茭白）的栽培和利用》，《史学月刊》1987 年第 3 期。

③ 同上。

反复强调蒋国："即在固始县北七十里的今淮滨县期思乡，显然有误。"①
这是不妥的，我认为谭其骧先生主编《中国历史地图集》没有错，谭先
生所绘《中国历史地图集》关于古蒋国地理位置是正确的。

　　首先，今尉氏县蒋城为古蒋国的说法，无论从文献和考古材料都是不
足为凭的。今尉氏县西六十里也根本找不到什么蒋城地名，也没有什么遗
迹可寻。

　　其次，今获嘉县、修武县之间的蒋河、蒋村也根本不与西周时封国蒋
国发生任何关系。在郦道元《水经注》中也根本没有记什么蒋河，说明
蒋河不是一条古老的河。在今修武县西有一条很小的蒋沟，可是它不与获
嘉相连。值得注意的是获嘉、修武之间所属乡也根本没有什么古老的蒋
村。作为蒋村的地名，过去的修武县曾有蒋村，可是今行政区划变迁它已
属焦作市郊区。当地有"八蒋村"的口头禅，蒋村是指八个蒋村：河头
蒋村、竹园蒋村、前蒋村、赵蒋村、丁蒋村、油坊蒋村、鼓手蒋村、韩蒋
村等。这些村子的名称起源都与蒋国无关，② 据说从前有一家姓蒋的大地
主，拥有大片土地，周围居住的韩姓、赵姓、丁姓都是蒋家佃户，后来这
些人逐渐多起来，便以姓氏取了村名。因土地、房屋全是蒋村的，为区别
其他佃户住地，因而有韩、赵、丁蒋村之名。其他还有以地理位置定的前
蒋村，原名南村，南为前，北为后。还有以职业而定名的油坊蒋村和鼓手
蒋村，以特产定名的竹园蒋村。解放后由于生产上的需要，经过迁移合
并，其中丁蒋村、河头蒋村和竹园蒋村合并为前蒋村。鼓手蒋村已迁至油
坊蒋村。所以，目前只有前蒋村、韩蒋村、赵蒋村和油坊蒋村，位于今焦
作市郊区东部九里山乡，北与官庄交界，东与修武县马坊为邻，南与修武
县五里源乡相连。③

　　从以上材料看来，修武县蒋村之名与古蒋国无关。因此，古蒋国始封
地在今获嘉、修武间的说法是站不住脚的。在这个地区更没有发现任何古
城遗址。

　　现在根据文献记载和考古调查材料，我们可以证明今河南淮滨县期思
乡为古蒋国的始封地，也是春秋时期的蒋国故地。邑人万自逸《固始县

---

① 何光岳：《蒋国考：兼谈蒋菰（茭白）的栽培和利用》，《史学月刊》1987 年第 3 期。
② 焦作市地名委员会办公室编：《焦作地名考》（第二集），1982 年（内刊本）。
③ 贺次君辑校：《括地志辑校》，中华书局 2005 年版。

地理沿革考》谓："《郑氏通志》：蒋都期思，故城在光州固始西北七十里。《春秋大事表》：期思，文十年，楚王田孟诸，期思公复遂为右司马。杜注：弋阳期思县故蒋国，楚灭之以为邑。"又云："蒋姬姓，周公子，今河南固始县西北七十里期思城是也，不知何年灭于楚为期思邑。"又据清《固始县志》记载："春秋传说《汇纂》期思故蒋国，楚灭之，汉置县，属汝南郡，隋属光州，兵乱后废，今在固始县西北七十里。"又说："汉期思即今期思集，光、息接壤。""旧志期思县故城在今县西北七十里，期思集遗迹犹存。"[1] 我们再根据《清一统志》记载："期思故城，在固始县西北，楚期思邑，《左传》文公十年楚期思公复遂为右司马，汉高帝十二年，封贲赫为期思侯，后为县，属汝南郡，后汉因之，晋属弋阳郡，刘宋萧齐因之，后废。按《地形志》长陵郡安宁县有期思城，《寰宇记》在固始县西北七十里，自梁以来废，《隋志》复有期思在今商城县界，非故县也。"从以上《县志》与《清一统志》的记载，均言古蒋国在固始县西北七十里的期思集，为古蒋国的国都所在。期思县废后，一直属固始县。新中国成立后，建立淮滨县，期思和固始所辖白露河以北地区划归淮滨县。自此，古蒋国始封之地应在今淮滨县期思乡。

考古工作者在淮滨县曾发现过期思故城遗址。期思故城，位于白露河和淮河汇流处的中间偏南地带，距县城东南三十华里，为期思乡所在地。古城北靠小死河，这条小河由北向南至古城下折向东去。古城以北、死河以西为岗地，死河以东为湾地。古城以南约为四华里的小片岗地，南下至白露河为十里草湾。期思古城便坐落在东、南、北三面湾地包围的一片岗地上。在淮河南岸，正与郦道元《水经注》所记相吻合。《水经·淮水注》曰："（淮水）又东过期思县北，县，故蒋国，周公之后。《春秋》文公十年（公元前617年），楚（穆王）王田于孟渚（今河南虞城县境），期思公复遂为右司马，楚灭之以为县。"这就是期思县命名的由来。以后汉置期思县，汉高帝十二年以封贲赫为侯国。《括地志》也曰："期思故城在光州固始县界。"[2] 经过近几年来考古工作者的调查，在该地发现古城遗址一座。城平面呈长方形，东西长1700米，南北长400—500米，古城除北面靠死河的台地、城内的地面相平、已无城址痕迹外，其余三面城

---

① （清）谢聘撰：《固始县志》。
② 贺次君辑校：《括地志辑校》，中华书局2005年版，第211页。

址断断续续有遗迹可探寻。古城墙残高 2—4 米，墙址底宽 2—3 米。在古城遗址范围内，采集到石镰和商周时期的陶鬲足，还有西周、春秋、战国时期的铜镞，春秋、战国时期的铜剑、铜矛，以及汉代的石印章、唐代的铜镜。① 这些考古材料说明期思古城的始建年代应在西周时期，秦汉唐继续使用。

从以上文献与考古调查看，期思古城最早应为蒋国故城，春秋时灭于楚国。可是有的学者认为："今固始县东北二十里有地名蒋家集，即古之蒋乡，位于史河东岸，乃古蒋国故地。"② 这应是不正确的。《后汉书·郡国志》："期思有蒋乡，故蒋国。"这就说明蒋国的故封应在今淮滨县期思乡。如果把今固始县史河东岸的蒋家集，说成是古之蒋乡，为古蒋国地，则是没有任何文献依据的。况且今固始县东北、史河东岸的蒋家集，是因蒋姓在此建村得名，根本找不到任何西周、春秋、战国时期的蒋国考古材料。《清一统志》也根本没有"固始县东蒋乡为古蒋国"的记载。因此，何光岳先生谓："《清一统志》所说的固始县东蒋乡为蒋国是对的"的看法是对《清一统志》的误会。因为《清一统志》明白说："蒋乡，在固始县东。"而并没有说是"蒋国，在固始县东"。这是正确理解古代地理文献的关键所在。不仅如此，《汉书·地理志》也没有"汝南期思县蒋乡，古蒋国，楚灭为期思"的记载。只是颜师古注："期思，故蒋国。"可见何先生完全误解了《汉书·地理志》。

（蒋国始封之地在今信阳淮滨期思故城。此说得到了蒋氏宗亲的广泛认可。我受邀参加在贵州普定举办的全国蒋氏文化交流暨家风家训文化研讨会，并接识了众多蒋氏宗亲。该文的观点还被蒋笃运先生推荐给淮滨县及原淮滨县期思镇党委书记彭大国先生。为宣传和弘扬中原根亲文化，淮滨县多次邀我对这一问题进行讲授，我至今未曾与蒋笃运先生谋过一面，更未曾向蒋先生及宗亲致谢，这是应该说明的。文章面世之先，又承陈朝云教授指教，发表于《郑州大学学报》2007 年第 3 期）

---

① 李绍曾：《期思古城遗址调查》，《中原文物》1983 年特刊。
② 何光岳：《蒋国考：兼谈蒋菰（茭白）的栽培和利用》，《史学月刊》1987 年第 3 期。

古赖国地望考辨

关于春秋时古赖国的地望问题，自汉晋以来有两种不同观点，一种认为应在今河南息县东北的包信镇，另一种认为应在湖北随县，即今随州市。通过文献考证和实地调查，我们认为河南息县说更为可靠。

近年来在姓氏文化研究中，有很多姓氏起源于古国名，赖姓就是其中之一。唐人《元和姓纂》曰："《左传》赖国为楚所灭，以国为氏。"清《姓氏谱解》曰："颍川春秋时有赖国，其后以国为氏。"说明赖姓起源于古赖国名，是楚灭赖国以后，其子孙以国为姓氏，这是毫无争议的。因此，探讨古赖国的地望，对于探索赖姓起源的祖根地有着十分重要的作用。

一 有关赖国地望的两种不同意见

古赖国的地望所在，从古到今有两种截然不同的记载：宋代罗泌《路史·国名记》曰："赖，子爵，蔡之褒信有赖亭，楚灭之。"《通志·氏姓略》："赖氏子爵，今蔡州包信有赖亭，即其地也。"唐《元和郡县志》曰："褒信县，本汉郾县之地，后汉分立褒信县，属汝南郡，晋属汝阴，宋改为褒信县，隋大业二年，改褒信县属蔡州。"清张澍《姓氏寻源》曰："赖氏，《风俗通》云：春秋时有赖国，其后以国为氏。澍按司马彪曰：汝南褒信县，有赖亭，故赖国，楚灭之，子孙以国为氏。"沈钦韩《春秋左传地名补注》也说："汝南，褒信侯国有赖亭。"高士奇《春秋地名考略》曰："《后汉志》褒信有赖亭，故赖国。"说明古赖国，在后汉设置的褒信县，即今河南息县东北的褒信镇，今称包信镇。因古音包与褒同部同纽，均在幽部邦纽，可以通假，故褒信即今包信。

　　另一种意见即《左传》昭公四年楚灭赖国，《公羊传》作"遂灭厉"。《谷梁传》也作"遂灭厉"。认为"厉"即古之"赖"国。《左传》桓公十三年记楚攻打罗国，"楚子使赖人追之不及"。杜预注曰："赖国在今义阳随县，赖人仕於楚者。"杨伯峻《春秋左传注》桓公十三年注曰："赖，国名，今湖北省随县东北有厉山店，当即其地，或以为在河南省商城县南，恐不可信。杜注谓赖人乃赖国之人仕於楚者。"近人一些姓氏著作和历史地名词典均言古赖国在今湖北随县。1983年因行政区划变更，随县改为市（今随州市），故《中国历史大辞典·历史地理卷》载：赖，春秋国名。一作厉。在今湖北随州市东北。《左传》桓公十三年（前699年）：楚屈瑕伐罗，"楚子使赖人追之不及"；《春秋》僖公十五年（前645年）："齐师、曹师伐厉"：均即此。后灭于楚。《左传》昭公四年（前538年）：楚"遂灭赖"。按《公羊传》、《谷梁传》"赖"均作"厉"。[①] 有的姓氏著作也说："赖，周时有赖国，在湖北省随县东北厉山店一带，公元前538年楚灭赖，赖人被迫迁往鄢（在湖北省宜城县南），以国名作为姓氏。"[②]

二　"厉"与"赖"应为二国二姓

　　《左传》桓公十三年所记赖人之赖国，与《左传》昭公四年所记楚灭赖的古赖国在何处？是在湖北随县？还是在今河南息县东北的包信镇？从晋以来就有一些记载，某些姓氏研究学者对此进行过辨析。首先是《晋书地理志》就把厉、赖分为二国，认为厉、赖为二国二姓绝对不能混淆，这是正确的。宋代罗泌《路史·国名记》指出："厉，一曰列，是曰列山亦曰丽山，即厉山。今随县之北，厉乡赖乡也有厉山。在随县北百里，神农是生（《郡国志》云厉山神农所生、《荆州图经》云永阳县西北，有厉山神农所生处），春秋之厉国（僖公十五年，齐伐厉），通为赖，然厉、赖异。"王应麟《姓氏急就篇》也说："厉氏国名，《风俗通》汉有厉温，唐厉玄。""赖氏，国名，汉有校尉赖丹，《风俗通》交趾太守赖先，《吴志》赖恭。"清人周鲁《姓氏谱解》明确指出：厉"景阳齐厉公之后，有

　　① 谭其骧主编：《中国历史大辞典·历史地理卷》，上海辞书出版社1996年版，第923页。
　　② 胡尧：《中国姓氏寻根》，上海文化出版社1987年版，第18页。

厉温封义阳侯。”"赖，颍川春秋时有赖国，其后以国为氏，又望出南康，河南汉有交趾太守赖宜，零陵太守赖文唐。"清张澍《姓氏寻根》也说："厉氏《风俗通》云齐厉公之后，《路史》云：姜姓有厉氏，辨证云：厉国在义阳随县北之厉楚与国，其后以国为氏，汉有义阳侯厉温。"又说："赖氏，《风俗通》云春秋时有赖国，其后以国为氏。澍按司马彪曰，汝南褒侯一作褒信县，有赖亭，故赖国。楚灭之，子孙以国为氏，非炎帝之厉，春秋灭赖，古本作厉，世以为即厉，非也。《晋志》云厉、赖二国。"江永《春秋地理考实》进一步分析指出："《传》楚子使赖人追之，杜注赖国在义阳随县。汇纂《后汉志》褒信侯国有赖亭，故赖国。《文献通考》赖国在褒信县，元省县为镇，今在息县东北，其赖亭则在商城县南，息县商城皆属汝宁府，《光州志》地相接也。杜注在义阳随县则去光州甚远，不知何据。今按随县之厉乡本厉国，杜因字音相近，意即为赖，故误息县商城，今皆属于光州。"宋以后，明清时期一些姓氏和历史地理著作均采用古赖国在今息县包信镇，古属颍川郡。明《万姓统谱》曰："赖，《姓考》说：古代有赖国"，即《左传》昭公四年楚国灭赖国之赖，赖国的后代便以故国名为姓。《千家姓》说："古代赖族在颍川郡。《汉书》记载中有交趾太守赖先，校尉赖丹，《唐书》记载中有赖棐，《宋史》记载中有赖仙芝，赖好古。"顾栋高《春秋大事表》曰："赖在息县东北，商城县南有赖城。"顾先生明确指出说："赖，今河南光州商城县南有赖亭，桓十三年见，昭四年灭于楚，《公》《谷》俱作灭厉，盖古厉、赖二字同音，故有此误。"

三　古赖国地望应在河南息县包信镇

以上对"厉""赖"为二国二姓进行了辨析论证，现还可举出四证说明古赖国应在今息县东北包信镇。

（一）《后汉书·郡国志》记汝南郡"褒信侯国，有赖亭，故国"，说明古赖国应在汝南郡，褒信侯国，这是最早肯定古赖国在今息县包信镇最可靠的材料。故江永《春秋地理考实》曰："今按东汉析郾县置褒信县，在今河南光州息县东北"，即今息县包信镇。

（二）《左传》昭公四年所记楚子以诸侯之师伐吴，使屈申围朱方，八月攻陷朱方，"遂以诸侯灭赖。赖子面缚衔璧，士袒，舆榇从之，造于军中。"以后又"迁赖于鄢","楚子欲迁许于赖"。此处所言围朱方（今江苏镇江市），杀庆封后，"遂以诸侯灭赖"，杨伯峻先生在《春秋左传注》解释说："克朱方与灭赖盖以两支军同时进行，以地理言之，会于申，申在今南阳市北，赖在今湖北随县稍东而北，若朱方，则在镇江市南。断无克朱方，又回师灭赖，军旅来往数千里之程。依地理推测，楚师返郢，今湖北江陵县北纪南城，可以经赖而灭之，然后沿清发水至今武汉市，循江东下至朱方，则师旅不至过于疲劳。《传》先叙克朱方，由屈申为帅，而灭赖，则楚子自帅，故知分为二支军。"杨先生把古赖国的地望确定在湖北随县稍东北，因为只有这样才能解释说明《左传》昭公四年这一段话。杨先生认为楚克朱方，灭赖派的是两支军队，这是不恰当的。如果楚灭赖派的是两支军队，那么我们又如何理解《左传》所记，"遂以诸侯灭赖"这句话呢？这句话说明楚灵王以诸侯之军伐吴围朱方，杀庆封尽灭其族，接着又以诸侯之军灭赖国，应该说是一支军队，而不是两支军队。这只能说明古赖国不应在湖北随县稍东而北，而只能在今河南息县包信镇。所以楚灵王之师围朱方杀庆封而尽灭其族，回师后接着灭赖国。这是因为古代从江淮到南阳，抵楚都郢，此处有一条古道。从安徽寿县出土《鄂君启节》铭文中所谈的内容完全可以证明，当时的古赖国正是在这条陆路古道上。此由谭其骧《鄂君启节铭文释地》所释的车节铭文可以说明。[1] 鄂君启节所记舟车两节实包括当时楚国内的主要水陆交通路线。[2] 其中陆路交通车节铭文：自鄂往，庚阳丘，庚方城，庚象禾，庚焚，庚繇阳，庚高丘，庚下蔡，庚居巢，庚郢。阳丘当即汉代的堵阳县，故治在今河南方城县东六里。方城，此城故址约相当于今方城县东北方城、叶县界上的保安镇。象禾即今河南沁阳县北象河关。焚，即春秋时的房国，即今河南遂平县。每系阳故地在今新蔡县北。高丘，故址在今安徽临泉县南。下蔡即州来邑，在今安徽凤台县。"庚，表示经过地名，所经之地皆为城邑关戍，盖皆有税官驻守"[3]。当时的古赖国，正是在新蔡县南到安徽临泉之间的交通要道上。所以楚灵王军队围克朱方后班师回郢，

---

① 谭其骧：《鄂君启节铭文释地》，《长水集》（下），人民出版社 1987 年版，第 203—208 页。

② 黄盛璋：《关于鄂君启节地理考证与交通路线的复原问题》，《历史地理论集》，人民出版社 1982 年版。

③ 同上。

遂灭赖国，是轻而易举之事，也并不需要出动两支军队。楚军灭赖，是走陆路，而不走水路。如果走水路伐吴，这是与鄂君启节所记水运交通线不相符合的。因此，我们从历史地理角度考察楚灵王克朱方，灭赖国，《左传》昭公四年所记楚师灭赖的地望应在今息县包信镇。

（三）在这里还应分析清楚《左传》昭公四年所记楚灵王灭赖之后，"迁赖于鄢"的鄢地应在何处？杨伯峻在《春秋左传注》昭公四年注中说："鄢，今湖北宜城县南，桓十三年《传》'及鄢'，即此。"在这里由于杨先生把古赖国的地望确定在今湖北，因此也就把鄢确定在今湖北宜城县南，这应该说是不准确的。《左传》所记的"鄢"有三处：一、楚子克朱方后，灭"赖"迁"赖"于鄢的"鄢"地。二、《左传》隐公元年"郑伯克段于鄢"的"鄢"地。三、《左传》桓公十三年所记楚屈瑕伐罗，楚子使赖人追之不及，"莫敖使徇于师曰：谏者有刑，及鄢，乱次以济"的"鄢"。这三个鄢地，绝对不能混淆为一个地名，应有所区别。《左传》隐公元年所记："郑伯克段于鄢"的"鄢"地，是属郑地，在今河南鄢陵县西北。从《左传》隐公元年所记："京叛大叔段，段入于鄢。公伐诸鄢，五月，辛丑，大叔出奔共，书曰郑伯克段于鄢。"此"鄢"不可能在今湖北，只能在今鄢陵县西北，为妘姓古鄢国地。《左传》桓公十三年所记楚大夫屈瑕率军队攻打罗国，此罗国为熊姓古罗国，在今湖北宜城县西三十里之罗川城，乃罗国初之封地，其后徙枝江县，今湖北平江县南三十里之罗城[1]，楚军到达鄢河岸时，由于渡河使队伍大乱，同时又遭受罗国和卢戎的两面夹攻，说明《左传》桓公十三年所记的是事实。"及鄢，乱次以济，遂无次"的"鄢"应在湖北，指的是古鄢水。故杜预注曰："鄢水在襄阳宜城县入汉。"也就是说鄢水源出湖北省保康县西南，今名蛮河，流经南漳、宜城两县入汉水。楚师济渡处，当在今宜城县南三十里处。此鄢水当在今湖北。《左传》昭公四年所记克朱方，"遂以诸侯灭赖"，"迁赖于鄢"。杨伯峻《春秋左传注》"鄢今湖北宜城县南，桓十三年《传》'及鄢'，即此，"此说不当。此"鄢"应是指古鄢国，鄢邑，当在今鄢陵县西北。故《左传》昭公四年所记"迁赖於鄢"。杜预注"鄢楚邑"，应是指今鄢陵县西北的古鄢邑。由《左传》昭公四年所记"迁赖於鄢"，"楚子欲迁许於赖"，可以看出"鄢""许"是相邻不远。由《左

---

① 蒙文通：《周秦少数民族研究》，龙门联合书局1958年版，第6页。

传》昭公四年所记楚灭赖，"迁赖於鄢"的鄢，在今鄢陵西北，则可知古赖国应在今息县东北包信镇，两者相距较近，不必远在湖北。

（四）1995 年 12 月 26 日，在息县召开赖氏起源学术研讨会上，会议曾组织了到包信镇的实地考察活动，与会学者参观考察了古赖国城遗址。古赖国城遗址在闾河大桥南 1 公里处，遗址呈长方形，城墙外有 40 米宽的护城河环绕。现西南角护城河和城基被人工填平，但其余却维持原来的地形地貌。整个古城遗址均高出地面 1—2 米。在这里还可搜集到西周至春秋时期的鼎、鬲、罐、豆等陶器碎片，纹饰有绳纹、窝纹等，质地为夹砂红陶，夹砂灰陶。虽然没有经过正式发掘，但从地形上很明显可以看出是一座古城遗址。值得注意的是，城址西北还有古赖王墓、赖国九烈女墓等古迹。从整个城址和古墓的分布以及当地流传的有关古赖国历史神话传说来看，可以肯定古赖国在今息县包信镇，其城址当为古赖国城遗址。

通过以上论述，我们完全可以确定春秋时的古赖国，应在今息县东北的褒信镇，而不在今湖北随县。

（本文在写作过程中承蒙恩师朱士光教授、李令福教授的指点与帮助，在此深表感谢。发表于《中国历史地理论丛》2001 年第 4 期）

中原经济区、交通、移民、地理学思想

中原的概念、范围与历史演进

一 新石器时代所奠定的中原区域范围

研究古代中原范围及其在国史上的地位，应通过多方面、多角度的系统研究，总结出古代中原的历史特色，这是一项极富价值的研究工作，而这一课题可以从探讨新石器时代中国境内各种考古学文化的分布得到充分说明。因此，探索这一时期中原的范围也应以新石器时代考古学文化的分布范围为依据，从中我们可看到中原地区的最早轮廓。

解放后新石器时代遗址的发掘已超过六七千处，大规模的调查发掘遍及全国，据安志敏先生统计，目前已发表的六百六十二个年代数据，以新石器时代，占绝对多数。（安志敏：《三十年来中国的新石器时代考古学》，见安志敏著《中国新石器时代论集》，文物出版社 1982 年版）从这些文化遗址可以看出新石器时代祖国境内有以下几种文化及基本经济类型。

1. 沿长城一带分布的细石器文化。细石器文化分布与过去只认为是沿长城一带，其实早已有所扩大，不过从分布的地区来看，它是以沿长城一带为中心。根据近年考古发掘材料和当时的气候自然条件来看，此种文化是属于草原、畜牧、渔猎和采集的经济文化类型，所以安志敏先生认为细石器文化之人类是以"游牧狩猎为主"。[①] 这种经济文化类型的特点是定居或半定居的生活方式，随季节性的迁徙有关，当时的人们以弓箭和刮削器为主要的谋取生活的工具。

---

① 安志敏：《中国新石器时代论集》，文物出版社 1982 年版。

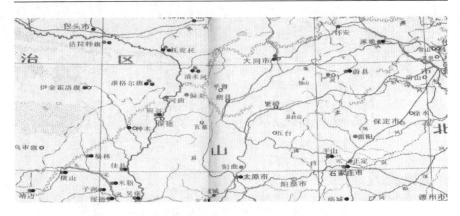

图一　新石器时期长城沿线文化分布

(谭其骧：《中国历史地图集》第一册，中国地图出版社 1996 年版，第 7、8 页。)

2. 黄河流域的农业文化类型。黄河流域的农业文化是以裴李岗文化、磁山文化和仰韶文化为代表。裴李岗文化，主要分布在河南省中部，磁山文化分布在冀南、豫北，这是我国发现最早的属于新石器早期的农业经济文化。这时农业与畜业都有一定的发展。[1] 与上述文化类型相似的陕西有"老官台文化"的如山东有北辛文化。[2]

裴李岗文化和磁山文化是黄河流域农业经济文化的典型代表，它的进一步发展便是仰韶文化。

仰韶文化是 1921 年在河南仰韶村发现而命名，发现的地点，正是在中原河洛地区。这是一种分布范围广，延续时间长，影响也最大的农业经济文化，它的地理分布是以黄土高原为中心，遍及豫、晋、陕、冀、陇东、宁夏、内蒙古南部和鄂西北一带。这种农业经济文化的先民过着比较稳定的农业定居生活，形成了比较大规模的聚落遗址，从数万到数十万平方米不等，像陕西西安的半坡和临潼的姜寨。[3] 分布广泛的仰韶文化从一个侧面说明新石器时代黄河流域农业经济区域是在不断的扩大，中国远古文明就是以它为基础发展起来的。所以我们认为中国古代文明的源头是仰韶文化。[4]

---

① 安志敏：《裴李岗、磁山和仰韶》，《考古》1979 年第 9 期。

② 夏鼐：《中国文明的起源》，文物出版社 1985 年版。

③ 安志敏：《中国新石器时代论集》，文物出版社 1982 年版。

④ 陈昌远：《仰韶文化是中国文明的源头》，《先秦史研究论集》，中州古籍出版社 1991 年版。

　　继仰韶文化之后，黄河流域是龙山文化，这时农业更加发达，生产得到进一步的发展，这就构成中国远古文明雄厚的基础。

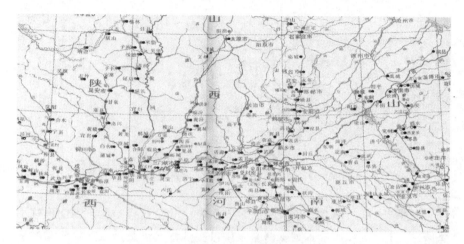

图二　新石器时期黄河流域文化分布
（谭其骧：《中国历史地图集》第一册，中国地图出版社1996年版，第7、8页。）

　　3. 长江流域文化。在江汉与三峡地区有大溪文化、屈家岭文化，继之为江汉地区的龙山文化。在这个地区农业经济以稻作为主，但农业经济发展比中原黄河流域农业落后。

　　长江流域下游有河姆渡文化，马家浜文化和良渚文化，还包括有其他类型的文化。它们以种植农业，栽培水稻为主，但农业还是比较原始，过着多种经营的农业生活。

　　由于长江流域地理条件的限制，整个稻作农业虽有一定的发展，但农业仍然还是比较原始，又由于它们所使用的农具只能适宜于丘陵和近水的平坝地区耕作，因此，农业经济发展受到限制。加之水田网落密布，河流纵横交错，始终不能形成较大的农业区，因此，地理条件不能促使当地农业经济文化进一步发展。

　　4. 东南地区的文化。属于新石器时代早期的有江西万年仙人洞，广西桂林甑皮岩，广东关德青塘等洞穴遗址，和广西南宁豹子头等贝丘遗址。这些文化遗址全都在华南地区。时代大约为距今9500年。这种文化是以狩猎采集为主的经济文化类型。至新石器时代晚期，考古发现是以绳纹粗陶为代表，它们广泛分布于我国东南地区，如江西、广西、广东、福建和台

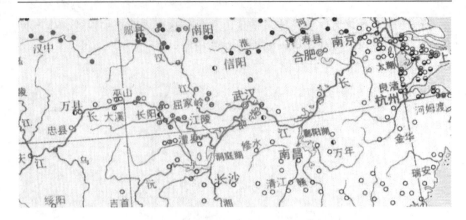

图三　新石器时期长江流域文化分布

（谭其骧：《中国历史地图集》第一册，中国地图出版社 1996 年版，第 3、4 页。）

湾一带，著名的有福建昙石文化，广东石峡文化。这些地区，农业痕迹不甚显著，家庭饲养业也不怎么清楚，所以经济特点仍然是以采集渔猎经济占主导地位，这一切都表现出该地区是比较落后的经济形态。由于所处自然地理环境，多山多水，和生态系统的关系所致，因而形成这种落后的经济形态。又由于该地区是地处热带和亚热带的湿润气候有利于植物的生长，因此为采集、渔猎经济的发展提供了极为丰富的物质来源。虽然在这些地下发现出土了一些稻谷、稻草，但是农业经济没有中原地区发达。

5. 西南地区文化。近几年在西藏、云南、贵州等地也都发现了新石器时代遗址。但它们的经济类型都比较落后，还处在原始的采集、狩猎阶段，因此，农业并不发达。

从以上中国境内的新石器时代文化分布，大致可以划分为六大文化区。(1) 燕辽文化区；(2) 山东文化区；(3) 甘肃文化区；(4) 中原文化区；(5) 江浙文化区；(6) 长江中游文化区。六大文化区中是以中原文化区的仰韶农业文化比较进步，值得注意。在仰韶文化中，又分半坡与庙底沟二种文化类型。仰韶文化大约同传说中的神农氏时代相同，在仰韶文化诸特征因素中传布最广泛的是属于庙底沟类型，庙底沟类型遗存的分布该是三门峡和陕西华山附近。这正是与中国远古传说中华夏族发生及其最初形成阶段的活动和分布情况相吻合。所以苏秉琦先生认为："仰韶文化庙底沟类型可能就是形成华族核心的人们的遗存，庙底沟类型的主要特征之一的花卉图案彩陶，可能就是华族得名的由来，华山则是可能由于华族最初所居之地得名，这种花卉图案彩陶是土生土长的，在一切原始文化中是独一无二的，华族及其文化无疑也是土生土长的。"在这里，苏秉琦先生又进一步分析指出："庙底沟类型之所以成为最初华族的核心，并对远方邻境地区发生很大的影响，可能就是因为具备有较其他地区发展原始农业更为优越的自然条件。"仰韶文化分布的中心在哪里？安志敏先生说："仰韶文化是以河南为中心，而分布于河北、山西、陕西及甘肃的渭河上游。"[①] 苏秉琦先生也说："仰韶文化遗存的发生中心就在汾、涑、伊、洛之间的黄河两侧。"[②] 那么以之而论，仰韶时代中原的地理范围相当广大。即以今河南为中心，河北、山西汾涑流域、陕西及甘肃的渭河上游都应是当时中原地区的范围所在。在这里，我们虽然不能认为中原及其文化像光、热一样向四周放射，但是可以说，中原及其文化像车毂，四周的车辐聚于车毂。中原及其文化起着中心轴的作用，影响着四周区域及其文化。这一点是不能否认的。

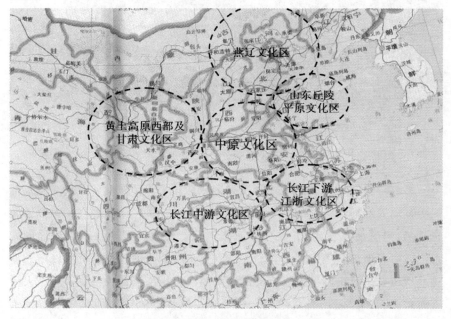

图四　六大文化区（花朵状）

（谭其骧：《中国历史地图集》第一册，中国地图出版社 1996 年版，第 1、2 页。）

---

① 陈昌远：《仰韶文化是中国文明的源头》，《先秦史研究论集》，中州古籍出版社 1991 年版。

② 苏秉琦：《关于仰韶文化的若干问题》，见《苏秉琦考古学论述选集》，文物出版社 1984 年版。

二　夏商周秦汉中国早期国家的核心地区

　　黄河流域是伟大中华民族的发祥地，它的中下游是中华民族最早开发的地区。在中华民族的早期历史进程中，以伊、洛与河、济之交为中心古代中原地区，东连海岱，西及雍、汧，东西数千里，是我们的祖先建立文明古国的中心地带。夏、商、周三个王朝都在此区域建国。古代这里有"中土""中国"之称。其重要组成区域有三河、关中和豫兖徐平原三个地区。这里着重谈谈与河南有关的三河地区的地理范围。

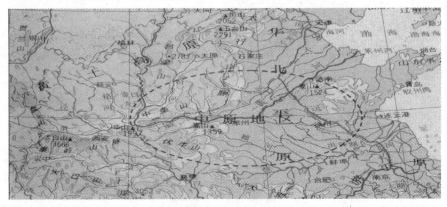

图五　中原地形图

（中国地图出版社编：《中华人民共和国地图集》，中国地图出版社 1984 年版，第 7 页。）

　　第一，司马迁在《史记·货殖列传》中说："昔唐人都河东，殷人都河内，周人都河南。"又说："夫三河在天下之中，若鼎足，三者所更居也。"这里所谓"三河"，在先秦时指河东、河南、河内三个沿河地区的总称。河东地区是指山西壶口、龙门以下，南至河曲这一段黄河以东的汾洮盆地，位于今山西南部。广义的河南地区应指由河曲、渭汭以东，大河直向东流，中经三门砥柱之险，过孟津、洛汭、流出大伾，开始溢为荥泽，这段大河之南地，称为河南。河内地区是指在太行山东南麓为大河所环绕的地区。大河到荥阳以下河身变动，河道古今有所不同，汉时大河斜向东北，今黄河斜向东南，所以大河从荥阳、阳武、获嘉斜向东北，而卷、原武、阳武三县，今在黄河北，古代却在黄河之南。这些地区虽然由于山河的阻隔，被分割成为若干狭长的谷道和小块平原，但因为它位于中原地区的中心地带，地理条件比较优越，交通也方便，因此成为我国古代历史上经济、政治、文化的中心区。夏、商、周王朝都建都于此。

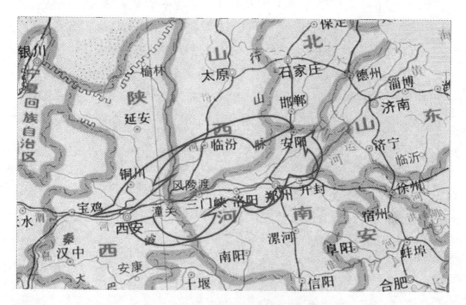

图六　夏、商、周三代三河地区迁都图

（谭其骧：《中国历史地图集》第一册，中国地图出版社 1996 年版，第 1、2 页。）

司马迁在《史记·封禅书》说："昔三代之居，皆在河洛之间。"根据文献与考古调查，三河地区的中心位于中原的河洛一带，正是夏王朝活动的中心区。1959 年中国科学院考古研究所徐旭生在豫西进行调查传说中的"夏墟"。1959 年中国科学院考古研究所洛阳发掘队正式在偃师发掘了二里头遗址。从 1960 年至 1964 年共作了八次发掘，揭露面积为 8000多平方米。从 1959 年秋季开始发掘到 1971 年秋季前后共发掘 17 次之多，揭露面积约 18000 平方米。[①] 发现规模最大，了解最多的是偃师二里头遗址。这种文化从地层关系确定了其绝对年代是晚于河南龙山文化，早于郑州二里岗商文化，从而解决了以前二里岗期商文化和龙山文化的脱节问题。[②] 因此，考古工作者认为偃师二里头文化就其文化内容和所在地点而

----

① 赵芝荃：《二里考古队探索夏文化的回顾与展望》，《河南文博通讯》1978 年第 3 期。

② 中国科学院考古研究所洛阳发掘队：《河南偃师二里头遗址发掘简报》，《考古》1965 年第 5 期。

言，显然是从晚期河南龙山文化发展而来。① 经 C¹⁴测定其年代约为公元前 1900 年至公元前 1600 年，正好属于夏王朝的纪年范围。因此，夏鼐先生说："二里头文化的晚期是相当于历史传说中的夏末商初。"② 值得注意，在豫西二里头文化的分布三十多处，与历史文献记载的夏族在此活动的区域正相吻合的。③《古本竹书纪年》又曰："太康居斟鄩"，"羿居斟鄩""桀居斟鄩"④。有夏一代，在斟鄩建都长达一百多年之久。在这里洛汭和伊汭，确切地指出了斟鄩的地望，应在河洛地区。伊水和洛水交汇处，在今偃师县西南五公里二里头村南高地处，当为夏都斟鄩遗址是可信的。因为我们从 1959 年以来不断进行考古发掘，发现有 1 号与 2 号宗庙遗址，还发现有铸铜作坊及陶窑等，并出土了铜爵、铃、戈、戚、镞、刀、凿、锥、鱼钩及刀玉、璋、戈、钺、琮、玦及柄形饰器等。⑤ 这些考古发现为证实夏都斟鄩之所在提供了可靠证据。

值得注意夏王朝是首先建立在河洛地区的，这从文献上夏禹与阳城的关系可以得到印证。

《孟子·万章上》曰："禹避舜之子于阳城。"

《古本竹书纪年》曰："夏后氏禹居阳城。"《世本》"禹都阳城"。《史记·夏本纪》曰："禹辞辟舜之子商均于阳城。"《国语·周语上》曰："昔伊竭而夏亡。"韦昭注曰："禹都阳城、伊洛所近。"《水经·颍水注》曰："（五渡水）东南流入颍水、颍水迳其县故城南，昔舜禅禹，禹避商均，但益避启，并于此也。"《括地志》曰："禹居洛州阳城者，避商均时。"《太平御览》曰："禹避舜之子商均于阳城。"

以上材料表明禹都阳城或为禹的居地或避居之地应无疑问。在这里应如何理解"居"呢？《说文》曰："居，蹲也，从尸古声。"段注"处，居也"。《诗经·小雅·四牡》曰："王事靡盬，不遑启处。"朱熹注：

---

① 赵芝荃：《二里考古队探索夏文化的回顾与展望》，《河南文博通讯》1978 年第 3 期。

② 夏鼐：《中国文明的起源》，文物出版社 1985 年版。

③ 陈昌远：《二里头文化与夏代文明》，《历史地理与先秦史研究》，《史学月刊》特刊，1989 年。

④ 范祥雍编：《古本竹书纪年辑校订补》，新知识出版社 1956 年版，第 15 页。

⑤ 中国科学院考古研究所洛阳发掘队：《河南偃师二里头遗址发掘简报》，《考古》1965 年第 5 期。

"处，居也。"《尚书·多士》曰"继尔居"。曾运乾谓"居，所居之业也"①，尚秉钧曰"居，江声谓所居之业，《诗·蟋蟀》"职思其居"。亦谓所为之事为居也。② 从这里可知，夏禹居阳城，可以理解为夏禹为建王都之业，其核心自然是《世本》所说："禹都阳城。"它表明在河洛地区建立起我国第一个奴隶制王朝——夏王朝。

禹都阳城，阳城有五说（禹都阳城五说：即两说在山西，汉人谓在太原郡晋阳县，地当今太原。唐人谓在翼城，地当今翼城西。汉人以为颍川郡阳翟县，地当今河南禹县。唐人以为在告城其地当今登封南。还有一说在开封一带），结合传说和考古调查，应以河南登封阳城说可信。近年来考古工作者在登封王城岗遗址东数百米，曾发现一座春秋战国时期的古城，曾出土三十余印有"阳城""仓""古仓，阳城仓器"字样的陶片，为我们探索夏阳城找到了有力的证据。③ 有的学者认为登封告城镇东北的战国阳城，不能说明夏代阳城必定在这里。④ 我们可以肯定说禹都阳城也应在这里。第一，根据古地名命名规律，山南水北为阳，战国阳城名，其地址是由阳城地理位置命名而得名。而夏都阳城与战国阳城相距不远，自然也应叫阳城。第二，1977 年春考古工作者在登封王城岗发掘了属于河南龙山文化晚期的两座东西并列的城。⑤ 这两座小城，虽然作为夏都阳城看起来是小一点，但在这里不应以后世的眼光去要求夏代早期古城。作为中国古代文明起源的早期城，主要是军事政治堡垒，没有任何经济意义，因此，规模较小，⑥ 这是不足为怪的。有的学者根据煤山一期文化的特点与王城岗遗址进行比较研究，认为王城岗城堡遗址年代相当煤山一期文化，应是夏文化，确切地说是早期夏文化。⑦ 这一点是可信的。因为作为夏文化的二里头文化是从河南龙山文化演变发展而来，王城岗遗址属于龙山晚期，应属于早期夏文化，这是毋庸置疑的。

---

① 曾运乾：《尚书正读》，中华书局 1964 年版。

② 尚秉钧：《尚书易解》，岳麓书社 1984 年版。

③ 李先登：《河南登封阳城遗址出土陶文简释》，《古文字研究》（第七辑），中华书局 1982 年版。

④ 杨宝城：《登封王城岗与"禹都阳城"》，《文物》1984 年第 2 期。

⑤ 河南省文物研究所、中国历史博物馆考古部：《登封王城岗遗址的发掘》，《文物》1983 年第 3 期。

⑥ 陈昌远：《中国古代城市的起源及其发展》（上），《中州城市研究》1988 年第 3 期。

⑦ 京浦：《禹居阳城与王城岗遗物》，《文物》1984 年第 2 期。

　　商族兴起于晋南垣曲，[①] 成汤灭夏后，由于政治统治范围扩大的需要，把都城由山西垣曲亳迁移到偃师尸乡沟一带，建立起我国历史上第二个奴隶制王朝。历史上称偃师尸乡沟商城为西亳。故《汉书·地理志》班固自注曰："尸乡，殷汤所都。"《左传》昭公四年："商汤有景亳之命。"杜预注："河南县西南有汤亭，或言亳即偃师。"《后汉书·郡国志》曰："偃师有尸乡。"刘昭注："《皇览》曰：偃师有汤亭。"《水经·谷水注》曰："阳渠水以东迳亳殷南，班固曰：尸乡，故殷汤所都者，故亦曰'汤亭'。"又《汲水注》："阚骃曰亳本帝喾之墟，在《禹贡》豫州河洛之间，今河南偃师城西二十里尸乡亭是也。"《元和郡县志》也说："偃师西亳，汤都也。"

　　从以上历史文献记载来看，汤都西亳应在偃师这是可信的。1987 年中国社会科学院考古研究所在洛阳偃师城西尸乡沟又发现商代都城遗址一座。范围与郑州商城相仿，东西宽为 740—1215 米，南北长为 1700 米，面积约为 190 万平方米。城墙全部用夯土筑成，墙体一般约 18 米，残高 1 至 2 米，距地表深一般是 1 至 2 米。北部靠近山麓地带需在 3 米至 4 米处，才能找到当时的遗址，目前已经探到城门七座，大型建筑基址已发现三处，以南面正中的一处面积较大，长宽各 200 米，四周的夯区围墙厚约 3 米，墙内居中心一座长宽各数十米的宫殿遗址，基址前面有一条笔直的大道直通城南，大路两侧还有几座稍小的建筑基址，东西对峙，这座古城北依邙山，南临洛水，西距洛阳汉魏故城 10 公里，西南距著名的二里头文化遗址约 6 公里，正处伊洛平原。[②] 商汤灭夏后，由于政治统治的需要，决定在河洛地区、桀都附近重建新都。故《诗经·商颂·殷武》曰："天命多辟，设都于禹之绩。"春秋齐器《叔夷钟》铭文曰："成唐（汤）……翦伐夏祀……咸有九州、处禹之堵"，今考古发掘证实了商汤伐夏把都城设在距夏桀曾居住过的二里头宫殿遗址大约六公里处，即所谓"设都于禹之绩"，"处禹之堵"，当是历史的真实记载。[③]

　　① 陈昌远：《商族起源地望发微》，《历史研究》1987 年第 1 期。
　　② 赵芝荃、徐殿魁：《偃师尸乡沟商代早期城址》，见《中国考古学会第五次年会论文集》，文物出版社 1988 年版。
　　③ 陈隆文：《从"汤始居亳"看偃师商城遗址》（未刊稿）。

　　有的学者认为今天发现的偃师商城遗址当是盘庚迁殷的殷亳，[1] 这是不很恰当的。因为我们只要从《尚书·盘庚篇》就可以看到《尚书·盘庚篇》曾四次提到"新邑"。此"新邑"与《尚书·召诰》《尚书·洛诰》所说的"新邑"是同义，当是指新建立的都邑，所以，它显然不是指旧都而言，这一点可以从《尚书·盘庚篇》得到有力的证明。[2] 因此，偃师商城它不是盘庚所迁的殷都。

　　约在公元前11世纪时，武王灭商之后，鉴于镐京偏西土，不利于有效地控制东土，决定在"天下之中"的河洛地区洛邑建立王都。《史记·周本纪》曰："使召公复营洛邑，如武王之意。"《逸周书·作雒解》曰："乃作大邑成周于土中。"这就是《何尊》铭文所说的，"唯王初迁宅于成周，……唯武王既克大邑商，则廷告于天，曰：余其宅兹中或（国），自之义民"。[3] 成王定鼎于郏鄏，在河洛地雒邑建立起第三个奴隶制王朝。

　　成王定鼎于郏鄏，使周公营雒邑成周，实际是包括两座城，相距约三十里，西面叫王城（今内洛阳市王城公园），东面叫"下都"也称"六九城"或"成周"。周公迁殷顽民于此。[4] 有时把两座城合起来称为"成周"。所谓"成周者"，"周之道成于此"之意。这就是说周王朝的统治事业完成在河洛地区，周王朝的统治政策在这里制定推行。王城是周王居住进行祭祀、办理政务的地方，所以周公常在这里处理事务，周公曾把商王朝的九鼎迁到王城，说明周王朝灭商后的统治正式建立是在河洛地区。

　　洛阳从西周开始就作为王都这是可以肯定的。司马迁在写《史记·周本纪》时说："学者皆称周伐纣、居洛邑，综其实不然。"这句话是说在西汉以前的学术界，西周灭商之后曾居洛邑，并以为王都的说法，在当时由于材料不足，不能肯定。可是1965年陕西宝鸡出土"何尊"青铜器铭文，记载成王五年曾经迁居洛邑的事，这就是说西周在成王五年之后，曾把洛阳作为国都，这是无法辩驳的，铁证如山，现将"何尊"铭文节释如下：

　　唯王初迁宅于成周，复禀武王丰，（礼），福自天。在四月丙戌，王

---

　　①　彭金章、晓田：《试论偃师商城》，见胡厚宣主编：《全国商史学术讨论会论文集》，《殷都学刊》增刊，1985年版。

　　②　陈隆文：《从〈尚书·盘庚篇〉与盘庚前五迁及其迁殷历史地理问题》（未刊稿）。

　　③　唐兰：《西周青铜器铭文分代史徵》，中华书局1986年版，第74页。

　　④　陈昌远：《有关周公营雒邑的几个问题——兼论雒邑成周的地理位置与作用》，见《中国古代史论丛》（总第八辑），福建人民出版社1984年版。

诰宗小子于京室，曰："昔在尔考公氏，克逨文王。肆文王受兹大（命），唯武王既克大邑商，则廷告于天，曰：余其宅兹中国，自之乂民"。

"福"，当即灌祭。"天"，是天室。"诰"，谨也。"宗小子"是指同宗小子。"逨通来"，勤也。"大邑商"即天邑商。"中国"指周王朝疆域的中心，即指洛邑，后来在此建立"王城""成周"。"之"与"兹"同，和此字意差不多。"乂"，治也。

铭文的大意是说："成王开始在成周营造都城，还用武王的典礼，举行福祭，四月丙戌这一天，成王在京宫大室对宗小子进行训诫，内容主要是讲到宗小子的先父公氏随文王受到了上天所授予的统治天下的大命。武王在消灭天邑商以后，则告祭于天说："我要以此天下四方的中心作为都城，以这个地方来统治人民。"

铭文"中国"一词是最早出现。就是说洛邑成周不仅为天下的中心，而且也是周王朝疆域的中心①。《谷梁传》襄公十八年注曰："中国犹国中也。"杨士勋《疏》曰："释曰此言若中国焉者，非是对戎狄而生名，言中国，犹国中也。"说明周人是以洛邑成周作为天下四方的中心，居国之中，又在"五服之中"②，因此，周公营雒邑成周作为统治中心。

由于洛邑成周在周人眼里是天下的中心，因此，周公以土圭测景，以求地中。《周礼·地官·大司徒》曰："以土圭之法，测土深，正曰景，以求地中。"唐人贾公彦《注疏》曰："武王已迁鼎于洛，欲以为都，周公又度景求地中者。武王虽定鼎讫，周公更受之者，所以审慎故。"认为周公经营雒邑在"居摄四年"，则"度景求地中"亦当在此时。所谓地中：又曰"土中"。《逸周书·作雒》曰"及将致政，乃作大邑成周于土中。"《尚书·召诰》曰："王来绍上帝，自服于土中。"曾运乾《尚书正读》曰："服，治也。土中，谓洛邑，为天下中也。"《春秋·公羊传》僖公元年注曰："王者封诸侯必居土中，所以教化者平，贡赋者均。"故《史记·周本纪》曰："成王在丰，使召公复营洛邑，如武王之意。周公复卜申视，卒营筑，居九鼎焉。曰：'此天下之中，四方入贡道里均'。"这正是周初周人为什么求"地中""土中"，并把洛邑成周作为"天下之中"的原因所在。《史记·刘敬传》记载："成王即位，周公之属傅相焉，

---

①　唐兰：《西周青铜器铭文分代史徵》（卷二）上，中华书局1986年版，第76页。
②　徐中舒：《井田制度探源》，《徐中舒历史论文选辑》，中华书局1999年版。

乃营成周雒邑，以此为天下之中也，诸侯四方纳贡职，道里均矣，有德则易以王，无德则以易以亡"。[1]

以上事实说明洛邑成周居天下之中，因此称为"中土"或"土中"。这应是后来称河南地区为"中州"或"中原"名称的由来[2]。有的学者把河南简称"中州"，是因为豫州居九州之中的缘故，显然不能说明"中州"之原意。

总之，历史时期中原的概念和地理范围不管是新石器时代还是以后的夏商周时期，其地域范围都是以河南为中心，包括陕西、山西、河北等省的部分地区。也就是司马迁在《史记·货殖列传》中所说的，"昔唐人都河东，殷人都河内，周人都河南。夫三河在天下之中"。因为这个地区在天下之中，又是平原地带居多，处黄河中下游，因此称为"中原"。也就是说，中原地区的概念和范围虽有演变，但仍是以今河南为中心，其最大范围是指：中国早期国家和文明诞生的黄河中下游地区。

众所周知，黄河流域是我国古代文明重要的发祥地之一，而地处黄河下游的河南省，又处于我国中原大地的中心部位。这从我国"八大古都"中郑州、洛阳、安阳、开封等四座古都均位于河南省境内古代黄河中、下游这一史实，就充分表明了其历史地位居于其周围地区之上这一不争的历史论断。因为从夏商周，历春秋战国汉魏，至隋唐，上述几座著名古都，都处于历史舞台的核心地位，发挥了引领历史发展潮流的重大作用，因此称为中原。

（2010 年，河南省委、省政府提出建设中原经济区。这一课题要求河南学术界对"中原概念、范围和历史演进"进行系统探讨，以为中原经济区上升为国家战略提供理论支持。本文正是这一课题的部分成果，发表于《中原历史与文化考论》，大象出版社 2012 年版）

---

[1]　司马迁：《史记·刘敬传》，中华书局 1981 年版。
[2]　于省吾：《释中国》，《中华学术论文集》，中华书局 1981 年版。

附图：

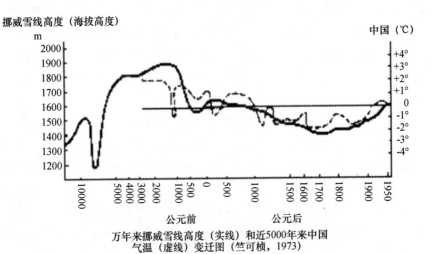

万年来挪威雪线高度（实线）和近5000年来中国
气温（虚线）变迁图（竺可桢，1973）

5000年来中国气温变迁图

中国气候类型图

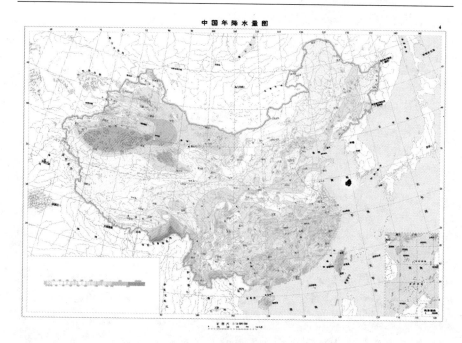

中国年降水量图

中原降水图

（韩国河主编:《“中原”历史与文化考论》，大象出版社2012年版。）

论先秦人地关系的和谐观

　　人类与地理环境的关系是近年来讨论比较多的一个问题。有的学者将古往今来的人地关系思想划分为五种基本观点：天命观、决定观、征服观、或然观和协调观。① 这五种人地观是人类历史发展不同阶段的产物，但其中能对解决人类今天所面临的主要问题——环境与发展提出最有价值和最具启发意义的思想观点就是协调论的人地观。协调论即和谐论，它强调"人与自然共生或协调的问题，认为人类活动要更能顺应自然界的发展规律，更充分合理地利用自然界；同时还要调整被破坏了的自然环境，使生态恢复平衡，人地关系得以协调"②。这种思想伴随着人类早期的生产活动的扩展，在先秦时期就已经萌芽了，追溯它的产生发展和思想主张，对于解决人类今天所面对的环境和发展问题，有着十分重要的借鉴意义。

一

　　先秦时期人们对环境及其要素就有了客观的认识与描述。《国语·周语下》："夫山，土之聚也；薮，物之归也；川，气之导也；泽，水之钟也。"《管子·形势解》："天，覆万物而制之；地，载万物而养之；四时，生长万物而收藏之，古以至今，不更其道。"《黄帝内经·素问》："地气上为云，天气下为雨。雨出地气，云出天气"，是讲水如何蒸发而又成云致雨。《管子·地图》曰："辕辕之险、滥车之水、名山、通谷、经川、陵陆、丘阜之所在，苴草、林木、蒲苇之所茂，道里之远近，城郭之大

---

① 蔡运龙：《人地关系思想的演变》，《自然辩证法研究》1989 年第 5 期。
② 同上。

小，名邑、废邑、困殖之地，必尽知之。"说明人们对与其生存活动紧密联系的地理环境的各种要素都有了较为深刻的认识，在此基础上人们进一步地认识到环境对于人类的重要性。《国语·周语下》载：周灵王怕谷河泛滥而毁坏王宫，决定堵塞它。太子晋谏曰："不可。晋闻古之长民者，不堕山，不崇薮，不防川，不窦泽。夫山，土之聚也；薮，物之归也；川，气之导也；泽，水之钟也。夫天地成而聚于高，归物于下。疏为川谷，以导其气；陂塘污庳，以钟其美。是故聚不阤崩，而物有所归；气不沈滞，而亦不散越。是以民生有财用，而死有所葬。然则无夭、昏、札、瘥之忧，而无饥寒、乏匮之患；故上下能相固，以待不虞，古之圣王唯此之慎。"在这里太子晋所强调的是如何顺应自然界的发展规律，更充分合理地利用自然环境的问题，它反映了先秦时期先民对人地关系问题已经有深刻思考，已把环境问题与人类自身的利益相联系，要求人与环境的关系协调发展。

其实，先秦时期人地关系和谐观的萌芽可以远溯到新石器时代。1980年第5期《文物》发表的《浙江河姆渡遗址第二期发掘的主要收获》一文，在探讨河姆渡文化的原始艺术一段着重叙述了五叶纹陶块，说："五叶纹陶块，夹砂灰陶一件，形似马鞍（略残），造型厚重，刻划花纹保存完整，在一方形框上，阴刻似五叶组成的栽培植物，五叶中一叶居中直立向上，另外四叶分于两侧互相对称。五片叶子粗壮有力，生意盎然。"对此五叶纹的理解有不同种说法，李锦山先生认为："图像反映了人们土社崇拜意识和强烈的祈年愿望。"[①] 河姆渡的五叶陶块在平地上堆土成二级坛状，表示为祭坛，坛为梯形，坛中不是栽培的植物，应是树叶纹，中间为"社主"。《风俗通义》引《孝经》说："社者土地之主。土地广博，不可偏敬，故封土以为社而祀之，极功也。""社主"两边对称，因为社主为了避免风雨侵蚀，故在它的四周种植植物表示树林，选择树叶或树木丛生之地立起社主，表示对自然的崇拜意识。故《战国策·秦策三》应候谓昭王曰："恒思有神从与？"高诱注曰："盖术之茂者神所凭；故古之社稷恒依树术。"这实际上是原始文化中人类最初的人地和谐观的表现。河姆渡陶块纹饰，虽然不是画的树木，而是以树叶代替树木，其用意在表现万物生长的茂盛和自然的和谐，与此类似的纹饰无论是从山东大汶口文

---

① 李锦山：《史前农神及农事崇拜》，《农业考古》1994年第3期。

化的陶尊还是朱封龙山文化的玉冠饰上；无论是从河姆渡的陶块上还是良渚文化的陶器上，都广泛地存在着。这决非偶然。它一方面表明了先民对自然的崇拜意识，另一方面也表达了要求与自然和谐相处的朦胧意向。至殷商时，商人大凡有作邑、作城的人事活动都要占卜以定吉凶，希求自然给予庇佑。卜辞载：“丙辰卜，壳贞：帝隹其冬兹邑。贞：帝弗冬兹邑？贞：帝隹其冬兹邑？贞：帝弗冬兹邑。”① 此冬为终之初文，意谓使……长久。兹即兹，为兹邑或指殷都，由卜辞可知商王为必建城邑而进行占卜，希求“冬兹邑”，也说明殷人对自然环境的倚重。但是由于人类活动的扩展，人与自然的联系愈加紧密，人类以生存为目的的经济活动越来越多地影响到自然环境，据王晖先生研究，先秦时期人类介入自然环境的经济活动主要有以下几种方式：第一，在采集渔猎时代人们曾采用放火焚烧山林原薮的方式驱赶禽兽，以保证人们居住地带的安全。第二，上古时代的人们为狩猎之便也焚烧山林薮泽。第三，上古时代人们还用烧山林焚薮泽的方式来开辟农业生产所用的田地。”② 故《管子·国准》曰：“黄帝之王，谨逃其爪牙。有虞之王，枯泽童山。夏后之王，烧增薮，焚沛泽，不益民之利。”《孟子·告子上》说：“孟子曰：‘牛山之木尝美矣，以其郊于大国也，斧斤伐之，可以为美乎？是其日夜之所急，雨露之所润，非无萌蘖之生焉，牛羊又从而牧之，是以若彼濯濯也。’”昔日林木茂美的牛山因人类的斧斤砍伐和牛羊的啃吃变成了濯濯童山，这样的惨状显然是与人类破坏性的经济活动有关。这些原始的经济活动严重地影响了人类的生存环境。因此，在经过上百万年的原始社会到人类开创农业以后，即宣告了原始生物开始退却，次生植被或栽培植被越来越多地代替原生植被。……原生植被显然因稼穑受到破坏而逐渐减少。战国中期，我国黄河流域中下游地区，因农业的发展加速了森林和草原的开拓，出现了“宋无长木”③的情况。……甚至少数地方开始出现缺乏薪柴的现象。④ 生态环境的恶化增加了人们的危机感和忧患意识。《吕氏春秋·义赏》惊呼：“竭泽而渔，岂不获得？而明年无鱼；焚薮而畋，岂不获得？而明年无兽。”《文子·

---

① 张秉权：《殷虚文字丙编》，科学出版社1952年版，第68页。

② 王晖：《春秋战国时期生物资源保护法初探》，《传统文化与现代化》1998年第2期。

③ 刘向：《战国策》，上海古籍出版社1985年版。

④ 张全明：《中华五千年生态文化》（下），华中师范大学出版社1999年版。

上礼》篇："刳胎焚郊，覆巢毁卵，凤凰不翔，麒麟不游；构木为台，焚薮而畋，竭泽而渔，积壤而丘处，掘地而井饮，浚川而为池，筑城而为固，拘兽以为畜，则阴阳缪戾，四时失序，雷霆毁折，雹霜为害，万物焦夭，处于太半，草木夏枯。"《国语·周语下》："《诗》亦有之曰：'瞻彼旱麓，榛楛济济。恺悌君子，干禄恺悌。'夫旱麓之榛楛殖，故君子得以易乐干禄焉，若夫山林匮竭，林麓散亡，薮泽肆既，民力凋尽，田畴荒芜，资用乏匮，君子将险哀之不暇，而何易乐之有焉？"说明先秦末期人类破坏性的经济活动所造成的恶果，已使一些有识之士认识到人与自然关系的偏差将会把人类引入自己安排的死胡同，在追念远古时代"阴阳和平，万物蕃息"的同时，人类越来越意识到人类作为生物圈的一分子，必须与自然和谐相处，协调发展，如果继续只顾眼前利益，不断向自然贪婪索取，那么将会导致山林匮竭、林麓散亡、薮泽肆既、民力凋尽的可悲结局。

先人在反思因人地关系的偏差给人类带来的灾难性恶果之后，环境保护的意识和与自然和谐相处的要求越来越强烈了，有的学者认为我国先秦时期对生态环境进行有计划的保护活动肇端于西周，而盛行于春秋战国，这些保护活动主要体现在以下四个方面：（1）严禁对生态环境的破坏；（2）节制对生物资源的利用；（3）加强对野生物种的管理；（4）进行爱护自然生态的教育。[1] 更值得一提的是，当时人们还曾试图用法律的形式规范、约束人们破坏性的经济活动，力求把经济活动对环境造成的危害降低到最小程度。有的学者认为，西周政府颁布过禁止乱砍乱伐树木的刑法、律令。[2] 据王晖先生研究，这一时期内以保护自然环境和自然资源、限制人类过度破坏性的经济活动为目的的成文法律建立起来了。王晖先生更认为这些成文法是以律、令、制的形式出现的，其主要内容有：保护生物资源生育成长的禁令；山林草丛防火禁令；渔猎取大留小法；反对过度的捕获开采生物资源，主张节约使用。[3] 为了在实践中执行这些环境保护法规还成立了专门的环境保护机构，《周礼》中记载了这些环保执法机构的人员编制和职守范围，并由山虞、林衡、川衡、泽虞、迹人、司爟、廾

---

[1]　郭仁成：《先秦时期的生态环境保护》，《求索》1990 年第 5 期。

[2]　杨霞蓉：《略记周代的山林管理期性》，《学术月刊》1997 年第 1 期。

[3]　王晖：《春秋战国时期生物资源保护法初探》，《传统文化与现代化》1998 年第 2 期。

人、牧师、雍氏、萍氏等职官执行这些环保法令。据《周礼》载："山虞：掌山林之政令，物为之历而为之守禁，……凡窃木者有刑罚"；"林衡：掌巡林麓之禁令而平其守，以时计林麓而赏罚之。若斩木材，则受法于山虞，而掌其政令"；"川衡：掌巡川泽之禁令而平其守，……犯禁者，执而诛罚之"；"泽虞：掌国泽之政令，为之历禁"；"迹人：掌邦田之地政，为之历禁而守之。凡田猎者受令焉。禁麛鹿卵者，与其毒矢射者"。"丱人：掌金玉锡石之地。而为之历禁以守之……巡其禁令"；"司爟：掌行火之政令，……凡国失火，野焚莱，则有刑罚焉"；"牧师：掌牧地，皆有历禁而颁布之"；"雍氏：掌沟渎浍池之禁。……禁山之为苑泽之沈者。"泽之沈者：郑注云：谓毒鱼及水虫之属。贾疏云：谓别以药沈于水中以杀鱼及水虫；"萍氏：掌国之水禁……禁川游者"。这些环境保护法令涉及了先秦社会生产生活的方方面面，大至国家山林资源，小至在河川中游泳都有明确的禁令，这说明当时依法保护自然环境的思想有着广泛的影响。现在来看，这种建立机构依法对人类的经济活动进行约束和规范的做法是值得借鉴的。

二

春秋战国时期随着环境保护实践活动的扩展，人们对人地关系的认识与此前相比有了进一步的深化，此时人地关系和谐观的内容在这一时期也更加丰富和完善。先秦人地关系的和谐观是人们在对人地关系和环境保护经验进行深刻反思的基础上，经过春秋战国诸子各家的总结和阐释而留存下来的一笔宝贵文化遗产，其内容相当丰富。它强调把人、自然看作一个完整、和谐的一个整体，人与自然之间应是相互依存的关系。所谓"和，故万物不失"，"和，故百物皆化"。故《礼记·乐记篇》说："地气上齐，天气下降，阴阳相摩，天地相荡。鼓之以雷霆，奋之以风雨，动之以四时，暖之以日月，而百化兴焉。如此……天地之和也。"诸子中把人与自然相互依赖、相互依存的关系讲得较为透彻的是荀子。首先，荀子最早区分了人地关系之中的人不是单个的处于自然状态的人，而是社会集团中的人。他提出了"群"的概念：人"力不若牛，走不如马，而牛马为用何也？曰：'人能群，彼不能群也'"。人之能群，不仅指共同生活，更重要的是指劳动生产的相互配合与协调。人类不仅共同生活、互相协调，而且"草木畴生，禽兽群焉，物各从其类也"，动物草木也各有群。荀子实际上把人类视为生物圈的一分子，强调人类与动物、植物的共生共处。《庄子》中也有类似的思想。《庄子》中还有这样一句话："万物皆一，万物一齐。"此处的万物中包含着人类，包括人类在内的万物从本质上看都是相同的。"万物一齐"的"一齐"就是相同、相等之意，所以就等于说万物毫无例外的都是平等的。①《荀子》还说："天地与我并生，而万物与我为一"，荀子还将这种生物群居的规律运用于生产。他指出："群道当则万物皆得其宜，六畜皆得其长，群生皆得其命。"即"只要顺从群居的规律，各种生物就能很好地成长，六畜就能很好地繁殖发展。"② 其次，荀子又界定了人与自然之间应该是和睦相处、互相协调的关系，《荀子·富国》中说："今是土之生五谷也，人善治之，则亩数盆，一岁而再获之，然后瓜、桃、枣、李，一本数以盆鼓，然后荤菜、百蔬以泽量，鼋鼍、鱼鳖、鳅鳣以时别一而成群。然后飞鸟凫雁若烟海，然后昆虫万物生其间，可以相食养者不可胜数也。夫天地之生万物也，固有余足以食人矣；麻葛茧丝、鸟兽之羽毛齿革也，固有余足以衣人矣。"荀子描绘了一幅万物和睦相处，人类丰衣足食，无冻馁之忧的理想图景。荀子在《天论》中指出了实现这个理想的条件应该是："列星随旋，日月递炤，四时代御，阴阳大化，风雨博施，万物各得其和以生，各得其养以成。"李丙寅先生认为："和"即相互协调之意；"养"即相互依靠为生。这是认为万物只有互相协调，互相依赖为生才能适宜发展，这也是早期的生态平衡观。③《国语·鲁语》又载："古者大寒降，土蛰发，水虞于是乎讲罛罶，取名鱼，登川禽，而尝之寝庙，行诸国，助宣气也。鸟兽孕，水虫成，兽虞于是乎禁罝罗，猎鱼鳖以为夏犒，助生阜也。鸟兽成，水虫孕，水虞于是禁罝罜䍡，设阱鄂，以实庙庖，畜功用也，且夫山不槎蘖，泽不伐夭，鱼禁鲲鲕，兽长麑麋，鸟翼鷇卵，虫舍蚳蝝，蕃庶物也，古之训也。"这些话中反复强调的"蕃庶物"即使万物生长繁殖的思想，就清楚地表达了先秦时期人们保护自然资源和生态平衡，使万物各得其养的强烈愿望，它从又一侧面反映了先秦时期人地关系和谐观的基本面貌。故孟子说：

---

① ［日］仓择行洋：《东洋与西洋》，日本大坂东方出版社 1962 年版。
② 李丙寅：《略记先秦时期的环境保护》，《史学月刊》1990 年第 1 期。
③ 同上。

"苟得其养，无物不长；苟失其养，无物不消。"《中庸》亦曰："万物并育不相害也。""和"在先秦典籍中有许多义项，有的学者根据《乐记》所出现的 40 处"和"字，总结归纳出"和"在不同语境中的 5 种义项。其中有"调节""调和"之和；有"对答""对应"之和；有"和顺""和平"之"和"；有"和睦"之"和"；有"协和"之"和"，而其中"协和"之"和"是其核心。① 此"和"的意义《国语·郑语》中有明确的解释，《国语·郑语》载："夫和实生物，同则不继。以他平他谓之和，故能丰长而物归之；若以同裨同，尽乃弃矣。……择臣取谏工而讲以多物，务和同也。声一无听，物一无文，味一无果，物一不讲。"也就是说，生物圈中的万物只有在以多样性为前提下，做到"和"，才能"丰长而物归之"。一种声音不能悦耳，一种颜色没有文采，一种味道不能饱腹，一种事物不能叫和谐。故《管子·宙合》篇也说："五音不同声而调，五味不同物而和。"很显然，这里的"和"即以他平他，是强调以不同元素相配合的矛盾均衡状态。② 先秦和谐观的基本主张就是强调人与自然的协和，强调人类与自然在平等地位上双向的"以他平他"。因此，从我国先秦时期人地关系的和谐观的基本内容来看，它体现了现在我们所主张的"以生物圈为本"或"以生态平衡为本"的思想。它要求我们把人类作为生物圈的一分子，并运用人类的科学技术和聪明才智去保护生态平衡，……在热爱自然的思想指导下，环境建设得山清水秀，动物、植物、昆虫、细菌及人都和睦相处，享受大自然的恩赐。③ 这种观点出现在 2000 多年前的先秦之际，是令后人惊叹的。

先秦人地关系和谐观主张要保持和维护人与自然的和谐关系，就必须以尊重自然与自然相协调为前提和出发点，合理安排人类的各项社会活动。也就是强调以人与人的和谐，以及社会系统内部各种人类活动彼此间的和谐是获致人与自然和谐的出发点。先秦人地关系的和谐观影响到当时人们的政治理念，使许多思想家把维护生态平衡、保护自然与自然和谐相处视为崇高的政治理想，并主张所有的政治活动都应以协调好人类与自然环境的关系为出发点。《国语·周语上》说："夫国必依山川，山崩川竭，

---

①　刘顺利：《乐记之"和"论》，《天津师范大学学报》2000 年第 4 期。
②　王冬：《古代"中和"观及其现实意义》，《天津师范大学学报》2000 年第 2 期。
③　吴旻：《以生物圈为本》，《光明日报》2001 年 3 月 20 日。

亡之征也。川竭，山必崩。若国亡，不过十年，数之纪也。"伯阳父把国家的兴亡与环境的恶化联系在一起。《管子·轻重甲》则更为直截了当地说："故为人君而不能谨守其山林菹泽草莱，不可以立为天下王。"国君能否保护好自然环境，合理利用自然资源被认为是成就天下王业的基础。从先秦诸子的史籍记载来看，王业、霸业与亡业是不一样的，王业者富民是先秦诸子的最高政治思想，霸业者富国，而亡业者富府库，信哉！故《孟子·梁惠王上》说："不违农时，谷不可胜食也。数罟不入洿池，鱼鳖不可胜食也；斧斤以时入山林，材木不可胜用也。谷与鱼鳖不可胜食，材木不可用，是使民养生丧死无憾也。养生丧死无憾，王道之始也。"孟子把以生物圈为本的思想与理想政治——王道联系在。并把它视为王道的起点。《荀子·王制》说："圣王之制也：草木荣华滋硕之时，则斧斤不入山林，不夭其生，不绝其长也；鼋鼍鱼鳖鳅鳣孕别之时，罔罟毒药不入泽，不夭其生，不绝其长也；春耕、夏耘、秋收、冬藏四者不失时，故五谷不绝、而百姓有余食也，汙（污）池渊沼川泽，谨其时禁，故鱼鳖优多而百姓有余用也；斩伐养长不失其时，故山林不童、而百姓有余材也。"荀子认为，理想中的"圣王之制"应该是根据自然资源的消长规律，引导人们处理好人与自然的关系，在保护和增殖可更新资源的基础上，实现对自然资源的合理利用，解决协调好人类生存与自然保护的关系。战国末期出现的《吕氏春秋》中则更为详赡、全面地体现了这种思想。《吕氏春秋》一书以十二纪首为骨干框架，编制了一个庞大的自然、社会发展变化体系。它将季节、天象、物候、生产、政事、祭祀、气数、生活等包容进去，形成了一个以一年为周期，周而复始的循环系统。这就是所谓的"月令图式"，[①] 图式把人与人的和谐，以及社会系统内部各种人类活动彼此间的协调和人与自然的和谐紧密地联系在一起，强调人类活动与自然界变化的同步协调运转，如《孟春纪》载："孟春之月，日在营室，昏参中，旦尾中"，是讲地球在运行时所处的位置，这时的物候现象是："东风解冻，蛰虫始振，鱼上冰，獭祭鱼，候雁北。"与此一致的人类活动是：首先协调好各种社会关系，"立春之日，天子亲率三公、九卿、诸侯、大夫，以迎春于东郊；还，乃赏公卿、诸侯、大夫于朝。命相布德和令，行庆施惠，下及兆民。庆赐送行，无有不当。"其次安排好各

---

① 樊志民：《〈吕氏春秋〉与秦国农学哲理化趋势研究》，《中国农史》1996 年第 2 期。

种生产活动，"王布农田，命田舍东郊，皆修封疆，审端径术，善相丘陵阪险原隰，土地所宜，五谷所殖，以教道民，必躬亲之，田事既饬，先定准直，农乃不惑。"孟春之中所进行的生态保护活动是："命祀山林川泽，牺牲无用牝；禁止伐木；无覆巢，无杀孩虫、胎夭、飞鸟，无麛无卵。"孟春之中，与和谐的人地关系相违忤的人类活动是应该被禁止的，"无聚大众，无置城郭，掩骼霾髊。是月也，不可以称兵，称兵必有天殃。兵戎不起，不可以从我始，无变天之道，无绝地之理，无乱人之纪。"总之，《吕氏春秋》的作者把人类的政治、生产等活动统摄于自然界的运动变化之中，强调以人类社会的和谐与秩序来关照自然的变化，故樊志民先生认为，在月令图式中以十二纪为坐标建立起一个标准的自然、社会运行体系，在这个体系中天序四时，地生万物，人治诸业，人与天地相参，科学地反映了人类与自然之间的相互作用与基本关系。人们只有遵循宇宙法则，自然规律，"行其数，循其理，平其私"，才能进一步认识和改造自然。不能凭借个人意志与权威随意胡来，否则就会破坏生态，引发灾异，造成社会动荡。这一体系强调秩序、平衡与和谐，并以此来规范人与人、人与自然间的关系，建立起典型的农业社会行为约束机制。[①] 而一种社会行为的约束机制正是造就和谐社会关系的第一步。因此，人类社会内部关系的和谐在某种意义上来说是人与自然和谐的基础与前提，它与人与自然的和谐是相一致的。

先秦人地关系的和谐观主张"和，故能生万物""和，故百物皆化"，这实际上是今天可持续发展思想的最初萌芽。它促使人们去思考如何在考虑满足当前需要的同时，也关注未来发展的需要。《管子·形势篇》载："能予而无取者，天地之配也。……万物之于人也，无私近也，无私远也。巧者有余，而拙者不足。其功顺天者，天助之，其功逆天者，天围（通违）之。天之所助，虽小必大；天之所围（违），虽成必败。顺天者有其功，逆天者怀其凶，不可复振也。"也就是说万物之于人，没有远近亲疏之别，能与自然和谐相处的聪明人常有余裕。顺应自然行事，自然就会帮助他，逆违自然行事，自然就要惩罚他。能与自然和谐相处的人，即使弱小也会变得强大，违背自然的人，即使成功了也终会失败。能与自然和谐相处就能成就事功，违背自然的将招致灾祸而且不可再兴，因此，为

---

① 樊志民：《〈吕氏春秋〉与秦国农学哲理化趋势研究》，《中国农史》1996 年第 2 期。

了将来的"有余"和"再兴"就必须使人与自然处于和谐平衡的状态。《逸周书》中也保存了一篇如何处理好人的经济活动与自然环境的关系，以实现人与自然的协调发展的重要文献。《逸周书·文传解》载："文王受命之九年，时维暮春，在镐，召太子发曰：呜呼，我身老矣，吾语汝，我所保与我所守，传之子孙。吾厚德而广惠，忠信而志爱，人君之行。不为骄侈，不为泰靡，不淫于美，知柱茅茨，为民爱费。山林非时不升斤斧，以成草木之长，川泽非时不入网罟，以成鱼鳖之长；不卵不蹼，以成鸟兽之长，畋猎唯时，不杀童羊，不夭胎，童马不驰。不竭泽，不行害，土不失其宜。万物不失其性，天下不失其时。土可犯，材可蓄。润湿不谷，树之竹、苇、莞、蒲；砾石不可谷，树之葛、术，以为绤绤，以为材用。故凡土地之间者，圣人裁之，并为民利。是以鱼鳖归其渊，鸟兽归其林。孤寡辛苦，咸赖其生。山林以遂其材，工匠以为其器，百物以平其利，商贾以通其货。工不失其务，农不失其时，是谓和德。……无杀夭胎，无伐不成材，无堕四时，如此者十年，有十年之积者王，有五年之积者霸，无一年之积者亡。生十杀一者物十重，生一杀十者物顿空。十重者王，顿空者亡。"这篇文献是文王告诫太子发的训辞。文王从"人地和谐"的角度出发，反复强调对自然的利用要取之有时，用之有度，所谓"山林非时不升斤斧，以成草木之长；川泽非时不入网罟，以成鱼鳖之长：不卵不蹼，以成鸟兽之长"。从事经济活动不能只顾眼前利益而损害长远利益，要根据地理环境条件因地制宜发挥比较优势，宜农则农，宜牧则牧，所谓"润湿不谷，树之竹苇莞蒲，砾石不可谷，树之葛木"。对自然资源的利益强调重在保护，能使"鱼鳖归其泉，鸟兽归其林"，"无杀夭胎，无伐不成材"。文王还把生态环境状况与国家的存亡相联系；认为"有十年之积之王，有五年之积者霸，无一年之积者亡，生十杀一者物十重，生一杀十者物顿空。十重者王，顿空者亡"。黄怀信等《逸周书汇校集注》载："孔晁云：'生多则重，生少则空'。潘振云：'物十重者，物数足也。物顿空者，物远尽也'。陈逢衡云：'……十重：谓有十倍之孳息。顿空，谓竭泽而渔，则明年无鱼也。'"这阐明了人类处理经济活动与生态环境之间相互关系总的原则应该是使积累大于消费，奉献大于索取，这样才能实现人地关系的协调发展，最终实现人类的可持续发展。先秦时期人们就认识到当人类以十倍之力去保护自然环境与资源，而仅以一倍之力向自然索取时，自然就会给予人类十倍的报偿；当人类以十倍之力向自然索取而仅以微薄之力去保护自然时，自然就会给人类以惩罚，人类将会面临严重的生存危机。这与今天全世界范围内所提倡的"既要考虑当前的需要，又要考虑未来发展的需要"的可持续思想有着惊人的一致，我们完全有理由认为"生十杀一者物顿空"的思想，就是 3000 年前的可持续发展思想，它所昭示的哲理至今仍熠熠生辉。

　　总之，先秦人地关系和谐观的理论主张对于我们今天解决人地关系中所面临的问题，纠正人地关系中出现的偏差有着十分重要的借鉴意义，我们应珍视先人留给我们的这份文化遗产。

　　（与吴宏岐教授合著，承樊志民教授、雍际春教授指教，发表于《天水师范学院学报》2002 年第 3 期）

《管子》地学思想初探

《管子》除《地图》篇是专论地图外，还有《地员》篇、《度地》篇、《水地》篇等有关土壤地理、植物地理、水文地理以及采矿方面的地理知识。因此，《管子》也是一部古代重要的地理著作。本文试就该书在中国地理学上的成就谈点粗浅看法，不当之处，望各位先生批评指正。

—

"地理"一词在我国出现最早见《周易·系辞》，曰："仰以观于天文，俯以察于地理。"根据近人研究《系辞》为战国晚期作品。据唐孔颖达解释："天有星象而成文章，故称文也；地有山川原隰，各有条理，故称理也。"故"地理"一词的含义是指地表的形态而言。古人重视对地理的研究，究其原因是为解决人们的衣食问题。故《礼记·礼器》篇曰："天时有生也，地理有宜也。"孔颖达对"地理有宜也"的解释非常清楚，他说："地之分理各有所宜，若高田宜黍稷，下田宜麦稻是也。"它表明地理条件与农业生产的关系。种植业需要因地制宜。故《淮南子·泰族训》说："俯视地理，以制度量，察陵陆，水泽、肥墩、高下之宜，立事生财，以除饥寒之患。"这是说根据不同的地理环境条件因地制宜地从事农业生产，就可以解决人们的穿衣吃饭问题。所以在《管子·形势解》中特别强调不能"上逆天道，下绝地理"。即不能违背天时，破坏地利。"绝"是"竭"的意思，不然"天不予时，地不生财"，生产就难以为继。从这里可以看出《管子》书中是重视"地理"研究的，并在前人研究的基础上，重视发展地理学思想。

《管子》书中地理学思想非常丰富。首先是地形知识。地形是构成地理环境的基本要素之一。在我国古代地理知识中，地形知识算是一个很重要的方面。《管子·地员》按照发展农业生产的需要对地形进行了分类，把丘陵分为15种，这15种丘陵地势逐一加高，每加高一施①从地形上都给以不同的名称，并对其地形特征进行解释，这样详细的分类在古代文献上是少见的。在先秦时期的典籍如《尔雅》一书，对地形类型的解释记载较早，但过于简单。如《尔雅·释丘篇》仅按地表形态分丘为四种：一成为敦丘，再成为陶丘，再成锐上为融丘，三成为昆仑。《尔雅》虽然按地貌条件有多种丘的记载，但都没有像《管子》把丘陵分为15种这样详细。

除丘陵外，《地员》篇把山地农业地貌又分为五种：从山之上至山之侧，具体叙述了五种山地的地形：悬泉、复吕，泉英、山之材，山之侧。这种分类对当时山体认识更加具体。在《尔雅·释丘》《释山》等篇中只称一重的山为"一成，坯"，"山大而高，嵩"；"山小而高，岭"；"大山恒"；"独者蜀"等，都没有对具体的山势描述。从地形学上进一步分别类型并总结出其地势特征，《管子》书算是最为详细。对山体进行五个层次的分析，这是很有科学意义的。因为，在东汉刘熙《释名·释山》一篇中，该篇从地形类型上看增加了不少内容。如"山脊曰冈，冈，亢也，在上之言也"。"山旁曰陂，言陂陁也"。"山小而高曰岑"。"山足曰麓"。"山多小石曰礉"。这些记载都是在《管子》对山体进行分析研究的基础上加以继续发展的，因此，我们认为刘熙《释名·释山》篇是在《管子》地形思想的基础上发展起来的。汉代以后，中国地形类型分类日趋完善，是受《管子》地形思想的影响。所以，《管子》的地形类型的思想，在中国古代地理学上占有重要地位。

二

土壤和人类生活有着极其密切的关系，当土地成为人类的生产资料以后，我们的祖先就由此开始了对土壤的认识和利用。在长时期的生产实践活动中，人们认识道："万物本乎天"，"百谷草木丽乎土（地）"，因为"地载万物"，所以人类才有"取财于地"（《易·离·象辞》）。人类的一

---

① 施，是"大尺之知，其长七尺"。见尹知章注。

切活动都离不开土。所以春秋战国时期，我国人民不断从总结前人农业生产经验的基础上，对"土"有进一步的解释，对土壤的认识也进一步加深。除"土"之外，又提出"壤"的观念。从《尚书·禹贡》看"土"与"壤"是有区别的。《禹贡》中说："厥土惟白壤"，表示"土"的范围更大，"壤"的范围较小。"壤"只不过是土的一种，是在人的影响下由"土"熟化变来的。刘熙《释名·释地》曰："壤，瀼也，肥濡意也。"这就是说，壤不仅仅是物理性能好，而且化学性能也好，有了肥力，壤的肥力比土好。从字形上来看，壤是在土的右边加上一个"襄"，"襄"的意思是助，助者，人工培育之义也。所以"壤"是人类劳动的产物，是人类汗水的结晶[①]。此认识非常正确。由于古代人们要发展农业生产必然要注意改良土壤，改良土壤也就必然对土壤的性质有所了解。在先秦文献中，以《管子》对我国古代土壤的颜色、土壤的性质与结构谈得较多同时也比较全面。

《管子·地员》篇对各种土质结构有生动的描述。《地员》说五种粟土的质地结构："五粟（息）之状，淖（《说文》曰：泥也）而不朋（《释言》曰：膠也），刚而不觳（《正韵》曰无润也）不泞车轮，不污手足。"说明粟土是一种冲积土，为最优良的土。《地员》又说："五沃之状，剽（尹注，坚也）忝（密也）橐土（是说因土中有橐囊而虚松）。虫易（豸）全（穴）处。"是说这种沃土质地虚松，土中有虫豸作穴居，自然是肥沃的。"五位之状，不塥不灰，青忝以菭（及）"。五位，即位土，次于沃土。不塥不灰是说不结作块垒又不粉散若灰。菭与苔为一字，指其色青，其质松软与苔相似。又说："五蘟（隐）之状，黑土黑菭，青怵以肥，芬（粉）然若灰。"蘟当为隐，是说土色隐晦，黑菭是说黑土色有杂质，青怵是说土青疏。芬为粉的假借字，这是说这种土壤粉解若灰。又说："五壤之状，芬（粉）然若（屯以）泽，若屯土。"屯即潡子，又含有水分，能耐干旱。又说："五浮（稃）之状，捍然如米以保泽，不离不坼。"浮当为稃，今五稃之状捍然如米，当是指细土之间参有沙粒，故名稃土，而且善于吸水保墒，耐旱，不坼裂。

以上是《管子》所讲六种上等土壤的质地结构，至于中下土壤的质

---

① 中国科学院自然科学史研究所地学史组主编：《中国古代地理学史》，科学出版社 1984 年版。

地结构书中没有详细记载。只是简单地说有的轻疏、刚强，有的粉解若糠，有的是大块垒，有的稍干即裂，有的硬如石，等等。由此可见《管子》所讲土壤质地结构不是单纯孤立地讲质地结构，而是与土壤肥力紧密结合在一起进行考察，从而阐明土壤与农业生产的重要关系。

《管子》书中还谈到土壤水分、土壤中的动物及盐碱对植物生长的关系。

土壤水分是土壤的重要组成部分，是植物生长必不可少的条件。土壤水分的多寡是古人评价土壤好坏的一个重要标准。《管子·地员》篇认为最好的粟（息）土、沃土、位土，其土壤水的状况是，"干而斥（坼），湛而不泽，无高下，葆泽以处"。这是说土壤性能好，干而不裂，湿而郄，又不太湿，土中隐含水分，也不会积水过多，无论是高地或低地，土壤排水、保水性能均属良好。对于比较差的土壤如"塥土"，虽然"累然如仆累"，仆即璞，《说文》"璞，块也"。"璞累"即"块垒"，是指石砾多的土壤，这类土壤孔隙大，透水快，不耐水旱。瘠薄的"毃土"，"毃"即指"确"之假借字，《说文》作"硗确"，《广韵》曰："烧塙，瘠土。"则是指贫瘠的土，这类土壤瘠薄自然不耐水旱。

土壤中的动物在土壤中所起的作用与农作物生长也有十分重要的关系。古人把土壤中是否有某些动物也作为衡量土壤好坏的一个重要标志。《管子·地员》篇指出，上等土壤的"沃土"具有"虫易（豸）全（穴）处"的特点。《尔雅》曰："有足谓之虫，无足谓之豸。"没有脚的豸虫所穴居的土壤是肥沃的，这类土壤含有机质多。没有足的虫，自然是指蚯蚓。《孟子·滕文公篇》说："夫蚓，上食槁壤，下饮黄泉。"根据现代学者研究一条蚯蚓每24小时排泄一次，一英亩蚯蚓数量较多的土地，每年可获得15吨蚯蚓的粪便。由此可见古人对蚯蚓在土壤中作用的认识是正确的，它是合乎现代自然科学原理的。

《管子》还把含盐多的土壤列为最差的土壤称为"桀土"。认为："五桀之状，甚咸以苦，其物为下。""五桀"即"桀土"，这种土壤"甚咸以苦"，说明土壤中盐碱的含量很高与《尚书·禹贡》所说的"海滨广泻，厥田斥卤"。《周礼·地官·司徒》所说的"咸潟当是同类，都属于盐碱土。① 因此，对农作物生长不利。一般说，不经过土壤改良是很难耕种的，故《管子》书中把它列为最差的土壤。

《管子》不仅记载了土壤的质地结构、性能、颜色等特征，而且对土壤还进行分类。《管子·山国轨》篇依据植被、产物和自然地势划分土壤为五类：即山麓林地（竹箭植柘之壤），沼泽土壤（氾下渐泽之壤），浅水地（莞蒲之壤），水域之壤（水潦鱼鳖之壤）和农业土壤。《管子·地员》篇中对土壤的分类算是先秦文献中最详细最具有代表性，它不仅考虑了土壤的颜色、肥力而且也考虑到地理情况和水文、植被条件等因素。首先根据植被和地势高下，水泉深浅划分土地为平原、丘陵和山地三大类，又以土壤颜色和质地分平原土为息土、赤垆、黄堂、赤埴和黑埴五种。其次又根据肥力分"九州之土"为上、中、下三等18类。每类下又根据赤、青、白、黑、黄五色分为五种土，总计土壤为90种。每类土壤下又列出两个适宜耕作的谷物品种，共36种。即所谓："凡土物九十，其种三十六。"《管子·地员》篇之所以这样分类，其目的就是规定出各种土壤的征赋高低，是为改革"相地而衰征"服务的。在这里应该指出"这里的九十品，显然是一个虚数，是从每土必称五而推演出来的，并不可靠。但'十八种'可能是靠得住的一个实数"。② 这个认识是正确的。

《管子·地员》篇中十八种土壤大体为：粟（息）土、沃土、位土、蘟土、壤土、浮土、坴土、垆土、壏土、剽土、沙土、塥土、犹土、壮（状）土、埴土、觳土、凫土、桀土。十八种土壤中争论较大的为息土，为什么列息土为群土之长。"群土之长，是唯五粟（息）"。根据周昌芸、陈伟等学者的《渭河流域土壤调查报告》说："黄土颗粒均匀，细而不粘，蓄水力及毛细管吸引力皆极良好。故本境潜水面稍高，潴水较优之地，虽天气久旱，作物犹能勉强生长者，即以此故也……咸阳西北生产力强之黄壤土，虽地势甚高，不能灌溉，但作物生长状况犹不甚恶劣，想不外构造疏松，蒸发不易，腐殖质较丰及蓄水力略优故耳。"这正说明了粟土"淖而不剟、刚而不觳"的性状。③ 为什么又称粟土？是因"粟土的地

---

① 中国科学院自然科学史研究所地学史组主编：《中国古代地理学史》，科学出版社 1984年。

② 丁鹏：《对〈管子〉书中有关农学的研究》，《农史研究》1983 年第 1 期。

③ 见《土壤学报》1935 年第 9 号。转引自《中国古代地理学史》。

形位置接近水源，盛产粮食，故称粟土"①。可是有的认为："'息土'名称是从'徙土'演变而来的"，因"'徙'与'息'相通，肥沃的田土是从别处流来，是在原来恶地上面增加新的土质，是客土，是另外一种生息，亦即'埴淤加肥'"。②此说很难理解。"息"与"徙"古音并不相通，"徙"古音在支部，"息"古音在职部，怎能相通呢？因此把"息土"解释为"徙土"是不恰当的。其实"徙"是"徙"的误字，即"土"字。"悉徙"即"息土"，即为粟土。为什么称"粟土"？是因为此类土壤适宜于种植粟，而粟又是中国起源最早的农作物。所以《齐民要术》曰："《周书》曰神农之时，天雨粟，神农遍耕而种之。"因此，"粟土"表示农业起源最早之意，也有表示生息之意。因此，粟土为"群土之长"。

　　《管子·地员》篇把土壤分为18类3等7级，并指出每级的生产力比上一级差十分之几。这种分类是总结了劳动人民长期生产实践的经验得来的，因此是可贵的。特别值得提出的是《管子·地员》篇除一般地区土壤分类外，还有特种地区的土壤分类，它讲了六种平原地区的土壤："黑埴、赤埴、黄唐（堂）、赤垆、渎田、坟延。"有的学者认为这是按地下水位的高低顺序来叙述的。③其实它是与人类开发平原地区的先后次序有密切关系。黑埴，"宜稻麦"，赤埴"宜大菽与麦"，黄唐（堂）"宜黍秫也"。这些都是地下水位高的平原地带，土壤性能都比较好，也是人类最早进行开发的地区。如黄唐，夏纬英先生解释为盐碱土，其实这不符合实际。④安井衡《管子纂诂》依元古本把"唐"改为"堂"是对的。按唐人尹知音注："唐，虚脆也。"《诗经·秦风·终南》"有纪有堂"注：堂，广平处也。此土地只能适宜于黍，秫，在渭、洛间存在。渎田，地下水位也很低，人类最晚开发这些地区。对于渎田的解释，夏纬英先生据"《尔雅·释水》'江、淮、河、济为四渎'。江淮河济四渎之间的田称为渎田"（同上）。这种观点不太恰当。据《吕氏春秋·季秋纪》曰："修

　　①　中国科学院自然科学史研究所地学史组主编：《中国古代地理学史》，科学出版社1984年版。

　　②　友于：《〈管子·地员〉篇研究》，《农史研究集刊》（第一辑），科学出版社1959年版。

　　③　中国科学院自然科学史研究所地学史组主编：《中国古代地理学史》，科学出版社1984年版。

　　④　夏纬英：《〈管子·地员〉篇校释》，中华书局1958年版。

利堤防，遵达沟渎。"《管子·四时》篇又说："冻解，修沟渎"，"修沟渎，甃屋行水"。唐尹知章原注"渎田"为"穿沟渎而溉田"，这才是正确的。坟延，介于丘陵与原隰之间，地势稍高而地下水较深，因此，是人类最晚开发的地区。

《管子》对特殊地区的土壤分类以及土壤的利用与开发，因篇幅关系不再叙述。概括起来，在"先秦时代这些分类概念的出现和发展，不仅标志着当时对各部门自然地理现象观察的深入，而且对后来各部门地理学的形成奠定了良好的基础（概念体系）"①。所以有的学者认为："从我国古代土壤分类发展情况看，2000多年前能够认识到土壤的性质、特别重视土壤与生物的关系，达到如此高的成就，这是非常值得珍视的。"② 这个评论非常公允。

三

在我国原始社会初期，人类过着采集生活，在生活实践中逐渐认识到许多植物，并获得非常丰富的知识。随着人类社会的不断向前发展，人们对植物的认识也逐步深入，而且达到一定的高度。《管子·地员》篇列举了一个十分典型的植物与水分环境关系的例子，《管子·地员》说："叶下于苋，苋下于莞（莞），莞下于蒲，蒲下于苇，苇下于蓲，蓲下于蒌，蒌下于荓，荓下于萧，萧下于薜，薜下于萑，萑下于茅。"按其叙述，最低是叶，然后是苋，莞（莞）、蒲、苇、蓲、蒌、荓、萧、薜、萑、茅。根据夏纬瑛先生的研究认为，"叶"就是深水中的植物"荷"，即今莞属；"蒲"是现在的香蒲，有数种，多生于浅水，与"莞"的生态相近。"苇"就是芦苇，生于浅水及水边的湿地，介乎水陆之间。蓲是生于旱地的小"苇"。"蒌"即"蒌蒿"，是蒿属的一种。荓，当是现在的扫帚菜。"萧"当是蒿属植物。《集韵》曰："萧，艾蒿也"，是耐旱的植物，所以比荓的生长地点又向上一些。"薜"即"薜"的误字，薜是莎草之类。莎草类的植物，有些可以生在较干旱的地方，与萑的生长地位相合。"茅"就是现在的"白茅"，为禾本科多年生长，高一、二尺，生干旱环境，所

① 赵荣：《中国先秦地理学特点试析》，《中国史研究》1986年第2期。
② 梁家勉：《中国土壤科学的孕育及其形成》，1980年油印稿。

以在这十二种中居最高地位。《管子·地员》篇把陆地上的水生植物，湿生植物，中生植物、旱生植物的不同生长环境做了较确切的记录，反映了陆地上植物生长与水分环境的密切关系。这些都表明，那时人们不仅研究单一植物个体与地理环境的关系，而且也开始从一个小地段上综合研究各种植物个体与地理环境的关系。研究它们的自然次序，探讨它们之间的相互关系的某些规律，《管子·地员》篇对中国古代植物地理作出了重要的贡献。①

应该指出，《管子·地员》篇还注意植物与光照的关系。《地员》篇说："五粟之土，若在陵在山，在隰在衍，其阴其阳，尽宜桐、柞，莫不秀长。""五沃之土，若在丘在山，在陵在冈，若在陬、陵之阳，其左其右，宜彼群木，桐、柞、枎、櫄，及彼白梓"，又说"其阴则生之楂藜，其阳安树之五麻"。这样明确指明，阴阳坡所宜植物的不同，同时又指出这种不同是跟土壤有密切关系，找到了问题的关键所在。

《管子·地员》篇还特别重视植物与地形的关系。《地员》篇指出："山之上"到"山之侧"，山地五种地形生长的植物是不相同的。在一个小地形上详细举出生长次序不同的 12 种植物，虽然这些植物与水分条件相关，但也与地形有关系。《地员》篇论述九州土壤时，也讲到不同地形条件下植物的种类，如"其山之浅，有茏与介（芹）；……其山之枭（阜），多桔、符、榆；其山之末（半），有箭与苑。其山之旁，有彼黄苪，及彼白昌，山藜、苇、芷"。这是说山中有浅水之处，有茏芹（芹）等水生植物，山阜之地有榆属树木，在山中间有悬钩子属植物，生于山间，在山之边上生长黄苪，当是葫科的贝母。② 这样叙述山地微观地形上植物的分布情况，可见其地形影响着植物的分布，这是我国研究古代植物很重要的观点。

在我国古代对植物垂直分布的记载，应以《管子·地员》篇为最早。《地员》篇专门讲到山地植物垂直分布情况，将山的高度，地下水位与代表性植物综合在一起分为五种情况：悬泉、复吕、泉英、山之薭、山之侧。在悬泉这个部位上生长着禾本科与莎草科的草及落叶松树。落叶松在

① 中国科学院自然科学史研究所地学史组主编：《中国古代地理学史》，科学出版社 1984 年版。

② 夏纬英：《〈管子·地员〉篇校释》，中华书局 1958 年版。

华北山地是一种分布最高的树种，常生于海拔 2000 米以上至 3000 米之间，成为片林。在复吕这个山体部位上，生长着紫菀属的草和有气味的草及柳属的丛生灌木。再往下泉英，是阳坡，生长着伞形科植物和水菖蒲，以及山杨木。在山之荍，《集韵》"山在平林也"。是指低山而有杂木林的地带，生长着豨莶草和麦门冬或天门冬一类的药材以及槚楸等树木。最低的山之侧，相当于一公尺以下的垦殖带，生长着旋花属的草和萋蒿，树木有刺榆，这五种不同的山地生长着不同类型的植被。由于地势不同，气温不一样，因而分布着不同的植被类型①。虽然由于历史的局限性它没有直接说明这种现象产生的原因，而只是客观的记录，可是在 2000 年以前有如此准确的植被垂直带划分却是难能可贵的，不能过高地苛求古人。

四

远古时期人们为生存和发展农业，就要选择有较好地理条件的区域，作为人们劳动生活的场所。在长时期对自然的适应中，人类逐渐认识到水文地理好的地方就是人们从事农业生产的好地方，从而提高了对水利的认识。春秋战国时代是我国经济大变动时代，随着社会经济的发展，水文地理也被提到重要地位。《管子》一书明确提出将土地上的河流比作人体的脉络，区分出主流和支流的概念。在《度地》篇就提出"经水""枝水"的概念。这就是后来人们常说的"主流"和"支流"的概念。水系概念表达的如此清晰，应该被肯定。《度地》篇还认为水有五种："水之出于山，而流入于海者，命曰经水；水别于（分自）他水，入水大水及海者，命曰枝水；山之沟，一有水一毋水（有时有水有时无水）者，命曰谷水；水之出于地（据王念孙校），流于大水及海者，命曰川水；出地而不流者，命曰渊水。此五水者。因其利而往之可也（因其流势加以疏导是可以的），因而扼之可也（因其流势加以控制也是可以的），而不久（但不能久远），常有危殆矣。"在这里对水的各种形态也都作了比较明确的说明，指出"水之出地，流于大水及海者，命曰川水"。后刘熙《释名·释水》解释得更清楚，说："川，穿也，（水）穿地而流也。""河，下也，

---

① 中国科学院自然科学史研究所地学组主编：《中国古代地理学史》，科学出版社 1984 年版。

随地下处而通流也"。值得注意《管子》不仅对水的形态有表述，而且提出有积极意义的变水患为水利的宝贵思想。为发展农业生产的需要"水可扼而使东西南北及高乎？管仲对曰：'可，夫水之性，以高走下，则疾，至于漂石，而下向高，即留而不行，故高其上，领瓴之，尺有十分之三，里满四十九者，水可走也。乃迁其道而远之，以势行之"。"扼而使之东西南北及高乎"，这是说把水从低处引向高处，这是灌溉工程的要求，一般治河工程不能及此。"故高其上，领瓴之，尺有十分之三，里满四十九者，水可走也。"这是指灌溉技术的要求，就是要截河提高上游的水位，用空心大砖筑成引水管道，把水通过管道输向高处，然后以势引水进行灌溉。这些技术原则，有的同志已指出"早已远远超出了《周礼》"。① "并把水利技术科学经验上升到理论阶段"。② 这些评价都是正确的。

《管子》对水质特别重视。《水地》篇认为人的性格和品质不同，是由于各种水质不同所造成的。《管子·水地》载："齐之水遒躁而复，故其民贪粗而好勇"；"楚之水淖弱而清，故其民轻果而敢"；"越之水浊重而洎，故其民愚疾而垢"；"秦之水泔冣而稽，淤滞而杂，故其民贪戾罔而好事齐"；"晋之水，枯旱而运（苦涩而泽），淤滞而杂，故其民谄谀葆诈，巧佞而好利"；"燕之水，萃下而弱，沈滞而杂，故其民愚戆而好贞，轻疾而易死。"；"宋之水，轻劲而清，故其民简易而好正。"。《管子·水地》篇明确提出水质的区域性差异和与人群性格的关系，是具有一定的启发作用的。虽然有的不一定很准确，夸大了水质对人的影响，但它在一定程度上反映客观实际情况，反映了各地水文特征差异的认识。如说，秦晋两地处于黄土高原，水含泥沙较多，故称其水"淤滞而杂"。而植被较好，水土流失较少的南方楚地则水质"淖弱而清"，都是比较准确的。这些说明《管子》对水质的分析，是有客观实际作为根据的，因此，富有十分宝贵的科学意义。

同时《管子》书中，还注意流经不同土壤条件下的水质是有其差别的。《管子·地员》篇中谓："赤垆，历强肥，五种无不宜。""其水白而甘，其民寿"。"黄唐（堂），无宜也，惟宜黍、秫也"。"其泉黄而糗，

---

① 丁鹏：《对〈管子〉书中有关农学的研究》，《农史研究》1983 年第 1 期。
② 友于：《〈管子·度地〉篇探微》，《农史研究集刊》第一册，科学出版社 1959 年版。

其民流徙"。"斥埴，宜大菽与麦"。"其泉卤咸水（赤），其民流徙"。
"黑埴，宜稻、麦"。"其水黑而苦"。这里的赤垆，黄唐（堂），斥埴和
黑埴分别为石灰岩冲积土，黄壤、盐碱土和黑黏土，流经这些不同土壤的
泉水水质是不相同的，盐碱地中的泉水，因含氯化钠而成咸味。不适宜于
人的饮用。这些认识都是非常宝贵的。

　　《管子》不仅对水质重视，对水系的变化直接影响农田、交通，以及
聚落的安危，也非常重视。因此认为探索水系的变化现象及其变化规律，
具有十分重要的实践意义。

　　总之，《管子》在地理学中所取得的成就是多方面的，除列举上述诸
方面以外，其他在采矿知识等方面，还有很多宝贵的记述，因篇幅关系不
再赘述。不管怎样，在中国先秦时期出现了各种流派的人地关系思想和一
些古代地理学的著述，《管子》算是最重要的代表著作。由于《管子》书
中探讨了地理学的各个方面，土壤地理学、植物地理学、陆地水文地理
学、地形学、采矿学等具有较全面的地理学思想，尤其探讨了地表各要素
的相互关系，特别是平原地区五种土壤类型的划分及其适应作物的分析，
以及山地林木垂直带状的分布思想，均具有创造性，而且突出了中国地域
性的特点。因此在中国先秦地理学思想史上占有特殊地位。所以有的先生
说："从世界范围看西方这时的地理思想，对于自然要素的分析描述是很
少的，而《管子》突出对自然要素的描述，这是很有价值的。"[①] 从这里
可以看出《管子》一书在世界科技史上的地位是不可忽视的。

　　（本文承于孔宝教授指教，发表于《管子学刊》1996 年第 3 期，后被
人大报刊复印资料《中国地理》1996 年第 12 期全文转载）

---

　　① 杨吾扬：《地理学思想史纲要》，1984 年河南大学地理系印。

孙中山先生客家始祖入赣事迹考辨

伟大的民主革命先行者孙中山先生是客家人的杰出代表。对于中山先生客家祖籍的研究经过几代学人的共同努力，其迁徙脉络与家世源流已基本廓清。特别是 2001 年 10 月政协江西宁都县委员会、宁都县客家联谊会联合出版了赖国芳等先生主编的《孙中山客家始祖在宁都》一书，对于中山先生客家始祖孙公由汀州陈留（今河南开封）入赣定居，厥后宗支繁衍，播迁海内外的经过作了详尽的梳理，这一成果对于研究江西客家文化，弘扬客家精神，增强民族凝聚力都起到很好的作用，值得我们肯定。但是囿于史料限制，这些成果对中山先生客家始祖孙公由河南陈留入赣的时间和路线等具体问题，却至今无人论及，在这里我不揣浅陋，想谈谈个人的一些看法，不当之处敬请批评指正。

唐末中山先生远祖孙𬤽公自河南汀州入赣的情况，在 1981 年江西宁都青塘公社发现的《雩邑孙氏八修族谱》（民国十八版），1983 年在田头公社发现的五卷《城南富春孙氏伯房十二修族谱》中记载得很清楚。《城南富春孙氏族谱》《雩邑孙氏联修族谱》序中明确说："富春孙氏由唐风翔尹名瑝，字子泽，生三子：孟日揆，为刑部侍郎；仲日拙，为中书舍人及西游节度使；季缺其名。拙生我祖讳𬤽，号百将，居汀梁陈州，僖宗中和三年，因黄巢之乱，以公才武，选为承宣使，引兵游闽、越，抵江右，嗣略至虔化县。民皆安堵，父老遮道请留，遂定居之，即今赣之宁都是也。以功封东平侯。殁葬于归仁里第三桥，地名乌石营，即今之马架坑。坟癸山丁向，邑志俱在。夫人颖川陈氏亦葬于此，只隔数武。"[①]

台湾 1971 年刊印的由孙中山先生后裔孙科先生亲自作序的《乐安孙

① 赖国芳主编：《孙中山客家始祖在宁都》，亚太国际出版有限公司 2001 年版，第 29 页。

氏族谱》中也明确记载："吾孙氏宗族出自河南陈留，唐僖宗中和三年
（876 年），由于黄巢作乱，孙诩为承宣使，领兵在闽越间从事围刘，屯兵
于今江西宁都，遂家焉。此为我孙氏南迁之始族也。其后孙诩之子散居
赣、闽南部及粤之东北部。迨明朝永乐年间，有孙友松者，从福建迁徙于
广东东江上游紫金县之忠坝。此为我粤籍孙氏上代入粤之始族，迄今盖五
百余年矣。"①

　　从孙氏家谱的记载来看，有两点是比较清楚的。第一，唐代孙诩应为
入赣孙氏的始祖，其始居汴梁陈留，也就是今开封东南的陈留镇，其入赣
是与"黄巢作乱"有关，孙诩公参与了对巢军的围刘，这是孙氏入赣定
居的直接原因。第二，族谱上明确记载诩公入赣的时间是唐僖宗中和三年
（876 年），其首先是"领兵游于闽越之间"，也就是赣水以东的地区，那
么这两条宝贵资料就为我们研究诩公入赣的时间和路线提供了必要的
线索。

　　首先，诩公入赣的时间家谱上明确说是中和四年。唐僖宗李儇共在位
13 年，所用年号依次有乾符、广明、中和、光启、文德五个，其中以中
和为年号共有五年，唐僖宗是在广明元年（880 年）十二月五日凌晨逃离
长安的，是日晡晚，巢军进入长安。中和元年（881 年）以后至中和四年
（884 年）六月十七日，黄巢在莱芜县被杀，这期间巢军的主要活动地区
是在今陕西、河南两省范围之内，下面所列广明、中和年间巢军的主要事
件，② 便可证明这一点：

　　广明元年十二月五日凌晨，唐僖宗、田令孜自长安出逃。

　　广明元年十二月五日，唐左金吾大将军张直方在灞上降巢。

　　广明元年十二月五日夜，巢军入长安，宰相卢携服药自杀。

　　中和元年正月二十八日，唐僖宗逃至成都。

　　中和元年四月五日，唐军进攻长安，黄巢撤至灞上。四月十日，起义
军再进入长安，杀死唐将程宗楚、唐宏夫，重伤朱玫。

　　中和元年四月，忠武节度使周岌杀死大齐使者，归附唐朝。

　　中和元年四月十三日，起义军败唐夏绥节度使拓拔思恭、鄜延节度使
李孝昌于在三桥。

　　①　赖国芳主编：《孙中山客家始祖在宁都》，亚太国际出版有限公司 2001 年版，第 143 页。

　　②　方积六：《黄巢起义考》，中国社会科学出版社 1983 年版。

中和元年五月，唐昭义节度使高浔与河中节度使王重荣合兵侵占华州。

中和元年夏，巢军成令瓛自潼关南逃，投降唐淮南节度使高骈。

中和元年九月，巢军尚让、朱温败唐将李孝昌、拓拔思恭于东渭桥。

中和元年十月，唐天平节度使、南面招讨使曹全晸在长安近被巢军击毙。

中和元年十一月一日，巢军孟楷、朱温败唐鄜延军、夏绥军于富平。

中和二年春，唐义昌节度使杨全玫派军队赴关中。

中和二年春，唐淮南寿州刺史张翱派军队赴关中。

中和二年夏，唐保大军、定难军败巢军尚让于宜君县南。

中和二年四月，唐诸道行营都统王铎等围攻长安。

中和二年六月，巢军尚让攻河中，败王重荣于河上，遂占领郃阳。

中和二年十月，李克用领沙陀军三万五千南下关中。

中和三年二月二十八日，李克用沙陀军进围华州。

中和三年三月六日，唐李克用、王重荣败巢军尚让于零口。

中和三年三月二十七日，李克用沙陀军攻入华州，巢军黄邺、黄揆撤走。

中和三年四月八日，巢军败于东渭桥。

中和三年四月十日，唐军进入长安，黄巢往河南地区撤退。

中和三年四月，唐天下行营都监杨复光上表告捷。

中和三年五月，起义军攻打蔡州，唐奉国军节度使秦宗权降。

中和三年六月，巢军孟楷在陈州项城县牺牲，黄巢遂围攻陈州。

中和三年十二月，唐中央诏河东节度使李克用赴援陈、许。

中和四年二月，唐河东节度使李克用出兵援陈、许。

中和四年四月，唐军进攻太康、西华。

中和四年五月七（八）日，唐宣武节度使朱全忠败尚让于汴州城南尉氏门外、繁台、瓦子寨。

中和四年五月八日，巢军尚让、杨能、李谠、霍存、葛从周、张归霸在王满渡降唐。

中和四年五月八、九日，李克用追剿黄巢至冤句。

中和四年六月十五日，唐感化军将李师悦追黄巢至瑕丘。

中和四年六月十七日，黄巢在莱芜县被林言杀害。

从上述所列，我们可以看出中和年间，巢军活动已不在江西境内，而若像家谱中所说诇公入赣围刘巢军则必不在此时。所以家谱中所说诇公中和三年入赣的说法是有疑问的。

按《通鉴》卷 253 载，乾符四年、五年两年之中，巢军在都畿道、河南道的活动非常之频繁，乾符四年、五年两年之中两次围攻宋州、汴州并欲窥东都洛阳，引起了都畿道、河南道的极大震动，乾符四年"王仙芝、黄巢攻宋州，三道兵与战，不利，贼遂围宋威于宋州。甲寅，左威卫上将军张自勉将忠武兵七千救宋州，杀贼二千余人，贼解围遁去"。宋州（今商丘），汴州和东都洛阳在隋唐运河东西一线上，而江南的漕粮必经上述三地才能运至关中长安。所以宋、汴、东都洛阳一线便成为唐王室的生命线。《通鉴》中所说的三道兵是指平卢、宣武、忠武三地藩镇而言的，唐政府调集三镇之兵才解了宋州之围。这次战役还震动了汴州，《全唐文》卷 894 罗隐《上招讨宋将军书》就是写给宋州的唐招讨使宋威的，信中说："今闻群盗已拔睢、阳二城，大梁亦版筑自固。彼之望将军其犹沸之待沃，压之待起也。"从信中可以看到宋州之战还波及到了大梁，使得大梁城（今开封）也不得不"版筑自固"。按孙氏家谱中所说公始祖居陈留。唐元和时，陈留属汴州，在今开封县东南 13 公里，春秋时为郑国留邑，后为陈国兼并，故名陈留，距宋州约四十里，很可能在乾符四年黄巢第一次围宋州时，诇公就参与了围巢之举。

但巢军南下渡江入赣并非在乾符四年，而是在一年以后，即乾符五年三月。《通鉴》卷 253 乾符五年载："（三月）黄巢自滑州略宋汴，乃以副使张自勉充东南面行营招讨使。黄巢攻卫南、遂攻叶、阳翟。诏发河阳兵千人赴东都，与宣武、昭义兵二千共卫宫阙；以左神武大将军刘景仁充东都应援防遏使，并将三镇兵，仍听于东都募兵二千人。……发义成兵，三千守镮辕、伊阙、河阴、虎牢。……黄巢引兵渡江，攻陷虔、吉、饶、信等州。"从文献记载来看，巢军在占领了叶、阳翟并进一步试图围攻东都洛阳之后，才渡江进入今江西境内，并攻陷了虔、吉、饶、信等州。就当时的地理而言，叶为唐叶州，是唐武德四年置，其治所在今叶县西南。阳翟在今河南禹县，都是离东都洛阳较近的地方，为确保东都的安全唐政府调集宣武、昭义、义成数镇之兵加强洛阳东面的防御。在唐军云会四合的形势下，农民军又处于寡不敌众的劣势地位，不利于在洛阳周围长期打消耗战；于是黄巢再次引兵南下，作远距离的游动，顺利地攻克了虔州

（今赣州市）、吉州（江西吉安市）、饶州（江西波阳）、信州（江西上饶市）等地。①

那么巢军是在何处渡江而南进入今江西境内的？旧籍文献之中并没有确切的记载，以至于学术界对此问题并没有取得统一的认识，使得诸说并存。从巢军进入赣省后所攻掠的诸多州郡来看，这些州郡大都位于长江以南，离鄱阳湖不远的地方，与这些地区隔江而望便是蕲、黄两州，而蕲、黄两州向东北经过安州、申州、光州，便是河南道的西部地区，《通鉴》中所说巢军曾攻掠的叶、阳翟两地正处在河南道与都畿道交界之地，因此，从叶、阳翟南下不仅可直抵汉、沔，而且也可以顺江而东至于黄、蕲两州。

在长江以北，安、黄、蕲诸州，巢军及其所属的农民军与唐军的争锋，文献上是有记载的。《通鉴》卷253载："黄巢寇掠蕲、黄，曾元裕击破之，斩首四千级。巢遁去。""曾元裕奏大破王仙芝于黄梅，杀五万余人，追斩仙芝，传首，余党散去。"李吉甫《元和郡县志》载："黄州管县三，黄冈、黄陂、麻城。大江水（长江）西自黄陂县界流入，经州南118里，东入蕲州界。蕲州管县四：蕲春、黄梅、蕲水、广济。江水在县南120里。"唐曾元裕与王仙芝激战的黄梅县，仁寿元年改，因县北黄梅山为名，大江水在县南100里，县西南七十里有九江故城，汉九江王黥布所筑。黄、蕲两州处在长江、汉水交汇不远，历来是南北交通的要冲，《元和志》称此地当"江汉之口"。所以范文澜、韩国磐诸先生都认为巢军离开河南后，便转入湖北江汉一带活动，而后由蕲黄两州渡长江而南进入江西境内。②

唐江西观察使辖下有洪、饶、虔、吉、江、袁、信、抚等八州之地，旧史中所见巢军在今江西境内的活动情况可列之如下：

《旧唐书》卷178《卢携传》："乾符五年，黄巢陷荆南、江西外郛及虔、吉、饶、信等州。自浙东陷福建。"

《旧唐书·僖宗纪》："（巢军）急攻洪州，陷其廓。""黄巢之众再攻江西，陷虔、吉、饶、信等州，自宣州渡江，由浙东欲趋福建，……遂陷

---

① 胡如雷：《唐末农民战争》，中华书局1979年版。

② 范文澜：《中国通史简编》（第三编）第一册，第340—341页。韩国磐：《隋唐五代史》（修订本），第390页。

闽中诸州"。

《新唐书·黄巢传》："巢度藩镇不一，未足制已，即叛去，转寇浙东，执观察使崔璆。……贼收众逾江西，破虔、吉、饶、信等州，因刊山开道七百里，直趋建州。"

《资治通鉴》卷253："黄巢引兵渡江，攻陷虔、吉、饶、信等州。"

除上述记载外，黄巢部下及王仙芝部在江西亦有活动：

《资治通鉴》卷253："柳彦璋袭陷江州，执刺史陶祥，……以战舰百余固溢江为水寨，剽掠如故。"

《资治通鉴》卷253："王仙芝余党王重隐陷洪州，江西观察使高湘奔湖口。"

《资治通鉴》卷253："王重隐死，其将徐唐举据洪州。"

从文献上的记载来看，巢军在江西境内的活动是相当频繁的。联系当时江南西道的行政区划来看，巢军及其属下农民军的主要活动范围主要在今赣江以东的赣东北地区，也就是今江西与安徽、浙江和福建的交界地带，这些州郡在唐时有洪、吉、虔、饶、信、江等诸州。从《元和郡县志》所载当时诸州的地理位置来看，洪州辖南昌、高安、新吴、丰城、建昌、武宁、分宁七县，治所在南昌县，即今南昌市附近。江州辖浔阳、彭泽、都昌三县，治所在浔阳，也就是今九江附近。虔州管赣、南康、信丰、大庚、雩都、虔化、安远七县，治所在赣县，也就是今赣州市西南。饶州管鄱阳、余干、乐平、浮梁四县，治所在鄱阳县，也就是今江西鄱阳县。吉州辖庐陵、安福、永新、太和、新金五县，治所在庐陵县，在今吉安市附近。信州辖上饶、玉山、弋阳、永丰、贵溪五县，治所在上饶县，今上饶市西北。从上述诸州的相对方位来看除虔州位于赣南外，其他洪、江、饶、吉、信诸州都位于长江南岸不远。文献中并没有按照巢军陷城的顺序提及其在江西活动的路线，不然因何将最南端的虔州置于虔州之北的吉州之前？而饶州位于长江之南、鄱阳湖以西，信州则位于饶州更东；两州的位置应该是在最南的地区，可却被置于诸州的最后？这说明巢军在江西境内的行军路线，并非像史料上所说的在蕲州一带沿赣水西侧南至虔州，复折而北返至江西东北部，再从宣州转入浙江的。那么如何解释《通鉴》卷253中所说的巢"攻陷虔、吉、饶、信等州"呢？有的学者认为：由于江西唐军太弱，黄巢主力不受威胁，所以很可能据信州一带，分兵四略州县，并派人去吉、虔、饶、洪等州招抚。黄巢八月离赣攻浙，可知他在江西待了四个月。① 此说可信从。那么从文献上所记载的巢军的范围来看，巢军入赣后主要是在赣水以东的长江南岸一带与唐军周旋，这一地区相当于今江西与安徽、浙江和福建的交界地带，而其中饶、信、抚三州东临闽越、又处江右之间，应当是讽公携族南迁渡江后所必经。故在赣州新发现的《宁都富春孙氏伯房十二修族谱》和《雩邑孙氏联修族谱》在首卷中都有："我祖讳讽，号百将，居汴梁陈州，……因黄巢之乱，以公才武，选为承宣使，引兵游闽越、抵江右，嗣至虔化县。"讽公因功被封为东平侯，宋代苏东坡在《唐东平侯象赞》中也有"才全文德武备乾刚，兵平闽越屯镇虔邦"的赞誉。在这里应该进一步指出的是，信、洪、抚赣诸州与今闽、浙西部一带在唐代时都属江南西道，今江西一名就是由此而来，江西又称江右，魏禧《曰录杂说》："江东称江左，江西称江右，盖自江北视之，江东在左，江西在右耳。"那么，以此而论，孙氏族谱中说公"引兵游于闽越江右间"的地理位置正与今长江以南的上饶、抚州地区相合，因此，这一带很可能就是讽公入赣后的最早活动地区。

总之，巢军是于乾符五年四月从蕲、黄渡江进入江西的。八月离赣攻浙，其在江西境内的活动时间也仅有四个月，那么围刘巢军而来的讽公族众，其入赣路线当大体与巢军相合，入赣时间亦在乾符五年四月至八月之间或稍晚。不当如族谱所言在中和四年，讽公族众应是自蕲、黄逾江而南，沿今鄱阳湖东北而行，最先到达饶州所在的闽越江右之地，这一地区应是公族众入赣后的最早活动地区。后又折而南下经抚州至虔州东北之虔化，即今之宁都定居的。使宁都成为客家孙氏的发祥地。

（为撰写此文，曾在江西赣州、宁都、兴国一带进行考察，承罗勇、赖国芳等先生指教帮助，文章草成收录在陈世松先生主编的《"移民与客家文化"国际学术研讨会论文集》中，广西师范大学出版社 2005 年版）

---

① 王大华：《论黄巢渡江南征》，《中国农民战争研究集刊》，上海人民出版社 1985 年版，第 4 期。

循吏曹谨事迹

连横先生的《台湾通史》是中国近代史上首部有关台湾历史的著作，其中传记部分收录了台湾众多的著名人物，其中有河洛籍贯的清代循吏多人，如台北知府陈星聚、淡水厅同知曹谨、台湾府分府同知张玺等等，这些河洛籍贯的台湾循吏，不仅能善治一方，且能循规蹈矩、遵纪守法，更重要的是他们的治绩为开发台湾宝岛做出了重要贡献，成为近代台湾发展史的一部分，本文以文献为基础，并辅之文物考古资料，仅对河洛台湾循吏曹谨的事迹及文物遗存进行系统的整理和研究。

连横先生积数十年之力，收集有关台湾的中外文献、档案和传闻，仿照司马迁《史记》的体例，写成本书。全书有纪四，志二十四，传六十，起于隋大业元年，终于清光绪二十一年日本帝国主义侵占台湾，凡有关台湾的政治、军事、经济、物产、风俗、人物等等都有论列；对大陆人民开拓台湾与台湾人民抗击荷、英、法、日等帝国主义的侵略战争叙述尤详。①其中《循吏列传》收录中原籍台湾循吏曹谨事迹。曹谨，字怀朴，河南河内人，即今沁阳市人，曾为治理祖国宝岛做出过重要贡献，是值得我们认真研究的历史人物。围绕曹谨事迹，我收集了一些文物碑刻资料，以之与连横先生所著《台湾通史》循吏传有关内容相印证，不仅使我们对这位"奉法循理之吏"的事迹有了更深入的了解，亦使我们倍知先人经营祖国宝岛的艰辛。

一 海峡两岸所存记载曹谨事迹的碑刻史料

目前，海峡两岸所见记载曹谨事迹的碑刻资料主要有两种，一种是李

---

① 连横：《台湾通史》，商务印书馆1983年版，第1页。

棠阶撰《曹谨墓志》，此碑1984年发现，现藏于沁阳市博物馆，共三块，碑文内容如下：

曹谨墓志

皇清诰授朝议大夫

晋授中议大夫

赏戴花翎即补海疆知府前淡水同知丁卯科解元怀朴曹公墓志铭

数十年来，天下称循吏者，必曰河内怀朴曹公。公何以得此□人哉？按嘉庆丁卯，公以第一人举于乡，时方弱冠耳。才锋颖拔，文奇丽，主试者特异之。公亦自负其才，谓甲科可立致。乃试礼部，屡蹶，卒以大挑一等分发直隶。天若故困其身，老其才，俾以县令见。公亦愈华就实，沉潜经史及宋诸之书，获其大意，不株守章句，以故，器识益伟岸。直隶畿辅地，号难治，公历署平山、曲阳、饶阳、宁津等县，皆能得民心。饶阳值水旱相继，公请帑赈饥，日走乡曲，察户口多寡，被灾轻重分给之，不经吏胥手。时即饭店市饼饵食之，无丝毫私，民大悦。总督蒋砺堂相国廉得之，数称于众。宁津则首严弭盗，行清庄联庄法，获其梁首，余皆远遁。总督益能之。道光五年，补威县，修文庙、城隍庙，兴教劝士，敦品励行，远近禽然。及调丰润，以被议落职。旋复官，拣发福建，署将乐，又以失察邪教被议。引见，仍以知县用，赴福建。是时，公年逾强，仕学益邃，识益卓，治亦愈懋矣。十六年二月，署闽县。闽附省垣，令多疲于供亿，公独专力民事，而给应征求亦无缺。吏畏民怀，颂声大起，大吏皆称之，适旗军与县民械斗，各千百人，势汹汹如鼎沸，委员谕之不止，公奉檄往，则置坐榻于军民之间，饬各缚获数人，送县署办理。次日，复纠众将斗，公挺身至旗军门外，明白晓谕，示利害甚悉，遂各贴然，盖信公者素也。时大旱祷雨，迎观音□□于鼓山，置会城，官吏奔走跪拜街衢间，公独屹立。或问之，以不载祀典对。劝之拜，不从。以大吏诛之不顾，而大吏顾益奇公，以为可任艰巨者。时台湾岁歉多盗，制府以公廉能，补凤山县。县为府南冲要，周围五百余里。公亲巡行境内，问疾苦，诘盗贼，剔弊除蠹，顺民之欲，而次第施之。以为弭盗莫如足食，足食莫如兴水利。淡水溪在县境东南，于是度地鸠工，由九曲塘穿池以引溪流，筑埤导圳。凡掘圳四万三百六十丈有奇，可灌田三万一千五百亩有奇，可收旱稻十五万六千六百余石。设圳长经理之，凡启闭蓄泄之法具备。郡守六安熊公亲勘视，大喜。名之曰"曹公圳"为文刊石纪其事。二十年，大府以公治绩尤异，擢淡水同知。淡水东接生番，南临彰化，北抵噶玛兰，西临大洋，海寇时剽商贾为民患，漳、泉二州人居其间，常相仇杀。又当英夷犯顺，厦门失事之后，公至，即查保甲、练乡勇、为御侮备。甫越月，夷船趋犯鸡笼口，公严谕渔船进口所用，绝其向导。悬重赏擒夷鬼。民知公刑赏素信，踊跃争赴。夷船惊避，触石船坏。众鼓舞奋呼，擒夷鬼百二十四人。九月复至，乡勇又拒却之。明年正月，又至淡水南口外，乡勇设伏土地公港口。令渔船诱至，突出击之，夷复惊扰退，船胶浅水，俘汉奸五人、白夷四十九人。事闻，官吏兵民悉赏赍有差。未几，夷就抚，诡词控诉，总督怡公往勘得实，知公刚直无他肠，谓曰："事将若何？"公曰："但论国家事若何，某官可不做，人要做，若罪应任者，甘心当之，但百姓出死力捉贼，不宜有所负。"怡公叹曰："好汉！好汉！"以是夺花翎，注销所升官阶。后以捕海盗及淡水弹压械斗事仍赏戴花翎，以海疆知府即补，而公则已萧然里居矣。当公在淡水时，彰化械斗。淡境之漳、泉人亦怀疑虑，结队厉锋刃为交斗计。公急捕其妖言惑众者置之法，身率乡勇巡境上，即驻彰淡界之大甲镇弹压之，分别晓谕。于是，彰化人相约不犯淡境，淡之漳、泉人亦各释械去。如任闽县时，淡北七百余里得安堵，公之力也。其它薄征敛，减胥役等善政不可殚书。积劳成疾，遂以病归，公归事乃奏闻云。盖公宦历南北三十年，所至民亲，既去民思，一时有识者，多为文诗纪其事。循良之绩，本于素定，诚非幸致也。公讳谨，字怀朴，号定庵。卒于道光二十九年闰四月十八日，年六十有三。配王淑人，侧室氏田、氏李。丈夫子二：长檼本年五月初一日卒；次榕。女子五。世系详行述，兹不赘。今将以咸丰二年六月二十四日葬公于南郭外祖茔之次。榕年十三，其从兄棠襄葬事，以状来请铭。棠阶于公为后进，公顾不弃而进之，共笔砚，通有无，恳恳以道义相切劘，固知公甚悉。不在常情中，用掇其大者著之，而系以铭曰：

惟公之才，脱颖斯出，纠纷立开；惟公之识，观火洞如，坚定不感。有孚之心，威与惠合，奸宄消沉；有本之政，教以养施，膏泽游泳。呜呼！孰谓公死？轩豁之度，凛然如此，我仪其生。铿訇之论，犹闻其声。谱公行治，勒之贞珉。惟诚不二，敢告后人。恪守家学，勿坠厥闻。

　　赐进士出身前太常寺少卿翰林院侍读同里李棠阶撰文

　　赐进士出身前湖北襄阳县知县毛鸿顺书丹

　　敕授文林郎丁卯科举人前卫辉府浚县教谕郑州张调元篆盖

　　除《曹谨墓志》外，另一种是熊一本所撰《曹公圳记》，此碑刻于道光十九年，现存于台湾凤山市曹公庙曹公纪念亭内，碑文如下：

　　曹公圳记

　　熊一本

　　赐进士出身

　　诰授中宪大夫

　　钦加道衔知台湾府事前署台澎等处地方海防兵备道，兼理提督学政熊一本撰并书

　　朝廷建官千百，皆以为民也。而地与民近情，与民亲周，知其利病，而权足以有为者，莫如县令。县令主持一邑，鳃鳃于期会簿书，而不知民之本计，知民之本计，而行以苟且，不能有强毅之力，真实无妄之心者，皆不足与图久远。是故得俗吏百，不如得才吏一，得才吏百，又不如得贤吏一也。予于道光甲午出守台阳，莅官之始，问政于先事诸君而求其要，佥曰："治台之法，惟在弭盗而已。"询以民生衣食之原，则曰："台地沃饶千里，户有盖藏，民食不待筹也。"予是时甫莅斯邦，见闻未悉，无以胜言者之口，而心窃不能无疑焉。丙申秋，台、凤、嘉接壤之区，被旱百有余里，间阎待哺，宵小跳梁，觉向所谓弭盗者，洵为急务，而所谓民食不待筹者，犹未得治台之本计也。予于议食议兵之后，循行田野，察其被害之由，窃谓："饥馑之患，独在此百余里内，实由民之自取，而不得委为天灾。"盖稻为水谷，自播种以至秋成，皆须深水浸之，周礼稻人之职，所谓以潴蓄水，以防止水，以沟荡水，以遂均水者，乃农家不易之经也。

台地惟山泽之田，有泉引灌，可期一岁再收。其平原高阜之田，往往行数十里，而不见有沟渠之水，耕者当春夏阴雨之时，仓皇播种，以希其获，及至数日不雨，而水涸矣，又数日不雨，而苗槁矣，前此被害之百余里，皆此类也。又安可委为天灾，而不思所以补救乎！予为劝兴水利，教以凿陂开塘之法，而愚民狃于积习，不能奋然行之。论治者又或自为迂远，而不肯实为其事，则予第托诸空言而已，莫由收实效也。丁酉春，凤山大令曹君怀朴奉檄来台。予于接见之初，首言及此，大令颔之而不轻诺。予疑其事或未谙。抑所闻治台之法，犹夫向者之言欤，固不能强以必行也。数月后，人有言其度地鸠工，将为民开水利者。大令于继见时，言不及之，亦不形诸简牍，则又未见其必能行也。戊戌冬，大令果以水利成功来告，且图其地形以进，凡掘圳四万三百六十丈有奇，计可灌田三万一千五百亩有奇，于是廉访姚公亟奖其劳，将上其事于大府，而为之请于朝檄。予亲往视之。予于己亥仲春躬临其地，士民迎马首者千数百人。予令董役之若干人随行垄畔，向期一一询之，乃知圳之源出淡水溪，由溪外之九曲塘决堤引水于塘之坳，垒石为门，以时蓄泄，当其启放之时，水由小竹里而观音里、凤山里，又由凤山里而旁溢于赤山里、大竹里，圳旁之田各以小沟承之，上流无侵，下流无靳，咸听命于圳长，而恪守其官法，向之所谓旱田者，至是皆成上腴矣，岂非百世之利哉！吾观从政之士有以才能自诩者，当其述职长官，往往累数十纸不能尽观者。咨嗟太息！谓古循良无以过之。及核其政之所就，则皆饰词邀誉，自谓功利之谋，而所谓泽被生民者，曾不可以终日，此其居心尚可问乎？若大令者，未为而不轻诺，未成而不轻言，可谓务为实事，先行后从者矣。自经始以迄蒇事，不辞劳瘁，不惜厚资，历二载而如一日，庶几知民之本计，而有强毅之力，真实无妄之心者。与廉访嘉其绩而特彰之，岂非体国爱民，用贤若渴之大君子哉！凤之士民从大令之教，而合力成之，所谓民情大可见者，今岂异于古耶！予进士民而奖之，皆曰："是惟吾邑侯之仁贤劳苦，始克臻于有成，众何力之有为焉。"然则大令之得于民者，不既深乎！予将归报廉访。众复请予名其圳，以刊诸石。予曰："汝曹以邑侯功，则名之以曹公圳可乎？"众曰："诺！"于是乎书。

　　道光十九年岁次己亥十月　　日勒

《曹公墓志》的撰著者是清太常寺少卿、翰林院侍读李棠阶,从李氏所撰《曹谨墓志》铭文内容来看,从曹谨 20 岁参加乡试以"第一人举于乡"开始,记其历平山、曲阳、饶阳、宁津、威县、丰润诸县,后于道光十六年署闽县,再至道光十七年(1837 年)正月,任福建省台湾府凤山县知县,曹谨宦历南北三十年,其"循良之绩",无不详记,而其中尤详于在台湾的事迹。除此之外,《墓志》中对曹谨家室也有详细的交代。而熊一本所撰《曹公圳记》则于曹谨公在台修筑曹公圳,兴修水利工程,造福台湾民众的事迹记载更为详备。碑文对曹公圳修建的原因,水利与民生的关系、台湾的地理条件与水利的关系、圳渠灌溉效果、管道所经、撰写碑刻的由来等问题记载则尤为赡详。若将两块碑文内容与连横先生《台湾通史·循吏曹谨传》所记相印证,对于我们认识和了解循吏曹谨在台事迹都极有帮助。在沁阳齐天昌先生编著的《一代循吏·曹谨》一书中,此两块珍贵碑刻均有收录。[1]

二 由《台湾通史·循吏传》《曹谨墓志》 《曹公圳记》互证所见的曹谨事迹

曹谨是道光十七年(1837 年)正月任福建省台湾府凤山县知县的,道光二十一年(1841 年)七月曹谨公又升任福建台湾淡水厅同知,至道光二十五年(1845 年)曹谨以病告退,回归故里河南怀庆府河内县,在台湾长达近九年时间,其间鸦片战争爆发,中国社会发生了重大变化和转折。连横先生所著的《台湾通史》中记载的曹谨事迹,字数虽不算太多,但其为文平实简练,基本上完整地概括了曹谨公在台湾的主要事迹,若将《曹谨传》再与海峡两岸所见碑刻文物资料相印记,曹谨公在台事迹则更为完备。

首先,曹谨公是道光十七年(1837 年)正月自福州府闽县调任台湾府凤山县知县的,到任不久便向台湾巡道姚莹、台湾总兵达洪阿上书《筹议练兵稿》。故连横先生《曹谨传》载曰:"时台湾班兵废弛,总兵达洪阿颇有意整剔,选六百人,练为精兵,岁犒钱二万五千余缗,巡道周凯赞之,饬府厅县捐助其半。及姚莹任巡道,以练兵事,下各属酌议,谨力

---

[1] 齐天昌:《一代循吏·曹谨》,中州古籍出版社 2007 年版,第 117—127 页。

陈不可。"① 关于此事,《台湾通史·军备志》有更为详细的记载:"凤山知县曹谨以为不可。略谓:台湾孤悬海外,中征内地五十二营之兵,三年一班,更番拨戍。人既杂则材力不一,时既暂则考校多疏,将与将不相习,兵与兵不相知,从前偾事,职此之由,则训练诚亟亟也。顾练之云者,讵惟是有兵六百,遂可恃无虞哉?朝廷慎重海疆,额设水陆步战守兵一万二千六百七十名,无一非镇帅之兵,即无一非镇帅当练之兵。凡各营操演之时,参游以上,皆有犒赏,戍兵所得,较之内地倍多,本是以固其心而作其气。其所以不练不精者,乃弁兵之辜恩,非朝廷之吝赏。今议者不务遵守旧章、申明纪律,而动议变增;计所练之兵,仅全台二十分之一,而所赏较本兵粮饷倍之。试思朝廷设兵,原无彼此;此而当练,孰不当练?此而可精,孰不可精?如必厚赏而后精,则非厚赏遂不必精;必厚赏而后练,则非厚赏并不能练。是必岁捐数十万金,以为全台练兵之用而后可。如其不然,是予各兵以借口之端,而开各营推诿之渐也。且台地绵亘一千余里,精兵六百,以之自卫则有余,以之卫人则不足。一旦南北交警,此六百人者,顾此则失彼,顾彼则失此,势不能不驱未练未精之人相与从事。况费之所出,非官则民。查一县捐摊,每岁数几盈万,已未能按款批解;今又加以千余,名曰捐廉,实则挪移公项,此派之官者之不可行也。若取之于民,则台民数经兵燹,十室九空,加以亢旱频年,则素封之家所入不敷所出,此取之民者之不可行也。惟是练兵之举,将及三年。既议停止,必筹安置。计惟就现练精兵之中,择其年力精强、技艺娴熟者,分插各营,使之转相教习。除本营官照例于三、六、九操演外,镇军南北巡时,再按各操演。赏罚之政,备在中枢。实力奉行,何施不可。是镇兵虽有自练之名,而通台皆宿重兵,人人可成劲旅。官民之间,胥受其福。"②

曹谨的建议不仅使台湾各地广练精兵,同时也大大提高了军队的战斗力,加强了海防,节约了军费开支,更重要的是减轻了百姓的负担。事隔二十多年以后,同治年间台湾巡道丁曰建还将曹谨的言论收入他所撰写的《治台必告录》,还亲自注明"往事可师",以此作为理台官员必读的治政文献。关于曹谨在凤山知县任上筹议练兵,减轻百姓负担的事迹,连横先

---

① 连横:《台湾通史》,华东师范大学出版社 2006 年版,第 497 页。
② 同上书,第 167 页。

生撰《台湾通史》《军备志》《曹谨传》的记载最为详尽，而《清史稿·曹谨传》、李棠阶撰《曹谨墓志》对此事都无详细记载，因此连横先生《台湾通史·曹谨传》为我们研究曹公在台事迹提供了详细的史料。

曹谨在凤山知县任上的又一功绩是修曹公圳，关于此事《台湾通史·曹谨传》记载颇为翔实。曹公圳的修建是在曹谨任凤山知县后的两个月，即道光十七年三月："谨乃集绅耆，召巧匠，开九曲塘，筑堤设闸，引下淡水溪之水以资灌溉。为五门，备蓄泄。公余之暇，徒步往观，杂以笑言，故工皆不怠。凡二年成。圳长四万三百六十丈有奇，润田三万一千五百亩，其水自小竹里而观音、而凤山，又由凤山下里而旁溢于赤山里。收谷倍旧，民乐厥业，家多盖藏，盗贼不生。十八年，巡道姚莹名知府熊一本勘之，旌其功，名曹公圳，为碑记之。已而大旱，溉水不足。复命贡生郑兰生、附生郑宜治晓谕业户，捐资增凿，别成一圳，名新圳，而以前为旧圳，润田尤多。"① 曹谨公修建曹公圳的原因是多方面的。首先是要解决台湾民众的生存问题。《曹谨墓志》中说："时台湾岁歉多盗，制府以公廉能，补凤山县。县为府南冲要，周围五百余里。公亲巡行境内，问疾苦，诘盗贼，剔弊除蠹，顺民之欲，而次第施之。以为弭盗莫如足食，足食莫如兴水利。"② 从《曹谨墓志》所载内容来看，曹谨到凤山县上任后，通过赈济灾民和打击盗匪，对台湾的社情民意有了初步了解。他发现过去台湾历任官吏，都把精力放在治盗上，却没有分析产生盗贼的根源所在，因此越治越乱。他认为，民众为盗，大都为饥寒所迫，今日之盗贼，乃昔日之良民，要想彻底治盗，就得让百姓都富足起来。因此他主张"弭盗莫如足食，足食莫如兴水利"。他看到凤山县沿海平原及丘陵地区的土地虽然都已开垦，但都是靠天收，风调雨顺时就获丰收，遇到大旱，全县几乎绝收。如有水利灌溉，这万顷良田就会变成万亩粮仓。他下决心要兴修水利，根治旱灾，解决百姓长治久安的大问题。③ 其次，台湾多山地、高阜之田必须有渠水灌溉才能发展农业获得收益，而兴修水利则是台湾农业发展的前提条件，所以熊一本所撰《曹公圳记》明确记载说："台地惟山泽之田，有泉引溉，可期一岁再收。其平原高阜之田，往往行

---

① 连横：《台湾通史》，华东师范大学出版社 2006 年版，第 497 页。
② 齐天昌：《一代循吏·曹谨》，中州古籍出版社 2007 年版，第 119 页。
③ 同上书，第 39 页。

数十里，而不见有沟渠之水，耕者当春夏阴雨之时，仓皇播种，以希其获，及至数日不雨，而水涸矣，又数日不雨，而苗槁矣，前此被害之百余里，皆此类也。又安可委为天灾，而不思所以补救乎！"① 因此，修筑灌溉沟渠便成为弥补台湾地理条件局限与不足的必要措施。而曹谨主持修筑的曹公圳正是巧妙利用了自然条件，因势利导，取得人地和谐的杰作。按熊一本《曹公圳》所记，曹谨公所主持修筑的这项灌溉工程"凡掘圳四万三百六十丈有奇计可，灌田三万一千五百亩有奇"，是一项有"百世之利"的水利工程。不仅如此，曹公圳修筑以后，曹谨还专设"圳长"进行有效管理，使原来的旱田皆为上腴之地。故《曹公圳》记曰："乃至圳之源出淡水溪，由溪外之九曲塘决堤引水于塘之坳，垒石为门，以时蓄泄，当其启放之时，水由小竹里而观音里、凤山里，又由凤山里而旁溢于赤山里、大竹里，圳旁之田各以小沟承之，上流无侵，下流无靳，咸听命于圳长，而恪守其官法，向之所谓旱田者，至是皆成上腴矣，岂非百世之利哉！"② 时至今日，曹公圳仍是台湾境内最大的农田水利灌溉工程，其灌溉效益仍未减退，据说台湾有 200 万人口仍受其益，它使凤山平原成为台湾发展最快、经济最富饶的地区之一。

　　道光二十一（1841）七月曹谨升任台湾府淡水厅同知，此时鸦片战争已经爆发。淡水厅辖地内有诸多港口，如沪尾、鸡笼、大安、中港、香山、竹堑等，沪尾就是今天的淡水港，鸡笼即今基隆港，竹堑即今新竹旧港，这里是英军进犯台湾的必经之地，曹谨公淡水同知任上的抗英事迹于《台湾通史·曹谨传》和《曹谨墓志》中都有明确记载。《曹谨传》载："二十一年，英人犯福建，辄窥伺鸡笼，镇道并力筹防。谨以淡水沿海，沙汕延长，自鸡笼以至大安，凡可以泊舟者，皆囊沙为堵，练乡勇守之。又以厅治薄弱，别筑土城为藩，植竹凿濠为犄角。二十二年，英舰入大安，谨督兵勇御之，编渔舟，禁接济，设哨船，逻海上，先后获海寇三起，解郡正法，镇道嘉之。"③ 李棠阶《曹谨墓志》载："甫越月，夷船趋犯鸡笼口，公严谕渔船进口听用，绝其向导。悬重赏擒夷鬼，民知公刑赏素信，踊跃争赴。夷船惊避，触石船坏。众鼓舞奋呼，擒夷鬼百二十四

---

① 齐天昌：《一代循吏·曹谨》，中州古籍出版社 2007 年版，第 126 页。
② 同上。
③ 连横：《台湾通史》，华东师范大学出版社 2006 年版，第 497 页。

人。九月复至，乡勇又拒却之。明年正月，又至淡水南口外，乡勇设伏土地公港口，令渔船诱至，突出击之，夷复惊扰退，船胶浅水，俘汉奸五人、白夷四十九人。事闻，官吏兵民悉赏赍有差。"① 关于曹谨在淡水抗英事迹，《清史稿·曹谨传》也有明确记载："英吉利兵舰犯鸡笼口，谨禁渔船勿出，绝其向导，悬赏购敌酋，民争赴之。敌船触石，擒百二十四人。屡至，屡却之。明年，又犯淡水南口，设伏诱击，俘汉奸五、敌兵四十九人。事闻，被优赍。"② 由上述三处记载看来，曹谨指挥的抗英斗争以李棠阶所撰《曹谨墓志》文最为翔实，墓志文中记有曹谨在淡水南口的土地公港口设伏，大胜英军的战绩。此次战役，曹谨先令乡勇预先在土地公港口设伏，然后命渔船引诱英舰进入土地公港，英舰进入土地公港后舰船触礁搁浅，曹谨指挥乡勇奋力围歼，俘获汉奸五人，英人四十九人，获得大胜。曹谨在淡水厅同知任上的又一大功绩是制止了漳、泉籍民的大规模械斗。《曹谨传》载："二十四年，漳、泉籍民械斗，四邑骚动。谨闻报，趣赴漳、淡之交止之，驻大甲两月余，集耆老，陈利害，斗稍息。治民以宽，而非法必罚，猾胥土豪皆屏息莫敢犯。"③《曹谨墓志》对此也有记载："当公在淡水时，彰化械斗。淡境之漳、泉人亦怀疑虑，结队厉锋刃为交斗计。公急捕其妖言惑众者置之法，身率乡勇巡境上，即驻漳淡界之大甲镇弹压之，分别晓谕。于是，彰化人相约不犯淡境，淡之漳、泉人亦各释械去。"④《清史稿·曹谨传》对此事没有记载，可是其中记载了道光十三年曹谨署闽县时，制止的福建闽县械斗的情况。《清史稿·曹谨传》："道光十三年，署闽县，旗兵与民械斗，持平晓谕利害，皆帖伏。"对于曹谨成功化解闽县械斗一事，李棠阶《曹谨墓志》中有较为详细的记载："十六年二月，署闽县。闽附省垣，令多疲于供亿，公独专力民事，而给应征求亦无缺。吏畏民怀，颂声大起，大吏皆称之。适旗军与县民械斗，各千百人，势汹汹如鼎沸，委员谕之不止，公奉檄往，则置坐榻于军民之间，饬各缚获数人，送县署办理。次日，复纠众将斗，公挺身至

---

①　连横：《台湾通史》，华东师范大学出版社 2006 年版，第 119 页。

②　（清）赵尔巽：《清史稿》，卷四百七十八、列传二百六十五、循吏三，中华书局 1977 年版。

③　连横：《台湾通史》，华东师范大学出版社 2006 年版，第 497 页。

④　同上书，第 119 页。

旗军门外，明白晓谕，示利害甚悉，遂各帖然，盖信公者素也。"① 在这里应该进一步说明的是《清史稿·曹谨传》中所说此次械斗在道光十三年，而墓志铭所载是在道光十六年，两处记载时间略有出入，按曹谨是道光十二年（1832 年）任直隶丰润县知县，道光十四年（1834 年）调任福建省延平府将乐县知县，道光十六年（1836 年）二月任福建省福州府闽县知县的。道光十七年（1837 年）正月调任台湾府凤山县知县的，因此，《清史稿》所记此次曹谨在道光十三年制止闽县械斗事应属误记，其事应与《墓志》所记在道光十六年为准确。

闽县械斗与漳泉籍民械斗完全不同，从碑文所载来看，闽县械斗是驻闽清军（旗兵）与当地百姓发生的械斗，而淡水的漳泉籍民械斗则反映了清代台湾社会内部复杂的矛盾冲突。台湾的这类械斗最早开始于康熙六十年（1721 年）的凤山县闽粤械斗，也就是福建籍移民与广东籍移民的械斗，其后的一百年间，规模较大的，记载于史志的分类械斗至少有 38 次之多，其中发生在淡水厅境内的就达 23 次，这说明淡水厅是分类械斗的重灾区。② 道光二十四（1844）曹谨所辖淡水厅漳泉籍民的械斗主要是在福建省漳州籍移民与泉州籍移民之间爆发的，从碑文记载来看，械斗发生之时曹谨赶赴现场，晓谕民众，痛陈利害，并逮捕了少数煽动闹事的坏人。为彻底解除纠纷，平息械斗，他又亲自到淡水与彰化交界，驻大甲镇两个多月，逐村逐户了解情况，谋划息事良策。他认为这种群众性的斗殴，只能调解说服，如果调兵镇压势必更乱，还会把地方上的帮派之争带入部队，引起部队内部的矛盾和纷争。于是，他便把双方德高望重的老年人邀请来，做耐心细致的调解工作。晓之以理，动之以情，再让他们去教训管束自己的晚辈子弟，一层一层地说，一家一家地劝，经过耐心地劝说，听者无不感激涕零，终于使双方握手言和，平息了械斗，纷纷表示今后要和睦相处。③ 从此"淡北七百余里得安堵"，这都是曹谨之功。

除此之外，曹谨在淡水厅任上还兴文教、崇实学、厚教化，关于此类事迹，《曹谨墓志》和《清史稿·曹谨传》都没有详细记载，只有连横先生《台湾通史·曹谨传》记之甚明，"曹谨莅治五年，日以兴文教，崇实

---

① 连横：《台湾通史》，华东师范大学出版社 2006 年版，第 118 页。
② 齐天昌：《一代循吏·曹谨》，中州古籍出版社 2007 年版，第 86 页。
③ 同上书，第 87 页。

学，为淡人士倡。朔望必诣明伦堂，宣讲圣谕，刊《孝经》小学，付蒙塾习诵。公余之暇，每引诸生课试，分奖花红。淡水固有学海书院，工未竣，捐俸成之。增设乡塾，淡之文风自是盛。"① 这说明曹谨在淡水厅任内不仅广开乡塾，招徕学童，编印《孝经》作为乡塾的教材，分发给学童习诵，而且每月朔望之日还亲自到明伦堂宣讲圣谕和儒学。曹谨还在公余之暇，亲自主持学童的课试，对学习成绩优异者进行奖励。淡水厅原来有学海书院，只是一直没有建成，曹谨还捐出自己的俸银，最终建成了学海书院。由于曹谨倡导，淡水文风日盛，使民众的文化素质得以提高，改良了社会风气。

（本文承王双怀教授指教，发表于《乾陵文化研究（七）》，陕西出版集团三秦出版社 2012 年版）

---

① 连横：《台湾通史》，华东师范大学出版社 2006 年版，第 497 页。

西晋客家河洛先祖南迁路线考辨

西晋末年爆发的"八王之乱"以及此后绵延不断的长时间的战乱，给以西晋都城洛阳汉魏故城为中心的整个黄河流域造成了巨大的破坏，黄河流域的广大人民难以生存，被迫南迁，形成了我国历史上一次大规模的中原汉人南迁的浪潮。按照《晋书》卷六十五《王导传》所载，"洛京倾覆，中州士女避难江左者十六七"。以十之六七而言，表明中州士女大多数是逃向了南方。这些南渡的流民成为今天南方各省客家人的最初源头。① 那么这些客家先祖是如何从古代的黄河流域迁徙到南方去的呢？本文试对此问题谈谈个人的看法，不当之处，敬请指教。

一 西晋汉魏洛阳故城及其附近地区的人口

汉魏洛阳故城原是东汉、三国魏、西晋、北魏四代王朝的都城，地处河洛平原的中心，定都时间长达330余年。根据《晋书·地理志》所载，以汉魏故城为中心的河洛及其周围地区，应是这一时期黄河流域人口聚居的密集区域，是当时中国人口的分布重心所在。

西晋都城洛阳所在的司州，由司隶校尉统辖，下辖郡12，县100，有户47.57万，其管辖范围已大大超过今天河洛地区。司州的东北部有广平郡、阳平郡、魏郡和顿丘郡，其辖地已在今河北邢台、鸡泽、曲周、山东省馆陶、冠县、莘县一线之北，另有河南省南乐、范县、濮县也在其中。司州之东有汲郡、荥阳郡，其辖地在今浚县、滑县、新乡市、中牟、开封以西。司州的北界有平阳郡，其辖地在今山西汾河流域的永和、隰县、汾

---

① 徐金星主编：《洛阳汉魏故城研究》，科学出版社2000年版，第938页。

西、霍县之北。司州的西界经河东郡、弘农郡以西深入到了关中平原今华阴以东的地方，而南则以上洛郡、河南郡分别与荆、豫二州相邻，其范围则到丹水、汝水、颍水的上游，也就是今天陕西南部，河南西部、中部的栾川、汝阳、临汝、禹州、新郑一线之北。司州的幅员既然广大如此，其人口数量亦居全国之冠。按《晋书·地理志》所载，西晋司州、兖州、豫州、冀州、幽州、平州、并州、雍州、凉州、秦州、梁州、益州、宁州、青州、徐州、荆州、扬州、交州、广州共 19 个州的户数与统县数量大体如下：①

司州，州统郡十二，县一百，户四十七万五千七百。

兖州，州统郡国八，县五十六，户八万三千三百。

豫州，州统郡十，县八十五，户十一万六千七百九十六。

冀州，州统郡十三，县八十三，户三十二万六千。

幽州，统郡国七，县三十四，户五万九千二十。

平州，统县二十六，户一万八千一百。

并州，统郡国六，县四十五，户五万九千三百。

雍州，统郡国七，县三十九，户九万九千五百。

凉州，统郡八，县四十六，户三万七百。

秦州，统郡六，县二十四，户三万二千一百。

梁州，统郡八，县四十四，户七万六千三百。

益州，统郡八，县四十四，户十四万九千三百。

宁州，统县四十五，户八万三千。

青州，州统郡国六，县三十七，户五万三千。

徐州，州统郡国七，县六十一，户八万一千二十一。

荆州，州统郡二十二，县一百六十九，户三十五万七千五百四十八。

扬州，州统郡十八，县一百七十三，户三十一万一千四百。

交州，统郡七，县五十三，户二万五千六百。

广州，统郡十，县六十八，户四万三千一百二十。

从西晋 19 州的户数记载来看，西晋都城洛阳为中心的司州户数 47.57 万，名列其他各州之首，应该是西晋一朝人口聚集较为稠密的地区。除了司州以外，西晋 8 万户以上的州还有兖州、豫州、冀州、雍州、

① （唐）房玄龄等：《晋书·地理志》卷十四，中华书局 1974 年版。

益州、宁州、徐州、荆州、扬州九州，其中与司州毗邻的州有冀州的南部、兖州的东部、豫州的北部、荆州的北部和雍州的东部。具体而言，冀州南部的赵国、钜鹿国、安平国、平原国、清河国与司州的广平郡、阳平郡相邻，其户数分别为 4.002 万，1.004 万，2.1 万，3.1 万，2.2 万。兖州东部的济北国、东平国、濮阳国、陈留郡分别与司州之汲郡、荥阳郡、河南郡之东部相邻，其户数分别为 3500，6400，3.1 万，3 万。豫州西北部的颍川郡、襄城郡分别与司州的河南郡相邻，其户数分别为 2.83 万，1.8 万。荆州北部的魏兴郡、南乡郡、南阳国分别与司州南部的上洛郡和河南郡之西部相邻，其户数分别为 1.2 万、2.44 万。（南乡郡《晋志》无户数）。雍州东部之冯翊郡、京兆郡分别与司州西部的河东郡、弘农郡、上洛郡相邻，其户数又分别为 7700 和 4 万。而并州的总户数虽在 8 万户以下，但其南与司州北界相邻的西河、上党两郡总的户数分别为 1.3 万和6300。所以总的来看，以西晋都城洛阳为中心的司州及其相邻不远的地区，其户数总量应为 83.166 万。而太康元年，西晋共有 245.984 万户，人口 1616.3863 万。可见这一数字占当时全国总户数的 32%。显然，西晋一代都城洛阳（今汉魏故城）为中心的司州及其临近地区是当时全国人口的主要聚居区。这成为西晋河洛地区客家先祖南迁的人口基础。

二 西晋汉魏洛阳故城附近的交通地理形势

汉魏洛阳故城在西距今洛阳市老城大约 15 公里的今偃师市境内，偏向河洛平原的东缘，就整个河洛地区的地理形势而言，其主要是属山地，为河南省西部山地的重要组成部分。北界黄河，与中条山山地毗邻，南界伏牛山岭脊，和豫西南山地相连，东南接嵩山和箕山山地，西边抵豫陕境界连秦岭。区域内山岭连绵，边境群山环抱，形成险要的地理环境。由于该区山地是秦岭山脉向东的延绕部分，因此，整个山势呈扇形向东展开。主要分支山脉有走向东西的小秦岭，走向南北的崤山、熊耳山和向东南延伸的伏牛山。伏牛山在本区东南边境有一条较大的分支山脉为外方山。其走向与主脉不同，向东北延伸。在主要的分支山脉之间都有独立的水系分布，山脉与水系相间排列，每条较大河流都与一些山间盆地相串通，较大的盆地有宜（阳）洛（宁）盆地、伊川盆地、洛阳盆地、三门盆地和临汝盆地。谷地和盆地相串联，形成地势低凹的开阔地带和盆地底较为平坦的开阔地。在这些盆地和河流两旁，正是人类最早开发的地区，也是人类选择居住地址较早的地方，① 更是古代都城设置的最佳选择之地。在这里应该特别指出的是，以洛阳汉魏故城为中心的整个河洛地区的交通道路与其周围的地貌条件有密切的关系。河洛盆地的南缘接伏牛山地与桐柏低山丘陵之间的南阳盆地，盆地的西、北、东三面群山环抱，几乎把盆地封闭包围起来，中间低下平坦，南与襄樊冲积平原相衔接。伏牛山向东延伸逐渐下降为低缓的丘陵，形成盆地东北端方城县附近的缺口，从而裂开了一条比较平坦的隘道，造成了交通地理上天然的有利条件，来往于南阳和中原间一般都要通过这个隘道。伏牛山地是由西向东的山脉，横亘于南阳盆地的北面，恰好遮隔了南阳北经鲁山、临汝至洛阳的去路，要翻越这样的高山峻岭是非常困难的。② 要越过这些崇山峻岭的阻挡，就必须充分利用山谷与河流的自然通道。历史上以河洛为中心向东南、南方交通道路的开辟，也都是利用了这些天然通道而形成的交通隘路。

东汉以来，以汉魏洛阳各城为中心的交通道路的情况文献上没有专门的记载。但汉灵帝时，黄巾大起义爆发，京师震动，汉灵帝于是诏令州郡加强防守。据《后汉书·皇甫嵩传》载，"自函谷、大谷、广城、伊阙、镮辕、旋门、孟津、小平津诸关，并置都尉"，以护卫京师。八关都尉的建置，说明汉魏洛阳古城四向交通存在有八条重要通道，所以张衡在《东京赋》指出："昔先王之经邑也。掩观九隩，靡地不营，土圭测景，不缩不盈，总风雨之所交，然后以建王朝，审曲面势、溯洛背河，左伊右瀍，西阻九阿，东门于旋。盟津达其后，太谷通其前。回行道乎伊阙，邪径捷乎镮辕，大室作镇，揭以熊耳，底柱辍流，镡以大伾。"在这里张衡指出洛阳地理形势的险要，尤其是洛阳司州有很多重要关隘，著名的自然是函谷关，李贤注曰："函谷，谷名，因谷以名关，旧在弘农湖城县西。前汉杨仆为楼船将军有功，耻居关外，武帝乃为徙于新安。故关在今洛州新安县东。"今新安县城关镇东有遗迹可寻。大谷关，一作大谷，又名水泉关，在今河南洛阳市东南大谷口，"距洛九十里"，接伊川县界。李贤注："在故嵩阳西北三十五里北出对洛阳故城。"广成，胡三省注在河南

① 陈昌远：《先秦河洛历史地理与河洛文化历史地位考察》，《河洛文化论丛》（第一辑），河南大学出版社 1990 年版，第 37 页。

② 王文楚：《古代交通地理丛考》，中华书局 1996 年版，第 2 页。

新城县，应在今河南临汝县西。伊阙，胡三省注在洛阳西南五十里，应在今洛阳市区南 13 公里伊河处，香山和龙门隔河相对峙，石壁峭立如门，在伊水之上，故名伊阙。辕辕，李贤注"缑氏县有缑氏山，还辕辕有辕辕坂，并在洛阳东"，即今河南偃师与登封交界处。旋门，《水经注》曰旋门坂，在成皋县西南十里。《后汉书》李贤注的旋门在汜水之西，方向位置是一致的。孟津，胡三省注曰"在河内河阳县南"。小平津，胡三省注"在河南平阴县北"。《后汉书》李贤注：在今巩县西北。从东汉洛阳所置八关，与张衡《东京赋》所提到的关隘，都显示出古都洛阳及其周边地区地理形势险要。[①] 所以，汉魏洛阳故城周围八关的设置正显示了河洛地区的交通状况。总的来说，汉晋以来函谷关可控制京师西去之路，大谷、广城、伊阙控制自京师南去的道路，以旋门关控制东进之途，以孟津、小平津控遏北上之途，而辕辕关则是洛阳东南必经之道。

三 辕辕关古道与西晋客家河洛先祖南迁

辕辕关位于汉魏洛阳故城，今偃师城东南 30 公里府店乡境内的辕辕山上，是偃师市现存的唯一古关，也是西晋时期客家河洛先祖南下的主要通道。

对于辕辕关古道的记载最早见于《左传·襄公二十一年》，这一年的秋天，晋国的栾盈出奔楚国，就是自今晋南过黄河，经周之洛阳，向东南沿辕辕古道南下的。《左传·襄公二十一年》载："栾盈过于周，周西鄙掠之，……使司徒禁掠栾氏者，归所取焉，使侯出诸辕辕。"杨注说：辕辕，山名，在河南登封县西北三十里，又跨巩县西南。险道也。[②] 在这里杨伯峻先生说在登封县西北三十里之说，可能有误，按照现在行政区划来看，辕辕关实应在偃师市东南 30 公里府店乡境内。汉魏洛阳城的地理位置与隋唐东都洛阳不同，它更偏于河洛盆地的东南边缘。所以汉魏之际从都城洛阳向东南方向的活动都要出辕辕关道才是最为便捷的通路。

辕辕关道自河洛盆地的边缘作西北至东南方向延伸，按照《元和郡县

---

① 陈昌远：《先秦河洛历史地理与河洛文化历史地位考察》，《河洛文化论丛》，河南大学出版社 1990 年版，第 39 页。

② 杨伯峻：《春秋左传注》，中华书局 1995 年版，第 1062 页。

志》的记载："辕辕关，道路险隘，凡十二曲，将去复还，故曰辕辕。"[1]
辕辕关以下又有石羊关、嵩阳关、鸡翎山寨、雾豹寨、王山寨、鄂岭坂等
险要之处。"元末士民撄险自守之处。"[2] 其中鄂岭口（鄂岭坂）最为险
要，著名的辕辕关碑就在鄂岭口。由此向南即到了今登封县界，再由登封
而南便是颍汝两水的上游。《晋书·地理志》中称登封为阳城，属西晋都
城汉魏洛阳故城所辖王畿地区内的百县之一。八王之乱，殃及京师，河洛
居民率多由古辕辕关道向东南迁徙。褚裒，字谋远，受河南尹的推举在洛
阳一带做过县官。八王之乱爆发后，褚谋远曾招合同道，准备过江避难。
他由辕辕关道南下，先移住阳城界，即今天的登封。第二年又率数千家向
东南迁移，受命管理新城、梁、阳城三县的事务，这里所谓的新城、梁、
阳城三县都属河南郡，新城在伊水的中游，梁在今临汝之西，汝水的南
岸，阳城在今登封的东南，颍水的北岸。这说明河洛客家先祖的南迁首先
是到了阳城（今登封）以南的汝颍之间。按照褚谋远的计划，这支从汉
魏洛阳故城中出发的流人，是打算从汝水的柴肥口向东南，然后由汝水入
淮，再由淮"将图过江"以求自保的。关于这一段史实，《晋书》卷七十
七有明确的记载："及天下鼎沸，裒招合同志，将图过江，先移住阳城
界，颍川庾敳，即裒之舅也，亦忧世乱，以家付裒。裒道断，不得
前。……明年，率数千家将谋东下，遇道险，不得进，因留密县。司隶校
尉荀组以为参军、广威将军，复领本县，率邑人三千，督新城、梁、阳城
三郡诸营事。……率众进至汝水柴肥口，复阻贼。"[3] 随从褚裒东去的河
洛流人有数千家以上，其中还有西晋洛阳司州的最高行政首长司隶校尉荀
组。所以洛阳汉魏故城应该是西晋时期河洛客家先祖南迁的重要出发地。

　　颍汝上游之间的辕辕关古道的南口分别向东南、西南分出两支，其中
东南的一支沿汝水、颍水而下，汇于淮水，然后再由淮入江。所以颍汝两
水之间的河谷通道便成为河洛客家先祖东去的主要道路之一。按照郦道元
《水经注·卷二十二》的记载："颍水出颍川阳城县西北少室山，东南过
其县南，又东南过阳翟县北，又东南过颍阳县西，又东南过颍阴县西南，
又东南过临颍县南，……又东南至慎县东，南入于淮。"临颍以上的颍水

①　李吉甫：《元和郡县志》，中华书局 1990 年版，第 133 页。
②　顾祖禹：《读史方舆纪要》，中华书局 2005 年版，第 2265 页。
③　（唐）房玄龄等：《晋书》卷七十七，中华书局 1974 年版，第 2032 页。

地区做过八王之乱的战场，赵王伦曾与齐王冏、河间王颙、成都王颖在此有过激战。《晋书·卷五十九》记载："及三王起兵讨伦檄至，……令近亲于嵩山着羽衣，……许超等与成都王颖军战于黄桥，杀伤万余人，泓径造阳翟，……杀数千人，遂据城保邸阁。而冏军已在颍阴，去阳翟四十里。冏分军渡颍，攻泓等不利。泓乘胜至于颍上，夜临颍而阵。"[①] 这里的阳翟、颍阴、临颍都在颍水的上游，东与辕辕关古道相连，说明这一带是洛阳东南出的必经之路。

　　颍水之南的汝水河道，从现在的汝河来看，它在淮河各支流中不过是一条小支流，从伏牛山东麓发源以后，东流到新蔡县以东就注入淮河的另一支流洪河，流程不出河南省境。但是在古代却不同，汝水是淮水的最大的支流之一。《汉书·地理志》记载的汝水"过郡四，行千三百四十里"，确实是条大河，所以《水经注》为它单独立卷。《水经》说："又东至原鹿县，南入于淮。"《水经》是三国时代的著作，当时这个地区属魏，原鹿县的位置在今安徽省阜南县南，河南省淮滨县东，属安徽省的地域附近。[②] 因为汝水最终入淮，所以汝水沿岸成为河洛客家先祖南迁的重要通道。按《晋书》卷一百《王弥传》载：永嘉初年，"弥、聪以万骑至京城，焚二学。东海王越距战于西明门，弥等败走。弥复以二千骑寇襄城诸县，河东、平阳、弘农、上党诸流人之在颍川、襄城、汝南、南阳、河南者数万家，为旧居人所不礼，皆焚烧城邑，杀二千石长吏以应弥。弥又以二万人会石勒寇陈郡、颍川、屯阳翟。"[③] 按《汉书·地理志》的记载，古代的汝水行一千余里，过大郡四，是一条著名的大河。郦道元时代的汝水也过襄城郡、颍川郡、汝南国、汝阴郡，而《晋书·王弥传》中所说的颍川郡、襄城郡正位于汝水的上游，颍川郡辖许昌、长社、颍阴、临颍、郾、邵陵、鄢陵、新汲、长平，颍水在其北，汝水在其南。襄城郡辖襄城、繁昌、郏、定陵、父城、昆阳、舞阳，汝水的上源自西北而东北横过襄城郡的正中。汝南郡辖新息、南安阳、安成、慎阳、北宜春、朗陵、阳安、上蔡、平舆、定颍、灈阳、南顿、汝阳、吴房、西平，正在汝水的中游与下游一段。汝阴郡辖汝阴、慎、原鹿、固始、鲖阳、新蔡、宋、褒

---

①　（唐）房玄龄等：《晋书》卷五十九，中华书局1974年版，第1603页。

②　陈桥驿：《水经注研究四集》，杭州出版社2000年版，第540页。

③　（唐）房玄龄等：《晋书》卷一百，中华书局1974年版，第2611页。

信诸县，颍水的下游自西北—东南贯穿汝阴郡的北部，最后汇入淮水；汝水的下游也在汝阴郡的西南入淮。而《晋书·王弥传》明确说颍川、襄城、汝南三郡有南迁的流人"数万家"，表明西晋永嘉之乱后，从河洛地区南来的流民在出辕辕关道南口以后，是按照颍、汝两水的流向朝东南淮河方向南迁的。所以东晋以后，在颍、汝、淮之间的今河南、安徽、湖北交界地区皆侨置郡县。

颍汝上游辕辕关古道的南口向西南分出的一支分别于方城路与三泒路相接。这两条道路向南延伸在荆州南阳国的宛交会，再由宛（今南阳）顺白河而下，便是汉水上的襄阳，自襄阳沿汉水东下，便可直达江汉之交的北岸。方城路在三泒路之东，自开封西南经许昌、襄城、叶县、方城以至南阳，方城缺口为此路上的重要隘道，故有方城路之名。战国时期，楚国与中原华夏各国交通就是依靠这条方城路。秦汉至魏晋之际，方城路也是一条重要的大路。方城路之西的三泒路则是从洛阳南下经临汝至鲁山，再沿沙河支流瀼河和白河支流鸭河河谷，顺白河南下抵南阳，它是洛阳和南阳最为近捷的通道。但三泒路所经之处大部分是山路，山高路险，路狭峭深，崎岖艰难。三泒路既为交通要道，故北周时于鲁山县西南十九里设置三鸦镇，① 作为控扼要道的军事重镇。两路相较，西晋末年，自河洛南下的流人多由方城路避难至南阳宛和荆州的襄阳（今襄樊），这使襄阳一带羁留了南下的流人达十余万户之多，而且其中还有汉魏洛阳故城中皇室专养的太乐伶人。《晋书》卷六十六《刘弘传》载："太安中，张昌作乱，转使持节、南蛮校尉、荆州刺史，率前将军赵骧等讨昌，自方城至宛、新野，所向皆平。……进据襄阳。……于时流人在荆州十余万户，羁旅贫乏，多为盗贼。（刘）弘乃给其田种粮食，擢其贤才，随资叙用。时总章太乐伶人，避乱多至荆州，或劝可作乐者。弘曰：'……今主上蒙尘，吾未能展效臣节，虽有家伎，犹不宜听，况御乐哉！'乃下郡县，使安慰之，须朝廷旋返，送还本署。"② 迁徙到荆州来的西晋皇室伶人的署衙也设在襄阳，这说明从洛阳南迁到荆襄的皇室人员应不在少数。同样的情况还见于《晋书·山简传》："及洛阳陷没，简又为贼严嶷所逼，乃迁于夏口。招纳流亡，江、汉归附。……时乐府伶人避难，多奔沔汉，宴会之

---

① （唐）杜佑纂：《通典》卷177，《州郡》七，岳麓书社1990年版。

② （唐）房玄龄等：《晋书》，卷六十六《刘弘传》，中华书局1974年版，第1766页。

日，僚佐或劝奏之。简曰：'社稷倾覆，不能匡救，有晋之罪人也，何作乐之有！'因流涕慷慨，坐者咸愧焉。"① 这样来看，西晋都城洛阳的皇室避难到荆襄已不仅是刘弘传中所记的孤证了，而且由襄阳再向东到江汉之交的夏口，应是荆襄流人避乱的一般路线。

　　（本文曾提供给河南偃师举行的"客家先民首次南迁出发地"国际学术研讨会，后收入丘权政主编《国士颂——庆贺黄石华教授九十华诞暨学术研讨会论文集》，山西人民出版社 2009 年版）

---

① （唐）房玄龄等：《晋书》，卷四十三，中华书局 1974 年版，第 1230 页。

崤函古道上的四关

　　崤函古道上先后兴替的潼关，新、旧函谷关三座雄关常为学术界所称道。[①] 但除上述三关以外，很少有学者涉及雁翎关，所以我认为崤函古道上应有四关之设：即潼关、雁翎关、新旧函谷关。在古代战争形态与军事交通关系上崤函四关确称天险，为历代兵家所重视。

一　潼关

　　潼关地处今陕、晋、豫三省交界，俗谓之"鸡叫三省"。其地南倚秦岭，北俯大河，控扼东西交通，是关中的东大门。

　　潼关名称的由来。李健超先生说："潼关是因关西有潼水故名。另一种说法是黄河南流冲击关山，故谓冲关。"[②] 二说到底谁说为据，清人汪介人辑《中州杂俎》卷二之地理二说的较好。潼关在陕州界，潼又音冲，《通典》云本名冲关，言河自龙门南向而流冲激华山之东，后因关西一里有潼水遂以名关，用修以为本衝关，后改为潼关也。[③] 但《水经注疏》卷四曰："河在关内南流，潼激关山，因谓之潼关。"守敬按：潼，《广韵》音同，《集韵》音同，又音衝。《太平寰宇记》引《三辅记》，潼关本名冲关，河水自龙门冲激至华山东，故以名之。故潼关之名按杨守敬先生说为是。

　　潼关地理形势南倚秦岭，北俯大河，控制东西交通，是关中的东大门。黄河北岸是风陵渡（原来也叫风陵关），其北 60 余里有蒲津关

---

　　① 　水田月：《车战时代的天险——函谷关》，《西安教育学院学报》2001 年第 4 期。
　　② 　李健超：《汉唐两京及丝绸之路历史地理论集》，三秦出版社 2007 年版，第 602 页。
　　③ 　安阳：《三怡堂》，民国十年（1912 年）。

（桥），乃潼关之辅翼。潼关以东是路途险隘的崤函古道。潼关以西至长安 300 里间，川途旷然。

潼关的始置年代现已不确知。见诸史籍最初应见于《三国志》卷一《魏书·武帝纪》，东汉献帝建安十六年（211 年）。唐代杜佑云："至后汉献帝初平二年（191 年）董卓胁帝西幸，出函谷关。自此以前，其关并在新安。其后二十年，至建安十六年，曹公破马超于潼关，即是中间徙于今所。国之巨防，不为细事，史官阙载斯亦失之。"① 由此来看在东汉时潼关就已形成。东汉潼关遗址在今潼关县港口镇东约 2 公里的南原（麟趾原）上陶家庄西侧东南原上的杨家庄与寺角营之间。1970 年前后当地犹见古城垣遗迹。② 到隋朝大业七年（611 年）又将关城南移，于"坑兽槛谷"，"坑兽槛谷"是一条沟道，位于今城北村北、杨家村南。隋代潼关关址的移迁是因麟趾原北畔崩裂之故。虽有新关之设，但旧关未废，遂形成南北两关城，而以南关为主城。至唐朝天授二年隋代潼关二城被放弃，在距汉潼关约二公里之地，又形成了唐代潼关。唐代潼关城后来持续存在了 600 余年。现存的关城创建于明代初年，系依山而建，南高北低，以夯土版筑和铲削山势而成，周长约 8 公里。据说是在宋代关城基础上增修的，而宋代关城是因唐代关城旧址上拓建的。③

唐代迁建潼关城，其原因主要是因为地质构造运动导致了南原北部崩塌滑坡，遂形成海拔较低（400 米）的台地（麒麟山），使得原籤河畔逐渐可以通行。④

今潼关南原上地形稍平坦，但整体狭窄（东西宽约 2 公里），海拔 550 米左右。南原两侧是流水深切的远望沟和金沟（古称禁沟，上游即今嵩岔峪），与原面的相对高差超过 200 米。禁沟深陡还超过了潼水。唐初移潼关城于原下河边，旧路禁止通行，这沟是旧路必经之地，所以取名禁沟，禁沟由南山流下，俨然一道天然防线。附近还有很多防御设置，拱卫着潼关。当潼关城在南原上时，由东方河南道虢州（今河南灵宝市）西来关中，必须经过阌乡县西北 35 里的黄巷坂。这条坂道长约 15 里，车不

---

① （唐）杜佑纂：《通典》州郡三，今又据艾冲先生研究，潼关创于东汉安帝永初三年（109 年），见《潼关创造年代考辨》，《渭南师专学报》2000 年第 1 期。

② 艾冲：《历史时期潼关城址变迁》，《历史地理》第 18 辑，2002 年。

③ 史念海：《黄土高原历史地理研究》，黄河水利出版社 2001 年版，第 113 页。

④ 艾冲：《历史时期潼关城址的变迁》，《历史地理》第 18 辑，2002 年。

方轨，是东西往来所必经。这条道路是因地形险要而形成的东西大道。崤山山地呈东北—西南走向，绵延于黄河、河洛之间，高峰有冠云山、青岗和千山等（海拔 1500—1900 米）。它的险要则在于所经行今河南灵宝、陕县、渑池和新安等地，北临黄河，南阻重山，地貌形态高下起伏，多沟涧峭壁，迂曲峻坂，道路或行沟谷之中，或经山塬之上，因此车不方轨，号曰天险。①

崤山自远古到隋唐宋时期，都是森林茂密，从先秦文献上看就有"桃林之塞""松柏之塞"（即函谷关）的称谓，这更增加了交通的艰难。②

古代国家设置关防，正如《唐六典》所说："所以限中外，隔华夷；设险作固，闲邪正暴者也。"③ 唐代之"关令掌禁末游伺奸慝。凡行人车马出入往来，必据过所（路证）以堪之。"④ 由于唐代都城长安自安禄山叛乱，国家陷入"多事之秋"，于是潼关的军事地位陡然见重。哥舒翰以 20 万大军守潼关，代宗大历二年（767 年）正月，将阴谋作乱的同华节度使周智光铲除后，于潼关置镇防兵 3000 人。代、德宗时藩将李元谅以镇国军节度使副使在潼关领十数年，后以军功升华州刺史、潼关防御使、镇国军节度使。⑤ 可见唐代为捍卫京师是极重视对潼关的防卫工作的。

二　雁翎关

雁翎关位于陕县菜园乡雁翎关村东南，西距三峡市 27 公里。一般书籍都不提此关。实际上它是古崤函道路上的一个重要关隘。雁翎关处在崤山山脉中段，崤山山脉一般高度多在海拔 1200 米以上，坡度为 40°，山脊狭窄，是河洛河谷地带通往关中地区的主要障塞之一。雁翎关所在地为山脊垭口，长达 12 华里。两旁危岩险壁，崎岖难行，设关置防自古已然。

---

① 宋杰：《先秦战略地理研究》，首都师范大学出版社 1999 年版，第 203—215 页。

② 穆渭生：《森林、道路与关隘——试说函谷关与潼关之兴替》，《中国历史地理论丛》，2001 年增刊。

③ （唐）李林甫等撰，陈仲夫点校：《唐六典》卷六《尚书刑部·司门郎中》，中华书局 1992 年版，第 196 页。

④ （唐）李林甫等撰，陈仲夫点校：《唐六典》卷三十《津官吏》，中华书局 1992 年版，第 757 页。

⑤ （后晋）刘昫等：《旧唐书·李元谅传》，中华书局 1975 年版，第 930 页。

现在陕（县）洛（宁县）公路通过其地，故关已废。值得注意的是，在关址附近有十八盘，上天梯坠子崖，绝命岩，落魄涧，见愁窟，志心石等地理景观，连同附近的夏后皋墓以及唐明皇去东都洛阳时的行宫——绣岭遗址，是陕县名胜景区之一，也是旅游胜地，值得我们重视开发的旅游资源。①

按《水经·河水注》所载："（安阳溪水）西合漫涧水，水北有逆旅亭，谓之漫口客舍。"安阳溪水即今雁翎关河，东入青龙涧。李善注《文选·西征赋》引《水经注》"漫涧水北有逆旅亭"。辛德勇先生认为《水经·河水注》的安阳溪水即今雁翎关河，说明雁翎关设关的时间应是比较早。②

崤山在陕县东南雁翎关附近低落分散为低山丘陵。永昌河发源于山岭，东南流经洛宁县三乡镇入于洛河，永昌河的西北恰与青龙涧河的支流雁翎关河相对应，崤山丘陵受这二河的侵蚀，裂开了一条隘路，沿雁翎关河、永昌河谷，经洛河北岸和南岸东至洛阳，构成了崤山南路，是唐代长安与洛阳间的主要大道。③ 从这些可以看出雁翎关的地理形势及其所处的地理位置是相当重要的。王文楚先生没有谈到雁翎关的设关时间，不过王先生又说："弘农涧西面山地雄峙，峰岩壁立，黄河南侧路深而狭，为陆路隘口，战国秦设函谷于此，因关在涧谷中，深险如函而名。弘农涧自南向北流入黄河，山地受涧河的切割，形成谷道，山地又在今灵宝县（虢略镇）东西裂开一隘道，正与弘农涧河谷道相连，构成陆路。"④ 按王文楚先生的论述，我们推测雁翎关形成大致是在战国时期。可是王先生据《左传》僖公三十二年蹇叔之言："其南陵，夏后皋之墓；其北陵，文王之所辟风雨也。"认为《左传》所谓南陵夏后皋墓，在今雁翎关西北硤内，是指今雁翎关路，亦即崤山南路。北陵文王避风雨处，在今硤石左侧，是指今硤石山路，亦即崤山北路。据此，崤山南北二路开辟甚古。王先生在这里没有具体的说明雁翎关具体开辟的时间是在何时，不甚明确。而胡德经先生却又提出是："禹治水以后，大部湖泊消失，水网排除，给开辟第二条比较理想的东西通道提供了条件。不久，禹子启讨伐陕西有扈

① 《三门峡市志》（第一册第一卷），中州古籍出版社 1997 年版，第 32 页。
② 辛德勇：《崤山古道琐证》，《中国历史地理论丛》1989 年第 4 期。
③ 王文楚：《西安洛阳间陆路交通的历史发展》见《古代交通地理丛考》，中华书局 1996 年版，第 83 页。
④ 同上书，第 82 页。

氏之叛，为了避开河边走廊的复杂地形和众多的天堑河口，便又另辟一条史书通称'南崤道'。此道沿洛水西行至宜阳三乡折入连昌河谷，经宫前，雁翎关到达陕县，再沿黄河南侧西进。"① 在这里有一个问题，就是甘，有扈氏应在何处？但根据顾颉刚先生的考证，应在今河南洛阳西南，而不在今陕西鄠县。顾颉刚、刘起釪《尚书校释译论》认为根据当时民族活动范围来看，有扈氏与甘应该也在夏人的活动中心区域内，甘地当如王国维《殷墟卜辞中所见地名考》所言，甲骨文中有甘，即《春秋》甘昭公所封之邑。《水经·甘水注》也载："甘水东二十里许洛城南，有故甘城焉，北对河南故城。"因此古甘地应在今河南洛阳市西南。顾颉刚、刘起釪先生又认为："有扈，即东夷部落的'九扈'，其地在今郑州北部原阳一带，扈与夏人作战地方'甘'当在今洛阳西南。"② 这样来看胡德经所举出的理由"启都阳翟（今禹县）伐有扈氏必经洛阳"且大战于甘地在今陕西的说法是靠不住的。因此，崤山南道的开发时间，不应早在夏时。不过根据《左传》僖公三十二年所记载的文献来看，我认为应在周初文王南巡时崤函南北二道已经开辟，因此才有文王避风雨处，可以为佐证。

三　新旧函谷关

函谷关的设置远在战国初期，西汉贾谊《过秦论》所说："秦孝公据崤函之固，拥雍州之地。"但函谷关旧址是在今河南灵宝县东北弘农河畔的王垛村。因函谷关周边地势险要，山路狭窄，路旁尽是陡峭的高崖。古时在高崖上到处都是松柏树林，遮盖着道路，人们在谷中行走不见天日，深险如函，故以为名。函谷关控制着穿行崤山北麓的东西交通大道。

《元和郡县志》卷六说："函谷故城，在县南十里。秦函谷关城，汉弘农县也。《西征记》曰：'函谷关城，路在谷中，深险如函，故以为名。其中劣道，东西十五里，绝岸壁立，崖上柏林荫谷中，殆不见日。关去长安四百里，日入则闭，鸡鸣则开，秦法也。东自崤山，西至潼津，通名函谷，号曰天险，所谓'秦得百二也'。"③《太平寰宇记》灵宝县下引《地

---

①　胡德经：《两京古道考辨》，《史学月刊》1986 年第 2 期。

②　顾颉刚、刘起釪：《尚书校释译论》（第二册），中华书局 2005 年版，第 267 页。

③　李吉甫撰：《元和郡县图志》，中华书局 1983 年版，第 159 页。

理志》云："弘农，故秦函谷关也。"崔浩注云："东自崤山，西至潼津，通名函谷，号曰天险，所谓秦得百二。"戴延之《西征记》云："旧函谷关带函道。"《汉书训纂》①云："道形如函也。"《西征记》为戴延之所撰。延之为晋宋间人，曾随刘裕西征，故所撰书名《西征记》应是有所本的。故以戴氏所说为据。

对函谷关的地理形势，史念海先生1972年、1983年曾先后去那里进行实地考察，所获得的资料甚为丰富。先师认为函谷关后来废徙了，废徙的时间是在汉武帝元鼎三年（前114年）。

关于函谷关的地理形势，史念海先生说："当然不能用现在的形势来说明当年关城的形势。应该复原当时的旧观，才可易于明了。"先生认为："函谷关背倚高岗，面对弘农河。这个高岗就是稠桑原。……稠桑原相当高峻，现在最高处较王垛村犹高287米。由于高峻陡峭，水土流失也相当剧烈。原来那条函谷关道，已经被冲为沟壑。现在稠桑原两侧的沟壑都很繁多，弘农河一侧更为稠密，甚至一里之间多到两三条。不过都没有王垛村中那一段长，因为那一条是在函谷关道的基础上形成的，所以独为长远。这样的沟壑，更可显示出稠桑原侧畔的陡峻。王垛村中那条沟壑是在函谷关道废弃后才形成的，其他沟壑的形成当然更晚。这就是说，在函谷关还没有废弃时，关旁左右都是陡峭的崖壁，一径才通，这自然会增加进攻者的困难。"②

值得注意的是由于弘农河紧倚西侧的稠桑原，所以河旁原下的道路相当狭窄。王垛村北的河岸还要陡峻些，现在这里仅有一条羊肠小道，崎岖在河岸高崖间，行人通过有些地方还须攀抓草根，才幸免于坠河。

这样的地理形势对函谷关的作用自然是具有重要的意义，因为东来的军马必须在函谷关北渡过弘农河，过了弘农河以后，又须沿弘农河西岸南行，才能进入函谷关，才能继续西进。在古代社会的冷兵器（刀、矛、剑、盾、弓、弩等）战争中，我国北方是以陆地兵种（车兵、步兵、骑兵）为主，战争表现形式为地面（平面或水面）展开。因此，军事行动与自然地形之间的关系非常密切。从控制交通和防御角度观察，关塞是极其重要的军事设施，古人云："一人守关，万夫莫向。"即是其战术与战

---

① 乐史撰，王文楚等点校，《太平寰宇记》卷六，中华书局2007年版，第102页。
② 史念海：《河山集》卷四，陕西师范大学出版社1991年版，第392页。

略意义的点睛之论。①

战国时代东西分野的标志也就是函谷关。秦国得其地而置关，所谓"秦东有崤函之固"②。贾谊《过秦论》也说："秦孝公据崤函之固。"可见函谷关是秦国防御关东诸侯的重要设施。其故址在今河南灵宝县北，弘农河西岸王垛村。函谷关扼崤山北麓东西交通的要冲，意义极为重大。可是西汉武帝时代函谷关向东迁徙 300 里，改设在新安县（今河南新安县东），而原关址设弘农县，新关址处于崤山东端，现在新安县东门外大路两侧，还有两个极为高大的土堆，可能就是关门的遗址。③

现新安县城东修有一个城门楼，还有康有为的题字，那是清末民初时代修建的，不是汉关遗址所在地。

关于当时徙关的原因，一般都认为是汉代有位杨仆将军上书请求汉武帝的同意。杨仆是新安县人，这个封建王朝的将军怎能住在函谷关外，离皇帝远，很不光彩，他立了军功宁愿不要封赏，只想做关内人。汉武帝照顾他，特别把这座关迁到新安县东，从此就有了新关、古关的名称。隋代初年，文帝废去弘农县，另置桃林县，把古关附近的道路向北改移十多里。《元和郡县志》卷六《陕州》记载："灵宝县，本汉弘农县，自汉至后魏不改。隋开皇十六年，于今县置桃林县，属陕州。天宝元年，……改为灵宝县。……函谷故城，在县南十里。"④《元和郡县志》卷二《华州》又曰："秦函谷关在汉弘农县，即今灵宝县西南十一里故关是也。今大路在北，本非钤束之要。"⑤

在这里有一个问题值得研究，就是汉武帝为什么要迁函谷关。据《汉书·武帝纪》记载，元鼎三年（前 114 年）冬"徙函谷关于新安，以故关为弘农县"。最早对此作出解释的是东汉的应劭。唐颜师古引应劭的语谓："时楼船将军杨仆数有大功，耻为关外民，上书乞徙关东，以家财给其用度。武帝亦好广阔，于是徙关于新安，去弘农三百里。"楼船将军杨仆的家住在今宜阳县，正处于今河南灵宝函谷旧关之外，今河南新安函

———————

① 水田月：《车战时代的天险——函谷关》，《西安教育学院学报》2001 年第 4 期。

② 《战国策》三《秦策一》。

③ 史念海：《函谷关和新函谷关》，《河山集》四，陕西师范大学出版社 1991 年版，第 397 页。

④ 李吉甫撰：《元和郡县图志》，中华书局 1983 年版，第 158 页。

⑤ 同上书，第 35 页。

谷关之内，故后人论者多依应氏之说。

最近辛德勇先生提出异议，辛先生认为杨仆在元鼎三年（前114年）迁徙函谷关之前并"没有立下足以令汉武帝为他移动函谷关的功勋，而且终其一生，也始终没有做出什么了不起的业绩"，又说："杨仆在元鼎三年汉武帝移关之前既然根本未曾'数有大功'，那么，他因'耻为关外民'而'上书乞徙关东'的前提随之亦不复存在，整个这件事情从而也就略无真实性可信。"在这里，辛德勇先生引用王荣商注释之《汉书》与杨树达撰著《汉书窥管》，对王荣商提出"广"常山关事，认为："两相参证，函谷关的东移，应当也是这一种'广关'性质的举措。"《史记·平准书》记述此事书作"益广关"，即进一步扩大关中的范围，尤能显现出其增益拓关中辖地的本质特征。① 辛德勇先生的这个意见是值得重视的，汉武帝的"广关"思想，应是促使函谷关迁徙的主要原因，不过这里应指出，应劭也说："武帝亦好广阔，于是徙关于新安，去弘农三百里。"应劭之语也是从另一侧面对汉武帝"广关"的解释，恐也不必完全否定。

战国以来设在崤山山间谷道上的函谷关，地理位置的重要，它是控制着关东与关东中原地区往来最重要的一条通道，是出入长安京师的第一门户，所以时人称之为"京师之固"②。《史记·平准书》记述汉武帝元鼎三年（前114年）"广关"事作"益广关，置左右辅"。③ 对于此"左右辅"的理解，辛德勇先生认为无论具体作何解释，"左右辅"都应与京师安全密切相关，而且理应与京畿的地域扩张具有直接关系。据此而论，汉朝在旧函谷关以外，新函谷关以内这一新增到关中的区域内，设置了弘农郡，治所就设在旧函谷关所在的地方，并将南面的武关附近地区也划入辖境。④ 这一点很明显是有助于强化京畿地区的防卫能力，有助于更有力地控制关中东出通道之目的，由此来看，即便是在西汉以后函谷关的重要性仍不可小视。

（《三门峡职业技术学院学报》2009年第5期）

---

　　① 辛德勇：《汉武帝"广关"与西汉前期地域控制的变迁》，《中国历史地理论丛》2008年第2辑。

　　② （汉）班固：《汉书》卷七十四《魏相传》，中华书局，第3133页。

　　③ （汉）司马迁：《史记》卷三〇《河渠书》，中华书局，第1435页。

　　④ 辛德勇：《汉武帝"广关"与西汉前期地域控制的变迁》，《中国历史地理论丛》2008年第2辑。

牧野之战地望考辨

复旦大学历史地理研究所主编的《中国历史地名辞典》载:"牧邑,又作坶邑,在河南汲县东北。《左传·隐公五年》:郑人侵卫、牧。"即此。《中国历史地名辞典》又说:"坶野,即牧野,指今河南淇县以南,汲县以北地区。[1] 周武王与反殷诸侯会师,渡孟津,大败纣王之军于此。"顾颉刚、刘起釪二位先生合著的《尚书校释译论》也说:牧野之战"其地当在今河南淇县以南汲县以北一带"。顾、刘二位先生没有确指牧野战场的地望,笔者认为武王伐纣之"牧野之战"的"牧野"战场应在今新乡市东北的牧野村一带。现分述如下。

——

首先,武王伐纣的进军路线,不是师渡孟津,而是从汜水渡过黄河。此说见《淮南子·兵略训》。《淮南子·兵略训》曰:"武王伐纣,东面而迎岁,至汜而水,至共头而坠。"据于省吾先生考证,此汜是指西汜水。"因距雒汭甚近,由西汜水北渡河抵怀亦相符合。"[2] 其地即今河南荥阳之汜水。"至共头而坠"。唐杨倞《荀子》注曰:"共,河内县名,共头,盖县之山名。隧谓山石崩摧也,隧读为坠。"《唐书·地理志》载:"卫州共城县,武德元年置,共州即今卫辉府辉县。"《大明一统志》曰:"共山,在辉县东北八里,俗呼九山",九山之名与共工氏之臣相柳氏有关。武王

---

① 复旦大学历史地理研究所《中国历史地名辞典》编委会:《中国历史地名辞典》,江西教育出版社 1986 年版,第 509 页。

② 于省吾:《武王伐纣行程考》,载于《禹贡》第七卷,第 1、2、3 合期。

伐纣所至共山头应指此山，从此地到百泉，正符合武王伐纣的进军路线。① 可是到了百泉，为什么不东进汲县今卫辉市直逼朝歌？主要原因是由于其间受到太行山的阻隔致使军队不能前进，所以只能向南绕道而行。由于纣都朝歌的地理位置，东边是古黄河，西边是太行山山陵地区，中间是属于华北大平原的开阔地带。而牧野正位于纣都朝歌的南大门。具体地讲就是今天新乡市潞王坟以南的区域，此区域内地势特殊，殷纣王的军队只能在此摆开阵势。故文献记载，周武王伐纣王的军队是甲子日赶到殷都的南大门，此时"武王果以甲子至殷郊，殷已先陈矣"②。殷纣王早已在纣都南大门口牧野摆好阵势等候周武王的军队到来。如果按照顾颉刚、刘起釪二位先生的意见认为牧野之战的战场是在淇县以南，汲县以北地区，那么周武王军队与殷纣王的军队是无法相遇的。故殷军只有在太行山的南大门口——牧野，摆开阵势迎接周武王军队的到来。两军才能搏杀于阵前。因此，在历史上才会发生著名的牧野大战。

值得注意，从历史上看，从百泉到新乡南牧野村一带正是经常发生战争的地区。历史文献记载，《左传》定公十四年（前497年）冬十二月，晋国军队在百泉战败郑国和范氏（晋国的叛臣）的联军。当时晋军在朝歌打败范、中行氏的军队，范氏的军队撤退下来，向西转移与郑军在百泉及苏门山一带防守相遇，结果又被晋军打败。③ 以后南宋建炎元年（1127年），守将王彦在新乡被金兵战败后，也向西北撤退，拒守于共城的西山（即今辉县西北的山区包括苏门山在内）。④ 结合这些战例进行考虑，可知作为新乡市南大门的牧野一带乃是历史上的兵家必争之地，这是由其地理条件决定的。

二

从历史文献与实地考察看"牧野之战"应在今新乡市牧野村。

《史记·殷本纪》裴骃《集解》引郑玄曰："牧野，纣南郊地名也。"

---

① 陈昌远：《从〈利簋〉谈有关武王伐纣的几个问题》，载于《河南师范大学学报》1980年第4期。

② 《吕氏春秋·贵因篇》。

③ 《左传·定公十四年》。

④ 《宋史》卷三六《王彦传》，《读史方舆纪要》卷四十九。

《水经注·卷九》曰："自朝歌以南，南暨清水，土地平衍，据皋跨泽，悉埓野矣。"

袁山松《郡国志》曰："朝歌南有牧野。"

《后汉书·郡国志》曰："朝歌，纣所都居，南有牧野。"

《大清一统志》曰：牧野"在淇县南"。

《通鉴地理今释》说牧野在纣之南郊，在今河南"淇县南"。

《元和郡县志》卫州条说："今州理，即殷牧野之地。"可是有些地理著作在记载牧野与朝歌的里距时却出现了差别。《读史方舆纪要·卷四十九》牧野条下曰："牧野，在府东北。司马彪曰，'北去朝歌十七里。'周武王伐纣陈师牧野，《诗》：'会于牧野'是也。《水经注》：'自朝歌，南暨清水，土地平旷，据皋跨泽，悉埓野矣。'又比干墓亦在焉。《水经注》：'朝歌南有比干墓，魏主宏太和十八年自邺南巡，过比干墓，祭以太牢'是也。"

《后汉书·郡国志》曰："朝歌，纣所都居，南有牧野。"刘昭注"去县十七里"。《后汉书》没有地理志，梁刘昭给《后汉书》作注，是把司马彪《续汉书》志抽出来加以注释，补入《后汉书》作注。因此刘昭注晚出，不足为据。《读史方舆纪要》顾祖禹之说较刘说又晚，故不可信从。

除了刘昭和顾祖禹十七里之说外，《通典·州郡》曰："郊野之地，即纣都近郊三十里即此也。"唐代《通典》记载又说牧野离纣都朝歌 30 里，此说恐也不确。

其实较为准确的说法，应是东汉许慎《说文解字》曰："埓，朝歌南七十里地。"《周书》："武王与纣战于埓野。"埓即牧。这是牧野离纣都 70 里的说法是比较可靠的说法。故朱熹《诗集传》采用此说。《诗经·大雅·大明》曰："矢于牧野。"朱熹《诗集体》曰："牧野在朝歌南七十里。"

以上许慎的说法是比较可靠，可此信从。许慎是河南人，对河南地理应是比较了解。故宋人夏僎《尚书详解》予以肯定。而陆德明《音义》引《说文》作埓野，也说："地名，在朝歌南七十里，又似商都专属地名。"《尔雅·释地》曰："邑外谓之郊，郊外谓之牧，牧外谓之野。"故《尚书·牧誓》曰：武王伐纣，"王朝至于商郊牧野，乃誓。"在殷都朝歌南 70 里，牧野发生历史上著名的牧野之战。对于"牧野"地理上的特征。《诗经·大雅·大明》篇有着生动的描述：

牧野洋洋　　广漠的牧野战场

檀车煌煌　　檀木战车鲜亮辉煌

驷騵彭彭　　红色驷马多么强壮

维师尚父　　军师就是姜太公

时维鹰扬　　发扬雄鹰般的威武

凉彼武王　　辅佐那统帅武王

肆伐大商　　勇猛地痛击大商

会朝清明　　当天早晨天下就告清明

《诗经·大雅·大明》还具体地描述了殷纣王的军队情景，曰：

殷商之旅　　殷商的军队

其会如林　　聚集在一起像树林繁密

矢于牧野　　排列于牧野

维予侯兴　　保证我周朝兴盛起来

上帝临女　　天上的上帝有命令托付于武王

无贰尔心　　诸侯不能有二心

《诗经》中两次提到"牧野"战场，从文献的记载来看牧野古战场周边地理形势是相当开阔的。武王的军队一到，殷纣王的军队已布好阵势，"其会如林"表明殷纣王的军队在牧野是很多的，而武王的军队以戎车、虎贲为主力，向牧野进发，如果牧野不是一个广阔的平原，是绝对不能容纳如此之多的人。因此，武王伐纣的牧野古战场应该位于今新乡市的牧野一带才能与文献相印证。

值得注意的是，这场战争从早晨到黄昏只进行了一天，便宣告结束。由于商纣王早已不得人心，所以双方一交战接触，即出现"前徒倒戈"，纣军士兵掉转矛头，同周军联合起来，反对殷纣王，所以战争很快结束。殷纣王逃离殷都朝歌，登鹿台自焚而死。武王迅速占领朝歌，一场历史上有名的武王伐纣的战争结束。

三

应该重视，新乡市牧野村，附近有很多地名与牧野大战有着密切的关系，值得研究。

今实地考察新乡市郊牧村旧属汲县之新中乡。其范围很广，有牧村、西牧村、新牧村，牧村乡包括27个生产队，属新乡市郊区。靠此正是当年牧野之战的战场。值得重视的是，围绕着武王伐纣大战牧野这一中心形成许多村落地名，如牧村的西南有古龙岗（今杨岗）、古凤岗（今茹岗）和古龟岗（今畅岗），统称"三岗"。相传当年武王伐纣，王后和姜子牙兵临牧野村，便分别驻扎在这三个村落，所以形成龙岗、凤岗和龟岗的地名。周军已到，殷纣王仓皇起兵迎战，率领商军17万（一说70万），南下至牧村东北扎下营寨，后称"御寨"（今名御河）。周武王前锋军队在此帐门（今北张门），随后大军驻军南帐门（今南张门）。殷纣王在牧野大战战败，溃逃后，周武王将所俘商军中的顽固将领押到共国（今辉县）杀掉。故现今新乡、辉县交界处留下"斩将屯"的村名。周武王、姜子牙继续北上，在凤凰山前分兵两路围逼朝歌，分兵处今有"分将池"的村名为证。[1]"分将池"就在今潞王坟北。

以上这些地名材料足可证明，牧野之战的战场应在朝歌之南，卫辉市（旧汲县）西南之地，故《括地志》卫州汲县条下曰："纣都朝歌在卫州东北七十三里朝歌城是也。本妹邑，殷王武丁始都之。"[2] 此条材料说明卫州（今河南汲县卫辉市）离纣都朝歌（今河南淇县）只有73里之路程。今天新乡市域的前身是隋开皇六年（公元586年）析获嘉县新乐城和汲县之新中乡所置，其地理范围正包括旧牧村的范围，此处即是牧野大战的战场所在地。故《新乡县续志》曰："牧野春耕"为县八景之一，表明此地应为古牧野之战的战场。《新乡县志》又曰："牧野在县东北八里，即古牧野。昔武王伐纣陈师之地，今太公庙尚存。"

（发表于张新斌主编：《武王伐纣·宁氏源流》，河南人民出版社2012年版）

---

① 阎正：《牧野大战究竟在何处》，《地名知识》1981年第3期。
② 唐李泰等著，贺次君辑校：《括地志辑校》，中华书局2005年版，第87页。

中国历史进程中的气候变迁

当我们考察影响中国历史发展的诸多因素时，往往忽略了气候变化对于中国历史发展与演进所起到的独特作用。作为人地关系链条中的一个重要环节，气候的因素影响到了中国历史进程中的各个方面，在这里本文试对这一问题作简单的说明，以期使我们能够对影响中国历史发展的人地关系因素有较为清晰的认识，同时也为我们建立和谐共荣的人地关系提供借鉴。

一 气候变迁与中国古代文明的起源

历史时期气候的变迁对中国古代文明的产生和发展有密切的关系。文明史以前的古人类还只是地球生态系统的一个组成部分，其生存和发展，基本上依赖生态系统提供的生物源。生物源的扩展和退缩受制于气候的变化。即使人类到了新石器时代（文明史的前夕）有了农业，这种依赖也没有多大变化。受气候控制的农业，提供部分食物和其他生活资料。占相当大比例的一部分生活资料直接取之于自然界；狩猎和采集仍是重要的经济活动。总之，文明史以前的人类受生态学规律的控制[1]。中原古代文化的起源与发展与古代气候的变迁息息相关。陆巍、吴宝鲁先生将中原的新石器文化分为三期：前仰韶文化期（8.3—6.9KaB. P），仰韶文化期（6.9—5.0KaB. P），龙山文化期（5.0—4.0KaB. P）。在8.3KaB. P 的冰进气候之后，进入大暖期气候段，年平均气温距今相差2℃，关中地区的老官台文化、河南裴李岗文化、河北南部的磁山文化，成为该期文化的代表。

---

① 陆巍、吴宝鲁：《中原新石器文化与古气候的关系》，《地理科学》1999 年第 1 期。

它们是中原古文明的前身，有了农业和纺织业，有了磨制的石器和手制的陶器，有了原始文字，这期大暖气候和繁荣文化一直持续到 6.9Ka B. P。大约在 6.9Ka B. P 前后中原地区出现一次寒冷气候。这次寒冷气候使得中原地区年均气温下降了 2—3℃，终止了前仰韶文化。

在前仰韶文化结束以后，中原古人类开始了大迁移，特别是关中古人类向东和向东南迁移，进而创造了新的文化即仰韶文化。仰韶文化期存在了 2000 年左右（7—5KaB. P），这时的大暖期气候达到极盛，暖温气候造成森林或森林草原景观。仰韶文化在生产工具方面、在制陶业方面都有长足进步。特别是出现了灿烂的彩陶文化，同时也出现了陶符和原始文字。创造了仰韶文化的人们依靠黄河流域温和的气候，终年湿润多雨，林木茂盛的自然环境条件，过着以农业生产和饲养家畜、家禽为主的定居生活。当时的农业生产不仅以种植粟、黍等粮食作物为主，而且还种植了水稻。不少仰韶文化遗址中还发现有猪、狗、羊、牛等家畜的遗骸，说明当时的家畜饲养已相当普遍，整个仰韶期文化相当繁荣，有 3—4 个遗址面积多达 1000 平方公里。这个数字应是中原地区新石器文化遗址数的峰值所在。① 在这两千多年温暖适宜的气候期中，中原新石器文化进入最后阶段——龙山文化期。

龙山文化期（5.0—4.0Ka B. P）的气候是大暖期的最后一个暖温气候段，年均气温距今相差为 2—3℃，龙山文化期连续存在了 1000 年，其最主要的成就是陶器已轮制，焙烧火候高，器壁薄（特别是蛋壳黑陶），末期出现铜器。原始文字亦有发展，已有象意文字，农业生产工具有了较大的进步。特别是人们居住房屋的变化和城的出现。这一切，为古人进入文明史阶段打下了稳定的基础。② 此外那时墓的形制结构和随葬品有着相当大的悬殊，同时还出现奠基坑和把人骨架随便掷埋到废弃灰坑内的情况，这些死者只能是被压迫者。③ 有的学者甚至认为，龙山文化晚期中国已进入到了阶级国家社会，在这一段的气候温暖期中，中国社会性质发生了质的变化。中国文明的起源和第一个奴隶制国家夏朝的诞生都在这一段时间里。

---

① 陆巍、吴宝鲁：《中原新石器文化与古气候的关系》，《地理科学》1999 年第 1 期。

② 同上。

③ 安金槐：《中国考古》，上海古籍出版社 2001 年版。

二　气候变迁与中国封建王朝的盛衰

中国古代气候的变迁与封建王朝的盛衰息息相关。中国古代封建王朝出现过许多政治清明、社会安定的治世局面，如西汉时期文景之治，唐代的开元盛世和贞观之治以及清代的康乾盛世；等等。这些较为开明的封建王朝在历史上都是以经济繁荣、国泰民安、风调雨顺、万物蕃育而著称的。但这些政治清明、经济繁荣的封建王朝都是农业政权，而气候环境的优劣便成为王朝农业经济发展的基础。所谓风调雨顺才能国泰民安，实际上讲的是王朝兴盛的外部自然环境条件。唐代是中国历史上一个温暖湿润的时期。据朱士光、王元林二位先生的统计，唐代关中地区有 16 个年份无冰雪，刘昭民《中国历史上之气候变迁》认为："在唐代的三百年中，大雪奇寒和夏霜夏雪的年数都比较少，而冬无雪之年竟达十九次之多，居中国历史上各朝代之冠。"有关专家根据物候和柑橘分布研究也表明，唐代年平均气温比现在高 1 度。杨怀仁等研究 2000 年来海平面的变化与气温波动之间的相互关系，还表明 8—10 世纪为一个温暖期，当时年均气温约高于现代 1 度，称为"小高温期"；又据于希贤、段万倜、龚高法等研究的物候、雪线、植被等情况，综合认为唐代年均气温高于现代 1 度左右，气候带纬度北移 1 度左右。总之，现在看来唐代在中国 2000 年的历史上属于温暖湿润的时期。[①] 由于相对温暖湿润，草原生态环境良好，北方游牧民族南下的压力相对较小，中原黄河流域农业生产发展具备一个较好的外部条件，而温暖湿润的气候，对农业地区也产生了相当深刻的影响，使中原黄河流域农业生产发展具备了一个较为优越的外部条件，这一气候条件对农业生产地区产生了相当深刻的影响。张家诚先生对气候变化对中国农业生产所产生的影响做过研究，他认为假设 ±1℃ 的温度变化和 ±100 毫米的降水变化为单位气候变化，我国农业气候资源潜力在 ±1℃ 的温度变化时具有 600 亿斤的可能变化，在 ±100 毫米的降水量变化时具有 1600 亿斤的可能变化，也就是说，温度每升高 1℃，我国粮食有可能增产 600 亿斤左右的潜力；而 100 毫米降水量的变化相当于每亩 100 斤水分潜力的变化。就全国 16 亿亩农田计算，经济产品的收获量将会有 1600

---

① 蓝勇：《唐代气候变化与唐代历史兴衰》，《中国历史地理论丛》2001 年第 1 期。

亿斤的变化。其影响是十分巨大的。[①] 而就粮食的单产量而言，中国古代在元朝以前粮食亩产量以唐代最高，达 334 斤。[②] 所以如果气候变得温暖湿润，则农牧线北移，农耕区扩大；气候转暖往往使自然灾害频率减小，农业生产相对稳定。气候转暖使供农作物生长的周期增长，熟制增加，复种指数增大，单位面积总产量增大；单季农作物可能因气候湿热而本身生长期短，在单季产量得到提高的同时，也为提高复种指数提供了更多的时间。同时气候温暖使水源更充足，水稻的种植面积拓展，粮食产量提高，而竹类、桑类植物在北方生长更好，随生物多样性而来的产出多样性往往使北方地区有更多的农业经济增长点。也就是说在中国北方的黄河流域，气候温暖湿润往往更有利于农业经济的发展，而农业经济的发展是传统中国封建社会发展的基础。因此，唐代前期的开元盛世和贞观之治都是建立在唐代中期以前温暖的气候基础之上的。

三　气候变迁与中国古代民族关系的演变

气候的变迁还影响到了中国历史上的民族关系。王会昌先生将中国北方游牧民族南迁的历史过程划分为四个阶段：中国北方游牧民族偏居塞外；中国北方游牧民族割占黄河流域；中国北方游牧民族政权与农业王朝长期分庭抗礼；中国北方游牧民族入主中原农业王朝。在第一个阶段中，游牧民族和农耕政权二者的界线基本上维持在长城一带。第二个阶段中内迁游牧民族割占中原，黄河流域出现了五胡十六国的混乱局面。前秦疆域南界推进到淮河一线（32°18′N）。在相当于北宋辽西夏南宋时期的第二个阶段中，一个单独的游牧民族政权已经能够稳居黄河流域并敢于同农业王朝分庭抗礼。在从元蒙至满清的第四个阶段中，北方游牧民族入主中原农业王朝，先后建立了元、清两个"牧者王朝"[③]。而上述所论中国北方游牧民族南迁的后三个阶段又分别与中国历史上三次寒冷期的公元 1—7世纪的东汉三国两晋南北朝，公元 11—13 世纪的北宋西夏金、南宋和公元 15 世纪以后的明清时期相对应。从气候变迁的角度来看，从公元后

---

① 张家诚：《气候变化对中国农业生产的影响初探》，《地理科学》1982 年第 2 期。
② 吴慧：《清代粮食亩产的计量问题》，《农业考古》1988 年第 1 期。
③ 王会昌：《2000 年来中国北方游牧民族南迁与气候变化》，《地理科学》1996 年第 2 期。

2000 年以来中国历史气候变迁出现了一个转折,若以公元 1000 年为标志,第 1 个 1000 年中国历史气候是一个相对温暖湿润的时期;第 2 个 1000 年中国历史气候则是一个相对寒冷的时期,在这样不断转寒的气候背景下,使得 2000 年来温暖湿润气候期不断缩短,寒冷干旱气候期不断延长和干旱化程度的日益严重,才一次又一次地引发了塞外游牧民族步步深入到黄河—长江流域,[①] 而其活动的地域也越来越靠近中原农耕政权的核心地区。

　　气候作为人类必需的生存条件,其对中国古代游牧民族和农耕民族以及两大族类之间相互关系的影响是显而易见的。对于农耕民族而言,气候的温暖湿润意味着农业生产具备了良好的热量和水分条件,而这一自然条件的形成自然会有利于农产品产出的多样性和农业单位面积产品的提高,如果再加上垦田面积的不断增加,水利设施的不断完善,那么农业经济的发展就会具备一个相当的优越的环境条件,而这一环境条件正是农业政权不断强大的基础。对于游牧民族而言,气候的温暖湿润意味着草原生态环境的良好,灾害性的天气对草原生态的影响几乎是致命的。我国内蒙古草原地区有的地方牧草产量与夏季降水量相关系数达 0.68。[②] 因此当草原上生态环境严重恶化,灾害频发的时候,就是游牧民族南下牧马劫掠中原之期。王会昌先生在谈到气候的变化在中国北方游牧民族南迁中的作用时曾经指出:气候的变冷变干同样使地处干旱半干旱地区的游牧民族面临牧草枯竭、水源干涸、生态环境恶化的严重威胁。他们向南部的农耕世界发起攻击,寻找扩大新的宜牧地区。尽管游牧民族在经济发展水平、军事组织才能和人口的数量、素质方面都落后于农业民族,但其强悍的民族性格、灵活机动的战略战术等军事优势是农业民族地区所无法比拟的。而此时,中原农业王朝又因国势衰微无力抵御北方游牧民族的攻势,弃都南逃,偏安江南,形成南北对峙局面。到中国封建社会后期,由于寒冷气候周期的延长和寒冷程度的加剧,促使北方游牧民族向农耕世界的进攻,中原农业政权步步退却,出现了北方游牧民族统治农耕世界的王朝。[③]

---

① 王会昌:《2000 年来中国北方游牧民族南迁与气候变化》,《地理科学》1996 年第 3 期。
② 内蒙古镶黄旗气象局等:《牧草生长的气候条件的研究》,《中国草原》1984 年第 2 期。
③ 王会昌:《2000 年来中国北方游牧民族南迁与气候变化》,《地理科学》1996 第 3 期。

四 气候变迁与中国古代人口分布与移迁

气候变迁还成为影响中国古代人口分布格局和迁徙移动的重要因素之一。

秦汉之际的移民与人口流动方向就是与气候的变化有密切关系的。战国至于秦时，气候普遍温暖，移民方向多由内地的中低纬度向西北的中高纬度地区迁移。秦始皇三十二年蒙恬北击匈奴，掠取河南地，在阴山之下黄河以南置44县，是谓新秦中，《史记·平淮书》载："徙贫民于关以西及朔方以南新秦中七十余万口。"汉武帝元鼎六年，又在西北地区置武威、酒泉、张掖、敦煌四郡，"徙民以实之"，这些移民到达一个新的地区后，仍然要从事农耕业，因此，温暖适宜的气候条件是这些农耕民族所必不可少的生存前提。可是自武帝时代起，气候逐渐转冷。公元前50年至公元70年的120年里，严寒冬灾的记载更为集中。王子今先生统计在这段时间里因气候异常寒冷所致灾异的历史记录多达20余起。元成时代较为集中的23年中计6起，王莽专政时最为集中的10年大约7年都曾发生严寒导致的灾害。除王莽末年至建武四年所谓"天下旱霜连年"外，东汉光武及明帝在位时关于严寒的记载亦可见有6起。[①] 西汉末年起的气候连续转寒使得边境地区的农耕民族不得不做大规模的内迁，这在《后汉书·光武帝纪下》《张奂传》《刘陶传》等中有明确的记载。比较《汉书·地理志》与《续汉书·郡国志》中记录的北边敦煌、酒泉等19郡人口可知，这时东汉北部、西部、东北部的边境地区的人口较西汉减少54.46%，其中朔方郡人口骤减94.25%，是北边人口减少最典型的郡。[②] 总之，气候的变化是影响秦汉之际人口迁移的重要原因之一。

如果以中国古代气候发生骤变的12世纪为坐标，中国古代人口分布的格局可大体分为两个阶段：在中国古代气候发生骤变的12世纪以前，中国人口主要分布在秦岭—黄河以北的黄河流域。以气候暖湿的汉代而言，当时北方人口约4300万，南方人口仅约1400万，南北人口比例约

---

① 王子今：《秦汉时期气候变迁的历史学考察》，《历史研究》1995年第2期。

② 同上。

1:3。① 除关中泾渭两水的下游而外，黄河中游和济水两侧，太行山东平原以至相当于现在山东半岛各处。就是现在的河南的汝、颍两水和白河、湍河流域的人口也都较为稠密。② 可是到了唐代中叶，秦岭淮水南北的人口已渐趋于平衡，而北方略占优势，到了北宋，南方人口明显超过了北方。北方绝大部分地区的人口都在减少，黄河下游南北各地，特别是太行山东人口的减少，更为显著，不能复称为人口重心区域的所在地。③ 人口分布的南北差距到了元代更为扩大，明代的长江下游三角洲和太湖流域的鄱阳湖滨成为人口最为稠密的地区。至明代弘治年间，北南人口稳定下来，呈现 2:3 的格局，这一人口比例一直持续到近代。南北人口分布格局的时间与发生于 AD1230'S ~ 1260'S 的中国历史时期气候最大转变时间相一致决不能看成是偶然的。因为在 2000 年中，中国以 AD1230'S 为界，前期较温暖，后期较寒冷。由于气候的寒冷，使农业种植带南移，在此基础上形成的农业人口的大量南迁改变了原有的南北人口分布格局。气候变化不仅引起中国南北人口分布比重的变化，而且引起中国东西人口分布变化。我们知道，中国现代人口分布，以连续腾冲、黑河的胡焕庸线为界，胡线以东，人口占全国人口的94.4%；胡线以西人口比重仅为 5.6%。我们的研究表明，胡线表征的事实，是一个重要的生态现象。在历史时期，AD1230'S 以后胡线表征的分异特征明显地存在，在此前胡线仅在旱灾发生时稳定存在。大涝发生频率的等值线走向并不稳定。在汉、唐时代，沿纬线分异性明显，在 AD880'S—1230'S 年间，等值线显平行经线特征。换言之，在 AD880'S 以前，在湿润的年份，西域能得到较多降水，因而胡线被突破。AD880'S—1230'S 年间，呈过渡状态。降水的这种变化，自然也将引起人口分布的变化。在暖湿的汉唐时期，西域可以养活更多的人口；AD1230'S 以后的气候阶段，相对较冷，西域土地载力下降，人口数也随之降低，从而为今天的胡线以东人口 94.64% 的分布格局奠定了自然基础。④

① 王铮等：《历史气候变化对中国社会发展的影响》，《地理学报》1996 年第 4 期。
② 史念海：《我与中国历史地理学的不解之缘》，《中国历史地理论丛》1998 年第 3 期，第384 页。
③ 史念海：《中国历史地理纲要》，山西人民出版社 1991 年版。
④ 王铮等：《历史气候变化对中国社会发展的影响》，《地理学报》1996 年第 4 期。

五　气候变迁与中国古代政治与军事斗争

　　中国古代的政治与军事斗争也毫无例外地受到了气候的影响。明朝建立以后，朱元璋逐驱了中原的蒙古残余势力，为了防备蒙古势力的卷土重来，就在明朝北部国境地区大致沿阴山，大青山南麓斜向东北至西拉木伦河一线设置了四十多个卫所，明朝政府依托这些军事卫所屯田养军、驻兵防守，形成了一条防御蒙古南侵的军事防御线。可是到了 15 世纪初，这条军事防御线的各段发生了明显的变化，特别是东部和中部地段几乎南移了一个纬度，这使明朝政府防御蒙古人入侵的军事防御体系发生了重大变化，明朝军队开始了以长城为依托，然后辅之以"九边"重镇，并以居庸、紫荆、倒马"内三关"和雁门、宁武、偏头"外三关"为枢纽，构成了两道长城防线。[①] 明军虽占燕山、军都山、太行山以及恒山、管涔山、吕梁山之地利，加大防御纵深，瞰制了主要战场，但军事防御线都大大向南收缩。

　　这一重大政治军事转折事件的起因与 14 世纪开始，我国气候的普遍转寒有关。由于气候转寒，明代北边诸卫所在的环境脆弱地区的自然生态条件发生了极大的变化，瘠薄的土地和恶劣的气候，使得农牧交错地区的军粮供给问题难以就地解决，军屯费用之巨使政府不胜其累，以开平卫而言，其治所在起初设在今内蒙古正蓝旗东闪电河北岸，辖境相当今正蓝旗及多伦县附近一带。运粮一石至此，其花费相当于粮价的 2.7 倍，所以《明宣宗实录》宣德元年五月丙午中记载："开平极边之地，岁运粮地，而军士戍守者皆有妻子，粮不足赡其家。"所以，宣德五年开平卫不得不移治独石堡（今河北独石口），清康熙三十二年并入赤城县。开平卫之西的东胜卫在未迁之前自然条件较好，《明经世文编·卷237》载：这里是"土地沃豪，草木繁藏，禽兽生息"之地，明洪武四年之后，分为左、右两卫，所属兵民皆耕牧河套，可是到了 15 世纪中叶以后，河套地区气候趋寒，使其南缘的毛乌素沙漠面积不断扩展，风沙弥漫地无法耕种，所以宣大总督许纶说："边地瘠薄，风寒霜早，耕作所入，不足供用"，因此，永乐以后东胜左卫不得不迁至河北卢龙；而右卫则迁至河北遵化；这时以

---

　　①　邓沛：《明代九边述要》，《中国方域》1997 年第 6 期。

明初北边的卫所为依托所构成的这条阻挡游牧民族南下的军事防御线的北界也随之大大南缩。因此，邹逸麟先生认为：从 14 世纪中叶开始，我国的气温逐渐下降，进入一个寒冷期，气温由湿润转向干旱，北边的农业环境恶化，原先卫所屯田地区已不能维持军士的基本的粮食需要，不得不内撤至长城一线。而鄂尔多斯高原地区在 15 世纪中叶以后，因过渡耕牧，气候干旱，毛乌素沙地不断扩大，以致在长城北侧数十里地已不能耕种，全为沙土所掩，长城不仅成为当时农牧的分界线，也起着挡沙南侵，保持长城以南农田的用途。这种情况大约延续到了 17 世纪。[①]

　　必须指出，一方面，影响历史进程的原因具有多样性和复杂性，气候的变化仅仅是历史进程中诸多影响因素之一；另一方面，也必须认识到人类社会作为地球表层环境的一种重要构成，它与自然之间的联系是无法回避的。因此，在历史进程中，我们应该承认气候—生态—社会的连锁反应或是反馈机制对于社会和历史发展的重要影响。[②] 这正是我们探寻气候变化的人文影响，从而建立和谐人地关系的基础。

　　　［发表于《郑州轻工业学院学报》（社会科学版）2006 年第 5 期］

[①]　邹逸麟：《明清时期北部农牧过渡带的推移和气温寒暖变化》，《复旦学报》1995 年第 1 期。

[②]　王会昌：《2000 年来中国北方游牧民族变迁与气候变化》，《地理科学》1996 年第 3 期。

论中原经济区的范围、定位及作用

中原经济区的范围是以河南为主体，包括河南省南部、山东省西南部、安徽省西北部、陕西省东部之区域，这个区域正是中国的腹心地带。它的功能定位是以保障农业和粮食生产安全为前提，统筹城乡，努力实现工业化、城镇化和农业现代化协调发展。所以构建中原经济区不仅直接对国家区域经济发展有利，而且有助于解决中国社会发展中面临的最根本的困难，所以具有重大的战略意义。

一 划分经济区的原则

对于经济区的形成，国内外有不同的意见：第一种意见是意志论，认为经济区不是客观存在的实体，是通过思维建立起来的一种精神的概念。第二种意见是反映论，认为经济区是客观存在的，不以人们的主观意志为转移。我们同意张平秀等同志的看法，认为："事实上，各种经济区的划分过程是主客观因素综合作用的结果，这就是说，既反映客观存在，又赋予一定的划分意图和目的，绝非为单纯划分经济区而定区。"①

既然经济区是主客观相结合的产生，那么如何界定经济区的客观存在呢？有的学者明确地提出不同类型的经济区划基于特定的经济发展目标，有不同的划分原则和依据，但就划分综合经济区来说，首先必须坚持以下原则：客观性原则：统一性原则、前瞻性原则以及并列性原则。他们还认为划分综合经济区，除了坚持上述一般性原则外，在实际操作过程中还应要把握好以下具体原则：区内相似性与区际差异性原则、中心城市与腹地

---

① 张平秀、段长存、苏春玲：《经济核心区涵义评述》，《大庆高等专科学校学报》2000 年第 3 期，第 14—15 页。

相结合原则、经济区划与行政区划相一致原则、经济发展与社会稳定相统一原则。[①] 有的学者还明确地提出并认为综合经济区的划分应遵循以下6项原则：1. 区内相似性和区际差异性；2. 经济中心与经济腹地相结合；3. 经济区界线与行政区划界线相一致；4. 专业化与综合化相统一；5. 经济发展与社会稳定相结合；6. 现实性与前瞻性相结合。[②] 以上两种划分经济区的不同原则，我们认为划分经济区的主要原则，应该首先考虑的是前两项内容：即区内相似性与区际差异性原则、中心城市与腹地相结合原则。至于经济区划与行政区划相一致的原则可以不必考虑，实际上在当代经济区的发展形成过程中，经济区的范围早已突破了行政区的界线。譬如长江三角洲经济区的范围就已经突破了省区的界线，今天的长江三角洲经济区已经包括上海市、江苏省和浙江省，区域面积21.07万平方公里。据《瞭望东方周刊》第29期报道，历时6年，长江三角洲各方期待已久的全国首个跨省级行政区区域发展规划《长江三角洲地区区域规划》（以下简称《规划》）近日终于公布。华东师范大学长江流域发展研究院教授沈玉芳认为，"《规划》打破省际行政壁垒的合作尝试，将为全国各地风起云涌的区域合作浪潮提供经验和范本。"[③] 毫无疑问，长江三角洲跨省市规划，更重要的意义在于为全国各区域如何突破现有的行政壁垒提供经验。

从理论上讲，经济区的发展应在市场机制的作用下，打破行政区的种种限制，以实现资源在更大的空间上的优化配置。有些学者强调实际上各种经济政策的制定和实施都离不开行政区政府。且各行政区往往还有自己的经济利益。因此，离开了行政区政府，经济区的发展就很难顺利。[④] 这个看法过分强调了行政区的作用，是不太恰当的。中原经济区的划分，我们认为应该突破行省级区线，在一个更高的层面上推进中原经济区的发展，在较大的范围确定中原经济区区域范围。

---

① 张明龙：《经济区的内涵与划分原则》，《贵州社会科学》2000年第4期，第27—30页。
② 邹筱乐：《从经济区划理论看海峡两岸经济区的合理性》，《中共福建省委党校学报》2004年第10期，第10—15页。
③ 《长三角区域规划全文公布（尝试打破省际行政壁垒）》，《报刊文摘》2010年10月23日。
④ 邹筱乐：《从经济区划理论看海峡两岸经济区的合理性》，《中共福建省委党校学报》2004年第10期，第10—15页。

我们不能把经济区划分搞得太烦琐，因为烦琐的划分标准不便人们的实际操作与执行。我认为经济区划的划分应遵循两条原则：

第一，区内相似性与区际差异性原则。所谓区内相似性就是指经济区内生产的专门化，从而使一个经济区区别于另一个经济区。在经济区内各组成部分在自然资源、历史基础、社会条件等方面具有相似性。这种相似性反映到区域之间，就成为区际差异性。我们强调区内相似性，是更有利于聚集发挥当地自然、经济优势促使区内生产专门化。地区生产专门化可使当地特定产品的生产比其他地区成本低、利润高，可使这类产品迅速形成规模经济。除了满足本地区的需求外，还可以大量外运满足别处的消费，从而获得更多的利润。而区际差异性表现为不同经济区之间的自然资源和社会环境的千差万别。各经济区都要充分利用在全国范围内的这种差异性，这样就可以大大发挥自身的优势作用，这就有利于全国范围内形成科学合理的区际分工。区际分工的深化，又会进一步提高各区域的专业化程度，从而促使当地社会经济高速发展。如果各地都能充分利用这种差异性，集中最能发挥当地优势的生产部门，从而形成相对利益最大的地区主导产业群和产业体系，制造机会成本较低的产品，这就能大大提高全国的经济效率。应该注意区内相似性与区际差异性是一个原则，但是这两方面是相辅相成的，决不能分开。一个经济区的相似性体现在不同的经济区之间，便是区际的差异性，所以经济区的划分只有坚持区内相似性与区际差异性原则，才能准确地划定经济区。中原经济区的划分，我们应根据这个原则来确定。[①]

第二，经济中心城市（有的观点不提中心城市只提中心，是不恰当的）与腹地相结合的原则。任何一个经济区无论大小，都要有经济中心城市和经济腹地。经济中心城市是经济区形成发展的主要标志。经济腹地是经济中心城市的重要依托。它与经济中心的吸引力和辐射能力有较大的关系，既受经济中心城市发展水平的影响，其自身的范围，又会反过来影响经济中心的发展。长江三角洲之所以有如此强大的带动能力，就是因有上海这样一个中心城市，而且有与之相配套的丰度极高的经济腹地。经济中心城市与腹地是相辅相成、相互促进的，是经济区日益发展壮大的必要

---

① 邹筱乐：《从经济区划理论看海峡两岸经济区的合理性》，《中共福建省委党校学报》2004 年第 10 期，第 10—15 页。

条件。[①]在这里应注意的是建设经济区应发挥中心城市的核心作用。经济中心城市没有固定的模式和大小，它可以是一个城市集群，也可以是一个大城市，或一批中等城市或小城市。中心城市的规模和经济实力，决定了它吸引资源和辐射产品的能力，从而决定了一个综合经济区的等级和发展水平的高低。在多层次、立体型的综合经济区中，一个较高等级经济区通常可包含若干较低等级的经济区。最低等级的城市则与其直接联系着的乡镇腹地，共同构成经济区系统的基层组织。因此经济区划分必须正确认识中心城市与经济腹地的关系，从而促使该区经济协调发展。

二　中原经济区的范围

"中原"一词按照《辞源》的解释有广义与狭义的解释。狭义中原，指河南一带，广义中原，指黄河中下游地区或整个黄河流域。"中原"一词出现在文献中有："中原有菽，庶民采之"之说[①]，这里的"中原"是指中央的一块平地。《左传·僖公二十三年》曰："晋楚治兵，遇于中原，其辟君三舍。"作为地域概念，中原一词应是从东汉开始使用，当指黄河下游或整个黄河流域。《文选》三国诸葛亮孔明《出师表》曰："今南方已定，兵甲已足，当奖率三军，北定中原。"以后《魏书·任城王方传》："崤函帝宅，河洛王里，因兹大举，光宅中原。"在这里中原与帝宅、王里都是同一范围的概念，因此，中原的范围当是指黄河中下游地区。

近年来，结合中原经济区的建设，对于中原经济区的范围许多学者都提出了中肯的意见。

著名经济学家吴敬琏说："'什么是中原经济区？''中原经济区'是以河南为主体，延及周边，支撑中部，东承长三角，西连大关中，北依京津冀，南临长江经济带，具有自身特点，独具优势，经济相联，使命相近，客观存在的经济区域。"他又说："中原经济区这样的跨省区的经济区构建，打破了行政区划的圈限，从而使得空间布局更加科学，更加符合实际。对于更好地承接东部产业转移，特别是产业合理布局更具积极意

---

① 朱熹：《诗经集传》，吉林人民出版社1999年版，第178页。

义。"① 在这里吴先生主张中原经济区应打破省区的圃限，这一看法是极富价值的，但在这里我们不能将中原经济区的辐射作用与中原经济区的界线画等号，而应该加以区分，经济区的辐射作用可以大一些，但其范围可以小一些。这样看来中原经济区主要是河南，但还应该包括山东、山西、河北、安徽、陕西等的一部分地区，可以说中原经济区就是中国的腹地。所以中国区域经济学会顾问陈栋生先生说："把中国比作一个人，河南就是人的腰部。河南不发展起来，会成为'心腹之痛'，还不是一般的痛。"② 这个比喻非常好，但他没有界定中原经济区的范围。

清华大学政治经济研究中心国家发展战略部主任韩建方先生提出："建议在省内规划 6 个跨市的经济区，有区别、有侧重地进行特色化重点建设。其中包括新乡、开封、郑州在内的大郑州新经济实验区，豫西重化工和先进制造业经济区，豫北经济区，豫中食品、煤电有色产业基地，豫南城乡一体化实验区，豫东现代农业实验区，这是中原经济区的有机组成部分。"③

在这里应该指出，早在二十多年前，以河南为主体的中原经济区已开始形成多种形式、多层次的区域合作，这种合作业已突破省区的行政界线。1982 年安阳、新乡、邯郸、晋城等 13 个市共同组成了中原经济协作区。1986 年，周口、商丘、徐州、淮南、菏泽、阜阳等 20 个城市组成了"黄淮经济协作区"。与此同时三门峡、运城、渭南、临汾 4 个城市建立了"晋陕豫黄河三角洲经济协作区"。最近，9 月 11 日，中原经济区、晋陕豫黄河三角洲区域协调综合试验区研讨会在三门峡举行会议。这个会议对谋划中原经济区又积累了一些成功的经验，值得重视。

从现在中原经济区发展的客观形势看，以上所论都为中原经济区的划分范围提供了有力的支撑。所以有的学者认为："中原"有大中原与小中原之分，大中原包括河南省的全部、安徽省的西北部、山东省的西南部、河北省的南部和山西省东南部的广大中原地区。小中原主要是指河南省。

---

① 朱夏炎等：《人民需要是发展的第一信号》（加快构建中原经济区系列述评之一），《大河报》2010 年 9 月 13 日 02A 版。

② 郑松波等：《河南不发展起来会成为心腹之痛·中原经济区系列报道之战略篇》，《东方今报》2010 年 9 月 6 日 06A 版。

③ 王倩：《从塌陷到崛起，河南需要补什么》、《"三化"协调河南机遇大》，《大河报》2010 年 6 月 10 日 04A 版。

不管从哪个层面看，中原地区都位于东、中、西部三大地区的接合部。与邻近省份重要城市以及与北京、上海的铁路距离都很近，地理位置优越。①

可是有的学者把中原经济区的范围初步划定下来，只是笼统地说："何谓'中原经济区'？简单地说，就是指以河南省为主体，包括周边若干区域，涵盖经济、文化、社会等重要领域的区域经济综合体。"② 我们主张中原经济区应有一个具体的范围，而区域内经济的发展与互动却可以突破这个界限。因此，根据现有发展基础，我们考虑提出中原经济区应有以下板块构成。

第一，"黄金三角"这一板块必须扩充。根据三门峡市委政研室副主任曲振群的观点，由于受行政区划的限制，四市合作交流（指山西运城市、临汾市、陕西渭南市和河南三门峡市）出现瓶颈遇到了许多困难，譬如资源难以合理配置，生产要素难以合理流动和重复建设等，严重影响了这一地区的发展。曲振群先生在进一步分析其形成原因后指出："由于这一地区处在中西部的接合处，远离经济核心区，被边缘化。"③ 建设中原经济区我们应将黄金金三角的西端扩充到西安，其东端扩充到洛阳，这样东西联系加强，经济交流与经济发展自然就可以得到充分有利的空间。在不久前的河南豫商会上，西安的豫商就提出了应把西安划到中原经济区内的看法。

第二，"豫北"板块。可将 1982 年，安阳、新乡、邯郸、邢台、长治、晋城等 13 个市共同组成的中原经济协作区，改成"豫北经济区"，努力建设中原机械、煤炭工业区。近年来，安阳等市县与河北、山西有关地市已有了紧密的合作。安阳的煤炭资源已日趋枯竭，在此背景下，安阳与河北、山西等方面合作，并在铜冶镇建成了全省最大的煤炭化工产业经济区。产品销往全国并取得了显著效益，现已形成钢铁冶炼、煤炭化工、水泥建材、冶金辅料、机械制造、针织服装六大支柱产业。

第三，"豫东"板块。1986 年，周口、商丘、徐州、淮南、菏泽、阜

---

① 王倩：《呼吁在河南设立"中原经济区"》，《大河报》2010 年 6 月 9 日 04A 版。
② 白周峰：《中原经济区·助推中国腾飞》，《大河报》2010 年 9 月 9 日 08A 版。
③ 房琳：《"金三角"的跨省合作带来"金点子"（关注黄河金三角实验区·上篇）》，《大河报》2010 年 9 月 24 日 09A 版。

阳等 20 个市组成的"黄淮经济协作区",我们将其称为"豫东"板块。同时,也可考虑将济南、泰安、曲阜等的整个山东东南部划入中原经济区。

第四,"豫南"板块。将河南南部的南阳、信阳、周口、驻马店、漯河,安徽的阜阳、淮南、蚌埠等十多个城市划为豫南板块。其区域发展定位为粮食基地、食品加工基地。

第五,郑州中心城市与都市区的地区应加强。把郑汴一体化更推进一步,将开封以西地区融入郑州市区范围内,为建立"国际商贸中心"打下坚实基础,未来郑州都市区的范围应是南到许昌,西到偃师,北到新乡。这一点以后有专门论文讨论,不在此赘述。

我们主张将"中原经济区的范围"扩大到邻近省区,它将会有力地推进"中原经济区"的发展,同时还有效地解决中部腹心地塌陷问题。所以有的先生在讨论上海经济区时提出:"如将安徽省以及江浙两省其他地区亦包括在上海经济区之中,那么全区土地面积可增至 35 万平方公里,为原定上海经济区 10 市 52 个县面积的 4 倍,自然资源的种类和数量将显著增加。粮食、能源和工业原料的供应就有了较好的保证。"① 郑州扩城是历史经济发展的必然产物,建设中原经济区,郑州的中心城市的作用应该加强。

在这里必须说明,虽然扩大"中原经济区"的范围,但是我们主张经济区需完全确定一个空间边界,即采取浮动的区划制度,中原经济区应有一个"弹性的边界"。② "经济区不应该是一个区域观念,只能理解为一个区位,大致那么一个位置。"③ 对蒋一苇先生的意见,我们表示同意。按照经济运势形成的经济区是不断在变化发展当中的,因此很难有固定的界线,它是随着经济活动不断在变化之中。因此,这是我们主张不固定画线和经济区一个大致位置的理由所在。故党的十七大报告明确提出:"遵循市场经济规律,突破行政区划界线,形成若干带动力强、联系紧密的经济圈和经济带。"

---

① 杨万钟:《关于我国经济区划若干理论的探讨(以上海经济区为例)》,《中国区域经济学 30 年论文精选(1978—2008)》,北京师范大学出版社 2009 年版,第 63 页。

② 夏禹龙等:《上海经济区应是新的经济政策试验特区》,《文汇报》1984 年 5 月 25 日。

③ 蒋一苇:《建设中心城市的战略思想》,《城市与经济区》,福建人民出版社 1984 年版,第 160 页。

三　中原经济区的定位

"中原经济区"是一个以河南为主体，辐射周边区域的地理概念。因此经济的协调发展是一个至关重要的大问题。有的学者提出当前和今后一个时期，河南应该着力于建设两区（粮食生产核心区、产业集农区），发展两群（特色产业群、中原城市群），加快两转（农民向城镇转移、经济发展方式转变），走一条农业特别是粮食生产能力不断提高基础上的三化协调发展路子。[①]

有的学者还提出中原经济区在定位时，就应该明确要走一条新型的城市化道路，从根本上解决城乡良性发展问题。在城市化的同时同步实现农业现代化，农村现代化（以下简称三化）。确保粮食生产耕地面积不减，人口永久性地转移，农民人均耕地面积和收入得到大幅度提高。在这里，应该强调说明的是，这种模式不可能产生于经济发达的东部地区，因为那里的农业已被乡镇企业分割得支离破碎。也不可能产生于西部地区，因为农业自然条件比较差，经济发展的总体水平又偏低。重任自然落在河南的头上。如何找到一条高效率、低成本的发展道路？河南本身的资源属性已经成熟，一条城市化发展的新道路是可以设计出来的。这条城镇化发展的新道路应该是目前中国区域经济发展的新尝试，所以，"中原经济区在定位时，就应该明确走一条新型的城市化道路。"[②] 我们认为韩建芳先生的看法应该是正确的，无可怀疑。不过有一点应提出说明，我们认为结合河南的实际，中原经济区在定位时应该首先落实什么问题？这一点尤其重要。我们知道河南是中国重要的农业大省和第一粮食生产大省。河南粮食生产连续五年超千亿斤，占中国粮食产量的十分之一，小麦产量占全国四分之一，在保障国家粮食安全上发挥着不可替代的重要作用。

最近著名经济学家陈栋生先生指出："我们实行社会主义市场经济已经很多年了，但是有一个非常显而易见的悖论，我们给农业戴了很多帽子，如战略性产业、重中之重，等等，但是种粮食，即使风调雨顺，一亩

---

① 王倩：《中原地区血脉相亲　经济使命相近》，《大河报》2010 年 7 月 21 日 04A 版。
② 王倩：《从塌陷到崛起，河南需要补什么》，《大河报》2010 年 6 月 10 日 04A 版。

地也才赚三四百元钱，远低于务工收入，这个悖论一定要通过改革和发展来解决。我很赞成河南决策层，在粮食增产、农民增收、农民平稳向市民转换的前提下，协调推进工业化、城镇化和农业现代化发展。"① 中国社会科学院学部委员张卓元先生也明确指出："像河南这样提供大量农产品的地区不能吃亏，否则我们怎么能保证农业的持续发展？"他又说："中国有13亿多人。到现在为止，吃饭还是第一件大事，以牺牲农业和粮食为代价加快发展和推进工业化、城市化，以前有的地方这样搞，当时走这个路子有它的历史条件，但是这个路子如果在全国铺开，是不可能持续的。"②

我国是一个人口和农业大国，推进工业化和城镇化，对保障粮食等产品的供给、提供富余劳动力、开拓消费市场提出了更高要求。如果不能实现农业现代化，工业化、城镇化发展就会失去基础和支撑。因此，必须探索出一条不以牺牲农业和粮食为代价的工业化、城镇化发展道路。①因此，建设中原经济区必须处理好农业与三化协调发展的关系。河南现在走的这条路是不以牺牲农业为代价的工业化、城镇化，农业现代化协调发展之路是正确的，实践已经被证实了，这也是"中原经济区"必须走的一条路。所以中央政策研究室常务副主任郑新立先生强调河南省这些年在经济发展中走出一条以不牺牲粮食生产、不牺牲农业为前提，来加快工业化、城镇化的路子。全省的粮食产量不断增长，现有产量能力稳定在1000亿斤，居全国各省的首位，耕地的保护也比较好，非常严格。同时工业发展也很快，现在经济总量已经达到2万亿元，按照这样的发展道路来建设中原经济区，形成一个工农业协调发展的示范区，在全国的发展中具有重要意义。③

在这里必须明确，实现农业现代化是能够推进工业化和城镇化的。因为农业现代化首先会为工业化和城镇现代化提供稳定的粮食保障、农业供给、富余劳动力和庞大的消费市场。而工业化和城镇化又能够增强国家整体实力，从而又能够采取更多的支农、惠农政策，使农业生产特别是粮食

---

① 夏继峰：《中原经济区：坚持工业化、城镇化、农业现代化协调发展（中原经济区民本启示录系列述评之五）》，《东方今报》2010年10月1日05A版。

② 同上。

③ 旭阳等：《建设中原经济区新闻启示录系列报道三（"三化"协调发展中原示范全国）》，《东方今报》2010年9月29日10A版。

生产基础地位才能更加巩固，为国家才能做出更大的贡献，为工业化、城镇化提供可靠的稳定的基础。

如何在实现农业现代化的同时，而又使农民的收入有所增长。著名经济学家樊钢说："都说农业重要，可是农民收入提高为什么最慢？农民怎么能够提高收入？最根本的出路是让农民越来越少，而剩下少量的农民耕种更多的土地，收入就高了，这样城乡差距才能解决。世界上多数国家的人口比例，10%劳动力是农民。达到这个比例，打工收入和农业收入趋于平等。"① 樊钢先生这段话很有见地，提出要解决农民收入少、提高农民的收入，最根本的出路是让农民越来越少。但在这里有一个问题，那就是在农村必须实现农业产业化、农业机械化、统一管理、统一经营、走农业生态高值农业路线。农民可以以土地入股的方式将土地联合起来，统一进行经营管理。走农业合作化的道路，目前已有万家近10万人，应继续扩大并在全省铺开。所以洪绂曾先生说："所谓现代农业，就是要跳出传统的思维方式。一要做大做强，以粮食为重点的大农业，包括林业、牧业等；二要构建产销一体化的产业。"他又说："在河南建立农业高地，首先必然会带动周边地区，构建更大规模、更高层次的粮食、食品和现代农业基地，培育粮食稳定增长，经济大幅上升，民生迅速改善的可持续发展区域。"洪先生又指出："河南和中原经济区建成中国农业的第一高地或特区，国家要提供强有力的政策与资金支持。"② 在这里，我们还要强调一点，要把农业大省变为农业强省，就要发展优质、高效、高产、安全、生态相结合的农业，提高农民的收入，除了主要粮食搞大规模、机械化经营外，在保证粮食生产的前提下，必须发展特种农业。譬如济源一个农村种玫瑰，好的可以卖到9块一枝。同时还要搞农业科学研究所，不断提高产量与栽培技术，保证特色特种农业能得到飞速的发展，为农民增加财富收入，为国家做出更大贡献。所以中国社会科学院学部委员副院长李扬先生说："建议中原经济区发展要下大力气考虑农业现代化发展问题，要考虑农业的规模经济、集体化、合同化，要把大量散落的良田纳入集约化、

① 夏继峰：《中原经济区：坚持工业化、城镇化、农业现代化协调发展（中原经济区民本启示录系列述评之五）》，《东方今报》2010年10月1日05A版。
② 王倩：《从塌陷到崛起，河南需要补什么》，《大河报》2010年6月10日04A版。

规模化的道路上。"①

　　解放军信息工程大学的濮小金先生也从发展增值型经济的角度为中原经济区定位。他说："中原地区有没有自己在全国处于领先地位的经济呢？有，这就是以农业为基础、以拉伸农业产业链上下游为特征的 21 世纪的核心产业增值型经济。"② 他又说："所谓增值型经济，就是人们在消耗知识、信息和自然资源等生产要素、生产产品时，生产要素不仅不会减少，相反呈增值趋势。中原是中国最大的粮食生产基地，是全国最大的食品加工基地。将增值型经济定位成中原经济区的主导产业，不仅具有前瞻性，同时也具有可操作性。要做到粮食生产向一切种植业、养殖业扩张，做到最强；向上拉伸，发展为农业服务化的化工、生物工程；向下延伸，大力发展加工、流通、服务、中介业，形成一个具有中原特色的完整产业链。"③ 这个意见很好，值得重视。如果按此意见操作，中原经济区的农业大有可能将成为中国独具特色的农业产业区。

　　总体来说，"中原经济区"的功能定位应该是，以保障农业和粮食生产安全为前提，然后城乡统筹，努力实现工业化、城镇化和农业现代化的协调发展。也就是说，"中原经济区"要走的是一条不以牺牲农业和粮食为代价的工业化、城镇化、农业现代化协调发展之路。有农业现代化和工业化和城镇化的同步发展道路，才是硬道理。最近河南省"十二五"规划基本思路圈定，20 年主要人均经济指标力争中部平均水平，具体战略为"重点围绕'五新一极'的发展目标，加快探索出一条不以牺牲农业和粮食为代价的'三化'协调科学发展路子，建设全国经济发展重要增长极、全国粮食安全重要保障区、全国新型城镇化发展试验区、华夏文明传承核心区、全国重要的先进制造业和现代化服务业基地、全国综合交通枢纽和物流中心。"④

　　在重点任务方面，初步提出了要着力构建十大体系：即现代产业体系、中原城市群一体化发展体系、内外互动的开放型经济体系、高素质的人力资源体系、现代化综合交通体系、统筹协调的城乡体系、充满活

　　① 刘长征：《三个权利保障农民的土地》，《东方今报》2010 年 9 月 19 日 10A 版。
　　② 李凌：《五新一极　凸显中原经济区特色》，《东方今报》2010 年 7 月 24 日 05A 版。
　　③ 同上。
　　④ 王倩：《总体战略：建设中原经济区》，《大河报》2010 年 10 月 12 日 08A 版。

力的技术和制度创新体系、独具特色的和谐文化体系、可持续发展的资源环境体系、以人为本的和谐社会体系。具体实施拟分两步走：第一步，五年彰显优势；第二步，十年实现崛起。主要人均经济发展指标超过全国平均水平。城镇化接近全国平均水平，成为全国经济发展的重要增长极。

未来的中原经济区，应以京广产业带为中轴，以濮阳、商丘、周口等为东翼，以焦作、济源、三门峡、平顶山、南阳等为西翼，发挥各地优势，努力与环渤海、长三角、珠三角、海西对接，密切和成渝、关中—天水等西部经济区的联系，充分发挥中原经济区在东、中、西部建设中的作用。

在中原经济区的建设中还应以市场为导向，与需求相衔接，规划建设郑州至济南、重庆、合肥、太原四大综合交通通道，重点推动豫晋陕黄河金三角、焦作、晋城、长治、安阳、邯郸、濮阳等六大区域的协调发展。

这就是一个同频共振的中原经济区，它的建设将对陇海—兰新经济带的支撑更加强劲，与长三角的对接会更加密切，对大西北的辐射带动也会更加有力。它的建成将会奏响区域合作发展的最强音，这就是一个发展的中原经济区。

四　中原经济区的地位和作用

中原经济区的范围是以河南为主体，包括河南省南部、山东省西南部、安徽省西北部、陕西省东部几省，这个区域正是中国的腹心地带。

2009 年 9 月，国务院原则通过《促进中部地区崛起规划》，该规划提出了"两纵两横"经济带概念，两纵即为京广、京九两条铁路线，两横则是陇海铁路和长江沿线。从地理位置上看，河南及其四周邻省所处的地理位置几乎与"两纵两横"四线都搭界，正处于这两纵两横的中心地区。这也就是著名经济学家陈栋生先生所比喻的一个人的中部心腹之地。所以他认为："没有中原经济区，中原地区就会成为中国的心腹之痛，手疼脚疼好治，心腹之痛可是个大问题。"①

---

① 郑松波：《中原不建"经济区"是中国的心腹之痛》，《大河报》2010 年 9 月 6 日 08A版。

　　由于"中原经济区"的地理位置正处在中国的心腹地区，在此区域建立经济区的作用与意义自然是不言而喻的。在北京举办的"建设中原经济区高层研讨会"上，与会专家一致认为建设中原经济区具有重要战略意义，是大智慧、大手笔、大文章。关于中原经济区的地位和作用，我们认为至少有以下数点：

　　1. 陈栋生先生说："河南是中国之中，承东启西，连南贯北。北煤南运，西气东输，南水北调都经过河南。河南对全国的发展和稳定都有重要作用。"① 有的学者则更直接说："只有中原地区最有代表性，能代表整个中国发展现状。也就是，只有中原振兴了，整个国家才能更强大。"②

　　2. 2010 年 9 月 28 日，中原经济区的概念首次"亮相"《人民日报》。《人民日报》社河南分社曲昌荣先生认为："构建中原经济区，有利于保障国家粮食安全，有利于拓展中国内需增长空间，有利于提高全国人力资源保障能力，有利于构筑全国重要的生态屏障。"③ 有的学者还直接提出构建"中原经济区"的五个有利于：（1）将有利于完善中国区域经济布局；（2）有利于保障国家粮食安全；（3）有利于拓展中国内需增长空间；（4）有利于提高全国人力资源保障能力；（5）有利于构建全国重要的生态屏障。④ 最近河南省省委书记卢展工又把中原经济区的地位和作用总结为"六个有利于"。一是有利于国家区域经济布局而进一步完善；二是有利于国家统筹协调梯次推进发展重大战略的实施；三是有利于国家在中部地区形成新的经济增长板块；四是有利于河南在全国的发展大局中明晰发展地位，发挥自身优势；五是有利于河南坚持走一条不以牺牲农业和粮食、环境和生态为代价的"三化"协调科学发展的路子；六是有利于更好地遵循经济发展的规律和区域经济发展的规律，来贯彻科学发展观和贯彻加快经济发展方式转变。⑤

　　不管是"四个有利于"还是"五个有利于"，都将有力证明构建中原

　　① 郑松波：《中原不建"经济区"是中国的心腹之痛》，《大河报》2010 年 9 月 6 日 08A版。

　　② 郑松波：《只有中原振兴了　国家才能更加强大》，《大河报》2010 年 9 月 6 日 08A 版。

　　③ 王秋欣：《〈人民日报〉首次大规模报道中原经济区》，《东方今报》2010 年 9 月 29 日 10A 版。

　　④ 白周峰：《中原经济区　助推中国腾飞》，《大河报》2010 年 9 月 9 日 08A 版。

　　⑤ 《卢展工阐述建设中原经济区六个有利于》，《东方今报》2010 年 10 月 12 日 04A 版。

经济区的重大意义与作用。这一点是绝对不能忽视的，所以构建"中原经济区"不仅直接对国家区域经济发展有利，而且解决了中国社会发展中面临的最根本的困难，所以具有重大战略意义。

（本文写作过程中承孙军红先生指教，发表于《河南城建学院学报》2012 第 4 期）

缅怀与纪念

缅怀恩师史念海先生[*]

  敬爱的史念海先生和我们永别已经整整三年了。在深切怀念这位为中国历史地理学的建立和发展奋斗终生的无产阶级文化革命战士时，我心中万分悲痛。每当想起与先生相处的日子，他的音容笑貌宛在眼前。他为中国历史地理学的发展呕心沥血、不辞辛劳的科学献身精神和务实严谨、勤奋刻苦、不哗众取宠、实事求是的学术态度，永远激励着我们为中国历史地理学的发展做出自己的贡献。

  与史先生接触，拜师先生门下学习历史地理是在 1956 年下半年。1954 年 7 月我毕业于四川大学历史系后，被分配到新乡河南师范学院历史系任助教。1955 年院系调整，历史系文科被调整合并到开封河南师范学院历史系（今河南大学），当时系里安排我的工作时需要我上历史地理课。通过孙海波、刘绍孟二位先生的介绍，1956 年我被派到陕西西安师范学院历史系主任史念海先生门下学习历史地理。因此我有幸成为当时先生门下的一位弟子。回忆起过去跟从先生学习历史地理学的情景，使我永世难忘，时时催我奋进。他的教诲与鼓励已成为我从事历史地理学的动力和支撑，鼓舞我不断前进。

  按照当时先生的学习指导思想，一方面随堂聆听先生为本科四年级讲授《中国历史地理》课程，同时还要求我去旁听地理系的一些课程，如《中国自然地理》《地图学》等。听完课后才阅读古典地理文献，写出读书笔记，首先阅读的是《尚书·禹贡》，然后读《史记·货殖列传》与《汉书·地理志》等。我们师徒每周至少见一次面，讨论读书中的一些体会心得和问题，各抒己见，滔滔不绝，甚为欢畅，使人难

  * 本文为陈昌远先生旧作，发表于《史念海教授纪念文集》，三秦出版社 2006 年出版。

忘。在这里我想起《中国历史地理》这门课程的建设问题，学习交谈中，先生与我经常讨论如何将《中国沿革地理》改变成为《中国历史地理》的设想。史先生为建设这门学科算是费尽了心力。在我这里还保存一本史念海先生早年编著的《中国历史地理》讲义（油印本）。他说："历史地理学应包括些什么内容，这是首先应该明确的问题。过去研究这种学问的人大都只注意考察地名的变迁、制度的沿革以及区划分合等。尤其是清代的学者们在这方面用的功夫最多。固然他们多少获得了一些成就，但是他们不过是在研究历史地理学科中做了初步的工作，并不能使人感到满足。因为那些工作充其量只是替史料做出一些诠释，使读史的人得到了一些方便。至于地理对于人民的关系，以及人民对于自然环境斗争的经过和结果，却是不大涉及得到的。"所以，后来先生又根据苏联雅宗斯基在其所著《马克思主义历史地理的目的和任务》所讲的内容为建立现代、科学的中国历史地理学的学科体系进行了有益的探索。先生在讲义中明确指出："在历史地理中应该包括历史自然地理、历史人口地理、历史经济地理和历史政治地理各部分。"当时史先生为本科四年级所讲授《中国历史地理》这门课程时亟须一部教材，于是就按照这个指导思想，编写出了《中国历史地理》这门课程的讲义，散发给学生。这正是如侯仁之先生在《〈中国沿革地理〉课程商榷》一文中所说的那样："要真正了解今天的地理，也必须了解过去的地理，这其间也自有其发展规律的存在。"（《新建设》1950 年第 11期）真正按照侯先生这个要求来改造《中国沿革地理》这门课程的，我认为应该是史念海先生，他不仅是改造《中国沿革地理》这门课程的先驱者，而且成功地构建了中国历史地理学的学科体系并培养出一大批研究历史地理的人才，为国家做出了杰出的贡献。

我在西安师院历史系跟随史先生进修学习历史地理这门课程时，先生很注意我对其他学科的学习，不仅要求我听地理系的课程，而且还引导我去研究学术问题，扩大学术研究视野。当时西北大学主办考古培训班（第一期），先生为我们提供条件去旁听西大邀请专家讲授的部分课程，其中有陈梦家先生讲《古文字学》、胡厚宣先生讲《甲骨文》、唐兰先生讲《青铜器》等，现在看来都起到了很好的作用。当时西北大学历史系召开科研讨论会，先生也组织历史系教师和进修生去参加，并引荐我认识了马长寿先生、陈登原先生、陈直先生等一大批国内知名的学者，聆听他们的学术报告，从中深受启发和教育。当时参加的这些活动，为培养青年教师奋发向上的学习精神，确实起到了较好的作用和效果。

现在我回忆起在西安学习的一年中，先生对我的帮助与教育收获是很大的，至今不能忘却。但感到遗憾的一件事情，就是在与先生谈到开封唐宋时期水系的变迁时，他曾经不止一次地说："汴河交通的数次阻塞确实是加速了唐帝国的崩溃，而以后开封水系又对开封东京城市经济的繁荣起到重要的作用，可是到后来开封水系消失了，这个地区成为经济发展的落后区。这其中的原因是什么？这值得认真研究和探讨。"并希望我回开封后能搞一下这方面的问题。在先生的影响下，我回开封后，写了一篇《北宋时期开封城市的经济繁荣》，不久即在《史学月刊》上发表了。后来我的教学任务发生了变化，组织上分配我去讲《中国农民战争史》，唐宋水系的研究问题再无法继续搞下去，只能束之高阁；至今内心感到不安，愧对先生，只有寄希望于来者了！

先生与我们永别了！先生的一生，是为中国历史地理学的发展事业奋斗的一生，他是我们文化教育工作者和广大知识分子的榜样。他留下的宝贵学术遗产将永耀人间，他将永远活在我们心中。当我在撰写此文的时候，先生的音容笑貌时时浮现在我的眼前，他平易近人，勉励后学。我离西安后，几十年来我们都有书信往来，并不断见面指教讨论学术问题，帮助我，引导我，启发我。尤其是我的小儿子隆文，想要投师先生足下学习中国历史地理时，他欣然同意，并回信一封表示欢迎。该信全文如下：

昌远兄台左右：

大札及尊著十一篇皆已奉到，尊著容——拜读。此项撰写工作，至为辛劳，须细读全书，而写的只千字上下，费力不会很少。不过全书条目之多，不全部写就，难以出版。甚盼在可能范围内，继续撰写，以便早观厥成，撰写虽费事，总是能传世的，深盼继续努力。

前日令郎来此，说是有意从事历史地理的研究，可见兄台家教的淳严。已嘱好好作准备，海在此培训博士生，惟每年只有一个名额，若有多人报考，便当显出高下，故宜多加准备。回顾往年考试，外文尤其重要，不宜稍事含糊。

耑此：顺颂

著祺　　史念海拜上　　　　四月二十三日

这件事使我终生难忘，先生所倡导的中国历史地理后继有人了，这使我非常高兴。

先生安息吧！我们将永远继承您的事业，并代代相传下去。我们要化悲痛为力量，团结在党中央周围，为祖国早日实现"四化"而努力奋斗。

筱苏师引领我走上历史地理学研究的道路

　　国庆过后，接到了纪念筱苏师百年诞辰的通知，展卷而读，追忆起当年筱苏师引领我走上历史地理学研究的情景，对先生的哀思便每每如潮水般汹涌！先生离开我们已经整整十年了，我离开古都长安也有八年的光景。八年前，我难荷睹物伤人之痛回到故乡，八年来我的生活发生了许多改变，但对先生的思念与感怀却没有些许的减弱，时值先生百年诞辰之际，写下一段稚嫩的文字，敬献在先生的灵前，以表达我对先生永远的怀念与感激！

　　三十六年前我第一次见到筱苏先生，那一年我刚刚六岁！那是一个物质极端匮乏的年代，有一天家里突然忙碌起来，客厅的大桌上摆满了各种佳肴，散发着阵阵诱人的香味，更惊奇的是连使用的碗筷都是过年祭祖时才得一见的精致细瓷，我知道家中必有一位非同寻常的客人造访。父亲告诉我他的老师——史念海先生就要到了！那天的客人并不多，席间的主陪是我们六十年的老邻居，开封市著名教育家，原开封女高校长——梁建堂先生；另一位客人我已记不清姓名，印象中好像腿脚不太方便，走起路来一瘸一拐，十分吃力。在我的记忆里，那时的先生并不多言，三位老人谈论些什么，我也记不清了。只记得天气很热（可能是在六七月），先生穿着白色短袖衬衣，头发虽已花白，但决无苍老之态。后来，父亲告诉我那位腿脚不太方便的老人是筱苏师的平陆同乡，两人是发小，当时正在河南农学院教书，被划为右派后又断了一条腿，筱苏先生到河南后，不忘故交，多次由父亲陪同探望，这一次父亲便安排两位老人在家中相见！后来，我有幸成为先生的及门弟子，常听先逸阿姨和王景阳先生谈到筱苏师在"文革"中所受到的折磨，也就隐隐地感到那是一次非同寻常的相见。在一个极为艰辛的时代里，先生以他自己的方式秉持了贫贱不移，威武不屈的古训!

　　少年时候常从家中的故纸堆中淘书看。有一次突然翻到了一本用牛皮纸仔细包裹的小书,打开一看上面印着《河山集》三字,而且书的扉页上还有"昌远我兄指教,念海赠"九个圆润流畅的钢笔小字。从此,"史念海"三个字便从耳中走到了纸上,又从纸上镌刻到了心底。后来,不断有《河山集》续集寄来,而且每本书上都有筱苏师的亲笔题字。我似懂非懂地读下去,才知道大学里还有一门叫历史地理的学问,史念海先生就是这门学问的创始人之一,那时我竟然也不知道这本小书和数年前曾见到的老人在未来的岁月里决定了我的人生航向和事业选择!

　　读大学后,对历史地理学的兴趣便由此而来。大学毕业时写了一篇《豫州原义考》的文章,豫州为《禹贡》九州之一,豫州的得名有的学者认为是与远古时期中原地区产象有关。后来,我读东汉的《释名》发现禹贡九州州名的由来都是与自然环境和地理方位有联系,而豫的本义是说这一区域内地势平坦,豫州的得名与产象无关。为了说明这个小问题,我与王琳女士便合写了一篇小文章。这篇文章在父亲的指导下,由我们反复修改,最终定稿,鼓足勇气投给了筱苏师主编的《中国历史地理论丛》杂志。当时的《论丛》还是小开本,由顾颉刚先生题字,每年四期。《论丛》是由筱苏师一手创办,代表了中国历史地理学界的最高研究水平。据说先生在时,对于发表的每篇稿子都要亲自审读,严格把关,发稿很难。文章寄出后,如泥牛入海没有音讯。当我已将此事快要忘却之时,突然收到了《论丛》编辑部寄来的厚厚的一箱书籍和60元的稿费,稿费通知单是由李令福先生填写的,打开书箱是10本1993年第三辑《中国历史地理论丛》,我们撰写的《豫州原义考》就登载在本期,这是我发表的第一篇学术论文。虽然20年过去了,但初次发表学术论文的喜悦与满足时至今日还可细细回味。后来,我报考陕西师大历史地理学博士,校方要考生出具证明学术水平的论文,这篇短文经朱士光先生、侯甬坚先生审阅后顺利过关,且颇得士光师、甬坚师称道。正是这篇3000字的小文章坚定了我献身历史地理学研究的志向。

　　大学毕业后,我被分配在黄河岸边的一所乡村中学担任历史教师。课余之时常常带着学生,骑行在乡间,也常常沿着黄河河道到附近的村落家访,黄河河道里的每一座村庄,每一条道路都是我所熟悉的,那所简单、质朴的乡村中学,不仅给予我它所能有的全部荣誉,而且还给了我一次改变命运的考研机会。当我在黑夜里顶着朔风行走在黄河故道里的时候，我对黄河——这条中华民族的母亲河，有了属于自己的真实感受和体验。我开始用自己的眼光去审读她和她周围发生的古往今来的一切。我把自己打算跟从史念海先生学习历史地理学的想法告诉了父亲，父亲先是犹豫后是支持。父亲对我说："先生对学生要求很严，你基础差，先生会不会收你呢？若是不收你，以我们的师生感情而言，又恐使先生难堪！"我并没理会父亲的忠告，怀揣着父亲勉强写就的推荐信登上了西去长安的火车。

1999 年 6 月 17 日，星期四，一个阳光灿烂的日子，我又一次见到了筱苏恩师。书房里，老人的书桌上放着一套崭新的《四库丛书目录提要》，筱苏师告诉我他正在给中国历史地理古籍写提要，而且父亲也参加了这项工作。"我们不能说为中国文化做了什么，但我们一直在努力做。"老人话语虽不多，但使我铭记终身。我双手捧上父亲的推荐信，老人打开信封认真地看完信笺，显得非常的兴奋，对我说："你父亲是我的学生，你也是我的学生，我们的关系非同一般，你考吧！要争取考第一，学术上要多努力！""青年人要多读书才会有志向，读书要知天下之大，这是我的老师陈援庵先生对我讲的！"半个小时过去了，我起身告辞，先生送我出门，回头仰望，楼梯那段，先生正在向我挥手，眼前仿佛矗立着一座巍峨的高山，而我就是山脚下的一粒微尘，转过身去，我向先生深深一躬，今生也已无憾，我行过了"拜师礼"！此情此景早已永远定格在我心灵的深处，每每记起都会唏嘘不已，几至泪落。后来，先生又为我考博一事专复父亲一函，信中说：

昌远兄台左右：

前日令郎来此，说是有意从事历史地理的研究，足见兄台家教的淳严。已嘱好好作准备，海在此培训博士生，唯每年只有一个名额，若有多人报考，便当显出高下，故宜多加准备。回顾往年考试，外文尤其重要，不宜稍事含糊。

耑此：顺颂

著祺　　　　史念海拜上　　四月二十三日

2000 年，我与介永强兄通过了严格的考试，终于有幸忝列先生门墙，成为先生门下的最后一届博士弟子。这些年来，我在曲折中前行，在逆境中登攀，幸有先生相助，始得正路。从此，我才算是走上了历史地理学研究的道路。

　　入学后不久，先生旋即患病入院，此时先生门下尚有渭生、景纯、永强、维慎诸兄与我未能毕业，我们兄弟几个常常相约去探视病中的恩师，也因之见证了恩师人生中最后的一段生命历程，每次离开先生的时候，我们都低回往复，不忍离去，因为我们谁都不忍承受这正在走进的生死离别！归来寒室一间，兄弟几人常常晤谈通宵，彼此相约，我们浸润了先生的学术与教泽，终有一天，我们也要将它传递下去，以不负先生的识拔与栽培……

　　（本文是为纪念筱苏师百年诞辰而作，部分内容发表于《河山之恋·史念海先生百年诞辰纪念册》（2012 年九月），原文题目为：永远的师表——深切缅怀史念海师，合作者介永强教授，曾同为筱苏师门下最后一届博士弟子。先生辞世后，我们曾同在曲折中前行，在逆境中登攀。先生一丝不苟、孜孜不倦的治学精神，永远鞭策我们不断奋进！）

陝西師範大學歷史地理研究所

昌远兄台 左右：

　　大札及尊著十一篇附己奉到，连著者一一拜读。

　　此经投笔工作，居为辛劳，及加读全书，回忆写的出千字上下，费力不益枯少，不过本书条目甚行，诸文，不全部写讫，难以出版，唐民有可能范围如，继续增写，以便早期厩成，惟写示费事，苦是能付如此，经明继续努力。

　　前日各所来如，说是有关历史地理的研究，可见兄台苍寿的尊严，已据称如你推荐，然在此照刊博士生，惟海外此有一个名额，为青年不批来，任它进此应下，及它圣如讹音。口纸有年考试，外其大学毕竟，不直动辈省荣。

　　尚好，愀秋

　　　　　　　　史念海措上　四月廿四日

20×15=300　　　　　　　第　　頁

史念海教授与中国历史经济地理研究

史念海筱苏先生是中国当代历史地理学的开创者和奠基人之一。在长达六十余年的学术生涯中，先生在中国历史地理学的各个领域都做出了卓越的贡献。先生一生具有高尚的爱国情操、严谨的治学态度、创新的钻研精神、博大的学者胸怀和朴实的工作作风。[①] 先生身后为祖国的学术大厦贡献了 25 部学术专著，200 多篇学术论文（辛德勇、王双怀、史先智整理《史念海教授著述目录》），这些丰硕的成果不仅奠定了先生在中国学术史上牢不可破的坚实地位，而且极大地推动了中国历史地理学学科体系的完备和研究水平的提高。作为中国历史地理学一个重要组成部分的历史经济地理研究，是先生用力尤勤，取得成就最突出的一个领域，作为先生门下的最后一届弟子，在这里我仅略述自己在学习先生遗著时的一些感受与心得，不仅是在这个特殊的日子里寄托对老师的思念与哀悼，而且也是对自己今后学习的鞭策与激励，我认为先生对于中国历史经济地理研究的贡献主要有如下七点。

一 努力发掘历史经济地理研究为世所用的社会功能

先生认为中国历史地理学是探讨中国历史时期各种地理现象及其与人们的生产劳动、社会活动的相互影响，并进而探索这样的演变和影响的规律，使其有利于人们利用自然和改造自然的科学。中国历史地理学既然是这样一门学科，应该有其社会功能。研治这门学科的人就应该发掘它的社

---

① 王双怀：《史念海教授对中国历史地理学的杰出贡献》，《史学史研究》2001 年第 3 期。

会功能。① 那么作为中国历史地理学重要组成部分的历史经济地理研究也自不例外。在历史经济地理研究中，先生始终把努力发掘历史经济地理研究为世所用的社会功能作为这项研究工作的出发点而倾注了大量的时间和精力。在《发挥中国历史地理学有用于世的作用》一文中，先生明确指出："自来经济都是基础，历史经济地理在中国历史地理学中也不是等闲的篇章，经济地区和经济都会也和其他人文地理的景观一样，都是因时而有变化。远在上古时期，黄河中下游之间，再加上相当于今河南东部和山东北部的济水流域，实为富庶的经济地区。可是后来这样的富庶地区，却南移到长江下游三角洲和太湖周围。长江下游三角洲和太湖周围的富庶的经济地区自形成以来，迄今已逾千载，今后能否一直固定下去，是一个值得研治的问题。"② 历史经济地理不仅能为研究历代经济区域的兴衰和经济都会的变迁提供借鉴，而且还能为预测将来合理安排经济生产布局提供参考。早在 20 世纪 50 年代初，先生曾惊喜于当时中国出口生丝和丝织品所获外汇的巨大，通过对古代黄河流域种桑养蚕地区的系统研究提出了黄河中下游恢复蚕桑事业的建议。③ 改革开放以后，沿海地区丝织品出口越来越多，先生又以极大的热情关注着陕西地区蚕桑事业盛衰在当地经济发展中的重要作用，先生博采文献，并参证以最新考古成果和野外考察所得，详尽地论述了自新石器时代以来陕西地区蚕桑事业兴衰变迁的历程。④ 在这篇文章中先生一再指出桑蚕事业对于促进国民经济发展的重要作用。先生指出：当前国家的建设，正在迅速发展，布匹的需用日渐增多，不仅人们的衣着原料要有更多的供应，就是工业用布也是一宗巨大的数目，其他地方的需用都还不少，这里就不必一一列举。这些布匹如果都要由种植棉花来解决，确实对于农田是一个很大的负担。有时甚至还要扩大棉田，才能满足需要。但是这样又必然会影响到粮食的生产，造成另外的困难。解决这样的问题，发展化学纤维的制造，是其中的一个办法。发

① 史念海：《我与中国历史地理学的不解之缘》（上），《中国历史地理论丛》1998 年第 2 期。

② 史念海：《发挥中国历史地理学有用于世的作用》，《河山集》（七卷），陕西师范大学出版社 1999 年版。

③ 史念海：《黄河流域蚕桑事业盛衰的变迁》，《河山集》，三联书店 1963 年版。

④ 吴宏岐：《史念海教授对中国历史农业地理学的杰出贡献》，上官鸿南、朱士光主编：《史念海先生八十寿辰学术文集》，陕西师范大学出版社 1996 年版，第 94 页。

展蚕桑事业比化学纤维的制造简便易行，收效应该是不小的。①

又譬如先生对运河的研究，其间也贯穿着"为世所用"的学术理念。先生在追溯中国历代运河的变迁之后，着重指出应汲取中外历史经验教训，努力发挥运河在"四化"建设中的重要作用，他说："运河和铁路平行，在时间和运费上可以互相调剂。行旅需要迅速，自可舍舟乘车；货运需要省费，就应该遵循水道。……西欧各国铁路的交通不能不说是极端发达，但是各国在铁路以外，还积极地注意运河，不仅对于旧有的培护改良，新开凿的更是时有所闻，其中不乏和铁路平行的，可知运河和铁路的关系是如何的密切。他山之石，可以攻玉，西欧各国已有的经验很可取以为法。"② 先生又说："大运河若能早日整理通航，贯通我国东部的水上交通干线得告成功，这是一个重大的建树，对'四化'建设必然会起到显著的助力。若干小运河的相继兴修，更是锦上添花，效果日益扩大。千百年来，劳动人民智能和精力所结成的硕果能够继续发扬光大，而且远远超过前人的旧规，更是一项不可磨灭的光荣业绩。"③ 总之，先生在继承前辈学人经世致用的学术思想的基础上，把发掘历史地理学能否为世致用的社会功能作为这门学科长期存在并继续发展的关键，贯穿于包括历史经济地理在内的整个中国历史地理学的研究中，不仅为解决国民经济发展中所面临的困难和问题提供了现实的资治方略，而且也为这门学科的不断深入发展注入了不竭的动力和新鲜的血液。

二　对历史时期与经济发展密切相关的
　　交通问题独到探索

历史上，交通事业的进步与发展不仅能够在客观上促进地区间经济水平的提高，加强各区域间的经济交往和经济联系，而且还能起到巩固封建统一国家的政治统治和加强民族团结的作用。先生对中国历史上与经济发展密切相关的交通问题进行了独到的探索和研究，主要有以下三个方面：

---

① 史念海：《陕西地区蚕桑事业盛衰的变迁》，《河山集》（第三卷），人民出版社 1988 年版，第 281 页。

② 史念海：《中国的运河》，陕西人民出版社 1988 年版，第 360 页。

③ 同上。

　　第一，先生对中国古代水运交通问题做了大量细致而缜密的研究工作。这项研究工作的主要贡献在于：复原了先秦时期《禹贡》中的水运交通网络，为研究中国早期水路运输的肇始奠定了基础；① 探索了长江的源头与支流，阐释了长江流域水运的发展与隋唐时期沿江经济都会兴衰的关系；② 复原了早已无存的济水与鸿沟的故道，对于现代水利事业的兴修提供了参证；③ 通过对中国古代运河历史变迁的研究，挖掘了运河在今天国家交通事业中的重大意义；等等。④ 而上列诸项研究中，在历史地理学界影响最大的当数对于中国运河的研究。瞿林东先生对于此书有过很高的赞誉，瞿先生认为《中国的运河》一书有两个鲜明的特点：第一，《中国的运河》不是一般地讲运河历史的书，它是把讲运河的发展、变迁跟当时的社会结合起来，它是一部阐述历史上的运河和运河上的历史的著作。读了《中国的运河》，不只是了解中国的运河的发展史，而且对中国历史的发展也有了一种新的认识。第二，它是一部兼具历史的品格和现实的品格的书。所谓历史的品格是指通过对于真实的历史事实的叙述而赋予读者历史知识和智能；所谓现实的品格是指它可以帮助读者以历史知识和历史智能而反求诸现实，从历史的考察中推进和深化对于现实的思考。这是它的又一个非常鲜明的特点。⑤

　　第二，先生对于先秦、秦汉乃至隋唐时期的中国古代陆路交通问题也做了大量深入的研究。通过这些研究不仅复原了春秋以前、春秋时期、战国时期、秦汉以及隋唐等各个时期国内交通道路的构成情况，⑥ 而且探究了交通道路的兴衰与政治、经济、军事之间的密切关系。⑦ 先生对于交通

　　① 史念海：《论〈禹贡〉的著作年代》，《河山集》（第二集），三联书店 1981 年版，第 391 页。

　　② 史念海：《隋唐时期运河和长江的水上交通及其沿岸的都会》，《中国历史地理论丛》1994 年第 4 期。

　　③ 史念海：《论济水和鸿沟》，《河山集》（第二集），三联书店 1981 年版。

　　④ 史念海：《中国的运河》，陕西人民出版社 1988 年版。

　　⑤ 瞿林东：《运河：历史的价值和现实的意义》，《人文杂志》1989 年第 5 期，第 98—99 页。

　　⑥ 史念海：《春秋以前的交通道路》，《中国历史地理论丛》1990 年第 3 期；《春秋时代的道路交通》，《人文杂志》1960 年第 3 期；《战国时代的交通》，《中国历史地理论丛》1991 年第 1 期；《秦汉时代国内之交通路线》，《文史杂志》2：9，10，1944。

　　⑦ 史念海：《唐代通西域的渊源及其途中的都会》，《中国历史论丛》1995 年第 1 期。

史的研究在研究方法上采取将文献资料、考古发掘和实地考察三者相结合的方法，在研究具体问题时将交通道路的布局与政治都会的崛起、经济都会和城市的繁荣、贸易往来的畅通以及军事斗争的形势相联系，将上述各个时期交通地理的研究推向一个更高的水平。在古代陆路交通研究中，先生取得的最引人注目的成就是对秦直道的探索，[①] 先生先后发表数篇有关秦直道的专文，分别对直道修筑的意义和历史作用、直道的起点和走向、直道与秦驰道的关系、圣人道与秦直道的关系等重大问题进行了全面深入的探索，不仅解决了秦代交通史上一个长期悬而未决的疑难，而且对于全面认识历史时期陕北、内蒙古地区的交通道路构成状况起到了很大的推动作用。

　　第三，将文献资料与实地考察相结合，推动了中国古代关隘研究的全面展开。先生对于中国古代关隘的研究虽是以历史军事地理研究作为出发点，但在客观上却大大丰富了与军事地理研究相关的历史交通地理的研究内容。先生在研究和探讨中国古代关隘的兴衰变迁过程中多与当时社会政治、军事斗争相联系。在详尽地占有文献资料的基础上，再征诸实地考察，故言及古代关隘之变迁兴替鲜有不中。譬如对萧关关址的考订就是一个很好的例子，萧关遗址的所在早在唐代学人已经了无所知了。唐代张守节为《史记》作《正义》就把萧关与陇关混为一谈，不仅如此，《史记·匈奴列传》说萧关在朝那县境，朝那在今固原县东南，因而萧关也就在今固原东南，这一看法自司马迁以来颇有影响。先生结合自己的实地考察与文献记载认为，萧关作为长城的关隘，就应设在经过清水河谷侧畔的大道上，而且还应在固原县北，不宜求之于固原县的东南。另外，先生对于函谷关关址的考订，雁门关的变迁，潼关、木峡关、石门关、榆林关、陇山关、安戎关、咸宜关、散关等著名关隘的考订也都有相当精辟的真知灼见。[②]

---

　　① 　史念海：《秦始皇直道遗迹的探索》《直道和甘泉宫遗迹质疑》《与友人论古桥门与秦直道书》《再与友人论古桥门与秦直道书》《黄土高原历史地理研究》，黄河水利出版社 2001 年版。

　　② 　史念海：《河山集》（第四集），陕西师范大学出版社 1991 年版。

三　探索历史时期农牧分布的空间消长，揭示了中国千年来农牧业发展和农牧关系演变与生态环境变迁之间的内在联系

对历史上农牧分界线的推移和农牧业消长趋势关系的探讨是先生对于中国历史经济地理研究的一个重大贡献。先生认为司马迁在《史记·货殖列传》中所规划的龙门——碣石一线为战国秦汉之际农牧地区分界线的看法不仅是正确的，而且对于研究中国古代整个北方地区生态环境的变化有着极其重要的指导意义，"这是一条具有规律性的界线，是不宜稍加漠视的。"① 为了研究这条司马迁所规划的农牧分界线，先生就全国范围立论撰著了数篇长文，其价值大率有如下二端：

首先，补充和完善了《货殖列传》中对农牧分布问题阐释的不足，使我们对历史时期农牧分布问题的认识更加全面。毫无疑问，司马迁在《史记·货殖列传》中规划的碣石—龙门一线应是当时农牧业地区分布的一条空间界线。碣石在今河北昌黎和秦皇岛之间，龙门则在今山西河津和陕西韩城黄河之间。但先生认为所谓碣石龙门一线还应向西南延伸，通过秦汉天水、陇西、北地、上郡四郡之南和关中之北。具体来说，是由龙门山趋向西南，经岐、梁诸山，再越过陇山伸延到当时的天水郡南，也就是甘肃省的东南部。② 先生还探析了龙门—碣石农牧业分界线的形成原因，追溯了西周、春秋、战国时期农牧分界线的变化趋势及其对西汉时期农牧业分界线的影响。③ 在此基础上，先生又深入地考察了农牧分界线在东汉、曹魏、西晋、北魏、隋唐、两宋等不同历史时期的变化情况，④ 进一步指出《货殖列传》中所规定的农牧分界线实际上应是农业地区和半农半牧地区的分界线，它的存在应是合乎自然规律的。魏晋及其以后相当长久的时期，半农半牧的分界有所推移，所推移的主要是牧区的扩大，间有

---

① 史念海：《黄土高原历史地理研究》，黄河水利出版社 2001 年版，第 10 页。

② 史念海：《我与中国历史地理学的不解之缘》（上），《中国历史地理论丛》1998 年第 2 期，第 227 页。

③ 史念海：《论两周农业牧业地区的分界线》，《河山集》（第六集），山西人民出版社 1997 年版。

④ 史念海：《河山集》（第三集），人民出版社 1988 年版。

扩大的农区，其所影响尚非明显。明清时期没有明显推移的迹象，实际上的操作，殆欲尽量扩大农耕的地区，也就有可能使畜牧地区趋于消灭。可见这是不合乎规律的。① 这样，先生不仅在司马迁的基础上进一步阐明了农牧分界线的走向、性质问题，而且对于西周至明清以来不同历史时期的农牧业消长和农牧业空间组合的变化规律做出了全面的揭示，并得出了规律性的认识，这就为进一步探索农牧业生产活动的空间布局与自然环境变迁之间的关系奠定了坚实的基础。

其次，揭示了中国千年来农牧业的发展和农牧关系的演变与历史时期生态环境的不断变化之间的内在的、规律性的联系。先生认为司马迁所规划的农业地区和半农半牧地区的分界线，是与生态环境相符合的。后来有所变化和改易，则是出自人为的原因。人为原因消失，就可以恢复常态。如果超越这样的常态，就可能种下恶果。宋代黄河的溃决改道层出不穷，如上所说，应是和唐末五代以来这条分界线之北过度发展农业有关。若是这样说法不甚讹误，这样恶果的显现就是理所当然的了。明清两代河患迄无已时，可以说是与这样接踵而来的恶果都有连带的关系。明代为了防边，除了修筑边墙之外，还在边地屯驻重兵。所谓边墙就是一般所说的长城。修长城自然需要相当多的物力，这且不必说起，驻屯重兵更需要相当多的粮秣。如何供给这样多的粮秣？当时是采取了若干措施，这里也不必一一溯说。其最后落脚，是在近边处开垦种植。就是驻屯在当地的士兵，也要参与开垦的工作。② 由于这里原来是半农半牧的地区，牧区宽广，草原很多，可以尽量开垦种植，改牧为农，开垦既广，人力有限，只好广种薄收。广种薄收，不易满足边防需要，又复多事开垦，如是互为影响，仿佛已非半农半牧地区。再后到了清代，蒙汉两族和睦相处，长城已无所用之。听其自然颓废，亦不必重兵驻守。可是广种薄收，已成多年旧俗，积习难改。山陬沟隈，无不有田禾生长，虽然已是"日之夕矣"，却难得再睹"羊牛下来"。这样既过分强求利用地力，又违背自然规律，其恶果就相继来临。明代黄河溃决改道，最为频繁；清代继之，河患亦非少数。半

① 史念海：《我与中国历史地理学的不解之缘》（上），《中国历史地理论丛》1998 年第 2 期，第 234 页。

② 吴宏岐：《史念海先生对中国历史农业地理学的杰出贡献》，上官鸿南、朱士光编：《史念海先生八十寿辰学术文集》，陕西师范大学出版社 1996 年版，第 89—99 页。

农半牧地区多在黄河中游，如此广种薄收，侵蚀随之加剧，所侵蚀的泥沙随水流下，多沉淀于黄河河床之上，河床增高，河水就溃决，其间影响分明，宛如"铜山崩而洛钟应"，盖有由也。[①] 因此，先生对于农牧分界线问题的系统研究，不仅能够启示我们应如何从人类经济活动的空间布局中汲取经验教训，而且还告诫我们今后在从事各种经济活动时要遵循自然规律，协调好经济活动与生态环境之间的相互关系，以免招致自然的惩罚与报应。

四　开拓了历史农业地理研究的新领域

早在 20 世纪 50 年代中期，先生就发表了《春秋战国时代农工业的发展及其地区的分布》一文[②]，这是他研究历史时期农业生产布局问题的开始，直至临终前，先生仍以极大的热情关注着与国计民生有密切关系的中国农业发展与农业生产布局问题。先生不仅是在中国历史地理学界第一个提出"历史农业地理"这一科学概念的学者，而且他以自己的学术实践推动了这项研究的深入和发展，从而大大丰富了历史经济地理的研究内容。作为一个新兴的学术领域，历史农业地理的研究越来越多地受到学术界的关注和肯定。有的学者曾撰著专文对于先生在历史农业地理研究领域中的成就予以总结，认为先生对历史农业地理研究的创始和发展有如下六大贡献：第一，对历史农业地理学学科理论进行了探讨。指出历史农业地理不仅要研究历史时期农业生产布局发展演变的自然社会经济等方面的因素，还应探讨农业生产布局发展演变对自然环境及社会政治的影响。第二，对北方地区农牧分界线变迁的研究。第三，对秦汉、隋唐时期黄河与长江流域主要农业地区的农业发展及其地区差异进行了深入细致的研究工作，不仅解决了许多相关问题，也为历史农业地理研究者树立了典范。第四，探讨了历史时期黄河流域蚕桑事业变迁的过程和原因，为发展黄河流域的蚕桑事业献计献策。第五，对黄土高原地区农林牧分布格局的变迁情况进行了系统的研究，探讨了土地利用与自然环境演变的相互影响。第

---

① 　史念海：《我与中国历史地理学的不解之缘》（上），《中国历史地理论丛》1998 年第 2 期，第 234 页。

② 　刊西安师范学院《教学与研究》1956 年 1 期，收《河山集》初集。

六，培养了一大批历史农业地理研究人才。①

五　推动了新中国成立以来历史区域经济地理的长足发展

历史区域经济地理研究是历史经济地理的一个重要组成部分，其研究的基本内容包括区域的开发、农田水利的分布、人口的迁徙与流动等内容。新中国成立前，历史区域经济地理的研究几乎是一个空白，自 20 世纪五六十年代以来，史念海先生在此方面做了大量的工作，取得了丰硕的成果，为历史区域经济研究做出了杰出贡献，推动了这一研究的长足发展。早在 1984 年，著名历史地理学家邹逸麟先生曾经撰写专文对先生在历史区域经济地理的研究进行过评介，邹先生认为："史念海同志在 50 年代开始即从事区域经济地理的研究，发表了不少成果。70 年代又对黄土高原进行综合的研究，对于推动历史区域经济地理研究产生过深刻的影响。"② 谭其骧、葛剑雄二位先生也认为："近 30 年间历史经济地理的研究主要集中在城市、交通、产业分布和地区开发这几个方面，其中以侯仁之对北京城、史念海对关中及黄河流域的产业的研究成就最著。"③ 先生对于历史区域经济地理的贡献主要集中在以下三个方面：

第一，阐述了历史区域经济地理的创始。先生认为中国历史区域经济的创始为时甚早，应推功于司马迁的《史记·货殖列传》。司马迁撰著的《货殖列传》中的经济区划补足了西汉以前政治区划与经济区划相矛盾的情况，因此，《史记·货殖列传》对于历史区域经济地理研究具有重要意义。按照司马迁的区域经济观点，全国分四个地区：山东、山西、江南和龙门碣石以北。这样的区域经济地理的规划是和当时的自然环境相符合的。四大经济区的范围都是相当广阔的，在广阔的区域内各地情况参差不齐，因而在每一大的经济地区中可再分出若干小区。经济地区中各有其经济都会，经济都会由于交通便利，货物易于集散，故能使商贾云集，交易

---

① 吴宏岐：《史念海先生对中国历史农业地理学的杰出贡献》，上官鸿南、朱士光编：《史念海先生八十寿辰学术文集》，陕西师范大学出版社 1996 年版，第 89—99 页。

② 邹逸麟：《回顾建国以来我国历史地理学的发展》，华林甫编：《中国历史地理学五十年》，学苑出版社 2002 年版，第 70 页。

③ 谭其骧、葛剑雄：《回顾和展望——中国历史地理学四十年》，华林甫编：《中国历史地理学五十年》，学苑出版社 2002 年版，第 138 页。

兴旺，可以称得上经济都会的有 21 处之多。先生多次强调，司马迁在
《货殖列传》中所划分的经济地区应是历史区域经济地理的创始，这样的
功绩不仅前无古人，而且还可以说在以后相当悠久的时期里也竟少有来
者。即使是班固撰著的《汉书·地理志》也只是用经济区域作为政治地
理的辅助说明，而未将经济区域作为单独的研究对象而加以阐释，故不能
称之为区域经济地理，因此，司马迁在西汉时代所做的区域经济地理的具
体区划应该成为中国历史区域经济地理的创始。不惟如此，先生还认为
《货殖列传》中对于经济区域的研究不仅提示我们思考政治区与经济区、
经济区与自然区之间的相互关系问题，而且还有助于我们进一步探寻经济
区域内部的差异特征以及经济区域与经济都会分布之间的相辅相成的密切
关系。这些观点不仅廓清了历史经济地理的创始问题，而且对于历史经济
地理理论体系的建构也起到了极大地推动作用。

　　第二，对黄河流域中国古代经济区的萌芽、发展、兴盛与衰落的全部
过程进行了全景式、多角度、多方位的探索。黄河流域是中国远古文明的
发祥地，黄河流域内农牧经济生产方式的变化及其与环境变迁之间的相互
关系是先生在历史区域经济地理研究中始终关注的问题。先生曾以黄河上
中游地区作为主要的区域对象，研究了这一地区内战国、隋唐、明等各个
朝代历史时期农牧经济分布的空间变化与环境变迁之间的密切关系。这一
地区主要是今天的黄土高原、鄂尔多斯高原和河套平原；间及西秦岭以南
今甘肃省东南部一些地方，它们在历史上是农牧兼宜的地区，由于人为作
用不同，其间的农耕业与畜牧业的分布因时而又有差异。[①] 先生对于上述
三个地区内上至春秋战国下迄于明清曾经出现的几次大规模的农牧交递变
迁的系统检讨，不仅廓清了黄河中上游地区环境变迁与经济活动空间布局
之间的必然联系，而且为重新安排这里的河山并使之重放异彩，总结了历
史的教训，提供了现实的借鉴。

　　对黄河下游中国历代经济区域兴衰的研究也是先生倾注了大量心血的
又一重要领域，对于该经济区域内的如下问题先生做了大量有益的探索：
（1）探讨了秦汉以前关中地区的自然环境变迁情况，以及人们在利用和

---

① 史念海：《隋唐时期黄河中上游的农牧业地区》，《河山集》（第六集），山西人民出版社
1997 年版。

改造关中自然环境基础上所获得的经济成就。① （2）复原了春秋战国之际黄河流域金属冶炼的发展、土地利用的效率、农田水利的兴修、各类农作物及其他副产物包括桑麻种植和纺织业的地理分布状况，阐释了这一时期黄河流域农业经济的发展与农业区域的扩大。② （3）揭示了太行山东部地区区域经济自战国秦汉直至隋唐时期的不平衡发展状况与地区开发的历史过程，探索了区域内促进经济发展的地理因素。③ （4）探讨了隋唐开皇天宝期间黄河流域各经济区的经济地位，分析了黄河下游河南、河北经济区的富庶与繁荣对于封建王朝政治、经济格局的深刻影响，以及唐朝中叶以后中国社会经济重心全面变化的经济地理基础。④ 总之，先生通过对黄河下游流域各经济区域内促进经济发展的各种地理条件和地理基础的探讨，复原了中国古代黄河中下游流域各经济区域内农业、手工业、商业、纺织、冶金、铸造等行业的生产布局状况，探讨了经济都会的职能和分布特点、经济区内交通道路的构成状况、生产技术的推广改良特别是水利事业的兴修与区域经济发展的关系，并在此基础上进一步研究了各个经济区域的开发特征和内部结构的差异，揭示了中国古代黄河流域各经济区萌芽、发展、凋敝、破坏、萧条，最终走向残破的历史演进规律，总结了区域经济发展繁荣的原因和今天经济发展过程中应汲取的历史教训。这些研究成果的取得在很大程度上推动了新中国成立后历史区域经济地理学的长足发展，并为这门学科研究领域的拓展和深化奠定了坚实的基地。

先生不仅对黄河上、中、下游经济区域的有关问题作了系统的研究，而且还进一步探讨了远古时期黄河流域文化、经济发达的地理因素。黄河流域是中华文化的摇篮，其之所以在远古时期成为我国文化最为发达的地区，是与这里有利的地理因素相联系的。先生认为我国远古时期文化最为发达的地区实际上应在西起陇山，东迄泰山之间的黄河流域。这个地区在远古时代湖泊罗列、丘陵散布、气候温暖、森林广布、交通便利，这样的地理条件说明这个地区是一个适宜于农业经营的地区。由于农业能够取得更大的成就，因而就可能积累更多的财富，为文化发达创造了有利的基

---

① 史念海：《古代的关中》，《河山集》，三联书店 1962 年版。
② 史念海：《春秋战国时代农工业的发展及其地区的分布》，《河山集》，三联书店 1962 年版。
③ 史念海：《战国至唐初太行山经济地区的发展》，《河山集》，三联书店 1962 年版。
④ 史念海：《开皇天宝黄河流域及其附近地区的发展》，《河山集》，三联书店 1962 年版。

础。正是由于有这样的因素，在远古时期这个地区的文化才能发扬光大，而为周围其他各地区所不及。① 先生认为有利的地理因素是经济基础的一个重要组成部分，它对黄河流域远古文化的不断发展与繁荣起到了重要作用。先生对于黄河流域文化发展的考察，不仅密切关注了与文化形成、发展有密切关系的地理环境，而且还把经济地理因素视为文化发展的基础来看待，这无疑是把历史经济地理与历史文化地理研究结合起来，在客观上不仅提高了历史文化地理的研究水平，而且也扩大了历史经济地理的研究视野。

第三，对于中国历史上长江流域富庶经济区形成、发展、转移与鸦片战争后内地经济的凋落与沿海经济的兴起的历史进程进行了深刻的研究。先生认为在黄河流域经济地区走向残破萧条的同时，长江流域经济自东晋南朝以来有了迅速的发展，太湖地区、东南八道，以及长江上游的巴蜀地区都成为长江流域的主要经济区，唐朝时"扬一益二"之说就是对长江流域经济区富庶的描述。唐宋以后，长江流域农业的发展、水利的兴修、纺织中心的改易、茶叶生产和发展与盐业的繁荣都助长了长江流域经济区地位的不断巩固，这种不断发展中的经济由于近代资本主义国家势力的侵入受到了摧残，而且逐渐趋向萧条。鸦片战争后，沿海商埠的开放、半殖民地交通的延伸、沿海经济都会的兴起，使中国富庶经济区产生了有历史以来的新变化。② 除了对长江流域与沿海地区经济的研究外，先生视野所及还关注着东北地区的狩猎、畜牧和农耕地区之间的经济差异，尤其是大凌河上游的道路与东北经济的关系以及辽河下游地区经济的发展。另外，对于中国西部和北部广阔的游牧地区经济的变迁，青藏高原游牧经济与农耕经济的区域分布，天山南北地区的经济特征，先生都有过精辟的论述。

六　探寻历史时期与区域经济发展密切相关的人口分布、经济都会的兴起问题，使历史经济地理研究的内容更加丰富和完备

先生认为促进一个地区经济发展的原因是多方面的，其中人口与城市

① 史念海：《由地理的因素试探远古时期黄河流域文化最为发达的原因》，《河山集》（第三集），人民出版社1988年版，第5页。

② 史念海：《中国历史人口地理与历史经济地理》，台湾学生书局，1992年版。

的因素是不容忽视的。首先，对中国古代人口稠密地区形成和演变的研究是先生对于历史人口地理研究的一个重要贡献。先生认为历史上人口较为稠密的地区，都是当时农业较为发达的地区，特别是农田水利地区，人口更为密集，作为农耕地区这样的差别是较为明显的。农耕之外还可以经营手工业。手工业种类相当繁杂，而种桑养蚕缫丝织绢则较为普遍。从历代史实来看，凡是能种桑养蚕的地区，人口都显得稠密。就是农业较为发达的地区，再加上种桑养蚕，人口也就更为密集。然而更为稠密的地方，应是经济都会。经济都会不论大小，其人口都较一般城市为多。就是经济都会周围的地区，也都能受到影响，显得较其他地区更为稠密。① 在这里，先生不仅阐释了人口稠密地区形成的经济动因，而且又着重探讨了经济富庶区与人口稠密区之间的密切关系，把历史人口地理研究与历史区域经济地理研究有机地结合在一起，即推动了历史人口地理研究的发展，同时又扩展和完善了历史经济地理的研究内容。

其次，探索历史时期经济区内各种地理条件的变迁与经济都会兴起、发展和衰落之间的相互关系，是先生对于历史经济地理研究的又一重要贡献。在这方面，《释〈史记·货殖列传〉所说的"陶为天下之中"——兼论战国时代的经济都会》一文堪称杰作。作为春秋战国之际闻名天下的经济都会"陶"的兴起、发展和衰落就是与其所在经济区内的各种环境条件有密切关系的。先生这篇文章对天下之中"陶"兴起的各种地理条件作了独到的分析，而且还进一步阐述了经济都会对于当时政治格局的影响以及经济都会与政治都会的相互关系。有的学者还指出先生在这方面超越前人的贡献就是揭示了中国历史上"政治都会"与"经济都会"之间的分离现象，探索了"政治都会"与"经济都会"之间的关系。先生"从天下之中的地理位置，从水陆路交通干线等研究指出：'雒邑仍是一个政治都会，陶都是一个经济都会。''陶为天下之中'，乃是诸侯四通的地方，居于交通枢纽，而且是在一个富庶区域的中心"。先生"还研究了'政治都会'与'经济都会'城市内部结构的差异，以及自然条件、经济腹地与城市成长之间的关系。虽是历史城市研究，但确体现了地区经济学、城市学与历史学互相渗透、互相交叉产生出来的新成果，对后人的研

---

① 史念海：《论我国人口重心区域的变迁》，《中国历史地理论丛》，1991 年第 2 辑。

究具启示作用"。①

七　始终关注人类经济活动与环境变迁之间的相互关系,阐述历史经济地理研究在可持续发展战略中的地位

包括历史经济地理研究在内的整个中国历史地理学如何更有效地服务于现实需要,在可持续发展战略中具有什么样的地位和作用是先生晚年关注和思考较多的问题。先生认为应该从历史时期人类经济活动对地理环境所产生的影响和发生的作用入手,通过"复原"比较历史时期的地理环境,找寻人类经济活动对地理环境影响与作用的规律,从这些具有规律性的认识中提炼出具体的解决目前存在的环境问题的方案,并以之服务于国家建设与未来发展的需要。先生指出可持续发展的实质,乃是既要考虑当前发展的需要,又要考虑未来发展的需要,不能以牺牲后代人的利益为代价,来换取当代人的利益。也就是说,就是为当代人的利益着想,也不能竭泽而渔,只图眼前的利益,不计任何后果。这样的概念只是当前的概念,以前的人难得都有这样的思考。正是不能具有这样的概念,有若干事实确实在竭泽而渔,不仅不为后世人着想,就在其当代也会亲尝恶果,甚至这样的恶果后代人也要为之品尝,也许永无已时。中国历史地理的研究者,不仅要为可持续发展提供新的设计方案,还应揭露前人的竭泽而渔,留给后代人的恶果,以免后代有些人仍然承袭这样的恶果,使其流毒继续蔓延。②

自 20 世纪七八十年代以来,先生对黄土高原地区、鄂尔多斯高原和河套平原农林牧分布的变迁与环境恶化之间互动关系的研究都体现出先生从历史经济地理学的角度,提炼具体的学科研究成果,贡献于可持续发展需要的学术理念。先生认为黄土高原地区生态环境的恶化以及黄河下游的泛滥都是与各种不合理的人类经济活动有密切关系的。先生通过实地考察

---

①　于希贤:《甸服邦畿如指掌,神州禹迹探变迁》,《史念海先生八十寿辰学术文集》,陕西师范大学出版社 1996 年版,第 34 页。

②　史念海:《我和中国历史地理学的不解之缘》(下),《中国历史地理论丛》1998 年第 3 期,第 224—225 页。

认为黄土高原本来是富有森林和草原的,[①] 草原和森林都可以控制黄土高原地区侵蚀的发生。可是由于人类为取得木材而砍伐森林,为增多粮食而开垦草原,这样为经济利益驱使而进行的滥伐滥垦,就会使地面的植物被覆尽行失去,也就助长了侵蚀,使水土愈益流失。[②] 侵蚀促成了黄土高原地形的演变,使之呈现出千沟万壑的残破景况。黄土高原上这种竭泽而渔式的经济活动不仅使现在农牧业皆难得以发展,成了贫困的地区,而且更为严重的是黄土高原被侵蚀的泥沙随水流下,汇集到黄河之中,黄河中的泥沙在下游随处沉积,抬高了河床,遂致黄河下游的溃决。先生从自己的研究成果中提炼了治理黄土高原和解决黄河泥沙淤积的方案在于防止黄土高原的水土流失。"为了防止水土流失,就必须改革农业经营方式,即由广种薄收改为精耕细作。在不耕的土地里栽培树木,滋生牧草,森林茂盛,牛羊成群,农民收获就会更多。大力修筑梯田,再间杂以森林草地涵蓄水分,阻遏流水,水土流失就可有所节制。黄河中上游的水土得以保持,流入下游的泥沙就可相应减少……即使秋汛来临,人们也不必再因水土流失而惴惴不安了。"[③] 另外,先生还为解决历史上鄂尔多斯高原和河套平原地区因农牧交替而引起的土壤沙漠化和盐碱化问题提供了解决方案。[④] 这些研究成果都为目前可持续发展战略的实施,重新安排祖国的锦绣河山提供了历史经济地理研究的学科借鉴。先生直到临终前不久,还仍以极大的热情关注着包括历史经济地理在内的整个中国历史地理学应如何适应可持续发展战略的需要,充分提炼学科研究成果,服务当前和今后国家的建设事业,造福于后代子孙的发展大计。先生说:"为了显示中国历史地理是一门有用于世的学科,在可持续发展的战略中有其一定的作用……深愿研究中国历史地理的学人共同努力,期能有更多的成就,也使中国历史地理学更能为世所用。"[⑤] 先生在历史地理学领域中长达近 60 年

---

① 史念海:《黄河中游森林的变迁及其经验教训》,《河山集》(第三集),人民出版社 1988年版。

② 史念海:《我和中国历史地理学的不解之缘》(下),《中国历史地理论丛》1998 年第 3期,第 225 页。

③ 史念海:《黄土高原历史地理研究》,黄河水利出版社 2001 年版,第 884—885 页。

④ 史念海:《两千三百年来鄂尔多斯高原和河套平原农林牧地区的分布及其变迁》,《河山集》(第三集),人民出版社 1988 年版。

⑤ 史念海:《我与中国历史地理学的不解之谜》(下),《中国历史地理论丛》1998 年第 3辑,第 226 页。

的学术实践与创造，不仅推动了传统沿革地理学向现代的、科学的历史地理学的全面转化，而且为今后包括历史经济地理研究在内的整个中国历史地理学的发展指明了努力方向。先生晚年所汲汲阐述的对中国历史地理学在可持续发展战略中地位和作用的认识，必将对今后我国经济社会的可持续发展具有重要的理论价值和实践意义。

八　留给我们的启示与思考

先生的治学成就留给我们最宝贵的启示是什么？这是我们后代学人应该深刻思考的问题。我个人在学习先生遗著之时体会最深的有三点：

第一，从学术思想上来看，先生研治历史地理学一生的学术实践都是在践行学术研究要"有用于世"的理念。先生从对中国疆域沿革研究开始，无论是对中国运河的研究，还是对黄河流域桑蚕事业的变迁的研究；无论是对黄河流域和长江流域经济区兴起、衰落的研究，还是对黄土高原农牧分布与环境变迁的研究，以及对解决西安城市用水问题方案的提出……先生一生各种研究工作都是围绕着学术研究要有用于世的指导思想进行的。服务国家建设，造福后代子孙，既体现了先生的拳拳报国之心，又诠释了先生终生的学术追求与学术思想。关于这一点很多史门弟子都有很深刻的体会。辛德勇先生就曾说过：用世益民，我体会这既是筱苏师刻意追求的学术境界，也是先生崇高学术品格的集中体现。授业之中，先生每每谆谆教诲我们要努力使自己所做的研究能为世所用，为时所需，这样才能推动学术与世共兴，与时俱进，个人也因此才能够有所成就和建树。筱苏师几十年的治学道路和业绩在这一方面更为我们树立了典范。[①] 正是在这种一以贯之的学术思想的推动下，先生的治学成就使得我们今天研治历史地理的学人对于这门学科的地位、性质和作用等重大理论问题的认识比之于编辑《禹贡》时代的人们有了更多的突破和创新。这就为历史地理学以具体的、实证的角度来探究地理环境的演迁规律，并以之进一步服务国家建设提供了坚实的学术基础，从根本上完成了这门学科从沿革地理学向现代的、科学的历史地理学转变的重大任务，同时也为历史地理学科

---

① 辛德勇：《开拓创新，用世益民》，上官鸿南、朱士光主编：《史念海先生八十寿辰学术文集》，陕西师范大学出版社 1996 年版，第 123 页。

在新世纪中的蓬勃发展带来了生机与活力。

第二，不息的创新与不断的跨越贯穿着先生学术生涯的始终。先生始治历史地理学是"绍承乾嘉余绪"，有着极为"坚实深厚的考据根柢"。[①]所以谭其骧先生称筱苏先生是"年岁即以淹贯经史群籍、覃思卓识，著称当世"。[②] 但先生并不满足于此，当先生完成了《中国疆域沿革史》撰著之后，就开始思考如何跨越沿革地理的窠臼与局限，而进行对历史时期地理现象变迁及其规律的探索，此时正值抗日战争时期。先生说："沿革地理学诚然在历史地理学中居有一定的地位，从事历史地理学的研究却不应仅限于沿革地理学的范围。如何才能超出这样的局限？"[③] 这样的探索与思考持续到了 20 世纪 50 年代末《河山集》初集的出版。《河山集》初集主要论述了唐代以前我国黄河流域和长江流域两大主要经济区域的历史经济地理变迁过程，涉及了农业、工商业、交通运输业及聚落、都邑等各个方面重要的基本问题，可以说是我国第一部历史经济地理文集。[④]《河山集》初集的出版不仅填补了新中国成立以后历史经济地理研究的空白，而且也是先生运用现代经济地理理论、方法和概念进行中国古代经济问题研究的一次可贵的尝试，这一成果的取得为建国以后历史经济地理的研究开辟了一条新路。直至 80 年代初，《河山集》二集的出版是先生学术生涯的又一次创新与跨越。《河山集》第二集详细论述了黄河中游的侵蚀、侧蚀、下切和黄河下游的堆积，即由于黄河的变迁所引起的陵、原、川、谷的变化和城乡的兴废，以及森林分布的状况跟黄河变迁的关系，并且还探讨了今后治河的方略。正如谭其骧先生在《河山集》第四集的序言中所说：从 70 年代起，先生更以花甲之年，对黄河流域中下游，以及淮河下游、太湖周围，作了 10 年以上有目的的深入而细致的实地考察。治学方法的突破前规，使《河山集》的风貌跟着显著改变。……第二集起，就一变而为一部全是用历史资料（包括文献与遗址遗物）与实地调查考察密切结合的研究成果。这就使中国历史地理学开辟了一个新的阶段，其

---

① 辛德勇：《开拓创新，用世益民》，上官鸿南、朱士光编：《史念海先生八十寿辰学术文集》，陕西师大出版社 1996 年版，第 123 页。

② 史念海：《河山集》（四），陕西师大出版社 1991 年版，第 4 页。

③ 史念海：《中国的运河》，陕西人民出版社 1988 年版，第 2 页。

④ 辛德勇：《开拓创新，用世益民》，上官鸿南、朱士光主编：《史念海先生八十寿辰学术文集》，陕西师范大学出版社 1996 年版，第 16 页。

意义之重大，可不言而喻。第二集的论文，主要是论述了黄河流域地貌和植被变迁的那几篇，篇篇都取得了惊人的成就。① 改革开放以来，城市建设日新月异，对那些历史悠久的城市、特别是古代都城如何保存原有的遗迹，如何创建新的市容，需要历史地理学的研治者作出更多更新的成就。先生又及时地正确地解决了中国古都学的研究对象与研究任务、目的问题，为中国古都学奠定了理论基础，终于使中国古都学这门崭新的学科建立起来，② 这又是先生学术生涯中的一次创新与突破。先生在历史地理学研究领域内所取得的这些具有创新意义的成果，不仅使得历史地理学的学科体系更加完备和成熟，而且推动了它研究范围的扩展和促进了研究水平的提高，并为历史地理学立于现代学科之林奠定了坚实的学术基础。

第三，在对某一个具体问题的研究过程中，先生往往采用综合性的研究方法来解决较为复杂的学术难题。这不仅大大开阔了历史地理学的研究视野，而且提高了其研究水平。譬如先生对于唐代长江下游经济区中心城市的兴起、发展、繁荣和萧条的研究就是这样。先生对唐代扬州兴起的条件的分析是从扬州所在运河附近的交通因素入手，把长江下游经济区内的位置条件、交通条件、水利条件、物产资源条件等作为一个整体来考察，综合地分析了唐代扬州所在的长江下游经济区在有唐一代迅速崛起的地理因素。而对于扬州萧条原因的分析，则是将自然、人文原因联系起来进行综合比较，使我们对扬州衰落的原因有了更深刻的认识。这种综合分析的方法对于历史地理研究来说是相当重要的。王守春先生对此有过较为中肯的评价，他认为对于历史区域地理来说，对一个特定区域的研究，首先是应当研究该地区的自然地理各要素和人文地理各要素在历史时期的变化，这就是通常所说的研究一个地区的历史气候、历史植被、历史地貌、历史动物地理、历史水文地理、历史农业地理、历史文化地理、历史民族地理等等。这些"要素"的研究是非常重要的。是一个特定地区历史地理研究的基础。但是，仅仅有这些"要素"的研究还是很不够的，还不足以解释一个特定地区历史地理研究发展的全貌。只有将各个要素进行综合研究，才能对一个特定地区历史地理的发展演变有全面的、正确的认识。在

---

① 史念海：《河山集》（第二集），三联书店 1981 年版，第 4 页。

② 朱士光：《中国古都学的创建者——史念海先生》，上官鸿南、朱士光主编：《史念海先生八十寿辰学术文集》，陕西师范大学出版社，第 72—73 页。

这一方面，史念海先生开创了一个很好的先例，树立了很好的典范。先生首先是在对历史时期黄土高原自然与人文的各个要素进行了广泛深入研究的基础上，自觉地进一步上升到更高层次的研究，即综合研究。因此，先生的黄土高原历史地理研究，是开创了我国历史区域地理研究的典范。筱苏先生的治学方法是值得我们深思和学习的。

（发表于《史念海教授纪念文集》，三秦出版社社 2006 年版）

史念海先生与关中水环境的研究

一　史念海先生关中水环境研究的缘起

历史地理是一门经世致用的学科，如何做到经世致用？史先生指出中国历史地理研究的是地球表面各种与人的生活以至生存有关的形态。各种形态都时时在变化着。这种变化有的来自自然本身，有的则是由于人为的作用。说明这些不断变化的形态，并进而促成以至于加速或延缓这样的变化，都可以有用于世。注疏典籍，考证地名，借以说明疆土轮廓，版图损益，激发人民爱国的心情，自足以显示其有用于世的作用。若是能够依据历史的经验教训，就具体的方位，譬如一个区域，指出其应兴应革的道理，有利于当前以及今后的建设事业，造福于人类，则其有利于为世所用的作用，也就更为巨大。① 这一思想是史先生在长达 60 年的学术生涯中始终遵循不废的。

史念海先生这种经世致用的学术指导思想，早在抗战初年撰写《中国疆域沿革史》时就已初步形成。其时正值国难，强邻凌逼，先生深感祖国疆土开拓之不易，虽一寸山河不可轻付他人，愤而与顾颉刚先生合著《中国疆域沿革史》。在该书绪论中，史先生痛陈撰述的缘起"吾人处于今世，深感外侮之凌逼，国力之衰弱，不惟汉唐盛业，难期再现，即先民遗土亦岌岌莫保，衷心忡忡，无任忧惧！窃不自量，思欲检讨历代疆域之盈亏，使知先民扩土之不易，虽一寸山河，亦不当轻轻付诸敌人，爰有是书之作。"② 正是这种经世致用的学术思想，激励着先生始终把自己的学

① 史念海：《我与中国历史地理学的不解之缘》，《中国历史地理论丛》1998 年第 3 期，第224 页。

② 顾颉刚、史念海：《中国疆域沿革史》，商务印书馆 1999 年版，第 3 页。

术研究与国计民生联系在一起，使历史地理学研究走入了一片广阔的天地。

　　新中国成立以后，筱苏先生为蓬勃兴旺的国家建设事业所激励，面对时代的需求，在一个个新的研究领域展开了许多有益探索。其中对于黄土高原环境变迁的研究，受到历史地理学界极大的推崇。黄土高原环境变迁研究的开拓是适应社会现实课题的要求而展开的。面对黄土高原上的濯濯童山，千沟万壑，以及严重的水土流失给下游所带来的河患水灾，筱苏师痛感黄土高原必须改造，而作为一名历史地理学工作者，自己有责任为改造黄土高原提供历史的借鉴。正是由于这种强烈的历史责任感的鞭策，先生才能够以花甲之年毅然走出书斋，奔波于黄土高原的沟梁塬峁，通过亲身考察并结合文献记载，复原了历史时期黄土高原的植被面貌，得出了人类活动与植被破坏演替的规律，为恢复黄土高原植被，合理安排农牧副业生产结构，以及治理黄河河患，提供了有力的科学决策依据，因而也受到了党和政府的高度重视。① 而筱苏先生对关中水环境的探索，正是黄土高原环境变迁研究的一项重要成果。

　　目前，关中地区城市用水问题已经越来越引起世人的广泛关注和忧虑，关中的中心城市西安用水的紧张更为迫切。造成关中城市用水和水环境恶化的原因是多方面的，而与城市人口的增加以及工业化程度的提高更是密切相关。这两个因素导致了用水量的激增。用水量的激增，地上水不足，就不得不过量开采地下水，其结果造成的就不只是水源枯竭用水紧张的问题了。② 不仅是水源的枯竭用水紧张的问题，更为严重的是关中地区水污染问题的加剧。以西安为例，新中国成立后，随着城市人口猛增和工业迅速发展，未经处理的工业废水和城市生活污水，大量排入河道，使得西安城市周围诸水发生不同程度污染，更使地下水污染不断扩大，水质变得更坏，并含有毒物质。③

　　总之，目前关中地区水资源严重缺乏，水污染的恶化成为影响关中城市发展和生态安全的主要限制因素。正是由于在经济社会发展过程中面临

---

　　① 辛德勇：《历史的空间与空间的历史》，北京师范大学出版社 2006 年版，第 380 页。
　　② 史念海：《河山集》第 7 集，陕西师范大学出版社 1991 年版，第 73 页。
　　③ 李昭淑、徐象平：《西安水环境的历史变迁及治理对策》，《中国历史地理论丛》2000 年第 3 期，第 45 页。

严峻的水环境问题，促使筱苏先生深入探究关中水环境问题的由来，发现水环境变迁的内在规律，并最终为解决关中水环境问题提出了切实有效的政策与措施。

二　史念海先生关中水环境研究的主要成就

1. 对历史时期关中水系进行考证复原

筱苏师认为，秦汉之际关中主要是指汧、雍、河华之间的地区。汧、雍是山名，也是水名。汧山、汧水即今陕西千阳县的千山、千水。雍山、雍水在今陕西凤翔县。皆在陇山近旁。河谓黄河，华指华山。汧雍、河、华之间，用现在的地理来说，就是陕西省的中部。这里是一片可以从事农耕的富庶地区，而且从周秦以来，都是如此。同时也是促使刘邦以关中为都的因素。这样富庶的地区，唐时还未有所改变，隋唐两代以居其地，已见其利。

当刘邦选择国都之时，刘敬、张良等皆称关中为四塞之地。所谓四塞，当于周围环境有关。关中南倚终南山，也就是后来的秦岭。关中西有陇山，东有崤山，北还有岐山。当时四塞皆设有关隘。北边为萧关，西边为大散关，东有潼关，南有武关。汧、雍、河、华之间是关中平原。关中平原是总称，作为关中中心的汉唐长安城附近还有很多原，原是一个特殊的地形，在黄土高原上相当普遍，由陇山之东到华山之西，黄河之滨，连绵不绝。原有面积大小，并不相同。

汉唐长安城外不仅有原，而且还有河流。河流之多竟达到八条，当地人自古以来就有八水绕长安的俗谚。这样优越的地理条件，所以周、秦、汉、唐王朝把国都建都于关中。这句俗谚可以追溯到西汉武帝时期，司马相如在他那著名的《子虚赋》就明确指出"八川分流，相背异态"。所谓八川就是指泾、渭、灞、浐、沣、滈、潏、潦。其中的潦水就是现在的涝水，滈水的源头就是现在的交水。这八川，泾渭在城北，灞浐在城东，沣涝（潦）在城西，潏水虽在城南，却也绕城西向北流。这八川只有渭水是主流，其余七水皆是渭水的支流。这八条水环绕着长安，使西安的土壤能得以灌溉，更为肥沃，成为有名的富饶地方，所以说，汉唐建都长安绝对不是偶然的。

这八条水中，渭水是主流，其他皆是渭水的支流。渭水发源于甘肃鸟鼠山，山下就设有渭源县。渭水由渭源县东南流，经陇西、武山两县，再东流，经甘谷县和天水市、天水县，过陇山，进入陕西省，再经过宝鸡市、县和岐山、眉县、扶风诸县，进入西安市区。经周至、户县，过西安城北，至临潼县东，出西安市区，过渭南、华县、华阴三县，至潼关县入黄河。

泾水为渭水最大的支流，发源于宁夏回族自治区六盘山下。这里也设有泾源县。泾水由泾源县东流，经甘肃平凉市和泾川县进入陕西省，再经长武、彬县、永寿、淳化、礼泉、泾阳，进入西安市区，至高陵县入于渭水。

灞水发源地现在说来是蓝田县东，当地还设了一个灞源街。这里旧称灞龙庙，1913年改为灞龙镇，1949年仍因地处灞水源头，才改为灞源街。

根据筱苏师的考证，关中诸水中以沣水变迁较大。由于沣水以东的滈水、潏水以及浐水、灞水都成为沣水的支流，沣水当然就成为相当巨大的河道，所以周人从周原东迁选择这条大河道旁为建都所在地，不是偶然的。为什么沣水北流，这很难稽考，只是在汉时，《汉书·地理志》记载沣水北流入渭，潏水不再作为沣水的支流，同样北流入渭。

筱苏师还对文献记载中灞水的源头地进行了考证、辨析，指出了《水经注》中泥水入灞的错误。灞水源头地始见于《汉书·地理志》，据说是出于蓝田谷，郦道元撰《水经注》也有如此说法。秦岭山谷很多，蓝田谷确在何处，没有定说。《水经注》在记载灞水发源后，接着又说"西北有铜谷水，次东有辋谷水，二水合而西注，又西流入泥水，……泥水又西北流入灞"，这句话过于简略，很难说明问题。宋敏求在《长安志》卷十六《蓝田》中说，此泥水为刘谷水，谓在蓝田县东南，以铜谷水所出的铜谷在蓝田县东，而辋谷水又在蓝田县南。今图上有流峪河，即刘谷水，亦有铜峪河，即铜谷水，更有辋峪河，即辋谷水，可是流峪河和铜峪河之间却又有今所谓出于灞源街的灞水，故史先生又说铜峪河入流峪河却在入所谓灞水之后。而辋峪河和流峪河之间又隔了一条蓝桥河，这些都与《水经注》所记载的不同。又经过史先生的详细考证，认为蓝谷水既是灞水的别名，如何又说"西北流入灞水"[①]。因此，史先生认为，灞

<hr>

①　宋敏求：《长安志》卷十六《蓝田》。

水应是渭水之误，灞水西北流，过今蓝田县西，又北流于渭水。①

筱苏师经过仔细考察认为，灞水最大的支流就是浐水，浐水在今西安市东北广太庙入于灞水。在汉时，这里属于霸陵县，故汉时的记载说"浐水出蓝田谷，北至霸陵入灞水"②。浐水是灞水的支流，也是绕流长安八水之一。可是《水经》特立一目，说它是"浐水出京兆蓝田谷"。郦道元为《水经》作注，征引《地理志》的话，说是"浐水出南陵县之蓝田谷"。可是《地理志》所说自蓝田谷流下的，乃是沂水和灞水，并未涉及到浐水。因此，史先生认为文献上"所说的沂水实为误文，《水经注》征引的正是浐水而非沂水"。考证甚确，辨明了郦道元以浐水为沂水的误注。

值得注意在历史文献上，有许多同水异名的现象。现在的浐水在《水经注》为荆溪及其所合的狗枷川水。对这些问题，筱苏师亦做了精审的考证。浐水为什么叫做狗枷川水？因为荆溪发源于白鹿原上。现在白鹿原上还有泉，泉水汇成鲸鱼沟，西北流注入浐水，在白鹿原上有狗枷堡，秦襄公时，有大狗来，下有贼则狗吠之，一堡无患，因而川水就以狗枷为名。这自然是传说了，但有可取之处，史先生认为："长安八水中只有灞水得名有来由，灞水本来叫滋水，秦穆公称霸当世，为了表现霸功，遂改滋水为灞水，狗枷川水和灞水能得溯其原委，也是难得的。"③

筱苏师还对关中地区古今水道的变迁进行了考察。在西安城西入渭水的丰、镐、潏、涝四水中，是以丰水为最大，丰水的源头，据《水经注》说出于丰溪。现在丰水出于丰谷，虽无丰溪之名，但根据《水经注》的记载，丰水与渭水会合处在短阴山内，平原之地，渭水之滨如何会有隆起之山，而且还是在山内与渭水相会合？据《水经注》记载，"水会无他高山异峦，所有惟原阜石激而已"。其地在今咸阳市西南，就是原阜石激也难见到。现在丰水入渭处已改在咸阳市东，和《水经注》所记载的时代

① 以上考订，见于史念海：《环绕长安的河流及有关的渠道》《中国历史地理论丛》1996年第 6 期，第 1—3 页。

② （汉）班固：《汉书·地理志》第八，中华书局 1545 页。

③ 史念海：《环绕长安的河流及有关的渠道》，《中国历史地理论丛》1996 年第 1 期，第 4 页。

又不相同了。这是关中水道变迁的一例。①

在八水中较为特殊的就是鄗水。《水经注》记载："（鄗水）上承鄗池于昆明池北，周武王之所都也。"接着还说："鄗水又北流，西北注，与滮池合，水出鄗池西，西北流入鄗。"据所说滮池还有它的源头。鄗水的源头何在，这就成为问题。鄗池在昆明池北，当时凿成昆明池，阻断了水源。鄗水自有源，史先生根据《类编长安志》的记载，认为鄗水源头为今交水。今交水发源于南五台西的石砭峪，西北流经香积寺南，西流于丰水。今香积寺西尚有故河道，当地称为干河，西北通到石匣口。石匣口为昆明池南的进水口，这当是滮水北流的故道。《水经注》也提到交水，仅说丰水"又北，交水自东入焉"，而未涉及到交水和昆明池的关系。这是今本《水经注》的阙文，因而脉络就显得不很清楚。赵一清据宋敏求《长安志》补充了三条交水的材料，说明"鄗水和交水只是一条道，鄗水的上源为交水，交水的下游不为鄗水。郦道元虽然说得清楚，只是没有点明交水就是鄗水，因而引起了好像就根本无法解决的问题"②。这也是异名同水的辨析，是史先生研究八水绕长安的重要发现。

鄗水之东就是潏水，潏水在《水经注》中写作沇水，潏与沇是异体字，实际本是一水。《水经注》中说沇水上承皇子陂于樊川，皇子陂在今长安县东南，而今沇水并不经长安县东南的皇子陂故地，而是由瓜州村在皂河之南向西山流去，至香积寺南与鄗水合流为交水。交水得名在张礼《游城南记》作了解释，说是樊川和御宿之水相交流之后的称谓。是什么时候相交流的，也就是说神禾原上的坑河是什么时候开凿成功的？张礼只就当时目睹的情景而言，未再作说明。史先生认为："至迟在唐代已应如此，因为唐代在长安城南曾经不止一次地兴修水利工程，凿原成渠的工程不小，当时也是能够有这样的力量的。"③ 再根据有关历史文献材料记载看来，坑河是唐时人开凿的，不应是先有名称而后再动工兴修，如果再往前溯，那说只有西汉，西汉时能够兴修昆明池这样大的工程，再开凿一条坑河应该说是有可能的，当然这一可能是一种推测。这些都是史先生关中

①　史念海：《环绕长安的河流及有关的渠道》，《中国历史地理论丛》1996 年第 1 期，第 5 页。

②　同上书，第 6 页。

③　同上。

水系变迁研究的重要成果。

除了上述诸水外，对于渭水古今的变迁，筱苏师又作了很多的工作。筱苏师认为渭水以南，西安周围这几条河流有一个共同特点，就是流程相当短促，出山之后，流经数十里皆会入渭水。在数十里间，各自的河床高低，上下很不相同。初出山口，落差较大，下切较为明显，没有改道旁流的现象。流近渭水，地势较为平缓，河道就不免间有改易。其实这样的改易主要是渭水河道的变迁引起的。① 西安南倚秦岭，由于造山运动的不断延续，水流难免不会受到影响，渭水的河道就是因此而不断向北滚摆。显而易见的是秦都咸阳为渭水所侧蚀，过半的遗址皆被冲塌。秦都咸阳在今咸阳市东窑店。到汉时，咸阳与长安之间一桥相连，横架渭水之上，今则河滩广阔，河道推易，如何能如当年在原桥址上再架桥梁？据唐人《元和郡县志》卷一《京兆府》记载，唐时渭水南至咸阳县三里。清人胡渭《禹贡锥指》卷一七记载渭水仅在咸阳南一里。其间摆动的过程是相当明显的。史先生还认为像秦都咸阳的现象也显现在唐时所筑的东渭桥。东渭桥的遗址在现在西安市东北耿镇的东南约二里处，其地田垄纵横，禾苗茂盛，与河流毫不相涉，就在这样田垅间，禾苗深处，桥基巨石垒垒相迭。当年规模依然可睹。东渭桥如何能架设在村旁田园之中？渭水既已北移，河滩经过改造已成为农田，以上这种现象只能证明渭水的变迁。②

再据唐宋时人的记载，《元和郡县志》和宋敏求《长安志》记渭水在盩厔县北五里，在鄠县北十七里，万年县北五十里，临潼县北十里，兴平县南二十九里。明清时《西安府志》卷八渭水在盩厔县五里，鄠县北三十里，兴平县南二十里，《咸宁县志》记渭水在长安县北三十里。《临潼县志》卷二记渭水在县北十五里。其间渭水向北摆动是很明显的。由于渭水的摆动，其支流各水入渭处自然也相应有所移动。

除了渭水河道变迁外，还有另一种类型的河道变迁，那就是沣水。《水经注》曾经记载丰水入渭的地方为短阴山，这只能说是郦道元时的情况，而最早丰水入渭的地方是西周时期《诗·大雅·文王有声》记载的"丰水东注，维禹之绩"。《尚书·禹贡》还说"丰水攸同"，可见丰水能

---

① 史念海：《环绕长安的河流及有关的渠道》，《中国历史地理论丛》1996 年第 1 期，第 7 页。

② 同上书，第 8 页。

得到禹治理，一直为世人所铭感。丰水据说都是北流，可是禹治理丰水却是东注。近年来考古发掘和卫星照片都证实有这样一条古河道。这条古河道起自长安县斗门镇，斗门镇就是丰水东岸，相距约一公里。由斗门镇东北行，过三桥镇，再向东北流，绝泸水和灞水，在今灞水入渭处以东注入于渭水。① 如果这样的论证不误，说明丰水以东的鄗水，滈水以及泸水、灞水都曾为丰水的支流。丰水是什么时候改道北流？这就很难稽考，史念海先生根据《汉书·地理志》"丰水出东南，又有滈水，皆北过上林苑入渭"，认为至少在汉时丰水已流入渭。丰水北流入渭，滈水也就不再作为丰水支流，同样北流入渭水了。②

2. 揭示古代关中湖泊的重大变迁

河流改道只是关中水道变迁的一部分，筱苏师对关中古代湖泊沼泽变迁的研究也是不能不道及的。文献中提到的关中的湖泊很多，如《周礼·职方》记雍州的泽薮，特别提到弦蒲。弦蒲的遗迹位于现在陇县的附近，在汧水的上游，那里已在关中的最西部，近于山地。筱苏师认为山地如何能够有沼泽？值得思索。据《水经·渭水注》记载这个弦蒲薮乃是汧水流经弦中谷时形成的，那里的泽薮实际是汧水的河谷。河谷而成为泽薮，可能是由于两旁高崖崩坠，壅阻水流所致。《周礼·职方》以弦蒲为雍州的大泽，与大野、圃田并列，论诸实际，恐难互相比拟。可见其湖泊面积之大。《周礼·职方》还曾经提到一个称为扬纡的泽薮，不过说是在冀州，似乎和关中没有关系。《尔雅·释地》说秦有旸纡，《吕氏春秋·有始览》却说是阳华。后出的《淮南子》在它的《地形训》中却另作阳纡。筱苏师认为这个泽薮的名称应该是一地的异名。《吕氏春秋》为吕不韦门客所撰述，于关中情况当不致有若何隔阂，所以这个泽薮应是在关中，而不是在冀州，它的名称也应该从《有始览》之说以阳华为正。这是很有见地的意见。

3. 对历史上关中水环境的利用与改造。

（1）追述了周人在关中的水利贡献

周人对水环境的利用与改造，是具有悠久的历史渊源，周原位于陕西

① 杜甫亭：《西安附近渭河河道的变迁》，《史前研究》1985 年第 1 期。
② 史念海：《环绕长安的河流及有关的渠道》，《中国历史地理论丛》1996 年第 1 期，第 8 页。

省关中平原的西部，正北倚崔嵬的岐山，南临滔滔的渭河，千河逶迤经过西侧，漆水河蜿蜒纵贯东西，周原有名也是因为周人居住在这里。周人选择这里作为居地不仅是因为岐山有茂密的森林，适于狩猎，还有丰富的水源可以灌溉农业。沣河是周原之上的主要河流，发源于凤翔北的老爷岭，横贯周原东西，随着原面的倾斜，曲折回旋奔流而下，经凤翔、岐山、扶风诸县，到旧武功县城南注入漆水河。漳河随地异名，在凤翔县境内称为雍水，在岐山县境内称为后河。在扶风县境内称为沣河，到武功县境内称为小北河。其支流很多，有横水河、鲁班沟水、龙尾沟水、麻叶沟水、畴沟河、美阴河等。①

　　沣河水系的水源除地表径流外，常流水主要靠泉水。这些水泉主要分布在岐山山脉的南麓。从西向东，著名的有凤凰泉、润德泉、凤泉、龙泉、马泉等。各河谷中也时泉水流出，涓涓淙淙难计数。可见周原的地下水是相当丰富的。这些纵横交叉的河流，星罗棋布的泉水，不仅为劳动人民生活饮水提供了方便，而且也为开发、利用和改造周原创造了有利条件。所以从原始社会后期起，周原的人口就日趋稠密，农业经济也逐渐发展。当地河流沿岸已经发现原始社会文化遗址就有30余处，有的相当广阔，双庵龙山文化遗址南北长2公里，东西宽1公里，就是例证，自那时以后，周原在经济文化各方面一直都居重要位置，引人瞩目。周原一带良好的水环境为周人的发展提供了优越的环境条件。

　　据文献记载，周人始迁到周原时，水源应该是很丰富的。岐山南麓的泉水也是周人饮水的来源。周人经常以南北二山并提，南山仍然是终南山，而岐山就包括在北山之中，南北二山森林茂密，郁郁葱葱，山下水源自然丰富，所以周人公刘迁到邠时先要观其流泉，还应是利用其水泉灌溉农田，在《诗经·小雅·生民之什·公刘》、《诗经·大雅·文王之什·皇矣》等诗，均有反映，不再列举。《诗经》所说："度其隰原，彻田为粮。"就是说明周人到豳时经营农业生产，到周原以后同样要经营田亩的疆域经界，按时耕种。由于农田的不断扩展，居民点也就相当增加，奴隶主的采地也随着到处分布。从汉代以来，周原上就有周人的文物出土，其中有些是成批的。随着采地的增加，剪伐森林，开垦种植，耕地面积也就逐渐扩展，周人都城建都镐京。离西安不远，环绕于西安周围的河流，仿

　　①　史念海著：《黄土高原历史地理研究》，黄河水利出版社2001年版，第245页。

佛已使西安成为水乡泽国，可是这时人们还注意不断开凿渠道，让河流发挥较大的作用为人类服务。

（2）全面总结了汉唐两代关中平原上水利的成就。

筱苏师认为关中地区的开渠引水灌溉到秦汉时期得到充分的发展，所谓"八水绕长安"的说法，不仅仅是这八条水在长安周围流过，而且能引水处都在开凿灌溉，成为一个相当周密的灌溉网，长安就处在这灌溉田的中心。秦汉时期如此，隋唐时期又重现一次，秦汉、隋唐前后相辉映，这可以作为长安城富庶的标志。

秦汉时期开渠引水工程，著名的就是昆明池和漕渠。昆明池遗址在今长安县韦曲西北，斗门镇之东。斗门镇有村名为西石匣口，当是当年昆明池的进水口。昆明池久涸，当今仍为洼地，面积10余平方公里，昆明池凿于汉武帝元狩三年（前120年），据说汉武帝为要讨伐昆明，故开凿这周围几十里的昆明池，以教习水战。也有说是为讨伐岭南的越人，以之作为备战之所，说法虽然不同，但都是以昆明池作为训练水师的场所。昆明池主要水源来自交水，也就是以前的鄗水。交水之外也容纳一部分丰水。不仅如此，昆明池水源也有来自潏水者。

漕渠为汉武帝元光六年（前129年）修造，在开昆明池前九年，漕渠工程最初建议为身居大司马高位的郑当时。穿漕渠的目的是为了运输漕粮，穿成漕渠由长安傍南山东行，直过黄河，这条水利工程三年得告完成，使长安的漕运得到很大的方便。

漕渠的水源由何而来，文献上没有明确的记载。《水经注》仅仅说是引用渭水，还提到昆明池。由漕渠告成到昆明池告成，其间仅有六年。筱苏师认为穿凿漕渠的水源，就是利用潏、鄗、滈和灞诸水。昆明池的穿凿使潏、鄗诸水得以储存，使后来漕运更为方便。漕渠的设计是出于齐地水工徐伯，这是应该称道的。

西汉开渠引水工程比较大的，在这里还应该提到供给都城长安的用水，主要还是引用潏水。潏水由昆明池东再往北，到长安城西北入渭水，这就给引水入城提供了方便的条件，潏水被引进长安城是由章门外开始的。对于这股潏水，据程大昌《雍录》卷九《飞渠》记载：引入城内的水是架空的渠道，所以称为飞渠。当时章门内外地势较低，必须垫高。渠水才能畅流无阻。章门以内则是明渠。明渠应是就在地面挖渠沟壕，引水流过，渠上也无所覆盖。引入城内的水，由霸城门附近流出城外。这段明渠中间也有些池沼，未央宫西有仓池，长乐宫有酒池和鱼池。潏水支渠出霸城门称为王渠，分为二水，一水为南流，入于昆明池，也就是漕渠；一水则循城北流，入于渭水。

这里渠水以王渠相称。王渠据说就是官渠。郦道元以为就是北魏的御沟。枝渠在那里也称为王渠。这些都是循城的水渠，和现在的护城河实相仿佛。现在我们不知道长安城南面三门中最西的西安门处是否也有王渠。文献中也未见记载，只好存疑。

潏水支渠入长安城后，有霸城门流出城外，这是见于《水经注》的记载，正是潏水解决了当时长安城中的用水问题。

长安城濒于渭水北岸，本为秦都咸阳的废墟所在。这里的灌溉渠道有成国渠。《水经注》记载有这条渠道，是由陈仓县（今宝鸡县）引汧水东流，经郿县（今眉县东北渭水北）、槐里（今兴平县东南）、渭城（即秦咸阳旧都）诸县入于渭水，其入渭处在灞水入渭以东。筱苏师认为《水经注》所记载的成国渠为三国时魏国卫臻受命伐蜀时所开凿的。汉时自有成国渠是由郿县（今眉县东北渭水北）引用渭水的。卫臻所开的渠只是在汉时旧渠的基础上向上引申，郿县以东还是一样的。所开凿的这条渠道主要是为了灌溉农田。而由泾水引出郑国渠和白渠，灌溉之利最为鸿大，有名于后世。但离西安市较远，这里就从略了。①

西汉以后都城迁徙，长安废不为都，水利设施也就不为人所重视，不免渐就废弛。工程浩大的成国渠到郦道元撰《水经注》时，就早已无水。成国渠如此，其他渠道也就可想而知了。直到隋唐时，才相继复兴，重现繁荣的局面。

隋朝建立，仍以长安作为都城，却将长安城迁徙到其东南的龙首原上。在诸多迁徙原因中，其中长安城内地下水咸苦是一条重要原因。长安作为都城多年来地下水质受到污染，引起变质自是难免的现象。都城迁徙到龙首原上，地势更为高昂，城内用水问题自然不能不早日予以解决。隋朝建国之初，就先后开凿了永安渠、清明渠和龙首渠。永安渠引用的是交水，清明渠引用潏水，龙首渠则用浐水，近城的三条河水都得到了引用，用功也是相当大的。

---

① 史念海：《环绕长安的河流及有关的渠道》，《中国历史地理论丛》1996 年第 1 期，第 11—17 页。

永安渠引用交水的地方，距御宿川（今为潏水）和滈水相会合成为交水处不远，也就是在香积寺西今周家庄附近。周家庄西约三公里处为赤栏桥。永安渠就是经过赤栏桥流向东北。今长安县韦曲之西，丈八沟南有第五桥，第五桥东北又有沈家桥，皆应是永安渠流经的地方。这些桥应是架在永安渠之上。由沈家桥再向东北流，就可由安化门西流入长安城内。永安渠流入城后最先流到长安坊，再往北流，依次经布政、颁政、辅兴、修德四坊之西，再经西市之东，又北出外郭城，流入芳林园又北入苑，再往北入渭水，这条渠在唐时称为交渠。

清明渠在永安渠之东。其引水处在朱坡村东南，朱坡村在今韦曲东南、申店正东，其南则为小江村。清明渠由这里循少陵原麓西北流，经牛头寺，再西过韦曲，经塔坡，再北流，至安化门东朱雀街西第二街最南的安乐坊的西南隅而北流。再向北流最后依次注入宫城内的南海、西海和北海。

龙首渠引浐水处在长安城东南马头埪。马头埪为今马登空，其引水处的遗迹至今仍略可见到。由于龙首渠引水为浐水，因而也称为浐水渠。此渠由浐水引出后，北流至长乐坡，分为东西二渠。长乐坡在长安城东面三门中最北的通化门（在今长安西路陕西省火力发电公司东南角）处，就是以前的浐坡。迄今就为西安东行至灞桥及其以东各处的大道必经之地。所分的东渠，经长安外郭城东北隅外，折而西流，入于苑中，西渠经通化门南，流入城内，以后经过一段路程，流入宫城，折西注入宫城内的东角，其东渠入苑的余水，则经后来的大明宫，复归入浐水。[①] 这样，筱苏师把永安、清明、龙首三渠的经行考释得清清楚楚，无一遗漏。

至于永安三渠的作用，筱苏师认为：永安、清明和龙首引水入城，当然是为了供应长安城内的用水，更重要的是供应宫城和皇城内的用水。三渠之中除永安渠经过外郭城直流入苑，再注入渭水外，清明和龙首两渠皆流经皇城，至于宫城，分别汇入诸海之中，这是隋时创业的成规，至于唐时重视园林设施，寺院道观中更是为必要的点缀。兴庆宫的龙池，大宁坊的太清宫池皆著名。据不完全统计，长安城内有名于当世的园林池沼，就有 40 所。朱雀门街西第三街延福坊琼山县主宅，就以宅内有山池院，林

①　史念海：《环绕长安的河流及有关的渠道》，《中国历史地理论丛》1996 年第 1 期，第 17—19 页。

木葱郁，为京师所称道。街西第一街安业坊有程怀直宅。怀直自沧州归朝，唐德宗赐宅于此坊，又赐别宅于此坊。宅中就有池榭园林之胜。其他就不一一列举。

筱苏师还论证了长安城中的生态用水。永安等三渠固然供应唐长安城内大部分池沼用水，也供应其他方面的用水。而黄渠的功能则主要是为长安提供生态用水，其主要是为了供应曲江池中的水流。曲江之名始见秦汉时期，司马相如作赋曾经道及。其地在长安城的东南隅。隋时始建长安城，空此一隅，未筑城垣，亦当是由于曲江澜漫，不复再筑。即已有曲江，则黄渠的开凿可能就在隋时。张礼《游城南记》记载说"黄渠水出义谷，北上少陵原，西北流经三像寺，北流入鲍陂，自鲍陂西北流，穿蓬莱山，注之曲江"。这里所说的义谷，就是现在的大峪。由大峪流出的水今为大峪河，那时称为义谷水。黄渠就是由这条河水分流出来的。鲍陂今已干涸。当地有鲍陂村，村旁地势凹下，显示其遗迹的所在。三像寺早已圮毁，其遗址当在由韦兆上少陵原坡路的西侧，蓬莱山当在今曲江池南岸近处。这样说黄渠渠道还历历可知，近人已有考证。① 根据文献记载曲江水涉及的范围也是相当广泛，不再赘述。

唐朝仍继续开凿渠道，引南山的水流入于长安城中。当时不是为了供应城中的用水，而是为了便于交通，有助于运输。最早见于记载是唐玄宗天宝二年（743 年）韩朝宗所开凿的渠道，此渠道是引渭水运输林木，置潭于西市。有的记载却说韩朝宗所引用的水是潏水，与渭水无关。史先生认为，漕渠确是由长安城西引用渭水，由长安城北流过。长安城乃在龙首渠上，漕渠流经则在龙首原北坡下，值得注意。据文献记载长安城中的渠水可以行船，应该说是建城以来仅有的一次。连当朝的皇帝也都感到惊奇。现城内这条河道都已湮废。在舆图上把这段河道称为皂河。皂河也就是漕河。

在南山和长安城之间，当时还有一条规模巨大的漕渠。这条漕渠是隋文帝所开凿的广通渠。此渠是开皇 9 年（584 年）所开凿的。渠长 300 公里，由大兴城（即长安城）西引渭水，濒渭东流，至潼关入黄河，这条渠道当时一般就称为漕渠。也称为富民渠。隋炀帝以避炀帝的名讳，改为永安渠。唐初，富民渠亦以避唐太宗的名讳，改为富人渠。隋初开凿这条

---

① 曹尔琴：《长安黄渠考》，《中国历史地理论丛》1990 年第 1 辑。

广通渠，其目的意图和汉代的漕渠完全相同，是为运输关东的漕粮，以补充关中粮食的不足。

筱苏师认为广通渠的渠道并非无迹可寻。灞水以东，现在新筑镇附近就有一条壕沟遗迹。这条故河道一直向东延伸，也向西延伸，直到灞水岸边。过了灞水，遗迹还是显然在目。也直到徐家湾偏西的张家堡。张家堡西虽未再见到遗迹，由张家堡西行，约两公里处就是汉长安城了。这应是汉时漕渠的遗迹。隋时凿广通渠应是循汉渠的旧基，这里渠道遗迹只有一条。就足以说明问题。

隋时开凿广通渠和汉时漕渠差异处，只是水源不同。汉渠的水源为昆明池，隋渠的水源是渭水。汉渠的渠道离昆明池后，东北流，绕汉长安城东南角外，再流向东北。隋渠由渭滨东行，与汉渠旧迹相会合。

唐初在渭水以北另外开凿一条供交通运输使用的渠道名升原渠。此渠是武则天垂拱（727—730 年）初开凿的，由岐州（治州在今陕西凤翔县）的虢县（今陕西宝鸡县）引汧水至咸阳，以运岐陇（州治在今陕西陇县）两州的木材，供应都城的需要。所以《新唐书·地理志》卷三十七说虢县"西北有升原渠，引汧水至咸阳，垂拱初运岐，陇水入京城"。为什么以升原为名？有人说这是引汧水流经原上的渠道。这应是望文生义的解释。史先生认为汧水由这里循五畤原西麓南流。五畤原高耸斗绝，汧水河谷又相当低下，汧水如何能够在这里被引到原上？升原渠当时由五畤原下引之汧水，循原麓东流。五畤原麓稍高于渭水河谷，就以升原为名。升原渠的开凿固然是为了运输岐、陇林木，但却也用灌溉，和成国渠有相同的作用。升原渠是引用汧水，汧水是渭水的支流，和灞、浐诸水相仿佛，加上这条汧水。史先生则认为"绕长安的就不仅是八水了"。

在长安周围的渠道，还有清渠和贺兰渠。清渠在唐长安县西五十里，自鄠县流来，北入于渭。郭子仪与安禄山之子安庆绪的军队曾大战于这条渠上。贺兰渠引自浐水，亦称丰水渠，东北流在昆明池注于交水，这两条渠道的开凿皆非供应长安城中用水，亦与交通渠道无关。自当是为了灌溉农田而开凿的。

筱苏师还一直强调关中平原上纵横交错的灌溉网，对于汉唐王朝的富庶强盛起到了很大作用。筱苏师认为：黄土高原的黄土能显得肥沃，是需要有充足的雨水，可是自然也有不免雨水欠缺的年月，甚至发生干旱灾荒。汉唐时期的人们还充分运用优良的生态环境，克服种种困难，引用水流灌溉农田，早在周秦两代就已经讲究实行水流灌溉。所以，《诗经·白华》篇所说的："滮池北流，浸被稻田。"就是具体的例证。滮池在丰镐附近，池水虽可灌田，为数可能不会很大。周人还有以《甫田》为题的诗。诗句中说："黍稷稻粱，农夫之庆。"可见当时关中是普遍种植水稻的，种稻是离不开水的。应该说当时农田水利是相当发达的。所以后来秦汉在关中开凿郑国渠，引渠水向东一直通到洛水，灌溉盐碱土地数万亩。这一项巨大的灌溉工程，一直受到人们的称道。汉时以长安为都，依然能坐享其利。汉代接着有不断开渠引水，取得很大的成就。当时在郑国渠旁先后开凿六辅渠和白渠，还引渭水开凿成国渠，灵轵渠和蒙笼渠。成国渠自郿县（今陕西眉县）引水，直通到始平（今陕西兴平县）和咸阳（今陕西咸阳市）。汉长安城附近浐、灞、沣、滈、潏、涝诸水的引水渠道虽未见诸记载，但东方朔所说的陆海中有农作物，首先提到的就是粳稻。粳稻种植的很多，自然显示出当地的灌溉渠道是不少的。可能这些渠道不都是很长，所以不见于记载。显然可见，通过这些渠道的开凿，自然在关中已经构成一个农田灌溉网，这个灌溉网西起眉县，东至新丰、高陵两县（今为临潼和高陵县），北起泾阳（今泾阳县）之北，南至秦岭之下。汉长安城正位于这个农田灌溉网的中央。唐代承受汉代旧迹，使这个灌溉网继续发挥作用，并没有很多的改变。正是有了这样的农田灌溉网，农业生产才能得到不断的发展，所以汉唐长安城就不断显现出商业繁荣。因此，汉唐时期中国封建社会经济因此得到高度发展，绝对不是偶然。它与人们重视农田水利灌溉分不开的。

4. 关中诸河流流量的变迁与植被的相互关系

关中附近的河流，在悠久的历史发展过程中，水道是有很大的变化，除了一些河道移徙以外，古今最大的不同就是河流的流量变化。对于关中诸水流量的变迁也是筱苏师用力较勤的一个领域。以渭水而言，筱苏师曾指出在上古时期，渭水的水量远比现在大得多。至迟在春秋时期，渭水上的船只可以到达现在的宝鸡附近。那时候，秦国向晋国运输粮食，就是从这里装船下运的。事见《左传》僖公十三年。当时秦国的都城在雍，位于现在凤翔县南，正在宝鸡县北。所以由雍运输的粮食，由宝鸡县装船南运。到了汉代，从关东运输的粮食仍然还可以运到长安城下。当时为了缩短河运路程便顺着渭水的南岸，开了一条漕渠以从事运输，事见《汉书·沟洫志》。这样运输直到隋唐时期还在进行。隋时开凿漕渠的诏书指出："渭川水力大小无常，流浅沙深，即成阻阂。计其路途，数百而已，动移气序，不能往复，操舟之役，人亦劳止"，按照唐人的说法，当时不得不依靠漕运运输的原因是由于渭河里积沙过多，不易行船。这样的事例说明了历史时期渭河水量大小的差异。

沣水是西周时期的一条大川，应是相当正确的。前些年在沣水河道里所发现的一条沉船的遗址，也可证明沣水曾经是一条大川，既然沣水能行船，自然不是一条小河，比现在的沣水大得多。

浐水现在是一条小水，夏天干旱的时候，河水就断流。可是在新石器时代，浐水是相当大的河流。现在浐水东岸发现半坡遗址，可以证实，当时半坡人除了从事农业外，还要靠捕鱼为生，浐水里有鱼可捕，才使半坡人选择这个地方，可是现在时常断流，河里怎能会有鱼呢？这说明浐水水量的古今变化。①

西安城的潏水原来也是很大的。那时没有煤炭可利用，长安城所需用的木柴都是由南山谷口开凿漕运，由景风、延喜门入苑，用船将木炭运到城里。天宝年间（天宝元年为742年），韩朝宗曾引渭水自金光门入城至于西市。② 有人认为不是引为渭水，而是引潏水，史先生认为就是引用渭水，要流入长安城中，也要经过潏水的，因而也可以称为潏水。""这就可以证明当时潏水是可以行船的。"③ 史先生还认为："今漕河本是潏水故道，潏水既已西流，这里就改变为漕河了，今图作皂河。漕，皂应为同音的转写。"④

唐代的辋川水也是这样的。诗人王维在《辋川集》有这样一首诗云："乘舟南垞去，北垞淼难即。隔浦望人家，遥遥不相识。"⑤ 这首诗所描写的正是当地的风景，应该是王维乘舟时所见的。现在南垞北垞的旧迹仍可考见，其间辋川河谷相当宽阔，稍往下游，就显得比较狭窄。水流所阻，潴成湖泊。狭窄的地方并未见到明显痕迹，可能就是王维时的旧规。史先生认为："既然这里没有什么变迁，为什么湖水却已不复存在？这只能说是当时辋川水的流量相当大，不会在狭窄的地方都尽量流出，因而就潴积

---

① 史念海：《黄土高原历史地理研究》，黄河水利出版社2001年版，第155—157页。

② 《新唐书》卷一一八《韩思复传》附《韩朝宗传》。

③ 史念海：《黄土高原历史地理研究》，黄河水利出版社2001年版，第157页。

④ 同上。

⑤ 《全唐诗》卷128。

成湖。"① 后来辋川水的流量变为细弱，都可流过狭窄的地方，这湖水因而消失了，只留下一段宽阔的河床作为历史演变的证据。辋川下游是流到灞水的，就是说，辋川水是灞水的一条支流。支流的水都如此大，灞水更应该是不小的。现在灞水的流量已经很小了，只能比浐河稍大一些。

从以上河道看来，古今河水的流量变化却是很大的。与河流水量涨落有直接影响的是降水量，降水多，河水则涨，降水少，河水自然就会减少。除此之外，旱涝对河流量也有影响，河流的多寡，还应与地震有关。在这里史先生特别着重提出的就是，森林的有无对于河水流量的影响是很大的。

森林可以涵蓄水分。由于森林能够涵蓄水分，遇到降水，所降的水就多为森林所涵蓄。那些童山荒岭，没有森林，降水得不到涵蓄，小雨大雨都随时流下，使山上的河流立时猛涨起来，降水过后，河流也就随着干涸。如果能够有森林，降水得到涵蓄，逐渐流出，就可使河流保持一定的流量，不至于猛涨猛落。这是研究历史自然地理已经证实的问题，没有任何疑义。筱苏师又着重以秦岭山脉为例，探讨了秦岭山脉古今森林的变迁与西安附近河水流量大小的关系。

秦岭逶迤于关中平原之南。远在蓝田猿人时期，关中平原就富有森林。秦岭北坡亦是如此，在发现蓝田人的地区也都发现了许多森林动物的化石就可具体地说明这一问题。② 半坡遗址的发现，显示关中已经有了农业，但森林依然茂盛，到了周代关中仍然和以前一样，到处都是森林，而且还有一定的名称，称为平林、中林，还有械林、桃林。这些林木对调节气候、涵养水分都会起到一定的作用。至于秦岭山上，树木的种类也是很多的。见于《诗经·小雅·南山有台》不仅有桑、杞、栲、枸，而且《诗经·秦风·终南》还记有条、梅。《诗经·秦风·晨风》也载有苍栎、苞木等。秦汉时期秦岭上的檀、柘和鄂、杜的竹林交相辉映。当时称关中为"陆海"，显示物产的富饶，其中的檀、柘和竹林就是其中的一部分。到隋唐时期，秦岭上的森林依然很茂盛繁多。从山上向山下遥望，松树林中一片阴暗，虽然天气大明，却仿佛还和昏夜一

---

① 史念海：《黄土高原历史地理研究》，黄河水利出版社 2001 年版，第 160 页。

② 史念海：《蓝田人时期至两周之际西安附近地区自然环境的演变》，《中国古都研究》，1985 年。

样。所以《全唐诗》卷——唐太宗《望终南山》曰："叠松朝若夜，覆岫疑阙全。"尤其浐水源上的风凉原旁，滈水上游的牛头寺畔，都是森林遍布，群木环绕。风凉原旁的松柏，在烟雾弥漫时，更显得葱郁壮观。牛头寺畔的群木，也更显得禅寺的寂幽清净。秦岭山上既然有这样繁密茂盛的森林，自然会涵养水分，使从山上流下的各条河流保持着一定的流量，而少有太大的变化。

就以辋川水来说，它的流量曾经是很大的，流量之所大，史先生认为是和当地的富有森林有关系。所以王维在《辋川集》中就曾一再说到深林、青林和空林，当时不仅有森林，还有许多的修竹。幽篁和绿筱成了特殊的景色。[①]

到了北宋以后，秦岭山上一些长林大竹就已经受到相当大的破坏。这样的破坏，史先生认为自唐代中叶就已经肇见端倪。唐代的长安作为都城，都城的建置所需的木材，当然取之于秦岭山中。当时确曾在秦岭的就谷和库谷设监伐木，设监的地方还有陈仓（今宝鸡市）和眉县（今眉县），也都在长安近旁。唐代中叶天宝年间，竟以近山无巨木而要远从岚、胜等州采伐。岚州治在今山西岚县北，胜州在今内蒙古自治区准格尔旗北，皆距长安甚远，安史之乱时，长安受到破坏，安史之乱后，长安还受到几次摧残，修复整理所需木材仍然需从秦岭山中搜木采伐。宋代以开封为都，距离关中较远，秦岭山中的森林已经不是采伐的处所，而是向西陇山采伐，甚至还要越过陇山，到渭水中游的南北。这显然表明长安附近的森林已遭到严重的破坏。这样的破坏自然对当地河流的流量有所影响。北宋元祐年间张礼游城南时，曾九次渡滈水，渡滈用的字是有变化的。他用"济""涉""渡"三字。用"渡"可能是乘船，用"涉"一般是指徒步涉水而言，说得通俗一些就是脱掉鞋袜，淌水而过，这样的涉水，足见滈水已经很浅了。滈水由此下流，别无支流流入。滈水的变化竟有这样如此的巨大，其他浐、灞、交、沣诸水也应该都是相仿的。

从元祐元年到现在，又有900多年。在这悠久的时间里，秦岭山上的森林并没有重新发育起来，仍然断断续续遭到摧残和破坏，甚至摧残和破坏大于发育和恢复。所以，后来秦岭大小山头也都成了童山濯濯，不要说是森林，就是个别的树木，也不是很多的。近年来多方致力，还难得普遍

<hr>

① 史念海：《黄土高原历史地理研究》，黄河水利出版社2001年版，第170页。

成林，更不用和隋唐及其以前各时期相仿佛了。在这样的情况下，由秦岭山上流下的各河流的流量不得不有所改变。①

秦岭山上由于森林的摧残和破坏，成了童山，促使由山上流下的河流的流量有所减少，原来的大川也就变成了细流。这样的细流当然不可能再以之行船，从事运输。

在这里我们值得注意的就是灞水中的沙石，也是秦岭上森林茂密时期所没有的。自来说浐、灞两水有很大的差别，差别就是"玄灞素浐"。这是说灞水很清，深处就显得水色发黑，浐水略带泥沙，显得浑浊，难得清而又黑，因而称为素浐。而现在灞水流量既已细小，就不会很深，且亦挟带泥沙，这就难得出现玄色。实际上和浐水一样，为什么灞水也挟带泥沙呢？这是由于灞水的源头大都是沙岩。沙岩风化成沙，易于流失。地既无森林覆盖，沙粒又易于流失，这就使灞水不能复清。近年来每到冬季，灞水更为细小，随水流而下的沙粒，散积在河道中，当地人就聚集挖沙，成了谋生之道，这在以前应该说是没有的。②

上述西安周围诸河流流量的显著变化，证明河水流量的减少是由于秦岭山上森林的破坏，为今之计就是要恢复秦岭山上的森林，使降水能够有所涵养，河水流量就会能够增多。史先生认为只要水源所及各峪都能够恢复森林，这就可和远古之时仿佛，何愁各河水的流量不能有所增加。③

现在各河水源所及的山峪，并非无树木，足证从事恢复森林工作不是毫无条件的。常言说"十年树木"，这是说种树十年，就会成林。若为涵养水源，就可不必十年，三五年中绿荫遍山峪，自然会得到成效。

为了能够彻底解决问题，史先生呼吁："尽快恢复秦岭北坡的森林，可以先从诸河水源处开始，作出相应的规划，确实执行，步步落实，并加以重点保护，这样就能以逐步改善西安附近的河水流量，形成关中中部良好的小气候区，以至再现西安附近诸河历史上最大的水量，从根本上解决西安的用水问题。"④

---

① 史念海：《黄土高原历史地理研究》，黄河水利出版社 2001 年版，第 171 页。
② 同上书，第 173 页。
③ 同上。
④ 同上书，第 174 页。

5. 关中诸河水质的变化与土壤侵蚀的关系

史先生从泾渭清浊的历史演变研究中，明确指出泾渭两河流域的自然条件是不尽相同的。这对于泾渭两河清浊的演变是会起到一定的作用。不过泾渭两河均流经水土易于流失的黄土高原。如果它们都按照各自的自然条件演变，则彼此的清浊可能不会有很大的差异。可是，在历史时期反动统治阶级对于泾渭流域的土地和植被极尽破坏之能事，加速了土壤侵蚀，致使泾渭的泥沙量确有显著的增加。由于各个时期的基本情况的不同，致使两河的情况有所变迁，这种因时而异的变迁，可按照时代的顺序进行归纳：春秋时期是泾清渭浊，战国后期到西汉初年却成了泾浊渭清，南北朝时期再变成为泾清渭浊，南北朝末年到隋唐时期又复变成泾浊渭清，隋唐以后又成了泾清渭浊。史先生的分析甚为精辟。筱苏师又指出，一河清浊，有季节的变化，洪枯的差异。史籍记载的清浊异同，主要是河流在常水位的现象，而不是在暴雨洪水的季节。遇有洪水，则土壤侵蚀加剧，泥沙也不是完全相同的。

筱苏师还进一步指出：渭河上游隋代人口较多，充其量也只是和西汉相仿佛。唐代由于吐蕃不断地骚扰，人口有显著的减少。也就是说经过南朝时期，渭河上游农业的恢复最多也只是到达西汉的水平，农田面积没有新的扩展，到唐代更等而下之，相对的还有减少。渭河上游本与泾河上游不同。泾河上游原来是草原地区，而渭河上游则是森林地区。森林地区如无其他的摧残，农田不再扩展，原来的森林当然可以得到保存，甚至还可继续滋生发展。当地黄土丘陵顶部和其近处河谷底部相对高度虽大，由于森林的被覆，还不致多受侵蚀，这自然会有助于渭河的清澈。唐人一再说浊泾清渭，正是实际情况的描述，可是后来渭河流域的状况却向另一方面发展，使渭河逐渐由清变浊。引起这种变迁的根本原因就在于渭河流域的森林遭到了严重的破坏。到了北宋，岐山的森林已被摧残无余，只剩下了一条赭色的土山。由于岐山以西的秦（今甘肃天水市）陇（今陕西陇县）两州的山林尚相当富饶，因而也成了采伐的集中地。今甘肃武山县东的洛门当时也多产巨木，宋人为了采木，甚至贿赂当地的差人，以求假道，据说每年可获大木材万株，再加上官吏的私采私运，竟使都城开封的贡材堆积如山。值得注意对森林的破坏并不是到北宋就告结束，而是长期延续下去，最后终于使渭河的森林基本消失，渭河也就成为滚滚浊流。这样的变迁还可以从长安附近的灞、浐两河得到证明。唐代的灞、浐两河还有玄素分明。当时人提到灞河说"旁连古木，远带清渍"①。旁连古木，正说明灞河清澈的缘故。可是到了清代初年情况就完全不同。灞河里的浊浪像黄河一样，滔滔奔流。②细沙随处沉淀，成为西安近年来建筑砂料的主要产地。灞河这种巨大的变迁，正好说明森林的存毁与河流清浊的密切关系。

以上事实说明泾渭清浊的历史变迁，与当地植被的存毁与水土流失的缓急有着密切的关系。在这里史先生明确指出，泾渭两河由清变浊，有自然的原因，也有人为的原因，而人为的原因实际上起着更为主要的作用。今后如果能够防止这样人为作用的重演，再减少自然的原因，则泾渭两河都是有可能趋于清澈。

三　史念海先生关中水环境研究的主要贡献与价值

第一，比较全面复原和分析了关中地区的水环境，尤其是对西汉时期所谓"八水绕长安"的水环境，进行认真仔细的考察与研究，并做了实事求是的复原。同时对长安有关人工渠道也进行梳理，从而使我们对西安附近的河流和重要的渠道，有一个比较清晰的认识。环绕于西安周围的诸河流已使西安附近仿佛成为水乡泽国，这里居住的人也在不断开凿渠道，使这些河流发挥更大的作用。汉唐的繁荣实有赖于关中水环境的优越。

第二，对于关中诸河流量的变迁进行了科学的分析，找出了引起关中水环境恶化的症结。筱苏师认为河流所流经的区域是免不了要遭遇到若干旱旸的岁月。旱旸年间，降水量少，自然会影响到河流的流量，使之相应地减小。同样的原因，在雨涝的岁月，降水量多，也会使河流的流量相应地增大。不过这都应有一定的制约。旱旸或雨涝的季节过后，降水量趋于正常，河流的流量也就随着趋于稳定，保持常水位的界线。因之以旱旸季节的偶尔的一再遭遇，就认为是河流流量一直减下去的原因，并非确实肯定的理由。③而引起关中水环境重大变化的原因与森林破坏有直接的关系。筱苏师认为黄土高原在历史上曾是一个富有森林的地区，虽然在森林地区中间有若干个草原地区，成为森林草原地区，森林都还居有重要的地

---

① 《全唐文》卷三三一，王昌龄：《灞桥赋》。
② 王士禛：《秦蜀驿程记》，在《小方壶斋舆地丛钞》第七帙。
③ 史念海：《黄土高原历史地理研究》，黄河水利出版社 2001 年版，第 148 页。

位。由于森林可以涵蓄水分，能够保持河水的流量，就使这些主要的河水流量没有很大的变化，但是后来森林遭致破坏，它们的流量就不能不受到影响。

森林是会经常受到砍伐的，但一般的砍伐不能说成破坏。黄土高原森林的破坏，大致是唐代中叶开始的，到了北宋，破坏程度更为严重，最严重的破坏是明代中叶以后。经过长期的残酷破坏，黄土高原几乎没有大片森林，甚而使现在一些学人竟然不知道黄土高原过去是曾经有过森林的。森林破坏了，与河流有关的地区由于失去了森林覆盖，降水就难得到涵蓄，一遇大雨、暴雨或骤雨，洪水便倾泻而下，了无余存，常水位的流量因而不能不有所减少。

森林破坏不仅使这些河流流量减少，而且更会促使地形侵蚀趋于严重。被侵蚀掉的泥沙，顺水流下，随处沉淀，抬高河床，就是流量没有减少，航行也会遇到困难。流量少了，就根本不可能再有风帆上下了。①

第三，提出了改善关中水环境的具体措施，就是要多植树造林。黄土高原诚然缺水，但就开辟水源来说不致是毫无希望的，在这里史先生举出，素来雨量较多的伊春林区正是因为当地森林茂密的缘故，而汤旺河水量的减少，也是与森林的破坏有关。这就是森林具有调节气候，增加雨量作用的具体例证。黄龙山和桥山都有较大面积的次生林，当地的雨量就较临近地区为多。根据这样的道理，可以说植树造林以至于恢复原有的森林是开辟水源的一个重要措施。大力营造森林，使森林的覆盖率能像远古那样，则整个黄土高原的干燥缺水情况是能够有根本改变的。恢复森林就成为刻不容缓的事。

第四，史先生在《关于根本解决西安城市用水问题的建议报告》中②，明确提出："历代对森林植被的破坏导致了河水流量的变小，使水源不足。近世城市人口增长，工业化程度提高，用水量又复大增，这样，两面夹击是形成今天西安城市供水极度紧张的主要原因。如不从根本上考虑改善水源，问题还会日趋严重。而改善水源最可靠的选择应是恢复原来的生态环境。因此，我们建议：尽快恢复秦岭北坡森林植被。可先从现在水源头开始，作出具体规划，逐步展开，不断扩大面积，并且加以重点保

---

① 史念海：《黄土高原历史地理研究》，黄河水利出版社 2001 年版，第 154 页。
② 同上书，第 175—178 页。

护。"从根本上解决西安城市用水问题当不是无望的空论。筱苏师的这个报告得到了陕西省林业厅的肯定，林业厅有关专家认为：从恢复秦岭北坡森林植被，增强水源涵养功能来考虑是完全可能，也是根本解决西安用水困难问题的重要措施。同时史先生在对林业厅的复信中，还明确提出："要培植森林就应培植能够早日见效的树种，因而提出培植灌木林的意见。"从这里可以看到筱苏师的历史地理学研究成果对于人类社会发展所作出的重大贡献和产生的深远影响。

（大约二十年前为投考筱苏师的博士生，系统学习了老师的著作并记写了大量读书笔记，本文是就是其中之一。因为是读书笔记，许多观点与资料又都源于恩师，故有多处直接引自筱苏师著作，这是今天应该说明的。又承王双怀先生不弃，提供给"人类活动影响下的关中地区环境变迁过程研究"项目，后来又发表于 2010 年第 3 期《唐都学刊》，责任编辑为师兄耿占军教授）

评《济水与河济文明》

  张新斌先生《济水与河济文明》已出版。该书不仅是国家社科基金课题"济水与早期河、济关系研究"的最终结项成果，也是新中国以来第一部济水与河济关系的专著，同时更是一部选题有意义、方法有特色、学术有创新、成果有价值的佳作。

  河流与古代文明的产生和人类社会的发展有着密切关系。早在 20 世纪，著名历史地理学家史念海先生就曾不止一次地谈到过唐宋帝国与古代中原水系的依存关系，他说汴河交通的数次阻塞的确是加速了唐宋帝国的崩溃，而以后开封东京城市经济的繁荣也起到重要的作用，可是到后来中原水系消失了，这个地区成为经济发展落后的地区。这其中的原因是什么？值得认真的研究和探讨。如果把史先生的这一观点扩展到中国文明起源时代，那么应该承认包括济水在内的整个中原水系对中国古代文明的产生和国家的起源于发展都产生过不可低估的影响。而对于这一问题的深入探讨，现在看来学术界同仁们所做的工作并不系统和完善。而本书以济水和早期河济关系为对象，阐述了济水对于中国古代文明的起源和发展的重要作用，通过济水与河济关系以及河济文明的研究，使我们对中国古代文明的起源和发展过程中诸多问题有了深层次的思考，如大禹治水的历史本来面目，中国古代文明诞生的内在联系，黄河对于中国古代文明发展进程中的影响，人类的文明进程与环境生态的内在联系，黄淮海平原的水系变迁中的大黄河问题。从这个角度上讲，《济水与河济文明》的选题不仅涉及到了历史学的诸多分支学科，而且更是从人地关系的角度，以河流为切入点，对中国古代文明进程中的诸多重大问题进行了探索，因此，该书的选题是很有意义的。

  尽管《济水与河济文明》的选题具有相当的学术意义，但其工作难度是相当大的。进行古济水研究，一难文献记载矛盾，二难河济关系复杂，三难济水早已不复存在、无踪可寻，四难需要广泛吸纳相关成果、进行综合研究，单一学科的研究方法与成果是不能够解决济水问题的。作者以巨大的学术攻坚勇气迎难而上，从古地理文献中对济水的记载最多、内容最为丰富的《水经注》入手，在对与济水相关河道考证的基础上，在利用地质学、水文学与历史地理学的相关成果，对河济关系进行全面的审视，从而找到济水湮没的秘密，总结了济水衰竭的内在规律，而且还在此基础上对与河流相关的文化门类进行研究，从而概括出一种更为合理的、科学的理念，一种表述更为准确的文明体系，这便是作者提出的所谓"河流文明"。现在来看，作者所努力构建的以济水及其变迁为主要内容的河流文明体系，基本理清了历史时期济水水道的经行地点，并对"济水重源""截河而南"，以及"溢而为泉"等与济水相关的带有神秘色彩的济水研究中的难点，从地质学、地理学、历史学的角度进行了综合研究、给予了科学的解释。在此基础之上，作者又从地质时期黄河发育的历史谈到黄河作为海洋水系的形成，并由此展示河济之间错综复杂的历史演变。从整个课题的研究方法来看，作者从历史文献中挖掘了历史的真实和前人的真知；从文物考古学的角度，补充、完善了河济关系的大背景；从历史地理学的角度复原了济水河道并进而揭示了河济关系；从历史文化学的角度总结了河济地区精神文明和物质文明的总成就；从地质地理学的角度揭示了济水河道变迁及其他人文现象的环境背景与内在根据。总之，作者努力吸收、消化并运用多学科的研究成果和方法，推动了济水和河济文明相关研究的深入，科学、严谨、综合并富有特色的研究方法，是这项研究课题获得重大突破的关键所在。

学术研究的灵魂在于创新，《济水与河济文明》充满了创新精神，洋溢着创新观点。从宏观的角度来看，《济水与河济关系》系统地概括了济水与黄河下游的地质地理、古地理、考古、历史地理、历史和文明发育的问题，第一次试图打破单纯学科的视野，全方位地来打量济水这条历史上的神秘大河，也第一次试图用现代眼光，来解答济水的种种问题。在以往黄河历史演变的研究中，济水永远不在议论的中心，只是言不由衷的旁证。本书换了一个视角，黄河成为黄淮海大平原一切自然悲喜剧的动因、背景和舞台，济水成了主角。从而讲清了济水，也说明了黄河。（徐海亮先生语）从微观角度来看，《济水与河济文明》又提出了河济、河济文化圈、河济文明等一组系统的、具有逻辑完整性的新观点和新概念。譬如作者提出了河济文化圈的概念，这是与传统文明史说不同的表述方式，作者从铺垫河流水系的自然演化引出河济区域文化初始、文化演变和文明兴衰的过程，把自然历史与人文历史密切结合起来，提出了令人深思的新观点。又如对河济文明的表述，作者认为"河济文明"体现了黄河文明与中原文明的本质。"河济文明"是黄河文化和中原文化在内涵和地域空间方面的集中体现，也是黄河文化和中原文化的明确化和具体化。济水曾是古代黄淮海平原上的一条重要河流。黄淮海平原上的古代遗址，包括新石器时代遗址、夏商周时期的故城遗址，乃至后来北宋都城开封，都是位于古济水之畔。因此，"河济文明"比黄河文明在内涵上更准确，更明确，也更具体。在地域空间上，"河济文明"比"中原文明"更明确。可以说，"河济文明"的提出是一个创新，并不为过。（王守春语）

　　正是在选题、研究方法和学术创新方面有所突破，所以《济水与河济文明》获得了极有价值的学术成果，在这里应该称道的是此书的应用价值和现实意义。作者在研究学术问题的同时，特别关注河济经济、文化发展战略，作者僻出专门篇幅，探索河济地区发展文化产业、壮大文化经济、构建和谐社会的战略资源，因而具有重要的应用价值。（马世之先生语）作者一再指出，河济地区作为一个有着共同文明积淀的中东部地区，在中国当代的总体发展格局中，应该占有一席之地。河济地区的城市发展水平和区域产业格局的设计，是促进河济地区发展与腾飞的关键所在。河济地区的纽带为济水，济水将这一地区的城市有机地结合在一起，要打出河济（济水）文化节，并以此形成特有的文化品牌，不仅如此，该课题组通过文化（经济）带概念的提出，为区域合作理出了一个新的思路。从这个意义上讲，《济水与河济文明》体现了中国传统地理学中学术研究必须经世致用的价值取向，因而其成果具有学术和实践的双重价值。

　　河济与河济文明的研究工作有着广阔的前景，目前的成果只是刚刚起步，衷心希望这一研究能持续前进，更加深入，不断取得更多更大的成绩。

永远的感激

这本小书从初版到再版，虽然已经整整十六年过去了，但本书基本框架与体系的确立却应追溯到 20 世纪 50 年代。早在 1957 年，经著名甲骨学家孙海波、刘绍盂先生的引荐，家父陈昌远先生得以拜识中国当代历史地理学开创者与奠基人之一的史念海先生，并开始跟随史先生学习中国历史地理学。就当时的学科发展状况而言，成熟而完备的历史地理学的学科体系还没有真正建立起来。现在我的手中仍然珍藏着史先生 50 年代初编著的《中国历史地理学》讲义，这本由蜡黄色毛边纸油印的《中国历史地理学》在今天已经很难见到，但它应该是迄今为止中国历史地理学界最早的、系统的历史地理学教材，这本讲义就是当年史先生赠给我父亲的。父亲回校后，结合自己的学习心得，广积资料，探赜索隐，斟酌损益，开坛设讲，河南大学也因之成为河南省内最早开设历史地理学课程的高校。按照父亲的理解：中华民族和中国远古文明是以黄河流域为中心并向四周辐射发展起来的，中原地区是中国远古文明的核心区，而在中原地区传播历史地理学的理论和知识，应该突出这一鲜明的地域特色。我也在不知不觉中接受这种思想。不惟如此，父亲还常常提及追随先生学习历史地理学的情景，称道先生的文章如汪洋大海其深难测，每当这一刻，白头门生未尝不潸然泪下，而我也不免为之神往，那时在童子的心中，先生是云雾深处的一座高山……

成年之后，我踵继父迹，西行问学。承先生不弃，忝列门墙。我的人生也因之而改变，也就是从那时起，我才走出了黄河岸边的一所乡村中学，开始徘徊在历史地理学门槛的内外。我天生木讷，少有灵气。可先生从未以侧眼相视，是先生扶我学步、助我上路，学术探索的道路上我才曲折蹒跚走到今日。只是我生也晚，孰料先生中道而别，我们师徒竟作天人永隔！2003 年秋，我终于通过博士论文答辩，在即将返里之前，我又去拜别先生，在先生曾经教诲过我的书房里，早已是人去室空，此时此刻我只有用无声的心语与先生对话，先生的遗像前，我默哀、焚香、祈祷，告诉天国里的老人，从此我将离他远行，筱苏先生也在默默地凝视着，静静地送别最后的门生。珍珍阿姨送我下楼的时候，将整整 1000 元钱塞到我的手中，嘱我好好生活，努力向学，仿佛叮嘱远行的游子。橘黄的灯光下，挥手离去，深深的夜幕中，我早已禁不住泪眼迷蒙，这些年来，每当想起生离死别的一幕，我都不免黯然神伤……

屈指算来，先生辞世已整整六年，今天就把这本小书奉献在先生的灵前，寄托我们父子两代学子对筱苏先生不尽的哀思与永远的感激！！！

（本文为《中国历史地理简编》的后记，《中国历史地理简编》由徐中舒、郭豫才、朱士光先生赐序，陈昌远先生首著，笔者修订，以中原和黄河流域历史时期环境变迁与经济社会发展为重点，同时也论述了我国西北、东北、巴蜀、江淮流域与岭南地区相关历史地理问题）

后　记

　　开始校订这部书稿是在去年夏天，每天工作结束，离开办公室沿着校园最北端的求实路转到天健大道上，从天健大道西侧佳木葱茏的后山向南是一段近百米长的绿阴，天健大道两侧四行法国梧桐早已是枝繁叶茂、绿意蓬勃，法桐巨大的枝杈层层环抱，掩映遮蔽了夏日的骄阳，即便是在正午，酷热的阳光也仅仅才在地上投下斑驳的日影，而树下凉风习习，让人流连。每每经过这里，便会想到"前人栽树，后人乘凉"的古语，桐树是建校时有识之士栽下的，可享受它成长绿阴却是现在和将来的过客。十二年前，揽我入郑大谋生的几位老领导姜建设先生、于兆兴先生、赵广艳女士，有的已荣退，但对我来讲，没有他们的引领，我恐怕不太可能享受到今天郑大校园的这片绿荫；十二年中姜建设教授、张旭华教授又是常常给我力量，让我感动的师长，姜先生之于我，亦师亦友亦父兄；张先生公道正直，他们两位都是具有独立人格的学者，他们的道德操守引领了我的精神航向。

　　这本小书以《中原历史地理与考古研究》命名，其研究区域自然是以中原为对象，我以为未来中原地区经济、社会与文化的发展离不开历史地理与考古学这两门基础学科。书中所论诸多中原历史地理与考古学的相关问题，就发表的时间而言，不仅前后跨越了二十六载春秋，而且其中又兼收与家父、妻子和门下的合著之作，因此，文风也就难得一致，但凡与人合著之作，署名皆一一注明。之所以如此，并非想掠人之美，我以为学术若是一条奔流不息的河流，个人不仅总属细脉，且这缕细脉终归是有渊源的，渊源所在，自是不能忘怀。郦道元在注《水经》之时曾说："大川相间，小川相属，东归于海。脉其支流之吐纳，诊其沿路之所躔，访渎搜渠，辑而缀之。"只有大川与小川相连才能汇聚起奔腾的河流，最终汇入大海。中原历史地理研究若是一项开创性的事业，它自然需要更多的后来人和有志者。大川与小川相汇合是自然之理，海因不拒百川，故有其大！这也就是我规划此书的心意所在。

二十三年前，我的第一篇小文《豫州原义考》发表在先师筱苏先生主编的《中国历史地理论丛》上；十六年前，又有幸与永强兄同成为先生门下最后一届博士生弟子，这是我们毕生的荣幸。同门之间彼此常以先师所传顾颉刚先生"宁可劳而不获，不可不劳而获，以此存心，乃有事业可言"的嘱咐相勉励，这些年来，以此为座右铭，立身行事，所获甚多。拙著出版之际，又承侯甬坚先生赐序，甬坚先生对我近年的境遇可能隐约有所察觉，故在序言中勉励我："期望无论遇到什么困难，都能坚持立于中原大地，砥砺文字，激荡思想，拓宽思路，培养新人，在历史地理学的追求中再续动人的故事。"甬坚师的期望正是我在未来岁月里继续努力的方向。"士不可以不弘毅，任重而道远。"回望来路，在求学和科研的道路上，又多承袁祖亮、朱士光、李伯谦、王守春、左其亭、吕卓民、宋豫秦、王双怀、王晖、张锴生、孙继民、任伟、刘志伟、吴宏岐、安国楼、韩国河、张国硕、谢晓鹏、窦明、陈英、王晓东、柴小羽、张林等诸位先生与女士的关照与扶持，称谢不足以表白，唯志此以示永怀！

是为记。

陈隆文

丙申年春节于祥园